CONTRATOS ELETRÔNICOS
de CONSUMO

O GEN | Grupo Editorial Nacional – maior plataforma editorial brasileira no segmento científico, técnico e profissional – publica conteúdos nas áreas de concursos, ciências jurídicas, humanas, exatas, da saúde e sociais aplicadas, além de prover serviços direcionados à educação continuada.

As editoras que integram o GEN, das mais respeitadas no mercado editorial, construíram catálogos inigualáveis, com obras decisivas para a formação acadêmica e o aperfeiçoamento de várias gerações de profissionais e estudantes, tendo se tornado sinônimo de qualidade e seriedade.

A missão do GEN e dos núcleos de conteúdo que o compõem é prover a melhor informação científica e distribuí-la de maneira flexível e conveniente, a preços justos, gerando benefícios e servindo a autores, docentes, livreiros, funcionários, colaboradores e acionistas.

Nosso comportamento ético incondicional e nossa responsabilidade social e ambiental são reforçados pela natureza educacional de nossa atividade e dão sustentabilidade ao crescimento contínuo e à rentabilidade do grupo.

GUILHERME MAGALHÃES MARTINS

CONTRATOS ELETRÔNICOS de CONSUMO

4ª edição
revista, atualizada e ampliada

- O autor deste livro e a editora empenharam seus melhores esforços para assegurar que as informações e os procedimentos apresentados no texto estejam em acordo com os padrões aceitos à época da publicação, e todos os dados foram atualizados pelo autor até a data de fechamento do livro. Entretanto, tendo em conta a evolução das ciências, as atualizações legislativas, as mudanças regulamentares governamentais e o constante fluxo de novas informações sobre os temas que constam do livro, recomendamos enfaticamente que os leitores consultem sempre outras fontes fidedignas, de modo a se certificarem de que as informações contidas no texto estão corretas e de que não houve alterações nas recomendações ou na legislação regulamentadora.

- Fechamento desta edição: *16.06.2023*

- O autor e a editora se empenharam para citar adequadamente e dar o devido crédito a todos os detentores de direitos autorais de qualquer material utilizado neste livro, dispondo-se a possíveis acertos posteriores caso, inadvertida e involuntariamente, a identificação de algum deles tenha sido omitida.

- **Atendimento ao cliente: (11) 5080-0751 | faleconosco@grupogen.com.br**

- Direitos exclusivos para a língua portuguesa
  Copyright © 2023 by
  Editora Atlas Ltda.
  Uma editora integrante do GEN | Grupo Editorial Nacional
  Travessa do Ouvidor, 11 – Térreo e 6º andar
  Rio de Janeiro – RJ – 20040-040
  www.grupogen.com.br

- Reservados todos os direitos. É proibida a duplicação ou reprodução deste volume, no todo ou em parte, em quaisquer formas ou por quaisquer meios (eletrônico, mecânico, gravação, fotocópia, distribuição pela Internet ou outros), sem permissão, por escrito, da Editora Forense Ltda.

- Capa: Fabricio Vale

- **CIP – BRASIL. CATALOGAÇÃO NA FONTE.**
  SINDICATO NACIONAL DOS EDITORES DE LIVROS, RJ.

M343c
Martins, Guilherme Magalhães

Contratos eletrônicos de consumo / Guilherme Magalhães Martins. – 4. ed. – Barueri [SP]: Atlas, 2023.

Inclui bibliografia
ISBN 978-65-5977-537-8

1. Contratos eletrônicos – Brasil. 2. Comércio eletrônico – Legislação – Brasil. 3. Defesa do consumidor – Legislação – Brasil. 4. Internet – Legislação – Brasil. I. Título.

23-84516   CDU: 347.451.031:004.738.5

Gabriela Faray Ferreira Lopes – Bibliotecária – CRB-7/6643

*Dedico este trabalho aos amores e razões da minha vida,
Adriana e Maria Luiza.*

AGRADECIMENTOS

Ao professor Gustavo Tepedino, por ter orientado o trabalho que deu origem a este livro.

Ao professor Paulo Cezar Pinheiro Carneiro, mestre e companheiro de toda uma geração, presente em várias etapas da minha vida, desde os tempos da graduação e do ingresso no Ministério Público do Estado do Rio de Janeiro, bem como no intenso convívio mantido ao longo do Mestrado em Direito Civil na UERJ.

Ao professor Simão Isaac Benjó (*in memoriam*), por haver despertado uma vocação para o magistério do Direito Civil.

Aos colegas Marcos Maselli de Pinheiro Gouvêa e Rosângela Gomes, cujo auxílio em diferentes fases deste trabalho foi de importância marcante e indispensável.

Com especial apreço, ao amigo Antonio de Padua Fernandes Bueno, por toda a consideração e lealdade demonstradas.

Ao professor Guilherme Mucelin, pelo cuidado e pelas importantes sugestões na revisão da 4ª edição desta obra.

Aos professores Ricardo Cesar Pereira Lira, Rosângela Lunardelli Cavallazzi, Maria Celina Bodin de Moraes, Heloisa Helena Barboza e Luis Roberto Barroso, que influenciaram fortemente minha trajetória.

À amiga Myriam de Filippis.

Aos meus avós socioafetivos, Homero e Maíza (*in memoriam*).

Aos meus pais (*in memoriam*) e à minha tia Nilce (*in memoriam*), com todo afeto.

NOTA DO AUTOR À 4ª EDIÇÃO

Foram necessários diversos ajustes, incorporados no quarto capítulo ("A regulamentação civil da Internet no Brasil"), sobretudo em face do PL nº 3.514/2015, da Câmara dos Deputados, que visa atualizar a Lei nº 8.078/1990 em matéria de comércio eletrônico.[1]

Durante a tramitação do projeto de atualização do Código de Defesa do Consumidor no Congresso Nacional, o governo brasileiro editou o Dec. nº 7.962, de 15.03.2013, que visa regulamentar o comércio eletrônico, abrangendo na sua principiologia (art. 1º) os seguintes aspectos: (i) informações claras a respeito do produto, do serviço e do fornecedor; (ii) atendimento facilitado ao consumidor; e (iii) respeito ao direito de arrependimento.

A edição da Lei nº 12.965, de 23.04.2014 (Marco Civil da Internet no Brasil) foi um passo significativo na regulamentação da Internet no Brasil, trazendo regras sobre guarda de registros de conexão e de aplicações e responsabilidade dos provedores.

Novos fenômenos decorrentes do desenvolvimento da Internet, como as redes sociais e as relações de consumo por meio das compras coletivas e sites de intermediação, foram incorporados a esta terceira edição.

Da mesma forma, o atual Código de Processo Civil (Lei nº 13.105, de 16 de março de 2015) trouxe novos contornos ao reconhecimento do documento eletrônico, previsto em diversos dispositivos.

A edição da Lei Geral de Proteção de Dados, Lei nº 13.709/2018, deve ser comemorada como um grande avanço na concretude e implementação de direitos fundamentais, com *status* de garantia fundamental, conforme consagrado na Emenda Constitucional nº 115/2022, que acrescentou o inc. LXXIX ao art. 5º[2] da Constituição da República.

Novos problemas que surgiram com a evolução da tecnologia, como a inteligência artificial e os *smart contracts,* foram igualmente incorporados a esta edição, que passou por um detalhado processo de revisão e atualização.

Dediquei a esta obra pelo menos vinte e cinco anos de pesquisa e revisão, num constante processo de escrita e reelaboração. É um "livro da vida".

---

[1] Restaram superados, assim, os projetos de lei apresentados há mais de vinte anos, ainda que arquivados no Congresso Nacional, em especial os PLs nº 1.589/1999, relativo à assinatura digital e valor probatório dos documentos eletrônicos, nº 4.906-A/2001 (decorrente do PL nº 672/1999), acerca do comércio eletrônico (ambos inspirados na lei-modelo da Uncitral), nº 7.461/2002, sobre a obrigatoriedade de os provedores de acesso à Internet manterem cadastro de usuários e registro de transações e nº 6.210/2002, que limita a mensagem eletrônica não solicitada – *spam* – por meio da Internet. Não obstante isso, optamos por manter, na 4ª edição, a título de referência, as remissões aos aludidos projetos de lei.

[2] "Art. 5º [...] LXXIX – é assegurado, nos termos da lei, o direito à proteção dos dados pessoais, inclusive nos meios digitais."

PREFÁCIO À 1ª EDIÇÃO

O professor Stefano Rodotà, em recente entrevista para uma revista jurídica brasileira, observou que, paralelamente ao que representou o surgimento da Ética para a Filosofia, a redescoberta do Direito Civil deveria ser associada à eclosão das novas tecnologias. Com efeito, temas que há 20 anos sequer integravam a agenda jurídica, pouco a pouco passaram a exigir regulamentação. O direito civil, então, deixou de se preocupar com as categorias dogmáticas clássicas, que nem sempre motivavam os estudantes, e aceitou o desafio da contemporaneidade: a tecnologia, a eletrônica e os interesses coletivos exigiram a redefinição dos contornos da responsabilidade civil, da teoria dos bens e da disciplina contratual.

Não foi sem resistência que a civilística tradicional viu-se forçada a admitir, na pauta dos debates, questões atinentes ao meio ambiente, às relações de consumo, à disciplina da propriedade mobiliária e às novas figuras imobiliárias; ao biodireito e, especialmente, à monumental circulação de dados pelas redes tecnológicas, que altera de maneira significativa as bases teóricas dos negócios jurídicos, da proteção da personalidade, da responsabilidade contratual e extracontratual.

A obra de Guilherme Martins surge no âmbito do redespertar do direito civil contemporâneo e tem na formação dos contratos eletrônicos pela Internet o ponto de referência para a interessante e utilíssima exposição relativa aos problemas jurídicos suscitados pelas técnicas de contratação eletrônica. A pesquisa foi árdua e o resultado certamente pioneiro.

O autor oferece, assim, ao leitor uma excepcional oportunidade para tomar conhecimento dos problemas e das soluções para as controvérsias surgidas na celebração dos contratos nas redes tecnológicas. Já no primeiro capítulo esclarece, didaticamente, o modo de funcionamento da Internet. Coteja então as tendências à despatrimonialização e à repersonalização do direito civil com os padrões de eficiência técnica e a flexibilização contratual próprios da globalização, na expansão desenfreada da *lex mercatoria*, cujo desenvolvimento deve ser limitado pela ordem pública constitucional.

Em seguida, no segundo capítulo, o autor defende a validade e eficácia da manifestação de vontade por meio eletrônico, discorrendo acerca das respectivas técnicas de segurança – dentre as quais a criptografia, a estenografia e o uso de instrumentos biométricos –, bem como sobre o papel das chamadas *autoridades de certificação*, trazendo, por fim, um riquíssimo estudo acerca da regulação da matéria na legislação estrangeira, juntamente com os projetos de lei em tramitação no Congresso Nacional.

O momento da formação do contrato é o objeto do terceiro capítulo, em que o autor submete tais manifestações negociais às normas de proteção ao consumidor. São enfrentados os problemas relativos à oferta e publicidade, especialmente a aplicabilidade do prazo de arrependimento, em se tratando de contratos à distância, bem como a possível revogação da proposta e seus efeitos práticos.

A obra é a expressão da dissertação apresentada pelo autor no Programa de Pós-Graduação da Universidade do Estado do Rio de Janeiro, com a qual obteve o título de Mestre em Direito

Civil, perante banca examinadora que tive o prazer de compor, sendo seu orientador, juntamente com a honrosa participação dos ilustres Professores César Fiúza, Diretor da Faculdade de Direito da PUC-MG, e Heloísa Helena Barboza, Titular de Direito Civil da UERJ.

Guilherme Martins graduou-se na Faculdade de Direito da UERJ ainda muito jovem, tendo sido monitor – por concurso – da disciplina de direito comercial e bolsista de iniciação científica. Extremamente estudioso, tornou-se Promotor de Justiça em 1995 com apenas 22 anos. Desde então dedica-se ao magistério, sendo autor de inúmeros trabalhos científicos, incluindo a participação em obras coletivas, conferências, artigos em revistas especializadas e uma bem-sucedida experiência docente na UERJ. Desde 1999 é professor de Direito Civil na Universidade Candido Mendes, lecionando na Graduação e na Pós-Graduação. Sua obra revela cultura e preocupação didática, constituindo-se em precioso instrumento de pesquisa e de consulta para os estudiosos do direito civil e dos chamados novos direitos.

Gustavo Tepedino
Professor Titular de Direito Civil da
Faculdade de Direito da Universidade do Estado do Rio de Janeiro

APRESENTAÇÃO DA 1ª EDIÇÃO

Tivesse de repetir toda a minha trajetória acadêmica, bastariam os poucos prefácios que escrevi apresentando os livros dos meus ex-alunos para me sentir plenamente realizado.

Guilherme Magalhães Martins é um deles. Conseguiu produzir uma pequena joia, que enche de orgulho e satisfação o seu antigo mestre.

Conheci Guilherme nos idos de 1992, aluno calmo, muito sério, com frases carregadas de fina ironia; já se revelava à época uma pessoa especial.

Fazia parte da turma de 1994 da UERJ, da qual tive o privilégio de ser o patrono, a qual, com seis meses da colação de grau, já surpreendia o meio jurídico com oito aprovações, dentre elas a de Guilherme, para o concurso de ingresso no Ministério Público do Estado do Rio de Janeiro, que naquele ano somente logrou aprovar 28 candidatos. Assim, aquela turma obteve o percentual de quase 30% dos aprovados naquele difícil certame.

Neste livro, fruto de sua dissertação no curso de mestrado em direito civil pela Universidade do Estado do Rio de Janeiro, no qual foi aprovado com louvor, Guilherme procurou o desafio da novidade escrevendo sobre o processo de formação dos contratos de consumo via Internet, abordando tanto os atos necessários à implementação do contrato, como também todas as situações supervenientes, especialmente a possibilidade de revogação com as consequências daí advindas.

A estrutura do trabalho compreende, além da introdução, três capítulos.

No primeiro, o autor discorre sobre a situação da Internet no contexto da globalização, procurando, de um lado, possibilitar uma melhor compreensão dos problemas jurídicos que dela decorrem e, de outro, valorar as relações de consumo celebradas na Internet *vis a vis* com os princípios fundamentais da dignidade e da privacidade.

Na segunda parte, o autor trata do documento eletrônico: assinatura eletrônica, assinatura digital e criptografia, abordando questões relativas à prova, validade e segurança do documento eletrônico, além de empreender uma incursão no direito comparado com o estudo do tema em diversos países, tais como Espanha, Portugal, França, Itália, Alemanha, Reino Unido, Colômbia, Argentina, EUA etc.

Na terceira parte do trabalho, Guilherme trata do momento da formação do contrato, discorrendo sobre a incidência das normas de proteção ao consumidor, os contratos de adesão, as modalidades de oferta, inclusive via *e-mail*, a vinculação resultante da publicidade, os efeitos da revogação da oferta e a possibilidade de ser aplicado o prazo de arrependimento em benefício do consumidor, dentre outros temas.

A redação é clara e o autor assume posições sobre importantes questões técnicas e jurídicas apresentadas no curso da obra, destacando-se, ainda, a rica e atualizada bibliografia coligida. Foi um privilégio para mim a leitura deste livro, e tenho certeza de que será também para todos aqueles que derem o merecido crédito a esta bela obra jurídica.

Paulo Cezar Pinheiro Carneiro
Professor Titular de Teoria Geral do Processo da
Universidade do Estado do Rio de Janeiro

SUMÁRIO

INTRODUÇÃO 1

1 INTERNET E GLOBALIZAÇÃO 9
- 1.1 A sociedade globalizada 9
- 1.2 Internet 18
- 1.3 O tráfego jurídico na Internet e os valores fundamentais ligados à pessoa. As redes sociais virtuais. Proteção de dados pessoais e privacidade. *Profiling*. *Dark patterns* 35
    - 1.3.1 As fontes de direito e sua necessária conformação à ordem constitucional 53
- 1.4 Inteligência Artificial 60

2 DOCUMENTO ELETRÔNICO 69
- 2.1 Noção geral de documento. Assinatura eletrônica e assinatura digital. Criptografia 69
    - 2.1.1 Certificação digital 75
- 2.2 Aspectos probatórios do documento eletrônico. Proteção do consumidor e inversão do ônus da prova 78
- 2.3 Regulação da matéria no direito uniforme e na legislação estrangeira 80
    - 2.3.1 UNCITRAL 81
    - 2.3.2 Legislação estrangeira 82
        - 2.3.2.1 Espanha 82
        - 2.3.2.2 Portugal 84
        - 2.3.2.3 França 85
        - 2.3.2.4 Itália 86
        - 2.3.2.5 Alemanha 87
        - 2.3.2.6 Reino Unido 88
        - 2.3.2.7 CEE 89
        - 2.3.2.8 Colômbia 90
        - 2.3.2.9 Argentina 91
        - 2.3.2.10 Estados Unidos 91
- 2.4 Brasil 93

3 O MOMENTO E O LUGAR DA FORMAÇÃO DO CONTRATO 99
- 3.1 Incidência das normas de proteção do consumidor 99
- 3.2 Local da formação do contrato 107
- 3.3 Contratos de adesão 113
- 3.4 Identificação das partes. Os nomes de domínio. O estabelecimento virtual 116
- 3.5 Contratos conexos de consumo via Internet: fornecedores de intermediação e *sites* de compras coletivas. A economia compartilhada e o caso do Uber 121
    - 3.5.1 *Sites* de leilão e fornecedores de certificação 133
    - 3.5.2 *Sites* de compra coletiva 138

3.6		As restrições ao uso da Internet fixa: neutralidade e proteção dos consumidores	146
3.7		ODRs e conflitos repetitivos nas relações de consumo	147
3.8		Oferta eletrônica	151
	3.8.1	Modalidades da oferta	160
	3.8.2	A vinculação resultante da publicidade	163
	3.8.3	A oferta via *e-mail* se equipara à oferta postal convencional?	171
	3.8.4	A revogação da oferta e seus efeitos	175
	3.8.5	Aplicabilidade do prazo de arrependimento em benefício do consumidor	177
3.9		*Smart contracts*	180

4 A REGULAMENTAÇÃO CIVIL DA INTERNET NO BRASIL 185

4.1		A atualização do Código de Defesa do Consumidor e o comércio eletrônico – PL nº 3.514/2015 e o Decreto nº 7.962/2012	185
4.2		O Decreto nº 7.962/2013	185
4.3		O PL Nº 3.514/2015	189
4.4		O Marco Civil da Internet no Brasil – Lei nº 12.965/2014	209
4.5		A Lei Geral de Proteção de Dados e sua principiologia	225
	4.5.1	Dados pessoais e consumo. Panorama da LGPD	228
	4.5.2	Os princípios gerais da proteção de dados pessoais	242
		4.5.2.1 Princípio da boa-fé	242
		4.5.2.2 Princípio da finalidade	243
		4.5.2.3 Princípio da adequação	245
		4.5.2.4 Princípio da necessidade	245
		4.5.2.5 Princípio do livre acesso	245
		4.5.2.6 Princípio da qualidade dos dados	246
		4.5.2.7 Princípio da transparência	246
		4.5.2.8 Princípio da segurança	248
		4.5.2.9 Princípio da prevenção	248
		4.5.2.10 Princípio da não discriminação	248
		4.5.2.11 Princípio da responsabilização e da prestação de contas	250

BIBLIOGRAFIA **253**

INTRODUÇÃO

Este livro dedica-se aos contratos de consumo realizados por meio eletrônico[1] na Internet – rede de telecomunicações transnacional por excelência –, com especial ênfase na formação dos contratos, direito de arrependimento e direito de informação.

Após o exame de todas as fases da formação do contrato, desde a etapa pré-contratual até a pós-contratual, serão enfocadas as possíveis circunstâncias supervenientes, tais quais a revogação da proposta e suas possíveis consequências.

A partir do emprego da expressão *contratos de consumo*,[2] pretende-se delimitar a pesquisa de modo a abranger tão somente aquelas relações contratuais em que os consumidores, ou seja, pessoas naturais ou jurídicas de direito privado, na condição de destinatários finais de determinado bem ou serviço (art. 2º, Lei nº 8.078/1990), aparecem ligados a um fornecedor de dita prestação, o que enseja um possível desequilíbrio entre os contratantes. Essa terminologia, aqui adotada por uma opção metodológica, engloba tanto os contratos civis como os mercantis,[3] embora a expressão *comércio eletrônico* tenha maior abrangência, englobando também as relações B2B (*business to business*) e B2G (*business to government*).

A especificidade do contrato eletrônico provém da circunstância de ser concluído por meio da transmissão de dados através de computadores, não se constituindo em um novo tipo contratual ou categoria autônoma, mas apenas em nova técnica de formação e execução contratual.

Logo, aplica-se a qualquer categoria de contrato, típico ou atípico, que possa ser formalizado por meio eletrônico. Desse modo, pode haver contrato de compra e venda, locação, prestação de serviços ou mesmo seguro concluído por meio eletrônico.[4]

---

[1] Para o professor Newton De Lucca, "o comércio eletrônico nada mais é do que o conjunto das relações jurídicas celebradas no âmbito do espaço virtual que têm por objeto a produção ou circulação de bens ou de serviços. Por serem celebradas, como se disse, no âmbito do espaço virtual, devem ser consideradas como feitas a distância, tal como se entendeu, acertadamente, na União Europeia" (DE LUCCA, Newton. Aspectos atuais da proteção aos consumidores no âmbito dos contratos informáticos e telemáticos. *In*: DE LUCCA, Newton; SIMÃO FILHO, Adalberto [coord.]. *Direito & Internet*; aspectos jurídicos relevantes. São Paulo: Quartier Latin, 2008. v. II, p. 48). O meio eletrônico pode incluir técnicas como telefone, rádio, satélites, fibras óticas, ondas eletromagnéticas, raios infravermelhos, telefones celulares ou telefones com imagens, videotexto, microcomputadores, televisão com teclado ou tela de contato, serviços de acesso a *e-mails,* computadores ou *pages wireless,* dentre outras (cf. MARTINS, Guilherme Magalhães. *Responsabilidade civil por acidente de consumo na internet.* São Paulo: Revista dos Tribunais, 2008. p. 30).

[2] Como bem sublinha Nelson Nery Jr. (*Código Brasileiro de Defesa do Consumidor.* Rio de Janeiro: Forense Universitária, 1997. p. 342), "objeto de regulamentação pelo Código de Defesa do Consumidor é a relação de consumo, assim entendida a relação jurídica existente entre fornecedor e consumidor tendo como objeto a aquisição de produtos ou utilização de serviços pelo consumidor. As relações privadas em geral (civis e comerciais) continuam a ser regidas pelos Código Civil, Código Comercial e legislação extravagante [...]. O CDC não fala de 'contrato de consumo', 'ato de consumo', 'negócio jurídico de consumo', mas de relação de consumo, termo que tem sentido mais amplo do que aquelas expressões".

[3] MARQUES, Claudia Lima. *Contratos no Código de Defesa do Consumidor.* 3. ed. São Paulo: Revista dos Tribunais, 1998. p. 140.

[4] BARBAGALO, Erica Brandini. *Contratos eletrônicos.* São Paulo: Saraiva, 2001. p. 48-49.

Deve-se buscar um novo paradigma para a confiança dos consumidores, na proteção das suas expectativas legítimas, de modo que se permita, nas palavras de Claudia Lima Marques,

> "estabelecer a necessária proteção qualificada do usuário-leigo, através de exigências de mais informação e mais transparência, mais cooperação quanto à possibilidade de arrependimento e reflexão, mais segurança nas formas de pagamento no meio eletrônico e mais cuidado com relação aos dados coletados neste meio".[5]

A estrutura do trabalho inclui, além da introdução, quatro capítulos – cujo conteúdo será a seguir resumido, sendo explicitadas na parte final as conclusões decorrentes da pesquisa.

O capítulo inicial tem por objetivo a situação do tema no panorama[6] ou pano de fundo da globalização, mediante referência às relações de poder próprias do momento histórico em que vivemos, nos planos político, econômico e jurídico, bem como às respectivas repercussões sobre o objeto.

A despeito da preocupação afeita à delimitação do tema, não seria possível negligenciar uma visão de sistema inevitável à perfeita compreensão do assunto, ou à interdisciplinaridade que o permeia, ainda que este primeiro capítulo apresente uma feição preambular.

Se o significado mais profundo trazido pela ideia de globalização, como acentua Zygmunt Bauman,[7] consiste no "*caráter indeterminado, indisciplinado e de autopropulsão dos assuntos mundiais*", em virtude da ausência de um centro de controle, de uma comissão diretora ou de um gabinete administrativo, a Internet – marcada pelo caráter transnacional e descentralizado e pela ausência de um proprietário,[8] o que simultaneamente vem a fortalecê-la e enfraquecê-la[9] – é, no campo tecnológico, uma das facetas mais emblemáticas da nova ordem.

Passar-se-á, em seguida, à abordagem de algumas características próprias da Internet, bem como os respectivos meios e recursos de comunicação, dentre os quais o correio eletrônico (*e-mail*), as discussões públicas (*newgroups*) e os serviços de informação (como os protocolos FTP – *File Transfer Protocol* e a WWW – *World Wide Web*), o que permitirá, numa etapa posterior, uma correlação em face dos meios de transmissão da oferta nas figuras contratuais enfocadas. O objetivo, nesse ponto, é possibilitar uma melhor compreensão acerca do que é e de que forma atua a Internet, de modo a fornecer uma visão mais acurada dos problemas jurídicos dela decorrentes,[10] no tocante às hipóteses a serem levantadas ao longo deste estudo.

Termina o primeiro capítulo com a valoração das relações de consumo celebradas via Internet em face dos princípios fundamentais da dignidade e privacidade, de sede constitucional, impulsionados pelo movimento de "despatrimonialização" e "repersonalização" do Direito Civil, provocando uma intervenção dialética sobre a autonomia privada, que deve se conformar em face daquelas diretivas, por meio da funcionalização dos negócios jurídicos e das fontes do Direito em geral em direção ao livre desenvolvimento da pessoa.

---

[5] *Confiança no comércio eletrônico e a proteção do consumidor*. São Paulo: Revista dos Tribunais, 2004. p. 33-34.

[6] ECO, Umberto. *Como se faz uma tese*. Tradução de Gilson Cesar Cardoso de Souza. São Paulo: Perspectiva, 1983. p. 7 e ss. FERREIRA SOBRINHO, José Wilson. *Pesquisa em direito e redação de monografia jurídica*. Porto Alegre: Sergio Antonio Fabris Editor, 1997. p. 44 e ss.

[7] *Globalização*: as consequências humanas. Rio de Janeiro: Jorge Zahar Editor, 1998. p. 67.

[8] O que não significa falta de controles multiníveis da rede: ERIKSSON, Johan; GIACOMELLO, Giampiero. Who controls the internet? Beyond the obstinacy or obsolescence of the state. *International Studies Review*, v. 11, n. 1, p. 205-230, 2009. Disponível em: https://doi.org/10.1111/j.1468-2486.2008.01841. Acesso em: 2 mar. 2023.

[9] TERRETT, Andrew. A Lawyer's Introduction to the Internet. *In*: EDWARDS, Lilian; WAELDE, Charlotte (coord.). *Law and the internet*: regulating cyberspace. Oxford: Hart Publishing, 1997. p. 17.

[10] EDWARDS, Lilian; WAELDE, Charlotte (coord.). *Law and the internet*: regulating cyberspace. Oxford: Hart Publishing, 1997. p. 3: Introduction.

No segundo capítulo ("*Documento eletrônico*"), além do confronto entre documento escrito e documento eletrônico, de um lado, e assinatura formal e assinatura eletrônica, de outro, serão tratadas questões relativas à prova, validade e segurança do documento eletrônico, esta última situada na ordem do dia, em face dos constantes ataques de *hackers* aos principais *sites* de oferta de produtos e serviços do País e do mundo, que têm reacendido um dos maiores obstáculos para o desenvolvimento de tais formas contratuais: o medo do consumidor,[11] o que se busca evitar por meio dos processos de criptografia assimétrica.

O terceiro capítulo concentra a problemática da incidência das normas de proteção do consumidor desde o encontro entre as manifestações de vontade das partes, ou seja, oferta e aceitação, buscando-se o seu enquadramento na categoria dos contratos de adesão, cujo conteúdo aparece sempre pré-constituído por uma das partes.

Outros pontos a serem enfrentados são a identificação das partes, por meio do nome de domínio e do endereço eletrônico e, em seguida, a oferta eletrônica, à luz do direito à informação adequada titularizado pelo consumidor, bem como da dogmática dos contratos a distância, devendo ser questionada, ainda, a autorregulação pelos membros da rede, mediante códigos deontológicos.

Ainda no terceiro capítulo, estudar-se-á a vinculação decorrente dos informes publicitários, os quais são equiparados, em face do Código de Defesa do Consumidor (Lei nº 8.078/1990), à própria oferta; logo depois, discriminar-se-ão as modalidades na qual esta pode ser formulada (mediante oferta ao público, negociações preliminares ou mediante correio eletrônico, em face de um sujeito determinado).

A contratação por correio eletrônico será confrontada em face da oferta postal convencional, de modo a precisar o momento da conclusão do contrato.

Serão ainda desenvolvidos no terceiro capítulo a revogação da oferta e suas possíveis consequências, caso venha a ocorrer antes do decurso do prazo para aceitação, bem como a aplicabilidade do prazo de arrependimento em benefício do consumidor, em se tratando de contratos celebrados fora do estabelecimento comercial.

O quarto capítulo tratará da regulamentação civil da Internet no ordenamento nacional, a partir da edição da Lei nº 12.965, de 23.04.2014 (Marco Civil da Internet no Brasil) e do Dec. nº 7.962, de 15.03.2013, relativo ao comércio eletrônico, abrangendo na sua principiologia os seguintes aspectos (art. 1º): (i) informações claras a respeito do produto, do serviço e do fornecedor; (ii) atendimento facilitado ao consumidor; e (iii) respeito ao direito de arrependimento.

O contrato, definido por Enzo Roppo[12] como a formalização jurídica de uma operação econômica, possui um forte conteúdo de historicidade e relatividade, jurisdicizando o fenômeno que aparece de maneira mais contínua no dia a dia das pessoas, ao longo dos tempos, eis que "*até mesmo quando se está dormindo, consome-se bens ou serviços fornecidos em massa*".[13]

É na modalidade de contrato eletrônico celebrada via Internet, grassando as relações de consumo daí decorrentes, tendo como objeto a compra e venda de bens ou a prestação de serviços, que, mais do que nunca, se acentuam os fatores sociológicos e psicológicos que, segundo Jean Carbonnier,[14] evidenciam a superação da vontade como fator exclusivo da estrutura contratual, dando-se ênfase a elementos lúdicos e afetivos, ligados ao sentimento e à paixão, como

---

[11] GALBRAITH, Robert. Hora do pesadelo chega à rede. *Jornal do Brasil*, Rio de Janeiro, 13 fev. 2000. Caderno Economia, p. 1.
[12] *O contrato*. Trad. Ana Coimbra e M. Januário C. Gomes. Coimbra: Almedina, 1988. p. 9.
[13] NETO LÔBO, Paulo Luiz. Contrato e mudança social. *Revista dos Tribunais*, São Paulo, v. 722, p. 40, dez. 1995.
[14] *Flexible droit*: pour une sociologie du droit sans rigueur. 7. ed. Paris: LGDF, 1992. p. 290.

se dá nos negócios em geral, do bazar oriental ao *shopping center*, de sorte que "*les mécanismes purement économiques ne suffisent pas à rendre raison de ce plaisir de contracter*".[15]

Destaca-se, pois, na passagem dos engenhos automáticos à informática, especialmente no campo das relações de consumo, a denominada contratação *não ponderada*, a partir das técnicas publicitárias e poderosos sistemas de recomendação algorítmicos, por meio de uma artificiosa criação de necessidades, figurando como ápice e protagonista da dissolução do sistema voluntarista,[16] acarretando, dentre outros problemas, o superendividamento dos consumidores.

O objetivo a ser perseguido pelo Direito do Consumidor é superar ou ao menos minimizar esse cenário, por intermédio da plena adequação informativa, de modo que, a partir do acurado conhecimento do produto ou serviço e de suas funcionalidades, a oferta possa corresponder à intenção do consumidor de receber aquilo que efetivamente deseja.

Embora os contratos de consumo eletrônicos se ressintam da falta de uma definição, seja legal, seja jurisprudencial, suas características fundamentais se referem ao meio da oferta, formulada através de uma rede internacional de telecomunicações, de modo audiovisual – colocando à disposição do público sinais, escritos, imagens ou mensagens –, e à interatividade[17] entre profissional e cliente, cuja aceitação se expressa pelo mesmo meio, seja em tempo real, ou por intermédio do correio eletrônico (*e-mail*).[18]

Assim como se dá em todos os setores da vida social e do Direito atingidos pelo impacto tecnológico da globalização, o fenômeno contratual se ressente da falta de regulamentação legal, decorrente das próprias circunstâncias do nascimento e desenvolvimento da rede, as quais podem satisfatoriamente explicá-la,[19] devendo ser oportunamente tratadas neste trabalho – dado esse que reflete a crise de identidade por que vem passando o Estado.

É verdade que em certas matérias as regras já existentes podem sofrer um processo de adaptação, como ocorre, por exemplo, no que concerne à classificação e interpretação dos contratos, à disciplina das respectivas cláusulas ou na seara da responsabilidade civil, à guisa de exemplificação.[20]

Porém, há certos pontos que reclamam por uma nova regulação, tais quais a conclusão, prova e forma do contrato – as duas últimas por meio do documento eletrônico, cuja equiparação ao escrito é uma realidade em face do ordenamento jurídico nacional –, além de novas modalidades, como os *smart contracts*, mostrando-se insuficiente a disciplina jurídica tradicional.[21]

---

[15] Erik Jayme fala de uma certa "emocionalidade" no discurso jurídico, com elementos sociais, ideológicos e de fora do sistema que passam a influenciar nas argumentações e decisões jurídicas: JAYME, Erik. *Identité culturelle et intégration*: le droit international privé postmoderne. The Hague/Boston/London: Martinus Nijhoff Publishers, 1995. (Recueil des Cours de l'Académie de Droit International de la Haye, v. 251).

[16] Em sentido contrário, o magistério de PONTES DE MIRANDA (cf. *Tratado de direito privado*. Rio de Janeiro: Borsoi, 1972. v. 38, p. 31), no sentido de que não se pode negar o que há de ato autônomo no gesto de quem põe a moeda no orifício do aparelho telefônico para conseguir a ligação. Porém, não se pode falar, para o eminente professor, com o qual não se pode deixar de forma alguma de concordar, em ausência de manifestação de vontade, mas em hipóteses nas quais o conteúdo de tal manifestação já se encontrava preestabelecido, mas tal afirmativa já implica por si só a admissão do processo de enfraquecimento sofrido pelo voluntarismo.

[17] O termo *interatividade* é definido por José de Oliveira Ascensão (*Direito autoral*. Rio de Janeiro: Forense, 1998. p. 681) como "*a potencialidade de comunicação de todos os pontos para todos os pontos*". Van Djik traz quatro níveis de interatividade: espacial, temporal, comportamental e mental (VAN DJIK, Jan. *The network society*. 4. ed. London: Sage, 2020. p. 9-10).

[18] ITAENU, Olivier. *Internet et le droit*: aspects juridiques du commerce électronique. Paris: Eyrolles. 1996. p. 23-27.

[19] BERTRAND, André; PIETTE-COUDOL, Thierry. *Internet et le droit*. Paris: PUF, 1999. p. 8.

[20] ALPA, Guido. Premessa. *In*: TOSI, Emilio (coord.). *I problemi giuridici di internet*. Milano: Giuffrè, 1999. p. XV-XVI.

[21] ALPA, Guido. Premessa. *In*: TOSI, Emilio (coord.). *I problemi giuridici di internet*. Milano: Giuffrè, 1999. p. 16.

Isso vem a desaguar, no caso da Internet, na insegurança própria da *"síndrome de vazio jurídico"*,[22] na medida em que a chamada "Netiqueta" – modalidade de autorregulação pelos membros da rede, constituindo verdadeira fonte deontológica, frequentemente baseada no elemento costumeiro, mais condizente com a tradição e vivência dos seus usuários anglo-saxões[23] – comprova o primado da *lex mercatoria*, erigida em direito paralelo ao estatal.

Cria-se, portanto, uma espécie de direito de produção não estatal, em que o costume assume papel fundamental, sobretudo em matéria de relações de comércio (*lex mercatoria*), considerada a importância do elemento consuetudinário enquanto fonte do Direito Comercial.

Tais códigos de conduta devem ter aplicação apenas subsidiária às relações jurídicas em exame, diante da primazia que deve ser atribuída às normas de direito comunitário, aos tratados e convenções internacionais e ao direito positivo interno de cada país.

Então, vários pontos relativos à disciplina de tais relações jurídicas reclamam por uma definição por parte do legislador, mostrando-se indispensável, no tocante a aspectos particulares do tema, à invocação do direito estrangeiro e ao subsídio da doutrina estrangeira, o que significa, na concepção de Caio Mário da Silva Pereira,[24] valer-se do Direito Comparado e beber de suas fontes, o que não quer dizer, porém, fazer Direito Comparado, do ponto de vista científico, tarefa essa que restaria inviável nestas breves linhas.

A perspectiva a ser empregada, sob o prisma do método, será tão somente microcomparativa[25] – tendo seu foco principal a regulação de instituições e problemas específicos, refugindo aos lindes desta abordagem a tarefa da macrocomparação, referida ao espírito e estilo de diferentes sistemas, sob o prisma da generalidade.

O objetivo deste trabalho é, portanto, uma abordagem comparativista, buscando, especialmente nos aspectos que ainda sofrem a ausência de uma regulação, referência às normas vigentes nos sistemas jurídicos do *common law*, como o norte-americano e o britânico, bem como nos sistemas continentais, como o italiano, o francês e o espanhol, dentre outros.

O confronto entre uns e outros deve fornecer as conclusões decorrentes da visão dos pontos em que eles se diferenciam e dos que apresentam marcada analogia,[26] de modo a propiciar uma melhor perspectiva do problema à luz do nosso direito.

Outrossim, a Comissão de Direito do Comércio Internacional da Organização das Nações Unidas (UNCITRAL) da ONU (Organização das Nações Unidas), em 1996, editou lei modelo acerca do comércio eletrônico, visando à uniformização de regras sobre o assunto, propondo as principais normas a serem adotadas nas legislações nacionais, o que merecerá nossa oportuna atenção, inclusive na previsão de deveres de lealdade e confiabilidade próprios da boa-fé contratual. Da mesma forma, será abordada a proposta de diretiva da UNCITRAL acerca da assinatura eletrônica, a qual remonta a 1998, trazendo ainda importantes disposições acerca dos certificados de autenticação e autoridades certificadoras.[27]

A Assembleia Geral da ONU, em 22 de dezembro de 2015, aprovou novas diretrizes, direcionadas especialmente ao direito de acesso a bens e serviços essenciais e à proteção dos

---

[22] ITAENU, Olivier. *Internet et le droit*: aspects juridiques du commerce électronique. Paris: Eyrolles. 1996. p. 7-8.
[23] BERTRAND, André; PIETTE-COUDOL, Thierry. *Internet et le droit*. Paris: PUF, 1999. p. 6.
[24] Direito comparado, ciência autônoma. *Revista Forense*, v. 146, p. 4, mar./abr. 1953.
[25] ZWEIGERT, Konrad; KÖTZ, Hein. *Introduction to comparative law*. Oxford: Clarendon Press, 1998. p. 4-5.
[26] PEREIRA, Caio Mário da Silva. Direito comparado, ciência autônoma. *Revista Forense*, Rio de Janeiro, v. 146, p. 28, mar./abr. 1953. O autor, ao identificar a invocação do direito estrangeiro como subsídio para uma tese centrada no direito nacional, afirma que esta normalmente se faz por meio da viagem por numerosos corpos de direito positivo, ao passo que os trabalhos de finalidade comparatista quase sempre limitam seu campo de operação a dois sistemas, restrição essa imposta pela necessidade prática da divisão de trabalho.
[27] Disponível em: http://www.uncitral.org/uncitral/en/index.html. Acesso em: 7 dez. 2007.

consumidores no comércio eletrônico, a qual deve ser assegurada de forma equivalente à dos negócios tradicionais, sobretudo do ponto de vista da informação.

Já no campo do direito comunitário europeu,[28] se reveste de grande importância a Diretiva nº 2011/83/UE, de 25 de outubro de 2011 (*Consumer Rights Directive*),[29] de escopo mais amplo, que revogou a Diretiva nº 97/7/CE, de 20 de maio de 1997, que versava apenas sobre as vendas a distância com *marketing* direto,[30] incluindo métodos tais quais o envio de prospectos, com carta-resposta, os catálogos para compras, a venda pelo telefone, videotexto, pela televisão, *telefax*, *teleshopping* e, por fim, os computadores, por intermédio dos recursos próprios do *e-mail* e da *home page*.[31]

Especificamente quanto à regulamentação jurídica da Internet, foram recentemente aprovadas na Comissão Europeia duas normas de grande importância para a matéria, a serem oportunamente estudadas, a saber, a Diretiva nº 1999/93/CE, de 13 de dezembro de 1999, relativa à firma eletrônica, e a Diretiva nº 2000/31/CE, de 8 de junho de 2000, que diz respeito aos serviços da sociedade de informação, em especial o comércio eletrônico.[32]

A Diretiva nº 2000/31 foi alterada em parte pelo *Digital Services Act*, Regulamento (UE) 2022/2065 do Parlamento Europeu e do Conselho, de 19 de outubro de 2022, tendo por objetivo "contribuir para o bom funcionamento do mercado interno para serviços intermediários, mediante o estabelecimento de regras harmonizadas para um ambiente em linha seguro, previsível e fiável, que facilite a inovação e no qual os direitos fundamentais consagrados na Carta, incluindo o princípio da defesa dos consumidores, sejam efetivamente protegidos" (art. 1º), sobretudo do ponto de vista da segurança e da informação.

Foi aprovado, em 27 de abril de 2016, o Regulamento UE 2016/79, do Parlamento Europeu e do Conselho, relativo à proteção das pessoas físicas no que diz respeito ao tratamento de dados pessoais e à livre circulação desses dados, revogando a Diretiva nº 95/46/CE (Regulamento Geral sobre a Proteção de Dados). Dentre as principais inovações do novo Regulamento, devem ser mencionadas a maior abrangência no conceito de dados sensíveis e o reconhecimento dos novos direitos ao esquecimento e à portabilidade de dados pessoais.

---

[28] Para uma visão acerca do estado da arte no tema, recomenda-se ALPA, Guido. Il diritto dei consumatori: un laboratorio per i giuristi. *In*: ALPA, Guido; CONTE, Giuseppe; DI GREGORIO, Valentina; FUSARO, Andrea; PERFETTI, Ubaldo. *Il diritto del consumi*: aspetti e problemi. Napoli: Edizioni Scientifiche Italiane, 2010.

[29] Segundo os Considerandos 1 e 2 da Diretiva nº 2011/83/UE, "(1) A Directiva 85/577/CEE do Conselho, de 20 de Dezembro de 1985, relativa à protecção dos consumidores no caso de contratos negociados fora dos estabelecimentos comerciais, e a Directiva 97/7/CE do Parlamento Europeu e do Conselho, de 20 de Maio de 1997, relativa à protecção dos consumidores em matéria de contratos a distância, consagram um determinado número de direitos contratuais dos consumidores. (2) Essas directivas foram revistas à luz da experiência adquirida, com vista a simplificar e actualizar as regras aplicáveis, eliminar incoerências e colmatar as lacunas indesejáveis dessas regras. Essa revisão mostrou ser conveniente substituir as duas directivas em questão por um único instrumento, a presente directiva. Por conseguinte, a presente directiva deverá estabelecer normas-padrão para os aspectos comuns dos contratos a distância e dos contratos celebrados fora do estabelecimento comercial, afastando-se do princípio da harmonização mínima subjacente às directivas anteriores e permitindo aos Estados-Membros manter ou adoptar regras nacionais".

[30] Tal diretiva possui o campo de aplicação bem delimitado, excluindo operações tais quais o *telebanking* (art. 3º), bem como todos os contratos financeiros referidos no Anexo II, que traz uma lista não exaustiva. São ainda excluídos, dentre outros, os contratos celebrados com operadores utilizando cabines telefônicas públicas, os contratos envolvendo bens imóveis, salvo no caso do arrendamento, bem como os contratos celebrados por ocasião de leilões.

[31] SCHMITT, Marco Antonio. Contratações à distância: a Diretiva 97/7 da Comunidade Europeia e o Código Brasileiro de Defesa do Consumidor. *Revista de Direito do Consumidor*, São Paulo, v. 25, p. 63, jan./mar. 1998.

[32] REICH, Norbert; MICKLITZ, Hans W. Economic law, consumer interests, and EU integration. *In*: REICH, Norbert; MICKLITZ, Hans W.; ROTT, Peter; TONNER, Klaus. *European consumer law*. London: Intersentia, 2014. p. 36-37.

A tendência natural aponta, pois, para a necessidade de se unificar o tratamento dado a questões comuns a todas as nações,[33] no contexto da globalização, acompanhado por uma forçosa relação de interdependência e maior integração entre os Estados, o que concorre para a solução das várias indagações trazidas à baila pela grande rede. Isso justifica todo o esforço internacional no sentido da harmonização da regulamentação da Internet, a partir das disposições do direito comunitário europeu e de alguns ordenamentos nacionais, lado a lado com a lei modelo da UNCITRAL sobre comércio eletrônico.

Com efeito, o principal obstáculo legal a tais práticas negociais, apontado pelos conferencistas do simpósio *Responding to the legal obstacles to electronic commerce in Latin America*, realizado entre 29 de setembro e 1º de outubro de 1999 em Washington, reunindo estudiosos de todos os países latino-americanos e da América do Norte, inclusive a equipe à qual foi cometida a tarefa de reforma da legislação norte-americana acerca da matéria, vem a ser – em face dos múltiplos esforços legislativos empreendidos pelos países latino-americanos, levando a uma proliferação normativa – a resistência às tentativas de harmonização e a restrição às novas tecnologias a serem introduzidas, na hipótese de tais regulações não serem tecnologicamente neutras.[34]

Dentre os obstáculos não legais, foram arrolados no mesmo simpósio a deficiência da infraestrutura de telecomunicações e de acesso à Internet, a segurança das redes, a falta de aparelhamento e preparação do Poder Judiciário, a necessidade de financiamentos e investimentos estrangeiros e a necessária implantação de uma cultura de consumo.[35]

Não pode ser negado que o Código de Defesa do Consumidor (Lei nº 8.078, de 11 de setembro de 1990) se aplica plenamente a tais relações de consumo, especialmente no tocante à formação dos contratos, nas suas seções relativas à oferta (arts. 30 a 35), à publicidade (arts. 36 a 38), às disposições gerais sobre a proteção contratual (arts. 46 a 50) e no tocante aos contratos de adesão (art. 54). A edição do Dec. nº 7.962/2013, regulamentando o Código de Defesa do Consumidor, em matéria de comércio eletrônico, afasta a sensação de vazio jurídico que sempre permeou a matéria, como observado nas edições anteriores desta obra.

O Projeto de Lei nº 3.514/2015, que atualiza o Código de Defesa do Consumidor em matéria de comércio eletrônico, também é um passo importante nesse sentido, assim como o Marco Civil da Internet (Lei nº 12.965, de 23 de abril de 2014), que igualmente regula a matéria, baseando-se em três premissas: liberdade de expressão, neutralidade da rede e privacidade.

---

[33] LIMA NETO, José Henrique Barbosa Moreira. Aspectos jurídicos do documento eletrônico. p. 4. Disponível em: https://jus.com.br/artigos/1780/aspectos-juridicos-do-documento-eletronico. Acesso em: 23 jan. 2009.
[34] *Arizona Journal of International and Comparative Law*, Tucson, v. 17, n. 1, p. 15, 2000.
[35] *Arizona Journal of International and Comparative Law*, Tucson, v. 17, n. 1, p. 15, 2000.

1
INTERNET E GLOBALIZAÇÃO

1.1 A SOCIEDADE GLOBALIZADA

Vivemos o paradoxo de uma sociedade globalizada, após o ocaso do Estado liberal e do Estado social de direito, momentos históricos esses que, a partir da afirmação da teoria individualista da sociedade, acompanharam a evolução dos direitos do cidadão[1] em suas diversas etapas.[2]

Trata-se de fenômeno que atingiu de maneira diferenciada as várias nações, sendo as diferentes tradições de cidadania usualmente definidas de acordo com os respectivos *eixos de movimento*.

O movimento pode ocorrer de baixo para cima[3] – como é o caso da trajetória francesa, por meio da luta pelos direitos civis e políticos travada na ação revolucionária, levando à transformação do Estado, bem como da experiência norte-americana – ou de cima para baixo, como ocorreu na Alemanha, onde ser cidadão seria quase sinônimo de ser leal ao Estado, faltando-lhe, porém, a energia associativa do cidadão norte-americano.[4]

Essa tipologia, diga-se, não se aplica exatamente ao Brasil, embora, em função da centralidade historicamente ocupada pelo Estado, a cidadania brasileira esteja mais próxima da alemã, ainda que subsistam diferenças de grande monta entre ambas.

---

[1] BOBBIO, Norberto. *A era dos direitos*. Tradução de Carlos Nelson Coutinho. Rio de Janeiro: Campus, 1992. p. 3.

[2] BOBBIO, Norberto. *A era dos direitos*. Tradução de Carlos Nelson Coutinho. Rio de Janeiro: Campus, 1992. p. 6. Para o autor, trata-se de direitos que "Nascem quando devem ou podem nascer. Nascem quando o aumento do poder do homem sobre o homem – que acompanha inevitavelmente o progresso técnico, isto é, o progresso da capacidade do homem de dominar a natureza e os outros homens – ou cria novas ameaças à liberdade do indivíduo, ou permite novos remédios para as suas indigências: ameaças que são enfrentadas através de demandas de limitações do poder; remédios que são providenciados através da exigência de que o mesmo poder intervenha de modo protetor. Às primeiras, correspondem os direitos de liberdade, ou um não-agir do Estado; aos segundos, os direitos sociais, ou uma ação positiva do Estado. Embora as exigências de direitos possam estar dispostas cronologicamente em diversas fases ou gerações, suas espécies são sempre – com relação aos poderes constituídos – apenas duas: ou impedir os malefícios de tais poderes ou obter seus benefícios. Nos direitos de terceira e quarta geração, podem existir direitos tanto de uma quanto de outra espécie".

[3] Mais uma vez citando Norberto Bobbio, *A era dos direitos*. Tradução de Carlos Nelson Coutinho. Rio de Janeiro: Campus, 1992. p. 4: "a afirmação dos direitos do homem deriva de uma radical inversão de perspectiva, característica da formação do Estado moderno, na representação da relação política, ou seja, na relação Estado/cidadão ou soberano/súditos: relação que é encarada, cada vez mais, do ponto de vista dos direitos dos cidadãos não mais súditos, e não do ponto de vista dos direitos do soberano, em correspondência com a visão individualista da sociedade, *segundo a qual, para compreender a sociedade, é preciso partir de baixo, ou seja, dos indivíduos que a compõem*, em oposição à concepção orgânica tradicional, segundo a qual a sociedade como um todo vem antes dos indivíduos". (g.n.).

[4] CARVALHO, José Murilo de. Cidadania: tipos e percursos. *Estudos históricos*, Rio de Janeiro, v. 9, n. 18, p. 338, 1996.

Várias características próprias da cidadania alemã, como a forte identidade nacional, baseada na própria etnia e na tradição de obediência rígida ao poder e às leis, evidentemente, estão ausentes de nossa cultura, marcada por profundas contradições, na medida em que a grande dependência em relação ao Estado e o extremado legalismo se contrapõem à atitude frequentemente desrespeitosa, cínica e anarquizante diante do poder e das leis.[5]

Afora as peculiaridades próprias de cada Estado nacional, podem ser reunidas algumas características comuns à tradição ocidental no processo de transformação do ente estatal em relação aos cidadãos, a partir do despontar do liberalismo.

O Estado liberal, pode-se dizer, foi marcado pela separação rígida entre sociedade e Estado, reinando o ideário individualista e restringindo-se a intervenção estatal a assegurar o pleno exercício da autonomia privada, dentre as liberdades públicas, figurando a propriedade, então, como instituto central.

Tal época foi marcada pelas grandes codificações, como a francesa de 1804 e a alemã de 1896, ambas – ainda que em circunstâncias históricas distintas – servindo aos interesses de uma classe burguesa, em detrimento da noção de pessoa,[6] supondo um homem fictício, abstrato e imaginário, detentor de prerrogativas inalienáveis.[7]

Já o Estado social de direito tem como características mais marcantes o intervencionismo e dirigismo estatais, inexistindo delimitação tão extrema entre sociedade e Poder Público, restringindo-se a autonomia da vontade com vistas a evitar os abusos decorrentes do seu exercício;[8] o voluntarismo cede lugar ao obrigacionismo, passando o Direito a desempenhar o papel de correção das aspirações individuais, vinculando-se a eficácia do negócio à observância da lei, e não mais ao dogma da vontade.[9]

Surge ainda em tal momento, já em meados do século XX, por intermédio do constitucionalismo social, uma segunda geração de direitos a reclamar por uma prestação positiva do Estado, ditos direitos sociais, dentre os quais o direito ao trabalho, à habitação digna e à saúde.[10]

Essas prerrogativas se relacionam com a liberdade outrora reconhecida, por constituírem a base da sua efetivação, pois, sem a dignidade humana decorrente desta segunda geração, não se pode falar em homens livres, o que pressupõe a possibilidade de optar.[11]

---

[5] CARVALHO, José Murilo de. Cidadania: tipos e percursos. *Estudos históricos*, Rio de Janeiro, v. 9, n. 18, p. 339, 1996.

[6] CARVALHO, Orlando de. *Para uma teoria da relação jurídica civil*: a teoria geral da relação jurídica. Coimbra: Centelha, 1981. p. 43.

[7] VILLELA, João Baptista. Por uma nova teoria dos contratos. *Revista Forense*, São Paulo, v. 261, p. 28, 1978.

[8] GILMORE, Grant. *The death of contract*. 2. ed. Columbus: The Ohio State University Press, 1995. p. 104. Para o autor, "o declínio e a queda da teoria geral do contrato e, na maior parte, da economia do *laissez-faire*, podem ser vistos como um reflexo remoto da transição do individualismo do século XIX para o Estado do bem-estar social". (tradução livre).

[9] LORENZETTI, Ricardo Luis. *Fundamentos do direito privado*. Tradução de Vera Maria Jacob de Fradera. São Paulo: Revista dos Tribunais, 1998. p. 544.

[10] Para Marcos Catalan, "surge, então, o Estado social, com a missão de redistribuir o capital acumulado, repartindo os custos sociais de modo a resgatar o mínimo de dignidade necessária a cada indivíduo como consequência de uma crescente preocupação da sociedade com o coletivo. Observa-se que o Estado social traz consigo mudança de postura, que abandona a ética individual em que se focava a liberdade negocial em busca de uma ética social impregnada de solidarismo, impondo-se não apenas ao poder público, mas também à sociedade a responsabilidade pela existência de cada um dos seus componentes" (CATALAN, Marcos Jorge. *Descumprimento contratual*: modalidades, consequências e hipóteses de exclusão do dever de indenizar. Curitiba: Juruá, 2011. p. 63-64).

[11] LORENZETTI, Ricardo Luis. *Fundamentos do direito privado*. Tradução de Vera Maria Jacob de Fradera. São Paulo: Revista dos Tribunais, 1998. p. 153.

A força centralizadora da Constituição, enquanto garantidora do livre desenvolvimento da pessoa, veio consolidar esse processo de repersonalização do Direito Civil, de modo a, nas palavras de Orlando de Carvalho, acentuar a sua raiz antropocêntrica, ou seja, a sua ligação visceral com a pessoa e seus direitos.[12]

A Constituição da República impõe a extensão dos direitos fundamentais às relações entre pessoas e entidades privadas. Numa Carta fortemente voltada para o social, não é possível conceber tais direitos como meros limites ao poder do Estado em favor da liberdade individual.[13]

A norma constitucional, então, não mais se limita a prever os cânones gerais e abstratos do agir privado, ou seja, as condições que permitem aos respectivos sujeitos a persecução de fins livremente escolhidos. A seleção de tais fins passa a fazer parte da Constituição da República, que solicita e encoraja a vontade dos agentes, em função de metas voltadas à promoção do indivíduo.[14]

A Constituição e os direitos fundamentais que ela consagra não se dirigem apenas aos governantes, mas a todos, que têm de conformar seu comportamento aos ditames da Lei Maior.

Como lembra Pérez Luño, "los derechos fundamentales son parte del núcleo definitorio de la propia Constituición, cuya permanencia se hace necesaria para mantener y salvaguardar la propia identidad del texto constitucional".[15]

A Carta Política não se limita aos papéis mais clássicos das constituições liberais, de organização da estrutura estatal e definição das relações entre governantes e governados.

O Direito Civil volta-se sobretudo à proteção dos direitos humanos, com vistas à concretização dos direitos fundamentais, não só na relação entre o cidadão e o Estado, mas nas relações intersubjetivas, expandindo, assim, seu âmbito de incidência às relações privadas. Trata-se da chamada eficácia horizontal dos direitos fundamentais, que expande seu âmbito de incidência às relações privadas.

Esse "revival" dos direitos humanos, expressão consagrada por Erik Jayme, no novo constitucionalismo, se coaduna com a preocupação do Direito Civil Constitucional na tutela da dignidade da pessoa humana, de modo a protegê-la nos espaços privados e não apenas na relação entre cidadão e Estado.

Diante de uma realidade social cada vez mais dinâmica, pluralista e multifacetada, o Código Civil deixou de ser o centro regulador exclusivo das relações jurídicas privadas, cedendo espaço para as leis setoriais, para normas supranacionais, traduzidas nos tratados, convenções e pactos internacionais e, em especial, para a Constituição Federal, cujas normas devem incidir diretamente no Direito Civil, eis que se irradiam por todo o ordenamento.

Torna-se indispensável, portanto, buscar-se a harmonização da pluralidade de fontes normativas com base nas normas constitucionais, de modo a se consolidar a unidade do ordenamento.

A Escola da Exegese, reelaborando o princípio da completude de antiga tradição romana medieval, levou às últimas consequências o mito do monopólio estatal da produção legislativa, de tal sorte que o direito codificado esgotava o fenômeno jurídico, em todas as suas manifestações.

---

[12] CARVALHO, Orlando de. *Para uma teoria da relação jurídica civil*: a teoria geral da relação jurídica. Coimbra: Centelha, 1981. p. 90.

[13] Como ensina Pietro Perlingieri, as normas constitucionais têm um papel que não pode reduzir-se a representar limites e impedimentos à lei ordinária ou constituir-se em simples suportes hermenêuticos para o mais completo conhecimento do ordenamento. Elas, além de indicar os fundamentos e as justificações de normatividade de valor interdisciplinar tanto das instituições como dos institutos jurídicos, apontam parâmetros de avaliação dos atos, atividades e comportamentos, como princípios de relevância normativa nas relações intersubjetivas (PERLINGIERI, Pietro. *Perfis do direito civil*. Tradução de Maria Cristina de Cicco. Rio de Janeiro: Renovar, 1997. p. 2).

[14] IRTI, Natalino. L'età della decodificazione. *Revista de Direito Civil*, São Paulo, v. 10. p. 20, out./dez. 1979.

[15] PÉREZ LUÑO, Antonio E. *Los derechos fundamentales*. 10. ed. Madrid: Tecnos, 2011. p. 64.

Assinale-se o *fetichismo da lei* e, mais ainda, o *fetichismo do Código Civil* para as relações de direito privado.

Decorrem dessa concepção dois aspectos fundamentais. O primeiro diz respeito ao revigoramento da partição clássica entre o direito público e o direito privado, cada qual inserido em seu próprio sistema normativo – o destinatário das normas constitucionais, restritas às matérias atinentes à estruturação do Estado, seria o legislador ordinário, a quem incumbiria disciplinar as relações privadas, por meio do Código Civil. Restou superada a dicotomia entre o jardim e a praça, proposta por Nelson Saldanha.[16]

Mencione-se, em segundo lugar, a exasperação da técnica legislativa regulamentar, expressão maior da onipotência do codificador, disposto a prever todas as condutas do fenômeno social que pudessem ter interesse para o direito. Entranhou-se na cultura jurídica, como consequência, a convicção de que, sem a regulamentação específica de cada situação subjetiva, com a definição exata dos poderes do titular, não há bom direito.

No plano jurídico-econômico, ocorre um processo de racionalização e especialização, passando as pessoas a celebrar contratos não precedidos de qualquer fase negociatória, numa verdadeira massificação de tais negócios jurídicos, especialmente pelas grandes empresas, no âmbito das respectivas atividades, acelerando as operações necessárias à colocação dos seus produtos e planificando as respectivas vantagens e adstrições.[17]

Já num estágio histórico mais recente, que pode ser situado a partir da segunda metade dos anos 1970, despontam os direitos de terceira geração, ligados a bens tais quais a qualidade de vida, o meio ambiente, o patrimônio histórico-cultural e as relações de consumo, ou seja, os direitos difusos e coletivos, que interessam à própria coletividade como tal, de natureza transindividual,[18] em função da própria acentuação da massificação das relações econômicas, cuja eficácia externa passa a ultrapassar os figurantes concretos da relação negocial.[19]

Viria então a se projetar sobre os dias de hoje o turbilhão da globalização, que pode ser definida, por um lado, como a "era da universalização do progresso técnico e das comunicações instantâneas",[20] e, pelo outro, de "uma sociedade cada vez mais diferenciada e de um Estado

---

[16] SALDANHA, Nelson. *O jardim e a praça*: ensaio sobre o lado privado e o lado público da vida social e histórica. Porto Alegre: Sergio Antonio Fabris Editor, 1986. Na aguda observação do autor (p. 45), "o privatismo brasileiro, um privatismo sem jardins – pela pobreza em certos casos, em outros pela falta de influências nesse sentido –, é reflexo de um tempo colonial onde pouco contava o sentido da comunidade, onde o espírito burguês do espaço público demorou a chegar, e onde a precariedade da dinâmica cultural ajudou a consagrar com demasiado peso certos arquétipos tradicionais".

[17] COSTA, Mario Júlio de Almeida; CORDEIRO, Antônio Menezes. *Cláusulas contratuais gerais*: anotação ao Decreto-Lei nº 446/85, de 25 de outubro. Coimbra: Almedina, 1995. p. 10.

[18] LORENZETTI, Ricardo Luis. *Fundamentos do direito privado*. Tradução de Vera Maria Jacob de Fradera. São Paulo: Revista dos Tribunais, 1998. p. 154.

[19] NETO LÔBO, Paulo Luiz. Contrato e mudança social. *Revista dos Tribunais*, São Paulo, v. 722, p. 43, dez. 1995.

[20] BENAKOUCHE, Rabah. Introdução: globalização ou pax americana? *In*: ARRUDA JUNIOR, Edmundo Lima; RAMOS, Alexandre (org.). *Globalização, neoliberalismo e o mundo do trabalho*. Curitiba: IBEJ, 1998. p. 8. Para Milton SANTOS, "O desenvolvimento da história vai de par com o desenvolvimento das técnicas. Kant dizia que a história é um progresso sem fim; acrescentemos que é também um progresso sem fim das técnicas. A cada evolução técnica, uma nova etapa histórica se torna possível. Um exemplo banal pode ser dado com a foice, a enxada, o ancinho, que constituem, num dado momento, uma família de técnicas. Essas famílias de técnicas transportam uma história, cada sistema técnico representa uma época. Em nossa época, o que é representativo do sistema de técnicas atual é a chegada da técnica da informação, por meio da cibernética, da informática, da eletrônica. Ela vai permitir duas grandes coisas: a primeira é que as diversas técnicas existentes passam a se comunicar entre elas. A técnica da informação assegura esse comércio, que antes não era possível. Por outro lado, ela tem um papel determinante sobre o uso do tempo, permitindo, em todos os lugares, a convergência dos momentos, assegurando a simultaneidade das ações e, por conseguinte, acelerando o progresso histórico [...]. Por outro lado, o sistema técnico dominante no mundo de hoje tem uma outra característica, isto é, a de ser invasor. Ele não se contenta em ficar ali onde primeiro se instala e

obrigado a desempenhar tarefas múltiplas e por vezes até mesmo contraditórias", o que enseja uma ruptura nos padrões econômicos e políticos.

Deve ser compreendida com reservas a definição da globalização como uma etapa inexorável do processo histórico, sendo imposta por uma lógica histórica necessária, marcada, ainda, pela homogeneidade, não podendo ser identificada simplesmente com o conceito de mundialização, ou com a tendência dos homens a ultrapassar seus domínios territoriais, estabelecendo novos canais de comunicação humana, de forma análoga ao cosmopolitismo na Grécia Antiga – termo esse que então designava as transformações impostas pelas conquistas de Alexandre Magno.[21]

Com efeito, a globalização implica um processo contraditório, altamente seletivo e indutor de um pluralismo jamais visto anteriormente, oferecendo perspectivas diferenciadas para cada país, marcado pela hegemonia de alguns Estados; por outro lado, transformam-se os arranjos institucionais, nos planos econômico e político, bem como os hábitos, cultura e forma de apreensão teórica do mundo anteriormente existentes.[22]

Isso conduz ao despontar de uma quarta geração de direitos, resultantes de um processo de diferenciação de um indivíduo ao outro,[23] dentre os quais podem ser destacados o direito à mudança de sexo e ao aborto, entre outros, consistindo em derivações da liberdade, porém num campo em que o público deixou de reinar, em face do colapso estatal trazido à tona pela globalização.[24]

O quadro de uma sociedade globalizada, a projetar desde já raízes para o futuro, encontra, segundo José Eduardo Faria, como padrões marcantes de uma época, os seguintes:

> "1 – mundialização da economia, mediante a internacionalização dos mercados de insumo, consumo e financeiro, rompendo com as fronteiras geográficas clássicas e limitando crescentemente a execução das políticas cambial, monetária e tributária dos Estados nacionais;
>
> 2 – desconcentração do aparelho estatal, mediante a descentralização das suas obrigações, a desformalização das suas responsabilidades, a privatização de empresas públicas e a 'deslegalização' da legislação social;
>
> 3 – internacionalização do Estado, mediante o advento dos processos de integração formalizados pelos blocos regionais e pelos tratados de livre comércio e a subsequente revogação dos protecionismos tarifários, das reservas de mercado e dos mecanismos de incentivos e subsídios fiscais;

---

busca espalhar-se, na produção e no território. Pode não o conseguir, mas é essa sua vocação, que é também fundamento da ação dos atores hegemônicos, como, por exemplo, as empresas globais. Estas funcionam a partir de uma fragmentação, já que um pedaço da produção pode ser feito na Tunísia, outro na Malásia, outro ainda no Paraguai, mas isto apenas é possível porque a técnica hegemônica de que falamos é presente ou passível de presença em toda parte" (SANTOS, Milton. *Por uma outra globalização*: do pensamento único à consciência universal. 14. ed. Rio de Janeiro: Record, 2007).

[21] ARRUDA JÚNIOR, Edmundo Lima de. *Globalização, neoliberalismo e o mundo do trabalho*. Curitiba: IBEJ, 1998. p. 17-19: Os caminhos da globalização: alienação e emancipação.

[22] MACEDO JÚNIOR, Ronaldo Porto. Globalização e direito do consumidor. *Revista de Direito do Consumidor*, São Paulo, v. 32, p. 45-46, out./dez. 1999.

[23] LORENZETTI, Ricardo Luis. *Fundamentos do direito privado*. Tradução de Vera Maria Jacob de Fradera. São Paulo: Revista dos Tribunais, 1998. p. 154-155.

[24] Para Cristiano Heineck Schmitt, "a aceitação do modo de vida diferente é parte da estruturação de uma sociedade igualitária. O ser humano, já faz algum tempo, vive em determinados moldes impostos pela globalização, especialmente no que concerne à faceta econômica desse fenômeno. Estando as nações interligadas economicamente, o problema de uma, rapidamente, se torna uma crise para vários países" (SCHMITT, Cristiano Heineck. *Consumidores hipervulneráveis*: a proteção do idoso no mercado de consumo. São Paulo: Atlas, 2014).

4 – desterritorialização e reorganização do espaço de produção, mediante a substituição das plantas industriais rígidas surgidas no começo do século XX, de caráter 'fordista', pelas plantas industriais 'flexíveis', substituição essa acompanhada pela desregulamentação da legislação trabalhista e pela subsequente *'flexibilização' das relações contratuais;*

5 – fragmentação das atividades produtivas nos diferentes territórios e continentes, o que permite aos conglomerados multinacionais praticar o comércio interempresa, acatando seletivamente as distintas legislações nacionais e concentrando seus investimentos nos países onde elas lhes são mais favoráveis;

6 – *expansão de um direito paralelo ao dos Estados, de natureza mercatória ('lex mercatoria'),* como decorrência da proliferação dos foros de negociações descentralizados estabelecidos pelos grandes grupos empresariais". (g.n.)[25]

Ocorre, basicamente, o surgimento de um direito "de textura aberta", cujas fontes se deslocam para os poderes privados econômicos, que passam a ocupar papel central, a partir de valores de "eficiência" oriundos dos sistemas econômico ou técnico-científico,[26] representando, igualmente, verdadeiras metamorfoses no Direito e na normatividade, especialmente considerando a nova forma de (con)vivência na dimensão digital e sua regulação.[27]

Com efeito, o problema do pluralismo das fontes, como anota Pietro Perlingieri, caminha lado a lado com a descentralização, seja no plano infraestatal e infranacional, seja no plano transnacional, especialmente em função do papel desempenhado pelos centros de poder econômico e político, de natureza multi-ideológica, os quais despontam inicialmente como portadores de interesses e, por fim, como protagonistas na produção das fontes juridicamente relevantes.[28]

A liberdade de movimento adquirida pelos detentores do capital passa a implicar uma desconexão do poder face a obrigações, seja com os empregados, com os jovens e fracos, com as gerações futuras e com a perpetuação da comunidade, na medida da superação da territorialidade e da localidade – que contêm amarras das quais o poder econômico passa a se desvincular; assim, a responsabilidade pelas consequências deixa de ser contabilizada na aferição da "eficácia" do investimento;[29] colocam-se em risco, dessarte, conquistas de épocas anteriores.

O "turbocapitalismo", cuja penetração a nível mundial parece irremediável, destrói os alicerces que, outrora, propiciaram sua própria existência: o Estado capaz de funcionar e a estabilidade democrática, de maneira que a velocidade da redistribuição do poder e da riqueza corrói as velhas instituições sociais mais rapidamente do que a nova ordem as possa desenvolver.[30]

Lado a lado com o fator mobilidade, ocorre uma verdadeira superação das fronteiras geográficas, na medida em que, segundo Zygmunt Bauman, "longe de ser um 'dado' objetivo, impessoal, físico, a distância é um produto social; sua extensão varia de acordo com a velocidade com a qual pode ser vencida".[31]

---

[25] *Direito e globalização econômica:* implicações e perspectivas. São Paulo: Malheiros, 1998. p. 8-11: Introdução.
[26] ARNAUD, André-Jean. Da regulação pelo direito na era da globalização. *In:* MELLO, Celso de Albuquerque (coord.). *Anuário direito e globalização:* a soberania. Rio de Janeiro: Renovar, 1999. v. 1, p. 23.
[27] Veja-se, por todos: CAMPOS, Ricardo. *Metamorfoses do direito global:* sobre a interação entre direito, tempo e tecnologia. São Paulo: Contracorrente, 2022.
[28] *Diritto comunitario e legalità costituzionale.* Napoli: Edizioni Scientifiche Italiane, 1992. p. 17.
[29] BAUMAN, Zygmunt. *Vida para consumo:* a transformação das pessoas em mercadoria. Rio de Janeiro: Zahar, 2007. p. 16-17.
[30] MARTIN, Hans-Peter; SCHUMANN, Harald. *A armadilha da globalização.* Tradução de Waldtraudt U. E. Rose e Clara C. W. Sackiewicz. São Paulo: Globo, 1999. p. 18.
[31] BAUMAN, Zygmunt. *Vida para consumo:* a transformação das pessoas em mercadoria. Rio de Janeiro: Zahar, 2007. p. 19.

Na visão de André-Jean Arnaud, a erosão da autoridade estatal, nesse contexto, decorre de vários graus de intervenções, tais como o *direito estatal substituído,* o *direito estatal suprido* e o *direito estatal suplantado.*[32]

Pode-se falar, segundo o mesmo autor, em *direito estatal substituído,* a partir da eclosão de acordos regionais tais quais a União Europeia, o NAFTA (Associação de Livre Comércio da América do Norte) e o MERCOSUL (cone sul da América Latina), dentre outros, bem como em instâncias que, pela hierarquia tradicional, se encontrariam abaixo do Estado, como ocorre na produção jurídica pelos poderes privados econômicos, bem como na crescente importância das corporações, códigos de conduta privados e formas de negociação e na jurisdicização de normas técnicas.[33]

Esse direito dos especialistas, que pode se manifestar, por exemplo, nas normas da *International Financial Reporting Standards* (IFRS), da Associação Brasileira de Normas Técnicas (ABNT), da *International Organization for Standardization* (ISO – Organização Internacional para a Padronização), ou nos *International Commercial Terms* (INCOTERMS – Termos Internacionais de Comércio), embora não fundado na autoridade estatal, possui efeitos relevantes,[34] sendo inclusive estimulado pelo art. 50 da Lei Geral de Proteção de Dados Pessoais (Lei nº 13.709/2018), em relação às regras de boas práticas e de governança.

Com efeito, a chamada "inflação jurídica", que já se fazia de longa data presente, a partir da grande abundância de leis nas sociedades contemporâneas, chega a ser ultrapassada pela profusão de normas de toda natureza, lado a lado com a maior complexidade da vida social, invadida por padrões técnicos próprios da nova divisão do capital e trabalho.[35]

Já o *direito estatal suprido* ocorre quando as políticas públicas ou programas de ação tomam a dianteira do direito tradicionalmente concebido no plano regulador, no tocante a matérias ligadas ao equilíbrio mundial, como clima, ambiente, segurança e economia, as quais não mais podem ser tratadas isoladamente pelos Estados-nações.[36]

Então, as chamadas políticas públicas, num plano mundial ou transnacional, chegam a ultrapassar ou atravessar os Estados, sem que estes possam se opor a isso. Um relevante exemplo disto pode ser visualizado na proposta de um Pacto Digital Global (Global Digital Compact), que clama por atuação internacional em questões relacionadas que se referem a plataformas, espaços *on-line* em geral e inteligência artificial.[37]

Da mesma forma, o direito estatal se mostra *suplantado* por outras formas de regulação global, em virtude do aparecimento de ordens espontâneas que escapam à sua regulação, como ocorre no campo dos mercados financeiros e das companhias multinacionais – que tecem de

---

[32] ARNAUD, André-Jean. Da regulação pelo direito na era da globalização. *In*: MELLO, Celso (coord.). *Anuário direito e globalização*: a soberania. Rio de Janeiro: Renovar, 1999. v. 1, p. 26.

[33] ARNAUD, André-Jean. Da regulação pelo direito na era da globalização. *In*: MELLO, Celso (coord.). *Anuário direito e globalização*: a soberania. Rio de Janeiro: Renovar, 1999. v. 1, p. 26-28.

[34] RODRIGUES JR., Otávio Luiz. *Direito civil contemporâneo*: estatuto epistemológico, Constituição e direitos fundamentais. 2. ed. Rio de Janeiro: Forense Universitária, 2019. p. 59-60.

[35] FARJAT, Gérard. Nouvelles réflexions sur les codes de conduite privée. *In*: CLAM, Jean; MARTIN, Gilles (coord.). *Les transformations de la régulation juridique*. Paris: Droit et Societé, 1998. p. 158.

[36] ARNAUD, André-Jean. Da regulação pelo direito na era da globalização. *In*: MELLO, Celso de Albuquerque (coord.). *Anuário direito e globalização*: a soberania. Rio de Janeiro: Renovar, 1999. v. 1, p. 29-30.

[37] Disponível em: https://www.un.org/techenvoy/sites/www.un.org.techenvoy/files/Global-Digital-Compact_background-note.pdf.

cima a globalização, a partir dos interesses que expressam ou simbolizam[38] –, verificando-se verdadeiras *relações jurídicas de fato*, cada vez mais presentes nas sociedades contemporâneas.[39]

Otávio Rodrigues Jr. aponta uma plurivocidade no sentido de privatização do direito, inclusive no reconhecimento de um direito *fora do Estado*, supranacional ou não nacional, produzido autonomamente e que não depende da legitimação estatal. Para o autor, em paralelo, haveria o Direito Privado clássico, produzido pelo Estado e dentro do Estado. Isso corresponderia a uma das acepções da privatização do direito.[40]

Ocorre o fenômeno denominado *contratualização da lei*, a qual passa a ter sentido de convenção entre as partes, inversamente à máxima pela qual o contrato tem força de lei entre as partes; com efeito, na criação legislativa deixa de haver um ato de soberania estatal propriamente dito, passando a imperar o acordo prévio dos grandes grupos organizados.[41] Toda autoridade legislativa superior vai se deteriorando e até mesmo as leis de proteção ao consumidor, patentes, aborto e acidentes passam a ser habitualmente o resultado de uma transação.[42]

A representação política, então, encerra, em verdade, uma representação fictícia, de modo que poucos, a saber, os mais fortes e organizados, passam a decidir por todos, a partir da mistura entre poder político e poder econômico,[43] em cujo interesse a lei é imposta, dependendo a sua eficácia, em outros casos, apenas do consenso social que venha a alcançar,[44] dentre os detentores do poder.

A produção capitalista se reestrutura, na medida em que a produção de massa (ou fordista) – que outrora substituíra a produção manufatureira ou artesanal, caracterizando-se, dentre outros fatores, pela padronização[45] – passa a conviver com a chamada estratégia de especialização flexível ou pós-fordista –, a qual se refere a produtos e serviços mais personalizados, dirigindo-se a nichos de consumo mais sofisticados, envolvendo um maior grau de automação

---

[38] IANNI, Octavio. *A era do globalismo*. Rio de Janeiro: Civilização Brasileira, 1997. p. 14.

[39] ARNAUD, André-Jean. Da regulação pelo direito na era da globalização. *In*: MELLO, Celso de Albuquerque (coord.). *Anuário direito e globalização*: a soberania. Rio de Janeiro: Renovar, 1999. v. 1, p. 33-37.

[40] RODRIGUES JR., Otávio Luiz. *Direito civil contemporâneo*: estatuto epistemológico, Constituição e direitos fundamentais. 2. ed. Rio de Janeiro: Forense Universitária, 2019. p. 39-40. Prossegue o autor: "outro sentido de privatização do Direito, que é mais ordinário e comum no Brasil, recai na transformação de institutos de Direito Público em homólogos para âmbito da autonomia privada, como é o caso do Direito de Família".

[41] IRTI, Natalino. L'età della decodificazione. *Revista de Direito Civil*, São Paulo, v. 10. p. 25, out./dez. 1979.

[42] LORENZETTI, Ricardo Luis. *Fundamentos do direito privado*. Tradução de Vera Maria Jacob de Fradera. São Paulo: Revista dos Tribunais, 1998. p. 58.

[43] PERLINGIERI, Pietro. *Diritto comunitario e legalità costituzionale*. Napoli: Edizioni Scientifiche Italiane, 1992. p. 21.

[44] LORENZETTI, Ricardo Luis. *Fundamentos do direito privado*. Tradução de Vera Maria Jacob de Fradera. São Paulo: Revista dos Tribunais, 1998. p. 58.

[45] HARVEY, David. *Condição pós-moderna*. Tradução de Adail Ubirajara Sobral e Maria Stela Gonçalves. São Paulo: Loyola, 1992. p. 121. Segundo o autor, a data inicial do fordismo remonta a 1914, quando Henry Ford introduziu seu dia de oito horas e cinco dólares como recompensa para os trabalhadores da linha automática de montagem de carros que ele estabelecera no ano anterior em Dearbon, Michigan, baseando-se na obra *Os princípios da administração científica*, de F. W. Taylor, tratado que descrevia como a produtividade do trabalho podia ser radicalmente aumentada por meio da decomposição de cada processo laborativo em movimentos e tarefas fragmentadas. O que diferencia o fordismo do taylorismo, porém, é que, para Henry Ford, resta patente o reconhecimento de que produção de massa significa consumo de massa, ou seja, um novo sistema de reprodução de força de trabalho, estética e psicologia, o que pressupõe um novo tipo de sociedade democrática, racionalizada, modernista e populista.
O fordismo, por sua vez, seria substituído pela chamada acumulação flexível, caracterizada pelo confronto direto com a rigidez própria daquele modelo anterior, no tocante aos processos de trabalho, mercados de trabalho, produtos e padrões de consumo. A acumulação flexível pressupõe uma aceleração no tempo de giro da produção, bem como na troca e no consumo, restando acentuada a volatilidade e efemeridade de modas, produtos, técnicas, ideias, valores e práticas, na cultura do descartável e na construção da imagem, a partir de figuras como a "griffe".

e avanço tecnológico, como frequentemente ocorre nos campos industriais da informática, indústria automobilística e farmacêutica.[46]

Uma característica marcante do pós-fordismo é, a partir de noções tais quais o *"just in time"* e o *"lean production"*, a integração imediata (por vezes, próxima do tempo real) entre produção e consumo, passando-se a produzir bens que já foram vendidos ou bens "produzidos porque já consumidos".[47]

Outro traço da época que em vivemos é a redução do sujeito a objeto, em situações como a "barriga de aluguel", caso em que uma mulher aceita gerar um filho para fazê-lo nascer e se compromete a entregá-lo a outra mulher, renunciando em favor desta a todos os direitos sobre a criança e à própria qualificação jurídica de mãe.[48]

Na seara tecnológica, também o sujeito torna-se objeto e, por vezes, passa a integrar as redes de fornecimento como importante fator constitutivo de prestação de serviços, como se pode observar na perfilização dos consumidores.[49]

Klaus Schwab aponta a existência de uma quarta revolução industrial, que não diz respeito somente a sistemas e máquinas inteligentes e conectadas, marcada pela fusão entre os domínios físicos, digitais e biológicos. Ondas de novas descobertas ocorrem simultaneamente em áreas que vão desde o sequenciamento genético até a nanotecnologia, das energias renováveis à computação quântica.[50]

Na aguda reflexão de Zygmunt Bauman, ocorre a transformação das pessoas em mercadoria:

> "Na sociedade de consumidores, ninguém pode se tornar sujeito sem primeiro virar mercadoria, e ninguém pode manter segura sua subjetividade sem reanimar, ressuscitar e recarregar de maneira perpétua as capacidades esperadas e exigidas de uma mercadoria vendável. A 'subjetividade' do 'sujeito', e a maior parte daquilo que essa subjetividade possibilita ao sujeito atingir, concentra-se num esforço sem fim para ela própria se tornar, e permanecer, uma mercadoria vendável. A característica mais proeminente da sociedade de consumidores – ainda que cuidadosamente disfarçada e encoberta – é a *transformação dos consumidores em mercadorias*; ou, ainda, sua dissolução no mar de mercadorias em que, para citar aquela que talvez seja a mais citada entre as muitas sugestões citáveis de Georg Simmel, os diferentes significados das coisas, 'e portanto as próprias coisas, são vivenciados como imateriais', aparecendo 'num tom uniformemente monótono e cinzento' – enquanto tudo 'flutua com igual gravidade específica na corrente constante do dinheiro'. A tarefa dos consumidores, e o principal motivo que os estimula a se engajar numa incessante atividade de consumo, é sair dessa invisibilidade e imaterialidade cinza e monótona, destacando-se da massa de objetos indistinguíveis que 'flutuam com igual gravidade específica' e assim captar o olhar dos consumidores".[51]

---

[46] MACEDO JÚNIOR, Ronaldo Porto. Globalização e direito do consumidor. *Revista de Direito do Consumidor*, São Paulo, v. 32, p. 48-49, out./dez. 1999.

[47] COCCO, Giuseppe. Os paradigmas sociais do pós-fordismo: trabalho imaterial e nova democracia do trabalho. *Revista Archétipon*, Universidade Candido Mendes, Rio de Janeiro, v. 8, n. 23, p. 122, maio/ago. 2000.

[48] OLIVEIRA, Guilherme Freire Falcão. *Mãe há só (uma) duas!*: o contrato de gestação. Coimbra: Coimbra Editora, 1992. p. 8-9.

[49] Assim também para Vitor Hugo do Amaral Ferreira: "[...] a violação de dados pessoais (sensíveis) e, em um aspecto ainda mais apurado (*stricto sensu*), a informação (dado já tratado) personifica o consumidor em objeto [...]" (FERREIRA, Vitor Hugo do Amaral. *Tutela de efetividade no direito do consumidor brasileiro*: a tríade prevenção-proteção-tratamento revelada nas relações de crédito e consumo digital. São Paulo: Thomson Reuters Brasil, 2022). (e-book).

[50] SCHWAB, Klaus. *A quarta revolução industrial*. Tradução de Daniel Moreira Miranda. São Paulo: Edipro, 2016. p. 16.

[51] *Vida para consumo*: a transformação das pessoas em mercadoria. Rio de Janeiro: Zahar, 2007. p. 20-21.

Por outro lado, na medida em que o tempo de comunicação passa a ocupar a insignificância do instante, na velocidade da mensagem eletrônica, o espaço e seus delimitadores passam a ter uma menor importância nas relações sociais.[52]

Como já tivemos a oportunidade de abordar na introdução desta obra, a Internet se coloca como o mais poderoso instrumento de comunicação em uma sociedade globalizada, marcado pela interatividade, e é nas modalidades de relações de consumo realizadas por tal meio eletrônico, sob o prisma da formação do contrato, que se situa nosso enfoque.

Verifica-se, então, o papel fundamental do transporte da informação, abrangendo meios técnicos que lhe permitiram viajar independentemente dos seus portadores físicos, bem como dos respectivos objetos, tornando-se instantânea a disposição dos dados.[53]

1.2 INTERNET

A mobilidade, no contexto da globalização, passou a figurar como o fator de estratificação mais notável e cobiçado, fazendo e refazendo as novas hierarquias sociais, políticas, econômicas e culturais, numa crescente escala mundial.[54]

Neste contexto histórico, a Internet, também conhecida como a grande rede,[55] traz consigo a era do *tempo real*, permitindo a disposição instantânea de uma informação, de uma imagem ou som pelo mundo,[56] com diversas aplicações possíveis, tais quais o ensino e trabalho a distância, a medicina pela via cibernética ou as relações de consumo travadas no espaço virtual, que vêm a ser o foco deste trabalho.

A Internet pode ser definida como uma rede de computadores ligados entre si, perfazendo-se a conexão e comunicação por meio de um conjunto de protocolos,[57] denominados TCP/IP (*Transmission Control Protocol/Internet Protocol*), de maneira que a identificação das suas fronteiras físicas se torna impossível, em virtude da sua difusão pelo planeta, atravessando várias nações como se fora um rio,[58] tendo englobado milhares de outras redes ao redor do mundo, que passaram a adotar tais protocolos.[59]

---

[52] BAUMAN, Zygmunt. *Globalização*: as consequências humanas. Rio de Janeiro: Jorge Zahar Editor, 1999. p. 20.
[53] BAUMAN, Zygmunt. *Globalização*: as consequências humanas. Rio de Janeiro: Jorge Zahar Editor, 1999. p. 22.
[54] BAUMAN, Zygmunt. *Globalização*: as consequências humanas. Rio de Janeiro: Jorge Zahar Editor, 1999. p. 16.
[55] Ricardo Lorenzetti aponta como características juridicamente marcantes da Internet as seguintes: "– é uma rede aberta, posto que qualquer um pode acessá-la; – é interativa, já que o usuário gera dados, navega e estabelece relações; – é internacional, no sentido de que permite transcender as barreiras nacionais; – existe uma multiplicidade de operadores; – tem uma configuração de sistema autorreferente, que não tem um centro que possa ser denominado 'autoridade', opera descentralizadamente e constrói a ordem a partir das regras do caos; – tem aptidão para gerar suas próprias regras com base no costume; – apresenta uma aceleração do tempo histórico; – permite a comunicação em 'tempo real' e uma 'desterritorialização' das relações jurídicas; – diminui drasticamente os custos das transações" (LORENZETTI, Ricardo Luis. *Comércio eletrônico*. Tradução de Fabiano Menke. São Paulo: Revista dos Tribunais, 1994. p. 27).
[56] BENSOUSSAN, Alain. *Internet*: aspects juridiques. Paris: Hermès, 1997. p. 16.
[57] Consiste o protocolo num conjunto de especificações que permite aos computadores a troca de informações, independentemente do seu tipo ou sistema operacional, cf. TERRETT, Andrew. A Lawyer's introduction to the Internet. *In*: EDWARDS, Lilian; WAELDE, Charlotte (coord.). *Law and the internet*: regulating cyberspace. Oxford: Hart, 1997. p. 14. De acordo com a Portaria nº 148/1995 do Ministério das Comunicações, por Internet entende-se "o nome genérico que designa o conjunto de redes, os meios de transmissão e comutação, roteadores, equipamentos e protocolos necessários à comunicação entre computadores, bem como os *softwares* e os dados contidos nestes computadores".
[58] EDWARDS, Lilian; WAELDE, Charlotte (coord.). *Law and the internet*: regulating cyberspace. Oxford: Hart, 1997. p. 5.
[59] SMITH, Graham J. *Internet Law and Regulation*. London: Law & Tax, 1997. p. 1.

Efetivamente, não se pode falar em uma rede única, mas na conexão de várias redes entre si, dentro das quais é possível a comunicação a partir de qualquer ponto,[60] ou na confederação formada por um conjunto de redes que empresta cobertura à quase totalidade do globo terrestre, verdadeira *rede das redes*.[61]

Isso implica, pois, um verdadeiro caos de informação sem hierarquia, na qual a cada dia novos atores participam da conversação mais pluralista já registrada ao longo da história, na confluência de diferentes línguas, culturas, interesses e estéticas dentre os mais variados.[62]

Sua origem remonta aos anos 1960, durante a Guerra Fria, quando o governo norte-americano deu vida ao projeto ARPANET ("*Advanced research projects agency*"), no sentido de uma ligação entre computadores militares e industriais, em 1969, por intermédio da rede telefônica, de modo a prevenir um possível ataque nuclear, inexistindo, em razão de tal preocupação, um centro de controle único a ser destruído.

Mesmo se determinada parte da rede viesse a se tornar inutilizável, a transmissão de dados seria, portanto, possível,[63] tendo em vista a arquitetura descentralizada baseada no uso de pacotes.[64] Por outro lado, a tecnologia empregada se baseou fundamentalmente na fragmentação da mensagem expedida e na sua reconstrução quando do momento do recebimento.[65]

Tais métodos foram tão bem-sucedidos que outras redes viriam a adotar os padrões TCP/IP, encontrando lugar especialmente nas universidades e centros de pesquisa; a partir dos anos 1990, a Internet saiu de tais círculos restritos,[66] passando a figurar como meio à ampla

---

[60] SÉDAILLAN, Valérie. *Droit de l'Internet*: réglementation, responsabilités, contrats. Cachan: Net Press, 1996. p. 13.

[61] BENSOUSSAN, Alain. *Internet*: aspects juridiques. Paris: Hermès, 1997. p. 9. O processo de surgimento da Internet é descrito por Pierre Lévy: "No final dos anos 80 e início dos anos 90, um novo movimento sociocultural originado pelos jovens profissionais das grandes metrópoles e dos campi americanos tomou rapidamente uma dimensão mundial. Sem que nenhuma instância dirigisse esse processo, as diferentes redes de computadores que se formaram desde o final dos anos 70 juntaram-se umas às outras enquanto o número de pessoas e de computadores conectados à inter-rede começou a crescer de forma exponencial. Como no caso da invenção do computador pessoal, uma corrente cultural espontânea e imprevisível impôs um novo curso ao desenvolvimento tecnoeconômico. As tecnologias digitais surgiram, então, como a infraestrutura do ciberespaço, novo espaço de comunicação, de sociabilidade, de organização e de transação, mas também novo mercado da informação e do conhecimento" (LÉVY, Pierre. *Cibercultura*. Tradução de Carlos Irineu da Costa. São Paulo: Editora 34, 1999. p. 32).

[62] MARTÍNEZ FAZZALARI, Raúl. *Régimen público de internet*. Buenos Aires: Ad hoc, 1999. p. 13.

[63] SÉDAILLAN, Valérie. *Droit de l'Internet*: réglementation, responsabilités, contrats. Cachan: Net Press, 1996. p. 14.

[64] Sobre o tema, discorre Pierre Lévy: "Esta arquitetura descentralizada, na qual cada nó da rede é 'inteligente', foi concebida no final dos anos 50 em resposta a cenários de guerra nuclear, mas só começou a ser experimentada em escala natural no final dos anos 60, nos Estados Unidos. Neste sistema, as mensagens são recortadas em pequenas unidades do mesmo tamanho, os pacotes, cada um dos quais munido de seu endereço de partida, seu endereço de destino e sua posição na mensagem completa, da qual representa apenas uma parte. Computadores roteadores, distribuídos por toda a rede, sabem ler essas informações. A rede pode ser materialmente heterogênea (cabos, via hertziana, satélites etc.), basta que os roteadores saibam ler os endereços dos pacotes e que falem uma 'linguagem' em comum. Se, em determinado ponto da transmissão, algumas informações desaparecerem, os roteadores podem pedir que o remetente as envie novamente" (LÉVY, Pierre. *Cibercultura*. Tradução de Carlos Irineu da Costa. São Paulo: Editora 34, 1999. p. 36).

[65] TOSI, Emilio. *I problemi giuridici di internet*. Milano: Giuffrè, 1999. p. 3: Introduzione.

[66] Na observação cirúrgica de Manuel Castells, "A Internet não teve origem no mundo dos negócios. Era uma tecnologia ousada demais, um projeto caro demais, e uma iniciativa arriscada demais para ser assumida em organizações voltadas para o lucro. Isso foi particularmente verdadeiro na década de 1960, numa época em que as grandes corporações eram bastante conservadoras em suas estratégias industriais e financeiras, e não se dispunham a arriscar capital e pessoal em tecnologias visionárias [...]; a Internet se desenvolveu num ambiente seguro, propiciado por recursos públicos e pesquisa orientada para missão, mas que não sufocava a liberdade de pensamento e inovação. As empresas não podiam se permitir fazer o longo desvio que seria

disposição dos consumidores para a aquisição de bens corpóreos ou incorpóreos ou serviços, a título oneroso, ganhando foro de verdadeiro mercado, deixando de ser, portanto, um simples meio de comunicação.

A saída da Internet dos restritos círculos acadêmicos e militares teve como marco o desenvolvimento de um protótipo da *World Wide Web* pelo cientista Tim Berners-Lee e sua equipe, no CERN (*"European Particle Physics Laboratory"*), mediante intercâmbio de informações entre os pesquisadores, chegando-se então ao padrão HTML, consistente no armazenamento de informações, de modo que os dados em várias formas (texto, imagem, som ou vídeo) fossem visualizados em um único arquivo conjuntamente, sob os padrões de hipertexto.[67]

No final da década de 1980, a evolução das telecomunicações possibilitou um aumento significativo na velocidade das comunicações. Essa era a *Web 1.0*, de modo que a tecnologia digital, por meio de satélites, fibras óticas e cabo, possibilitou uma velocidade que surpreenderia os pesquisadores da década de 1960. Diante da velocidade de tais conexões, o *download* de arquivos de tamanho superior a 1Gb tornava-se possível numa questão de minutos.

Sabe-se que no ano 2001 a Internet sofreu grande transformação. Com a vertiginosa queda de corporações ligadas à tecnologia da informação; as chamadas *"companies dot-com"* tiveram de modificar radicalmente seu modelo de gestão corporativa para superar a crise de confiança dos investidores em relação à rentabilidade dos serviços oferecidos.

Trata-se da eclosão do movimento denominado *Web 2.0*, a segunda versão da *World Wide Web*, que em tese refundou a própria rede mundial de computadores ao transformá-la em uma espécie de plataforma movida pelo usuário, que insere "voluntariamente" o conteúdo maciço que hoje circula na Internet.[68]

Em 1994 surge a segunda geração da Internet, então denominada *"Information Superhighway"* ou super-rodovia da informação. Sua característica poderia ser traduzida, de maneira simplificada, em conjugar dados, voz e vídeo por um único meio. O computador passou a desempenhar as funções da televisão, assim como do rádio, telefone e videofone.

Percebe-se, disto, a convergência, em que tecnologias funcionalmente especificadas a determinados campos de atuação e aplicação passam a constituir sistemas altamente integrados,[69] culminando, depois, no compartilhamento de dados em ecossistemas digitais.

Atualmente utilizada no mundo inteiro, essa tecnologia permite, por meio da inicialização do navegador (*"browser"*), a abertura de uma página hospedada em outro computador (servidor), possibilitando o compartilhamento de informações e a visualização de vídeos, imagens,

---

necessário para estimular aplicações lucrativas de um esquema tão audacioso"(CASTELLS, Manuel. *A Galáxia da Internet*. Tradução de Maria Luiza X. de A. Borges. Rio de Janeiro: Jorge Zahar, 2003. p. 23-24).

[67] DONEDA, Danilo. *Correio eletrônico (e-mail) e o direito à privacidade na Internet*. Dissertação apresentada ao Programa de Pós-Graduação em Direito da Universidade do Estado do Rio de Janeiro como requisito para obtenção do título de mestre (*mimeo*). Rio de Janeiro, 1999. p. 77. Para Jorge José Lawand, "A *Web*, que inicialmente objetivava fins militares e acadêmicos, passou a ter uma utilização em massa com fins primordialmente econômicos como instrumento de uma política globalizante e neoliberal, representando o principal elemento de modificação das velhas estruturas, promovendo a 'digitalização'. Isto trouxe como fator principal a possibilidade de se contratar sem a utilização de uma base documentária, impondo o declínio da era do papel" (LAWAND, Jorge José. *Teoria geral dos contratos eletrônicos*. São Paulo: Juarez de Oliveira, 2003. p. 20).

[68] Segundo Tim O'Reilly, precursor da expressão, a *Web 2.0* seria ilustrada como um grande sistema solar, em que os serviços prestados são difusos, por meio de técnicas que incentivam condutas positivas dos próprios usuários. É o caso de veículos como a *Wikipedia*, uma enciclopédia colaborativa, em que os usuários inserem seu conteúdo. São muitos os exemplos: blogues, redes sociais, troca de arquivos *P2P* e outros (cf. O'RELLY, Tim. O que é Web 2.0? Padrões de *design* e modelos de negócios para a nova geração de *software*. Publicado em <http://www.oreilly.com/>. Tradução de Miriam Medeiros. Revisão técnica: Julio Preuss, nov. 2006. Disponível em: http://www.cipedya.com/web/FileDownload.aspx?IDFile=102010. Acesso em: 9 dez. 2009).

[69] VAN DJIK, Jan. *The network Society*. 4. ed. London: Sage, 2020. p. 8.

sons, transmissões *on-line* por empresas de rádio e televisão, compras de produtos, passagens aéreas ou mesmo automóveis.

Num terceiro momento, chega-se à *Web 3.0* ou *Web semântica*,[70] permitindo a organização e o uso inteligente de todo o material disponibilizado na rede, agrupando-se as páginas por temas, assuntos e interesses, por intermédio de aplicações que se comunicam entre si e podem ser executadas em qualquer dispositivo, tanto em microcomputadores como em telefones móveis.

As novas tecnologias viabilizam o conceito de Internet das Coisas, a partir da implementação das redes de dados sem fio pelas operadoras de celulares com tecnologia analógica TDMA e em seguida com o GSM e dados GPRS e EDGE, proporcionando a conexão dos primeiros dispositivos de dados autônomos (que não aparelhos celulares) às redes móveis e à Internet.

Atualmente as redes operam com velocidades cada vez mais elevadas e com tempos de resposta cada vez mais curtos, utilizando tecnologias como 5G, proporcionando aplicações de alto desempenho, como, por exemplo, os projetos atuais de carros conectados e de direção baseada apenas em utilização e processamento de dados coletados em tempo real e transmitidos via rede celular, totalmente sem intervenção humana de motoristas. Trata-se da hiperconectividade não só de pessoas, mas de coisas em um ambiente altamente "inteligente".

Dessa maneira, objetos conectados proporcionarão acesso às informações em tempo real, incluindo localização, utilização, qualidade de serviço e eficiência operacional, trazendo novos riscos à privacidade e à proteção de dados pessoais.

O *capitalismo de vigilância*, expressão usada na doutrina por Shoshana Zuboff, reivindica de maneira unilateral a experiência humana como matéria-prima gratuita para a tradução em dados comportamentais. Embora alguns desses dados sejam usados para o aprimoramento de produtos e serviços, o restante é declarado como *superávit comportamental* do proprietário, alimentando avançados processos de fabricação conhecidos como "inteligência de máquina" e manufaturado em produtos de predição que antecipam o que um determinado indivíduo faria agora, daqui a pouco e mais tarde. Esses produtos de predições são comercializados em um *mercado de comportamentos futuros*, levando a um grande acúmulo de riqueza a partir de tais operações comerciais.[71]

No contexto da Internet das Coisas[72] serão adicionados os hábitos e os comportamentos no mundo físico e real, por meio do registro dos dados de utilização e monitoração dos bens conectados, ao mapeamento dos hábitos dos indivíduos no mundo virtual, onde o comportamento durante a navegação na Internet já é armazenado e explorado comercialmente. Isso

---

[70] Do grego (*semantiká*, derivada de *sema*, que significa sinal), representa o estudo do significado. Na Web semântica, se pretende interligar os significados das palavras, tornando-os tão perceptíveis a humanos quanto às máquinas. A partir da Web semântica, os efeitos das buscas serão mais precisos, economizando tempo e compreendendo o contexto do internauta, disponibilizando resultados de acordo com a necessidade de cada indivíduo (cf. SANTOS, Emanuella; NICOLAU, Marcos. Web do futuro: a cibercultura e os caminhos trilhados rumo a uma Web semântica ou Web 3.0. *Revista Temática*. Disponível em: http://www.insite.pro.br/2012/Outubro/web_semantica_futuro.pdf. Acesso em: 21 abr. 2014).

[71] ZUBOFF, Shoshana. *A era do capitalismo de vigilância*. Tradução de George Sclesinger. Rio de Janeiro: Intrínseca, 2020. p. 19.

[72] Para Sergio Luiz Stevan Jr., "uma vez que qualquer dispositivo ligado à Internet pode ser identificado através de endereçamentos universais (chamados de endereços IP), é possível imaginarmos que qualquer 'coisa' possa prover informações para esse ambiente e se comunicar com qualquer outra 'coisa' que nela esteja conectada [...] Podemos ainda afirmar que a IoT é uma rede concebida por inúmeras redes menores, com altíssima quantidade de objetos, sensores, atuadores e outros dispositivos (não apenas computadores) conectados a elas, por meio de uma infraestrutura de comunicações para fornecer serviços de valor agregado. Desta forma, permite que pessoas e coisas possam estar conectadas a qualquer hora, em qualquer lugar, por meio de qualquer serviço ou rede" (STEVAN JR., Sergio Luiz. *Internet das Coisas*: fundamentos e aplicações em Arduino e NodeMCU. São Paulo: Erica, 2018. p. 20-21).

significa, por exemplo, que o perfil de direção do usuário será conhecido pelo fabricante de carros conectados gerando informações relevantes para desenvolvimento de novos produtos, novas rotinas de manutenção corretiva e preventiva além de que tais informações poderão ser usadas, por exemplo, no dimensionamento de riscos por seguradoras ou por outros terceiros interessados – daí que, anteriormente, se referiu a que as pessoas se transformam, também, em partes constitutivas de produtos e serviços por meio de seus dados.

Óculos multimídia, geladeiras conselheiras, fechaduras e lâmpadas inteligentes e até armas. Surge uma nova "magia" dos bens tradicionais quando estes, ligados à Internet, passam a armazenar e trocar informações entre si, realizando tarefas e simplificando atividades,[73-74] o que, em contrapartida às utilidades percebidas, incrementa uma vigilância sobre o consumidor por parte dos fornecedores no que toca a seu perfil.[75]

Dessa forma, o perfil de hábitos dos usuários será mapeado e complementado, de modo a registrar todo o comportamento do indivíduo no dia a dia, desde seus hábitos de consumo, lazer, saúde e localização.

A companhia de energia elétrica saberá em tempo real se o indivíduo está em casa, se está com eletrodoméstico ligado ou se está assistindo TV, tudo através do monitoramento instantâneo de consumo e das análises dos dados coletados por medidores de consumo conectados. O fabricante do carro conhecerá o perfil de utilização do indivíduo que dirige, seja sua forma de dirigir ou os locais visitados e distâncias percorridas. A saúde será monitorada a distância, dados serão armazenados, processados e disponibilizados para terceiros, como médicos, seguradoras, órgãos públicos de saúde ou indústria farmacêutica.

O impacto econômico desse novo contexto é enorme, desde os benefícios para o aumento da eficiência de negócios, por meio da análise de dados e decisões em tempo real, como para as indústrias que fazem parte da cadeia de suprimentos do setor de telecomunicações que terá aumento de demanda de serviços, equipamentos e componentes, uma vez que cada dispositivo conectado é composto por componentes eletrônicos, sensores e módulos de conexão à rede sem fio.

Nesse complexo de objetos fantásticos, é proporcionalmente alarmante a gama de problemas decorrentes de vícios, defeitos ou vulnerabilidades constatados, de forma que a falta de segurança[76] parece obstar um maior desenvolvimento dessa tecnologia. Deve ser lembrado que muitos desses novos dispositivos coletam dados pessoais, muitas vezes sensíveis,[77] ou que têm a capacidade de revelar atributos sensíveis.

---

[73] BLUM, Renato Opice. Internet das Coisas: a inauguração do novo mundo e suas intercorrências jurídicas. *In*: MARTINS, Guilherme Magalhães; LONGHI, João Victor Rozatti (coord.). *Direito digital*: direito privado e internet. 4. ed. Indaiatuba: Foco, 2021. p. 265. Acerca do tema, DE LUCCA, Newton; MARTINS, Guilherme Magalhães. A tutela dos dados pessoais sensíveis na Lei Geral de Proteção de Dados. *In*: SCHREIBER, Anderson; MARTINS, Guilherme Magalhães; CARPENA, Heloisa (coord.). *Direitos fundamentais e sociedade tecnológica*. Indaiatuba: Foco, 2022.

[74] BLUM, Renato Opice. Internet das Coisas: a inauguração do novo mundo e suas intercorrências jurídicas. *In*: MARTINS, Guilherme Magalhães; LONGHI, João Victor Rozatti (coord.). *Direito digital*: direito privado e internet. 4. ed. Indaiatuba: Foco, 2021. p. 265. Acerca do tema, DE LUCCA, Newton; MARTINS, Guilherme Magalhães. A tutela dos dados pessoais sensíveis na Lei Geral de Proteção de Dados. *In*: SCHREIBER, Anderson; MARTINS, Guilherme Magalhães; CARPENA, Heloisa (coord.). *Direitos fundamentais e sociedade tecnológica*. Indaiatuba: Foco, 2022.

[75] MUCELIN, Guilherme. Internet of Things and Consumers' Privacy in a Brazilian Perspective: Digital Vulnerability and Dialogue of Sources. *In*: BORGES, Georg; SORGE, Christoph (coord.). *Law and Technology in a Global Digital Society*: Autonomous Systems, Big Data, IT Security and Legal Tech. New York: Springer, 2022. p. 287-302.

[76] GREENGARD, Samuel. *The Internet of Things*. Cambridge: The MIT Press, 2021. p. 22. (e-book).

[77] BLUM, Renato Opice. Internet das Coisas: a inauguração do novo mundo e suas intercorrências jurídicas. *In*: MARTINS, Guilherme Magalhães; LONGHI, João Victor Rozatti (coord.). *Direito digital*: direito privado e

O governo brasileiro, após consulta pública sobre o tema, editou o Dec. nº 9.854/2019, que instituiu o *Plano Nacional de Internet das Coisas*, visando à sua implementação no País, com base na livre concorrência e na livre circulação de dados, traçando as diretrizes de segurança da informação e de proteção de dados pessoais a serem seguidas.

Trata-se, segundo o art. 2º, I do Dec. nº 9.854/2019, da "infraestrutura que integra a prestação de serviços de valor adicionado com capacidades de conexão física ou virtual de coisas com dispositivos baseados em tecnologias da informação e comunicação existentes e nas suas evoluções, com interoperabilidade".

Observamos hoje a construção de novas relações com as máquinas e demais dispositivos interconectados, permitindo que algoritmos tomem decisões e pautem avaliações e ações que antes eram tomadas por seres humanos. Essa é uma cultura ainda recente, implicando inclusive considerações éticas importantes.[78]

Lembre-se de que, mesmo anteriormente à difusão em massa da Internet, já havia sistemas que permitiam a manifestação eletrônica de declarações negociais, como, por exemplo, nas redes interbancárias; aquelas, porém, eram estruturadas de modo fechado, ficando o seu acesso restrito a determinados operadores, enquanto a Internet é estruturada de modo aberto, acessível a qualquer um que disponha do instrumental técnico para fazê-lo.[79]

Uma das primeiras formas de contratação eletrônica, surgida nos anos 1980 e já consolidada nos dias atuais, é aquela baseada no EDI (*Electronic Data Interchange*),[80] consistindo na realização de transações, mormente comerciais, de forma automatizada.[81]

A lei modelo da UNCITRAL para o comércio eletrônico definiu em seu art. 2º o EDI como "a transferência eletrônica de computador para computador de informações estruturadas de acordo com um padrão estabelecido para tal fim".[82]

---

internet. 4. ed. Indaiatuba: Foco, 2021. p. 266-267. PEPPET, Scott R. Regulating the Internet of Things: first steps towards managing discrimination, privacy, security & consent. *Texas Law Review*, n. 85, p. 4-5, 2014.

[78] MAGRANI, Eduardo. *A Internet das Coisas*. Rio de Janeiro: FGV Editora, 2018. p. 25.

[79] TOSI, Emilio. *I problemi giuridici di internet*. Milano: Giuffrè, 1999. p. 10: La conclusione di contratti "on line".

[80] Observa a autora espanhola Rosa Julià Barceló que a contratação por EDI tem três requisitos caracterizadores: a forma padronizada, o intercâmbio entre sistemas informáticos e a comunicação eletrônica: "O primeiro requisito (formato normalizado ou estandardizado) se refere ao fato de que os formatos das mensagens a serem enviadas não é livre, como seria o de um e-mail ou fax, mas obedece a uma estrutura criada por organismos internacionais, e o mesmo pode ser dito acerca da sua sintaxe. Essa característica tem o fim de facilitar a interconexão entre sistemas informáticos. Pode-se então afirmar que o EDI utiliza mensagens desenhadas unicamente para ser entendidas pelos computadores, enquanto o *e-mail*, *telex*, *fax* etc. utilizam mensagens para pessoas.
O segundo requisito (intercâmbio entre sistemas informáticos) se refere ao fato de que o conteúdo dos dados que integram as mensagens é processado a partir de outras aplicações integradas ao sistema. Por exemplo, a respeito dos dados produzidos pela aplicação interna de gestão ou faturamento, o computador, seguindo as instruções do programa, os enviará automaticamente na mensagem. Ademais, não somente o conteúdo da mensagem é elaborado de maneira automática, seguindo as ordens do programa informático, como também pode sê-lo a decisão de envio da mensagem. Essa característica é conhecida como 'decisão eletrônica', ou 'despersonalização do processo de formação do contrato' [...].
Com relação ao terceiro requisito, o intercâmbio eletrônico, significa que o EDI se utiliza das redes de telecomunicações". BARCELÒ, Rosa Julià. *Comercio electrónico entre empresarios*: la formación y prueba del contrato electrónico (EDI). Barcelona: Tirant lo Blanch, 2000. p. 38-40).

[81] Para Sheila do Rocio Cercal Santos Leal, "o EDI [...] se diferencia do correio eletrônico porque relaciona as aplicações informáticas que estão armazenadas nos computadores das empresas, de forma que o intercâmbio se dá entre as máquinas e não entre as pessoas" (LEAL, Sheila do Rocio Cercal Santos. *Contratos eletrônicos*: validade jurídica dos contratos via Internet. São Paulo: Atlas, 2007. p. 19).

[82] Outra referência importante é a Recomendação nº 94/820/CE, de 19.10.1994, da Comissão Europeia, que traz o acordo-tipo relativo aos aspectos jurídicos da transferência eletrônica de dados e define o EDI como

O EDI se baseia na troca de ordens normalizadas de compra e venda e pagamento de computador a computador, dentro de comunidades setoriais, normalmente envolvendo empresários,[83] através de redes fechadas.[84] Dentre tais ferramentas, destacam-se as VAN (*Value-Added Networks*), cujo uso, previamente pago, é proporcionado pelos correspondentes provedores de serviços.[85] O objetivo principal, portanto, é permitir a interação de sistemas informáticos heterogêneos, através de redes de telecomunicações, via *modem*.[86]

Os contratos eletrônicos celebrados via EDI exigem normalmente uma longa fase de negociação entre as partes envolvidas, de modo a estabelecer os protocolos técnicos e administrativos e os acordos aplicáveis, o que resulta em relações duradouras, a longo prazo, mediante um certo volume de operações, sendo os interessados, via de regra, empresas reciprocamente conhecidas e dignas de confiança, de modo a justificar os altos custos do funcionamento de tal sistema.[87]

Já a Internet, por sua vez, justamente por consistir numa rede aberta, prescinde, normalmente, da necessidade de um contato anterior ou de uma maior negociação prévia, bem como dispensa a estabilidade das relações entre os contratantes, facilitando, ao contrário do EDI, a celebração de negócios ocasionais e a curto prazo.[88]

Expandindo e otimizando a comunicação em todo o orbe, funciona idealmente como "uma verdadeira praça pública, onde todos, independentemente de raça, cor e nacionalidade, têm direito ao uso da palavra. É a versão moderna da Ágora na Grécia Antiga",[89] embora, factualmente, casos de discriminação em ambientes digitais, propositais ou não, obstam ou dificultam o exercício de direitos e liberdades.

As características do *ciberespaço* são delineadas por Ricardo Luis Lorenzetti:

> "Este 'ciberespaço' é 'autônomo' no sentido de que funciona segundo as regras de um sistema autorreferente, como já assinalamos. Também é 'pós-orgânico', uma vez que não é formado por átomos, nem segue as regras de funcionamento e de localização do

---

"transferência eletrônica, de computador para computador, de dados comerciais e administrativos utilizando uma norma acordada para estruturar uma mensagem EDI".

[83] Acerca do tema, recomenda-se a leitura do texto de autoria de Vinícius Klein, As contratações eletrônicas interempresariais e o princípio da boa-fé objetiva: o caso do EDI. *In*: MARTINS, Guilherme Magalhães (coord.). *Direito privado e internet*. São Paulo: Atlas, 2014. p. 385: "a importância do EDI nos contratos interempresariais pode ser ilustrada pelos seguintes números: em 1987, nos EUA, o número de usuários registrados no EDI era de 1.046 e, em 1990, era de 9.400, tornando-se praticamente um pré-requisito para a participação ativa no ambiente corporativo global, já que estimativas apontam que em 2005, nos EUA, entre 80% e 90% das transações B2B eram feitas por meio de EDI. No Brasil, tem-se como fonte de dados a 12ª edição da Pesquisa FGV-EAESP publicada em março de 2010, que traz os seguintes dados: 62,21% das transações B2B foram realizadas por meio eletrônico em 2010 e, dentre os aplicativos de comércio eletrônico, o EDI é utilizado por cerca de 60% das empresas".

[84] Para Antonia Klee, "os contratos realizados por troca eletrônica de dados (*Electronic Data Interchange – EDI*) não são improvisados; sua natureza estandardizada faz com que não possam ser utilizados em relações pontuais: são utilizados em relações massificadas, como são os contratos de consumo pela Internet" (KLEE, Antonia Espindola Longoni. *Comércio eletrônico*. São Paulo: Revista dos Tribunais, 2014. p. 129-130).

[85] MARTÍNEZ NADAL, Apollonia. *Comercio electrónico, firma digital y autoridades de certificación*. Madrid: Civitas, 2000. p. 29.

[86] PEREIRA, Alexandre Libório Dias. *Comércio electrónico na sociedade da informação*: da segurança técnica à confiança jurídica. Coimbra: Almedina, 1999. p. 13.

[87] MARTÍNEZ NADAL, Apollonia. *Comercio electrónico, firma digital y autoridades de certificación*. Madrid: Civitas, 2000. p. 29.

[88] MARTÍNEZ NADAL, Apollonia. *Comercio electrónico, firma digital y autoridades de certificación*. Madrid: Civitas, 2000. p. 30.

[89] LIMA NETO, José Henrique Barbosa Moreira. Aspectos jurídicos do documento eletrônico. p. 5. Disponível em: https://jus.com.br/artigos/1780/aspectos-juridicos-do-documento-eletronico. Acesso em: 23 jan. 2009.

mundo orgânico: tratam-se de *bits*. Tem uma natureza 'não territorial' e comunicativa, um 'espaço-movimento', no qual é sequer assemelhado ao espaço real, porque não está fixo, nem é localizável mediante o sentido empírico como, por exemplo, o tato.

Este espaço não tem características somente 'passivas', mas sim 'ativas', no sentido de que exerce influência sobre os demais sistemas. Produz um efeito de 'desterritorialização' e 'descentralização', porque não há uma relação centro-periferia, não conhece ordens e hierarquias e, sobretudo, não há uma autoridade central. Isso afeta categorias analíticas, como a original-cópia, leitor-autor, fornecedor-consumidor, porque se diz que, ao alterar o espaço, modificam-se os papéis, e o consumidor pode ser um fornecedor.

É um espaço do anonimato, um não lugar pela despersonalização que representa, na qual o indivíduo ingressa sem que a sua história individual e características interessem, e no qual prolifera o simulacro das identidades. É um 'não lugar global' no sentido de sua transnacionalidade e atemporalidade, já que parece indiferente à história e ao futuro.

É um espaço com todas as características da pós-modernidade, fraturado em múltiplos subterritórios caracterizados pela diferença: clubes, grupos, subgrupos reunidos ao redor de todo tipo de interesses hiperespecializados, domínios, subdomínios, nacionais, educativos, comerciais etc."[90]

Fato é que a Internet, em reação à globalização, tem sido dividida, além de receber fronteiras, nos últimos tempos. Longe de esmagar o mundo, a Internet – sua linguagem, seus conteúdos, suas normas – tem se conformado às condições locais. O resultado é uma Internet que difere entre as nações e regiões que se encontram cada vez mais separadas por muros de banda larga, linguagem e filtros. Essa Internet com fronteiras reflete pressões vindas dos governos, de cima para baixo, que impõem muitas vezes leis nacionais, abrangendo as preferências locais, de forma que os provedores de aplicações e operadores de páginas *web* deverão moldar a rede de modo a satisfazer tais demandas.[91]

Caracteriza-se pelo fato de não comportar qualquer movimento físico de veículos ou de coisas, mas tão somente de impulsos eletrônicos,[92] embora seja a partir do ciberespaço que outros movimentos e fluxos (pessoas, mercadorias, capital etc.) sejam coordenados e direcionados, sendo o conceito de localização física dos atos jurídicos atingido em suas bases, até mesmo porque vários acontecimentos e negócios não possuem vínculos reconhecíveis de qualquer espécie com qualquer lugar, subsistindo tão somente na própria rede.

É o caso das redes sociais e dos foros de discussão, a serem abordados mais detalhadamente a seguir, os quais se constituem a partir de um conjunto de mensagens que são conduzidas de uma rede à outra através da Internet, existindo, com efeito, em toda parte e em lugar nenhum.[93]

Menciona a doutrina a categoria dos bens digitais, de natureza incorpórea, os quais são "progressivamente inseridos na Internet por um usuário, consistindo em informações de caráter pessoal que trazem alguma utilidade àquele",[94] tendo ou não conteúdo econômico.

---

[90] *Comércio eletrônico*. Tradução de Fabiano Menke. São Paulo: Revista dos Tribunais, 2004. p. 30-31.
[91] GOLDSMITH, Jack; WU, Tim. *Who controls the internet?* Illusions of a borderless world. Oxford: Oxford University Press, 2006. p. VIII.
[92] ALPA, Guido. Premessa. *In*: TOSI, Emilio (coord.). *I problemi giuridici di internet*. Milano: Giuffrè, 1999. p. XIII.
[93] MARTÍNEZ FAZZALARI, Raúl. *Régimen público de internet*. Buenos Aires: Ad hoc, 1999. p. 16.
[94] ZAMPIER, Bruno. *Bens digitais*. Indaiatuba: Foco, 2017. p. 59-60. Para o autor, pode se tratar de informações localizadas em um sítio de Internet, como em um serviço de correio eletrônico, numa rede social, num *site* de compras ou pagamentos, em um *blog*, em uma plataforma de compartilhamento de fotos ou vídeos, em contas para aquisição de músicas, filmes e livros digitais, e em contas para jogos *on-line*, ou contas para armazenamento de dados.

Na observação de Pierre Lévy, "a palavra virtual vem do latim medieval *virtualis*, derivado por sua vez de *virtus*, força, potência [...]. Em termos rigorosamente filosóficos, o virtual não se opõe ao real, mas ao atual: virtualidade e atualidade são apenas duas maneiras de ser diferentes".[95]

Manuel Castells conceitua a sociedade em rede como uma "nova estrutura social [...] composta das redes de produção, poder e experiência, que constroem uma cultura da virtualidade nos fluxos globais que transcende o tempo e o espaço" cuja lógica "gradualmente absorve e subjuga formas sociais preexistentes".[96] E para o autor, a "Galáxia da Internet" é um dos seus proeminentes desdobramentos, sendo cada vez mais uma realidade inseparável de nossos cotidianos,[97] devido à sua penetrabilidade nos espaços físicos da sociedade[98] e à sua imprescindibilidade para a plena vivência no século XXI.

Na esfera política, que impacta drasticamente no modo de produção e execução da norma jurídica, destaca Castells que os movimentos sociais na sociedade em rede tomam três características peculiares: fortalecimento das identidades culturais locais; restauração do vazio "vertical" causado pelo enfraquecimento das estruturas estatais; internacionalização dos movimentos, como uma espécie e força contrária à globalização econômica.[99]

Mas tal realidade traz consigo novos riscos e desafios para a consecução de direitos e garantias fundamentais. Em linhas gerais, muitos preconizam que a transformação da informação em mercadoria levou a um ambiente de crise de superprodução informativa. Daí por que destaca Eli Pariser que, contemporaneamente, o que mais tem valor não é apenas a informação, mas a informação certa para o correto destinatário. É o que marqueteiros chamam de superação da sociedade da informação pela sociedade da relevância,[100] com intrínseca valorização da atenção[101] do consumidor como um importante ativo comercial economicamente rentável.

A estrutura atual da Internet é baseada em modelos de negócios que tem na relevância a grande chave para a disponibilização de conteúdo (conhecido por Web 2.0). "Para oferecer relevância perfeita, o *site* precisa saber no que cada um de nós está interessado. Precisa saber que eu não ligo a mínima para futebol americano; precisa saber quem eu sou."[102]

Cass Sunstein tem como ponto de partida de sua obra "Caminhando para os extremos" a ideia de que a tendência de comunidades fechadas (ideológica, religiosa, politicamente, dentre outras) é levar seus membros a continuarem nela fechados. "Quando as pessoas se encontram em grupos de determinadas orientações, elas têm uma grande probabilidade de caminhar para os extremos. E quando tais grupos incluem as autoridades que dizem aos membros do grupo o que fazer, ou que os coloque em certas posições sociais, coisas muito ruins podem acontecer."[103]

---

[95] LÉVY, Pierre. *O que é o virtual?* Tradução de Paulo Neves. São Paulo: Editora 34, 2011. p. 15. LIMA, Cíntia Rosa Pereira de; PEROLI, Kelvin. *Direito digital: compliance*, regulação e governança. São Paulo: Quartier Latin, 2019. p. 19: "A virtualidade é uma potência que acompanha uma realidade atual e que a convoca a uma atualização, que é a criação de uma ideia ou forma a partir de uma potência (o virtual)".

[96] CASTELLS, Manuel. *Information age*: information, culture economy – end of millenium. Oxford: Blackwell, 1998. v. 3, p. 370. (tradução livre).

[97] Cf. CASTELLS, Manuel. *Information age*: information, culture economy – end of millenium. Oxford: Blackwell, 1998. v. 3, p. 357.

[98] HOFFMANN-RIEM, Wolfgang. *Teoria geral do direito digital*: transformação digital, desafios para o direito. Rio de Janeiro: Forense, 2021.

[99] Cf. CASTELLS, Manuel. *La galaxia Internet*. Tradução de Raúl Quintana. Barcelona: Aretè, 2001. p. 160-165.

[100] PARISER, Eli. *O filtro invisível*. O que a Internet está escondendo de você. Tradução de Diego Alfaro. Rio de Janeiro: Zahar, 2012. p. 35.

[101] WILLIAMS, James. *Stand out of our light*: freedom and resistance in the attention economy. Cambridge: Cambridge University Press, 2018. p. 12 e ss.

[102] Cf. O'REILLY, Tim. *What Is Web 2.0*: Design Patterns and Business Models for the Next Generation of Software (09/30/2005). Disponível em: http://oreilly.com/web2/archive/what-is-web-20.html. Acesso em: 8 fev. 2015.

[103] SUNSTEIN, Cass. *Going to extremes: how like minds unite and divide*. Oxford: Oxford University Press, 2009. p. 2.

No contexto da Internet, a polarização tende a aumentar, portanto. "[...] a polarização é maior e mais provável quando as pessoas estão ligadas por laços de afeto, comunitários, ou de amizade. Muitos grupos de discussão na Internet estão unidos por um sentimento de identidade comum."[104] Ademais, cabe referir que isso é, ainda, agravado pela atuação dos operadores dos espaços em que interagem os grupos, visto que há "filtros" pré-programados que impedem a visualização do pluralismo e da diversidade de modo geral – é o lado obscuro da personalização digital.

Eis a razão pela qual é possível partir do ponto de que os danos sofridos por vítimas de discursos de ódio, racismo, homofobia, *cyberbullying* e tantos outros podem ser maiores neste ambiente.

Somente não se pode falar em uma nova realidade ou em um *pseudomundo* à parte,[105] pois, nas palavras de Lawrence Lessig, "o ciberespaço não é, é claro, um lugar. Você não vai a lugar nenhum quando vai ali".[106] Trata-se de uma manifestação do mundo real onde se desenvolvem novas situações subjetivas existenciais, em grande parte estimuladas pelo meio de comunicação. Do contrário, o ordenamento jurídico não se aplicaria às relações ali travadas.[107]

Mas a sociedade se espalha (ou se espelha) pelo digital. O metaverso é um bom exemplo: com experiências imersíveis, realidade aumentada, realidade virtual, hologramas e o que mais vier, a sociedade, de certa forma, completará sua migração fundamentalmente para o ambiente digital. As tecnologias da informação moldam nossa visão de mundo e tornam nossas experiências informacionais, e passamos a viver em um espaço informativo constituído por entidades, propriedades, interações, processos e relações mútuas,[108] mas que não se encontra à parte da realidade física.

---

[104] SUNSTEIN, Cass. *Going to extremes: how like minds unite and divide.* Oxford: Oxford University Press, 2009. p. 81-82. (tradução livre).

[105] Essa é a visão de Guy Debord: "as imagens que se destacaram de cada aspecto da vida fundem-se num fluxo comum, no qual a unidade dessa mesma vida já não pode ser restabelecida. A realidade considerada *parcialmente* apresenta-se em sua própria unidade geral como um pseudomundo *à parte*, objeto de mera contemplação. A especialização das imagens do mundo se realiza no mundo da imagem autonomizada, na qual o mentiroso mentiu para si mesmo. O espetáculo em geral, como inversão concreta da vida, é o movimento autônomo do não vivo" (DEBORD, Guy. *A sociedade do espetáculo*. Tradução de Estela dos Santos Abreu. Rio de Janeiro: Contraponto, 1997. p. 13).

[106] *Code and other laws of cyberspace.* New York: Basic Books, 1999. p. 10 e ss. Pierre Lévy comunga de tal visão, ao enfatizar o papel da técnica: "seria a tecnologia um ator autônomo, separado da sociedade e da cultura, que seriam apenas entidades passivas percutidas por um agente superior? Defendo, ao contrário, que a técnica é um ângulo de análise dos sistemas sociotécnicos globais, um ponto de vista que enfatiza a parte material e artificial dos fenômenos humanos, e não uma entidade real, que existiria independentemente do resto, que teria efeitos distintos e agiria por vontade própria" (LÉVY, Pierre. *Cibercultura*. Tradução de Carlos Irineu da Costa. São Paulo: Editora 34, 1999. p. 22).

[107] Especificamente com relação ao aplicativo *Second Life*, cujos usuários desenvolvem atividades por meio de personagens ("avatares"), sustenta Sérgio Iglesias Nunes de Souza, sugerindo a criação de um tribunal virtual no próprio ambiente: "se adotamos a referência origem de que o *Second Life* será um mundo totalmente paralelo e autônomo, teremos, inevitavelmente, que aceitar uma nova estrutura normativa [...]. Do outro lado, apesar da autonomia existente, podemos enfocar o *Second Life* como uma extensão da atividade humana concretizada nas relações cibernéticas interativas. Desse modo, a interatividade do direito seria plena, apesar de autônoma. Por exemplo, o personagem criado 'avatar' é nada mais do que uma extensão e uma forma de expressão da conduta e personalidade humana, mas jamais será pessoa para o direito [...]. A regulação jurídica deverá ser como uma extensão da atividade humana, sob pena de se perder de vista o centro de importância dos seus interesses: o ser humano" (cf. SOUZA, Sérgio Iglesias Nunes de. *Lesão nos contratos eletrônicos na sociedade da informação*. São Paulo: Saraiva, 2009. p. 338-339).

[108] MUCELIN, Guilherme. Metaverso e vulnerabilidade digital. *In*: MARQUES, Claudia Lima; MARTINS, Fernando Rodrigues; CAVALLAZZI, Rosângela Lunardelli (coord.). *Direito do consumidor aplicado*: garantias do consumo. Indaiatuba: Foco, 2022. p. 283-284.

A realidade virtual é, portanto, moldada por uma total imersividade, não só visual, como auditiva e proprioceptiva, dando ao usuário uma sensação de presença nesse *mundo*.[109]

Fala-se na migração da humanidade do seu *habitat* ordinário para a *infosfera*, onde imigrantes digitais são substituídos por nativos digitais, como nossas crianças, terminando num processo em que as futuras gerações,[110] excluídas desse convívio digital, se sintam privadas, deficientes ou empobrecidas uma vez desconectadas, como peixes fora da água.[111]

Convém destacar que o Marco Civil da Internet, Lei nº 12.965/2014, prevê como direito dos usuários, no seu art. 7º, XII, a "acessibilidade, consideradas as características físico-motoras, perceptivas, sensoriais, intelectuais e mentais do usuário, nos termos da lei", o que se volta especialmente aos portadores de necessidades especiais.[112]

No âmbito do Direito Penal, a Lei nº 12.737, de 30.11.2012, tipifica os delitos informáticos, acrescentando ao Código Penal os arts. 154-A e 154-B, relativos à invasão de dispositivo informático, além de alterar a redação dos arts. 266, §§ 1º e 2º (interrupção ou perturbação de serviço telegráfico, telefônico, informático, telemático ou de informação de utilidade pública) e 298, parágrafo único (falsificação de cartão de crédito).[113]

---

[109] SONVILLA-WEISS, Stefan. *(In)visible*: learning to act in the Metaverse. New York: Springer, 2008. p. 102.

[110] A Lei nº 14.351, de 25 de maio de 2022, institui o Programa Internet Brasil (art. 1º), no âmbito do Ministério das Comunicações, com a finalidade de promover o acesso gratuito à internet em banda larga móvel aos alunos da educação básica integrantes de famílias inscritas no Cadastro Único para Programas Sociais do Governo Federal (CadÚnico) matriculados na rede pública de ensino, nas escolas das comunidades indígenas e quilombolas e nas escolas especiais sem fins lucrativos que atuam exclusivamente nessa modalidade. Conforme o art. 2º, são objetivos do Programa Internet Brasil:
"I – viabilizar aos alunos o acesso a recursos educacionais digitais, incluídos aqueles disponibilizados pela rede pública de ensino;
II – ampliar a participação dos alunos em atividades pedagógicas não presenciais;
III – contribuir para a ampliação do acesso à internet e para a inclusão digital das famílias dos alunos; e
IV – apoiar as políticas públicas que necessitem de acesso à internet para a sua implementação, incluídas as ações de Governo Digital".

[111] FLORIDI, Luciano. *Information*: a very short introduction. Oxford: Oxford University Press, 2010. p. 12.

[112] JACOB, Raphael Rios Chaia. Acessibilidade: a última fronteira do ambiente digital no metaverso. *In*: SOUZA, Bernardo de Azevedo e. *Metaverso e direito*: desafios e oportunidades. São Paulo: Revista dos Tribunais, 2022. p. 40.
Acerca do tema, leia-se PIZZETTI, Federico Gustavo. Accesso ad Internet e persone con disability: profili di eguaglianza digitale. *In*: PANICO, Ruggiero Cafari *et al.* (org.). *Da internet ai social network*: il diritto di ricevere e comunicare informazione e idée. Santarcangelo di Romagna: Maggioli, 2013. p. 125-148.

[113] Invasão de dispositivo informático – Dec.-lei nº 2.848/1940 (Código Penal):
"Art. 154-A. Invadir dispositivo informático de uso alheio, conectado ou não à rede de computadores, com o fim de obter, adulterar ou destruir dados ou informações sem autorização expressa ou tácita do usuário do dispositivo ou de instalar vulnerabilidades para obter vantagem ilícita: (Redação dada pela Lei nº 14.155, de 27 de maio de 2021)
Pena – reclusão, de 1 (um) a 4 (quatro) anos, e multa. (Redação dada pela Lei nº 14.155, de 27 de maio de 2021)
§ 1º Na mesma pena incorre quem produz, oferece, distribui, vende ou difunde dispositivo ou programa de computador com o intuito de permitir a prática da conduta definida no *caput*. (Incluído pela Lei nº 12.737, de 2012)
§ 2º Aumenta-se a pena de 1/3 (um terço) a 2/3 (dois terços) se da invasão resulta prejuízo econômico. (Redação dada pela Lei nº 14.155, de 27 de maio de 2021)
§ 3º Se da invasão resultar a obtenção de conteúdo de comunicações eletrônicas privadas, segredos comerciais ou industriais, informações sigilosas, assim definidas em lei, ou o controle remoto não autorizado do dispositivo invadido: (Incluído pela Lei nº 12.737, de 2012)
Pena – reclusão, de 2 (dois) a 5 (cinco) anos, e multa. (Redação dada pela Lei nº 14.155, de 27 de maio de 2021)
§ 4º Na hipótese do § 3º, aumenta-se a pena de um a dois terços se houver divulgação, comercialização ou transmissão a terceiro, a qualquer título, dos dados ou informações obtidos. (Incluído pela Lei nº 12.737, de 2012)

§ 5º Aumenta-se a pena de um terço à metade se o crime for praticado contra: (Incluído pela Lei nº 12.737, de 2012)
I – Presidente da República, governadores e prefeitos; (Incluído pela Lei nº 12.737, de 2012)
II – Presidente do Supremo Tribunal Federal; (Incluído pela Lei nº 12.737, de 2012)
III – Presidente da Câmara dos Deputados, do Senado Federal, de Assembleia Legislativa de Estado, da Câmara Legislativa do Distrito Federal ou de Câmara Municipal; ou (Incluído pela Lei nº 12.737, de 2012)
IV – dirigente máximo da administração direta e indireta federal, estadual, municipal ou do Distrito Federal. (Incluído pela Lei nº 12.737, de 2012)
Ação penal (Incluído pela Lei nº 12.737, de 2012)
Art. 154-B. Nos crimes definidos no art. 154-A, somente se procede mediante representação, salvo se o crime é cometido contra a administração pública direta ou indireta de qualquer dos Poderes da União, Estados, Distrito Federal ou Municípios ou contra empresas concessionárias de serviços públicos. (Incluído pela Lei nº 12.737, de 2012)
[...]
Art. 155. [...]
§ 4º-B. A pena é de reclusão, de 4 (quatro) a 8 (oito) anos, e multa, se o furto mediante fraude é cometido por meio de dispositivo eletrônico ou informático, conectado ou não à rede de computadores, com ou sem a violação de mecanismo de segurança ou a utilização de programa malicioso, ou por qualquer outro meio fraudulento análogo. (Redação dada pela Lei nº 14.155, de 27 de maio de 2021)
§ 4º-C. A pena prevista no § 4º-B deste artigo, considerada a relevância do resultado gravoso: (Redação dada pela Lei nº 14.155, de 27 de maio de 2021)
I – aumenta-se de 1/3 (um terço) a 2/3 (dois terços), se o crime é praticado mediante a utilização de servidor mantido fora do território nacional; (Redação dada pela Lei nº 14.155, de 27 de maio de 2021)
II – aumenta-se de 1/3 (um terço) ao dobro, se o crime é praticado contra idoso ou vulnerável. (Redação dada pela Lei nº 14.155, de 27 de maio de 2021)
[...]
Art. 171. [...]
Fraude eletrônica
§ 2º-A. A pena é de reclusão, de 4 (quatro) a 8 (oito) anos, e multa, se a fraude é cometida com a utilização de informações fornecidas pela vítima ou por terceiro induzido a erro por meio de redes sociais, contatos telefônicos ou envio de correio eletrônico fraudulento, ou por qualquer outro meio fraudulento análogo. (Redação dada pela Lei nº 14.155, de 27 de maio de 2021)
§ 2º-B. A pena prevista no § 2º-A deste artigo, considerada a relevância do resultado gravoso, aumenta-se de 1/3 (um terço) a 2/3 (dois terços), se o crime é praticado mediante a utilização de servidor mantido fora do território nacional. (Redação dada pela Lei nº 14.155, de 27 de maio de 2021)
[...]
Estelionato contra idoso ou vulnerável (Redação dada pela Lei nº 14.155, de 27 de maio de 2021)
§ 4º A pena aumenta-se de 1/3 (um terço) ao dobro, se o crime é cometido contra idoso ou vulnerável, considerada a relevância do resultado gravoso. (Redação dada pela Lei nº 14.155, de 27 de maio de 2021).
[...]
Interrupção ou perturbação de serviço telegráfico, telefônico, informático, telemático ou de informação de utilidade pública (Redação dada pela Lei nº 12.737, de 2012)
Art. 266. [...]
§ 1º Incorre na mesma pena quem interrompe serviço telemático ou de informação de utilidade pública, ou impede ou dificulta-lhe o restabelecimento. (Incluído pela Lei nº 12.737, de 2012)
§ 2º Aplicam-se as penas em dobro se o crime é cometido por ocasião de calamidade pública. (Incluído pela Lei nº 12.737, de 2012)
[...]
Falsificação de documento particular
Art. 298. [...]
Falsificação de cartão (Incluído pela Lei nº 12.737, de 2012)
Parágrafo único. Para fins do disposto no *caput*, equipara-se a documento particular o cartão de crédito ou débito. (Incluído pela Lei nº 12.737, de 2012)".

O Direito Processual, da mesma forma, vem sofrendo a repercussão da chamada revolução tecnológica em seus institutos, em especial, no Brasil, com a edição da Lei nº 9.800/1999,[114] que permite o oferecimento, em juízo, de petições via *fax* ou qualquer meio de transmissão eletrônica, desde que, no prazo de cinco dias, seja protocolada a petição original, segundo a forma escrita tradicional, tendo sido alterada pela Lei nº 11.419, de 19 de dezembro de 2006, que dispõe sobre o uso de meio eletrônico na tramitação de processos judiciais, comunicação de atos e transmissão de peças processuais. O atual Código de Processo Civil traz diversas referências aos documentos eletrônicos, seja no capítulo da prova, seja na realização de atos judiciais, como a hasta pública.

No Direito Privado, da mesma forma, tais indagações têm surgido, como no Direito do Trabalho – a partir de fenômenos tais quais a prestação de relação de emprego de serviços por *app*, *gigworking* ou diferenciada[115] adotada por algumas empresas – e, especialmente no centro de nosso interesse, que vem a ser o Direito Civil, seu ponto nevrálgico, que é a questão contratual, dada a sua importância para a vida econômica e social.[116]

Já a Lei do Sistema Eletrônico de Registros Públicos, Lei nº 14.382/2022, introduziu diversos ajustes na Lei de Registros Públicos (Lei nº 6.015/1973), dando respaldo jurídico à prestação dos serviços registrais de forma remota.

O SERP pode ser entendido como "uma espécie de central eletrônica nacional de todos os serviços notariais e registrais, que permite a prestação remota dos serviços. Quis o legislador disponibilizar um espaço único – como um *site* –, ao qual o cidadão poderia acorrer para buscar qualquer serviço notarial e registral de qualquer serventia do país. Objetivou também conectar operacionalmente todas as serventias extrajudiciais brasileiras para a prestação dos serviços de modo concentrado".[117]

Dec.-lei nº 3.689/1941 (Código de Processo Penal):
"Art. 70. [...]
§ 4º Nos crimes previstos no art. 171 do Decreto-Lei nº 2.848, de 7 de dezembro de 1940 (Código Penal), quando praticados mediante depósito, mediante emissão de cheques sem suficiente provisão de fundos em poder do sacado ou com o pagamento frustrado ou mediante transferência de valores, a competência será definida pelo local do domicílio da vítima, e, em caso de pluralidade de vítimas, a competência firmar-se-á pela prevenção (Incluído pela Lei nº 14.155, de 2021)".

[114] A Lei nº 9.800/1999 foi alterada pela Lei nº 14.318, de 29 de março de 2022, nos seguintes termos:
"Art. 1º Esta Lei altera a Lei nº 9.800, de 26 de maio de 1999, e a Lei nº 11.419, de 19 de dezembro de 2006, para prever hipóteses de cabimento de utilização de sistema de protocolo integrado judicial de caráter nacional.
Art. 2º O art. 2º da Lei nº 9.800, de 26 de maio de 1999, passa a vigorar com a seguinte redação:
'Art. 2º A utilização de sistema de transmissão de dados e imagens não prejudica o cumprimento dos prazos, devendo os originais ser entregues em juízo ou encaminhados por meio de protocolo integrado judicial nacional, necessariamente, em até 5 (cinco) dias contados da data de seu término.
Parágrafo único. Nos atos não sujeitos a prazo, os originais deverão ser entregues em juízo ou encaminhados por meio de protocolo integrado judicial nacional, necessariamente, em até 5 (cinco) dias contados da data de recepção do material'.
Art. 3º O § 5º do art. 11 da Lei nº 11.419, de 19 de dezembro de 2006, passa a vigorar com a seguinte redação:
'Art. 11. [...]
§ 5º Os documentos cuja digitalização seja tecnicamente inviável devido ao grande volume ou por motivo de ilegibilidade deverão ser apresentados ao cartório ou secretaria ou encaminhados por meio de protocolo integrado judicial nacional no prazo de 10 (dez) dias contado do envio de petição eletrônica comunicando o fato, os quais serão devolvidos à parte após o trânsito em julgado'".

[115] Sobre o tema, veja: MUCELIN, Guilherme; CUNHA, Leonardo Stocker p. *Relações trabalhistas ou não trabalhistas na economia do compartilhamento*. São Paulo: Revista dos Tribunais, 2021.

[116] MUCELIN, Guilherme; CUNHA, Leonardo Stocker p. *Relações trabalhistas ou não trabalhistas na economia do compartilhamento*. São Paulo: Revista dos Tribunais, 2021.

[117] OLIVEIRA, Carlos E. Elias; TARTUCE, Flávio. *Lei do Sistema Eletrônico de Registros Públicos*. Rio de Janeiro: Forense, 2023. p. 3 e 33.

Mais recentemente, a Lei nº 14.533, de 11 de janeiro de 2023, instituiu a Política Nacional de Educação Digital, estruturada a partir da articulação entre programas, projetos e ações de diferentes entes federados, áreas e setores governamentais, a fim de potencializar os padrões e incrementar os resultados das políticas públicas relacionadas ao acesso da população brasileira a recursos, ferramentas e práticas digitais, com prioridade para as populações mais vulneráveis (art. 1º).

O Direito, pois, é chamado a regular uma nova realidade, à qual deve adaptar seus institutos e conceitos, em face da mudança social que acompanha a revolução tecnológica.[118]

Tal processo envolve uma série de percalços, passando pela experiência vivida na França, onde a *Emenda Fillion* à lei de telecomunicações foi declarada inconstitucional pelo Conselho Constitucional, ao ensejo da deficiência da regulação da Internet ali contida, por falta de precisão, ao atribuir ao Conselho do Audiovisual competência para a fixação de diretrizes e princípios aplicáveis.[119]

A *Emenda Fillion* pretendia conferir aos fornecedores de acesso uma espécie de atividade de polícia, eis que o respectivo art. 43 falava na restrição ou seleção do acesso a certos serviços. No caso, a censura do Conselho constitucional valorou a Internet não diretamente em face da liberdade de comunicação, ao contrário do que ocorreu nos Estados Unidos, como veremos a seguir, mas no tocante à repartição de competências, como garantia das liberdades fundamentais do indivíduo.[120]

Merece ser lembrada, ainda, a discussão, outrora em voga na Suprema Corte norte-americana, acerca de a rede consistir num meio de comunicação impressa, como os jornais, dotados de grande proteção contra a interferência governamental, ou num *broadcast medium,* como a televisão, sujeita ao controle do Poder Público, além da autorregulamentação,[121] tendo imperado a primeira tese.

Prevaleceu, no caso *Reno v. American Civil Liberties Union et al.* (junho de 1997),[122] o entendimento de que o *Communications Decency Act,* ato legislativo promulgado em 1996 – que restringia os tipos de informações em circulação na Internet, de modo a evitar que crianças

---

[118] Na visão de Bruno Miragem, "A discussão sobre os limites de aplicação das normas jurídicas às relações estabelecidas por intermédio da Internet diz respeito, em verdade, à eficácia e efetividade da norma na regulação de um determinado suporte fático sobre o qual deve incidir. E isto não é um problema que se revela apenas no caso das normas submetidas à interpretação estrita, como no caso do direito penal (os crimes pela Internet), ou do direito tributário (a identificação do fato gerador nas relações econômicas estabelecidas pelo meio virtual" (MIRAGEM, Bruno. Responsabilidade por danos na sociedade da informação e proteção do consumidor: desafios atuais da regulação jurídica da Internet. *Revista de Direito do Consumidor,* São Paulo, v. 70, p. 44, abr./jun. 2009).

[119] Decisão nº 96-378-DC, transcrita parcialmente. *In*: SÉDAILLAN, Valérie. *Droit de l'Internet*: réglementation, responsabilités, contrats. Cachan: AUI, 1996. p. 288-289: "[...] Considerando que, nos termos do art. 34 da Constituição, a lei fixa as regras concernentes aos direitos cívicos e às garantias fundamentais relativas ao exercício das liberdades públicas pelos cidadãos, cuja salvaguarda incumbe ao legislador, a delegação da operatividade das mesmas ao poder regulamentar exige que se determine a este a natureza das garantias necessárias, em matéria de liberdade de comunicação [...]

Considerando que a lei confiou ao Conselho Superior das Telecomunicações a tarefa de elaborar e propor a adoção do Conselho Superior do Audiovisual, ao qual incumbem as recomendações próprias a assegurar o respeito, por certos meios de comunicação, de regras deontológicas, sem fixar o conteúdo e a determinação de tais recomendações, suscetíveis inclusive da ocorrência de incidentes penais [...] devem ser consideradas contrárias à Constituição as disposições da 1ª alínea dos artigos 43-2, inseridos na lei de 30 de setembro de 1986 [...]". (g.n.).

[120] BERTRAND, André; PIETTE-COUDOL, Thierry. *Internet et le droit.* Paris: PUF, 1999. p. 8.

[121] OLIVO, Luis Carlos Cancellier. *Direito e internet*: a regulamentação do ciberespaço. Florianópolis: UFSC, 1998, p. 108.

[122] Disponível em: http://www.law.cornell.edu/cgi-bin/. Acesso em: 30 jan. 2022.

tivessem acesso a materiais ditos impróprios –, ofende a liberdade de expressão prevista na Primeira Emenda da Constituição dos Estados Unidos.

> *"Como matéria de tradição constitucional, na ausência de evidência em sentido contrário, presume-se que a regulação governamental do conteúdo da expressão é mais propensa a interferir com a livre troca de ideias do que a encorajá-la. O interesse em encorajar a liberdade de expressão numa sociedade democrática ultrapassa qualquer benefício teórico (embora não provado) da censura".* (g.n.)[123]

A rede, marcada, portanto, pela ausência de um comando central, comporta basicamente três tipos de computadores interligados:[124] em primeiro lugar, os "servidores", voltados ao fornecimento de informações e programas, ligados a universidades, instituições de pesquisa ou a grandes empresas; em segundo lugar, os nódulos, grandes máquinas igualmente destinadas ao tráfego de informações em redes superdimensionadas, de uso científico e militar; por fim, os computadores dos usuários, mais numerosos, voltados, de forma interativa, ao recebimento de ditas informações.

Os métodos de comunicação empregados podem ser agrupados em cinco principais categorias, de maneira não exaustiva:[125]

a) As redes sociais virtuais, definidas por Raquel Recuero como um conjunto de dois elementos: *atores* (pessoas, instituições ou grupos; os nós da rede) e suas *conexões* (interações ou laços sociais). Uma rede, assim, é uma metáfora para observar os padrões de conexão ou grupo social, a partir das conexões estabelecidas entre os diversos atores.[126]

Os atores são os indivíduos que constituem as interconexões entre si. Porém, no caso das redes sociais virtuais, trata-se de uma representação, um perfil, que o usuário acessa por meio de uma identificação pessoal e uma senha, disponibilizando as informações capazes de individualizá-lo. Os chamados perfis são muito mais do que meros bancos de dados individualizados. Isso porque os atores das redes sociais são muitas vezes "construções de si" ou "narrações do eu". Dessa forma, trata-se de uma representação da realidade, extraindo elementos por vezes ocultos na personalidade do sujeito.[127]

b) As mensagens enviadas em tempo diferido, por meio do correio eletrônico (*e-mail*), dispondo cada usuário de uma caixa de correio e de um endereço eletrônico, que o individualiza na Internet.

Consiste o *e-mail* num arquivo de texto contendo signos alfabéticos divididos em duas partes: a primeira se refere à identificação do destinatário e do emitente, e a segunda diz respeito à mensagem em si.[128]

---

[123] Disponível em: http://www.law.cornell.edu/cgi-bin/. Acesso em: 30 jan. 2022.
[124] ALCÂNTARA, Eurípedes. A rede que abraça todo o planeta. *Revista Veja*, São Paulo, ano 28, n. 9, ed. 1.381, p. 51-52, 1º mar. 1995.
[125] SÉDAILLAN, Valérie. *Droit de l'Internet*: réglementation, responsabilités, contrats. Cachan: Net Press, 1996. p. 16-19.
[126] RECUERO, Raquel. *Redes sociais na internet*. Porto Alegre: Sulina, 2009. p. 24.
[127] "Por que tudo isto, que parece tão fútil, é digno de atenção? [...] Não se trata de meras futilidades sem importância, pois tais habilidades são cada vez mais imprescindíveis para poder lidar adequadamente com os demais e para obter sucesso nos diversos mercados da atualidade. Esses novos 'modos de ser' que hoje se configuram, assim treinados no dia a dia das telas e dos teclados, são mais úteis e produtivos na hora de saciar as demandas da nossa sociedade" (SIBILIA, Paula. O espetáculo do eu. *Revista Mente e Cérebro*, fev. 2009. Disponível em: http://www2.uol.com.br/vivermente/reportagens/o_espetaculo_do_eu.html. Acesso em: 16 fev. 2011).
[128] GAMBINO, Alberto Maria. *L'accordo telematico*. Milano: Giuffrè, 1997. p. 38.

O respectivo processo de envio normalmente ocorre da seguinte forma: em primeiro lugar, a mensagem é transmitida pelo emitente ao seu servidor, o qual, por sua vez, vem a repassá-la ao servidor do destinatário, sendo então finalmente encaminhada ao recipiente. Pode ainda ocorrer que o *e-mail* passe por diversos servidores até chegar ao recipiente.[129]

Evidentemente, não se trata de um meio de comunicação instantâneo e totalmente confiável, não podendo o emitente se certificar acerca de quando e se o destinatário recebe ou lê a mensagem, ainda que, devido a tal problema, alguns sistemas permitam que o emitente solicite um aviso de recebimento do destinatário, no momento em que este tenha em seu poder e disposição o *e-mail*. Porém, tal recibo é normalmente enviado sob a forma de outro *e-mail*.[130]

c) As discussões públicas (*newsgroups*), nas quais um número indeterminado de pessoas terá acesso a uma mensagem particular postada por um de seus integrantes, destinando-se normalmente ao debate acerca de temas específicos.[131]

Para acessá-las, o usuário deve se conectar a um servidor, o qual, muitas vezes, é o mesmo que figura como provedor de acesso, sendo a inclusão geralmente aberta a todos, como verdadeiros fóruns. Também as listas de discussão são serviços semelhantes oferecidos na rede, embora, ao contrário daqueles fóruns, seja necessário requerer prévia inscrição, por meio do correio eletrônico, destinando-se as mesmas, igualmente, ao diálogo acerca de temas de interesse comum.[132]

d) Os serviços de informação, cujo ponto comum é o de permitir a consulta e troca de informações entre computadores a distância, tais quais:

d.1) Os protocolos FTP (*File Transfer Protocol*), que permitem a obtenção de arquivos situados em outro computador ligado à Internet, os quais podem consistir num programa ou em qualquer outra espécie de informação digitalizada.[133]

d.2) A *World Wide Web* (Teia de Alcance Global) ou WWW, que consiste no serviço mais conhecido do grande público, muitas vezes confundido com a própria Internet. A WWW se utiliza de uma linguagem particular, o HTML, que permite a criação de aplicações multimídia pela difusão de documentos contendo texto, imagem e som, por intermédio dos hipertextos.[134]

---

[129] DAVIES, Lars. Contract formation on the Internet: shattering a few myths. *In*: EDWARDS, Lilian; WAELDE, Charlotte (coord.). *Law and the internet*: regulating cyberspace. Oxford: Hart, 1997. p. 102.

[130] DAVIES, Lars. Contract formation on the Internet: shattering a few myths. *In*: EDWARDS, Lilian; WAELDE, Charlotte (coord.). *Law and the internet*: regulating cyberspace. Oxford: Hart, 1997. p. 102.

[131] Para Sheila do Rocio Cercal Santos Leal (*Contratos eletrônicos*: validade jurídica dos contratos via Internet. São Paulo: Atlas, 2007. p. 20), "os USENET *newsgroups* utilizam conexões para a par/ponto a ponto, entre aproximadamente 200.000 ordenadores, chamados de servidores USENET. Caracterizam-se por discussões abertas que diferem das listas de correio porque os usuários não necessitam inscrever-se, previamente, podendo acessá-las a qualquer momento. Alguns USENET são moderados, porém, a maior parte deles é de livre acesso. No caso dos *newsgroups* moderados, as mensagens são enviadas a uma pessoa que as filtra. Em se tratando dos USENET não moderados, quando um particular com acesso a um servidor transmite uma mensagem, esta é automaticamente enviada a todos os ordenadores adjacentes que proporcionam acesso ao grupo, e, assim, sucessivamente. As mensagens ficam temporariamente armazenadas em cada um dos servidores USENET, onde estão disponíveis para acesso e envio aos usuários. Passado um tempo determinado, as mensagens são automaticamente excluídas do sistema, para que outras novas possam ser armazenadas".

[132] SÉDAILLAN, Valérie. *Droit de l'Internet*: réglementation, responsabilités, contrats. Cachan: Net Press, 1996. p. 17.

[133] DONEDA, Danilo. *Correio eletrônico (e-mail) e o direito à privacidade na Internet*. Dissertação apresentada ao Programa de Pós-Graduação em Direito da Universidade do Estado do Rio de Janeiro como requisito para obtenção do título de mestre (*mimeo*). Rio de Janeiro, 1999. p. 75.

[134] SÉDAILLAN, Valérie. *Droit de l'Internet*: réglementation, responsabilités, contrats. Cachan: Net Press, 1996. p. 18.

O hipertexto, ou seja, o padrão pelo qual o texto é disposto na *Web*, permite o acesso pelo usuário a várias espécies de informação, por meio de certas palavras-chave e referências, denominadas *links*, que chamam outro texto ou informação diversa sobre o assunto desejado.[135]

O objetivo da WWW, portanto, é assegurar acesso universal a uma ampla gama de documentos, remontando sua idealização ao fim da Segunda Guerra Mundial, ocasião em que alguns cientistas, sobretudo norte-americanos, imaginaram uma livraria cujos usuários pudessem interagir com o suprassumo do conhecimento humano.[136]

Em julho de 1945, Vannevar Bush escreveu um artigo intitulado "*As We May Think*", no qual apresenta uma visão embrionária da *World Wide Web*, por intermédio de um engenho denominado "*Memex*", onde poder-se-iam armazenar mecanicamente todas as informações contidas em livros, arquivos, fotografias e correspondências, de modo que se tornasse possível a qualquer tempo sua consulta, mediante grande rapidez e flexibilidade.[137]

d) A comunicação em tempo real, por meio de recursos tais quais o IRC (*Internet Relay Chat*), programa afeto a um servidor, permitindo um diálogo simultâneo entre vários usuários ligados a outros servidores do mesmo tipo, a partir da troca de mensagens digitadas pelos integrantes, que podem ser dirigidas a todos os que se encontram num dado canal ou sala de conversação.[138]

As salas, que podem ser livremente criadas por qualquer usuário, são normalmente temáticas, dividindo-se os interessados por assunto, onde geralmente cada participante usa um pseudônimo; a comunicação pode vir a se tornar, outrossim, privada, de modo que dada mensagem só possa vir a ser lida por um destinatário determinado.[139]

Outro sistema de acesso a informações na Internet se dá por meio do TELNET, que controla remotamente computadores em tempo real. Segundo Sheila do Rocio Cercal Santos Leal, "um exemplo seria o acesso, por meio de um ordenador mais potente conectado a outros,

---

[135] DONEDA, Danilo. *Correio eletrônico (e-mail) e o direito à privacidade na Internet*. Dissertação apresentada ao Programa de Pós-Graduação em Direito da Universidade do Estado do Rio de Janeiro como requisito para obtenção do título de mestre (mimeo). Rio de Janeiro, 1999. p. 77.

[136] TERRETT, Andrew. A Lawyer's introduction to the Internet. *In*: EDWARDS, Lilian; WAELDE, Charlotte (coord.). *Law and the internet*: regulating cyberspace. Oxford: Hart, 1997. p. 19.

[137] Artigo publicado no periódico *The Atlantic Monthly*, julho de 1945. Disponível em: http://www.theatlantic.com/doc/194507/bush. Acesso em: 23 jan. 2009. O autor, diretor do *Office of Scientific Research and Development*, organismo encarregado de coordenar o esforço de guerra dos cientistas norte-americanos, sob as ordens do Presidente Roosevelt, e presidente do *Carnegie Institution of Washington*, descreve o "memex" como consistente em uma escrivaninha dotada de um teclado contendo botões e alavancas, podendo presumivelmente ser operado a distância, tendo na parte superior um conjunto de telas translúcidas, cujo material deveria ser projetado de modo a permitir a leitura dos dados ali inseridos. A maior parte dos sistemas de indexação e organização de informações em uso na comunidade científica é artificial. Cada item é classificado apenas sob uma única rubrica, e a organização é hierárquica (classes, subclasses etc.). Já a mente humana não funciona dessa forma, mas por de associações. Ela pula de uma representação para outra ao longo de uma rede intrincada, desenha trilhas que se bifurcam, tece uma trama infinitamente mais complicada do que os bancos de dados de hoje ou os sistemas de informações de fichas existentes em 1945. Bush certamente reconhece que não seria possível duplicar o processo reticular que embasa o exercício da inteligência. Ele propõe apenas que nos inspiremos nele. O *memex*, então, mecaniza a classificação e a seleção por associação, paralelamente ao princípio da indexação clássica (LÉVY, Pierre. *As tecnologias da inteligência*: o futuro do pensamento na era da informática. 2. ed. Tradução de Carlos Irineu da Costa. São Paulo: Editora 34, 2010. p. 28).

[138] SÉDAILLAN, Valérie. *Droit de l'Internet*: réglementation, responsabilités, contrats. Cachan: Net Press, 1996. p. 18-19.

[139] DONEDA, Danilo. *Correio eletrônico (e-mail) e o direito à privacidade na Internet*. Dissertação apresentada ao Programa de Pós-Graduação em Direito da Universidade do Estado do Rio de Janeiro como requisito para obtenção do título de mestre (mimeo). Rio de Janeiro, 1999. p. 74. SÉDAILLAN, Valérie. *Droit de l'Internet*: réglementation, responsabilités, contrats. Cachan: Net Press, 1996. p. 19.

ao controle de autos no Tribunal de Justiça, à situação processual executória dos internos do sistema penitenciário do Paraná, à biblioteca da PUC-PR".[140]

Dentre outros recursos que permitem a comunicação em tempo real, devem ser destacados a telefonia – desde que ambos os interlocutores disponham do material adequado, tanto *software* como *hardware,* o que implica numa sensível redução dos custos telefônicos, os quais se perfazem sem operadora – e o vídeo, por intermédio de instrumentos que permitem ver o interlocutor e ouvir sua voz em tempo real, por intermédio de câmeras, o que possibilita, inclusive, a realização de videoconferências.[141]

A conexão à Internet pode se perfazer, basicamente, de duas maneiras. Em primeiro lugar, o respectivo acesso pode se dar de forma direta, por meio de um servidor próprio (*Internet Service Provider*), seja pela conexão do próprio computador do usuário à Internet, seja por este figurar como parte de uma rede ligada à Internet, não importando a diferença entre ambas as hipóteses.[142]

Pode ainda a ligação ocorrer de maneira indireta, quando o usuário se conecta a um sistema separado, por meio de um servidor ou operador (*On-Line Service Provider*) que normalmente oferece vários serviços, dentre os quais o correio eletrônico, grupos de discussão e o próprio acesso à Internet.[143]

A *World Wide Web* popularizou a utilização da Internet por meio de um protocolo, que permite o acesso de qualquer computador ligado à rede a um sistema de hipertexto (base única de conhecimento e informação). Esse protocolo de transferência de hipertexto, conhecido como HTTP, se desenvolve em quatro fases:

> "a) Fase de conexão: permite a tentativa de relacionamento do internauta (navegador ou *web cliente*) com o servidor endereçado;
>
> b) Fase de requerimento: o navegador define o protocolo, determinando o tipo de servidor selecionado;
>
> c) Fase da resposta: equivale ao momento no qual se efetiva a troca de informações entre o navegador e servidor;
>
> d) Fechamento: fase em que é fechada a conexão com o servidor".[144]

1.3 O TRÁFEGO JURÍDICO NA INTERNET E OS VALORES FUNDAMENTAIS LIGADOS À PESSOA. AS REDES SOCIAIS VIRTUAIS. PROTEÇÃO DE DADOS PESSOAIS E PRIVACIDADE. *PROFILING. DARK PATTERNS*

Impulsionado o Direito Civil, particularmente no âmbito da matéria contratual, pelos ventos da despatrimonialização e repersonalização, e colocado como valor fundamental da ordem centrada na Constituição, o livre desenvolvimento da pessoa, num momento em que a massificação das operações econômicas é acentuada pelo progresso tecnológico, a normativa

---

[140] LEAL, Sheila do Rocio Cercal Santos. *Contratos eletrônicos*: validade jurídica dos contratos via Internet. São Paulo: Atlas, 2007. p. 21.

[141] SÉDAILLAN, Valérie. *Droit de l'Internet*: réglementation, responsabilités, contrats. Cachan: Net Press, 1996. p. 19.

[142] DAVIES, Lars. Contract formation on the Internet: shattering a few myths. *In*: EDWARDS, Lilian; WAELDE, Charlotte (coord.). *Law and the internet*: regulating cyberspace. Oxford: Hart, 1997. p. 104.

[143] DAVIES, Lars. Contract formation on the Internet: shattering a few myths. *In*: EDWARDS, Lilian; WAELDE, Charlotte (coord.). *Law and the internet*: regulating cyberspace. Oxford: Hart, 1997. p. 104.

[144] LEAL, Sheila do Rocio Cercal Santos. *Contratos eletrônicos*: validade jurídica dos contratos via Internet. São Paulo: Atlas, 2007. p. 22.

das relações privadas recebe um enquadramento constitucional, funcionalizando-se[145] a partir de tal diretiva.

A repersonalização significa, antes de tudo, o movimento que o direito privado passa a sofrer, no sentido de serem discutidos os valores que o sistema jurídico colocou em seu centro e em sua periferia.[146]

A normativa constitucional, além de figurar como a justificação direta de cada norma ordinária – que com aquela deve se harmonizar, estabelecendo um controle dos conceitos jurídicos tradicionais, bem como delineando novos parâmetros e cânones, como ocorre, em relação à Lei nº 8.078/1990, à luz de duas normas, em especial da Constituição da República, ou seja, o art. 5º, XXXII, inserido no título dos direitos fundamentais, e o art. 170, V, que declara a proteção do consumidor como princípio da ordem econômica –, passa a ter aplicação direta e efetiva às relações interindividuais, no âmbito dos modelos do direito privado.[147]

A boa-fé, nesse quadro, delimita e reestrutura a autonomia privada,[148] à medida que a adequação das expectativas da parte contratante repousa, ainda que de modo mediato, no respeito à dignidade humana,[149] de maneira que se tutele a pessoa humana nas relações de consumo – mais do que o consumidor enquanto categoria autônoma – como um particular da tutela da personalidade.[150]

Acima de tudo, o Direito Civil passa a se conceber como um "serviço da vida", figurando a pessoa humana como primeiro motor da sua regulamentação, a ter sua primazia restaurada no sistema, valorizando-se o poder jurisgênico de todos os homens e mulheres comuns, enquanto cidadãos.[151]

A concepção principiológica do Direito Civil dá margem à revisão dos seus estatutos clássicos, repondo o ser humano, e seu ambiente sustentável, ao patamar de máxima relevância ao ordenamento jurídico. Com isto se impõe uma releitura cabal das instituições de Direito Privado, muitas vezes arcaicas em face do conservadorismo da dogmática reinante, de caráter patrimonialista.[152]

---

[145] Nas palavras de Marçal Justen Filho (*Desconsideração da personalidade societária no Direito brasileiro*. São Paulo: Revista dos Tribunais, 1987. p. 42), a funcionalização "importa, ao nível dos poderes jurídicos, a consagração do raciocínio de que a atribuição de tais poderes destina-se à realização de interesses que ultrapassam o círculo de interesses do próprio titular. O poder deixa de ser entendido como um fim em si mesmo, mas se justifica como instrumento de consecução de resultados outros".
Citando Norberto Bobbio: "Deixo de lado as dificuldades que advêm do emprego de um termo multiúso como 'função' [...] por 'função' se entende a prestação continuada que um determinado órgão dá à conservação e ao desenvolvimento, conforme um ritmo de nascimento, crescimento e morte, do organismo inteiro, isto é, do organismo considerado como um todo" (BOBBIO, Norberto. *Da estrutura à função*: novos estudos de teoria do direito. Trad. Daniela Beccaccia. Barueri: Manole, 2007. p. 103).

[146] FACHIN, Luiz Edson. *Teoria crítica do direito civil*. Rio de Janeiro: Renovar, 2000. p. 74.

[147] MORAES, Maria Celina Bodin. A caminho de um direito civil constitucional. *Revista de Direito Civil*, São Paulo, v. 65, p. 26-28, jul./set. 1993.

[148] NEGREIROS, Teresa. *Fundamentos para uma interpretação constitucional do princípio da boa-fé*. Rio de Janeiro: Renovar, 1998. p. 187. Como bem coloca a autora (p. 222-223), a boa-fé, como resultante necessária de uma ordenação solidária das relações intersubjetivas, patrimoniais ou não, configura-se muito mais como um parâmetro para a funcionalização da autonomia privada à dignidade humana, em todas as suas dimensões, do que como um mero fator de compressão da autodeterminação dos particulares.

[149] NEGREIROS, Teresa. *Fundamentos para uma interpretação constitucional do princípio da boa-fé*. Rio de Janeiro: Renovar, 1998. p. 270.

[150] TEPEDINO, Gustavo. *Temas de Direito Civil*. Rio de Janeiro: Renovar, 1999. p. 259, O Mercosul e as relações de consumo.

[151] CARVALHO, Orlando de. *Para uma teoria da relação jurídica civil*: a teoria geral da relação jurídica. Coimbra: Centelha, 1981. p. 92-96.

[152] ARONNE, Ricardo. *Direito civil-constitucional e teoria do caos*. Porto Alegre: Livraria do Advogado, 2006. p. 60.

A própria noção de vulnerabilidade do consumidor[153] é um exemplo paradigmático, na medida em que tem uma função repersonalizante quando valoriza juridicamente elementos que se desvinculam da figura abstrata do "homem médio" para se vincular a situações concretas que variam no decorrer do tempo e em razão de contextos especificados, primando também pela existencialidade e dignidade e não apenas pela patrimonialidade, como acontece nas relações de consumo e na proteção reforçada a idosos, analfabetos, indígenas, doentes ou pessoas com deficiência, por exemplo.[154]

A dignidade, para tanto, consiste no instrumento que confere a cada um o direito ao respeito inerente à qualidade do ser humano, bem como a pretensão de ser colocado em condições idôneas a exercer as próprias aptidões pessoais, assumindo as posições a estas correspondentes.[155]

A privacidade[156] é contemplada para além da sua definição tradicional[157], de matiz individualista, do "direito de ser deixado só", passando seu foco ao controle, por indivíduos ou

---

[153] Em função da presunção de vulnerabilidade do consumidor (art. 4º, I da Lei nº 8.078/1990), o princípio da não intervenção inserido pela Declaração de Liberdade Econômica – Lei nº 13.874/2019, que incluiu novos parágrafos nos arts. 113 e 421 e o *caput* do art. 421-A, todos do Código Civil –, está sob reserva dos regimes especiais, assim como não se aplica aos contratos de consumo. O próprio art. 421-A presume *juris tantum* simétricos e paritários apenas os contratos civis e comerciais, não os de consumo, regidos pela Lei nº 8.078/1990, em se tratando, normalmente, de contratos de adesão (art. 54), daí a necessidade de intervenção do Estado, imposta por norma hierarquicamente superior, a Constituição Federal (arts. 5º, XXXII e 48 do ADCT), tendo em vista a natureza de ordem pública e de interesse social do CDC (MARQUES, Claudia Lima; MIRAGEM, Bruno. Nota sobre a pandemia COVID-19, os contratos de consumo e o superendividamento dos consumidores: a necessidade de atualização do CDC. *In*: MARQUES, Claudia Lima; LORENZETTI, Ricardo Luis; CARVALHO, Diógenes Faria de; MIRAGEM, Bruno. *Contratos de serviços em tempos digitais*. São Paulo: Revista dos Tribunais, 2021. pos. 4.133). (*e-book*).

[154] Em matéria de crédito, o CDC é enfático:
"Art. 54-C. É vedado, expressa ou implicitamente, na oferta de crédito ao consumidor, publicitária ou não:
[...]
IV – assediar ou pressionar o consumidor para contratar o fornecimento de produto, serviço ou crédito, principalmente se se tratar de consumidor idoso, analfabeto, doente ou em estado de vulnerabilidade agravada ou se a contratação envolver prêmio".

[155] PERLINGIERI, Pietro. *Perfis do direito civil*. Tradução de Maria Cristina de Cicco. Rio de Janeiro: Renovar, 1997. p. 37.

[156] Merece referência o paradigmático caso Daniela Cicarelli, julgado pelo Tribunal de Justiça de São Paulo: "TJ-SP, ap. cível 556.090-4/00, j. 12.6.2008, rel. Des. Enio Santarelli Zuliani – "Não é convincente a assertiva de que o provedor de hospedagem é como se fosse um sujeito inalcançável em termos de obrigação pela ilicitude dos que são admitidos a fazer uso do espaço concedido. A ordem jurídica foi idealizada e aperfeiçoada para se tornar invulnerável contra as ofensas dos direitos das vítimas, tendo o fenômeno da responsabilidade social evoluído para acompanhar o fantástico mundo tecnológico. A Internet desafia os juristas, e a comunidade reclama legislação que fortaleça a defesa das vítimas dos danos injustos, valendo acrescentar que de nada adiantará o Código Civil disciplinar e proteger os direitos da personalidade, em se admitindo que provedores de hospedagem permaneçam imunes ao dever de fiscalizar os abusos que são cometidos diante de seus olhos. [...]. A ementa é a seguinte: Ação inibitória fundada em violação do direito à imagem, privacidade e intimidade de pessoas fotografadas e filmadas em posições amorosas em areia e mar espanhóis – Esfera íntima que goza de proteção absoluta, ainda que um dos personagens tenha alguma notoriedade, por não se tolerar invasão de intimidades [cenas de sexo] de artista ou apresentadora de TV – Inexistência de interesse público para se manter a ofensa aos direitos individuais fundamentais [artigos 1º, III e 5º, V e X, da CF] – [...]".

[157] Para Daniel Solove, "trata-se de um conceito fluido, abrangendo, dentre outros aspectos, liberdade de expressão, controle sobre o próprio corpo, controle sobre informações pessoais, e proteção em face de buscas e interrogações" (SOLOVE, Daniel. *Understanding privacy*. Cambridge: Harvard University Press, 2008. pos. 39). (*e-book*). (tradução nossa). Leia-se, por todos, NISSENBAUM, Helen. *Privacy in context*: technology, policy and the integrity of social life. Stanford: Stanford Law Books, 2010. p. 22-23.

grupos, do exercício de poderes que se fundam na disponibilidade de informações, de modo a concorrer para o estabelecimento de um equilíbrio sociopolítico mais adequado.[158]

A privacidade é prevista como direito básico do usuário no art. 7º da Lei nº 12.965/2014 (Marco Civil da Internet), assegurando uma maior proteção dos consumidores.[159] Da mesma

---

[158] RODOTÀ, Stefano. *Tecnologie e diritti*. Bologna: Mulino, 1995. p. 20. Para Stefano Rodotà, "[...] parece cada vez mais frágil a definição de 'privacidade' como 'o direito a ser deixado só', que decai em prol de definições cujo centro de gravidade é representado pela possibilidade de cada um controlar o uso das informações que lhe dizem respeito. Não que este último aspecto estivesse ausente das definições tradicionais: nelas, porém, ele servia muito mais para sublinhar e exaltar o ângulo individualista, apresentando a privacidade como mero instrumento para realizar a finalidade de ser deixado só; enquanto hoje chama a atenção sobretudo para a possibilidade de indivíduos e grupos controlarem o exercício dos poderes baseados na disponibilização de informações, concorrendo assim para estabelecer equilíbrios sociopolíticos mais adequados.

Trata-se de uma tendência determinada por fenômenos interdependentes. Às novas formas de coleta e tratamento de informações, possibilitadas sobretudo pelo recurso a computadores, adicione-se a crescente necessidade de dados por parte das instituições públicas e privadas: como não é imaginável uma ação que vá de encontro a esta tendência, comum a todas as organizações sociais modernas, é necessário considerar de forma realista tal situação, analisando as transformações que causa na distribuição e no uso do poder pelas estruturas públicas e privadas. Somente assim será possível desfazer o nó das relações entre a tutela das liberdades individuais e a eficiência administrativa e empresarial. Identificando as raízes do poder fundado na disponibilidade das informações e seus reais detentores, será possível não somente projetar formas de contrapoder e de controle, como também aproveitar as possibilidades oferecidas pela tecnologia da computação para tentar produzir formas diversas de gestão do poder, capazes de oferecer às liberdades individuais possibilidades de expansão antes impensáveis [...].

Por realismo ou por uma limitada visão de conjunto, as definições predominantes optaram por seguir uma linha diversa, indicando os riscos ligados à difusão dos computadores e tentando elaborar estratégias de defesa capazes somente de afastar os temores de uma iminente chegada do 1984 de Orwell ou do *Brave New World* imaginado por Aldous Huxley. Porém, seguindo essa estrada, logo percebemos a inadequação das tradicionais definições jurídico-institucionais diante dos novos problemas impostos pela realidade dos sistemas informativos atuais. Ou seja, pode-se notar que não é suficiente elaborar um sistema de contenção do poder dos computadores em relação às suas particulares modalidades de utilização, mas é necessário analisar todas as potencialidades de seu uso, ligando-os aos diversos significados que possam assumir no conjunto do sistema político.

Se este é o quadro global a ser observado, não é mais possível considerar os problemas da privacidade somente por meio de um pêndulo entre 'recolhimento' e 'divulgação'; entre o homem prisioneiro de seus segredos e o homem que nada tem a esconder; entre a 'casa-fortaleza', que glorifica a privacidade e favorece o egocentrismo, e a 'casa-vitrine', que privilegia as trocas sociais; e assim por diante. Essas tendem a ser alternativas cada vez mais abstratas, visto que nelas se reflete uma forma de encarar a privacidade que negligencia justamente a necessidade de dilatar esse conceito para além de sua dimensão estritamente individualista, no âmbito da qual sempre esteve confinada pelas circunstâncias da sua origem" (RODOTÀ, Stefano. *A vida na sociedade da vigilância*: a privacidade hoje. Organização de Maria Celina Bodin de Moraes. Tradução de Danilo Doneda e Luciana Doneda. Rio de Janeiro: Renovar, 2008. p. 24-25).

[159] "Art. 7º O acesso à Internet é essencial ao exercício da cidadania, e ao usuário são assegurados os seguintes direitos: I – inviolabilidade da intimidade e da vida privada, sua proteção e indenização pelo dano material ou moral decorrente da sua violação; II – inviolabilidade e sigilo do fluxo de suas comunicações pela Internet, salvo por ordem judicial, na forma da lei; III – inviolabilidade e sigilo de suas comunicações privadas armazenadas, salvo por ordem judicial; IV – não suspensão da conexão à Internet, salvo por débito decorrente da sua utilização; V – manutenção da qualidade contratada de conexão à Internet; VI – informações claras e completas constantes dos contratos de prestação de serviços, com detalhamento sobre o regime de proteção aos registros de conexão e aos registros de acesso a aplicações da Internet, bem como sobre práticas de gerenciamento da rede que possam afetar na sua qualidade; VII – não fornecimento a terceiros de seus dados pessoais, inclusive registros de conexão, e de acesso a aplicações de Internet, salvo mediante consentimento livre, expresso e informado ou nas hipóteses previstas em lei; VIII – informações claras e completas sobre coleta, uso, armazenamento, tratamento e proteção de seus dados pessoais, que somente poderão ser utilizados para atividades que: a) justifiquem sua coleta; b) não sejam vedadas pela legislação; c) estejam especificadas nos contratos de prestação de serviços ou em termos de uso de aplicações de Internet; XI – consentimento expresso sobre coleta, uso, armazenamento e tratamento de dados pessoais, que deverá ocorrer de forma destacada das demais cláusulas contratuais; X – exclusão definitiva dos dados pessoais que tiver fornecido

forma, a Lei Geral de Proteção de Dados Pessoais, no seu art. 2º, I prevê o respeito à privacidade como fundamento da disciplina da proteção de dados pessoais.

Embora historicamente ligada umbilicalmente à privacidade, a tendência mais atual é a afirmação da proteção de dados como direito fundamental autônomo, conforme consagrado na Emenda Constitucional nº 115/2022, que acrescentou o inc. LXXIX ao art. 5º[160] da Constituição da República.[161]

Na visão de Stefano Rodotà:

> "Estamos diante da verdadeira reinvenção da *proteção de dados* – não somente porque ela é expressamente considerada um direito fundamental autônomo, mas também porque se tornou uma ferramenta essencial para o *livre desenvolvimento da personalidade*". (g.n.).[162]

Cabe aos direitos da personalidade, à luz da Constituição, a função de estabelecer parâmetros para a aplicação da cláusula geral da proteção da pessoa humana, abandonando-se um perfil marcantemente estrutural, para almejar uma nova funcionalidade por meio da sua objetivação como valor juridicamente relevante.[163]

É apontada como uma das principais preocupações do Direito Civil atual, lado a lado com a contratação em massa frente aos vulneráveis e a proteção dos direitos fundamentais, a exaustão

---

a determinada aplicação de Internet, a seu requerimento, no término da relação entre as partes, ressalvadas as hipóteses de guarda obrigatória de registros previstas nesta lei e na que dispõe sobre a proteção de dados pessoais; XI – publicidade e clareza de eventuais políticas de uso dos provedores de conexão à Internet e de aplicações da Internet; XII – acessibilidade, consideradas as características fisiomotoras, perceptivas, sensoriais, intelectuais e mentais do usuário, nos termos da lei; e XII – aplicação das normas de proteção e defesa do consumidor nas relações de consumo realizadas na Internet."

[160] "Art. 5º [...] LXXIX – é assegurado, nos termos da lei, o direito à proteção dos dados pessoais, inclusive nos meios digitais."

[161] Usualmente, são apontadas quatro gerações nas leis de proteção de dados pessoais.
A primeira geração remonta à década de 1970, como reação ao processamento eletrônico de dados nas administrações públicas e nas empresas privadas, bem como às ideias de centralização dos bancos de dados nacionais. É o caso da Lei do Estado alemão de Hesse (1970), Lei de proteção de dados da Suécia (1973) e Lei federal de proteção de dados da Alemanha (1977), que priorizavam o controle rígido dos procedimentos, deixando de lado a proteção da privacidade.
Já a segunda geração surgiu como uma resposta à diáspora e proliferação dos bancos de dados existentes, de modo que a proteção de dados passa a se associar à privacidade, às liberdades negativas e à liberdade individual em geral. Neste momento, a proteção de dados é inserida nas Constituições de Portugal e Espanha. Aqui se insere a lei francesa de proteção de dados pessoais (1978).
A terceira geração remonta à década de 1980 – procurando sofisticar a tutela de dados pessoais, a partir da ideia de autodeterminação informativa, de modo a enfatizar a ideia de controle pelo indivíduo do processamento de seus dados, com uma maior carga participativa, em todas as fases do processo, desde a coleta, armazenamento e transmissão, e não apenas como "tudo ou nada". Corresponde às novas tecnologias de rede e telecomunicações. Como manifestações de tal período, destacam-se a Lei alemã de proteção de dados (1990), a emenda da Lei da Áustria (1986) e previsão constitucional da proteção de dados pessoais na Holanda.
A partir da quarta geração, não se pode basear a tutela dos dados pessoais simplesmente na escolha individual, sendo necessários instrumentos que elevem o padrão coletivo de proteção, como é o caso de certas utilizações de dados sensíveis, por exemplo, como verificado nas Diretivas nº 95/46/CE e nº 2000/58/CE (privacidade e comunicações eletrônicas) (cf. DONEDA, Danilo. O direito fundamental à proteção de dados pessoais. *In*: MARTINS, Guilherme Magalhães [coord.]. *Direito privado e internet*. São Paulo: Atlas, 2014. p. 67-69).

[162] RODOTÀ, Stefano. *A vida na sociedade da vigilância*: a privacidade hoje. Organização de Maria Celina Bodin de Moraes. Tradução de Danilo Doneda e Luciana Doneda. Rio de Janeiro: Renovar, 2008. p. 17.

[163] DONEDA, Danilo. *Da privacidade à proteção de dados pessoais*. 2. ed. São Paulo: Revista dos Tribunais, 2019. p. 97.

das categorias jurídicas tradicionais diante da revolução tecnológica, que introduz novos interesses e bens jurídicos insuscetíveis de serem tratados com base nos paradigmas do passado.[164]

Na sociedade da informação, prevalecem as definições funcionais da privacidade, referidas à possibilidade de um sujeito de conhecer, controlar, endereçar e interromper o fluxo das informações que lhe dizem respeito.[165]

A expansão da Internet 2.0 trouxe dentre suas mudanças mais significativas a substituição da remuneração da publicidade dos provedores de conteúdo, informação e hospedagem não mais pelo número de acesso às páginas (*page views*), mas por clique em cada *hyperlink* (*cost per click*) reativando os investimentos nos *sites*.

Não pode ser esquecido que o valor comercial de um *site* depende, em proporção direta, de sua popularidade, ou seja, do número de usuários que o visitam. Quanto mais elevado for esse número, mais valorizado será o espaço publicitário ali oferecido e, por consequência, maiores

---

[164] TEPEDINO, Gustavo. O Direito Civil Constitucional e suas perspectivas atuais. *In*: TEPEDINO, Gustavo. *Direito Civil contemporâneo*: novos problemas à luz da legalidade constitucional. São Paulo: Atlas, 2008. p. 357-358. E prossegue o autor: "O fenômeno é recorrente nos campos da engenharia genética e do ciberespaço [...], bastando pensar no conflito latente, que se intensifica no decorrer dos anos, entre, de um lado, a tutela da intimidade e da privacidade e, de outro, o direito à informação e à autonomia privada. Paradoxalmente, as novas descobertas científicas, ao lado dos extraordinários benefícios que trazem para a humanidade, acarretam um igualmente formidável potencial danoso. Ao direito civil apresenta-se o desafio de incentivar os novos horizontes da ciência e tecnologia sem perder de vista, contudo, a promoção da pessoa humana".

[165] RODOTÀ, Stefano. *Tecnologie e diritti*. Bologna: Mulino, 1995. p. 101. Emblemático, em matéria de privacidade na Internet, o famoso caso Cicarelli v. *YouTube*, julgado pelo Tribunal de Justiça de São Paulo em 14 de junho de 2008 (4ª Câmara de Direito Privado, Apelação cível nº 556.090.4/4-00, rel. Des. Ênio Santarelli Zuliani), em acórdão assim ementado: "Ação inibitória fundada em violação do direito à imagem, privacidade e intimidade de pessoas fotografadas e filmadas em posições amorosas em areia e mar espanhóis – Esfera íntima que goza de proteção absoluta, ainda que um dos personagens tenha alguma notoriedade, por não se tolerar invasão de intimidades [cenas de sexo] de artista ou apresentadora de TV – Inexistência de interesse público para se manter a ofensa aos direitos individuais fundamentais [artigos 1°, III e 5°, V e X, da CF] – Manutenção da tutela antecipada expedida no agravo de instrumento nº 472.738-4 e confirmada no julgamento do agravo de instrumento nº 488.184-4/3 – Provimento para fazer cessar a divulgação dos filmes e fotografias em *websites*, por não ter ocorrido consentimento para a publicação. Interpretação do art. 461 do CPC e 12 e 21 do CC, preservada a multa diária de R$ 250.000,00, para inibir transgressão ao comando de abstenção". No tocante ao bloqueio do *site YouTube*, remete-se o leitor à obra *Responsabilidade civil por acidente de consumo na internet* (MARTINS, Guilherme Magalhães. *Responsabilidade civil por acidente de consumo na internet*. 3. ed. São Paulo: Revista dos Tribunais, 2020. p. 337-342). A melhor solução para o caso teria sido a da sentença de primeiro grau, prolatada em 18 de junho de 2007 pelo Juízo da Vara Central Cível de São Paulo, que julgou improcedente o pedido, tendo em vista a autoexposição dos autores, nos moldes do voto do Ministro Cesar Asfor Rocha, do Superior Tribunal de Justiça, ao apreciar situação idêntica, no julgamento do Recurso Especial nº 595.600-SC (4ª T., j. 18.03.04), relativo a uma banhista que praticou *topless* em plena Praia Mole, em Santa Catarina, lotada de frequentadores, durante um feriado prolongado. Segundo um trecho da fundamentação da sentença, "É certo também que *topless* e relações íntimas na praia não são situações semelhantes. Entretanto, tanto em uma quanto em outra situação, de parte da privacidade se abre mão, no exercício do que se entende por liberdade, o que permite analisar ambas sob o mesmo enfoque. Não cabe aqui tecer considerações sobre a licitude ou ilicitude dessas condutas, porque não é isso que está em causa. O fulcro da questão é outro: definir se existe o dever de não divulgar vídeo ou foto de pessoa que exibe sua imagem em local público, numa situação não exatamente corriqueira, que pode chamar a atenção de terceiros [...]". E prossegue: "[...] Outrossim, com os recursos atuais da tecnologia, os autores deveriam saber que suas imagens poderiam ser captadas por qualquer um e colocadas na Internet. Deixaram que sua intimidade fosse observada em local público, razão pela qual não podem argumentar com violação da privacidade, honra ou imagem para cominar polpudas multas justamente aos corréus. Aliás, há nos autos documento, não impugnado em seu conteúdo (fls. 583), que menciona a existência das 'cenas picantes de sexo implícito do casal' em 'centenas de outros *sites* que replicaram a peça'. Com as palavras *cicarelli malzoni praia*, os *sites* de busca mais conhecidos, nesta data, revelam também milhares de *links* para o assunto: *Live Search*, 1.588 resultados; *Terra*, 1.630 resultados; *UOL Busca*, 1.592 resultados; *Yahoo Cadê*, 7.270 resultados; *Google*, 52.300 resultados. Até na biografia da autora, na *Wikipedia*, há referência ao 'vídeo polêmico' [...]".

serão os lucros destinados ao titular do *site* – esse é um dos efeitos da rede e explica, em parte, a concentração de poder em poucas plataformas digitais, a partir da lógica "the winner takes it all".

Por seu turno, cada vez mais informações são levadas à Internet, tornando-se acessíveis por milhões de usuários em qualquer parte do globo, inclusive dados que trazem consigo aspectos intrinsecamente ligados à personalidade dos indivíduos. Nome, sobrenome, endereço, opções religiosas, afetivas e tantas outras são objeto de uma exposição fomentada e enaltecida social e culturalmente.[166]

Com efeito, no cerne das redes sociais está o intercâmbio de informações pessoais.[167] Os usuários ficam felizes por revelarem detalhes íntimos de suas vidas pessoais, fornecendo informações precisas, compartilhando fotografias e vivenciando o fetichismo e exibicionismo de uma sociedade confessional.[168]

---

[166] Para Marcel Leonardi, "A escala e os tipos de informação disponíveis aumentam exponencialmente com a utilização de tecnologia. É importante recordar que, como a informação é coletada em forma eletrônica, torna-se extremamente simples copiá-la e distribuí-la, podendo ser trocada entre indivíduos, companhias e países ao redor de todo o mundo.
A distribuição da informação pode ocorrer com ou sem o conhecimento da pessoa a quem pertencem os dados, e de forma intencional ou não. Há uma distribuição não intencional quando os registros exibidos contêm mais informações do que as que foram solicitadas ou, ainda, quando tais dados são furtados. Muitas vezes, determinadas 'fichas cadastrais' contêm mais dados do que o necessário ou solicitado pelo utilizador.
Como se tudo isto não bastasse, há que se destacar o perigo que representam as informações errôneas. Ser considerado inadimplente quando não se deve nada a ninguém ou ser rejeitado em uma vaga de emprego sem justificativa aparente são apenas alguns dos exemplos dos danos que dados incorretos, desatualizados ou propositadamente errados podem causar [...]. Os efeitos de um pequeno erro podem ser ampliados de forma assustadora. Quando a informação é gravada em um computador, há pouco incentivo para se livrar dela, de forma que certos registros podem permanecer à disposição por um longo período de tempo. Ao contrário da informação mantida em papel, dados armazenados em um computador ocupam muito pouco espaço e são fáceis de manter e de transferir, e como tal podem perdurar indefinidamente" (LEONARDI, Marcel. Responsabilidade civil pela violação do sigilo e privacidade na Internet. *In*: SILVA, Regina Beatriz Tavares da; SANTOS, Manoel J. Pereira dos [coord.]. *Responsabilidade civil na internet e nos demais meios de comunicação*. São Paulo: Saraiva, 2007. p. 339-340).

[167] Para Giovanni Maria Riccio, "a revolução caracterizada pelo advento das redes sociais e da Net 2.0 pode ser resumida em três letras P:
a) publicação: os usuários criam os próprios conteúdos. Não são meros usuários de conteúdos realizados por outros, mas se tornam, se pode ser dito assim, editores dos próprios espaços: basta pensar, por exemplo, nos *blogs*, nos serviços oferecidos a músicos e artistas (como MySpace), a possibilidade de publicar e compartilhar fotografias (Flickr) e vídeo YouTube);
b) participação: os usuários têm um papel ativo, podem votar nos conteúdos colocados em rede, ou construir virtualmente comunidades, abatendo os paradigmas tradicionais das conexões humanas fundadas nas limitações de tempo e lugar, como no Facebook ou LinkedIn;
c) personalização: os novos serviços permitem aos usuários personalizar os conteúdos oferecidos na rede. Basta pensar, nesse sentido, na possibilidade de visualizar a primeira página de um jornal na Internet, ou selecionar a própria música preferida". Por outro lado, destaca o autor que um aspecto que caracteriza a economia da Internet é a facilidade de criação de posições monopolísticas, como ocorre com o motor de busca da Google. No início da Internet, e durante os anos 90 do século passado, os sujeitos que ofereciam esse serviço enfrentavam forte concorrência; depois de uma década, a batalha terminou, com a vitória do serviço mais eficiente, que conquistou as maiores fatias do mercado, constrangendo os concorrentes a concentrar-se na oferta de outros serviços. É provado que os usuários da Internet dão preferência ao serviço que funciona melhor do que os outros, facilitando, portanto, o monopólio ou o oligopólio. O princípio da neutralidade da Internet, consagrado no Brasil na Lei nº 12.965/2014 (Marco Civil da Internet), deve funcionar como barreira a tais pretensões, a partir da isonomia entre todos os conteúdos que circulam na rede, sem degradação ou discriminação (RICCIO, Giovanni Maria. *Social networks e responsabilità civile*. Milano: Giuffrè, 2010. p. 860-861).

[168] BAUMAN, Zygmunt. *Vida para consumo*: a transformação das pessoas em mercadoria. Rio de Janeiro: Zahar, 2007. p. 8.

Transmitir a nós mesmos é o que fazemos, com toda a autoadmiração desavergonhada do mito de Narciso. Para Andrew Keen, "à medida que a mídia convencional [...] é substituída por uma imprensa personalizada, a Internet torna-se um espelho de nós mesmos. Em vez de usá-la para buscar notícias, informação ou cultura, nós mesmos a usamos para sermos de fato a notícia, a informação, a cultura".[169]

Perquirindo inicialmente "como alguém se torna o que é", Paula Sibilia enfatiza a profundidade das mudanças introduzidas pela popularização das redes sociais virtuais. Cuida-se de uma nova subjetividade, de uma nova forma de expressão do eu, de uma nova formação e delimitação da personalidade do indivíduo:

> "Um sinal desses tempos foi antecipado pela revista *Time*, que encenou seu costumeiro ritual de escolha da personalidade do ano no final de 2006. Nesta edição, criou-se uma notícia que foi ecoada pelos meios de comunicação de todo o planeta, e logo esquecida no turbilhão de dados inócuos que a cada dia são produzidos e descartados. A revista americana vem repetindo esta cerimônia há quase um século, com o intuito de apontar as pessoas que mais afetaram o noticiário e nossas vidas, para o bem e o mal, incorporando o que foi importante no ano. Ninguém menos do que Hitler foi eleito em 1938, o aiatolá Khomeini em 1979 e George W. Bush em 2004. Quem foi eleito a personalidade do ano em 2006, de acordo com o veredito da *Time*? VOCÊ. Sim, você. Ou melhor, não apenas você, mas também eu e todos nós. Ou, mais precisamente ainda, cada um de nós: as pessoas 'comuns'. Um espelho brilhava na capa da publicação e convidava seus leitores a nele se contemplarem, como Narcisos satisfeitos de verem suas 'personalidades' cintilando no mais alto pódio da mídia [...].
>
> A rede mundial de computadores se tornou um grande laboratório, um terreno propício para se experimentar e criar novas subjetividades: [...]. Como quer que seja, não há dúvidas de que esses reluzentes espaços da Web 2.0 são interessantes, nem que seja porque se apresentam como cenários bem adequados para montar um espetáculo cada vez mais estridente: o *show* do eu [...]".[170]

Na atual sociedade de consumidores, a pessoa é induzida a tratar a si mesma como mercadoria. O fetichismo da mercadoria é substituído pelo da subjetividade.[171] A espetacularização da subjetividade em nossa sociedade impulsiona os indivíduos a gerirem a si mesmos como marcas, "um produto dos mais requeridos, [...], que é preciso colocar em circulação, comprar, vender, descartar e recriar seguindo os voláteis ritmos da moda".[172]

As redes chamadas virtuais traduzem, nos dias de hoje, a sociedade do espetáculo, retratada em 1967 por Guy Debord, filósofo e agitador social cuja obra inspirou fortemente os acontecimentos ocorridos em maio de 1968 na França:

---

[169] KEEN, Andrew. *O culto do amador*: como *blogs*, MySpace, YouTube e a pirataria digital estão destruindo nossa economia, cultura e valores. Tradução de Maria Luiza X. de A. Borges. Rio de Janeiro: Jorge Zahar, 2009. p. 12.

[170] SIBILIA, Paula. *O* show *do eu*: a intimidade como espetáculo. Rio de Janeiro: Nova Fronteira, 2008. p. 27. Nas palavras da autora (p. 8), uma característica da sociedade contemporânea é a hipertrofia do eu, enaltecendo o desejo de ser diferente e querer sempre mais:" Hoje, a megalomania e a excentricidade não mais parecem desfrutar da qualificação de doenças mentais ou desvios patológicos, como outrora ocorreu".

[171] "A 'subjetividade' numa sociedade de consumidores, assim como a 'mercadoria' numa sociedade de produtores é (para usar o oportuno conceito de Bruno Latour) um *fatishe* – um produto profundamente humano elevado à categoria de autoridade sobre-humana mediante o esquecimento ou a condenação à irrelevância de suas origens demasiado humanas, juntamente com o conjunto de ações humanas que levaram ao seu aparecimento e que foram condição *sine qua non* para que isso ocorresse" (BAUMAN, Zygmunt. *Vida para consumo*: a transformação das pessoas em mercadoria. Rio de Janeiro: Zahar, 2007. p. 23).

[172] SIBILIA, Paula. *O* show *do eu*: a intimidade como espetáculo. Rio de Janeiro: Nova Fronteira, 2008. p. 275.

"Toda a vida das sociedades nas quais reinam as modernas condições de produção se apresenta como uma imensa acumulação de *espetáculos*. Tudo o que era vivido diretamente tornou-se uma representação [...]

O espetáculo não é um conjunto de imagens, mas uma relação social entre pessoas, mediada por imagens [...].

Considerado em sua totalidade, o espetáculo é ao mesmo tempo o resultado e o projeto do modo de produção existente. Não é um suplemento do mundo real, uma decoração que lhe é acrescentada. É o âmago do irrealismo da sociedade real. Sob todas as suas formas particulares – informação ou propaganda, publicidade ou consumo direto de divertimentos – o espetáculo constitui o *modelo* atual da vida dominante na sociedade. É a afirmação onipresente da escolha *já feita* na produção, e o consumo que decorre dessa escolha". (g.n.).[173]

O problema deve ser alcançado pelo direito, à medida que a cláusula geral de tutela da pessoa impõe a proteção da personalidade em todas as suas facetas. Os direitos da personalidade, construção dogmática que vem sendo paulatinamente compreendida na categoria de situação subjetiva existencial,[174] impõem a proteção do "direito à identidade pessoal", o direito de "ser si mesmo".[175] Logo, Stefano Rodotà afirma que essas identidades virtuais gozam do mesmo nível de tutela de qualquer outro bem da personalidade, podendo sofrer violação e, portanto, serem passíveis tanto da tutela inibitória como indenizatória.[176]

No que concerne às conexões, embora se afirme que a Internet trouxe um enfraquecimento dos laços relacionais, o que ocorre, na verdade, é o surgimento de novas relações humanas, propiciadas e fomentadas pelo ambiente digital, traduzindo formas de convivência diferenciadas, a desafiar os operadores do direito.

Assim ocorre, apenas a título de exemplificação, na avaliação, em matéria de ação de alimentos, do binômio possibilidade-necessidade à luz de informações declaradas por uma das partes em uma rede social virtual. Da mesma forma, informações constantes das redes sociais têm sido utilizadas inclusive em processos de seleção de empregados, discutindo-se ainda, no direito de família, sobre a infração do dever conjugal de fidelidade a partir de mensagens ou informações veiculadas na Internet.

---

[173] DEBORD, Guy. *A sociedade do espetáculo*. Tradução de Estela dos Santos Abreu. Rio de Janeiro: Contraponto, 1997. p. 13-15.

[174] PERLINGIERI, Pietro. *O direito civil na legalidade constitucional*. Tradução de Maria Cristina de Cicco. Rio de Janeiro: Renovar, 2008. p. 760 e ss.

[175] Acerca do direito à identidade pessoal, recomenda-se a obra do civilista Carlos Fernández Sessarego, *Derecho a la identidad personal*. Para o autor, "a identidade pessoal supõe ser um mesmo e não outro, em que pese a integração social. Essa arraigada e profunda faceta da existência, que é a natureza mesma do ser, se erige em um primordial interesse pessoal que requer proteção jurídica, lado a lado com outros essenciais interesses pessoais, como a liberdade ou a vida.
A 'identidade' do ser humano se constitui, enquanto ser livre, através de um contínuo processo autocriativo, mediante uma sucessão de ações em que consiste a existência, pela adesão a uma determinada concepção de mundo, configurando e definindo a 'personalidade'. A identidade cultural do ser humano se vai obtendo, precisando, afinando, mas também mudando, no cotidiano decorrer da existência. A personalidade, que socialmente projetamos, se enriquece e molda com o transcorrer do tempo" (SESSAREGO, Carlos Fernández. *Derecho a la intimidad personal*. Buenos Aires: Astrea, 1992. p. 15).

[176] Cf. RODOTÀ, Stefano. *A vida na sociedade da vigilância*: a privacidade hoje. Organização, seleção e apresentação de Maria Celina Bodin de Moraes. Tradução de Danilo Doneda e Luciana Cabral Doneda. Rio de Janeiro: Renovar, 2008. p. 116.

As rebeliões ocorridas no Egito, Tunísia e Líbia, entre janeiro e março de 2011, traduzem a força das redes sociais, que concentraram grande parte dos protestos e discussões populares em face de governos totalitários que terminaram destituídos.[177]

Outra forte característica das redes sociais é a formação de um infindável contingente de capital social. A temática é muito cara à economia,[178] tratando-se, ainda, de elemento fundamental para a compreensão da forma de remuneração dos serviços prestados via *web* 2.0. Sabe-se que, hoje, há um nítido reconhecimento do conteúdo intrinsecamente econômico das formas de organização social em rede. Os laços que se desenvolvem podem ser paulatinamente fortalecidos se inseridos numa atmosfera de confiança entre os membros de determinada comunidade, o qual só se dá por meio de regras claras, transparentes e eficientes.

Afirmou-se que na transformação da rede, uma das principais características foi o incentivo à inserção de informações pelos próprios usuários, de maneira participativa, sendo esta uma das grandes transformações da Internet desde a sua concepção como mera "ferramenta". Assim, modificaram-se as formas de prestação de serviço, que passam a ser cada vez mais remuneradas indiretamente.

Hoje, é possível saber quais as preferências do usuário, por meio dos *sites* que acessa, ou mesmo das palavras que digita em um mecanismo de busca, por exemplo, criando-se verdadeiros "perfis" acerca do cruzamento dos dados de conexão. A remuneração, hoje, não é mais calculada por meio do número de acessos aos *websites*, mas, sim, pelo número de cliques em determinado *link* (*cost per click*). Assim se calculam os preços dos contratos de publicidade por intermédio da estimativa de consumidores em potencial, especificados pelas informações que disponibilizam sobre si mesmos, revelando preferências, opções religiosas, sexuais, a cidade em que vivem, etc.[179] Posto isto, convém delimitar o regime jurídico aplicável às redes sociais virtuais.

Tendo em vista, portanto, o valor econômico do capital social das redes e, assim, das informações que constituem as interações entre os perfis, já não há que mais que se falar em gratuidade das relações jurídicas entre os *sites* e seus membros, usuários e, portanto, consumidores dos serviços oferecidos. Em que pesem precedentes em contrário,[180] a manutenção de

---

[177] CASTELLS, Manuel. *Redes de indignação e esperança*. 2. ed. Tradução de Carlos Alberto Medeiros. Rio de Janeiro: Zahar, 2017. p. 93. Como anota Manuel Castells, "a maioria dos levantes árabes começou com organização, debate e convocação à rebelião pela Internet, prosseguindo e se configurando no espaço urbano. Assim, as redes da Internet forneceram um espaço de autonomia no qual os movimentos emergiram sob diferentes formas e com resultados diversificados, a depender de seu contexto social".

[178] São muitas as definições sobre capital social, mas é a partir da década de 1990 que se dá importância ao tema, como significante critério para a concessão de financiamentos pelo Banco Mundial. Sustenta a referida instituição que: "O capital social reflete as normas que possibilitam ações coletivas. Engloba instituições, relações e costumes que compõem a qualidade e quantidade das interações sociais. É fundamental para as sociedades prosperarem economicamente e para que seu desenvolvimento seja sustentável. Quando manejado corretamente, é capaz de aumentar a efetividade dos projetos e de sua sustentabilidade por fortalecer a capacidade de uma comunidade de trabalhar em grupo em prol de seus objetivos comuns, fomentando maior inclusão e coesão, aumentando a transparência e o cometimento para com os resultados" (Disponível em: http://go.worldbank.org/VEN7OUW280. Acesso em: 22 dez. 2009. [tradução livre]).

[179] A título de exemplo, cita-se a aquisição de 1,6% do capital da rede social Facebook, atual Meta, pela Microsoft Inc. pelo valor de 240 milhões de dólares. O valor estimado para a rede social, incluindo os bens e as relações jurídicas que compõem seu patrimônio foram avaliados em 15 bilhões de dólares (cf. HAMILTON, Anita. *Why Microsoft Overpaid for Facebook*. TIME.COM. Disponível em: http://www.time.com/time/business/article/ 0,8599,1675658,00.html#ixzz0aT8yYMJ4. Acesso em: 22 dez. 2009).

[180] "RESPONSABILIDADE CIVIL – DANOS MORAIS – ORKUT – SITE DE RELACIONAMENTO – EXPOSIÇÃO DE IMAGEM – TEXTO DE CONTEÚDO PEJORATIVO E DIFAMATÓRIO. RESPONSABILIDADE DO 'DONO' E CONTROLADOR DO GRUPO. RECURSO A QUE SE DÁ PROVIMENTO. *Sabe-se o Orkut é um serviço fornecido gratuitamente, com o objetivo de incentivar seus usuários a criar novas amizades e manter relacionamentos*. São milhões de usuários, criando 'perfis' para se relacionar com os demais usuários cadastrados, que ali compartilham e buscam informações, sendo tais informações de livre acesso, inclusive nas 'comunidades', ou seja, não apenas os que dela

páginas pessoais nas redes sociais virtuais, ainda que não cobrada diretamente, é remunerada por meio dos contratos de publicidade, também se evidenciando o valor econômico dos dados pessoais dos quais são titulares os consumidores[181] e, portanto, constitui negócio jurídico oneroso, enquadrando-se no conceito de serviço do art. 3º, § 2º da Lei nº 8.078/1990.

A disparidade entre fornecedor e o membro da rede social, por outro lado, é premente. Além de ser induzido a contratar por técnicas agressivas de publicidade, geralmente feitas por intermédio de *spams*, o consumidor se encontra em condição de vulnerabilidade[182] por não conhecer as nuances técnicas que permeiam a relação em que figura, o que, no ambiente *on-line*, dá causa ao reconhecimento de uma nova espécie de vulnerabilidade: a digital.[183]

O desconhecimento completo, dentre outras situações, dos meios jurídicos de se refutar uma ofensa direta promovida por um estranho à sua imagem-atributo,[184] ou de se inibir a criação de um perfil falso por utilização não autorizada de sua imagem-retrato,[185] ou mesmo de se evitar a manutenção de uma "comunidade" de conteúdo difamatório[186] ilustram as dificuldades encontradas pelo consumidor quanto à informação nas redes sociais virtuais.

---

participam podem visualizar seu conteúdo. Assim, se o ofendido tem sua imagem exposta, na gigantesca rede, através de publicação de foto e texto direcionado a criticar atitudes e características suas, de caráter pejorativo e difamatório, o 'dono' ('owner'), como é chamado o criador e controlador das atividades do grupo, responde pelos danos morais daí defluentes" (TJMG, Apelação Cível 1.0024.05.890294-1/001, 9ª Câmara Cível, Rel. Des. Tarcisio Martins Costa, j. 10.04.2007). (g.n.).

[181] CORRENTI, Antonella. Online platforms as a complex digital environment characterized by a lack of transparency on the role and status of the parties involved, as well as the use of unfair commercial practices. *European Journal of Privacy Law & Technologies*, v. 2, p. 56-68, 2021.

[182] Para Claudia Lima Marques e Bruno Miragem, "a proteção dos vulneráveis pelo direito tem sua origem na identificação de diversos novos sujeitos merecedores de proteção por se encontrarem em situação de desigualdade, construindo-se, a partir daí, um sistema de normas e subprincípios orgânicos para reconhecimento e efetivação dos seus direitos [...] A igualdade é uma das grandes metanarrativas da modernidade, mas a pós-modernidade tende a destacar o que há de 'diferente' e 'privilegiador' nestes novos direitos humanos, permitindo a desigualdade formal para atingir a igualdade material" (MARQUES, Claudia Lima; MIRAGEM, Bruno. *O novo direito privado e a proteção dos vulneráveis*. São Paulo: Revista dos Tribunais, 2012. p. 125). Leia-se, também, MARTINS, Fernando Rodrigues. Constituição, direitos fundamentais e direitos básicos do consumidor. *In*: MARTINS, Fernando Rodrigues. *Direito privado e contexturalidade*. Rio de Janeiro: Lumen Juris, 2018. p. 202-203.

[183] MARQUES, Claudia Lima; MUCELIN, Guilherme. Vulnerabilidade na era digital: um estudo sobre os fatores de vulnerabilidade da pessoa natural nas plataformas, a partir da dogmática do Direito do Consumidor. *Civilistica.com*, dez. 2022. Disponível em: http://www.civilistica.com.br. Acesso em: 13 fev. 2023.

[184] "ORKUT – TUTELA ANTECIPADA – PEDIDO CONSUBSTANCIADO NA EXCLUSÃO DE COMUNIDADE VIRTUAL – POSSIBILIDADE – OFENSAS PROFERIDAS POR PESSOAS ANÔNIMAS, O QUE IMPOSSIBILITA O AUTOR DE PROTEGER SEUS DIREITOS DA PERSONALIDADE ADEQUADAMENTE – DECISÃO REFORMADA. RECURSO PROVIDO" (TJSP – Agravo de Instrumento nº 5621844200, Relator(a): Neves Amorim. Comarca: Itanhaém. Órgão julgador: 2ª Câmara de Direito Privado. Data do julgamento: 24.03.2009. Data de registro: 07.04.2009). (g.n.).

[185] "Apelação Cível. Rito Ordinário. *Criação de perfil falso em site de relacionamentos denominado "Orkut"*. Legitimidade da Google Brasil. Responsabilidade objetiva que decorre da disponibilização do conteúdo na rede mundial de computadores. A parte ré, como administradora do *site* de relacionamentos, permite a inserção de conteúdos pelos seus usuários, sem nenhuma espécie de filtro ou controle, o que remete o fato ofensivo à seara dos riscos do negócio, exsurgindo daí a responsabilidade objetiva da ré. Dano moral configurado. Quantum indenizatório corretamente fixado em R$ 10.000,00, em obediência aos critérios de proporcionalidade e razoabilidade. Improvimento dos dois recursos" (TJRJ, Apelação 2009.001.52083, 10ª Câmara Cível, Rel. Des. Pedro Saraiva Andrade Lemos, j. 30.09.2009). (g.n.).

[186] "TUTELA ANTECIPADA – OBRIGAÇÃO DE FAZER – «ORKUT» – VEICULAÇÃO EM COMUNIDADE VIRTUAL DE CONTEÚDO OFENSIVO À HONRA DA AUTORA – DECISÃO MANTIDA – AGRAVO NÃO PROVIDO. Mostram-se verossímeis as alegações tecidas pelos agravados, fundadas em prova documental, indicando que o *site* de relacionamento «Orkut» veicula conteúdo ofensivo à imagem dos autores/agravados. Propondo-se a disponibilizar o serviço, é de se atribuir a agravante o ônus de impedir a manutenção ou criação de comunidades com finalidade vexatória aos agravados, não podendo a mesma alegar eventual impossibilidade técnica de ingerência no conteúdo do *site*. À unanimidade de votos, negou-se provimento ao agravo de instrumento" (TJPE, Agravo de Instrumento 165004-8, 5ª Câmara Cível, Rel. Des. Leopoldo de Arruda Raposo, j. 26.03.2008). (g.n.).

Formam-se gigantescos bancos de dados de caráter pessoal a serviço de entidades de caráter privado, cujos interesses econômicos são prementes.[187] Na definição do art. 4º do GDPR, é dado pessoal a "informação relativa a uma pessoa singular identificada ou identificável ('titular dos dados'); é considerada identificável uma pessoa singular que possa ser identificada, direta ou indiretamente, em especial por referência a um identificador, como por exemplo um nome, um número de identificação, dados de localização, identificadores por via eletrônica ou a um ou mais elementos específicos da identidade física, fisiológica, genética, mental, econômica, cultural ou social dessa pessoa singular".

Para Danilo Doneda, deveria ser feita uma distinção entre dados e informações propriamente ditas:

> "Em relação à utilização dos termos 'dado' e 'informação', é necessário notar preliminarmente que o conteúdo de ambos se sobrepõe em várias circunstâncias, o que justifica uma certa promiscuidade na sua utilização. Ambos os termos servem a representar um fato, um determinado aspecto de uma realidade. Não obstante, cada um deles possui suas peculiaridades a serem levadas em conta.
>
> Assim, o 'dado' apresenta conotação um pouco mais primitiva e fragmentada, como se observa em um autor que o entende como uma informação em estado potencial, antes de ser transmitida. O dado, assim, estaria associado a uma espécie de 'pré-informação', anterior à interpretação e a um processo de elaboração. A informação, por sua vez, alude a algo além da representação contida no dado, chegando ao limiar da cognição. Mesmo sem aludir ao seu significado, na informação, já se pressupõe a depuração do seu conteúdo – daí que a informação carrega em si também um sentido instrumental, no sentido da redução de um estado de incerteza".[188]

Da mesma forma, observa a autora espanhola María Álvarez Caro que a palavra dado provém do latim *datum*, que significa dar. Um dado é um elemento isolado, mas que, por meio da interpretação e do relacionamento com outros dados, permite a obtenção de informação. Ou seja, a partir da interconexão e da interpretação dos dados, obtém-se a informação, que possui semântica e significado próprios. Pode-se afirmar que sem dados não há informação e que a informação se nutre de dados.[189]

No Brasil, a Lei Geral de Proteção de Dados Pessoais define o dado pessoal em seu art. 5º, I: "informação relacionada a pessoa natural identificada ou identificável". Outra definição legislativa pode ser encontrada no Dec. nº 8.771/2016, que regulamenta o Marco Civil da

---

[187] Acerca do tema, recomenda-se a leitura do texto de Stefano Fadda, lembrando-se que a disciplina específica da Diretiva nº 97/66/CE, em matéria de tutela da vida privada e dos dados pessoais no setor das telecomunicações, aprofunda e integra as normas gerais da revogada Diretiva nº 95/46/CE, aplicando-se aos serviços de telecomunicações acessíveis ao público nas redes de informações públicas, aqui incluída a Internet (cf. FADDA, Stefano. La tutela dei dati personali del consumatore telematico. *In*: CASSANO, Giuseppe [org.]. *Commercio elettronico e tutela del consumatore*. Milano: Giuffrè, 2003. p. 290-291).
Segundo Têmis Limberger, o dado pessoal é uma informação que permite identificar uma pessoa de maneira direta. Dessa forma, imperiosa sua proteção, de modo a prevenir ou eliminar possíveis iniquidades, para que não sirvam como instrumento apto a prejudicar as pessoas, o que deve ocorrer em sua coleta, em seu armazenamento ou na utilização apenas para os fins para que são captados (LIMBERGER, Têmis. *O direito à intimidade na era da informática*. A necessidade de proteção dos dados pessoais. Porto Alegre: Livraria do Advogado, 2007. p. 62).

[188] DONEDA, Danilo. *Da privacidade à proteção de dados pessoais*. 2. ed. São Paulo: Revista dos Tribunais, 2019. p. 136.

[189] CARO, María Álvarez. *Derecho al olvido en Internet*: el nuevo paradigma de la privacidad en la era digital. Madrid: Reus, 2015. p. 63.

Internet, conceituando o dado pessoal, no seu art. 14, I como aquele "dado relacionado à pessoa natural identificada ou identificável, inclusive números identificativos, dados locacionais ou identificadores eletrônicos, quando estes estiverem relacionados a uma pessoa".

As redes sociais virtuais, afora as implicações decorrentes da liberdade de expressão dos seus usuários, que deve encontrar justificativa e razão de ser nos princípios constitucionais da dignidade da pessoa humana (art. 1º, III, CR) e da solidariedade social (art. 3º, I, CR), traduzem, portanto, uma nova modalidade de banco de dados.

Neste ponto, porém, deve ser observada a regra pela qual cada provedor, mesmo quando consinta no uso de pseudônimos ou garanta o anonimato na rede, providencie, ainda que no contrato de acesso, a identificação do usuário, mediante a apresentação de documento de identidade válido,[190] como garantia dos imperativos de segurança e lealdade próprios da boa-fé objetiva, valores esses que, balanceados em face da privacidade, devem ser colocados em primeiro lugar.

O uso da criptografia, como meio de confidencialidade dos negócios realizados na Rede, a ser abordado no segundo capítulo desta obra, encontra objeções diante da sua possível utilização pelo crime organizado, que pode se valer da divulgação de mensagens envolvendo terrorismo ou pedofilia, sendo prevista como crime na lei francesa acerca da criptografia[191] o fato de "fornecer, de importar de país não integrante da Comunidade Europeia, de exportar ou de utilizar ou meio ou uma prestação de criptologia de modo a facilitar a perpetração de um delito".

Da mesma forma, a privacidade há de ser resguardada em face da memória eletrônica contida em bases de dados dos fornecedores, armazenando informações pessoais acerca dos usuários que, ao endereçarem a aceitação de dado produto ou serviço, preenchem cadastros incluindo, além do nome, profissão, idade, sexo, idade, endereço, etc., permitindo que sejam vasculhadas suas vidas, cadastros esses que podem dar origem a cruzamentos de informações.

Nesse sentido, o *Digital Markets Act,* da União Europeia – Regulamento (UE) 2022/1925 do Parlamento Europeu e do Conselho, de 14 de setembro de 2022, relativo à disputabilidade e equidade dos mercados no setor digital – traz como prática não equitativa dos controladores de acesso (*Gatekeepers*) – e, portanto, a veda – a combinação e cruzamento indiscriminado de dados pessoais para fins de obter vantagens mercadológicas,[192] visando a assegurar o respeito pelos direitos fundamentais *on-line*.[193]

---

[190] TOSI, Emilio. *I problemi giuridici di internet*. Milano: Giuffrè, 1999. p. 50: La conclusione di contratti "on line".

[191] Item III do art. 28 da Lei de 29 de dezembro de 1990, modificado pela Lei nº 91.648, de 11 de julho de 1991 e pela Lei nº 96-659, de 26 de julho de 1996.

[192] "Art. 5º Obrigações dos controladores de acesso

2. O controlador de acesso não pode:

a) Tratar, para fins de prestação de serviços de publicidade em linha, dados pessoais de utilizadores finais que utilizam serviços de terceiros que recorrem a serviços essenciais de plataforma do controlador de acesso;

b) Combinar dados pessoais provenientes do serviço essencial de plataforma em causa com dados pessoais provenientes de outros serviços essenciais de plataforma ou de quaisquer outros serviços prestados pelo controlador de acesso ou com dados pessoais provenientes de serviços prestados por terceiros;

c) Utilizar de forma cruzada dados pessoais provenientes do serviço essencial de plataforma em causa noutros serviços prestados separadamente, incluindo outros serviços essenciais de plataforma, e vice-versa; e

d) Ligar utilizadores finais a outros serviços do controlador de acesso com o intuito de combinar dados pessoais, a menos que tenha sido dada ao utilizador final a possibilidade de escolher especificamente e este tiver dado o seu consentimento, na aceção do art. 4º, ponto 11, e do art. 7º do Regulamento (UE) 2016/679" (Disponível em: https://eur-lex.europa.eu/legal-content/PT/TXT/HTML/?uri=CELEX:32022R1925&from=EN. Acesso em: 10 mar. 2023).

[193] COMISSÃO EUROPEIA. *Proposta de Regulamento do Parlamento Europeu e do Conselho relativo à disputabilidade e equidade dos mercados no setor digital (Regulamento Mercados Digitais)*. Bruxelas, 15 dez. 2020.

No mesmo caminho, o *Digital Services Act*, apto a promover o comportamento responsável por parte de provedores de internet, "permitindo que os cidadãos da União e outras pessoas exerçam seus direitos fundamentais garantidos na Carta dos Direitos Fundamentais da União Europeia".[194]

Deve haver, em nome de tal direito fundamental, uma limitação à liberdade de transferência de dados,[195] evitando-se práticas tais quais malas diretas por intermédio da correspondência eletrônica não solicitada (SPAM), de modo que o envio de oferta por mensagem eletrônica, sem prévio conhecimento dos destinatários, deverá permitir a estes identificá-la como tal, sem que seja necessário tomarem conhecimento de seu conteúdo.

Essa regra é possivelmente inspirada no art. 7º da Diretiva nº 2000/31 da Comunidade Europeia, que prevê que tais correspondências devem ser identificadas como tal, devendo os Estados-Membros tomar medidas que garantam que os fornecedores que se valham deste meio de oferta e publicidade consultem regularmente e respeitem os registros onde se possam inscrever as pessoas naturais que não desejam receber esse tipo de comunicações.[196]

Por outro lado, os bancos de dados contemporâneos, verdadeiros instrumentos de seleção, separação e exclusão, têm por objetivo garantir a "credibilidade" das pessoas listadas enquanto clientes, de maneira a peneirar certos indivíduos, cujo acesso ao ciberespaço é objeto de restrição, antes que se causem danos ou se desperdicem recursos.[197]

Na forma do art. 43, § 2º do Código de Defesa do Consumidor, a inclusão do consumidor em banco de dados por intermédio de cadastro, ficha ou registro, deve ser comunicada por escrito ao consumidor, quando não solicitada por este; práticas comuns na rede, tais como a edição de *cookies*,[198] que vêm a ser arquivos remetidos pelo servidor ao usuário, de modo a documentar todos os seus usos e práticas no mundo virtual, constituindo verdadeiros bancos de dados em poder dos servidores, afrontam, igualmente na falta de uma disciplina legal específica, a letra do mencionado dispositivo.

Outras referências à matéria no ordenamento jurídico brasileiro são encontradas na Lei nº 12.527/2011 – Lei de Acesso à Informação –, art. 31, e na Lei nº 12.414/2011 – Lei do Cadastro Positivo –, que estabeleceu regras para o tratamento de dados financeiros para a formação de históricos de crédito, estabelecendo garantias para o titular dos dados a partir da especificação de regras e princípios de proteção de dados pessoais.

A vigilância, observa Alan Westin em clássico ensaio sobre privacidade e liberdade, é um meio fundamental de controle social,[199] ao tornar possível, conforme aponta Cohen, a modulação de comportamentos,[200] embora alguns a vejam como o outro lado da moeda da democracia.[201]

---

[194] COMISSÃO EUROPEIA. *Proposta de Regulamento do Parlamento Europeu e do Conselho relativo a um mercado único de serviços digitais (Regulamento Serviços Digitais) e que altera a Diretiva 2000/31/CE*. Bruxelas, 15 dez. 2020.

[195] TEPEDINO, Gustavo. *Temas de direito civil*. Rio de Janeiro: Renovar, 1999. p. 477-478: Computador bisbilhoteiro.

[196] Disponível em: http://eur-ex.europa.eu/LexUriServ. Acesso em: 23 jan. 2009.

[197] BAUMAN, Zygmunt. *Vida para consumo*: a transformação das pessoas em mercadoria. Rio de Janeiro: Zahar, 2007. p. 58-59.

[198] RIBAS ALEJANDRO, Javier. *Aspectos jurídicos del comercio electrónico en Internet*. Navarra: Aranzadi, 1999. p. 51. Na definição do autor, trata-se de pequenos fichários de dados gerados a partir das informações que os servidores *web* enviam aos programas de navegação, restando armazenados em um diretório específico do computador do usuário. Constituem os *cookies* fortes instrumentos de obtenção de informações, não só para a administração do servidor como também para os departamentos de *marketing* de empresas que fazem publicidade na Internet ou simplesmente dispõem de uma página *web*.

[199] WESTIN, Alan. *Privacy and Freedom*. New York: Ig Publishing. 1967. p. 62: "pais vigiam seus filhos, professores vigiam alunos, supervisores vigiam empregados, líderes religiosos vigiam os atos dos seus fiéis, policiais vigiam as ruas e outros lugares públicos, e agências de governo vigiam o desempenho do cidadão em diversas obrigações e proibições legais" (tradução nossa).

[200] "And yet all information flows reduce to bits, and all networked digital technologies possess at least the capacity for modulation" (COHEN, Julie E. What privacy is for? *Harvard Law Review*, v. 126, p. 1.933, 2013).

[201] LYON, David. *The electronic eye*: the rise of surveillance society. Oxford: Polity Press, 1994. p. 26. As modernas democracias de massa dependem de toda uma burocrática documentação e intervenção, de modo que,

Em aguda observação, Zygmunt Bauman compara os bancos de dados à imagem do panóptico, cuja principal função era

> "garantir que ninguém pudesse escapar do espaço estreitamente vigiado; a principal função do banco de dados é garantir que nenhum intruso entre aí sob falsas alegações e sem credenciais adequadas. Quanto mais informação sobre você contenha o banco de dados, mais livremente você poderá se movimentar [...]. Algumas pessoas ele admite no ciberespaço extraterritorial, fazendo com que se sintam à vontade onde quer que se encontrem e sejam bem-vindas onde quer que cheguem; outras têm seu passaporte e visto de trânsito confiscados, sendo impedidas de perambular pelos espaços reservados aos residentes do ciberespaço".[202]

A própria atividade de certificação digital, a propiciar uma maior segurança para os negócios celebrados via Rede, por meio da intervenção de uma entidade de direito público ou de direito privado, enseja preocupações no tocante à privacidade, na medida em que os dados pessoais do usuário a serem contidos no certificado somente podem vir a sê-lo mediante consentimento prévio e expresso deste, bem como apenas na medida necessária para a expedição e manutenção do certificado (Diretiva nº 1999/93/CE, art. 8, nº 2).[203]

Pelo mesmo motivo, prevê o nº 3 do art. 8º da Diretiva nº 1999/93 que "os Estados-Membros não impedirão que o provedor de serviços de certificação consigne no certificado um pseudônimo do assinante, no lugar do seu nome verdadeiro".

O *profiling* igualmente desafia os estudiosos da Proteção de Dados Pessoais e do Direito do Consumidor, consistindo num processo de captura, mineração e correlação de dados, visando a que o controlador conheça o consumidor de forma mais aprofundada, sem que a recíproca seja verdadeira.[204]

Para o Direito Digital, o *profiling* (ou "perfilamento", como se convencionou denominar em português),[205] possui grande importância, pois reflete uma faceta da utilização dos algoritmos que, empregados nos processos de tratamento de grandes acervos de dados (*Big Data*), propiciam o delineamento do "perfil comportamental" do indivíduo, que passa a ser analisado e objetificado a partir dessas projeções.[206]

Na LGPD, dispositivo bastante tímido, inserido em um único parágrafo do artigo que cuida da anonimização de dados (art. 12, § 2º), conceitua a referida prática: "Poderão ser igualmente

---

ao mesmo tempo que a democracia produz cidadãos voltados para o bem-estar pessoal, estes se tornam particularmente vulneráveis à força esmagadora de instituições centrais de Estado.

[202] BAUMAN, Zygmunt. *Vida para consumo*: a transformação das pessoas em mercadoria. Rio de Janeiro: Zahar, 2007. p. 58-59.

[203] Disponível em: http://eur-lex.europa.eu/LexUriServ. Acesso em: 23 jan. 2009.

[204] "Behavioral targeting, or online profiling, is a hotly debated topic [...]. Behavioral targetting is the monitoring os people´s online behavior over time to use the collected information to target people with advertising matching their inferred interests" (BORGESIUS, Frederik Zuiderveen. Behavioral targeting: a European legal perspective. *IEEE Security & Privacy*, v. 11, n. 1, p. 82, jan./fev. 2013).

[205] A tradução do termo é colhida das Ciências Criminais, como explica Tálita Heusi: "O perfilamento criminal (*criminal profiling*, em inglês), também tem sido denominado de: perfilagem criminal, perfilamento comportamental, perfilamento de cena de crime, perfilamento da personalidade criminosa, perfilamento do ofensor, perfilamento psicológico, análise investigativa criminal e psicologia investigativa. Por conta da variedade de métodos e do nível de educação dos profissionais que trabalham nessa área, existe uma grande falta de uniformidade em relação às aplicações e definições desses termos. Consequentemente, os termos são usados inconsistentemente e indistintamente" (HEUSI, Tálita Rodrigues. Perfil criminal como prova pericial no Brasil. *Brazilian Journal of Forensic Sciences, Medical Law and Bioethics*, Itajaí, v. 5, n. 3, p. 237, 2016).

[206] MARTINS, Guilherme Magalhães. *O direito ao esquecimento na sociedade da informação*. São Paulo: Revista dos Tribunais, 2022. p. 67 e ss.

considerados como dados pessoais, para os fins desta Lei, aqueles utilizados para formação do perfil comportamental de determinada pessoa natural, se identificada".[207]

O GDPR preocupa-se com a questão conceitual da definição de perfis e da tomada de decisões automatizadas com base neles de modo expresso. O seu art. 4(4), que trata sobre as definições aplicáveis, conceitua a prática de *profiling* como "qualquer forma de tratamento automatizado de dados pessoais que consista em utilizar esses dados pessoais para avaliar certos aspectos pessoais de uma pessoa singular", exemplificando seus objetivos e utilizações principais, que versam sobre "analisar ou prever aspectos relacionados ao seu desempenho profissional, a sua situação econômica, saúde, preferências pessoais, interesses, fiabilidade, comportamento, localização ou deslocações".[208]

Essa situação foi amplificada em tempos de pandemia, pois se almeja amplo controle populacional a partir da vigilância de dados (*dataveillance*).[209] Com isso, iniciativas de monitoramento passam a ser festejadas e não mais repudiadas, e exemplo disso já se notou anos atrás, em 2009, por ocasião da pandemia da *Influenza H1N1*, no Reino Unido,[210] em que operadoras de telefonia móvel foram instadas a fornecer dados de geolocalização de seus usuários ao governo britânico.

O mesmo cenário se repetiu com a *Covid-19*. Na China, foi lançado um aplicativo que cruza dados da Comissão Nacional de Saúde, do Ministério de Transportes e da Agência de Aviação Civil, a fim de identificar indivíduos que tiveram contato com pessoas infectadas (ou com suspeita de infecção pelo vírus), o que, segundo a justificativa apresentada, possibilita reprimir a exponencial transmissão da *Covid-19*, antes mesmo de se ter certeza se a pessoa fora ou não infectada.[211]

Iniciativas semelhantes também estão sendo vistas no Brasil. No Estado de São Paulo, pioneiro na implementação dessa espécie de medida, uma parceria do governo estadual com as operadoras Vivo, Claro, Oi e TIM passou a alimentar um sistema denominado Simi-SP, sob a seguinte justificativa: "Com o Simi-SP, o Governo de São Paulo pode consultar informações georreferenciadas de mobilidade urbana em tempo real nos municípios paulistas. Para garantir a privacidade de cada cidadão, o monitoramento é feito com base em dados coletivos coletados em aglomerados a partir de 30 mil pessoas".[212] Medidas parecidas também foram noticiadas no Rio de Janeiro.[213]

---

[207] Acerca do tema, confira-se MARTINS, Guilherme Magalhães; LONGHI, João Victor Rozatti; FALEIROS JÚNIOR, José Luiz. A pandemia da Covid-19, o "profiling" e a Lei Geral de Proteção de Dados. Disponível em: https://www.migalhas.com.br/depeso/325618/a-pandemia-da-covid-19-o-profiling-e-a-lei-geral-de-protecao-de--dados. Acesso em: 2 maio 2020.

[208] PARLAMENTO EUROPEU; CONSELHO DA EUROPA. *Regulamento (UE) 2016/679 do Parlamento Europeu e do Conselho* de 27 de abril de 2016 relativo à proteção das pessoas singulares no que diz respeito ao tratamento de dados pessoais e à livre circulação desses dados e que revoga a Diretiva 95/46/CE (Regulamento Geral sobre a Proteção de Dados). 2016. Disponível em: https://eur-lex.europa.eu/legal-content/PT/TXT/HTML/?uri=CELEX:02016R0679-20160504&from=EN. Acesso em: 12 mar. 2022.

[209] Trata-se de um acrônimo para *"data surveillance"* (vigilância de dados), a indicar uma nova espécie ou técnica de vigilância em razão do surgimento de novos métodos de monitoramento, como a vigilância de dados pessoais e a vigilância de dados em massa, que exigem salvaguardas mais eficazes e uma estrutura política formal. Sobre o tema, confira-se CLARKE, Roger A. Information technology and dataveillance. *Communications of the ACM*, New York, v. 31, n. 5, p. 498-512, maio 1988.

[210] TILSTON, Natasha L.; EAMES, Ken T. D.; PAOLOTTI, Daniela *et al*. Internet-based surveillance of Influenza-like-illness in the UK during the 2009 H1N1 influenza pandemic. *BMC Public Health*, London, v. 10, p. 650-659, 2010.

[211] DUKAKIS, Ali. China rolls out software surveillance for the COVID-19 pandemic, alarming human rights advocates. *ABC News*, 14 abr. 2020. Disponível em: https://abcnews.go.com/International/china-rolls-software-surveillance-covid-19-pandemic-alarming/story?id=70131355. Acesso em: 17 abr. 2020.

[212] Para mais detalhes: https://www.saopaulo.sp.gov.br/noticias-coronavirus/governo-de-sp-apresenta-sistema-de-monitoramento-inteligente-contra-coronavirus/. Acesso em: 17 abr. 2020.

[213] AMARAL, Bruno do. Coronavírus: TIM e Prefeitura do Rio assinam acordo para coletar dados de deslocamento. *Teletime*, 23 mar. 2020. Disponível em: https://teletime.com.br/23/03/2020/coronavirus-tim-e-prefeitura-do--rio-assinam-acordo-para-coletar-dados-de-deslocamento/. Acesso em: 17 abr. 2020.

Após o anúncio das medidas adotadas pelos governos estaduais, a União também se mobilizou, pelo Ministério da Ciência, Tecnologia, Inovações e Comunicações (MCTIC), que se uniu às quatro operadoras citadas, incluindo ainda uma quinta (Algar Telecom), para que, a partir das informações de suas torres de transmissão, que podem identificar a movimentação das pessoas, fosse realizado o monitoramento de dados de 220 milhões de aparelhos móveis,[214] a partir de dados que, segundo informaram "estão uma camada acima dos dados pessoais".[215] Seriam dados anonimizados, portanto.[216]

A fim de evitar o *profiling*, a conjugação da privacidade com a proteção de dados pessoais se manifesta na chamada *privacy by design*, que se impõe aos agentes de tratamento, incluindo projetos concebidos internamente, o desenvolvimento de produtos e de serviços desde sua concepção (conforme indicado pela lei), o desenvolvimento de *software* etc. Isso significa, em termos pragmáticos, que o setor responsável pela tecnologia da informação, ou qualquer departamento que processe dados pessoais nas rotinas empresariais da companhia, deve garantir que a privacidade seja incorporada a um sistema durante todo o ciclo do processo.[217]

Não deve ser *confundida* com a *privacy by default* (privacidade por padrão), relacionada a produtos e serviços liberados ao público e cujas configurações de privacidade (mais rígidas) devem ser aplicadas por padronização previamente definida em sistema, isto é, sem nenhuma necessidade de entrada manual de dados por parte do usuário final. Nesse caso, quaisquer dados pessoais fornecidos pelo usuário devem ser mantidos somente durante o tempo necessário para fornecer o produto ou o serviço, não se admitindo a extrapolação das finalidades para as quais se procedeu à coleta.[218]

Fluxos informacionais são então conceituados como *processos*, os quais abrangem a captura, o armazenamento, o processamento, a utilização e a transmissão de dados e informações de diversificadas naturezas entre os diferentes "nós" e as "elites tecnológicas", que estão normalmente alocados na segunda e na terceira camadas do espaço de fluxos, servindo para regular, guiar ou bloquear, por meio de um gerenciamento informacional, outros fluxos, como o de pessoas e de mercadorias[219] – é uma espécie de mão[220] invisível (algorítmica) não só do mercado, mas da experiência humana em ambas as dimensões, digital e analógica.

Questiona-se se os matemáticos de fato estão tornando o mundo um lugar melhor. Os algoritmos são usados em várias situações para nos ajudar a compreender melhor o mundo;

---

[214] MAGENTA, Matheus. Coronavírus: governo brasileiro vai monitorar celulares para conter pandemia. *BBC News Brasil*, 3 abr. 2020. Disponível em: https://www.bbc.com/portuguese/brasil-52154128. Acesso em: 17 abr. 2020.

[215] ROMANI, Bruno. Uso de dados de localização no combate à covid-19 pode ameaçar privacidade. *O Estado de S. Paulo*, 12 abr. 2020. Disponível em: https://link.estadao.com.br/noticias/cultura-digital,uso-de-dados-de-localizacao-no-combate-a-covid-19-pode-ameacar-privacidade,70003268063. Acesso em: 17 abr. 2020.

[216] Conforme a LGPD: "Art. 5º [...] III – dado anonimizado: dado relativo a titular que não possa ser identificado, considerando a utilização de meios técnicos razoáveis e disponíveis na ocasião de seu tratamento".

[217] MARTINS, Guilherme Magalhães; FALEIROS JÚNIOR, José Luiz de Moura. Segurança, boas práticas, governança e *compliance*. *In*: LIMA, Cíntia Rosa Pereira de (coord.). *Comentários à Lei Geral de Proteção de Dados*. São Paulo: Almedina, 2020. p. 352-353. CAVOUKIAN, Ann; CASTRO, Daniel. Big Data and innovation, setting the record straight: de-identification does work. *The Information Technology & Innovation Foundation*, Ontario, p. 1, jun. 2014. Disponível em: http:www2.itif.org/2014-big-data-deidendification.pdf. Acesso em: 11 abr. 2021.

[218] MARTINS, Guilherme Magalhães; FALEIROS JÚNIOR, José Luiz de Moura. Segurança, boas práticas, governança e compliance. *In*: LIMA, Cíntia Rosa Pereira de (coord.). *Comentários à Lei Geral de Proteção de Dados*. São Paulo: Almedina, 2020. p. 353.

[219] JIN, Biao et al. A literature review on the space of flows. *Arabian Journal of Geosciences*, v. 14, p. 8, 2021.

[220] Aqui, tomamos emprestado o termo de Lessig: "the invisible hand of cyberspace is building an architecture that is quite the opposite of its architecture at its birth. This invisible hand, pushed by government and by commerce, is constructing an architecture that will perfect control and make highly efficient regulation possible" (LESSIG, Lawrence. *Code version 2.0*. New York: Basic Books, 2006. p. 5).

resta avaliar os benefícios obtidos, e se isso implica dissecar as coisas que amamos e perder nossa integridade pessoal.[221]

Em uma primeira leitura, essa concepção pode parecer abstrata em demasia – mas não é. Dois casos reais bastante exemplificativos em Direito do Consumidor podem auxiliar na compreensão da relação entre os fluxos informacionais e outros tipos de fluxos: o primeiro relaciona-se ao *geopricing* e ao *geoblocking*, que, de modo geral, significam uma diferenciação de preços abusiva e a negativa injustificada de contratação, respectivamente, baseada em dados de localização e informações geográficas[222] (como localização do IP) de um consumidor – na hipótese de se tratar de turismo, por exemplo, esse fluxo informacional barrará o fluxo de pessoas; o segundo diz respeito às avaliações feitas pelos consumidores no comércio eletrônico sobre produtos e serviços diversos, de modo que esse fluxo de informações determinará maior ou menor fluxo de determinado bem de consumo na dependência dos *reviews* feitos e da idoneidade das plataformas que gerenciam esses dados.[223]

Da mesma forma, merecem a intervenção do Direito do Consumidor as *dark patterns*, que podem ser descritas como "truques" usados em *sites* e aplicativos que fazem o consumidor tomar uma decisão que não gostaria de adotar, como comprar ou se inscrever para algo – não se confundindo com os *nudges* ou técnicas de neuromarketing.[224]

---

[221] SUMPTER, David. *Dominados pelos números*. Tradução de Anna Maria Sotero e Marcello Neto. Rio de Janeiro: Bertrand Brasil, 2019. p. 13.

[222] Em duas Ações Civis Públicas movidas pelo Ministério Público do Estado do Rio de Janeiro em face de empresas de comércio eletrônico voltadas para a hotelaria, ainda sem julgamento definitivo por ocasião da apresentação deste trabalho à publicação, foi utilizada a tecnologia de informação e comunicação para ativamente discriminar consumidores com base em sua origem geográfica e/ou nacionalidade para manipular as ofertas de hospedagem em hotéis, alterando o preço conforme a origem do consumidor. O mesmo fato, em sede administrativa, levou a Secretaria Nacional do Consumidor (Senacon) a aplicar uma multa de R$ 7.500.000,00, após considerar que a prática de preços diferenciados com base na origem geográfica ofende direitos básicos do consumidor, em especial os arts. 6º, II (igualdade nas contratações), III (informação) e IV (proteção contra abusos de toda sorte, nas diversas fases da relação de consumo). Além disso, segundo o órgão, o *geopricing* constitui prática abusiva, nos termos do art. 39, X do Código de Defesa do Consumidor (elevar, sem justa causa, o preço de produto ou serviço). A discriminação geográfica é implementada por meio de uma manipulação na própria estrutura do código do algoritmo utilizado para selecionar e disponibilizar ofertas aos consumidores por meio da rede internacional de computadores ("*World Wide Web*") (MARTINS, Guilherme Magalhães. *Responsabilidade civil por acidente de consumo na internet*. 3. ed. São Paulo: Revista dos Tribunais, 2020. p. 320).

[223] "Em 2012, o Advertising Standards Authoroty do Reino Unido determinou que o *site* TripAdvisor deveria retirar os *reviews* que pudessem levar os consumidores ao erro, estabelecendo que todas as avaliações constantes no *site* fossem de turistas reais ou, pelo menos, honestas, verídicas e confiáveis. Em caso contra o mesmo *site*, o órgão responsável pela concorrência e pelo mercado na Itália multou o referido *site* por publicar *reviews* com informações enganosas com relação às fontes das avaliações *on-line*. Em março de 2016, o tribunal alemão Bundesgerichtshof (BGH) clarificou os deveres de cuidado do *site* responsável pela arquitetura e pelo funcionamento das avaliações de um *site* de médicos, ao determinar que a plataforma é obrigada a verificar a avaliação se o médico alegar que determinado consumidor não fora seu paciente, devendo ambos apresentarem documentos que comprovem a relação médico-paciente" (MUCELIN, Guilherme. Sistemas reputacionais de consumo na economia do compartilhamento: confiança e regulação. *In*: MARQUES, Claudia Lima *et al. Direito, globalização e responsabilidade nas relações de consumo*. Anais do XXVII Congresso Nacional do Conpedi. Porto Alegre: Conpedi, 2018).

[224] MARQUES, Claudia Lima; MENDES, Laura Schertel; BERGSTEIN, Laís. *Dark patterns* e padrões comerciais escusos. *Revista de Direito do Consumidor*, São Paulo, v. 145, p. 297, jan./fev. 2023. As autoras exemplificam os padrões comerciais obscuros: "1 – entrar furtivamente no carrinho ou cesta de compras: o *site* entra furtivamente com um item adicional na cesta do consumidor sem consentimento, talvez através de um botão de rádio *opt-out* ou uma caixa de seleção em uma página anterior; 2 – isca e troca: um consumidor se propõe a fazer algo, mas, em vez disso, um resultado indesejável diferente ocorre; custos ocultos: novos, adicionais e, muitas vezes, custos excepcionalmente altos são adicionados pouco antes que um consumidor esteja prestes a concluir uma compra; 3 –assinatura oculta: o consumidor incorre em uma taxa recorrente sob o pretexto de uma taxa

É bem conhecido que, geralmente, é fácil se inscrever para os serviços, enquanto o cancelamento de assinaturas é um verdadeiro desafio, consumindo muito tempo, de modo desproporcional,[225] podendo-se até mesmo falar em desvio produtivo do consumidor, em hipóteses mais graves.

Os padrões comerciais escusos podem ser considerados ilegais à luz do Código de Defesa do Consumidor, tendo em vista não só o princípio da vulnerabilidade (art. 4º, I do CDC), como as normas do art. 39, I, II, III, IV e V da Lei nº 8.078/1990.[226]

1.3.1 As fontes de direito e sua necessária conformação à ordem constitucional

A aspiração econômica deve receber uma justificativa institucional de suporte ao livre desenvolvimento da pessoa, que lhe impõe um sentido de razoabilidade, na adequação dos instrumentos patrimoniais de direito privado a tais novos valores,[227] de modo que a força unificadora da Constituição leva, no magistério de Gustavo Tepedino,[228] à necessidade de o exame de dada cláusula contratual não se limitar à verificação da sua licitude ou não, mas principalmente da sua conformidade em face das normas constitucionais pertinentes.

única ou de um período experimental gratuito. Também chamada 'continuidade forçada' ou armadilhas de assinatura; 4 –dicas de escassez e urgência: são usadas para indicar que a mercadoria, serviço ou oferta logo se esgotará, talvez através do uso de um prazo imposto a uma venda ou negócio (por exemplo, usando um cronômetro de contagem regressiva), mensagens de baixo estoque ou mensagens de alta demanda; 5 –má direção: usa o visual, a linguagem e a emoção para guiar os usuários em direção ou para longe de fazer uma determinada escolha; 6 – *confirmshaming*: métodos para culpar o consumidor a optar por algo. A opção de declinar é redigida de tal forma que envergonha o usuário para que este se conforme. 7 – perguntas enganosas: ao preencher um formulário ou responder a perguntas, um consumidor pode ser enganado para dar uma resposta que não pretendia. Em uma rápida análise, a pergunta parece perguntar uma coisa, mas quando lida cuidadosamente, significa outra coisa completamente diferente. 8 – venda sob pressão: inadimplência ou táticas de alta pressão que levam os consumidores a comprar uma versão mais cara de um produto (*upselling*) ou produtos relacionados (*cross-selling*); 9 – notificações de atividade: mensagens transitórias, muitas vezes recorrentes e de captação de atenção que indicam a atividade de outros usuários; 10 – testemunhos de origem incerta: testemunhos de clientes cuja origem não é clara. 11 – *motel roach*: um consumidor se encontra em uma situação muito fácil, mas depois acha que é difícil sair dela (por exemplo, uma assinatura *premium*); 12 – prevenção de comparação de preços: o varejista torna difícil para o consumidor comparar o preço de um item com outro, de modo que ele não pode tomar uma decisão informada; 13 – anúncios disfarçados: anúncios que são disfarçados como outros tipos de conteúdo ou navegação, a fim de fazer com que os consumidores cliquem neles; 14 – *spam* amigo: a empresa pede permissão para o *e-mail* ou mídia social do consumidor sob o pretexto de que ele será usado para um resultado desejável (por exemplo, encontrar amigos), mas depois envia todos os seus contatos em uma mensagem que afirma ser dela" (MARQUES, Claudia Lima; MENDES, Laura Schertel; BERGSTEIN, Laís. *Dark patterns* e padrões comerciais escusos. Revista de Direito do Consumidor, São Paulo, v. 145, p. 298-299, jan./fev. 2023).

[225] MARQUES, Claudia Lima; MENDES, Laura Schertel; BERGSTEIN, Laís. *Dark patterns* e padrões comerciais escusos. Revista de Direito do Consumidor, São Paulo, v. 145, p. 300, jan./fev. 2023.

[226] "Art. 39. É vedado ao fornecedor de produtos ou serviços, dentre outras práticas abusivas: (Redação dada pela Lei nº 8.884, de 11.06.1994) I – condicionar o fornecimento de produto ou de serviço ao fornecimento de outro produto ou serviço, bem como, sem justa causa, a limites quantitativos; II – recusar atendimento às demandas dos consumidores, na exata medida de suas disponibilidades de estoque, e, ainda, de conformidade com os usos e costumes; III – enviar ou entregar ao consumidor, sem solicitação prévia, qualquer produto, ou fornecer qualquer serviço; IV – prevalecer-se da fraqueza ou ignorância do consumidor, tendo em vista sua idade, saúde, conhecimento ou condição social, para impingir-lhe seus produtos ou serviços; V – exigir do consumidor vantagem manifestamente excessiva."

[227] PERLINGIERI, Pietro. *Perfis do direito civil*. Tradução de Maria Cristina de Cicco. Rio de Janeiro: Renovar, 1997. p. 33.

[228] *Temas de direito civil*. Rio de Janeiro: Renovar, 1999. p. 211: As relações de consumo e a nova teoria contratual.

A hierarquia das fontes representa mais do que uma expressão de certeza formal do ordenamento para resolver os conflitos entre as normas emanadas das diversas fontes, inspirando-se, porém, numa lógica substancial, na conformidade com os valores presentes na normativa constitucional.[229]

Ocorre que, diante das novas formas de regulação social próprias do processo de globalização, marcado pelo enfraquecimento do Estado e deslocamento da primazia, em matéria de fontes do direito, para os poderes privados econômicos,[230] a garantia dos valores fundamentais reclama por uma intervenção mais incisiva, seja a nível estatal, comunitário ou supranacional, sob pena de uma privatização da proteção e da promoção de direitos e liberdades fundamentais.[231]

Na indagação da professora Maria Celina Bodin de Moraes:

> Ocorre que, em relação aos contratos realizados através da Internet, a multiconexão do fenômeno jurídico a ordenamentos diversos, tanto em valores como em princípios, gera uma previsível inadequação no que tange à aplicação das leis. A questão se coloca, pois, em relação a uma eventual contradição existente entre os dois novos fenômenos presentes na sociedade contemporânea no que se refere ao direito e à economia: o solidarismo constitucional e a globalização econômica.
>
> De um lado, o ordenamento jurídico interno busca efetivar a repersonalização do direito privado, através da tutela constitucional da pessoa humana, visando proteger os interesses individuais na medida em que exerçam uma função ou utilidade social, isto é, enquanto instrumentos para a efetivação de uma sociedade solidária. De outro lado, o processo de globalização realiza a internacionalização das fontes de direito e a construção de uma sociedade calcada em valores neoliberais, numa clara reviviscência de princípios baseados em ideais individualistas e com o ideal da *lex mercatoria*.
>
> Os valores constitucionais, os princípios fundamentais e a concepção socializante do direito interno terão prevalência sobre as fontes supranacionais de conteúdo evidentemente liberal e individualista?[232]

O consumo passa a exercer um verdadeiro despotismo na sociedade, lado a lado com o império da informação e da publicidade, como verifica Milton Santos:

> "Também o consumo muda de figura ao longo do tempo. Falava-se, antes, de autonomia da produção, para significar que uma empresa, ao assegurar uma produção, buscava também manipular a opinião pela via da publicidade. Nesse caso, o fim gerador do consumo seria a produção. *Mas, atualmente, as empresas hegemônicas produzem o consumidor antes mesmo de produzir os produtos.* Um dado essencial do entendimento do consumo é que a produção do consumidor, hoje, precede à produção dos bens e serviços. Então, na cadeia causal, a chamada autonomia da produção cede lugar ao despotismo do consumo. Daí, o império da informação e da publicidade. Tal remédio teria 1% de medicina e 99% de publicidade, mas todas as coisas no comércio acabam por ter essa composição: publicidade+materialidade; publicidade+serviços, e esse é o

---

[229] PERLINGIERI, Pietro. *Perfis do direito civil*. Tradução de Maria Cristina de Cicco. Rio de Janeiro: Renovar, 1997. p. 10-11.

[230] ARNAUD, André-Jean. Da regulação pelo direito na era da globalização. In: MELLO, Celso de Albuquerque (coord.). *Anuário direito e globalização*: a soberania. Rio de Janeiro: Renovar, 1999. v. 1, p. 24.

[231] DE GREGORIO, Giovanni. *Digital constitutionalism in Europe*. Reframing rights and powers in the algorithmic society. Cambridge: Cambridge University Press, 2022. p. 18-19.

[232] Prefácio. In: MULHOLLAND, Caitlin. *Internet e contratação*: panorama das relações contratuais eletrônicas de consumo. Rio de Janeiro: Renovar, 2006.

caso de tantas mercadorias cuja circulação é fundada numa propaganda insistente e frequentemente enganosa. Há toda essa maneira de organizar o consumo para permitir, em seguida, a organização da produção.

[...] *O consumo é o grande emoliente, produtor ou encorajador de imobilismos. Ele é, também, um veículo de narcisismos, por meio dos seus estímulos estéticos, morais, sociais; e aparece como o grande fundamentalismo do nosso tempo, porque alcança e envolve toda gente. Por isso, o entendimento do que é o mundo passa pelo consumo e pela competitividade, ambos fundados no mesmo sistema da ideologia*". (g.n.).[233]

Trabalhadores, produtores e consumidores podem ser considerados os atores sociais da economia no mundo moderno. No século XIX e em parte do século XX, os conflitos sociais mais marcantes se deram entre trabalhadores e patrões; a luta foi pelo acesso à terra, depois pelo controle dos meios de produção. Em seguida, a partir da metade do século XX, foi agregado o conflito pelo acesso ao consumo de bens seguros e à garantia de informação plena a respeito dos produtos e serviços colocados no mercado.[234]

Há o surgimento de uma proteção supranacional em torno da figura do consumidor, como um fenômeno do mundo globalizado, a partir de políticas públicas específicas de produção e distribuição de bens para essa categoria, visando a melhorar a qualidade de vida, a segurança, transparência e harmonia nas relações de consumo.[235]

Torna-se mais agudo, em face da economia globalizada, o quadro da vulnerabilidade do consumidor,[236] à medida que os produtos e serviços passam a ter um mercado mundial, tendo como destinatário um público bem mais amplo, o que leva ao fortalecimento do fornecedor, que encontra multiplicado seu espaço de produção e oferta, bem como passam a empregar métodos de publicidade e oferta mais abrangentes[237] e agressivos, negociando, por meio da rede, numa verdadeira posição de força e verticalidade.

O acesso à rede, observa com propriedade a autora portuguesa Elsa Dias Oliveira,[238] permite uma rápida e ampla divulgação de bens ou serviços que se pretendem vender, a custo muito baixo, assegurando que certos fornecedores ou entidades que, por outro meio de comunicação, não teriam a possibilidade de veicular sua oferta, ali o façam.

---

[233] SANTOS, Milton. *Por uma outra globalização*: do pensamento único à consciência universal. 14. ed. Rio de Janeiro: Record, 2007. p. 48-49. Conclui o autor, de maneira um tanto extremada: "Consumismo e competitividade levam ao emagrecimento moral e intelectual da pessoa, à redução da personalidade e da visão do mundo, convidando, também, a esquecer a oposição fundamental entre a figura do consumidor e a figura do cidadão".

[234] SODRÉ, Marcelo Gomes. *A construção do direito do consumidor*: um estudo sobre as origens das leis principiológicas de defesa do consumidor. São Paulo: Atlas, 2009.

[235] VERBICARO, Dennis. *Consumo e cidadania*: identificando os espaços políticos de atuação qualificada do consumidor. 2. ed. Rio de Janeiro: Lumen Juris, 2019. O autor remete à Resolução 39/248 de 1985 da ONU, que estabelece que os governos devem desenvolver, reforçar ou manter uma política de proteção ao consumidor, determinando suas próprias prioridades para a proteção dos consumidores, de acordo com as circunstâncias econômicas e sociais do país e as necessidades da sua população.

[236] Que enfrenta, dentre outros danos, a obsolescência programada dos produtos e das máquinas, a destruição das estruturas antigas que asseguravam determinadas necessidades, a multiplicação das falsas inovações, sem benefício sensível para o modo de vida (BAUDRILLARD, Jean. *A sociedade de consumo*. Tradução de Artur Morão. Lisboa: Edições 70, 2020. p. 34). Acerca do tema, recomenda-se o seguinte artigo: SCHMIDT NETO, André Perin; CHEVTCHIK, Mellany. Obsolescência programada nas relações de consumo. *Revista de Direito do Consumidor*, São Paulo, v. 134, p. 227-248, mar./abr. 2021.

[237] FRANCA FILHO, Marcílio Toscana. O mercado global, o direito da integração e a proteção do consumidor. *Revista de Direito do Consumidor*, São Paulo, v. 23-24, p. 117, jul./dez. 1997.

[238] *A protecção dos consumidores nos contratos celebrados através da internet*. Coimbra: Almedina, 2002. p. 28.

A vulnerabilidade do consumidor, do ponto de vista técnico e informacional, decorre do fato de que a grande maioria da população ainda desconhece as potencialidades técnicas oferecidas pelos meios informáticos, sequer tendo noção do uso que deles pode fazer o fornecedor.

A vulnerabilidade digital pode se manifestar por meio da *gamificação* ou da dependência/cativamento em relação à manutenção ou ao acesso a determinado serviço ou a produto inteligente prestado e oferecido por plataformas, que se pode considerar como uma condição para a fruição plena da vida, de direitos e de autorrealização na sociedade contemporânea.[239]

Assim, poderá ficar admirado se, ao entrar num *site* que antes já havia visitado, e ao final do qual tinha fornecido alguns dos seus dados, for surpreendido por uma mensagem eletrônica em que são indicados alguns dos bens que estão de acordo com as suas preferências. Há de ser acrescido o problema da língua estrangeira, o que dificulta a compreensão das informações prestadas,[240] bem como a imposição unilateral de termos e condições de uso e políticas de privacidade que funcionam como verdadeiras "constituições de fato" dos ambientes digitais,[241] cujo *enforcement* se dá de maneira automatizada por algoritmos, sem que haja elementos democráticos que oportunizem a contenção de poderes sem justificação política de plataformas.

É nesse sentido que, em relação às fontes jurídicas de natureza dita *espontânea*, em especial os usos, os costumes e a praxe contratual e negocial, um tanto intensificadas em face da difundida autorregulação pelos membros da Internet, por meio de códigos de conduta, devem estas, igualmente, sofrer um maior controle em face dos princípios e valores fundamentais, de modo a excluir a vinculatividade do uso que não tenha uma valoração positiva, em termos de mérito, por parte do ordenamento, que não deve se limitar a simplesmente fotografar a realidade subjacente.[242]

É verdade que o costume próprio da autorregulação se encontra umbilicalmente ligado à própria Internet, que, até os anos 1990, figurava predominantemente como o domínio de estudantes, acadêmicos, pensadores, dentre outros, que a acessavam para fins não comerciais, de maneira que certos valores e normas restaram arraigados na chamada *comunidade virtual*, persistindo até os dias de hoje.[243]

---

[239] MARQUES, Claudia Lima; MUCELIN, Guilherme. Vulnerabilidade na era digital: um estudo sobre os fatores de vulnerabilidade da pessoa natural nas plataformas, a partir da dogmática do direito do consumidor. *Civilistica.com*, dez. 2022. Disponível em: http://www.civilistica.com.br. Acesso em: 13 fev. 2023. A gamificação, para os autores, "permite intensificar o tempo de permanência e de atenção de seus usuários por meio de experiências envolventes, utilizando-se de princípios de *design* de jogos inclusive para a tomada de decisão, como narrativas, senso de comunidade, recompensas, reputação, reconhecimento e punição. Tal se dá com o fim de induzir um comportamento (pré) estipulado por programação, potencialmente manipulando comportamentos e minando a autonomia da vontade: torna-se possível que, por meio da exploração da vulnerabilidade digital, aliada à técnica e à informacional, impositiva de certo grau de alienação do participante, sejam tomadas decisões direcionadas/influenciadas pela plataforma".

[240] MARQUES, Claudia Lima; MUCELIN, Guilherme. Vulnerabilidade na era digital: um estudo sobre os fatores de vulnerabilidade da pessoa natural nas plataformas, a partir da dogmática do direito do consumidor. *Civilistica.com*, dez. 2022. Disponível em: http://www.civilistica.com.br. Acesso em: 13 fev. 2023.

[241] SUZOR, Nicolas. Digital constitutionalism: using the rule of law to evaluate the legitimacy of governance by platforms. *Social Media + Society*, jul. 2018.

[242] PERLINGIERI, Pietro. *Diritto comunitario e legalità costituzionale*. Napoli: Edizioni Scientifiche Italiane, 1992. p. 33.

[243] EDWARDS, Lilian; WAELDE, Charlotte (coord.). *Law and the internet*: regulating cyberspace. Oxford: Hart, 1997. p. 8. CIAMPI, Costantino. Per un diritto del ciberspazio. *In*: RIZZO, Vito (org.). *Diritto e tecnologie dell'informazione*. Napoli: Edizioni Scientifiche Italiane, 1998. p. 133.

Até 1991, nos Estados Unidos da América, o comércio através da Internet era proibido pela *National Science Foundation*,[244] não tendo aquela forma de comunicação, como já dito, surgido como instrumento para a realização de contratos de qualquer espécie.

Tais normas, usualmente denominadas *regras para a sociedade virtual (rules for the virtual society)*, incluem a absoluta prioridade da liberdade de expressão – ainda que venha a implicar algum tipo de perda, do ponto de vista econômico – e a negação da prerrogativa dos Estados nacionais de regular as atividades da Internet, bem como de quaisquer regras e imperativos de conduta externamente impostos, na crença de que quaisquer preceitos relativos à rede deveriam ser instaurados por meio de procedimentos democráticos e participativos envolvendo os respectivos usuários.[245]

Encontra-se esse paradigma de acordo com a regulação comportamental apontada por Lawrence Lessig em seu *Code*, integrada por (i) normas e ética, (ii) mercado, (iii) direito e (iv) arquitetura de *software*,[246] refletindo a imperatividade desse tipo de procedimento como política de governança para a garantia da integridade e da segurança do próprio ordenamento.

Dita "autorregulação", fenômeno indicativo da *substituição* do direito estatal, embora inevitável, deve ser vista com cautela, pois, passa da inocente regulação participativa pelos usuários da rede – outrora imperante – a um verdadeiro poder de fato titularizado pelos detentores do capital, o qual seguiu a tendência de desmaterialização dos fatores de produção e riqueza[247] no contexto de uma sociedade globalizada, ameaçando o equilíbrio entre os contratantes, sendo inclusive encorajada pela proposta de diretiva da Comunidade Europeia, como será visto no capítulo 3, desde que observados certos requisitos, de modo a propiciar um controle.

A necessidade de limites decorre não só da necessidade de se direcionar o progresso – até mesmo no sentido de se avaliar se realmente existe um avanço, do ponto de vista axiológico, ou se os fatos levaram na verdade a um retrocesso, atuando os limites como *"um modo de pôr em câmera lenta o progresso, em áreas onde as inseguranças são muitas, e os riscos, grandes"*[248] – como também de se evitar a sujeição dos mais fracos diante de uma desregulação, que sugere o poder de fato exercido pelos grandes grupos econômicos, diante do aviltamento dos poderes públicos.

Na lúcida observação de Pietro Perlingieri,

> [...] A amarga análise segundo a qual a *lex mercatoria* tende a se impor ao ponto em que a Constituição logo não terá qualquer sentido e as eventuais intervenções legislativas, destinadas a limitar o poderio extraordinário da *lex mercatoria*, não serão mais do que paliativos, destinados a desvanecer no nada, talvez não possa ser negada sob o prisma da

---

[244] MULHOLLAND, Caitlin. *Internet e contratação*: panorama das relações contratuais eletrônicas de consumo. Rio de Janeiro: Renovar, 2006. p. 70-71. LESSIG, Lawrence. *Code and other laws of cyberspace 2.0*. 2. ed. New York: Basic Books, 2006. p. 39. Nas palavras do autor, "A internet foi construída para pesquisa, e não para comércio [...]. Seus protocolos eram abertos e inseguros; ela não foi projetada para esconder. Os dados transmitidos através dessa rede poderiam ser facilmente interceptados e subtraídos; dados confidenciais não poderiam ser facilmente protegidos [...] Uma espécie de segurança de *sistema aberto* era necessária, e o primeiro exemplo mais bem-sucedido foi o protocolo SSL (*secure socket layer*), desenvolvido pela Netscape. A partir do *Netscape Enterprise Server 2.0*, servidores seguros poderiam trocar informações criptografadas com os navegadores de seus clientes. Por exemplo, você poderia enviar o número do seu cartão de crédito através da Internet, e nem você e nem a Visa teriam de se preocupar com a sua interceptação" (tradução nossa).

[245] EDWARDS, Lilian; WAELDE, Charlotte (coord.). *Law and the internet*: regulating cyberspace. Oxford: Hart, 1997. p. 8.

[246] LESSIG, Lawrence. *Code and other laws of cyberspace 2.0*. 2. ed. New York: Basic Books, 2006. p. 123.

[247] Neste sentido, veja: COHEN, Julie E. *Between truth and power*: the legal constructions of informational capitalism. Oxford: Oxford University Press, 2019.

[248] LORENZETTI, Ricardo Luis. *Fundamentos do direito privado*. Tradução de Vera Maria Jacob de Fradera. São Paulo: Revista dos Tribunais, 1998. p. 118-119.

efetividade. Mas o realismo não deve impulsionar o pessimismo ou mesmo o cinismo: a história frequentemente demonstrou, *a posteriori*, que o pessimismo nem sempre se justifica [...].[249]

Entretanto, à força devastadora do mercado global não se pode submeter a cultura jurídica e as inúmeras conquistas da sociedade civil. Apesar das mudanças estruturais da economia mundial, das alterações do direito privado, submetido à legalidade constitucional de cada sociedade, aquelas não podem ser examinadas como mera contingência técnica, que se altera ao sabor das leis do mercado.[250]

Pode-se afirmar que, transformado em princípio absoluto, o mercado, ao contrário do que sustenta a teoria econômica liberal, é a principal fonte de desequilíbrio socioeconômico – e a lógica de mercado foi intrinsecamente sobreposta àquela inicial da Internet, portanto presente desde os laços sociais até as que, de fato, têm um conteúdo econômico subjacente evidente. O testemunho das políticas neoliberais das últimas décadas comprova que essa *lógica do mercado* agravou os indicadores sociais, aumentando a exploração econômica e o sofrimento dos povos,[251] também na dimensão digital, ainda mais quando ausentes ou parcialmente efetivas salvaguardas jurídicas.

Da mesma forma, os regulamentos comunitários, aos quais frequentemente se recorrerá ao longo deste trabalho, em especial no âmbito da União Europeia, destinam-se a propiciar o mercado livre e a economia de mercado próprias do processo de integração, sob uma filosofia das relações econômicas fundada na sua liberdade.

Com isso, afastam-se, muitas vezes, das escolhas albergadas nas Cartas constitucionais, diante do que devem sofrer igualmente uma limitação, eis que não se prestam à criação de um direito uniforme, ou à eliminação das diferenças entre os sistemas legislativos, de modo que a sua influência sob os sistemas nacionais se exercita de forma articulada e diversificada,[252] sendo que as decisões da Corte de Justiça da Comunidade Europeia tendem a afirmar o controle dos ordenamentos internos, inclusive em matéria constitucional, em função do direito comunitário, do qual os direitos fundamentais seriam parte integrante, de modo a substituir o próprio controle de legalidade constitucional.[253]

Tal posicionamento foi fortemente combatido em algumas Cortes constitucionais europeias, dentre as quais a italiana, a partir de uma construção baseada, dentre outras linhas-mestras, na existência de princípios essenciais, pertencentes aos valores supremos da

---

[249] PERLINGIERI, Pietro. *Diritto comunitario e legalità costituzionale*. Napoli: Edizioni Scientifiche Italiane, 1992. p. 36-37.

[250] TEPEDINO, Gustavo. Editorial: Do sujeito de direito à pessoa humana. *Revista Trimestral de Direito Civil*, Rio de Janeiro, v. 2, abr./jun. 2000.

[251] DRUMMOND, Arnaldo Fortes. *Morte do mercado*: ensaio do agir econômico. São Leopoldo: Unisinos, 2004. p. 27.

[252] PERLINGIERI, Pietro. *Diritto comunitario e legalità costituzionale*. Napoli: Edizioni Scientifiche Italiane, 1992. p. 36-37.

[253] PERLINGIERI, Pietro. *Diritto comunitario e legalità costituzionale*. Napoli: Edizioni Scientifiche Italiane, 1992. p. 47 e ss. Como relata o autor, em síntese, os principais posicionamentos acolhidos por aquela Corte seguiriam as seguintes linhas gerais: a) preeminência do direito comunitário e, em particular, dos seus princípios gerais; b) na hipótese de sua omissão ou atuação incorreta, eficácia direta em face do Estado em benefício dos sujeitos das diretivas incondicionadas e suficientemente precisas; c) superioridade de grau da normativa constitucional em face das normas internas, inclusive as constitucionais, vigentes no território de cada Estado-Membro; d) a impossibilidade de prevalência, ou mesmo de formulação, em face da Corte de Justiça, de uma norma interna, ainda que constitucional enquanto causa de "invalidade" do ato comunitário; e) obrigação do juiz nacional e da administração pública de desaplicar qualquer disposição legislativa nacional contrastante com aquela comunitária diretamente aplicável, ainda se a norma nacional é posterior; f) competência exclusiva da Corte de Justiça para o controle da conformidade dos atos comunitários em face do tratado institutivo.

Constituição e concernentes à própria identidade republicana do Estado, de natureza intangível e imodificável, sendo afastada, portanto, da disponibilidade e da esfera de influência do direito comunitário.[254]

O problema não se limita à simples constatação de que o confronto entre a normativa comunitária e o direito interno consiste mais numa relação de força do que propriamente numa relação jurídico-formal, mas repousa, sobretudo, no plano das competências e hierarquias normativas entre ambos os níveis, comunitário e nacional.[255]

Com efeito, a incidência dos regulamentos comunitários e das decisões a nível comunitário em relação aos Estados singulares é de extrema variedade, pois regulamentos e decisões recaem sobre ordenamentos que possuem características peculiares. Logo, Comunidade Europeia não significa necessariamente uniformidade legislativa; esta constituiria uma violência desnecessária em relação às diversidades existentes, seja no plano cultural e econômico, seja no plano normativo e legislativo.[256]

Particularmente no campo do objeto deste estudo, é de se registrar que a Diretiva CEE nº 2000/31, que versa sobre o comércio eletrônico, foi objeto de severas críticas, em virtude de não consagrar uma política forte de proteção dos consumidores, especialmente pelo fato de, em seu art. 3º, albergar o princípio do país de origem.

Tal princípio, de evidente inspiração nos perigosos ideais de liberdade econômica, significaria que os prestadores de serviços na Internet teriam apenas de respeitar a legislação do Estado-Membro no qual estivessem estabelecidos, mas já não a legislação de outros Estados-Membros nos quais os seus serviços pudessem ser recebidos, sendo que sua aplicação universal afetaria seriamente os direitos dos consumidores, por várias razões.[257]

Em suma, os prestadores desses serviços procurariam se estabelecer nos Estados-Membros com padrões normativos de proteção ao consumidor menos exigentes – o que poderia gerar o risco de todos os Estados-Membros, em franca concorrência entre si, suprirem, eliminarem

---

[254] PERLINGIERI, Pietro. *Diritto comunitario e legalità costituzionale*. Napoli: Edizioni Scientifiche Italiane, 1992. p. 60-61. Anota o autor outros enunciados básicos adotados pela Corte constitucional italiana, a saber: a) a separação por competências do direito comunitário e do direito nacional não significa uma necessária separação de ordenamentos, podendo ainda comportar a nacionalização do direito comunitário, ou mesmo a criação de um direito ítalo-comunitário; b) a exclusão de natureza constitucional à lei executiva do Tratado institutivo; c) a direta e automática aplicação, pelo juiz nacional, dos regulamentos comunitários, ainda se em contraste com a disciplina interna; d) a relevância, de qualquer forma, do direito comunitário na interpretação do direito interno; e) a possibilidade não apenas teórica de um controle de legitimidade constitucional, ainda que tendo por objeto a lei executiva do tratado, e não diretamente a normativa primária e derivada da Comunidade, de modo a garantir o respeito dos princípios e valores essenciais da Constituição, peculiares e diversos daqueles que caracterizam o direito comunitário.

[255] PERLINGIERI, Pietro. *Diritto comunitario e legalità costituzionale*. Napoli: Edizioni Scientifiche Italiane, 1992. p. 57.

[256] PERLINGIERI, Pietro. *Diritto comunitario e legalità costituzionale*. Napoli: Edizioni Scientifiche Italiane, 1992. p. 37-38. SACCO, Rodolfo. *La comparaison juridique au service de la connaiscance du droit*. Paris: Economica, 1991. p. 7. Segundo o ilustre comparatista, o direito que rege, por exemplo, as relações entre a Comunidade e as empresas, entre a Comunidade e os trabalhadores que dela dependem, não pode ser único. O autor figura a hipótese de uma regra de direito dita unificada, que não teria, porém, prefixado o respectivo conteúdo. Embora a normativa comunitária, nesse caso, tenha definido as obrigações da empresa, não definiu o que é empresa, diante do que a Corte de Justiça criou um direito, correspondente a um núcleo ou ponto central comum (*"noyau commun"*), que a comparação, que figura como antecedente imediato dos fenômenos de uniformização, permite que seja extraído dos diferentes direitos nacionais.

[257] PEREIRA, Alexandre Libório Dias. *Comércio electrónico na sociedade da informação*: da segurança técnica à confiança jurídica. Coimbra: Almedina, 1999. p. 44.

ou ao menos negligenciarem as regras de defesa do consumo, de modo a acolher tal atividade econômica,[258] por meio de um ambiente jurídico mais favorável.[259]

Dentre as principais áreas ameaçadas pelo princípio do país de origem, em função da existência de elevados padrões normativos de proteção ao consumidor no âmbito dos ordenamentos jurídicos nacionais, devem ser destacadas a publicidade, as ofertas (descontos, prêmios, bônus etc.), o *marketing* direto pelo correio eletrônico, as obrigações pré-contratuais, sobretudo os deveres de informação, os requisitos linguísticos – consistentes na obrigação de fornecer os termos do contrato numa linguagem específica – e a informação sobre o prestador de serviços.[260]

Conforme já decidiu o Superior Tribunal de Justiça no julgamento do Recurso em Mandado de Segurança 66.392 (STJ, 5ª.T, Min. João Otávio de Noronha, j. 16.08.2022), "empresas que prestam serviços de aplicação na internet em território brasileiro devem necessariamente se submeter ao ordenamento jurídico pátrio, independentemente da circunstância de possuírem filiais no Brasil".[261]

1.4 INTELIGÊNCIA ARTIFICIAL

O termo "inteligência artificial" foi cunhado por John McCarthy em 1956, na primeira conferência organizada por ele e Marvin Minsky sobre o assunto (*Darmouth Summer Research Project on Artificial Intelligence*), abordando um amplo espectro de investigações, as quais vão desde questões conceituais, como "máquinas podem pensar?", a soluções práticas, como algoritmos de busca aplicados a jogos.[262]

Foi anunciado, em 26 de outubro de 2017, que a Arábia Saudita teria sido o primeiro país do mundo a conceder cidadania a um robô, Sophia,[263] que, durante um evento para investidores em tecnologia em Riad, debateu em inglês com um mediador, demonstrando expressões como

---

[258] PEREIRA, Alexandre Libório Dias. *Comércio electrónico na sociedade da informação*: da segurança técnica à confiança jurídica. Coimbra: Almedina, 1999. p. 44.

[259] É verdade que a regra do país de origem, em alguns casos, vem sendo mitigada, eis que, como consta do item (57) da exposição de motivos da Diretiva nº 2000/31, "O Tribunal de Justiça tem sustentado de modo constante que um Estado-Membro mantém o direito de tomar medidas contra um prestador de serviços estabelecido noutro Estado-Membro, mas que dirige toda ou a maior parte das suas atividades para o território do primeiro Estado--Membro, se a escolha do estabelecimento foi feita no intuito de iludir a legislação que se aplicaria ao prestador caso este se tivesse estabelecido no território desse primeiro Estado-Membro".

[260] PEREIRA, Alexandre Libório Dias. *Comércio electrónico na sociedade da informação*: da segurança técnica à confiança jurídica. Coimbra: Almedina, 1999. p. 46.

[261] Conforme a fundamentação do acórdão, "o fato de a recorrente estar sediada nos Estados Unidos não tem o condão de eximi-la do cumprimento das leis e decisões judiciais brasileiras, uma vez que disponibiliza seus serviços para milhões de usuários que se encontram em território nacional. Lembro que o art. 11 da Lei n. 12.965/2014 (Marco Civil da Internet) é claro na determinação de aplicação da legislação brasileira a operações de coleta, armazenamento, guarda e tratamento de dados por provedores de aplicações, exigindo apenas que um desses atos ocorra em território nacional".

[262] SILVA, Nilton Correia da. Inteligência artificial. *In*: FRAZÃO, Ana; MULHOLLAND, Caitlin. *Inteligência artificial e direito*: ética, regulação e responsabilidade. São Paulo: Revista dos Tribunais, 2019. p. 35. MARTINS, Guilherme Magalhães. *Responsabilidade civil por acidente de consumo na internet*. 3. ed. São Paulo: Revista dos Tribunais, 2020. p. 313.

[263] Segundo Nelson Rosenvald e Adriano Marteleto Godinho, "Sophia é composta por um material que emula a pele humana, teve seus traços faciais inspirados na famosa atriz Audrey Hepburn e na própria esposa de David Hanson (seu criador) e é capaz de simular mais de sessenta diferentes expressões faciais e de manter conversações com pessoas e reagir às interações de seus interlocutores" (ROSENVALD, Nelson; GODINHO, Adriano Marteleto. Inteligência artificial e a responsabilidade civil dos robôs e seus fabricantes. *In*: ROSENVALD, Nelson; DRESCH, Rafael de Freitas Valle; WESENDONCK, Tula [coord.]. *Responsabilidade civil*: novos riscos. Indaiatuba: Foco, 2019. p. 24).

tristeza e sorriso.[264] A atribuição ou não de capacidade de fato ou de direito a tais entes poderá vir a integrar a agenda civilista dos próximos anos.

A forma de evitar os piores resultados para a inteligência artificial é buscar com sabedoria o equilíbrio entre máquinas e humanos, pressupondo-se que a robótica e a IA muitas vezes complementam, mais do que substituem, o trabalho humano, cabendo à humanidade canalizar as tecnologias de automação, em vez de ser capturada ou transformada por elas.[265]

Definições mais recentes apontam que a expressão "inteligência artificial" se refere à habilidade de um sistema de interpretar corretamente dados externos, aprender a partir desses dados e usar o aprendizado para alcançar objetivos e tarefas específicos por meio da adaptação flexível.

O principal problema que a robótica e a inteligência artificial apresentam para o Direito é como distribuir direitos humanos e responsabilidades que surgem das ações dos não humanos. Seres humanos usarão robôs e entidades de inteligência artificial não somente para a criação de novos bens e serviços, mas também para a violação de interesses legalmente protegidos de outros seres humanos. Agentes de inteligência artificial vão despejar romances; mas vão igualmente espionar e difamar as pessoas. Há um longo caminho até tratar robôs e entidades de inteligência artificial como entidades autoconscientes e imputáveis, do ponto de vista da responsabilidade civil. Contudo, a questão-chave para o Direito – ao menos neste ponto da história – é como alocar direitos e deveres entre os seres humanos quando robôs e entidades de inteligência artificial causam danos ou benefícios.[266]

Pode-se pensar que a Internet das Coisas conforma ambientes inteligentes, cujo intuito é, como referido, também coletar dados para a prestação de diversos tipos de serviços – de torradeiras inteligentes e termostatos a automatização de uma casa inteira ou mesmo de cidades (*smart cities*).

Nesse sentido, a inteligência artificial difere de conceitos como Internet das Coisas[267] e *Big Data*. O primeiro se refere à ideia de que dispositivos podem ser equipados com sensores e *softwares* para coletar e hipercambiar informações, sendo uma forma específica de intercambiar dados externos requeridos para a inteligência artificial. Já o segundo é mais amplo do que o primeiro, pois inclui dados coletados por outros meios, como aplicativos móveis de mídias sociais ou bases de dados internos das empresas.[268]

Aqui, costuma-se referir que o *Big Data* é o próprio "insumo" das tecnologias, especialmente da IA. Apesar de serem conceitos próximos e que se sobrepõem em alguns aspectos, tal diferença é relevante, inclusive para o tratamento jurídico dispensado às hipóteses e para a alocação de responsabilidades.

---

[264] ARÁBIA Saudita é primeiro país do mundo a dar cidadania a robô. Disponível em: https://veja.abril.com.br/mundo/arabia-saudita-e-primeiro-pais-do-mundo-a-dar-cidadania-a-robo/. Acesso em: 9 set. 2018.

[265] PASQUALE, Frank. *New laws of robotics*: defending human expertise in the age of AI. Cambridge: The Belknap Press, 2020. p. 1.

[266] BALKIN, Jack M. The path of Robotics Law. *California Law Review Circuit*. v. 6, p. 46, jun. 2015.

[267] Segundo Eduardo Magrani, "a expressão IoT (sigla derivada do inglês, *Internet of Things*) é utilizada para designar a conectividade e interação entre vários tipos de objetos do dia a dia, sensíveis à Internet. Fazem parte desse conceito os dispositivos de nosso cotidiano que são equipados com sensores capazes de captar aspectos do mundo real, como, por exemplo: temperatura, umidade e presença, e enviá-los a centrais que recebem estas informações e as utilizam de forma inteligente. A sigla refere-se a um mundo onde objetos e pessoas, assim como dados e ambientes virtuais, interagem uns com os outros no espaço e no tempo" (MAGRANI, Eduardo. *Entre dados e robôs*: ética e privacidade na época da hiperconectividade. 2. ed. Porto Alegre: Arquipélago, 2019. p. 29).

[268] STEIBEL, Fabro; VICENTE, Victor Freitas; JESUS, Diego Santos Vieira. Possibilidades e potenciais da utilização da inteligência artificial. *In*: MULHOLLAND, Caitlin; FRAZÃO, Ana (coord.). *Inteligência artificial e direito*: ética, regulação e responsabilidade. São Paulo: Revista dos Tribunais, 2019. p. 54-55.

Não há uma definição rigorosa de *Big Data*. Inicialmente, a ideia era a de que o volume de informações havia crescido tanto que a quantidade sendo examinada não mais caberia na memória que os computadores usam para o processamento, de modo que os engenheiros precisariam renovar as ferramentas usadas para a respectiva análise. Contudo, uma forma de pensar no assunto hoje é a referência a coisas que podem ser feitas em grande escala mas não podem ser feitas em escala menor, para extrair novas percepções ou criar novas formas de valor, de maneira que mudam mercados, organizações, as relações entre cidadãos e organizações e mais.[269]

A inteligência artificial usa a informação externa obtida por esses meios como um *input* para a identificação de regras e modelos subjacentes ao confiar em perspectivas, como o aprendizado das máquinas não supervisionado, o qual descreve modelos que auxiliam os computadores a aprenderem sem serem explicitamente programados. Em outros termos, algoritmos produzem outros algoritmos em relação às bases de dados disponíveis e a parâmetros previamente indicados, sendo comum, exatamente por isso, se referir a eles como "*black boxes*",[270] bem como a seus resultados como "opacos".[271]

Todavia, a inteligência artificial é mais ampla do que o próprio aprendizado das máquinas, uma vez que também cobre a habilidade de um sistema de perceber os dados ou de controlar, mover e manipular objetos, com base nas informações aprendidas, por meio de um robô ou de outro dispositivo conectado.[272]

Desse modo, uma conceituação precisa acerca do que seja efetivamente IA não é possível – pelo menos ainda – ser definida, haja vista a ampla utilização desses *softwares* cujas funcionalidades, funções, finalidades e impactos variam em termos de escopo e de graus de automação e fiabilidade.

De todo modo, a União Europeia tem iniciativas regulatórias que definem sistemas de IA: "um programa informático desenvolvido com uma ou várias das técnicas e abordagens enumeradas no anexo I, capaz de, tendo em vista um determinado conjunto de objetivos definidos por seres humanos, criar resultados, tais como conteúdos, previsões, recomendações ou decisões, que influenciam os ambientes com os quais interage".[273]

Abordagem semelhante encontra-se nas iniciativas brasileiras, dentre as quais se destaca: "sistema de inteligência artificial: sistema computacional, com graus diferentes de autonomia, desenhado para inferir como atingir um dado conjunto de objetivos, utilizando abordagens baseadas em aprendizagem de máquina e/ou lógica e representação do conhecimento, por meio de dados de entrada provenientes de máquinas ou humanos, com o objetivo de produzir previsões, recomendações ou decisões que possam influenciar o ambiente virtual ou real".[274]

Assim, pode-se perceber que aplicações concretas de sistemas de inteligência artificial são infinitas e demandarão análises setoriais, além de um quadro normativo geral. Algumas dessas aplicações são utilizadas em nosso cotidiano, a exemplo dos buscadores e rastreadores *on-line*,

---

[269] MAYER-SCHÖNBERGER, Viktor; CUKIER, Kenneth. *Big Data*. New York: Mariner Books, 2014. p. 6.

[270] PASQUALE, Frank. *The black box society*: the secret algorithms that control money and information. Cambridge: Harvard University Press, 2015.

[271] MARQUES, Claudia Lima; MUCELIN, Guilherme. Inteligência artificial e "opacidade" no consumo: a necessária revalorização da transparência para a proteção do consumidor. In: SILVA, Rodrigo da Guia; TEPEDINO, Gustavo (coord.). *O direito civil na era da inteligência artificial*. São Paulo: Revista dos Tribunais, 2020. p. 411-431.

[272] STEIBEL, Fabro; VICENTE, Victor Freitas; JESUS, Diego Santos Vieira. Possibilidades e potenciais da utilização da inteligência artificial. In: MULHOLLAND, Caitlin; FRAZÃO, Ana (coord.). *Inteligência artificial e direito*: ética, regulação e responsabilidade. São Paulo: Revista dos Tribunais, 2019. p. 55.

[273] Disponível em: https://eur-lex.europa.eu/legal-content/PT/TXT/HTML/?uri=CELEX:52021PC0206&from=EN art 3, 1. Acesso em: 13 mar. 2022.

[274] Disponível em: https://legis.senado.leg.br/comissoes/mnas?codcol=2504&tp=4.

dos assistentes pessoais (como Siri, Alexa e Duplex), dos serviços de *streaming* (como Netflix ou Amazon Prime), dos gerenciadores de *e-mail* (como o Google), bem como dos sistemas de recomendação e ranqueamento empregados nesses serviços.

Um sistema de inteligência artificial é formado por uma série de técnicas algorítmicas que utilizam e gerenciam dados em grande escala (*Big Data*) com o objetivo de gerar conclusões – por meio de inferências probabilísticas – baseadas no tratamento daqueles dados,[275] em que os efeitos na esfera de interesses do indivíduo afetado poderão mesmo lhe causar prejuízos e dificuldades de acesso ao mercado de trabalho e ao mercado de consumo, dadas as decisões automatizadas que são baseadas nos perfis referidos acima.

É elemento conceitual do aprendizado por máquinas a sua capacidade de definir e modificar regras de tomadas de decisões de forma autônoma, isto é, sem a interferência humana. A técnica conhecida como *machine learning* (aprendizado por máquinas) se configura como uma metodologia e conjunto de técnicas que utilizam dados em grande escala (*input*) para criar conhecimento e padrões originais e, com base neles, gerar modelos que são usados para predição a respeito dos dados tratados (*output*). Uma forma mais desenvolvida de *machine learning* é o chamado *deep learning*, que utiliza as mesmas premissas, mas tem a capacidade de processar diferentes tipos de dados, de maneira bem semelhante à de um cérebro humano. O *software* aprende a reconhecer padrões por meio de representações de imagens, sons e outros tipos de dados, imitando a capacidade cerebral de processamento e inferências do ser humano.[276]

Por meio dessas técnicas – *machine learning* e *deep learning* – é possível a delegação total de processos decisórios para a inteligência artificial, desde os modelos utilizados em ODRs (*Online Dispute Resolutions*), que substituem as decisões humanas na mediação de conflitos, até os utilizados em sistemas de polícia preditiva, identificando a potencialidade criminosa e a probabilidade geográfica da prática de crimes.

São sistemas de inteligência artificial que podem decidir autonomamente se uma pessoa terá ou não concedido um empréstimo bancário; ou então, na execução penal, determinar se será conferido algum benefício que permita a liberdade condicionada, ou, ainda, recomendar a um paciente determinado tratamento médico ou aplicação em matéria de saúde.[277] Como devem ser alocados os riscos, se uma determinada tecnologia se comporta de maneira insegura, causando danos a seus usuários ou a terceiros?[278]

Pode ser o caso, por exemplo, de um acidente causado por um veículo autônomo, como ocorreu em Tempe, Arizona, Estados Unidos, com o falecimento de uma mulher atropelada

---

[275] MULHOLLAND, Caitlin. Responsabilidade civil e processos decisórios autônomos. *In*: FRAZÃO, Ana; MULHOLLAND, Caitlin. *Inteligência artificial e direito*: ética, regulação e responsabilidade. São Paulo: Revista dos Tribunais, 2019. p. 328-329: "Quanto mais dados forem inseridos, absorvidos ou tratados pela inteligência artificial, maior é a capacidade de 'racionalização' e processamento desses dados e, por consequência, melhores serão os resultados obtidos, beneficiando – em tese – os usuários de tal tecnologia. Os dados e algoritmos são, portanto, os insumos da inteligência artificial, sem os quais seria inviável desenvolver a tecnologia. Com base na qualidade dos algoritmos e dos dados coletados, será possível proporcionar experiências adequadas para as pessoas que utilizam a inteligência artificial para as mais diversas funções".

[276] MULHOLLAND, Caitlin. Responsabilidade civil e processos decisórios autônomos. *In*: FRAZÃO, Ana; MULHOLLAND, Caitlin. *Inteligência artificial e direito*: ética, regulação e responsabilidade. São Paulo: Revista dos Tribunais, 2019. p. 329.

[277] MULHOLLAND, Caitlin. Responsabilidade civil e processos decisórios autônomos. *In*: FRAZÃO, Ana; MULHOLLAND, Caitlin. *Inteligência artificial e direito*: ética, regulação e responsabilidade. São Paulo: Revista dos Tribunais, 2019. p. 329.

[278] TEFFÉ, Chiara Spadaccini de. Quem responde pelos danos causados pela IA? Disponível em: https://www.jota.info/paywall?redirect_to=//www.jota.info/opiniao-e-analise/artigos/quem-responde-pelos-danos-causados-pela-ia-24102017. Acesso em: 6 jan. 2020.

por um carro em teste movido por inteligência artificial. O veículo detectou "algo" à sua frente apenas seis segundos antes do choque, e sua operadora humana não teve como evitar a colisão.[279]

Embora inexistam precedentes na jurisprudência brasileira sobre acidentes com veículos autônomos – por ocasião da publicação desta edição –, o Superior Tribunal de Justiça tem determinado a responsabilidade objetiva e solidária do proprietário do veículo automotor por atos de terceiros que o conduzam e provoquem acidentes com vítimas.[280]

A Comunidade Europeia, pela Resolução 2015/2013 do Parlamento Europeu, de 16 de fevereiro de 2017, com recomendações à Comissão de Direito Civil sobre Robótica, elaborou uma série de orientações a serem seguidas pelos Estados-Membros a respeito dos danos causados pela inteligência artificial autônoma. Deve ser destacada, dentre outras medidas, a elaboração de um seguro obrigatório de responsabilidade civil, que possa garantir à sociedade que todo e qualquer ato lesivo praticado por uma máquina será devidamente amparado. A Resolução, nos seus arts. 57 a 59, destaca a relevância da instituição não apenas de um regime securitário para acobertar danos causados por robôs – à semelhança do que ocorre com os automóveis –, como também de um fundo de garantia da reparação de danos não cobertos por qualquer seguro.[281]

A Resolução 2015/2103, nos itens 53 a 55, pende pela imputação de responsabilidade objetiva, ao exigir "apenas a prova de que o dano ocorreu e o estabelecimento de um nexo de causalidade entre o funcionamento prejudicial do robô e os danos sofridos pela parte lesada", considerando, por outro lado, a gestão de riscos, que "não se concentra na pessoa que atuou de forma negligente como individualmente responsável, mas na pessoa que é capaz, em determinadas circunstâncias, de minimizar os riscos e de lidar com os impactos negativos".

Pelos critérios sugeridos pela Resolução, quanto maior fosse a capacidade de aprendizagem e autonomia do robô e quanto maior fosse seu treinamento, maior seria a responsabilidade do seu criador.

---

[279] SOARES, Flaviana Rampazzo. Veículos autônomos e responsabilidade por acidentes: trajetos possíveis e desejáveis no direito civil brasileiro. *In*: ROSENVALD, Nelson; DRESCH, Rafael de Freitas Valle; WESENDONCK, Tula (coord.). *Responsabilidade civil*: novos riscos. Indaiatuba: Foco, 2019. p. 150. Sobre o tema, como lembra a autora, a Califórnia alterou recentemente o seu Código Civil, para prever que o fabricante de um dispositivo conectado deve equipá-lo com um recurso razoável de segurança, adequado à sua natureza e à sua função, protegendo-o de ingerências alheias indevidas. Já o direito francês, por meio do decreto de 28 de março de 2018, especifica as condições de circulação de veículos autônomos para fins de ensaios técnicos ou avaliação de seus desempenhos e estabelece, em seu art. 11, que o veículo deve estar equipado com um dispositivo de gravação que permita saber se ele está no modo delegação total ou parcial e que mantenha os dados de viagem registrados nos cinco minutos que precederem um acidente. Fica dispensada a exigência de que o automóvel tenha condutor em seu interior durante a sua movimentação, desde que ele possa assumir seu controle a qualquer tempo, ainda que remotamente.

[280] GOMES, Rodrigo Dias de Pinho. Carros autônomos e os desafios impostos pelo ordenamento jurídico: uma breve análise sobre a responsabilidade civil envolvendo veículos inteligentes. *In*: FRAZÃO, Ana; MULHOLLAND, Caitlin. *Inteligência artificial e direito*: ética, regulação e responsabilidade. São Paulo: Revista dos Tribunais, 2019. p. 575. Nesse sentido, STJ, REsp 577.902-DF, 3ª T., Rel. Min. Antonio de Padua Ribeiro, Rel. p/ acórdão Min. Fátima Nancy Andrighi, j. 13.06.2006: "Em matéria de acidente automobilístico, o proprietário do veículo responde objetiva e solidariamente pelos atos culposos de terceiro que o conduz e que provoca o acidente, pouco importando que o motorista não seja seu empregado ou preposto, ou que o transporte seja gratuito ou oneroso, uma vez que sendo o automóvel um veículo perigoso, o seu mau uso cria a responsabilidade pelos danos causados a terceiros. Provada a responsabilidade do condutor, o proprietário do veículo fica solidariamente responsável pela reparação do dano, como criador do risco para os seus semelhantes. Recurso especial provido".

[281] ROSENVALD, Nelson; GODINHO, Adriano Marteleto. Inteligência artificial e a responsabilidade civil dos robôs e seus fabricantes. *In*: ROSENVALD, Nelson; DRESCH, Rafael de Freitas Valle; WESENDONCK, Tula (coord.). *Responsabilidade civil*: novos riscos. Indaiatuba: Foco, 2019. p. 37.

No mesmo sentido, a doutrina nacional, considerando o princípio da solidariedade social, tem apontado a prevalência da responsabilidade objetiva, mais favorável à tutela efetiva das vítimas, em matéria de inteligência artificial, inclusive invocando, por analogia, a disciplina pela guarda da coisa e do animal, tendo em vista a existência de similar ordem de inteligência e imprevisibilidade em relação aos animais e sistemas inteligentes. Já no que tange ao paralelo com a guarda de coisa inanimada, tanto estas quanto os sistemas inteligentes consistem em bens sob custódia de uma pessoa, que por seus atos deve responder.[282]

Por outro lado, para os efeitos do art. 927, parágrafo único do Código Civil, os sistemas de inteligência artificial, caso a caso, podem configurar atividade de risco, o que igualmente conduz à adoção de um padrão objetivo de responsabilidade civil. Sem prejuízo disso, a inteligência artificial pode ser usada no âmbito de atividades de fornecimento de produtos e serviços no mercado de consumo, situações em que responderão solidariamente todos os fornecedores integrantes da cadeia pelo fato do produto ou do serviço, na forma dos arts. 12 e 14 do Código de Defesa do Consumidor.[283]

No caso, a novidade na matéria seria a possibilidade de imputação do dever de indenizar também aos desenvolvedores de *softwares* e algoritmos, e não apenas ao elo final da cadeia de fornecedores.

O atual sistema não permite a atribuição de personalidade e capacidade aos robôs, mas a Resolução 2015/2013, tendo em vista a autonomia dos mecanismos decisórios da inteligência artificial, questiona se deveria ser criada uma nova classificação nesse sentido, permitindo assim sua plena responsabilização. Para responsabilizar a inteligência artificial, portanto, seria necessário atribuir-lhe personalidade, constituindo-a num ente fisicamente assemelhado a um humano ou a uma pessoa jurídica, apenas no que tange às obrigações patrimoniais. Portanto, por ora não é possível atribuir responsabilidade a sujeitos que não tenham condições de prever ou avaliar probabilisticamente os resultados danosos decorrentes da inteligência artificial.[284] Somente o respectivo titular ou criador poderá ser responsabilizado.

Os sistemas de inteligência artificial conhecidos como "*large language models*" (grandes modelos de linguagem) têm causado grande sensação no público em geral, destacando-se em especial o GPT3, o ChatGPT (também conhecido como GPT3.5, produzido pela OpenAI-Microsoft), o Bard (produzido pela Google) e o LLaMA (produzido pela Meta). Eles não pensam, não raciocinam nem entendem; eles não estão um passo adiante de qualquer inteligência artificial da ficção científica, e nada têm a ver com o processo cognitivo do mundo animal e, acima de tudo, do cérebro e da mente humanas, de modo a gerenciar com sucesso conteúdos semânticos.[285]

Contudo, com o impressionante crescimento dos dados disponíveis, a quantidade e a velocidade de cálculos, e algoritmos cada vez mais aperfeiçoados, eles podem fazer estatisticamente – ou seja, trabalhando na estrutura formal, e não no significado dos textos que processam – o

---

[282] TEPEDINO, Gustavo; SILVA, Rodrigo da Guia. Inteligência artificial e elementos da responsabilidade civil. *In*: MULHOLLAND, Caitlin; FRAZÃO, Ana (coord.). *Inteligência artificial e direito*: ética, regulação e responsabilidade. São Paulo: Revista dos Tribunais, 2019. p. 315.

[283] TEPEDINO, Gustavo; SILVA, Rodrigo da Guia. Inteligência artificial e elementos da responsabilidade civil. *In*: MULHOLLAND, Caitlin; FRAZÃO, Ana (coord.). *Inteligência artificial e direito*: ética, regulação e responsabilidade. São Paulo: Revista dos Tribunais, 2019. p. 319.

[284] MULHOLLAND, Caitlin. Responsabilidade civil e processos decisórios autônomos. *In*: FRAZÃO, Ana; MULHOLLAND, Caitlin. *Inteligência artificial e direito*: ética, regulação e responsabilidade. São Paulo: Revista dos Tribunais, 2019. p. 338-339.

[285] FLORIDI, Luciano. AI as *agency without intelligence*: on ChatGPT, large language models, and other generative models. p. 2. Disponível em: https://link.springer.com/article/10.1007/s13347-023-00621-y. Acesso em: 2 abr. 2023.

que nós fazemos semanticamente, mesmo em caminhos que a neurociência apenas começou a explorar.[286]

Os sistemas de inteligência artificial conhecidos como "grandes modelos de linguagem", também denominados generativos, diferem em alguns pontos dos sistemas tradicionais de inteligência artificial, no tocante ao contexto dinâmico e à escala de uso. Os sistemas generativos não foram concebidos para um específico contexto ou para uma determinada escala de uso. Sua abertura e sua facilidade de controle permitem, pelo contrário, uma escala de uso sem precedentes. A potência dos sistemas generativos pode ser interpretada pelos meios de comunicação, como texto, áudio ou vídeo, por pessoas com habilidades de comunicação comuns, reduzindo significativamente o limite de quem pode ser usuário. E esses sistemas generativos podem ser usados por uma série de motivos, em virtude da pura escala de extração de dados pressuposta, com todos os tipos de conteúdos disponíveis na Internet, de dados pessoais a documentos políticos, notícias, textos literários e arte.[287]

No entanto, a falta de transparência do ChatGPT quanto à coleta e ao processamento de dados pessoais levou a Itália a inicialmente banir o sistema,[288] posteriormente estabelecendo restrições,[289] ao passo que países como a Alemanha cogitam adotar a mesma medida.

Em síntese, a introdução da IA no cotidiano e nas práticas comerciais deve ser limitada em seu potencial ofensivo a bens jurídicos e deve se respaldar em valores ético-jurídicos, notadamente aqueles constantes em direitos humanos e fundamentais, bem como na boa-fé objetiva e na proteção da confiança, como propõe o *approach* europeu para uma inteligência artificial,[290] a se prestar especial atenção a casos em que estejam envolvidos grupos ou pessoas vulneráveis e às situações que se caracterizam por assimetria de poder ou de informação, como de consumidores e fornecedores, bem como aos contratos celebrados entre eles. A Proposta de Regulamento do *Artificial Intelligence Act* demonstra o comprometimento da UE para "garantir que os europeus possam se beneficiar das novas tecnologias desenvolvidas e funcionando de acordo com os valores, direitos fundamentais e princípios da União".[291]

No dia 6 de dezembro de 2022, a Comissão de Juristas do Senado Federal entregou ao Presidente da Casa o anteprojeto do texto para regular a inteligência artificial no Brasil, que resultou no Projeto de Lei nº 2.338/2023, que estabelece, conforme o respectivo art. 1º, normas gerais para o desenvolvimento, implementação e uso responsável de sistemas de inteligência artificial (IA) no Brasil, com o objetivo de proteger os direitos fundamentais e garantir a implementação de sistemas seguros e confiáveis, em benefício do sistema democrático, da pessoa humana e do desenvolvimento científico e tecnológico.

---

[286] FLORIDI, Luciano. AI as *agency without intelligence*: on ChatGPT, large language models, and other generative models. p. 2. Disponível em: https://link.springer.com/article/10.1007/s13347-023-00621-y. Acesso em: 2 abr. 2023.

[287] HELBERGER, Natali; DIAKOPOULOS, Nicholas. ChatGPT and the AI Act. *Internet Policy Review*, v. 12, n. 1. Disponível em: https://policyreview.info/essay/chatgpt-and-ai-act. Acesso em: 7 abr. 2023.

[288] SCHIRO, Giulia. Il Garante Privacy italiano blocca ChatGPT. Ecco perché. *Wall Street Italia*, 31 mar. 2023. Disponível em: https://www.wallstreetitalia.com/il-garante-privacy-italiano-blocca-chat-gpt-ecco-perche/. Acesso em: 7 abr. 2023.

[289] ITÁLIA dá prazo para Open AI atender a demandas após investigação sobre ChatGPT. *CNN Brasil*, 12 abr. 2023. Disponível em: https://www.cnnbrasil.com.br/tecnologia/italia-da-prazo-ate-final-de-abril-para-openai-atender-a-demandas-sobre-chatgpt/. Acesso em: 20 maio 2023.

[290] GRUPO INDEPENDENTE DE PERITOS DE ALTO NÍVEL SOBRE A INTELIGÊNCIA ARTIFICIAL. *Orientações éticas para uma IA de confiança*. Bruxelas, 2019.

[291] COMISSÃO EUROPEIA. *Proposta de Regulamento do Parlamento Europeu e do Conselho que estabelece regras harmonizadas em matéria de inteligência artificial (Regulamento Inteligência Artificial) e altera determinados atos legislativos da União*. Bruxelas, 21 abr. 2021.

O Projeto nº 2.338/2023 foi uma reação ao Projeto de Lei nº 21/2020, aprovado pela Câmara dos Deputados, que previa a adoção preferencial do regime de responsabilidade subjetiva. Com inspiração nas propostas de regulamentação da União Europeia, em especial na Resolução de 20 de outubro de 2020 do Parlamento Europeu, o projeto busca diferenciar as situações de acordo com os sujeitos envolvidos na causação do dano.[292]

O modelo escolhido pela Comissão Europeia, que se encontra prescrito no *AI Act*, é um quadro regulamentar obrigatório apenas para sistemas de IA de risco elevado (abordagem baseada em riscos), com a possibilidade de fornecedores de sistemas de IA que não sejam de risco elevado seguirem um código de conduta voluntário.

Uma distinção crucial entre o modelo de regulação brasileiro, delineado no Projeto de Lei nº 2.338/2023, e o modelo europeu (*AI Act*), reside no fato de que, no Brasil, todo o desenvolvimento, a implementação e o uso de sistemas de IA estão sujeitos à regulação obrigatória, independentemente do nível de risco envolvido.

A estrutura do projeto se baseia nos sujeitos e tipos de IA, bem como no risco envolvido. Em relação aos sujeitos, o regime de responsabilidade proposto só seria aplicado aos chamados "agentes de IA" (art. 4º, IV), que são, respectivamente, o fornecedor de sistema de IA (art. 4º, II) e o operador de sistema de IA (art. 4º, III).

A responsabilidade objetiva, pelo art. 27, § 1º, é limitada aos sistemas de IA de alto risco ou risco excessivo, ao passo que, conforme o § 2º do mesmo dispositivo, para os demais casos de IA, o regime será de natureza subjetiva, com presunção de culpa e inversão do ônus da prova em favor da vítima.

---

[292] MEDON, Filipe. O anteprojeto de marco legal da Inteligência Artificial elaborado pela comissão de juristas do Senado Federal e os impactos para a responsabilidade civil. *Migalhas de Responsabilidade Civil*, 8 dez. 2022. Disponível em: https://www.migalhas.com.br/coluna/migalhas-de-responsabilidade-civil/378241/o-anteprojeto-de-marco-legal-da-inteligencia-artificial. Acesso em: 7 abr. 2023.

2

DOCUMENTO ELETRÔNICO

2.1 NOÇÃO GERAL DE DOCUMENTO. ASSINATURA ELETRÔNICA E ASSINATURA DIGITAL. CRIPTOGRAFIA

O conceito jurídico de documento, na lição de Natalino Irti,[1] além de traduzir um resíduo de uma obra do passado, consistente numa ação humana em relação ao domínio das coisas, pressupõe a reconstrução de um fato já transcorrido, finalmente de volta ao plano do *hic et nunc*.

Sua noção resulta, pois, de um interesse, no sentido da diagnose e classificação normativa de um fato passado, tido como relevante para o direito, de forma que o documento traz em si a virtude do *fazer conhecer*, a qual depende do seu conteúdo representativo. Perceber o documento, portanto, significa conhecer o fato representado.[2]

Leciona Chiovenda que documento, em sentido amplo, é toda representação material destinada a reproduzir determinada manifestação do pensamento, o que congrega os mais variados sinais, tais como os limites de prédios e a sinalização das estradas. Porém, os documentos mais importantes são os escritos, em se tratando do meio comum de representação do pensamento.[3]

Ainda nas palavras do ilustre processualista:

> "O escrito, como ato destinado a reproduzir o pensamento, só é perfeito, em regra, quando traz a assinatura da pessoa de que provém. Sem embargo, pode haver escrito importante sem assinatura, sendo, por isso, imperfeita (minuta de contrato, de cartas, apontamentos; escrito interrompido por impedimento, e outros): mesmo esse escrito pode servir de prova; prova por certo o fato de que determinada pessoa escreveu determinadas palavras [...] Outras vezes o escrito não está firmado porque, por sua natureza, não requer assinatura alguma (anotações de um registro, por exemplo)".[4]

A UNCITRAL, em relatório que remonta a 1990, identificou as principais razões que, historicamente, levaram à exigência da forma escrita nos contratos em geral,[5] a saber, o interesse no sentido da redução de disputas e da garantia de uma melhor informação a ser assegurada às partes acerca das consequências do negócio celebrado, ressalvada ainda sua finalidade probatória, bem como de facilitar a atividade financeira e reguladora do Poder Público.

---

[1] *Studi sul formalismo negoziale*. Padova: CEDAM, 1997. p. 171-172.
[2] *Studi sul formalismo negoziale*. Padova: CEDAM, 1997. p. 188-189.
[3] *Instituições de direito processual civil*. Tradução de J. Guimarães Menegale. São Paulo: Saraiva, 1994. v. III, p. 183.
[4] *Instituições de direito processual civil*. Tradução de J. Guimarães Menegale. São Paulo: Saraiva, 1994. v. III, p. 183.
[5] Disponível em: http://www.uncitral.org/uncitral/en/index.html. Acesso em: 24. jan. 2009.

O formalismo nos contratos, como ensina Enzo Roppo,[6] se presta, além de tornar certo e não controvertido o fato da sua conclusão e o teor das cláusulas que formam o seu conteúdo, a proteger as partes de decisões precipitadas, colocando-as em condições de melhor refletir e ponderar, e, sobretudo, encontra sua principal função em possibilitar que certos contratos se tornem cognoscíveis por terceiros.

Mais do que isso, tende a prevalecer, especialmente em matéria de relações de consumo, cujas vicissitudes serão mais bem explanadas no terceiro capítulo, a concepção da forma enquanto instrumento ou veículo de informação e de transparência, marcada pelo caráter não apenas de proteção e de realização de direitos fundamentais,[7] mas sobretudo pedagógico, em relação a um dos contratantes tido como frágil.[8]

Como observa Vito Rizzo, ocorre um verdadeiro renascimento do formalismo na era da informática, atentando, porém, a uma finalidade diversa, superada sua índole absolutamente sacramental, como ocorria no direito romano, bem como sua função de tutela do interesse geral de ambos os contratantes ou de terceiros, imperante no direito comum, em face das inovações trazidas pelas normas de proteção ao consumidor, sendo que

> "não parece mais satisfatório um conhecimento exclusivamente estrutural da forma voltado a considerá-la, quando prevista, como um dos 'elementos essenciais' do contrato que, à sua falta, necessariamente comporta a sua necessidade absoluta, na medida em que se considera, assim, violado um interesse geral; presta-se atenção à sua concepção funcional idônea para levar em consideração os interesses protegidos com a emersão, pois, de 'formas de proteção' às quais não se condiz o regime tradicional da nulidade".[9]

Tal normativa impõe um verdadeiro formalismo informativo em benefício do consumidor, de modo a protegê-lo da pressão e posições monopolistas dos fornecedores, bem como da sua própria condição de leigo, de vulnerável, assegurando-se-lhe um efetivo acesso às condições contratuais,[10] como será abordado mais acuradamente no capítulo seguinte.

O documento eletrônico editado numa rede aberta e ainda insegura, como a Internet, pode ter sua função representativa afetada por uma série de fatores de risco, em especial: a) a suplantação do autor e fonte da mensagem; b) a alteração da mensagem, seja de forma acidental, seja de forma maliciosa, ao longo da transmissão; c) a circunstância de o emissor da mensagem negar tê-la emitido, ou de o respectivo destinatário negar tê-la recebido; d) a leitura do conteúdo da mensagem por uma pessoa não autorizada.[11]

O maior problema ligado à prova do contrato eletrônico reside, pois, na volatilidade do meio,[12] sendo que a modificação e adulteração do documento é possível e de difícil comprovação, inobstante as dificuldades afeitas à identificação das partes, já referidas.

---

[6] ROPPO, Enzo. *O contrato*. Tradução de Ana Coimbra e M. Januário C. Gomes. Coimbra: Almedina, 1988. p. 100-101.

[7] MARQUES, Claudia Lima. *Contratos no Código de Defesa do Consumidor*: o novo regime das relações contratuais. 9. ed. São Paulo: Revista dos Tribunais, 2019. (e-book).

[8] RIZZO, Vito. *Contratos do consumidor e direito comum dos contratos*. Palestra proferida na Universidade do Estado do Rio de Janeiro em 29 de agosto de 2000. Tradução de Maria Cristina de Cicco (*mimeo*), p. 8.

[9] RIZZO, Vito. *Contratos do consumidor e direito comum dos contratos*. Palestra proferida na Universidade do Estado do Rio de Janeiro em 29 de agosto de 2000. Tradução de Maria Cristina de Cicco (*mimeo*), p. 8.

[10] MARQUES, Claudia Lima. Proposta de uma teoria geral dos serviços com base no Código de Defesa do Consumidor. *Revista de Direito do Consumidor*, São Paulo, v. 33, p. 119, jan./mar. 2000.

[11] MARTÍNEZ NADAL, Apollonia. *Comercio electrónico, firma digital y autoridades de certificación*. Madrid: Civitas, 2000. p. 33.

[12] LIMA NETO, José Henrique Barbosa Moreira. Aspectos jurídicos do documento eletrônico. p. 4. Disponível em: https://jus.com.br/artigos/1780/aspectos-juridicos-do-documento-eletronico. Acesso em: 23 jan. 2009.

A validade da manifestação da vontade pelo meio eletrônico exige o concurso de dois requisitos: além de não se permitir a adulteração, especialmente sem vestígios, deve ser possível a identificação do emitente da vontade registrada.[13]

Além de se assegurar que a mensagem efetivamente provém da pessoa que diz enviá-la e não foi alterada durante o caminho percorrido, é indispensável assentar que o emissor não poderá negar o seu envio, nem o destinatário sua recepção, por intermédio de um serviço de segurança denominado "não repúdio" ("*non-repudiation*"), devendo ser garantida, ainda, a confidencialidade do documento.[14]

A assinatura ou firma eletrônica atende à necessidade de identificação das partes, como marca ou signo que assume o papel outrora reservado ao escrito; a própria noção de assinatura passa por uma redefinição, a partir da sua função, e não a partir da sua forma,[15] de modo não só a possibilitar a verificação da capacidade jurídica dos contratantes,[16] como também a melhor assegurar o cumprimento das obrigações relativas a cada uma das partes.

Configura-se, assim, a prova da expressão do consentimento pelo meio eletrônico, ao qual deve ser equiparada à forma escrita exigida pela lei para determinados atos, podendo-se atribuir à palavra "assinatura" significado mais amplo do que apenas o ato de escrever do próprio punho. Para Augusto Marcacini,

> "Pode ser considerado como assinatura, tanto na acepção vulgar como jurídica, qualquer meio que possua as mesmas características da assinatura manuscrita, isto é, *que seja um sinal identificável, único e exclusivo de uma dada pessoa*. Se, até recentemente, a escrita manual era o único meio conhecido de gerar um sinal distintivo único e exclusivo, é evidente que para o Direito não se deixava margem para questionar o que se entendia por 'assinatura'. Na medida em que a evolução da técnica permite uma '*assinatura eletrônica*' que possua estas mesmas características, possível se mostra dar-lhe o mesmo significado e eficácia jurídica da assinatura manual". (g.n.)[17]

Como visto, portanto, na medida em que é possível a transferência de dados pessoais para qualquer sistema conectado na rede, tal transmissão pode ser interceptada a qualquer momento, bem como os dados alterados ou suprimidos, o que enseja grandes perigos; a própria senha, que funciona como fator identificador do usuário, pode ser usurpada por terceira pessoa, que se apresenta como se fosse o respectivo titular.[18]

Muitas vezes, a *home page* acessada pelo usuário, que fornece informações tais como os números de suas contas bancárias ou de seus cartões de crédito, pode ser resultado da ação de um *cracker*, fazendo com que, por meio de artimanhas, como o *phishing spam*, toda vez que um usuário digite o endereço eletrônico, por exemplo, de um banco, a conexão seja transferida para uma página falsa, idêntica à da instituição desejada.[19]

---

[13] SANTOLIM, Cesar Viterbo Matos. *Formação e eficácia probatória dos contratos por computador*. São Paulo: Saraiva, 1995. p. 33.
[14] MARTÍNEZ NADAL, Apollonia. *Comercio electrónico, firma digital y autoridades de certificación*. Madrid: Civitas, 2000. p. 35.
[15] BENSOUSSAN, Alain. *Internet*: aspects juridiques. Paris: Hermès, 1997. p. 73.
[16] ITAENU, Olivier. *Internet et le droit*: aspects juridiques du commerce élec-tronique. Paris: Eyrolles, 1996. p. 52.
[17] *Direito e informática*: uma abordagem jurídica sobre criptografia. Rio de Janeiro: Forense, 2002. p. 84.
[18] NIGRI, Deborah Fisch. Computadores: ameaça ou benefício para a desburocratização; direitos do cidadão. *Doutrina ADCOAS*, Rio de Janeiro, v. 3, p. 70, mar. 1998.
[19] Acerca dos chamados *códigos maliciosos* ("*malwares*"), remete-se o leitor à obra *Responsabilidade civil por acidente de consumo na internet* (MARTINS, Guilherme Magalhães. *Responsabilidade civil por acidente de consumo na internet*. 2. ed. São Paulo: Revista dos Tribunais, 2014. p. 193 e ss.).

Segundo dados estatísticos, que remontam a março de 2000, dois terços das empresas brasileiras já sofreram algum tipo de ataque nos últimos 12 meses, sendo que mais de um terço dos ataques tem por objetivo acessar o cadastro de clientes;[20] o medo infundido ao consumidor, via de consequência, é o principal fator inibidor para o comércio eletrônico no Brasil.[21]

Tais ataques muitas vezes deixam de ser divulgados pelas suas vítimas, as quais, por sua vez, receiam qualquer espécie de alarde, de modo a assegurar sua credibilidade perante o público.

Logo, os imperativos de segurança e de boa-fé a serem observados em tais formas contratuais, de modo a evitar ou ao menos dificultar as fraudes, são assegurados pela adoção de um sistema de criptografia,[22] garantidor da integridade da mensagem, que se transmite de maneira ininteligível (de modo a não permitir a alteração do documento ao longo da transmissão), figurando, ao lado da assinatura digital, como ferramenta essencial para a segurança e confiança nos negócios por meios eletrônicos.

Enquanto as assinaturas eletrônicas servem, sobretudo, para provar a origem dos dados e verificar se foram os mesmos alterados, a criptografia permite que seja assegurada a confidencialidade da comunicação.[23] O uso da criptografia moderna, a partir de meios informáticos, teve início na Segunda Guerra Mundial, para fins bélicos e militares,[24] encontrando, posteriormente, aplicação contratual, a partir da difusão dos negócios jurídicos por via eletrônica.

Há dois tipos básicos de cifragem: a simétrica e a assimétrica. A primeira (simétrica ou de chave secreta) faz uso da mesma chave para a cifragem e decifragem, cabendo às partes, previamente, acordar um algoritmo secreto, com a desvantagem de terem de encontrar um modo seguro de trocá-lo. Revela-se de fundamental importância a gestão da distribuição da chave secreta, um tanto vulnerável no seu percurso até a outra parte.[25]

Por tal motivo, a criptografia simétrica é mais utilizada nas redes fechadas, cujo acesso é limitado a determinadas pessoas, garantindo-se assim o sigilo dos dados pessoais.

Tal inconveniente é evitado pelos métodos de criptografia assimétrica, os quais utilizam diferentes chaves para a cifragem e decifragem, ocorrendo uma operação complexa, por intermédio de uma chave[26] privada ou individual, podendo ser lida apenas pelo destinatário e de poder exclusivo do seu titular, permitindo a este recompor a estrutura inicial da mensagem.[27]

---

[20] FRUET, Henrique; FILGUEIRAS, Sônia. Rede furada; crimes digitais revelam vulnerabilidade das transações eletrônicas. *Revista Isto é*, São Paulo, v. 1588, p. 59, 8 mar. 2000.

[21] GALBRAITH, Robert. Hora do pesadelo chega à rede. *Jornal do Brasil*, Rio de Janeiro, 13 fev. 2000. Caderno Economia, p. 1.

[22] A criptologia consiste no conjunto ordenado de conhecimentos destinado à realização segura e secreta das comunicações virtuais, sendo composta da criptografia e da criptoanálise, que representam, respectivamente, a criação de uma senha e o emprego de uma chave, de modo a decifrá-la (cf. BITTENCOURT, Angela. Assinatura digital não é assinatura formal. *Revista Electrónica de Derecho Informatico*, v. 29, dez. 2000. Disponível em: http://www.alfa-redi.org/rdi-articulo.shtml?x=589. Acesso em: 25 jan. 2009).

[23] PEREIRA, Alexandre Libório Dias. *Comércio electrónico na sociedade da informação*: da segurança técnica à confiança jurídica. Coimbra: Almedina, 1999. p. 19.

[24] MARTÍNEZ NADAL, Apollonia. *Comercio electrónico, firma digital y autoridades de certificación*. Madrid: Civitas, 2000. p. 43.

[25] Isso implica a circunstância de que, caso uma pessoa receba 20 mensagens diferentes, enviadas por 20 pessoas diferentes, deverá então valer-se de 20 diferentes chaves (cf. HANCE, Olivier. *Business and law on the internet*. New York: Mc Graw-Hill, 1996. p. 181. PEREIRA, Alexandre Libório Dias. *Comércio electrónico na sociedade da informação*: da segurança técnica à confiança jurídica. Coimbra: Almedina, 1999. p. 19).

[26] A chave, segundo LYNCH, Daniel C.; LUNDQUIST, Leslie (*Dinheiro digital*: o comércio na Internet. Tradução de Follow Up Traduções. Rio de Janeiro: Campus, 1996. p. 56), consiste num "conjunto de regras que governam a substituição de um caractere por outro, ou [...] pode ser uma *string* especial de caracteres que é combinada com a mensagem pela multiplicação [...]".

[27] SMITH, Graham J. *Internet Law and Regulation*. London: Law and Tax, 1997.

Ambas as chaves são normalmente utilizadas de maneira combinada: a privada, de modo a dar ao receptor a certeza da sua proveniência, e a pública, de modo a assegurar o sigilo da mensagem. Consistem as chaves em algoritmos, ou seja, conjuntos de números e letras, geradas por um programa específico, que assegure sua vinculação ao mesmo usuário.[28]

Como os nomes sugerem, a chave pública pode ser dada ao conhecimento de todos, e inclusive é comum, na rede, deixá-la disponível para *download*. Já a chave privada, por sua vez, deve ser guardada a sete chaves por seu titular. O funcionamento prático de ambas as chaves é explicado de maneira prática por Augusto Marcacini:

> "[...] de posse de minha chave pública – que deixei amplamente disponível – qualquer um poderá cifrar uma mensagem para me enviar. Terceiros que interceptarem a mensagem não conseguirão decifrá-la, mesmo conhecendo a chave pública que foi usada para codificação, pois, como visto acima, a mensagem encriptada com a chave pública não pode ser decifrada com a mesma chave pública que a gerou. Só a chave privada – que apenas eu possuo – poderá decodificar esta mensagem".[29]

Tal sistema pode ser comparado a uma moeda fracionada em duas metades, cuja reunião permite que ambas as partes, emitente e destinatário, se reconheçam de maneira absolutamente unívoca. Sua segurança decorre do fato de que, se a chave pública não corresponde àquela secreta, ou se a mensagem foi de qualquer forma modificada, torna-se o documento indecifrável, tornando manifestas tais formas de violação.[30]

Embora se trate de um processo cuja base é relativamente simples – pois cada letra do alfabeto recebe um símbolo numérico correspondente –, o nível de segurança se mostra altamente satisfatório diante da combinação de algoritmos por meio de programas sofisticados de computação, de modo que a descoberta do conjunto numérico capaz de descriptografar uma mensagem é uma possibilidade um tanto remota, podendo o tempo necessário para tanto ser estimado em dezenas de anos, ainda que utilizados os mais rápidos processadores, de última geração.[31]

Isso decorre especialmente de dois conceitos interligados de forma complementar ao processo de criptografia, que vêm a ser os de função *hash* e *digest* da mensagem. O *hash* faz com que corresponda de forma unívoca a uma mensagem uma determinada sequência binária (cadeia de *bits*), denominada *digest*, de modo que a probabilidade de que duas mensagens diferentes deem origem ao mesmo *digest*, em termos práticos, corresponde a zero.[32] O *digest*, portanto, é único em relação à mensagem, podendo ser subsequentemente utilizado para a verificação da autenticidade do documento, uma vez recebido o mesmo.

---

[28] PICCOLI, Paolo; ZANOLINI, Giovanna. Il documento eletronico e la "firma digitale". *In*: TOSI, Emilio (coord.). *I problemi giuridici di Internet*. Milano: Giuffrè, 1999. p. 75.

[29] MARCACINI, Augusto. *Direito e informática*: uma abordagem jurídica sobre criptografia. Rio de Janeiro: Forense, 2002. p. 28. E prossegue o autor: "Se, encriptando o texto com a chave pública, somente com a chave privada podemos abrir a mensagem, isto confere privacidade às mensagens enviadas eletronicamente. E não se tem mais o problema de combinar previamente qual será a senha, como era necessário fazer com a criptografia tradicional. Nem é necessário empregar senhas diferentes para a comunicação com pessoas diferentes. Todos podem utilizar a mesma chave pública, já que, com ela, não será possível abrir a mensagem. Esta é, ao que consta, a melhor solução para conferir privacidade e sigilo às comunicações eletrônicas".

[30] PICCOLI, Paolo; ZANOLINI, Giovanna. Il documento eletronico e la "firma digitale". *In*: TOSI, Emilio (coord.). *I problemi giuridici di Internet*. Milano: Giuffrè, 1999. p. 75.

[31] CASTRO, Moema Augusta Soares de. *Cartão de crédito*: a monética, o cartão de crédito e o documento eletrônico. Rio de Janeiro: Forense, 1999. p. 131.

[32] ROCHA, Manuel Lopes *et al*. *As leis do comércio electrónico*: regime jurídico da assinatura digital e da factura electrónica anotado e comentado. Lisboa: Centro Atlântico, 2000, p. 15.

Por esse motivo, a assinatura eletrônica, ao contrário da assinatura ordinária, se modifica a cada arquivo transformado em documento, de modo que não poderá o seu autor repeti-la, como ocorre com a assinatura advinda do seu punho.[33]

No entanto, o uso do processo de autenticação digital ainda é objeto de indagações no tocante ao seu grau de segurança, em comparação com a assinatura do próprio punho, cuja falsificação requer habilidade superior à da perícia grafotécnica, envolvendo o conhecimento de padrões pessoais de ritmo, pressão e forma caligráfica; porém, admitem os críticos que a falsificação da assinatura digital depende do vazamento ou apropriação, por terceiros, da sequência que compõe a chave privada, bem como da correta sintaxe no seu uso,[34] não logrando refutar a afirmação contida no parágrafo anterior, no tocante às remotas possibilidades de se descriptografar o código, a menos que se tenha acesso ao mesmo.[35]

Embora o processo de criptografia vise a minimizar a intromissão de *hackers*, os quais, após obter as senhas dos usuários, frequentemente realizam operações presumivelmente secretas, tais como a transferência de fundos em contas bancárias, a maior objeção que se coloca à criptografia, como meio de confidencialidade, se refere ao seu possível uso pelo crime organizado, como no caso da divulgação de mensagens envolvendo terrorismo ou pedofilia, por exemplo, protegidas por dito processo de codificação.[36]

A exportação das tecnologias de criptologia é uma prática corrente, inicialmente controlada pelo COCOM (*Coordinating Committee for Multilateral Export Controls*), organização internacional que seria extinta em 1994, composta inicialmente por 17 países-membros, destinando-se à fiscalização mútua de produtos estratégicos e dados tecnológicos, visando a impedir, especialmente, o respectivo envio a certos países considerados de risco, em função das suas relações amigáveis com organizações terroristas.[37]

O sucessor do COCOM, pautado por objetivos idênticos, seria o acordo de Wassenaar, que remonta a 1995, versando sobre o controle de exportações de armas convencionais e tecnologias destinadas simultaneamente a fins civis e militares, como é o caso, evidentemente, da criptografia, congregando 28 Estados-Membros.

---

[33] BITTENCOURT, Angela. Assinatura digital não é assinatura formal. *Revista Electrónica de Derecho Informatico*, v. 29, p. 2, dez. 2000. Disponível em: http://www.alfa-redi.org/rdi-articulo.shtml?x=589. Acesso em: 25 jan. 2009. Para Erica Brandini Barbagalo, "importa ressaltar que a técnica aplicada na criptografia é composta de operações matemáticas tão complexas que praticamente impossibilitam o uso reverso de qualquer das chaves: não se consegue obter o algoritmo da chave privada a partir da chave pública, e vice-versa. Sem dúvida, quanto mais números forem usados na criação das chaves, mais seguras estas serão. Apenas a título de exemplo, um sistema criptográfico muito empregado no passado recente, o DES (*Data Encryption Standard*) usa chaves de 64 dígitos, aí incluídos 8 dígitos de paridade, o que equivale dizer que há 2^{56}, ou aproximadamente 72 quatrilhões, de tentativas possíveis para decifrar as chaves geradas pelo algoritmo do DES" (BARBAGALO, Erica Brandini. *Contratos eletrônicos*: contratos formados por meio de redes de computadores – peculiaridades jurídicas da formação do vínculo. São Paulo: Saraiva, 2001. p. 45).

[34] REZENDE, Pedro A. D. Exigência de certificação em transações *online* intensifica temores de uma internet controlada. *Jornal do Brasil*, Rio de Janeiro, 6 jul. 2000. Caderno Informática, p. 1-2. O autor, especialista em criptografia e Professor de Ciência da Computação da Universidade de Brasília – UnB, defende abertamente a autorregulamentação da Internet, criticando especialmente o MDCA (*Millenium Digital Consumer Act*), sancionado pelo Presidente dos Estados Unidos em 30 de junho de 2000.

[35] Porém, há relatos, na Inglaterra, de que, numa significativa demonstração do poder de que se reveste a Internet, em 1997, diversas mensagens foram decodificadas com pleno sucesso por intermédio de milhares de computadores conectados conjuntamente à grande rede, durante uma única noite (cf. LLOYD, Ian. Legal barriers to electronic contracts: formal requirements and digital signatures. *In*: EDWARDS, Lilian; WAELDE, Charlotte [coord.]. *Law and the internet*: regulating cyberspace. Oxford: Hart, 1997. p. 143).

[36] SÉDAILLAN, Valérie. *Droit de l'Internet*: réglementation, responsabilités, contrats. Cachan: Net Press, 1996. p. 181-182. Trata-se da Lei nº 96-659, que versa sobre telecomunicações.

[37] PIETTE-COUDOL, Thierry. *Échanges électroniques*: certification et sécurité. Paris: Litec, 2000. p. 24.

Tal regulamentação não abrange as exportações ocorridas por meio da Internet, bem como aquelas relativas a produtos levados pelos respectivos titulares para uso estritamente pessoal, como aqueles que se encontrem, por exemplo, em um computador portátil.

O acordo seria revisto em Viena, em dezembro de 1998, restando finalmente estabelecido que os produtos criptográficos de até 56 *bits* são de livre exportação, bem como aqueles que empregam a cifragem para proteger a propriedade intelectual, restando tal atividade sujeita a uma licença, em quaisquer outras hipóteses.[38]

A firma digital figura como uma espécie do gênero firma eletrônica, caracterizada especialmente pelo uso da criptografia assimétrica, oferecendo, portanto, um maior grau de segurança, sendo também denominada, no art. 2, nº 2 da Diretiva CEE nº 93/99, firma eletrônica avançada.[39]

Com efeito, sob a designação "firma eletrônica", compreendem-se ainda outros processos técnicos resultantes do processamento de dados por um equipamento informático, dentre os quais:[40]

a) O código secreto, consistente numa combinação de algarismos ou letras, geralmente usada para condicionar o acesso à utilização de sistemas informáticos, por exemplo o código de acesso alfanumérico (*password*), o qual se presume ser do conhecimento exclusivo do seu titular, que poderá alterá-lo quantas vezes quiser.

b) O uso das técnicas de estenografia (*"digital watermaking"*, *"digital fingerprinting"*), que têm por objetivo esconder os dados secretos noutros dados, de maneira que ninguém possa sequer detectar a sua existência, não se confundindo com a criptografia. Trata-se de métodos tecnológicos complementares; enquanto a criptografia visa a tornar a mensagem ininteligível, a estenografia torna o dado protegido imperceptível, por meio da incrustação de mensagens ocultas no documento eletrônico.[41]

c) O emprego de instrumentos de identificação biométricos, baseados no reconhecimento de características físicas do indivíduo (impressões digitais, face, íris, sangue), por meio do uso de equipamento adequado.

d) A assinatura digitalizada,[42] mais próxima da firma manuscrita, na qual ocorre a aposição da assinatura manual, através de uma espécie de caneta ligada ao computador, o qual passa à imediata verificação da identidade do assinante. Em seguida, a firma é armazenada sob a forma de valores numéricos que podem ser agregados aos dados de uma mensagem, permitindo-se, a qualquer tempo, a sua recuperação.[43]

2.1.1 Certificação digital

As autoridades de certificação são conhecidas na linguagem comum como "cartórios digitais" ou "notários eletrônicos", emitindo os certificados digitais,[44] visando a atestar a autenticidade

---

[38] PIETTE-COUDOL, Thierry. *Échanges électroniques*: certification et sécurité. Paris: Litec, 2000. p. 25.

[39] MARTÍNEZ NADAL, Apollonia. *Comercio electrónico, firma digital y autoridades de certificación*. Madrid: Civitas, 2000. p. 41-42.

[40] ROCHA, Manuel Lopes *et al*. *As leis do comércio electrónico*: regime jurídico da assinatura digital e da factura electrónica anotado e comentado. 2. ed. Coimbra: Coimbra Editora, 2001. p. 37.

[41] PEREIRA, Alexandre Libório Dias. *Comércio electrónico na sociedade da informação*: da segurança técnica à confiança jurídica. Coimbra: Almedina, 1999. p. 21-22.

[42] ROCHA, Manuel Lopes *et al*. *As leis do comércio electrónico*: regime jurídico da assinatura digital e da factura electrónica anotado e comentado. 2. ed. Coimbra: Coimbra Editora, 2001. p. 37.

[43] MARTÍNEZ NADAL, Apollonia. *Comercio electrónico, firma digital y autoridades de certificación*. Madrid: Civitas, 2000. p. 40.

[44] Em reportagem sobre os certificados disponíveis no mercado nacional, são destacados os seguintes tipos: "1. CERTIFICADO A1(consiste apenas na senha). Vantagem: é o mais barato. Desvantagens: tem menor

da chave pública, contendo as principais informações sobre o usuário (tais quais nome e chave pública, dentre outros), de modo a emprestar uma maior confiabilidade à contratação eletrônica.[45]

A autoridade de certificação, entidade certificadora, autoridade emissora, prestador de serviços de certificação ou simplesmente certificador, destina-se à emissão de certificados contendo informações sobre algum fato ou circunstância atinente ao respectivo sujeito, destinando-se, no caso dos certificados de chave pública, a vincular um par de chaves a uma pessoa determinada de forma segura.[46]

Consiste o certificado, portanto, em uma mensagem eletrônica que se presta a confirmar um atributo invocado pelo signatário da assinatura digital.[47] Deve trazer a identificação tanto da autoridade de certificação quanto do signatário, bem como a chave pública deste, a qual é enviada pelo terceiro certificador ao respectivo destinatário.[48]

Os certificados, de acordo com a respectiva função, podem se enquadrar em diversas modalidades, dentre as quais os certificados de identificação, os certificados de autorização e os delimitadores de tempo ("*time stamps*").[49]

A função de identificação, como visto, se presta a vincular o nome do signatário à chave pública, afigurando-se, sem dúvida, como a modalidade mais relevante e de maior utilização no tráfego jurídico.

---

duração que os outros – um ano – e só pode ser acessado com segurança do computador em que a senha foi registrada [...] 2. CERTIFICADO A3 (no cartão com *chip*). Vantagens: dura de dois a três anos (dependendo da agência que vende) e permite fazer operações com segurança de qualquer computador. Desvantagem: é preciso comprar uma leitora para o cartão (a ser conectada na saída USB do computador), sem a qual não dá para usar o sistema [...] 3. CERTIFICADO A3 (no *token*). Vantagens: dura de dois a três anos (dependendo da agência que vende), permite fazer operações com segurança de qualquer computador e não necessita de acessórios para ser utilizado. Desvantagem: é o mais caro". Segundo a mesma matéria, o uso do certificado digital, em especial o e-CPF, "dispensa a visita ao cartório em diversas situações, como por exemplo para autenticar contratos de compra e venda de imóveis, validar documentos de concorrência pública e oficializar autorizações para a viagem de menores desacompanhados. Com o e-CPF, esse tipo de burocracia pode ser resolvido em um dos cartórios eletrônicos (a lista completa deles está no site <www.cartorio24horas.com.br>) (WEINBERG, Monica. E-CPF: como funciona a assinatura digital. *Revista Veja*, São Paulo, p. 92. 1º mar. 2006).

[45] JORNAL DO BRASIL. Rio de Janeiro, Caderno Informática, p. 1, 12 nov. 1998. Para Sheila do Rocio Cercal Santos Leal, "autoridade certificadora é uma entidade representada por pessoas, processos e ferramentas usada na emissão de certificados digitais que, de uma forma segura, associa o nome da entidade (usuário, máquina etc.) ao seu par de chaves. Ela funciona como um agente de segurança.

Uma autoridade certificadora desempenha basicamente as funções de criação e emissão dos certificados, publicação dos certificados e das listas de revogação e a manutenção de arquivos contendo os dados dos certificados.

A certificação digital pode ser usada para várias finalidades, desde as operações mais simples, como identificar o grupo de amigos que se comunica em tempo real, na Internet, até a identificação segura das partes de um contrato eletrônico cujo objeto envolva uma transação de milhões de reais. Assim, dependendo do grau de confiança que se pretenda conferir à certificação, variam os seus procedimentos" (LEAL, Sheila do Rocio Cercal Santos. *Contratos eletrônicos*: validade jurídica dos contratos via Internet. São Paulo: Atlas, 2007. p. 166-167).

[46] MARTÍNEZ NADAL, Apollonia. *Comercio electrónico, firma digital y autoridades de certificación*. Madrid: Civitas, 2000. p. 127.

[47] FROOMKIN, Michael. The essential role of trusted third parties in electronic commerce. Disponível em: http://www.law.miami.edu/~froomkin/articles/trusted.htm, p. 6. Acesso em: 26 jun. 2006.

[48] BERTRAND, André; PIETTE-COUDOL, Thierry. *Internet et le droit*. Paris: PUF, 1999. p. 57.

[49] FROOMKIN, Michael. The essential role of trusted third parties in electronic commerce. Disponível em: http://www.law.miami.edu/~froomkin/articles/trusted.htm, p. 6. Acesso em: 26 jun. 2006.

Já o certificado de autorização, por sua vez, pode se referir a dados tais quais o domicílio, qualificação profissional[50] e idade do subscritor – atenuando, assim, alguns inconvenientes da contratação a distância, decorrentes da ausência de contato físico ou visual entre as partes – o que não retira ou atenua a vulnerabilidade do consumidor –, de modo a evitar, por exemplo, a prática de negócios jurídicos por pessoas incapazes.

Por fim, o delimitador de tempo é o certificado digital – cuja inviolabilidade é assegurada pela criptografia –, destinado a atestar a existência ou emissão de determinado documento em um momento particular, o que, em certas situações concretas, pode se revelar de extrema importância.[51]

A produção das chaves pode ser efetuada pelo próprio usuário – método esse cuja maior vantagem é o fato de a sua chave pública jamais ser levada ao conhecimento de outra entidade, embora exija um certo nível de competência técnica por parte do emitente –, por uma terceira pessoa – que deverá entregar a chave privada ao usuário numa forma segura, e em seguida destruir toda a informação relacionada com a criação do par de chaves, as quais deverão ser igualmente eliminadas – ou pela entidade certificadora, como hipótese particular de sua elaboração por terceiro, aplicando-se-lhe as mesmas observações *supra*.[52]

A autoridade de certificação, que pode ser uma entidade pública ou privada (Diretiva CE nº 99/93, nº 12), atua como um terceiro que intervém no processo de criptografia, cujo papel é administrar e publicar as chaves públicas, além de emitir os certificados, os quais, portanto, dentre outras funções, permitem a verificação da identidade de uma pessoa – inclusive sob o plano da capacidade civil, dentre outros dados, como a qualificação profissional[53] – ficando reconhecida, dessarte, a paternidade do documento eletrônico.[54]

Ocorre que, ao contrário do notário, o terceiro certificador não funciona como um depositário de atos ou contratos, mas sua função é assegurar que determinada chave realmente pertence à pessoa apontada, atendendo o requisito formal de determinados negócios jurídicos.[55]

O tempo de vida do certificado digital é limitado, devendo constar as datas de início e fim de validade; porém, por razões outras, pode o certificado perder a sua validade, seja por motivos de segurança, por exemplo, na hipótese de conhecimento não autorizado por terceiros da chave privada do titular do certificado,[56] seja pela própria mudança de titular, ou então nos casos de falecimento ou dissolução deste, em se tratando, respectivamente, de pessoa natural ou jurídica.

---

[50] FROOMKIN, Michael. The essential role of trusted third parties in electronic commerce.
Disponível em: http://www.law.miami.edu/~froomkin/articles/trusted.htm, p. 8. Acesso em: 26 jun. 2006. Exemplifica o autor, dentre as possíveis aplicações da função de autorização, a possibilidade de professores de Direito, nos Estados Unidos, ao franquearem reciprocamente entre si questões de provas na Internet, solicitarem a demonstração, por parte dos respectivos correspondentes, de inscrição na *Association of American Law Schools* (AALS).

[51] FROOMKIN, Michael. The essential role of trusted third parties in electronic commerce.
Disponível em: http://www.law.miami.edu/~froomkin/articles/trusted.htm, p. 9-10. Acesso em: 26 jun. 2006.

[52] ROCHA, Manuel Lopes *et al*. *As leis do comércio electrónico*: regime jurídico da assinatura digital e da factura electrónica anotado e comentado. 2. ed. Coimbra: Coimbra Editora, 2001. p. 39.

[53] SÉDAILLAN, Valérie. *Droit de l'Internet*: réglementation, responsabilités, contrats. Cachan: Net Press, 1996. p. 212-213.

[54] PICCOLI, Paolo; ZANOLINI, Giovanna. Il documento eletronico e la "firma digitale". *In*: TOSI, Emilio (coord.). *I problemi giuridici di Internet*. Milano: Giuffrè, 1999. p. 66.

[55] SÉDAILLAN, Valérie. *Droit de l'Internet*: réglementation, responsabilités, contrats. Cachan: Net Press, 1996. p. 213.

[56] ROCHA, Manuel Lopes *et al*. *As leis do comércio electrónico*: regime jurídico da assinatura digital e da factura electrónica anotado e comentado. 2. ed. Coimbra: Coimbra Editora, 2001. p. 19.

Cabe ao certificador atestar o período de validade da chave e o termo final de validade do certificado, além de proceder à sua revogação ou suspensão, nas hipóteses *supra*.[57]

2.2 ASPECTOS PROBATÓRIOS DO DOCUMENTO ELETRÔNICO. PROTEÇÃO DO CONSUMIDOR E INVERSÃO DO ÔNUS DA PROVA

No que toca à prova decorrente do documento eletrônico, já defendia Pontes de Miranda,[58] em relação aos negócios jurídicos celebrados por meio telegráfico:

> "O comerciante, que os expede, tem o dever de lançar no copiador o conteúdo do que pediu, como o tem quanto à guarda e arquivamento dos que recebeu. Desde a legislação de 1860 (Decreto nº 2.614, de 21 de julho de 1860) que não se pode deixar de incluir o telegrama como meio de prova, como instrumento particular.
>
> *Se se contesta a autenticidade do telegrama, tem-se de requisitar o texto que foi entregue à repartição ou à empresa.* Se porventura não mais existe, ou não é encontrado, há a presunção de ser verdadeiro, presunção *hominis*". (g.n.)[59]

Ao dispor sobre a admissibilidade e a força probatória das mensagens de dados, a lei uniforme da UNCITRAL acerca do comércio eletrônico enuncia, em seu art. 9º, nº 1, que não será aceita qual regra probatória que inadmita para tal fim um documento eletrônico pelo simples fato de se tratar de uma mensagem de dados, bem como pelo fato de não haver sido esta apresentada em sua forma original, *"por ser a tal mensagem a melhor prova que se possa razoavelmente esperar da pessoa que a apresenta"*.

Ainda segundo a lei modelo, no seu art. 9º, nº 2, a valoração da força probatória de uma mensagem de dados decorrerá da confiabilidade e da forma em que esta foi gerada, arquivada ou comunicada, bem como conservada a integridade da informação e identificação do seu emissor.

Verifica-se, então, a importância do dever, a cargo do ofertante, de arquivar o contrato eletrônico (art. 4º, "e" e "f", Projeto nº 1.589/1999 e art. 10, 1, "b", Diretiva CEE nº 2000/31), assim como de informar e instruir o aceitante a proceder nesse sentido, arquivando o documento, bem como a recuperá-lo, em caso de necessidade.

Normalmente, apenas o fornecedor deterá as provas relacionadas com o processamento automático dos dados (registro, transmissão e conservação), incluindo eventuais erros, anomalias ou fraudes que o viciem.[60]

Logo, o dever do fornecedor de possibilitar ao consumidor "perenizar" a informação ou o dado eletrônico tem por objetivo evitar (caso já celebrado o contrato) ou, pelo menos, minimizar os danos decorrentes da retirada súbita de uma oferta do *site*, mudando as regras do jogo, em ofensa ao princípio da vinculação da oferta (art. 30 do CDC).[61]

Por esse motivo, tendo em vista que o registro, a transmissão e conservação dos dados normalmente repousam apenas na posse do fornecedor, o julgador poderá, desde que verificados

---

[57] PICCOLI, Paolo; ZANOLINI, Giovanna. Il documento eletronico e la "firma digitale". *In*: TOSI, Emilio (coord.). *I problemi giuridici di Internet*. Milano: Giuffrè, 1999. p. 82.
[58] MIRANDA, Pontes de. *Tratado de direito privado*. v. 38. Rio de Janeiro: Borsoi, 1972. p. 110.
[59] MIRANDA, Pontes de. *Tratado de direito privado*. v. 38. Rio de Janeiro: Borsoi, 1972. p. 110.
[60] BRANCO, Gerson Luis Carlos. A proteção das expectativas legítimas derivadas das situações de confiança. *Revista de Direito Privado*, São Paulo, v. 3, p. 199, out./dez. 2002.
[61] MARTINS, Guilherme Magalhães. *Responsabilidade civil por acidente de consumo na internet*. 2. ed. São Paulo: Revista dos Tribunais, 2014. p. 109.

os requisitos do art. 6º, VIII, do Código de Defesa do Consumidor, ou seja, a verossimilhança das alegações da parte ou a hipossuficiência, autorizar a inversão *ope judicis* do ônus da prova.[62]

A razão de ser de tal medida é a dificuldade por parte do consumidor em produzir aquela prova, de modo que, sem aquela providência judicial, não teria como ver reconhecido o seu direito.[63]

A hipossuficiência, do ponto de vista da informação, encontra-se ligada ao desconhecimento das tecnologias de informática, bem como da informação e da comunicação, nos contratos eletrônicos de consumo realizados em ambiente inteiramente virtual.[64]

Acerca da volatilidade dos documentos eletrônicos em geral, deve-se atribuir uma maior eficácia probatória dos documentos com assinatura digital criptografada, em relação aos dados desprovidos de qualquer proteção quanto à integridade e autoria:

> "[...] um contrato pode ser realizado integralmente em ambiente virtual sem que seja exarado qualquer documento escrito que se preste à identificação das partes. Qualquer pessoa pode enviar o documento eletrônico que contém a declaração de vontade contratual, fazendo-se passar por outra.
>
> Do mesmo modo, os dizeres inscritos em uma página da *web* podem ser facilmente alterados sem deixar vestígios materiais, razão pela qual não se pode atribuir ao documento eletrônico sem assinatura digital criptográfica o mesmo valor probante de um documento escrito. Porém, isto não significa que o contrato eletrônico não existe, é inválido ou não pode vir a ser provado em juízo".[65]

Mesmo ao se acessar um *site* que se intitule como seguro, isso não permite dizer que o conteúdo dos documentos eletrônicos não possa vir a ser alterado. Embora a criptografia garanta, como visto, a confidencialidade da comunicação, faz-se necessário o uso da assinatura digital, que garante a segurança, tanto em relação às partes, como em relação ao conteúdo do documento.[66]

O conteúdo das mensagens de correio eletrônico desprovidas de assinatura digital também pode ser facilmente alterado, o que torna relativo o seu valor probatório.[67]

Em importante precedente, relatado pela Ministra Nancy Andrighi (Recurso Especial nº 1.073.015-RS, 3ª T., j. 21.10.2008), o Superior Tribunal de Justiça considerou que, em sede de agravo de instrumento, a referência no art. 525, I do Código de Processo Civil a *cópias,* sem explicitar a forma como foram estas obtidas, prescinde do requisito da certificação na origem, presente em diversos precedentes daquela Corte:[68]

---

[62] MARTINS, Guilherme Magalhães. *Responsabilidade civil por acidente de consumo na internet.* 2. ed. São Paulo: Revista dos Tribunais, 2014. p. 110.

[63] MARTINS, Guilherme Magalhães. *Responsabilidade civil por acidente de consumo na internet.* 2. ed. São Paulo: Revista dos Tribunais, 2014.

[64] LEAL, Sheila do Rocio Cercal Santos. *Contratos eletrônicos*: validade jurídica dos contratos via Internet. São Paulo: Atlas, 2007. p. 173.

[65] LEAL, Sheila do Rocio Cercal Santos. *Contratos eletrônicos*: validade jurídica dos contratos via Internet. São Paulo: Atlas, 2007. p. 171.

[66] LEAL, Sheila do Rocio Cercal Santos. *Contratos eletrônicos*: validade jurídica dos contratos via Internet. São Paulo: Atlas, 2007. p. 172.

[67] LEAL, Sheila do Rocio Cercal Santos. *Contratos eletrônicos*: validade jurídica dos contratos via Internet. São Paulo: Atlas, 2007. p. 172.

[68] O acórdão, em sua fundamentação, destaca que "a jurisprudência recente desta Corte tem entendido que peças extraídas da Internet para serem utilizadas na formação do instrumento necessitam de 'certificação de sua origem'. Neste sentido: 'PROCESSO CIVIL. ADMINISTRATIVO. AGRAVO REGIMENTAL NO AGRAVO DE INSTRUMENTO. FALTA DE PEÇA OBRIGATÓRIA. CÓPIA DO ACÓRDÃO RECORRIDO SEM ASSINATURA DO DESEMBARGADOR RELATOR, EXTRAÍDA DA INTERNET. ORIGEM NÃO COMPROVADA. AUSÊNCIA DE FÉ PÚBLICA. AGRAVO REGIMENTAL IMPROVIDO. 1. Ainda que se possa admitir a formação do agravo de instrumento com peças extraídas da Internet,

"Os avanços tecnológicos vêm, gradativamente, modificando as rígidas formalidades processuais anteriormente exigidas. Exemplo recente e significativo é a comprovação do dissídio jurisprudencial, que, para fins de admissão do recurso especial com fundamento na alínea 'c' do permissivo constitucional, pode ser realizada mediante a *'reprodução de julgado disponível na internet'* (art. 541, parágrafo único).

Na mesma toada de acompanhamento tecnológico, o art. 365, inc. IV do CPC prevê que *'as cópias reprográficas de peças do próprio processo judicial declaradas autênticas pelo próprio advogado sob sua responsabilidade pessoal, uma vez não impugnadas, fazem a mesma prova do original'*.

[...] A consequência apresentada é a de que *'as formas devem ser respeitadas somente nos limites em que são necessárias para atingir o seu objetivo, ou seja, para absorver a sua função de garantia ou de objetividade: onde não responderem a esta função, podem ser transgredidas'*.

[...] Há, contudo, na espécie, uma particularidade que merece ser considerada para o julgamento. Como se observa dos autos, em que pese inexistir a certificação digital propriamente dita, nos moldes da que se exige dos advogados para recebimento de Recurso Especial via Internet, é perfeitamente possível nesse julgamento aferir a origem das peças impressas, porque expresso no documento o endereço eletrônico do TJ/RS.

À fl. 42 dos autos observa-se clara e expressamente a origem do documento, porque o mesmo estampa os seguintes dados: a) logotipo virtual da Corte gaúcha em seu cabeçalho; b) inscrição *'Tribunal de Justiça do Estado do Rio Grande do Sul – Página 1 de 1'* no alto da página; c) marca de *copyright* do TJ/RS logo abaixo das informações processuais; e d) a identificação <www.tj.rs.gov.br/versao_impressao_impressao.php> no canto inferior da página. Esta última marcação identificadora é comum em diversos modelos de impressoras, aparecendo automaticamente nos documentos impressos, independentemente do pedido do internauta.

Destarte, na hipótese sob julgamento está plenamente satisfeito o requisito expressamente mencionado no precedente relatado pelo Min. Arnaldo Esteves Lima e seguido pelas decisões unipessoais listadas, porque comprovado que a decisão agravada, extraída da Internet, foi *'retirada do site oficial do Tribunal de origem'*, inexistindo dúvidas quanto à sua autenticidade.

[...] Forte em tais razões, CONHEÇO do recurso especial e DOU-LHE provimento, para reformar a decisão recorrida e determinar o retorno dos autos à origem, para que o TJ/RS profira outra em seu lugar, afastada a hipótese de negativa de seguimento por ter a agravante juntado aos autos cópia da decisão agravada extraída via Internet".

2.3 REGULAÇÃO DA MATÉRIA NO DIREITO UNIFORME E NA LEGISLAÇÃO ESTRANGEIRA

Pode-se dizer que as normas internas e comunitárias europeias acerca do documento e assinatura eletrônica atravessaram, basicamente, duas gerações; a primeira é marcada pelo

---

é necessária a certificação de sua origem. 2. Hipótese em que a cópia do acórdão recorrido juntada aos autos não exibe a assinatura do relator, nem possui indicação de que tenha, de fato, sido retirada de site oficial do Tribunal de origem, o que impede a aferição de sua autenticidade. 3.Agravo regimental improvido (AgRg no Ag. 742.069/SC, Quinta Turma, Rel. Min. Arnaldo Esteves Lima, *DJ* de 15.8.96. No mesmo sentido as seguintes decisões unipessoais: Ag. 848.232/SP, Rel. Min. Luis Felipe Salomão, *DJ* de 26.09.08; Ag. 1.036.942/SC, Rel. Min. Humberto Gomes de Barros, *DJ* de 30.04.08; Ag. 962.853/PR, Rel. Min. Barros Monteiro, *DJ* de 13.12.07".

frequente estabelecimento de programas de ação, dando ampla margem ao poder regulamentar, como é o caso da legislação do Estado norte-americano de Utah e das leis italiana e alemã. As normas da segunda geração, por sua vez, regulam a matéria de maneira mais intensiva, como é o caso da Diretiva CEE nº 93/99 e da proposta de lei modelo da UNCITRAL acerca da assinatura eletrônica, bem como tendem a admitir um campo de aplicação mais amplo, de modo a incluir todas as assinaturas eletrônicas, e não somente as firmas digitais, como ocorreu na geração anterior.[69]

2.3.1 UNCITRAL

A lei modelo sobre o comércio eletrônico da Comissão de Direito do Comércio Internacional da Organização das Nações Unidas (UNCITRAL), de 1996, também tratou da matéria referente ao documento eletrônico.

A lei modelo se divide em duas partes. Num primeiro momento, regula o comércio eletrônico em geral, e em seguida disciplina o seu emprego em atividades específicas, como é o caso do transporte de mercadorias.

O art. 5º traz uma norma que traduz o objetivo maior da edição da lei uniforme, ao dispor que não se negarão efeitos jurídicos, validade ou força obrigatória à informação pela simples razão de que esta não esteja contida em uma mensagem de dados que dá lugar a tal efeito jurídico.

Resta satisfeita a exigência da forma escrita, desde que a mensagem de dados reste acessível para ulterior consulta, consoante o art. 6º.

Tal dispositivo, encampado por diversos ordenamentos nacionais, foi objeto de críticas, na Inglaterra, por parte da *Society for Computers and Law*, ao introduzir um novo requisito, no sentido de que as comunicações, de modo a adquirir o *status* da forma escrita, deveriam ser conservadas.[70]

Segundo os estudiosos daquela entidade, embora problemas de grande monta possam vir a surgir em caso de desaparecimento de um documento eletrônico, a conservação não diz respeito à validade de um contrato constituído na escrita *hard copy*, não podendo, portanto, ser erigida em requisito para a forma escrita. Foi então sugerida uma nova definição de *escrito*, de modo a compreender qualquer registro de uma representação de palavras, símbolos ou números.[71]

Dispõe ainda o art. 7º da lei uniforme que a mensagem de dados preenche plenamente as exigências relativas à assinatura, desde que seja utilizado um método para identificar o seu emitente, bem como a aprovação deste acerca do conteúdo da mensagem de dados, método esse que deve ser tão confiável quanto apropriado aos fins a que se destina.

Fica assim prevista a equivalência funcional dos atos jurídicos produzidos por meios eletrônicos em relação aos atos jurídicos tradicionais, em suporte escrito (papel).[72]

Abordaremos ainda alguns dispositivos da proposta de lei uniforme, a qual em seu Capítulo II, Seção I, art. I, define a assinatura como consistente em dados na forma eletrônica, afixados ou associados a uma mensagem de dados, podendo esta ser utilizada para identificar o seu assinante e indicar a aprovação deste acerca da informação contida na mensagem.

---

[69] BAKER, Stewart. Certification, authentication and electronic signatures. *In*: SYMPOSIUM RESPONDING TO THE LEGAL OBSTACLES TO ELECTRONIC COMMERCE IN LATIN AMERICA. *Arizona Journal of International and Comparative Law*, Tucson, v. 17, p. 151, 2000.
[70] LLOYD, Ian. Legal barriers to electronic contracts: formal requirements and digital signatures. *In*: EDWARDS, Lilian; WAELDE, Charlotte (coord.). *Law and the internet*: regulating cyberspace. Oxford: Hart, 1997. p. 139.
[71] LLOYD, Ian. Legal barriers to electronic contracts: formal requirements and digital signatures. *In*: EDWARDS, Lilian; WAELDE, Charlotte (coord.). *Law and the internet*: regulating cyberspace. Oxford: Hart, 1997. p. 139.
[72] LAWAND, Jorge José. *Teoria geral dos contratos eletrônicos*. São Paulo: Juarez de Oliveira, 2003. p. 42.

A proposta de lei uniforme traz disposições que expressamente albergam o princípio da boa-fé contratual, especialmente na Seção I, o art. 2º, pelo qual, no tocante à mensagem autenticada por meio de uma assinatura eletrônica, esta obedece a todas as exigências legais, desde que tão confiável quanto apropriada ao fim a que se destina; consoante o art. 7º, na Seção II, quando o uso da assinatura eletrônica for desautorizado e o assinante deixou de observar o dever de cuidado necessário a evitar tal usurpação e prevenir o destinatário acerca da confiabilidade da operação, responde pelos danos causados, a menos que o lesado haja verificado ou possa verificar aquela usurpação.

O uso dos mecanismos de segurança, conforme o art. 3º da proposta, pelo assinante, implica uma presunção acerca da integridade da mensagem e da assinatura.

Outras disposições a serem mencionadas, na Seção III, que contempla as assinaturas digitais garantidas por certificados: o art. 8º (conteúdo do certificado), o art. 9º (efeitos do certificado, em especial no tocante à segurança da assinatura), o art. 11 (responsabilidade contratual da autoridade, a qual, por cláusula expressa, pode se eximir do dever de reparação, no caso de falhas técnicas, defeitos da informação etc., não podendo ser tais cláusulas flagrantemente injustas, devendo observar a finalidade do contrato) e o art. 13 (revogação do certificado, pela autoridade, seja a pedido do assinante, devidamente identificado, em caso de falecimento deste, se pessoa natural, ou caso haja dissolução, em questão de pessoa jurídica, ou nos casos de fraude ou comprometimento das chaves privadas).

2.3.2 Legislação estrangeira

2.3.2.1 Espanha

O Decreto-Lei Real nº 14, de 17 de setembro de 1999, regula, de maneira geral, a firma eletrônica, o uso de certificados e o papel dos prestadores de serviços de certificação.

Sua aprovação ocorreu em regime de urgência, circunstância essa que provocou uma peculiar incorporação *ex ante* da proposta de diretiva da Comunidade Econômica Europeia relativa à firma eletrônica, que somente seria aprovada dois meses após, dando origem à Diretiva nº 93/99, a ser abordada oportunamente.[73] Fato é que as poucas divergências verificadas entre o Decreto-Lei espanhol e a redação final da norma comunitária[74] se devem às modificações ocorridas no texto da Diretiva até a sua definitiva aprovação.

É por esse motivo que o art. 1º do Decreto Real coincide exatamente com o art. 1º da Diretiva nº 93/99, no tocante à determinação da finalidade a que atende tal diploma: a regulação do uso da assinatura eletrônica, o reconhecimento da sua eficácia jurídica e a prestação ao público dos serviços de certificação.

Essa regulação se aplica, conforme a parte final do art. 1º, aos prestadores de serviços estabelecidos na Espanha, consoante os termos do art. 4.1 da Diretiva nº 93/99 (*"Princípios do mercado interior"*).[75]

---

[73] MARTÍNEZ NADAL, Apollonia. *Comercio electrónico, firma digital y autoridades de certificación*. Madrid: Civitas, 2000. p. 99.

[74] BARCELÒ, Rosa Julià. *Comercio electrónico entre empresarios:* la formación y prueba del contrato electrónico. Valencia: Tirant lo Blanch, 2000. p. 99. Uma divergência de grande monta entre ambos os textos, a título de exemplificação, ocorre no tocante aos efeitos jurídicos da assinatura eletrônica, regida, no Decreto-lei Real, pelo art. 3º, e, na Diretiva nº 93/99, pelo art. 5º. Enquanto a norma espanhola, no seu item "2", se restringe aos efeitos jurídicos e admissibilidade da firma eletrônica avançada, a Diretiva, no item "2" do mencionado artigo, se refere à firma eletrônica em geral.

[75] Segundo o art. 4.1 da Diretiva, *"Os Estados-membros aplicarão as disposições nacionais que adotem em cumprimento desta Diretiva aos provedores de serviços de certificação estabelecidos em seu território e aos serviços por eles prestados [...]"*.

A norma espanhola segue a mesma linha no seu art. 2º (definições), o qual reproduz quase por completo a redação do art. 2º da Diretiva, como ocorre no conceito de firma eletrônica avançada, definida como a assinatura eletrônica que permite a identificação do signatário e foi criada por meios que este detém sob seu controle exclusivo, de modo que se vincula tão somente àquela pessoa e aos dados que se lhe referem, o que permite seja detectada qualquer ulterior modificação destes.

No entanto, verifica-se que tal normativa não cumpre, ao menos de forma imediata, seu objetivo de regular e assegurar os efeitos jurídicos da assinatura eletrônica, eis que há numerosas questões ainda não definidas, especialmente no tocante à certificação das chaves públicas e privadas e aos requisitos necessários para que sejam acreditadas ou reconhecidas profissionalmente as autoridades certificadoras. Por tal razão, não se compreende o regime de urgência em que foi aprovado o Decreto-Lei Real.[76]

Levando em conta tal estado de coisas, o governo espanhol baixou o Decreto-Lei nº 16, de 15 de outubro de 1999, pelo qual se adotam medidas visando ao pleno desenvolvimento das comunicações, constando da sua primeira disposição adicional que se faculta ao Ministério do Fomento que, valendo-se de seu poder regulamentar, melhor explicite o disposto nos arts. 6º (relativo ao reconhecimento dos serviços de certificação e da comprovação das firmas eletrônicas) e 22 (relativo aos dispositivos de verificação de firma) do Decreto-Lei Real nº 14/1999, de modo a possibilitar a eficácia plena de tal diploma.

Deve ser ainda lembrada a recente edição da Lei nº 01/2000 – a qual incluiu dentre os meios de prova admitidos no Processo Civil, em seu art. 299.2, os meios de reprodução da palavra, som e imagem, bem como os instrumentos que permitem arquivar, conhecer ou reproduzir palavras, dados, cifras e operações matemáticas com finalidade relevante para o processo –, de modo a positivar o posicionamento crescente em sede jurisprudencial no sentido da admissibilidade probatória das mensagens eletrônicas.[77]

Na forma dos arts. 382 e 384 da Lei nº 01/2000, sua apresentação perante o juízo dar-se-á por meio de instrumentos técnicos que permitam sua reprodução, devendo o documento eletrônico contido em um disquete ser introduzido em um computador, permitindo-se sua visualização tanto pelo juiz como pela parte contrária. Tal procedimento, como prevê o art. 384.2, pode ser acompanhado da transcrição escrita das palavras contidas no documento.

Embora tal regulação seja certamente positiva no sentido de consolidar enquanto meio probatório o documento eletrônico, sua maior falta reside na desconsideração da prova documental como a mais adequada para a apresentação judicial da mensagem eletrônica, a qual bastaria, por si só, como meio a ser valorado, tendência essa adotada por vários ordenamentos jurídicos, que a equiparam de forma mais ampla aos documentos privados sob a forma escrita.[78]

---

[76] MARTÍNEZ NADAL, Apollonia. *Comercio electrónico, firma digital y autoridades de certificación*. Madrid: Civitas, 2000. p. 100.

[77] BARCELÒ, Rosa Julià. *Comercio electrónico entre empresarios:* la formación y prueba del contrato electrónico. Valencia: Tirant lo Blanch, 2000. p. 173. A autora menciona alguns julgamentos da Suprema Corte Espanhola, dentre os quais impende destacar a STS de 30 de novembro de 1992, em cujos termos *"efetivamente os meios probatórios documentais aparecem regulados nos artigos 1216 e seguintes do Código Civil e 596 e seguintes do diploma processual civil, os quais não preveem as derivações, no campo probatório, decorrentes dos importantes avanços e descobertas técnicas de hoje, como se dá com as reproduções magnéticas, vídeos e qualquer outro meio de reprodução falada ou visual do pensamento humano [...]. A falta de atenção de nossos legisladores em face do progresso científico não significa que a jurisprudência deva assumir uma posição estática e passiva, cabendo-lhe tornar o Direito mais próximo e útil à humanidade [...] Em todo caso, sua utilização probatória exige sempre a necessária e precisa certificação de autenticidade, veracidade e fidelidade decorrentes do reconhecimento judicial, por meio das pertinentes regras de procedimento e valoração".*

[78] BARCELÒ, Rosa Julià. *Comercio electrónico entre empresarios:* la formación y prueba del contrato electrónico. Valencia: Tirant lo Blanch, 2000. p. 184.

Ainda que não impugnados pela parte contrária, portanto, conforme a lei espanhola, os documentos eletrônicos, por si mesmos, não produzem prova plena de sua autenticidade e integridade,[79] devendo a parte fazer uso de outros meios, a título suplementar, tais quais a prova testemunhal ou o depoimento pessoal.

O Decreto-Lei Real de 21 de outubro de 1999, em seu art. 3º, trata dos efeitos jurídicos da assinatura eletrônica, em especial sua admissibilidade em juízo, distinguindo as firmas que cumprem requisitos estritos de segurança daquelas que não os observam, embora considerando ambas judicialmente admissíveis, ainda que atribuindo-se-lhes valores distintos.

2.3.2.2 Portugal

Foi editado, em 2 de agosto de 1999, o Decreto-Lei nº 290-D, acerca da assinatura digital, o qual resta centrado nas técnicas criptográficas, embora seja ressalvada, no art. 1º, nº 2, sua aplicabilidade a outras modalidades de firma eletrônica que satisfaçam exigências de segurança idênticas às da assinatura digital.

Assim como ocorreu na legislação espanhola sobre a matéria, o Decreto-Lei nº 290-D/99 foi promulgado anteriormente à aprovação final da Diretiva CEE nº 93/99, embora suas disposições se baseiem precipuamente nas versões preparatórias daquela norma comunitária. Logo, não se trata, formalmente, de um diploma de transposição daquela Diretiva para o ordenamento jurídico português.[80]

O art. 3º, nº 1, referente à forma e força probatória, estabelece que o documento escrito satisfaz o requisito legal de forma redigida quando o seu conteúdo seja suscetível de reprodução como declaração escrita.

Em matéria de prova, o dispositivo destaca três possíveis situações. Caso se trate, em primeiro lugar, de uma assinatura digital certificada por entidade credenciada, de acordo com os requisitos legais, o documento eletrônico possui a mesma força probatória do documento particular escrito, na forma do art. 376 do Código Civil Português (art. 3º, nº 2).

Em segundo lugar, caso lhe seja aposta uma assinatura digital por autoridade credenciada, de acordo com os requisitos legais, cujo conteúdo, porém, não seja suscetível de reprodução escrita, cabe-lhe a força probatória prevista no art. 368 do Código Civil português – que se refere às reproduções fotográficas ou cinematográficas, e, de um modo geral, outras reproduções mecânicas de fatos ou coisas – e no art. 167, nº 1 do Código de Processo Penal, que prevê as reproduções por meio de processo eletrônico.

Tais meios de prova, na dicção do mencionado dispositivo do Código Civil Português, fazem evidência plena dos fatos e coisas que representam, se a parte contra a qual tais documentos forem apresentados não impugnar a sua exatidão.

Por fim, caso ao documento eletrônico não seja aposta uma assinatura digital certificada por uma entidade credenciada na forma da lei portuguesa, sua apreciação probatória resultará tão somente dos termos gerais de direito (art. 3º, nº 5). Embora não deixe de ser um documento escrito e assinado, não terá em princípio força probatória plena, devendo ser julgado de acordo com o livre convencimento do juiz.[81]

---

[79] BARCELÒ, Rosa Julià. *Comercio electrónico entre empresarios:* la formación y prueba del contrato electrónico. Valencia: Tirant lo Blanch, 2000. p. 184.
[80] ROCHA, Manuel Lopes et al. *As leis do comércio electrónico:* regime jurídico da assinatura digital e da factura electrónica anotado e comentado. 2. ed. Coimbra: Coimbra Editora, 2001. p. 23.
[81] ROCHA, Manuel Lopes et al. *As leis do comércio electrónico:* regime jurídico da assinatura digital e da factura electrónica anotado e comentado. 2. ed. Coimbra: Coimbra Editora, 2001. p. 51.

Uma peculiaridade do sistema português se refere à admissão, no seu art. 9º, do princípio do livre acesso à atividade de certificação, adotado igualmente na Espanha, no art. 4º do Decreto-Lei nº 14/1999, ambos baseados no art. 3º, nº 1 da Diretiva CEE nº 93/99, em cujos termos "*os Estados-membros não condicionarão a prestação de serviços de certificação à obtenção de autorização prévia*".

A maioria dos sistemas nacionais optou por solução diversa, no sentido da autorização prévia, como é o caso das legislações alemã, italiana e francesa, e também, nos Estados Unidos, do *Utah Act*; bem como, no Brasil, dos projetos de lei em tramitação no Congresso Nacional, estabelecendo-se, dessarte, um controle do poder público, de modo a assegurar maior confiabilidade às atividades de certificação.

2.3.2.3 França

O regime da lei de 29 de dezembro de 1990, acerca da regulamentação das telecomunicações, que dispõe sobre o procedimento em matéria de criptografia, no seu art. 28, regulamentado pelo Dec. nº 92-1358, de 28 de dezembro de 1992, é marcado pela rigidez e severidade.[82]

Tal normativa restringe sobremodo o uso da criptografia, o que se justifica, como já dito, pelo fato de favorecer a criminalidade na rede, em função da sua confidencialidade. Passou a ser exigível, desde então, a autorização por parte de um serviço especializado vinculado ao Primeiro-Ministro, a saber, o *Service central de la sécurité des systemes d'information* (SCSSI), que posteriormente passaria a se denominar *Direction centrale de la sécurité des systèmes d'information* (DCSSI).

Posteriormente, seria editada a lei de 26 de julho de 1996, ainda em vigor, a qual amenizaria os rigores da lei de 1990, embora ainda permanecesse restrita a utilização da cifragem, tratada no seu art. 17, permitindo-se livremente a criptografia apenas em algumas hipóteses específicas:

a) caso os meios de criptografia empregados não permitam, de maneira plena, uma garantia da confidencialidade da mensagem;
b) caso a chave de cifragem usada não ultrapasse os 40 *bits*;[83]
c) caso a chave de cifragem se compreenda entre 40 e 128 *bits*,[84] desde que o material seja objeto de uma declaração prévia, por parte do seu produtor, fornecedor ou importador, no sentido de que se destina tão somente ao uso privado de uma pessoa natural;
d) sendo as chaves superiores a 128 *bits*, sob a condição expressa de que as chaves, apropriadas para as operações de cifragem e decifragem, sejam enviadas a um terceiro de confiança, que figura como o seu administrador ou detentor, encontrando-se sob o estrito controle do Poder Público, por meio da DCSSI.

Encontra-se em fase de estudos a total liberalização do uso da criptologia, conforme anunciado pelo Primeiro-Ministro Lionel Jospin no dia 19 de janeiro de 1999, em cujas palavras a proteção da vida privada, em face do desenvolvimento da espionagem eletrônica, deve prevalecer sobre as antigas preocupações de combate à criminalidade.[85]

---

[82] FÉRAL-SCHUHL, Christiane. *Cyberdroit*: le droit à l'épreuve de l'Internet. Paris: Dalloz, 2000. p. 195.
[83] Limites fixados pelo Dec. nº 28.206, de 23 de março de 1998.
[84] FÉRAL-SCHUHL, Christiane. *Cyberdroit*: le droit à l'épreuve de l'Internet. Paris: Dalloz, 2000. p. 197. Em um discurso que remonta a 19 de janeiro de 1999, o Primeiro-Ministro francês declarou que o patamar de 128 *bits* seria considerado pelos *experts* como garantia de uma grande margem de segurança.
[85] FÉRAL-SCHUHL, Christiane. *Cyberdroit*: le droit à l'épreuve de l'Internet. Paris: Dalloz, 2000. p. 205.

O reconhecimento jurídico da assinatura eletrônica na França decorre da promulgação da lei de 13 de março de 2000, que incorporou a normativa da Diretiva CEE nº 93/99, trazendo importantes inovações inclusive em matéria de prova, ao admitir, para tal fim, o escrito eletrônico, como equivalente ao escrito sob o suporte papel. Tal definição diz respeito ao escrito exigido *ad probationem*, e não à forma *ad solemnitatem*, que evidentemente não pode ser assegurada pela atividade de certificação, permanecendo inalterada, nesta última hipótese, a função dos notários tradicionais.[86]

Tal equiparação se condiciona aos requisitos da possibilidade de identificação do seu emitente, bem como da conservação da mensagem, de modo a garantir a sua integridade, na forma da nova redação do art. 1.316-1 do Código Civil francês, dispositivo esse notadamente influenciado pela lei modelo da UNCITRAL.

A nova lei igualmente equipara a assinatura eletrônica à assinatura manuscrita, desde que consista em um procedimento idôneo de identificação, assegurada, dessarte, sua vinculação ao emitente e ao ato a que pertine (na redação alterada do art. 1.316-4 do Código Civil francês).

2.3.2.4 Itália

A Lei nº 59, de 15 de março de 1997, prevê que os atos, dados e instrumentos formados, seja pelo Poder Público, seja por particulares, a partir de instrumentos telemáticos[87] e informáticos, bem como os contratos estipulados na mesma forma, são válidos e relevantes para todos os efeitos de direito.

A regulamentação de tal diploma, por meio do D.P.R. nº 513/1997, em seus arts. 4º e 5º, equipara a firma digital (definida no art. 1º como o resultado do processo de criptografia) ao documento escrito,[88] além de, no art. 10, assentar que a aposição ou associação da firma digital ao documento informático equivale à assinatura tradicional.

O D.P.R. nº 513/97 contempla ainda, em seu art. 16, a autenticação da firma digital, a qual consiste no atestado, por parte do oficial público, de que a mesma foi aposta na presença do titular, mediante verificação prévia da sua identidade pessoal, da validade da chave utilizada e do fato de que o documento subscrito decorre da efetiva vontade da parte, assim como não vai de encontro ao ordenamento jurídico.

Conforme o art. 8, nº 3, as atividades de certificação deverão ser efetuadas por certificadores inscritos em um elenco público e disponível por meios telemáticos, anteriormente ao início de suas atividades, ficando dita relação a cargo da autoridade pública responsável pelo setor de informática.

Devem ainda os certificadores observar os requisitos ali previstos, dentre os quais a forma de sociedade por ações e capital social não inferior àquele necessário ao exercício de atividade bancária, bem como a verificação, por parte dos respectivos representantes legais e administradores, da mesma idoneidade exigível daqueles que ocupam função idêntica no setor bancário, além da garantia da observância das normas previstas naquele estatuto, devendo ser ainda assegurada a qualidade dos respectivos processos tecnológicos em face dos padrões internacionais.

---

[86] PIETTE-COUDOL, Thierry. *Échanges électroniques*: certification et sécurité. Paris: Litec, 2000. p. 193.

[87] O vocábulo *telemático* consiste num neologismo que expressa a associação de tecnologias de telecomunicações e informática, de autoria de Simon Nora e Alain Minc, autores de *Rapport sur l'informatisation de la societé* (janeiro de 1978) (cf. ROCHA, Manuel Lopes *et al. As leis do comércio electrónico*: regime jurídico da assinatura digital e da factura electrónica anotado e comentado. 2. ed. Coimbra: Coimbra Editora, 2001. p. 23. GRÉNIER, Jean-Guy. *Dictionnaire d'informatique et d'Internet*. Paris: Maison du Dictionnaire, 2000, p. 633).

[88] TOSI, Emilio. *I problemi giuridici di Internet*. Milano: Giuffrè, 1999. p. 581.

Embora a regulação italiana seja digna de grande mérito no tocante à equiparação do documento eletrônico e da assinatura eletrônica ao documento e à assinatura tradicionais, sua sistemática, no que diz respeito à certificação, esbarra no fato de que a assinatura eletrônica, como já dito anteriormente, ao contrário da assinatura dita *real,* se modifica a cada arquivo transformado em documento, de forma que o seu autor não poderá repeti-la, ao contrário do que ocorre na firma manuscrita.[89]

Enquanto a assinatura digital é transferível, bastando que o seu proprietário a ceda a alguém, em se tratando de uma sequência de *bits,* representativos de um fato, constantes de um programa de computador, a assinatura formal é intransferível, eis que ligada indelevelmente ao seu autor, sendo que somente esta pode ser submetida a um processo de reconhecimento por verossimilhança ou perícia grafotécnica.[90]

A verificação da assinatura por um oficial público, conforme previsto no D.P.R nº 513/97, somente poderia ocorrer, portanto, em face da assinatura formal, e não em face da assinatura digital, em se tratando de uma mera simbologia criada para assegurar uma negociação e dar validade jurídica ao ato.

Malgrado isso, embora as regras do D.P.R. nº 513/97 visem a assegurar um nível elevado de proteção aos seus usuários, reputa-se excessivo impor que os certificadores observem os mesmos requisitos exigíveis à constituição de uma instituição financeira, diante do que tais disposições tendem a obstacularizar o pleno desenvolvimento da contratação eletrônica naquele país, ou então a tornar-se letra morta.[91]

O art. 5º do D.P.R. nº 513/1997 equipara, em termos probatórios, o documento informático subscrito mediante firma digital e o escrito privado. Ao documento eletrônico emitido sem firma digital, por sua vez, é atribuída, pela segunda parte do mesmo dispositivo, a eficácia probatória das reproduções mecânicas tratadas no art. 2.712 do Código Civil italiano, em cujos termos formam prova plena das coisas e fatos representados, se aquele contra o qual são produzidas não desconhece sua conformidade em relação ao respectivo objeto da representação.

A expressão "prova plena" significa que a reprodução, por si só, pode se prestar a formar o convencimento do juiz. Porém, caso a outra parte desconheça a desconformidade de dita representação em face do original, cabe àquele que produziu a prova demonstrar a autenticidade da reprodução, do que dependerá a admissibilidade desta pelo juízo.[92]

2.3.2.5 Alemanha

A lei promulgada em 1º de agosto de 1997 visa a regular as condições gerais para a implantação das firmas digitais, bem como para a garantia de sua segurança, versando, em suma, sobre seu objeto e área de aplicação, as autoridades de certificação e o respectivo licenciamento, emissão de certificados e chaves, conteúdo dos certificados e proteção das informações.

---

[89] BITTENCOURT, Angela. Assinatura digital não é assinatura formal. *Revista Electrónica de Derecho Informatico,* v. 29, p. 2, dez. 2000. Disponível em: http://www.alfa-redi.org/rdi-articulo.shtml?x=589. Acesso em: 25 jan. 2009.

[90] BITTENCOURT, Angela. Assinatura digital não é assinatura formal. *Revista Electrónica de Derecho Informatico,* v. 29, p. 3, dez. 2000. Disponível em: http://www.alfa-redi.org/rdi-articulo.shtml?x=589. Acesso em: 25 jan. 2009.

[91] CAMMARATA, Manlio. Il certificatore non è una Certification Authority. *Revista Electrónica de Derecho Privado,* Madrid, v. 10, p. 2, maio 1999. Disponível em: http://www.alfa-redi.org/rdi-articulo.shtml?x=265. Acesso em: 25 jan. 2009.
Segundo o autor, a contratação eletrônica na Itália tem alcançado pleno desenvolvimento, muitas vezes sem os vínculos e formalidades da normativa acerca da firma digital.

[92] CIAN, Giorgio; TRABUCCHI, Alberto. *Commentario breve al Codice Civile.* Padova: CEDAM, 1997. p. 2.596.

A assinatura digital é definida no art. 3º, § 2º, I, como um selo afixado aos dados digitais, o qual é gerado por uma chave privada de assinatura tanto comprovador do dono desta como da integridade dos dados com o uso de uma chave pública de firma sustentada por um certificado da chave de assinatura utilizada, fornecida por uma autoridade de certificação.

A lei alemã, que estabelece as condições gerais para serviços de informação e comunicação ("*Informations – und Kommunikationsdienste-Gesetz-IuKDG*"), baseia-se, assim como a grande maioria das normas editadas em tal período ou geração, no sistema criptográfico.

A principal falha de tal diploma reside na ausência de qualquer norma que equipare a firma digital à firma manuscrita, bem como que atribua efeitos jurídicos à firma digital, limitando-se a lei alemã, tão somente, a estatuir que o uso dos meios tecnológicos nela definidos faça com que a assinatura digital seja considerada segura.[93]

Ao contrário da tendência crescente no cenário internacional no sentido de se reduzir o campo de exigibilidade das assinaturas escritas, como ocorre, por exemplo, no sistema norte-americano, a ser examinado em seguida, em atenção à autonomia da vontade das partes, o sistema alemão manteve aquelas exigências, as quais se reputam inderrogáveis pelos interessados.[94]

O exercício da certificação, que pode ser deferido a pessoas naturais ou jurídicas, depende de uma licença do Poder Público, a qual deve ser negada (§ 4º, nos 1 e 2) caso o ente não demonstre idoneidade ou conhecimento técnico para tal atividade, bem como na hipótese de descumprimento de outros requisitos a serem previstos em lei.

2.3.2.6 Reino Unido

Em junho de 1996, o Ministério da Ciência e Tecnologia editou um ato contendo proposições a serem observadas na criptografia nas redes públicas de comunicação, de modo a possibilitar, por um lado, um equilíbrio entre a confidencialidade comercial e pessoal, e a necessidade de combate ao crime organizado e ao terrorismo, pelo outro lado.

Foi então proposta a adoção de um sistema de autoridades de certificação intituladas *Trust Third Parties* (TTPs), de modo a garantir que a mensagem foi enviada por dada pessoa, sendo que em um ato posterior, publicado em março de 1997, intitulado "*Licensing of Trust Third Parties*", ficou estabelecido um sistema de licenciamento de tal atividade perante o Poder Público, mediante a observância dos requisitos pertinentes.

Prevê o "*Licensing of Trust Third Parties*", ao definir os critérios de licenciamento das autoridades de certificação, que tal autorização depende do DTI – *Department of Trade & Industry,* ou de outro órgão a ser designado na forma da lei, devendo ser observados os requisitos expostos no Anexo C, dentre os quais a idoneidade e qualificação dos respectivos diretores e pessoal técnico, a adoção de padrões e procedimentos de qualidade e a garantia de segurança dos equipamentos utilizados para a administração e armazenamento das chaves.

Tal ato contém, na sua Seção IV, uma definição de criptografia, a qual é situada como "*a arte ou ciência de manter uma mensagem segura*", de modo a proteger o conteúdo da respectiva informação e prevenir sua modificação e uso desautorizado. Na Seção V, a TTP é definida como uma entidade sobre a qual repousa a confiança de outras pessoas, no tocante a serviços e atividades ligadas à segurança.

---

[93] BARCELÒ, Rosa Julià. *Comercio electrónico entre empresarios:* la formación y prueba del contrato electrónico. Valencia: Tirant lo Blanch, 2000. p. 280.

[94] KUNER, Christopher; MIEDBRODT, Anja. *Written signature requirements and electronic authentication:* a comparative perspective. Disponível em: http://www.kuner.com/data/articles/signature_perspective.html. Acesso em: 27 jan. 2009.

Já em fevereiro de 1999, foi submetido ao *Select Commitee on Trade and Industry* da Câmara dos Lordes um memorando, de autoria do professor Chris Reed, um dos maiores especialistas em tal matéria no Reino Unido, intitulado *"Reforming electronic commerce law"*, visando basicamente à superação dos obstáculos verificados em face de tal prática negocial, por meio de um processo de reforma legislativa que se encontra em andamento, assentando que o principal preceito norteador da ação do Poder Público deve ser a eliminação das incertezas verificadas no tocante à aplicação das leis vigentes.[95]

Como exemplo de tal incerteza é considerada a dificuldade encontrada em face da observância das exigências legais referentes à assinatura e à forma escrita, as quais devem se reputar preenchidas por meio dos documentos e firmas eletrônicas. Recomenda-se, ainda, no plano da reforma legislativa a ser empreendida, sua compatibilidade em face das normas da Comunidade Econômica Europeia, em especial no tocante à Diretiva relativa às assinaturas eletrônicas e à proposta de Diretiva referente ao comércio eletrônico.[96]

O *Civil Evidence Act,* aprovado em 1995, visa, dentre outros objetivos, a remover os obstáculos à admissibilidade do documento eletrônico em juízo, cuja valoração cabe ao julgador, estabelecendo, no seu art. 8º, que a declaração contida num documento pode ser provada por meio do respectivo original, ou de uma cópia autenticada.

O conceito de documento decorre do art. 13, que o define como *"qualquer coisa na qual se possa gravar informação por qualquer meio"*; a cópia, outrossim, consiste em qualquer suporte no qual tenha sido gravada a informação contida num documento, por qualquer meio, seja direto, seja indireto.

2.3.2.7 CEE

Da mesma forma, o reconhecimento jurídico da assinatura eletrônica é sobremaneira acentuado pelo art. 5º da Diretiva 1999/93/CE, em cujos termos deverão os Estados-Membros velar para que a firma eletrônica avançada[97] possa satisfazer, em relação aos dados sob a forma eletrônica, os mesmos requisitos jurídicos preenchidos por uma firma manuscrita em relação aos dados em papel, garantida ainda sua admissibilidade como prova em procedimentos judiciais.

A Diretiva 1999/93/CE traz em seu art. 6º a previsão de que deverão os Estados-Membros garantir que o certificador responderá pelo prejuízo causado a qualquer entidade ou pessoa física ou jurídica que confie razoavelmente (mais uma vez, aparece uma referência à boa-fé objetiva) no certificado, no tocante à veracidade de toda a informação contida no certificado reconhecido e na inclusão de toda a informação prescrita para os certificados reconhecidos, bem como no tocante à garantia da correspondência entre as chaves pública e privada (denominadas pela Diretiva, respectivamente, dispositivos de verificação e de criação de firma), ambas geradas pelo certificador, as quais devem ser usadas de forma complementar, a menos que este comprove não ter agido mediante negligência.

No seu Anexo II, a Diretiva nº 93/99 elenca os requisitos (letras "a" a "l") a serem observados pelos provedores de serviços de certificação que expedem certificados reconhecidos, dentre os

---

[95] Disponível em: http://www.parliament.the-stationery-office.co.uk/pa/ld/ldjudinf.htm. Acesso em: 27 jan. 2009.
[96] Disponível em: http://www.parliament.the-stationery-office.co.uk/pa/ld/ldjudinf.htm. Acesso em: 27 jan. 2009.
[97] Definida no art. 2º da Diretiva como sendo a firma eletrônica que cumpre os seguintes requisitos: a) encontrar-se vinculada de maneira única ao emitente; b) permitir a identificação do emitente; c) ser criada pela utilização de meios que o emitente pode manter sobre seu controle exclusivo; d) encontrar-se vinculada aos dados a que se refere, de modo que qualquer mudança posterior destes possa ser detectada. Trata-se, como visto, da firma digital, protegida por meio do processo de criptografia assimétrica.

quais a demonstração da idoneidade necessária para o exercício da atividade de certificação, bem como de um serviço rápido e seguro, inclusive no tocante à revogação do certificado.

Deve o certificador, ainda, comprovar devidamente, de acordo com o Direito nacional, a identidade, bem como outros atributos específicos da pessoa à qual se expede um certificado reconhecido, assim como utilizar sistemas e produtos confiáveis, dotados de plena garantia de segurança, empregando, para tanto, pessoal qualificado.

A Diretiva remete aos Estados-Membros a elaboração de uma política nacional para a acreditação e o reconhecimento dos certificadores, embora, no item 11 de sua exposição de motivos, refira-se à instauração de sistemas voluntários para tal fim, de modo a assegurar um melhor serviço.[98]

Segundo o art. 2º da mesma Diretiva, que contém definições tais quais as de assinatura eletrônica, signatário e serviço de certificação, a assinatura de criação de dados (*signature creation data,* prevista no nº 03) se refere às chaves criptográficas privadas, utilizados pelo signatário na criação da assinatura (nº 3); já a assinatura de verificação de dados (*signature verification data*), a seu turno, se refere às chaves criptográficas públicas, utilizados na conferência da assinatura eletrônica (nº 4).

2.3.2.8 Colômbia

Ao editar a Lei nº 527, de agosto de 1999, a Colômbia se tornou um dos primeiros Estados nacionais de todo o mundo a regular a matéria, após a União Europeia e algumas unidades federativas dos Estados Unidos.[99]

Tal diploma ilumina significativamente a matéria, sendo ainda portador de sensível influência da lei modelo da UNCITRAL, assentando, em seu art. 6º, que, quando decorrer da lei a exigência da forma escrita, tal imposição será suprida por meio de uma mensagem de dados, desde que a informação ali contida seja plenamente acessível, permitindo-se sua utilização como posterior referência.

Seguindo a mesma linha, o art. 10 estabelece que uma mensagem de dados constitui um documento, para os fins do Código de Processo Civil.

O art. 2º define a assinatura digital como um valor numérico afixado a uma mensagem eletrônica, por meio de um processo matemático, ligando-se à chave pública do emitente e ao texto da mensagem, de modo a assegurar que aquele valor foi obtido exclusivamente com a chave pública do emitente, bem como a mensagem não foi modificada após a sua transmissão.

O art. 7º, que igualmente reproduz os termos da lei modelo da UNCITRAL, estatui que, quando a lei exige a assinatura de uma pessoa, tal requerimento é preenchido, desde que haja um método apropriado para a identificação desta pessoa, bem como para indicar sua aprovação acerca das informações contidas na mensagem de dados. Outrossim, tal método deve ser tão confiável quanto apropriado ao fim em virtude do qual foi a mensagem gerada ou comunicada, à luz de todas as circunstâncias.

A mesma linha é seguida pelo último parágrafo do art. 28 da Lei nº 527, o qual estabelece que o uso de uma assinatura digital enseja eficácia idêntica à da assinatura escrita, desde que única em relação à pessoa que a utiliza, sob cujo exclusivo controle deve se encontrar, devendo, ainda, achar-se vinculada à informação contida na mensagem, de forma que, caso esta venha a ser modificada, a assinatura será invalidada.

---

[98] PIETTE-COUDOL, Thierry. *Échanges électroniques*: certification et sécurité. Paris: Litec, 2000. p. 61.
[99] REYES, F. Colombia. *In*: SYMPOSIUM RESPONDING TO THE LEGAL OBSTACLES TO ELECTRONIC COMMERCE IN LATIN AMERICA. *Arizona Journal of International and Comparative Law*, Tucson, v. 17, p. 61-62, 2000.

O art. 29 prevê a criação das autoridades de certificação, estabelecendo ainda os parâmetros a serem observados, podendo-se tratar de pessoas naturais ou jurídicas, sejam nacionais, sejam estrangeiras, devendo haver a autorização prévia da Superintendência de Indústria e Comércio, órgão incumbido, ainda, da fiscalização de tais atividades.

A Lei nº 527/1999 não regulou o uso de outras assinaturas eletrônicas que não demandam a intervenção de uma terceira parte, o que não inibe de maneira alguma o seu emprego, porém, evidentemente, sem as mesmas consequências, do ponto de vista da prova e autenticidade, de que gozam os documentos eletrônicos certificados.[100]

2.3.2.9 Argentina

O Dec. nº 427/98 foi o marco inicial para o reconhecimento da assinatura eletrônica, sob a forma da firma digital, no âmbito da Administração Pública, conferindo-se-lhe os mesmos efeitos da firma oleógrafa, referindo-se tal édito, em sua exposição de motivos, à necessidade de otimização da atividade administrativa, adequando-se seus sistemas de registro de dados, de modo a eliminar o uso do papel, pelo uso de tais meios tecnológicos.

Tramita no Parlamento argentino projeto de lei versando sobre a firma digital, a qual é definida, no art. 2º, como os dados expressados em formato digital, utilizados como métodos de identificação de um assinante e de verificação da integridade do conteúdo de um documento digital, observados os seguintes requisitos: pertencer exclusivamente ao seu titular, sob cujo controle absoluto deve se encontrar, ser suscetível de verificação e vincular-se aos dados do documento digital, de modo que qualquer modificação fique evidenciada.

A firma digital é equiparada à firma manuscrita no art. 3º, ficando ressalvadas, no art. 4º, as hipóteses de não aplicabilidade do diploma: às disposições testamentárias, aos atos jurídicos ligados ao Direito de Família, aos atos personalíssimos em geral e aos atos que devam ser instrumentados sob exigências ou formalidades incompatíveis com a utilização da firma digital, seja em função da lei, seja em virtude da vontade das partes.

O art. 5º define a firma eletrônica a partir da ausência de requisitos para a sua configuração enquanto firma digital, enunciando, em sua segunda parte, que não se negarão efeitos, validade ou força probatória a uma manifestação de vontade pelo simples uso da firma eletrônica, nos atos jurídicos que não exigem forma solene.

Embora se deixe de especificar os requisitos para o exercício da atividade de certificação, remetendo o art. 17 às exigências que venham a ser estabelecidas pela lei, o projeto evidentemente opta pelo regime da autorização prévia.

O projeto argentino é também fortemente influenciado pela lei modelo da UNCITRAL, assentando, em sua exposição de motivos, integrar a segunda geração de leis sobre os documentos eletrônicos, evitando pronunciar-se sobre o tipo de tecnologia a ser utilizada, como maneira de evitar sua própria obsolescência, caso adotada solução diversa. Tal propósito é, certamente, contrariado pela manifesta preferência pela firma digital, assim como ocorre na legislação colombiana.

2.3.2.10 Estados Unidos

Merece referência obrigatória o *Digital Signature Act*, regulamentação acerca da matéria editada pelo estado do Utah, aprovada em 1995 e modificada em março de 1996, que foi o pioneiro dentre as entidades da federação norte-americana nesse sentido, incluindo dentre seus

---

[100] REYES, F. Colombia. *In*: SYMPOSIUM RESPONDING TO THE LEGAL OBSTACLES TO ELECTRONIC COMMERCE IN LATIN AMERICA. *Arizona Journal of International and Comparative Law*, Tucson, v. 17, p. 88, 2000.

propósitos (Seção 46-3-102) a facilitação do comércio eletrônico, a minimização da incidência de assinaturas digitais forjadas e fraudes, bem como o estabelecimento de regras uniformes dirigidas à autenticação e segurança das mensagens eletrônicas.

Insta destacar, no *Utah Act,* a Seção 46-3-204, que estabelece quais as atividades vedadas à autoridade de certificação, quais sejam aquelas que acarretem um risco considerável de perda aos seus subscritores, ou às pessoas que depositaram sua confiança nos respectivos certificados; outrossim, a autoridade certificadora, consoante a Seção 46-3-303, deve garantir ao subscritor designado no certificado que tal documento não contém qualquer informação que sabe ser falsa, bem como a plena confiabilidade do certificado.

Os requisitos para o licenciamento dos certificadores são previstos na Seção 46-3-201, dentre os quais a não contratação de pessoas que não foram condenadas por felonia ou crime envolvendo fraude ou falsidade ideológica, devendo o respectivo quadro possuir qualificação profissional comprovada. Deve a autoridade de certificação, ainda, comprovar ser detentora de capital suficiente para o exercício de tal atividade, bem como de um nível de segurança suficiente à administração das chaves.

Consoante a Seção 46-3-203, outrossim, confere-se à assinatura digital o *status* de assinatura escrita, bem como a Seção 46-3-103 traça um longo rol de definições, tais quais as de certificado, autoridade certificadora, assinatura digital, chaves pública e privada e assinante, dentre outros.

As hipóteses de revogação do certificado, contempladas na Seção 46-3-307, correspondem em parte àquelas previstas na proposta de lei uniforme da UNCITRAL, como o falecimento ou dissolução do subscritor – respectivamente, pessoa natural ou pessoa jurídica –, além do requerimento, sendo prevista ainda a possibilidade de revogação em caso de o certificado haver se tornado duvidoso (neste caso, independentemente do consentimento do subscritor).

Enquanto alguns Estados norte-americanos viriam a adotar o modelo do *Utah Act,* como é o caso de Washington e da Geórgia, outras unidades optariam por sistemas marcados pela menor regulamentação e especificidade tecnológica,[101] como é o caso da Flórida, do Arizona e de Massachusetts, os quais, levando em conta a crescente evolução tecnológica, não se referem somente à firma digital, ao contrário de Utah, mas às firmas e documentos eletrônicos em geral, de maneira a equipará-las às assinaturas manuscritas, aproximando-se mais das chamadas normas de segunda geração.[102]

A Califórnia promulgou emenda à Seção 17538 do *Business and Professions Code,* de modo a explicitamente estender sua regulação acerca dos contratos a distância, via telefone ou correio, às compras realizadas via Internet, de forma que o fornecedor deva informar as condições de reembolso e de desfazimento do negócio por qualquer das partes, bem como o nome legal da empresa e seu endereço completo, seja na própria *web page,* seja por *e-mail.*

O governo federal dos Estados Unidos, em 1997, baixou documento denominado *"Framework for global electronic commerce",* assumindo a posição de que o Poder Público, sempre que possível, deve evitar a regulação e a ingerência, de modo que caiba ao setor privado a respectiva iniciativa – embora tais instruções defendam a criação de um Código Comercial estabelecendo regras básicas para as transações na Internet, inclusive quanto à previsão de

---

[101] MARTÍNEZ NADAL, Apollonia. *Comercio electrónico, firma digital y autoridades de certificación.* Madrid: Civitas, 2000. p. 91-92.

[102] No caso norte-americano, um dos maiores obstáculos à plena efetivação da contratação eletrônica, segundo os conferencistas do simpósio "Responding to the legal obstacles to electronic commerce in Latin America", é justamente a variedade de tratamento dado à matéria por parte dos diversos Estados, em decorrência do próprio sistema federativo (RUBINSTEIN, I. U.S.A. *In*: SYMPOSIUM RESPONDING TO THE LEGAL OBSTACLES TO ELECTRONIC COMMERCE IN LATIN AMERICA. *Arizona Journal of International and Comparative Law*, Tucson, v. 17, p. 102, 2000).

meios para o reconhecimento pelo Estado dos contratos eletrônicos e assinaturas eletrônicas, resolução de disputas etc.[103]

Nessa esteira, o *Uniform Commercial Code* vem sofrendo um processo de revisão, contendo o projeto, dentre outros dispositivos, a previsão de que "*um contrato vinculante pode ser formado pela troca de mensagens eletrônicas*" (§ 2-208).

Outrossim, foi sancionado no dia 30 de junho de 2000 o *Millenium Digital Commercial Act*, o qual traz regras acerca da validade e prova dos contratos realizados mediante assinatura eletrônica, destinando-se, segundo a respectiva exposição de motivos, a regular o comércio eletrônico, de modo a permitir e encorajar a sua contínua expansão, em direção à operação das livres forças do mercado.

O *Millenium Digital Commercial Act* (MDCA) reforça a validade e exigibilidade do contrato e da manifestação de vontade realizados por meio eletrônico e da assinatura digital, os quais são, respectivamente, equiparados ao documento escrito e à assinatura tradicional (Seção 101, "a"), salvo no tocante aos contratos ou manifestações de vontade previstos na legislação específica atinente a certas matérias, tais quais a criação e execução de testamentos ou codicilos ou ao campo do Direito de Família, na forma da Seção 103 (*specific exclusions*).

O MDCA define a assinatura eletrônica como uma assinatura sob a forma eletrônica, ligada ou logicamente associada a um arquivo eletrônico (Seção 301, 6B).

Tal decreto não chega a erigir em requisito de validade a mensagem à sua conservação, como se dá na lei uniforme da UNCITRAL, porém estabelece, na Seção 101, "c", 1, que essa exigência, caso prevista em algum estatuto, regulação ou regra legal, se compreende de forma que o arquivo deve refletir, de modo acurado, a informação constante do contrato, em todos os seus termos, incluindo quaisquer modificações porventura havidas, além de restar acessível, no prazo porventura fixado em lei, para posterior referência, transmissão e impressão.

Admite a *Federal Rule of Evidence* (FDE), em sua Seção § 1.002, em matéria de admissibilidade probatória, o requisito da apresentação do original, de modo a comprovar o conteúdo do escrito, gravação ou fotografia. A definição de original decorre da Seção § 1.001 (3), que se refere a qualquer impresso ou outro suporte (como um disquete, por exemplo), capaz de ser lido, de modo a exibir os dados registrados no computador ou em outros instrumentos similares.

2.4 BRASIL

Em face do direito positivo vigente, as mensagens eletrônicas são atualmente equiparadas, para todos os fins, ao documento escrito tradicional, deixando de ser tratadas como mera prova circunstancial da transação ou contrato, com a edição da Medida Provisória nº 2.200-2, de setembro de 2001,[104] cujo art. 10 assim dispõe:

> "Art. 10. Consideram-se documentos públicos ou particulares, para todos os fins, os documentos eletrônicos de que trata esta Medida Provisória.
>
> § 1º As declarações constantes dos documentos em forma eletrônica produzidos com a utilização de processo de certificação disponibilizado pelo ICP-Brasil presumem-se verdadeiros em relação aos signatários, na forma do Código Civil".

---

[103] RUBINSTEIN, I. U.S.A. *In*: SYMPOSIUM RESPONDING TO THE LEGAL OBSTACLES TO ELECTRONIC COMMERCE IN LATIN AMERICA. *Arizona Journal of International and Comparative Law*, Tucson, v. 17, p. 102, 2000.

[104] Pelo fato de se tratar de Medida Provisória anterior à entrada em vigor da Emenda Constitucional nº 32, de 11 de setembro de 2001, que alterou a redação do art. 62 da Constituição da República, cujo § 3º passou a assim dispor: "as medidas provisórias, ressalvado o disposto nos §§ 11 e 12, perderão eficácia, desde a edição, se não forem convertidas em lei no prazo de sessenta dias, prorrogável, nos termos do § 7º, uma vez por igual período, devendo o Congresso Nacional disciplinar, por decreto legislativo, as relações jurídicas delas decorrentes".

A regra do art. 225 do Código Civil, inserida no Título V (Da prova) reforça tal conclusão, ainda que de maneira tímida, ao dispor que as reproduções fotográficas, cinematográficas, os registros fonográficos e, *em geral, quaisquer outras reproduções mecânicas ou eletrônicas de fatos ou de coisas*, fazem prova plena destes, se a parte, contra quem forem exibidos, não lhes impugnar a exatidão. Em face do dispositivo legal transcrito anteriormente, foi aprovado, na IV Jornada de Direito Civil do Conselho da Justiça Federal (outubro de 2006), o enunciado n° 398, em cujos termos "os arquivos eletrônicos incluem-se no conceito de 'reproduções eletrônicas de fatos ou de coisas'", do art. 225 do Código Civil, aos quais deve ser aplicado o regime jurídico da prova documental.

No sistema anterior à Medida Provisória e ao Código Civil, os documentos assinados eletronicamente careciam de validade, eficácia jurídica e autenticidade, independentemente de serem considerados seguros ou não, podendo ser aceitos como prova, a partir do princípio do livre convencimento do juiz, na forma do art. 332 do Código de Processo Civil, em cujos termos são hábeis para provar a verdade dos fatos, ainda que não nominados, todos os meios legais e moralmente legítimos.[105]

A Medida Provisória n° 2.200/01 criou um novo órgão, denominado Infraestrutura de Chaves Públicas[106] (ICP-Brasil), destinado a garantir a autenticidade, a integridade e a validade jurídica dos documentos em forma eletrônica, das aplicações de suporte e das aplicações habilitadas que utilizem certificados digitais, bem como a realização de transações eletrônicas seguras.[107]

O Comitê Gestor é um conselho deliberativo que tem por atribuição principal coordenar a implantação e o funcionamento do ICP-Brasil, bem como definir as normas técnicas a serem observadas, editando, para tanto, resoluções.

Dentre as atribuições daquele órgão, é prevista, no art. 4°, a certificação de raiz, função essa exercida pelo ITI – Instituto Nacional de Tecnologia da Informação do Ministério da Ciência e Tecnologia, a quem cabe aplicar as resoluções do Conselho Gestor, além de fiscalizar as autoridades certificadoras, autorizadas a emitir os certificados digitais.[108]

---

[105] LIMA NETO, José Henrique Barbosa Moreira. Aspectos jurídicos do documento eletrônico. p. 5-6. Disponível em: https://jus.com.br/artigos/1780/aspectos-juridicos-do-documento-eletronico. Acesso em: 23 jan. 2009.

[106] O termo Infraestrutura de Chaves Públicas (ICP), traduzido da expressão *public-key infrastructure* (PKI), pode ser conceituado como um sistema que tem por finalidade precípua, mas não exclusiva, atribuir certificados digitais a um universo de usuários, além de gerenciar o seu tempo de vida, em face da necessidade da sua suspensão ou revogação, ou mesmo da emissão de novos certificados. A autoridade gestora de políticas da estrutura do ICP-Brasil é denominada Comitê Gestor (MENKE, Fabiano. Assinaturas digitais, certificados digitais, infraestrutura de chaves públicas brasileira e a ICP alemã. *Revista de Direito do Consumidor*, São Paulo, v. 48, p. 138-139, out./nov. 2003).

[107] Segundo Frederico Eduardo Zenedin Glitz, "o normativo do Executivo foi criticado principalmente pelo fato de ter se adiantado à discussão que já ocorria no Congresso Nacional. Também se criticou a intenção governamental de criação de um "Cartório Eletrônico" ao fazer depender a certificação do credenciamento de empresas certificadoras [...]. Mesmo assim, ainda há divergência entre o Governo Federal, que insiste em manter estrutura de certificação centralizada na ICP Brasil (mas agora não impedindo a utilização de outros meios de comprovação da autoria e integridade do documento eletrônico), e o Legislativo Federal, que defende o acesso das empresas internacionais ao mercado certificador" (GLITZ, Frederico Eduardo Zenedin. A contemporaneidade contratual e a regulamentação do contrato eletrônico. *In*: RAMOS, Carmem Lucia Silveira *et al.* [org.]. *Diálogos sobre direito civil*: construindo a racionalidade contemporânea. Rio de Janeiro: Renovar, 2002. p. 220).

[108] Como salienta MENKE, o processo de credenciamento perante o ITI inclui pormenorizada auditoria das instalações, rotinas, documentos e práticas das entidades candidatas, passando ainda pela aferição da sua capacidade técnica e organizacional para emitir certificados e gerenciar listas de certificados revogados (MENKE, Fabiano. Assinaturas digitais, certificados digitais, infraestrutura de chaves públicas brasileira e a ICP alemã. *Revista de Direito do Consumidor*, São Paulo, v. 48, p. 139, out./nov. 2003).

A autoridade certificadora de raiz é a primeira da cadeia, ou aquela que ocupa o topo de uma pirâmide, sendo a portadora da primeira chave privada, que será utilizada para credenciar, através de certificado digital, todas as demais entidades de certificação ligadas ao ICP-Brasil.[109]

Por determinação expressa do art. 5º, parágrafo único da Medida Provisória nº 2.200-2, é vedado à autoridade certificadora raiz emitir certificados para o destinatário final, ou seja, o consumidor.

O art. 11 do Projeto de Lei nº 4906-A/2001, que, embora arquivado, segue como uma importante referência, estabelece os requisitos a serem observados para que os certificados digitais tenham valor probante em juízo, nos seguintes termos:

"I – o titular tenha sido pessoalmente identificado pela autoridade certificadora;

II – o titular haja reconhecido ser o detentor da chave privada correspondente à chave pública para a qual tenha sido solicitado o certificado;

III – tenham sido arquivados registros físicos comprobatórios dos fatos previstos nos incisos anteriores, assinados pelo titular".

No tocante à autoria dos documentos, sejam estes na forma escrita tradicional ou eletrônica, estabelece o art. 410 do Código de Processo Civil que se considera autor do documento particular:

"I – aquele que o fez e o assinou;

II – aquele por conta de quem ele foi feito, estando assinado;

III – aquele que, mandando compô-lo, não o firmou porque, conforme a existência comum, não se costuma assinar, como livros empresariais e assentos domésticos".

O Projeto de Lei nº 1.589/1999, arquivado no Congresso Nacional, mas que foi uma valiosa tentativa de sistematizar a matéria, contempla disposições sobre a autoridade de certificação, buscando compatibilizar tal atividade em face do art. 236 da Constituição da República, que dispõe sobre os serviços notariais e de registro, exercidos em caráter privado, mas por delegação do Poder Público, regulamentação essa que incumbe à Lei nº 8.935, de 18 de novembro de 1994.

Nessa esteira, a atividade de certificação passou a ser dividida em duas esferas distintas: de um lado, as certidões eletrônicas por entidades privadas, de caráter comercial, essencialmente privado (art. 24); do outro, as certidões eletrônicas exaradas por tabeliães, de caráter público (art. 25 e seguintes) – dependendo o exercício da atividade de tabelião de parecer favorável do Ministério da Ciência e Tecnologia (art. 39, parágrafo único), o que se espera que venha a propiciar uma maior confiança por parte dos usuários, embora se mostre, por outro lado, inconveniente.

Segundo a sistemática do Projeto nº 1.589/1999, os notários ficam responsáveis pela certificação, no tocante à autenticidade, depósito e fiscalização dos certificados de chave pública. Às autoridades de certificação privadas, por sua vez, cabe um papel secundário,[110] na medida em que os respectivos certificados não gozam da mesma eficácia daqueles lavrados pelas autoridades públicas, faltando-lhes, pois, a fé pública.

---

[109] LEAL, Sheila do Rocio Cercal Santos. *Contratos eletrônicos*: validade jurídica dos contratos via Internet. São Paulo: Atlas, 2007. p. 167.
[110] LEMOS, R. Brazil. *In*: SYMPOSIUM RESPONDING TO THE LEGAL OBSTACLES TO ELECTRONIC COMMERCE IN LATIN AMERICA. *Arizona Journal of International and Comparative Law*, Tucson, v. 17, p. 38, 2000.

Em matéria de prova, o Projeto nº 1.589/1999 traz algumas importantes regras, no Capítulo II do Título II (intitulado "*Da falsidade dos documentos eletrônicos*"), remetendo, em seu art. 22, ao princípio do livre convencimento do juiz, o qual deverá livremente apreciar a fé que deva merecer o documento eletrônico, caso demonstrado ser possível alterá-lo sem invalidar a assinatura, gerar uma assinatura eletrônica idêntica à do titular da chave privada, derivar a chave privada a partir da chave pública, ou pairar razoável dúvida sobre a segurança do sistema criptográfico utilizado para gerar a assinatura.

Ao contrário da regulação espanhola, portanto, o projeto admite a produção de prova documental, em se tratando corolário indispensável do pleno reconhecimento jurídico do documento eletrônico.

As regras sobre ônus da prova, em havendo impugnação do documento digital, são objeto do art. 23, em cujos termos caberá aquele encargo à parte que produziu o documento, quanto à autenticidade da chave pública e quanto à segurança do sistema criptográfico utilizado. Outrossim, caso a parte contrária alegue apropriação e uso da chave privada por terceiro, ou revogação ou suspensão das chaves, caber-lhe-á o respectivo ônus probatório.

Assenta ainda o art. 23, parágrafo único que, não sendo alegada questão técnica relevante, a ser dirimida por meio de perícia, poderá o juiz, ao apreciar a segurança do sistema criptográfico utilizado, valer-se de conhecimentos próprios, da experiência comum e de fatos notórios.

Duas críticas em especial devem ser feitas ao Projeto nº 1.589/1999. Em primeiro lugar, em matéria de autoridades de certificação, suas provisões incorrem num indesejável formalismo, curvando-se ao ainda arcaico sistema de notários públicos existente no Brasil, aos quais é conferido, com exclusividade, o privilégio de certificar a autenticidade das chaves públicas.[111]

Embora de maneira menos acentuada, nossa futura legislação esbarra no mesmo equívoco da normativa italiana, eis que, como já visto, a assinatura digital não se confunde com a assinatura autógrafa, não se constituindo, evidentemente, num ato pessoal do assinante. Outrossim, ela não se repete, podendo ser transferida a outrem, e não se encontra ligada a um meio físico que permita um processo de reconhecimento por semelhança ou perícia grafotécnica, sendo, portanto, incompatível em face da função notarial tradicionalmente concebida.[112]

Não se afigura, do ponto de vista material, em função da própria natureza das relações jurídicas envolvidas, qualquer obstáculo ao deferimento de tal atividade por parte das autoridades privadas de certificação, desde que, evidentemente, sob o estrito controle do Poder Público, talvez até mesmo após o parecer favorável do Ministério da Ciência e Tecnologia.

Em segundo lugar, outro empecilho que se coloca ao Projeto nº 1.589/1999 repousa no fato de que sua incidência se refere a um único mecanismo de autenticidade de assinaturas e documentos eletrônicos, ou seja, aquele obtido mediante a criptografia assimétrica, mediante o uso de chaves públicas e privadas.

---

[111] LEMOS, R. Brazil. *In*: SYMPOSIUM RESPONDING TO THE LEGAL OBSTACLES TO ELECTRONIC COMMERCE IN LATIN AMERICA. *Arizona Journal of International and Comparative Law*, Tucson, v. 17, p. 93, 2000. Os conferencistas do simpósio associam tal falha do projeto à *ausência de neutralidade tecnológica*, termo esse que preferimos não utilizar, na medida em que não cabe ao Direito, no plano do processo legislativo, despolitizar algo que por essência é substancialmente político, por envolver necessariamente certas escolhas, do ponto de vista ideológico. É preferível falar, tão somente, na necessidade de aprimoramento técnico do projeto de lei em questão (PIMENTEL, Alexandre Freire. *O direito cibernético*: um enfoque teórico e lógico-aplicativo. Rio de Janeiro: Renovar, 2000. p. 256-258).

[112] BITTENCOURT, Angela. Assinatura digital não é assinatura formal. *Revista Electrónica de Derecho Informatico*, v. 29, p. 4, dez. 2000. Disponível em: http://www.alfa-redi.org/rdi-articulo.shtml?x=589. Acesso em: 25 jan. 2009.

Afora isso, não são contempladas no projeto quaisquer outras regras especiais no tocante a documentos eletrônicos que não empregam tal tecnologia, ao passo que a Medida Provisória nº 2.200-2, no seu art. 10, § 2º, inserido na reedição daquele ato normativo,[113] lhes dá plena eficácia, ao estabelecer que:

> "§ 2º O disposto nesta Medida Provisória não obsta a utilização de outro meio de comprovação da autoria e integridade de documentos em forma eletrônica, inclusive os que utilizem certificados não emitidos pelo ICP-Brasil, desde que admitido pelas partes como válido ou aceito pela pessoa a quem for oposto o documento".

A mesma diretriz é observada, como já visto, no art. 3º, nº 1 da Diretiva nº 1999/93 da Comunidade Econômica Europeia: "os Estados-Membros não devem sujeitar a prestação de serviços de certificação à autorização prévia".

Evita-se, assim, a discriminação dos certificados não emitidos pelo ICP-Brasil, independentemente da tecnologia empregada, na forma do Enunciado nº 397, aprovado na IV Jornada do Conselho da Justiça Federal sobre o Código Civil (outubro de 2006): "o documento eletrônico tem valor probante, desde que seja apto a conservar a integridade de seu conteúdo e idôneo a apontar sua autoria, independentemente da tecnologia empregada".

A matéria é objeto de diversos dispositivos do novo Código de Processo Civil (Lei nº 13.105/2015), que contempla a prática eletrônica de atos processuais (arts. 193 a 199),[114] bem

---

[113] Outra crítica feita à primeira edição da Medida Provisória, retirada na sua reedição, refere-se à obrigatoriedade de utilização dos certificados emitidos pelo ICP-Brasil, anteriormente prevista.

[114] Da prática eletrônica de atos processuais
Art. 193. Os atos processuais podem ser total ou parcialmente digitais, de forma a permitir que sejam produzidos, comunicados, armazenados e validados por meio eletrônico, na forma da lei.
Parágrafo único. O disposto nesta Seção aplica-se, no que for cabível, à prática de atos notariais e de registro.
Art. 194. Os sistemas de automação processual respeitarão a publicidade dos atos, o acesso e a participação das partes e de seus procuradores, inclusive nas audiências e sessões de julgamento, observadas as garantias da disponibilidade, independência da plataforma computacional, acessibilidade e interoperabilidade dos sistemas, serviços, dados e informações que o Poder Judiciário administre no exercício de suas funções.
Art. 195. O registro de ato processual eletrônico deverá ser feito em padrões abertos, que atenderão aos requisitos de autenticidade, integridade, temporalidade, não repúdio, conservação e, nos casos que tramitem em segredo de justiça, confidencialidade, observada a infraestrutura de chaves públicas unificada nacionalmente, nos termos da lei.
Art. 196. Compete ao Conselho Nacional de Justiça e, supletivamente, aos tribunais, regulamentar a prática e a comunicação oficial de atos processuais por meio eletrônico e velar pela compatibilidade dos sistemas, disciplinando a incorporação progressiva de novos avanços tecnológicos e editando, para esse fim, os atos que forem necessários, respeitadas as normas fundamentais deste Código.
Art. 197. Os tribunais divulgarão as informações constantes de seu sistema de automação em página própria na rede mundial de computadores, gozando a divulgação de presunção de veracidade e confiabilidade.
Parágrafo único. Nos casos de problema técnico do sistema e de erro ou omissão do auxiliar da justiça responsável pelo registro dos andamentos, poderá ser configurada a justa causa prevista no art. 223, *caput* e § 1º.
Art. 198. As unidades do Poder Judiciário deverão manter gratuitamente, à disposição dos interessados, equipamentos necessários à prática de atos processuais e à consulta e ao acesso ao sistema e aos documentos dele constantes.
Parágrafo único. Será admitida a prática de atos por meio não eletrônico no local onde não estiverem disponibilizados os equipamentos previstos no *caput*.
Art. 199. As unidades do Poder Judiciário assegurarão às pessoas com deficiência acessibilidade aos seus sítios na rede mundial de computadores, ao meio eletrônico de prática de atos judiciais, à comunicação eletrônica dos atos processuais e à assinatura eletrônica.

como o documento eletrônico, no capítulo sobre a prova documental (arts. 422 e 439 a 441),[115] tendo sido ainda prevista a realização de hasta pública por meio eletrônico ou presencial, sendo o edital, neste último caso, publicado na Internet (art. 887).[116]

---

[115] "Art. 422. Qualquer reprodução mecânica, como a fotográfica, a cinematográfica, a fonográfica ou de outra espécie, tem aptidão para fazer prova dos fatos ou das coisas representadas, se a sua conformidade com o documento original não for impugnada por aquele contra quem foi produzida.

§ 1º As fotografias digitais e as extraídas da rede mundial de computadores fazem prova das imagens que reproduzem, devendo, se impugnadas, ser apresentada a respectiva autenticação eletrônica ou, não sendo possível, realizada perícia.

§ 2º Se se tratar de fotografia publicada em jornal ou revista, será exigido um exemplar original do periódico, caso impugnada a veracidade pela outra parte.

§ 3º Aplica-se o disposto neste artigo à forma impressa de mensagem eletrônica."

"Art. 439. A utilização de documentos eletrônicos no processo convencional dependerá de sua conversão à forma impressa e da verificação de sua autenticidade, na forma da lei.

Art. 440. O juiz apreciará o valor probante do documento eletrônico não convertido, assegurado às partes o acesso ao seu teor.

Art. 441. Serão admitidos documentos eletrônicos produzidos e conservados com a observância da legislação específica."

[116] "Art. 887. O leiloeiro público designado adotará providências para a ampla divulgação da alienação.

§ 1º A publicação do edital deverá ocorrer pelo menos 5 (cinco) dias antes da data marcada para o leilão.

§ 2º O edital será publicado na rede mundial de computadores, em sítio designado pelo juízo da execução, e conterá descrição detalhada e, sempre que possível, ilustrada dos bens, informando expressamente se o leilão se realizará de forma eletrônica ou presencial.

§ 3º Não sendo possível a publicação na rede mundial de computadores ou considerando o juiz, em atenção às condições da sede do juízo, que esse modo de divulgação é insuficiente ou inadequado, o edital será afixado em local de costume e publicado, em resumo, pelo menos uma vez em jornal de ampla circulação local."

3
O MOMENTO E O LUGAR DA FORMAÇÃO DO CONTRATO

A formação do contrato, segundo Enzo Roppo,[1] consiste num processo,

> "[...] isto é, numa sequência de atos e comportamentos humanos, coordenados entre si, segundo um modelo já não 'natural' e 'necessário', mas sim pré-fixado e de modo completamente convencional e arbitrário pelo direito (pelos vários direitos)".

A formação, conclusão ou existência do contrato depende, portanto, da correspondência de tais comportamentos e atos humanos em face do preceituado pelo ordenamento jurídico, segundo o ilustre privatista italiano, de modo a satisfazer o interesse geral de certeza das relações jurídicas e permitir a individualização do momento em que o contrato é concluído.

A utilização do meio eletrônico, inobstante suas circunstâncias peculiares, a suscitar novos problemas, não afasta a incidência da mesma variedade de situações e eventos que podem vir a ocorrer na fase de formação dos contratos em geral.[2]

A publicidade, que se erige em verdadeira oferta, desde que suficientemente precisa, em face das normas de proteção ao consumidor, ultrapassa a linha divisória entre negociações preliminares e contrato definitivo, traçada pelo Direito Civil tradicional.

Em se tratando de contrato consensual, não se vislumbrando, em princípio, hipóteses de contratos reais ou formais via rede, torna-se o mesmo perfeito e acabado quando do encontro das manifestações de vontade emitidas pelas partes,[3] cada qual com uma denominação particular e sujeita a regras próprias: a proposta ou oferta, emitida pelo proponente ou policitante, que visa a suscitar a avença, de um lado, e a aceitação, do outro, emitida pelo aceitante ou oblato.

3.1 INCIDÊNCIA DAS NORMAS DE PROTEÇÃO DO CONSUMIDOR

A concepção clássica do Direito Civil não emprestou a devida importância ao processo de atos que conduzem à formação do contrato, mediando entre a oferta e a aceitação.

---

[1] ROPPO, Enzo. *O contrato*. Tradução de Ana Coimbra e M. Januário C. Gomes. Coimbra: Almedina, 1988. p. 85.
[2] TOMMASINI, Maria. Osservazioni sulla conclusione del contratto tramite computers: aspetti problematici della comunicazione a distanza in tempo reale. *Rassegna di diritto civile*, Camerino, v. 3, p. 588, 1998. Com efeito, podem ocorrer entre as partes contratantes ajustes e negociações preliminares, antecedendo a conclusão do contrato definitivo, ou então a estipulação de um contrato preliminar – de modo que os sujeitos fiquem vinculados à estipulação, em um segundo momento, de um contrato definitivo. Ou então, desde que presentes os seus elementos essenciais, pode o contrato se aperfeiçoar, o que se mostra mais comum na contratação por adesão.
[3] GOMES, Orlando. *Contratos*. Atualização e notas de Humberto Theodoro Júnior. 18. ed. Rio de Janeiro: Forense, 1998. p. 57.

Era apenas admitida, posteriormente, a anulação do negócio jurídico, em caso de vício do consentimento, tendência essa superada em face das normas de proteção ao consumidor, que atuam de forma preventiva, de modo a aprimorar a anuência – ainda em vias de conclusão – a ser manifestada pelo contratante mais fraco.[4]

Pode-se dizer ainda que a maior contribuição trazida pela legislação de proteção do consumidor ao Direito Civil foi justamente a de tornar vinculativos atos de consumo que antes eram considerados juridicamente irrelevantes, revendo dois velhos dogmas em matéria de relações obrigacionais: o efeito *interpartes* dos contratos e a *summa divisio* entre a obrigação contratual e extracontratual.[5]

Comparando os *sites* das agências de encontros pela Internet com a atividade de distribuição de bens e serviços em geral, observa Zygmunt Bauman que

> "entrar na *web* para escolher/comprar um parceiro segue a mesma tendência mais ampla das compras pela Internet. Cada vez mais pessoas preferem comprar em *websites* do que em lojas. Conveniência (entrega em domicílio) e economia de gasolina compõem a explicação imediata, embora parcial. O conforto espiritual obtido ao se substituir um vendedor pelo monitor é igualmente importante, se não mais".[6]

A verificação dos limites da aplicabilidade das normas da Lei nº 8.078/1990, bem como do seu poder renovador no campo contratual, depende do assentamento de uma definição de consumidor, estabelecendo-se, assim, a dimensão das relações jurídicas a serem tuteladas.[7]

Consumidor, para tal fim, não é somente o não profissional que contrata ou se relaciona com um profissional, seja este comerciante, industrial ou profissional liberal, na forma da chamada noção subjetiva de consumidor, a qual exclui os contratos concluídos entre dois profissionais, que agiriam com fim de lucro, ou entre dois civis fora de seu âmbito profissional.[8-9]

Na definição do art. 2º da Lei nº 8.078/1990, consumidor é *"toda pessoa física ou jurídica que adquire ou utiliza produto ou serviço como destinatário final"*, optando o legislador por uma noção marcada pela objetividade.

---

[4] CALAIS-AULOY, Jean. L'influence du droit de la consommation sur le droit des contrats. *Revue Trimestrielle de Droit Commercial et de Droit Economique*. Paris, p. 116, jan./mar. 1998.

[5] MARQUES, Claudia Lima. Proposta de uma teoria geral dos serviços com base no Código de Defesa do Consumidor. *Revista de Direito do Consumidor*, São Paulo, v. 33, p. 98, jan./mar. 2000.

[6] BAUMAN, Zygmunt. *Vida para consumo*: a transformação das pessoas em mercadoria. Rio de Janeiro: Zahar, 2007. p. 27.

[7] BENJAMIN, Antônio Herman V. O conceito jurídico de consumidor. *Revista dos Tribunais*, São Paulo, v. 728, p. 71, fev. 1988.

[8] MARQUES, Claudia Lima. *Contratos no Código de Defesa do Consumidor*. 3. ed. São Paulo: Revista dos Tribunais, 1999. p. 140-141. A autora distingue duas correntes em matéria de definição do campo de aplicação do Código de Defesa do Consumidor, a partir do conceito jurídico de consumidor: os maximalistas e os finalistas. Para os maximalistas, o CDC se refere ao consumo em geral, aplicando-se a todos os agentes do mercado, que ora podem figurar como fornecedores, ora como consumidores. Logo, a interpretação dada por tal corrente ao art. 2º da Lei nº 8.078/1990 é a mais ampla possível, abrangendo indistintamente as pessoas naturais e jurídicas, independentemente da finalidade de lucro. Já para os finalistas, a expressão "destinatário final" é interpretada de maneira restritiva, somente podendo ser considerado como consumidor aquele que adquire dado produto para si mesmo ou para sua família, referindo-se o campo de aplicação do Código do Consumidor somente àqueles que necessitam de proteção. Dentre os finalistas, a posição dominante, adotada por Claudia Lima Marques, é a de que a pessoa jurídica ou profissional pode figurar como consumidor, desde que comprove sua vulnerabilidade, na forma dos arts. 17 e 29 da Lei nº 8.078/1990, como será visto a seguir.

[9] A chamada noção subjetiva é acolhida pela Diretiva CEE nº 2000/31, a qual, em seu art. 2º, define o consumidor como *"qualquer pessoa singular que atue para fins alheios à sua atividade comercial, empresarial ou profissional"*.

Vê-se, então, que o consumidor, para efeitos jurídicos, se caracteriza mais pela destinação que dá ao bem do que pelo seu próprio *status* social, ou pela qualidade ou valor do bem em si, cabendo-lhe, indistintamente, um interesse típico ou expectativa no sentido de receber produtos e serviços de boa qualidade, seguros, a preços justos e com informação adequada desses produtos.[10]

Aquela noção abrange, segundo a visão finalista, em contraposição ao maximalismo – que propõe o conceito mais amplo possível de consumidor, independentemente de finalidade lucrativa –, somente os contratos firmados entre o consumidor não profissional e o fornecedor, não podendo, em regra, figurar na condição de consumidor um profissional, a menos que, no contrato em questão, seja verificada a vulnerabilidade deste.

Pressupõe-se, portanto, para a corrente finalista, que o consumidor assim age com vistas ao atendimento de uma atividade própria, e não para o desenvolvimento de outra atividade negocial,[11] regra essa que sofre algumas mitigações em nosso sistema, como será visto logo a seguir.

A lei norte-americana sobre assinaturas eletrônicas (*Electronic signatures in global and national commerce act*, de 08.06.2000) optou por uma definição restritiva de consumidor, ao estabelecer, em sua Seção 106: "Definitions. For purposes of this title: (1) Consumer – the term 'consumer' means an individual who obtains, through a transaction, products or services which are used primarily for personal, family, or household purposes, and also means the legal representative of such an individual".[12]

A Diretiva 2011/83/UE prevê o conceito de "consumidor", em seu art. 2º, nº 1, como sendo "qualquer pessoa singular que, nos contratos abrangidos pela presente directiva, actue com fins que não se incluam no âmbito da sua actividade comercial, industrial, artesanal ou profissional".

Porém, a jurisprudência do Superior Tribunal de Justiça vem propondo uma ampliação do conceito de vulnerabilidade para além das situações que são usualmente reconhecidas.

A Ministra Fátima Nancy Andrighi, no julgamento do Recurso Especial nº 476.428-SC, julgado em 19.04.2005, considerou como consumidora uma empresa de hotelaria, que ingressou com ação de reparação de danos em face de distribuidora de gás, visando ao ressarcimento dos prejuízos decorrentes da não utilização das sobras de gás nos recipientes comercializados por esta, importando danos para a usuária do produto. Na linha de entendimento do julgado, a dependência de uma das partes de uma relação interempresarial, de acordo com circunstâncias específicas, poderá caracterizar sua vulnerabilidade, para fim da aplicação das normas do Código de Defesa do Consumidor.

Segundo o voto da Ministra,

> "[...] não se pode olvidar que a vulnerabilidade não se define tão somente pela capacidade econômica, nível de informação/cultura ou valor do contrato em exame. Todos esses elementos podem estar presentes e o comprador ainda ser vulnerável pela dependência do produto; pela natureza adesiva do contrato imposto; pelo monopólio da produção do bem ou sua qualidade insuperável; pela extremada necessidade do bem ou serviço; pelas exigências da modernidade atinentes à atividade, dentre outros fatores".

---

[10] BENJAMIN, Antônio Herman V. O conceito jurídico de consumidor. *Revista dos Tribunais*, São Paulo, v. 728, p. 70, fev. 1988.

[11] FILOMENO, José Geraldo Brito. *Código Brasileiro de Defesa do Consumidor*. São Paulo: Forense Universitária, 1997. p. 25.

[12] Tradução livre: "[...] o termo 'consumidor' refere-se à pessoa natural que obtém, através de um negócio jurídico, produtos ou serviços destinados principalmente a fins pessoais, familiares ou domésticos, abrangendo ainda os respectivos representantes legais".

Essa visão, conhecida como finalismo aprofundado, considera, portanto, uma dualidade de critérios para a definição de consumidor e aplicação das normas do Código de Defesa do Consumidor. Ao mesmo tempo que a expressão destinatário final, em decorrência do finalismo, passa a ser reconhecida como referência ao destinatário final fático e econômico, passa-se a destacar um segundo critério: o da vulnerabilidade da posição do sujeito da relação jurídica, levando à aplicação das normas do Código de Defesa do Consumidor.[13]

A equiparação de certos agentes aos consumidores decorre, em face da Lei nº 8.078/1990, do disposto nos arts. 2º, parágrafo único, 17 e 29.

Em face do art. 2º, parágrafo único, da Lei nº 8.078/1990, equipara-se a consumidor a coletividade de pessoas, ainda que indetermináveis, que haja intervindo nas relações de consumo. O que tal dispositivo tem em mira é a universalidade, conjunto de consumidores de produtos e serviços ou mesmo o grupo, classe ou categoria deles.[14]

É o caso, por exemplo, das pessoas que recebem um *compact disc* de presente, comprado por meio eletrônico, ou das crianças que assistem a um filme baixado da Internet.[15]

Efeito idêntico decorre ainda do disposto no art. 17, pelo qual, em matéria de responsabilidade pelo fato do produto ou serviço (arts. 12 a 16), as respectivas vítimas se equiparam aos consumidores, proporcionando-lhes um amplo campo de proteção, considerada a dimensão dos danos patrimoniais ou extrapatrimoniais decorrentes dos acidentes de consumo. Esses terceiros, conhecidos no direito norte-americano como *bystanders*, são pessoas que, ainda não tendo utilizado ou adquirido o produto ou serviço, são tuteladas em função do dever jurídico de fornecer produtos e serviços seguros.[16]

Por fim, o art. 29 contempla todas as pessoas expostas às práticas abusivas, regra essa que abrange os profissionais, desde que verificada sua vulnerabilidade fática, econômica, jurídica ou técnica, a partir do desequilíbrio concreto entre os contratantes.[17]

Em função de tais normas de equiparação, opera o Código de Defesa do Consumidor verdadeira renovação na definição tradicional de terceiro, figurando como sujeitos da relação de consumo pessoas expostas à prática comercial e à publicidade, ainda que sequer tenham adquirido o produto ou serviço ofertado, levando à superação dos efeitos *interpartes* dos contratos – diretamente originada do dogma da autonomia da vontade –, de modo a incluir pessoas que antes gravitavam ao redor de tais negócios, pelos quais eram afetadas, sem que tivessem, até então, um *status* contratual ou um vínculo obrigacional que os pudesse proteger.[18]

---

[13] MIRAGEM, Bruno. Aplicação do CDC na proteção contratual do consumidor-empresário: concreção do princípio da vulnerabilidade como critério para equiparação legal. *Revista de Direito do Consumidor*, São Paulo, v. 62, p. 262, abr./jun. 2007.

[14] FILOMENO, José Geraldo Brito. *Código Brasileiro de Defesa do Consumidor*. São Paulo: Forense Universitária, 1997. p. 31.

[15] MARQUES, Claudia Lima. *Confiança no comércio eletrônico e a proteção do consumidor*. São Paulo: Revista dos Tribunais, 2004. p. 63-64.

[16] PINHEIRO, Juliana Santos. O conceito jurídico de consumidor. In: TEPEDINO, Gustavo (coord.) *Problemas de direito civil-constitucional*. Rio de Janeiro: Renovar, 2000. p. 340.

[17] MARQUES, Claudia Lima. *Contratos no Código de Defesa do Consumidor*. 3. ed. São Paulo: Revista dos Tribunais, 1999. p. 157-162. A autora (p. 146-149) distingue aquelas hipóteses de vulnerabilidade. Ocorre a vulnerabilidade técnica quando o comprador não possui conhecimentos específicos sobre o objeto adquirido, podendo ser mais facilmente enganado quanto a suas características ou utilidade. A vulnerabilidade jurídica ou científica, por sua vez, se refere à falta de conhecimento específico, seja no campo jurídico, seja no âmbito da contabilidade ou economia. Por fim, a vulnerabilidade fática ou socioeconômica decorre da posição de monopólio em que negocia o fornecedor, seja em razão do seu grande poder econômico, seja em virtude da essencialidade do serviço.

[18] MARQUES, Claudia Lima. Proposta de uma teoria geral dos serviços com base no Código de Defesa do Consumidor. *Revista de Direito do Consumidor*, São Paulo, v. 33, p. 94-98, jan./mar. 2000.

Em matéria de responsabilidade por ato ilícito cometido na Internet, embora não seja pacífico entendimento, já decidiu o Superior Tribunal de Justiça pela aplicabilidade do Código de Defesa do Consumidor, incidindo a regra do art. 14 da Lei nº 8.078/1990, em hipótese de atividade aparentemente gratuita, marcada, porém, pela remuneração indireta da atividade de um provedor de hospedagem de páginas pessoais.[19]

O objetivo, portanto, é garantir uma autonomia real da vontade do consumidor, por meio do princípio da boa-fé, que atua de forma cogente na aproximação entre as partes na fase da formação do contrato, de modo que se permita, nas palavras de Claudia Lima Marques,[20] o exame da

> "[...] qualidade da vontade manifestada pelo consumidor, mais do que a sua simples manifestação: somente a vontade racional, a vontade realmente livre (autônoma) e informada legitima, isto é, tem o poder de ditar a formação e, por consequência, os efeitos dos contratos entre consumidor e fornecedor".

A revolução industrial deu origem não somente ao fenômeno da produção em massa, mas também à cultura de massa, especialmente pela exploração dos meios de telecomunicação, de modo que o consumidor, vitimado pela própria incapacidade crítica ou suscetibilidade emocional, passa, sem maiores resistências, a atender aos reflexos condicionados evocados não somente pela publicidade como pela oferta em geral, sugerindo um verdadeiro reino de fantasia.[21]

Desde então, por meio de um processo de um condicionamento psicológico, a produção industrial propõe ao consumidor constantes novidades, capazes de criar uma nova demanda, com vistas à satisfação de necessidades induzidas, por meio de pressões materiais e espirituais decorrentes dos fenômenos de produção, promoção e distribuição, sistematicamente organizados pelas grandes empresas,[22] o que deve ensejar um limite.

Por outro lado, ao contrário das ditas relações de massa, caracterizadas pela despersonalização, em face dos métodos do contrato de adesão e publicidade, o pós-fordismo – no qual cada cliente quer ter uma relação "personalizada", a partir de figuras como a *griffe* – exprime, de certa forma, uma reação à crescente fragmentação e fluidez em matéria negocial, a partir da manutenção do vínculo com o fornecedor de uma marca consolidada, ou portador de certa qualidade diferenciada, o que pode assegurar a satisfação das expectativas legítimas do consumidor.[23]

A transparência, instituída no direito positivo brasileiro por meio do art. 4º, *caput* do Código de Defesa do Consumidor, significa, acima de tudo, clareza, lealdade e respeito, cabendo ao fornecedor o dever de informar o consumidor não só a respeito das características

---

[19] Nesse sentido, o voto do Ministro Jorge Scartezzini no Recurso Especial 566.468-RJ, j. 23.11.2004, no sentido de que "inexiste violação ao art. 3º, parágrafo segundo do CDC, porquanto, para a caracterização da relação de consumo, o serviço pode ser prestado pelo fornecedor mediante remuneração obtida de forma indireta". No caso, uma psicóloga teve o nome inserido em *site* de encontros mantido pelo provedor de hospedagem Terra, sem a sua autorização, fornecendo-se dados pessoais, como nome completo e telefone do local de trabalho, o que levou o STJ a manter a condenação relativa a danos morais, estabelecida pelo Tribunal de Justiça do Estado do Rio de Janeiro em 200 salários mínimos. Na mesma direção, o seguinte acórdão: "O fato de o serviço prestado pelo provedor de serviço de *internet* ser gratuito não desvirtua a relação de consumo, pois o termo 'mediante remuneração' contido no art. 3º, § 2º, do CDC deve ser interpretado de forma ampla, de modo a incluir o ganho indireto do fornecedor" (STJ, REsp 1.193.764, 3ª T., Rel. Min. Nancy Andrighi, j. 14.12.2010).

[20] MARQUES, Claudia Lima. *Contratos no Código de Defesa do Consumidor*. 3. ed. São Paulo: Revista dos Tribunais, 1999. p. 285.

[21] COMPARATO, Fábio Konder. A proteção do consumidor: importante capítulo do Direito econômico. *Revista Forense*. Rio de Janeiro, v. 255, p. 21, jul./set. 1976.

[22] STIGLITZ, Gabriel. *Protección jurídica del consumidor*. Buenos Aires: Depalma, 1990. p. 3 e ss.

[23] MARQUES, Claudia Lima. Proposta de uma teoria geral dos serviços com base no Código de Defesa do Consumidor. *Revista de Direito do Consumidor*, São Paulo, v. 33, p. 103, jan./mar. 2000.

do produto ou serviço, mas também sobre o conteúdo do contrato, a partir das manifestações pré-contratuais, em especial a publicidade.[24]

A boa-fé objetiva,[25] por sua vez, corresponde a deveres de conduta contratuais, de natureza secundária, lateral, anexa ou instrumental, tais quais os de informação correta, esclarecimento, lealdade e assistência, dentre outros,[26] encontrando-se consagrada nos arts. 4º, III e 51, IV da Lei nº 8.078/1990, que dialogam com as normas gerais dos arts. 113, 187 e 422 do Código Civil.

A boa-fé contratual, que compreende o principal campo de atuação da boa-fé objetiva, corresponde a uma real expectativa legítima por parte do consumidor do produto ou serviço, que deve ter motivos para confiar na contraparte.[27]

Mesmo antes de sua positivação quando da entrada em vigor do Código de Defesa do Consumidor, a boa-fé, ainda que não prevista expressamente, já sobrepairava acima de todo o ordenamento jurídico privado como um princípio, ou seja, um pensamento direcionador de uma regulação jurídica existente ou possível, vista a relação jurídica obrigacional como uma totalidade, cujo adimplemento é atingido por meio de etapas ou planos, nos quais se situam, além da prestação principal, ditos deveres anexos ou secundários.[28]

O art. 4º, III, do Código de Defesa do Consumidor constitui uma cláusula geral, ou seja, uma disposição legislativa "aberta", que não possui cunho meramente interpretativo, mas se destina a flexibilizar o sistema no qual se insere, possibilitando ao operador do Direito, inclusive, adequar sua aplicação judicial às modificações sociais, no caso concreto.[29]

Com efeito, além de servir para a interpretação das cláusulas convencionadas, a boa-fé desempenha uma função integradora da obrigação,[30] atuando como fonte de direitos e obrigações

---

[24] MARQUES, Claudia Lima. *Contratos no Código de Defesa do Consumidor*. 3. ed. São Paulo: Revista dos Tribunais, 1999. p. 286-288.

[25] Devendo ser extremada em face da boa-fé subjetiva, a qual se refere a um estado interior ou psicológico relativo ao conhecimento, desconhecimento, intenção ou falta de intenção de alguém, a partir de uma situação de aparência que permita ao titular ter expectativas que acredita legítimas, como se verifica em vários preceitos do Código Civil Brasileiro, tais quais, dentre outros, os arts. 221 (efeitos do casamento putativo), 490 e 491 (posse de boa-fé), 935 (pagamento a credor putativo), 1.072 (cessionário de boa-fé) e 1.507 (portador de boa-fé de título ao portador) (cf. SILVA, Agathe S. Cláusula geral de boa-fé nos contratos de consumo. *Revista de Direito do Consumidor*, São Paulo, v. 17, p. 154).

[26] COUTO E SILVA, Clóvis. *A obrigação como processo*. São Paulo: José Bushatsky Editor, 1976. p. 35.

[27] NORONHA, Fernando. *O direito dos contratos e seus princípios fundamentais (autonomia privada, boa-fé e justiça contratual)*. São Paulo: Saraiva, 1994. p. 132 e ss.

[28] FRADERA, Vera Maria Jacob. A interpretação de proibição de publicidade enganosa ou abusiva à luz do princípio da boa-fé: o dever de informar no Código de Defesa do Consumidor. *Revista de Direito do Consumidor*, São Paulo, v. 4, p. 176-179, jan./fev.1993.

[29] FRADERA, Vera Maria Jacob. A interpretação de proibição de publicidade enganosa ou abusiva à luz do princípio da boa-fé: o dever de informar no Código de Defesa do Consumidor. *Revista de Direito do Consumidor*, São Paulo, v. 4, p. 179-180, jan./fev.1993.

[30] Como aplicação específica do princípio da boa-fé aos negócios jurídicos de consumo via Internet, vale citar o seguinte acórdão da Turma Recursal Única do Estado do Paraná: "AÇÃO DE RESCISÃO DO CONTRATO [...] AQUISIÇÃO DE SISTEMA OPERACIONAL DE *SITE* DE INTERNET. DEVER DE INFORMAÇÃO, TRANSPARÊNCIA E BOA-FÉ. INFRINGÊNCIA. DEVOLUÇÃO DA QUANTIA PAGA PELA AQUISIÇÃO DO PRODUTO DEVIDA. Quanto ao mérito, merece provimento o recurso, pois, seja pelo dever de informação e transparência advinda do Código de Defesa do Consumidor, seja pelo princípio da boa-fé, obrigação tinha a recorrente de melhor explicitar ao contratante (autor) o objeto da avença e, inclusive, deixar até mesmo de contratar com pessoas cujas características não se compatibilizam com o serviço prestado. Os contratos realizados estavam viciados desde sua origem, vício este gerado pela manifesta falha de informação ao consumidor acerca de seu objeto, o que culminou por macular a vontade (consentimento) do autor quando da contratação, situação esta que justifica a rescisão da avença com a consequente devolução dos valores pagos" (Recurso inominado nº 2008.0008668-4, Rel. Juiz Telmo Zaions Zainko, j. 05.09.2008).

ao lado e além do acordo de vontades,[31] significando, sobretudo, uma atuação refletida, que leva em consideração a outra parte, respeitando-a, não só em seu patrimônio como em sua pessoa e seus interesses legítimos, observados ainda os fins do contrato, com vistas à plena segurança das relações negociais.[32]

A tríplice função da boa-fé, extraída da máxima romana *adijuvandi vel – suplendi vel corrigendi*, encontra-se manifesta, nas relações privadas em geral, nos arts. 113 (função interpretativa), 187 (função de controle) e 422 (função de integração) do Código Civil.

A contratação eletrônica na Internet envolve uma verdadeira transformação nas experiências de consumo, atraindo o consumidor como poder de novidade e animação de si.[33]

Sobretudo com o aumento do acesso à Internet por meio da telefonia celular, o consumidor está atualmente conectado 24 horas por dia, sendo cada movimento do ambiente virtual capturado e armazenado em volumosos bancos de dados, perdendo-se o controle de quais informações estão sendo comercializadas no mercado da sociedade da informação.[34]

Os indivíduos continuam se isolando e emergindo cada vez mais no ambiente virtual. O acesso a uma gama extensa de informações introduz uma nova forma de isolamento, na qual o usuário fica irreversivelmente conectado, o que afeta sua capacidade crítica.[35]

Isso favorece o desenvolvimento de um vínculo mais intenso, cada vez mais plataformizado, por meio dos *marketplaces*, entre fornecedores e consumidores, os quais são invadidos por mensagens publicitárias, seja em seus *e-mails*, seja em *sites* como Facebook ou YouTube ou em *apps* como o Instagram, inclusive com o auxílio de influenciadores digitais, cuja responsabilidade remonta, para parte da doutrina, ao conceito de fornecedor equiparado[36]. Novas formas de propagar as marcas empresariais foram desenvolvidas, a exemplo do *marketing* viral, incitando os usuários a compartilhar a mensagem publicitária para outros usuários ou *sites*, tal como se estivesse espalhando uma doença biológica.[37]

---

[31] AGUIAR JÚNIOR, Ruy Rosado. A boa-fé na relação de consumo. *Revista de Direito do Consumidor*, São Paulo, v. 14, p. 25, abr./jun.1995.

[32] MARQUES, Claudia Lima. Proposta de uma teoria geral dos serviços com base no Código de Defesa do Consumidor. *Revista de Direito do Consumidor*, São Paulo, v. 33, p. 88, jan./mar. 2000.

[33] LIPOVETSKY, Gilles. *A felicidade paradoxal*: ensaio sobre a sociedade de hiperconsumo. Tradução de Maria Lucia Machado. São Paulo: Companhia das Letras, 2007. p. 68: "consumir era distinguir-se; é cada vez mais 'jogar', conhecer a pequena alegria de mudar uma peça na configuração do cenário cotidiano. Assim, o consumo já não é tanto um sistema de comunicação, uma linguagem de significantes sociais, quanto uma viagem, um processo de quebra de rotina cotidiano por meio das coisas e dos serviços. Menos mal menor ou 'negação da vida' que estimulante pitada de aventura, o consumo nos atrai por si mesmo como poder de novidade e de animação de si. Um pouco como no jogo, o consumo tende a tornar-se por si mesmo sua própria recompensa".

[34] CANTO, Rodrigo Eidelvein. *A vulnerabilidade dos consumidores no comércio eletrônico*. São Paulo: Revista dos Tribunais, 2015. p. 23.

[35] CANTO, Rodrigo Eidelvein. *A vulnerabilidade dos consumidores no comércio eletrônico*. São Paulo: Revista dos Tribunais, 2015. p. 24-25: "consequentemente, o consumo desenfreado e irrefletido é favorecido pelos avanços tecnológicos, principalmente quando estamos tratando de bens digitais que podem ser transferidos diretamente para os mais diversos dispositivos por meio de *downloads*. Em se tratando de *e-books, e.g.*, a Amazon.com desenvolveu o sistema de compra com i-Clique, o qual torna extremamente rápido o processamento do pedido, utilizando as informações previamente cadastradas pelo consumidor no site para cobrar no método de pagamento padrão e enviar o produto ao dispositivo no qual será armazenado automaticamente. Essas condições influenciam sobremaneira os usuários que experimentam uma urgência em adquirir diversos bens, conforme é possível ver no fórum de discussão intitulado 'Help! I need to stop buying books and start reading', no site da Amazon.com".

[36] Veja, por todos: BESSA, Leonardo Roscoe. Fornecedor equiparado. *Revista de Direito do Consumidor*, São Paulo, v. 61, p. 126-141, jan./mar. 2007.

[37] CANTO, Rodrigo Eidelvein. *A vulnerabilidade dos consumidores no comércio eletrônico*. São Paulo: Revista dos Tribunais, 2015. p. 24.

Observa Bruno Miragem que uma das principais repercussões das novas tecnologias da informação sobre o mercado de consumo, e sua aplicação em produtos e serviços, consiste na aproximação entre ambas as categorias. Para o autor, ao permitir a conectividade de produtos, a partir da qual passa a contar com novas funcionalidades – como a Internet das Coisas e a aplicação da inteligência artificial –, passa a existir uma interdependência entre produto e serviço, de modo que sua utilidade e seu valor supõem essa relação.[38]

Surge, então, a necessidade de uma proteção mais efetiva ao consumidor, num ambiente desmaterializado e ubíquo, com um fornecedor sem face e capaz de obter informações sobre o contratante, simplesmente acompanhando sua movimentação na Internet.[39]

Não é por outro motivo que os deveres de informação imputáveis aos fornecedores na Internet são especializados pelo meio, incluindo dados que deverão ser obrigatoriamente prestados ao consumidor por ocasião da contratação eletrônica de consumo.[40]

O dever de informar na Internet atende, em primeiro lugar, uma de suas finalidades básicas no sistema de proteção do consumidor, que é justamente a prevenção de danos. Da mesma forma, ao menos minimizando a assimetria entre as partes, permite a reflexão e a formação do consentimento livre e racional do consumidor sobre suas restrições e riscos, preservando-lhe a autonomia em matéria de consumo.[41]

---

[38] MIRAGEM, Bruno. Novo paradigma tecnológico, mercado de consumo e direito do consumidor. *In*: MARTINS, Guilherme Magalhães; LONGHI, João Victor Rozatti (coord.). *Direito digital*: direito privado e internet. 4. ed. Indaiatuba: Foco, 2021. p. 445-446. Prossegue o autor: "A rigor, essa dependência acompanha o desenvolvimento da tecnologia da informação. Conectividade pressupõe serviços que se realizam por intermédio da utilização do produto. O modo como se dá o proveito do consumidor é que varia. Assim, o valor de um *smartphone* estará cada vez menos na sua capacidade original de realizar ligações telefônicas, e mais na capacidade de armazenamento de dados e aplicações de Internet que permitem a realização de uma série de tarefas, com diferentes níveis de interação humana. No domínio da Internet das Coisas, a tecnologia acoplada ao produto permite a execução de tarefas, e dessa funcionalidade retira seu valor".

[39] CANTO, Rodrigo Eidelvein. *A vulnerabilidade dos consumidores no comércio eletrônico*. São Paulo: Revista dos Tribunais, 2015. p. 25-26.

[40] MARTINS, Guilherme Magalhães. *Responsabilidade civil por acidente de consumo na internet*. 2. ed. São Paulo: Revista dos Tribunais, 2014. p. 307. O Superior Tribunal de Justiça, ao levar em conta os deveres de informação, a boa-fé objetiva e a liberdade de escolha do consumidor, considerou abusiva a cobrança de taxa de conveniência na venda de ingressos pela Internet (REsp 1.737.428-RS, 3ª T., Rel. Min. Fátima Nancy Andrighi, j. 12.03.2019), em acórdão assim ementado: "Recurso especial. Ação coletiva de consumo. Direito do consumidor. Espetáculos culturais. Disponibilização de ingressos na internet. Cobrança de 'taxa de conveniência'. Embargos de declaração. Omissão, contradição ou obscuridade. Não indicação. Súmula 284/STF. Proteção do consumidor. Cláusulas abertas e princípios. Boa-fé objetiva. Lesão enorme. Abusividade das cláusulas. Venda casada ('tying arrangement').

[...] No caso, a 'taxa de conveniência' é reclamada conjuntamente com taxa de entrega do ingresso, em valores diferenciados para cada área do espetáculo e incidente sobre cada ingresso individualizado. [...] 9. Uma das formas de violação da boa-fé objetiva é a venda casada (*tying arrangement*), que consiste no prejuízo à liberdade de escolha do consumidor decorrente do condicionamento, subordinação e vinculação da aquisição de um produto ou serviço (principal – 'tying') à concomitante aquisição de outro (secundário – 'tied'), quando o propósito do consumidor é, unicamente, o de obter o produto ou serviço principal. 10. A venda casada 'às avessas', indireta ou dissimulada consiste em se admitir uma conduta de consumo intimamente relacionada a um produto ou serviço, mas cujo exercício é restringido à única opção oferecida pelo próprio fornecedor, limitando, assim, a liberdade de escolha do consumidor.

11. O CDC prevê expressamente uma modalidade de venda casada, no art. 39, IX, que se configura em razão da imposição, pelo fornecedor ao consumidor, da contratação indesejada de um intermediário escolhido pelo fornecedor, cuja participação na relação negocial não é obrigatória segundo as leis especiais regentes da matéria. 12. A venda do ingresso para um determinado espetáculo cultural é parte típica e essencial do negócio, risco da própria atividade empresarial que visa o lucro e integrante do investimento do fornecedor, compondo, portanto, o custo básico embutido no preço. 13. Na intermediação por meio da corretagem, como não há relação contratual direta entre o corretor e o terceiro (consumidor), quem deve arcar, em regra, com a remuneração do corretor é a pessoa com quem ele se vinculou, ou seja, o incumbente".

[41] MIRAGEM, Bruno. *Curso de direito do consumidor*. 5. ed. São Paulo: Revista dos Tribunais, 2014. p. 510.

Busca-se, assim, propiciar um controle sobre as cláusulas abusivas, que, na definição de Rubén S. Stiglitz, desnaturam o vínculo obrigacional, seja ao limitar ou suprimir a obrigação do proponente, alterando a equivalência entre as partes, seja ao favorecer excessiva ou desproporcional a posição contratual do fornecedor ou mostrar-se incompatível com os princípios gerais tidos como essenciais em cada ordenamento.[42]

É o caso dos termos e condições de uso das redes sociais e demais ferramentas na Internet, caracterizados, na classificação do professor Antonio Junqueira de Azevedo, como contratos existenciais, que se contrapõem aos contratos de lucro.[43]

Os contratos existenciais se fundam na circunstância de ao menos uma das partes ser uma pessoa natural, visando ao atendimento de suas necessidades existenciais, enquanto os contratos de lucro envolvem empresas ou profissionais, havendo uma grande diversidade de efeitos entre ambos, por exemplo, no tocante à boa-fé, à função social e ao dano moral.

Nos contratos existenciais que versem sobre consumo, à luz dos princípios constitucionais da dignidade da pessoa humana (art. 1º, IV, Constituição da República) e da solidariedade social (art. 3º, I, Constituição da República), a incidência da boa-fé e da função social se dará de maneira mais intensa, traduzindo uma índole protetiva da parte reconhecida como mais frágil.

Descumprindo a obrigação de clareza imposta pelo art. 7º, XI, do Marco Civil da Internet (Lei nº 12.965/2014), os *sites* nem sempre dão o devido destaque aos termos e condições de uso e à política de privacidade.

Tais documentos são normalmente alocados em *hiperlinks* no fim das páginas eletrônicas, sem qualquer forma de destaque e meios atrativos que despertem a atenção do consumidor, passando normalmente despercebidos, não obstante sua importância na determinação da relação entre as partes.

A partir de um comportamento concludente, o usuário adere, mediante um clique, aos termos de uso e política de privacidade, que, muitas vezes, fazem com que abra mão de imagens, fotografias e demais documentos em face do provedor que administra o *site*.

O art. 8º, parágrafo único da Lei nº 12.965/2014 estabelece a nulidade, de pleno direito, das cláusulas que violem a garantia do direito à privacidade e à liberdade de expressão nas comunicações, em se tratando de condições indispensáveis ao pleno exercício do direito de acesso à Internet.

3.2 LOCAL DA FORMAÇÃO DO CONTRATO

O lugar da celebração de um contrato pode se revelar de grande importância na determinação do foro – nas hipóteses em que o foro de eleição for o do lugar da celebração do contrato –, e da lei aplicável.

---

[42] STIGLITZ, Ruben. *Clausulas abusivas en el contrato de seguro*. Buenos Aires: Abeledo-Perrot, 1994. p. 73-74.

[43] AZEVEDO, Antonio Junqueira de. Diálogos com a doutrina; entrevista. *Revista Trimestral de Direito Civil*, Rio de Janeiro, v. 34, abr./jun. 2008. p. 304. Para o professor da USP, "os contratos existenciais têm como uma das partes, ou ambas, as pessoas naturais; essas pessoas estão visando a sua subsistência. Por equiparação, também podemos incluir nesse tipo de contrato as pessoas jurídicas sem fins lucrativos. Ora, as pessoas naturais não são 'descartáveis' e os juízes têm que atender às suas necessidades fundamentais; é preciso respeitar o direito à vida, à integridade física, à saúde, à habitação etc., de forma que cláusulas contratuais que prejudiquem estes bens possam ser desconsideradas. Já os contratos de lucro são aqueles entre empresas ou entre profissionais e, inversamente, se essas entidades ou pessoas são incompetentes, devem ser 'expulsas', descartadas do mercado ou da vida profissional. No caso destes contratos de lucro, a interferência dos juízes perturba o funcionamento do mercado ou o exercício das profissões; o princípio do *pacta sunt servanda* tem que ter aí maior força".

Na forma do art. 435 do Código Civil, reputar-se-á celebrado o contrato no lugar em que foi proposto. No magistério de Caio Mário da Silva Pereira, trata-se de uma norma supletiva, logo nada obsta a que as partes reputem como local da celebração do contrato o da aceitação, ou qualquer outro:

> "opinativa que é a matéria para o legislador, preferiu à uniformização dos critérios seguir um para cada elemento, e daí resultou que o lugar em que se reputa formado o contrato é o da proposta. Também neste particular vigora a ressalva de que a regra tem sentido supletório e não cogente, prevendo o que vier estipulado por expresso".[44]

A regra do *locus regit actum* possui ainda amparo no art. 9º, *caput* da Lei de Introdução às Normas do Direito Brasileiro, que define como aplicável às obrigações a lei do país onde estas se constituírem.

Caso seja incerto o local da constituição da obrigação, aplica-se o critério do art. 9º, § 2º da Lei de Introdução às Normas do Direito Brasileiro, segundo o qual as obrigações contratuais se consideram constituídas no domicílio do proponente. Aquela norma se refere a pessoas domiciliadas em diferentes países, um dos quais, embora não necessariamente, pode ser o Brasil.

Portanto, sempre que estivermos diante de um contrato internacional, que possua elementos de conexão em mais de um ordenamento jurídico, o critério a ser utilizado na solução do conflito será o da lei onde foi proposto o contrato.[45]

Eventual cláusula de escolha da lei aplicável pressupõe o seu conhecimento pleno por parte do aderente e a clareza da sua formulação,[46] assegurando-se de maneira plena o direito à informação do consumidor, de modo a permitir sua incorporação ao contrato, sob pena de abusividade, para o fim do art. 51, IV e XV da Lei nº 8.078/1990.

A mesma regra, em princípio, deve ser aplicada inclusive aos contratos entre presentes, celebrados por telefone ou meio equivalente, considerando-se celebrado o contrato no lugar onde foi proposto o contrato, ou seja, no local onde se situa o computador utilizado pelo proponente.[47]

Ocorre que, no caso das relações originadas via Internet, os instrumentos do Direito tradicional e codificado mostram-se mais uma vez insuficientes, haja vista que se mostra praticamente impossível determinar em qual território foram as mesmas levadas a efeito.

Por consequência, torna-se praticamente impossível determinar qual a legislação a ser aplicada aos casos concretos por meio das chamadas normas de conflito vigentes em matéria de Direito Internacional privado, que levam em consideração primordialmente o espaço geográfico, físico.

Ademais, a adoção, em todos os casos, da regra *locus regit actum*, ocorreria em detrimento da garantia constitucional do livre acesso ao Judiciário por parte dos consumidores (art. 5º, XXXII e XXXV, e 170, V, CR), além da tutela da sua proteção e segurança: "uma vez eleita a lei do domicílio do proponente – geralmente o fornecedor – necessariamente o consumidor se encontraria tolhido em seu direito ao efetivo acesso à justiça, já que uma demanda internacional seria por demais gravosa".[48]

---

[44] *Instituições de Direito Civil*. 12. ed. Atualizada por Regis Fichtner Pereira. Rio de Janeiro: Forense, 2007. v. III, p. 49.
[45] MULHOLLAND, Caitlin. *Internet e contratação*: panorama das relações contratuais eletrônicas de consumo. Rio de Janeiro: Renovar, 2006. p. 125.
[46] ASENSIO, Pedro Alberto de Miguel. *Derecho privado de Internet*. 2. ed. Madrid: Civitas, 2001. p. 470.
[47] SANTOS, J. M. Carvalho. *Código Civil brasileiro interpretado*. 7. ed. Rio de Janeiro: Freitas Bastos, 1964. v. XV, p. 126-127.
[48] MULHOLLAND, Caitlin. *Internet e contratação*: panorama das relações contratuais eletrônicas de consumo. Rio de Janeiro: Renovar, 2006. p. 126.

Como o Código de Defesa do Consumidor determina que o proponente nos contratos de consumo é sempre o fornecedor (CDC, art. 30), teríamos sempre a prevalência do local da proposta (CC, 435) ou o local da residência do fornecedor (LINDB, art. 9º, § 2º) para reger a lei aplicável aos contratos eletrônicos a distância.[49]

A aplicação da lei e do foro do domicílio do fornecedor levaria à conclusão de que se estaria dando prevalência a regras de mercado, em contraposição ao direito fundamental do consumidor de se ver tutelado e protegido.[50]

Se a autonomia da vontade das partes é considerada hoje o mais importante critério de conexão no Direito Internacional, encontra ela um limite no que se refere às relações de consumo. A possibilidade de escolha da lei pelas partes, a autonomia de vontade, perde sentido, segundo Claudia Lima Marques, caso passe a atuar como instrumento de domínio dos mais fracos pelos mais fortes.[51]

O art. 5º da Convenção de Roma de 1980 sobre comércio internacional impõe certos limites de ordem pública, fundados na proteção do consumidor, em prevalência sobre a autonomia da vontade, que permite às partes a livre escolha da lei aplicável:

> "Artigo 5º – Contratos celebrados por consumidores
>
> 1. O presente artigo aplica-se aos contratos que tenham por objeto o fornecimento de bens móveis corpóreos ou de serviços a uma pessoa, o consumidor, para uma finalidade que pode considerar-se estranha à sua atividade profissional, bem como aos contratos destinados ao financiamento desse fornecimento.
>
> 2. *Sem prejuízo do disposto no artigo 3º, a escolha pelas partes da lei aplicável não pode ter como consequência privar o consumidor privado da proteção que lhe garantem as disposições imperativas da lei do país em que tenha a sua residência habitual:*
>
> *– se a celebração do contrato tiver sido precedida, neste país, de uma proposta que lhe foi especialmente dirigida ou de anúncio publicitário, e se o consumidor tiver executado nesse país todos os atos necessários à celebração do contrato, ou:*
>
> *– se a outra parte ou o respectivo representante tiver recebido o pedido do consumidor nesse país, ou*
>
> *– se o contrato consistir numa venda de mercadorias e o consumidor se tenha deslocado desse país a um outro país e aí tenha feito o pedido, desde que a viagem tenha sido organizada pelo vendedor com o objetivo de incitar o consumidor a comprar.*
>
> 3. *Sem prejuízo do disposto no artigo 4º e na falta de escolha feita nos termos do artigo 3º, esses contratos serão regulados pela lei do país em que o consumidor tiver sua escolha habitual, se se verificarem as circunstâncias referidas no nº 2 do presente artigo".* (g.n.).

Portanto, a eleição pelas partes da lei aplicável não pode privar o consumidor da proteção que lhe outorgam as disposições imperativas da lei de sua residência habitual; embora, em linha

---

[49] MARQUES, Claudia Lima. *Confiança no comércio eletrônico e a proteção do consumidor*. São Paulo: Revista dos Tribunais, 2004. p. 441.

[50] MULHOLLAND, Caitlin. *Internet e contratação*: panorama das relações contratuais eletrônicas de consumo. Rio de Janeiro: Renovar, 2006. p. 126. Conclui a autora: "uma vez estabelecida a proteção e defesa constitucionais do consumidor e determinada a tutela do efetivo acesso à justiça aos consumidores, partes vulneráveis de uma relação de consumo, necessariamente, deve-se desconsiderar a regra conflitual do *locus regit actum*, e estabelecer-se a necessidade da tutela dos interesses do consumidor acima de qualquer outro critério conflitual".

[51] MARQUES, Claudia Lima. *Confiança no comércio eletrônico e a proteção do consumidor*. São Paulo: Revista dos Tribunais, 2004. p. 441-442.

de princípio, a convenção abranja apenas os contratos visando à venda de bens móveis corpóreos ou prestação de serviços, o autor espanhol Pedro Alberto de Miguel Asensio afirma que não pode ser excluído o *comércio eletrônico direto,* no qual o próprio bem é fornecido *on-line,* como na aquisição de *softwares,* imagens ou músicas.[52]

Conclui Claudia Lima Marques:

> "Em matéria de contratos de consumo, há que considerar que o DIPr brasileiro atualizou seus princípios. Assim, tratando-se de direito humano reconhecido como direito fundamental pela Constituição da República de 1988 (art. 5º, XXXII) e lei de origem constitucional (art. 48 do ADCT), é bem possível que tais normas sejam consideradas 'imperativas', de ordem pública internacional ou leis de aplicação imediata, normas, pois, que se aplicam diretamente, neste último caso, mesmo antes das normas de DIPr ou de colisão.
>
> [...] Efetivamente, parte da doutrina defende que o Código de Defesa do Consumidor deva ser aplicado a todos os contratos do consumidor com contatos suficientes no Brasil, enquanto uma regra imperativa internacional ou *lois d'application immediate,* o Código de Defesa do Consumidor deve fornecer padrões mínimos (e imperativos) à proteção dos consumidores passivos em todos os contratos a distância, contratos negociados no Brasil por nacionais ou estrangeiros, ou, quando o *marketing* ou a oferta forem feitos no Brasil, inclusive nos contratos eletrônicos com fornecedores com sede no exterior, como impõem o *Unfair Contract Terms Act,* de 1977, do Reino Unido, ou a lei alemã de 1976 (arts. 12 e 29 da EGBGB), ou a lei portuguesa de 1985 (art. 33)".[53]

A simples desmaterialização de tais negócios não deve exclui-los da aplicabilidade do mencionado art. 5º, visto que o objeto do contrato e a necessidade do consumidor que adquire tais bens como destinatário final exigem a mesma normativa.

Em importante *leading case,* que teve como relator para o acórdão o Ministro Ruy Rosado de Aguiar Jr., o Superior Tribunal de Justiça (REsp 63.981-SP, 4ª T., *DJ* 20.11.2000) determinou a aplicabilidade do Código de Defesa do Consumidor a uma relação contratual realizada no exterior (caso *Panasonic*).

Um turista brasileiro, durante uma viagem a Miami, ali adquiriu uma filmadora *Panasonic,* que posteriormente veio a apresentar vício, ingressando com ação em face da *Panasonic do Brasil,* tendo a sentença de primeiro grau afastado a responsabilidade da ré, por considerar que a mesma não se enquadrava nas situações do art. 12 do Código de Defesa do Consumidor, que coloca como responsáveis o fabricante, o produtor, o construtor, nacional ou estrangeiro, e o importador.[54]

O relator, Ministro Aldir Passarinho Jr., não conheceu do recurso especial, por considerar a inaplicabilidade do Código de Defesa do Consumidor à relação de consumo celebrada no exterior, aduzindo que, se aplicável fosse o CDC, incidiria a excludente do art. 12, § 3º, inc. I,

---

[52] ASENSIO, Pedro Alberto de Miguel. *Derecho privado de Internet.* 2. ed. Madrid: Civitas, 2001. p. 480-481.
[53] MARQUES, Claudia Lima. *Confiança no comércio eletrônico e a proteção do consumidor.* São Paulo: Revista dos Tribunais, 2004. p. 446-450.
[54] Assim concluiu a sentença, posteriormente confirmada, em sede de apelação, pelo Tribunal de Justiça de São Paulo: "Em nenhuma dessas hipóteses se insere a pessoa jurídica que, no Brasil, comercializa os bens do fabricante, e, se os fabrica, não serão os mesmos. Da mesma forma não se caracteriza qualquer das hipóteses do artigo 13, donde não se falar em infração aos artigos 3º, 6º, IV e 28 desse Código, porque a apelada não é fornecedora do bem que teria apresentado o vício, e tem apenas uma relação contratual com a fabricante".

que isenta de responsabilidade o fornecedor quando este provar que não colocou o produto no mercado.[55]

Ocorre que, por maioria, o voto do relator foi vencido, nomeando-se relator para o acórdão o Ministro Sálvio de Figueiredo Teixeira, que, com brilhantismo, defendeu uma maior expressão na exegese das leis de proteção ao consumidor, em face dos desafios da economia globalizada, que não tem fronteiras rígidas e estimula e favorece a livre concorrência. O voto levou em conta, sobretudo, o fato de que não há como dissociar a imagem da recorrida *Panasonic do Brasil Ltda.* da marca mundialmente conhecida *Panasonic*, visto que uma beneficia a outra, devendo uma e outra arcar com as consequências negativas dos produtos que anunciam e comercializam:

> "[...] tenho para mim que, por estarmos vivendo em uma nova realidade, imposta pela economia globalizada, temos também presente um novo quadro jurídico, sendo imprescindível que haja uma interpretação afinada com essa realidade. *Não basta, assim, a proteção calcada em limites internos e em diplomas legais tradicionais, quando se sabe que o Código brasileiro de proteção ao consumidor é um dos mais avançados textos legais existentes, diversamente do que se dá, em regra, com o nosso direito privado tradicional,* de que são exemplos o Código Comercial, de 1850, e o Código Civil, de 1916, que em muitos pontos já não mais se harmonizam com a realidade dos nossos dias.
>
> Destarte, se a economia globalizada não tem fronteiras rígidas e estimula e favorece a livre concorrência, é preciso que as leis de proteção ao consumidor ganhem maior expressão em sua exegese, na busca do equilíbrio que deve reger as relações jurídicas, dimensionando-se, inclusive, o fator risco, inerente à competitividade do comércio e dos negócios mercantis, sobretudo quando em escala internacional, em que presentes empresas poderosas, multinacionais, com sucursais em diversos países, sem falar nas vendas hoje efetuadas pelo progresso tecnológico da informática e no mercado consumidor que representa o nosso país".

Em julgamento de 2008, o Superior Tribunal de Justiça, fazendo referência ao voto do Ministro Sálvio de Figueiredo Teixeira no caso *Panasonic*, estabeleceu que cabe ao provedor Yahoo do Brasil cumprir ordem judicial de remoção de conteúdos ofensivos em *website* hospedado

---

[55] Vale transcrever alguns trechos do voto do relator, que traduzem uma visão comprometida com o direito privado tradicional, mas insuficiente para atender aos desafios da globalização, que exigem uma visão mais ampla dos limites da aplicabilidade do direito do consumidor: "Trata-se de uma relação de consumo realizada, por inteiro, em Miami, Estados Unidos da América, em que, circunstancialmente, o autor-recorrente é domiciliado no Brasil. Tal fato não serve, entretanto, para estender a garantia para outro país, especialmente contra empresa diversa, posto que a Panasonic do Brasil Ltda., ora ré-recorrida, não é a mesma que produziu, comercializou e garantiu o equipamento, mas sim a Panasonic Company [...] *Quando um viajante adquire uma mercadoria estrangeira, ele o faz, usualmente, dentro da sua quota fiscal, sem o pagamento do oneroso imposto de importação, pelo que o bem sai consideravelmente mais em conta que o produto nacional. É uma opção que tem, porém também um risco, exatamente o de comprar um equipamento sem condições de garantia, ou de manutenção dispendiosa* [...]. Imagine-se, aliás, como seria difícil ou impossível a todas as empresas de um conglomerado, na Europa, Américas do Sul, Central e do Norte, África etc. manterem estoque de peças e treinamento de pessoal para todo e qualquer produto, ainda que sua fabricação seja específica de apenas um ou poucos países. Por exemplo, um modelo de automóvel sofisticado produzido nos Estados Unidos pela General Motors e importado autonomamente pelo comprador para o Brasil, teria de ser reparado, gratuitamente, em qualquer concessionária Chevrolet, inobstante o pessoal não tivesse ferramentaria ou capacitação para tanto [...]. *E o mais grave é que, a prevalecer esse entendimento, todos os produtos contrabandeados, tais como computadores, videocassetes, toca-fitas, CD players, DVD etc. serão automaticamente beneficiados, passando a ser garantidos pelas empresas brasileiras da mesma marca*". (g.n.).

pelo prestador norte-americano *Yahoo! Inc.*, tendo em vista que ambas as empresas pertencem ao mesmo grupo econômico, bem como a aplicação da teoria da aparência:[56]

> RECURSO ESPECIAL. RESPONSABILIDADE CIVIL. ANTECIPAÇÃO DE TUTELA. RETIRADA DE PÁGINA DA REDE MUNDIAL DE COMPUTADORES. CONTEÚDO OFENSIVO À HONRA E À IMAGEM. ALEGADA RESPONSABILIDADE DA SOCIEDADE CONTROLADORA, DE ORIGEM ESTRANGEIRA. POSSIBILIDADE DA ORDEM SER CUMPRIDA PELA EMPRESA NACIONAL.
>
> 2. Se empresa brasileira aufere diversos benefícios quando se apresenta ao mercado de forma tão semelhante a sua controladora americana, deve também responder pelos riscos de tal conduta.
>
> 3. Recurso especial não conhecido.
>
> Cabe ao provedor Yahoo! do Brasil cumprir ordem judicial de remoção de *website* da Internet, ainda que hospedado pelo provedor estrangeiro *Yahoo! Inc.*, tendo em vista que as empresas pertencem ao mesmo grupo econômico (STJ, REsp 1.021.987-RN, Rel. Des. Fernando Gonçalves, j. 07.10.2008).[57]

O art. 101, I, do Código de Defesa do Consumidor permite a propositura da ação no domicílio do autor, sem prejuízo da aplicação da lei do domicílio do consumidor, quando mais favorável a este, sem prejuízo de outros critérios, como o do *stream of commerce*, quando a oferta eletrônica for dirigida a algum mercado consumidor específico, caso em que o fornecedor assumiria os riscos de ingressar num outro território que não o seu.

A professora Claudia Lima Marques propõe, como solução para tais casos, a aplicação da lei do domicílio do consumidor, analogicamente ao art. 101, I, do CDC, permitindo-se ao julgador aplicar limitadamente a lei escolhida pelas partes no contrato, apenas se for esta mais favorável ao consumidor.[58]

A mesma professora propõe, *de lege ferenda,* uma nova redação para o art. 101 do Código do Consumidor, que passaria a incluir três parágrafos:

> "§ 1º os contratos e as transações contratadas a distância, por meios eletrônicos, de telecomunicações ou por telefone, estando o consumidor em seu país de domicílio, serão regidas pela lei deste país ou pela lei mais favorável ao consumidor, escolhida

---

[56] Acerca da aplicação da teoria da aparência aos contratos eletrônicos de consumo na Internet, remete-se o leitor à obra *Responsabilidade civil por acidente de consumo na internet* (MARTINS, Guilherme Magalhães. *Responsabilidade civil por acidente de consumo na internet.* 2. ed. São Paulo: Revista dos Tribunais, 2014. p. 94 e ss.). As regras da aparência se justificam pela necessidade de se atribuir uma obrigação a uma pessoa que, de uma forma ou de outra, contribuiu para criar uma situação enganosa: "enquanto perdurar essa situação e o provedor, no caso, não der publicidade conveniente à realidade, deverá este assumir os efeitos dos atos estipulados pelos terceiros com o titular aparente" (MARTINS, Guilherme Magalhães. *Responsabilidade civil por acidente de consumo na internet.* 2. ed. São Paulo: Revista dos Tribunais, 2014. p. 102).

[57] Segundo um trecho da fundamentação do voto do relator: "no caso em apreço, é fato que a Yahoo! Brasil apresenta-se aos consumidores utilizando a mesma logomarca da empresa americana. Além disso, ao digitar na rede mundial o endereço trazido nas razões do recurso como sendo da Yahoo! Inc., abre-se, na realidade, a página da Yahoo! Brasil. Diante dessa moldura fática, é de se supor que o consumidor não distingue com clareza as divisas entre a empresa americana e sua correspondente nacional. Uma aparentando ser a outra [...]. Ademais, é de se considerar que a empresa brasileira aufere diversos benefícios quando se apresenta ao mercado de forma tão semelhante à sua controladora americana, devendo, pois, também responder pelos riscos de tal conduta".

[58] MARQUES, Claudia Lima. *Confiança no comércio eletrônico e a proteção do consumidor.* São Paulo: Revista dos Tribunais, 2004. p. 444.

entre as partes, se a lei do lugar da celebração do contrato, a lei do lugar da execução do contrato, a lei da prestação característica ou a lei do domicílio ou sede do fornecedor de produtos e serviços.

§ 2º Em todos os casos, aplicar-se-ão, necessariamente, as normas do país do foro que tenham caráter imperativo, na proteção do consumidor.

§ 3º Tendo sido a contratação precedida de qualquer atividade negocial, de *marketing* do fornecedor ou de seus representantes, em especial de envio de publicidade, correspondência, mensagens eletrônicas (*e-mails*), prêmios, convites, manutenção de filial ou representantes e demais atividades voltadas para o fornecimento de produtos e serviços e atração de clientela no país de domicílio do consumidor, aplicar-se-ão, necessariamente, as normas imperativas deste país, na proteção do consumidor, cumulativamente àquelas do foro e à lei aplicável ao contrato ou relação de consumo".

Em relação aos delitos cometidos através da Internet, Bruno Miragem igualmente considera como critério mais adequado para conectar a questão a uma determinada lei o lugar do domicílio da vítima, que serve igualmente para a identificação do local do dano, sobretudo quando relativo à pessoa, cuja ofensa produz prejuízos diretamente no local em que ela esteja. Aproxima-se, assim, da regra da lei mais apropriada ao dano ("*proper law of the tort*"), concebida pelo direito norte-americano.[59]

3.3 CONTRATOS DE ADESÃO

Tendo o seu conteúdo pré-constituído por uma das partes, as formas contratuais em estudo aparecerão normalmente associadas à figura do contrato de adesão, caracterizada, segundo Orlando Gomes,[60] à medida que

> "uma das partes tem de aceitar, em bloco, as cláusulas estabelecidas pela outra, aderindo a uma situação contratual que se encontra definida em todos os seus termos. O consentimento manifesta-se como simples adesão a conteúdo preestabelecido da relação jurídica".

É o contrato de adesão marcado, basicamente, pela ausência de uma possível discussão prévia acerca do seu conteúdo, devendo ser as respectivas cláusulas, em bloco, aceitadas ou rechaçadas.[61] A situação contratual, na integralidade dos seus pontos fundamentais ou em quase todos eles, se encontra antecipadamente estabelecida.[62]

Dentre suas principais características, devem ser destacadas, na exegese de Serpa Lopes, a simplificação no modo de consentir, a desigualdade entre as partes contratantes, a intervenção do Estado, a oferta ao público firme e irrevogável e o predomínio do serviço público[63] – este último, ligado às empresas públicas e concessionárias de serviços públicos, seja no emprego dos contratos de adesão nas relações diretas entre o Poder Público e os respectivos consumidores,

---

[59] MIRAGEM, Bruno. Responsabilidade por danos na sociedade da informação e proteção do consumidor: desafios atuais da regulação jurídica da Internet. *Revista de Direito do Consumidor*, São Paulo, v. 70, p. 69, abr./jun. 2009.
[60] GOMES, Orlando. *Contratos*. 18. ed. Atualização e notas de Humberto Theodoro Junior. Rio de Janeiro: Forense, 1998. p. 109.
[61] DÍEZ-PICAZO, Luis; GULLÓN, Antonio. *Sistema de derecho civil*. Madrid: Tecnos, 2000. v. II, p. 73.
[62] LOPES, Miguel Maria de Serpa. *Curso de direito civil*. Rio de Janeiro: Freitas Bastos, 1996. v. III, p. 221.
[63] LOPES, Miguel Maria de Serpa. *Curso de direito civil*. Rio de Janeiro: Freitas Bastos, 1996. v. III, p. 222.

seja quando o ente estatal predispõe as cláusulas dos contratos que serão oferecidos pelos concessionários aos consumidores.[64]

Dentre as suas principais vantagens, deve ser destacada a rapidez da sua adaptação a novas situações, bastando, para cada caso, a elaboração de um novo contrato modelo, a ser impresso em formulário próprio. Por outro lado, sua utilização facilita a inclusão de cláusulas abusivas, de modo a assegurar vantagens unilaterais e excessivas para o fornecedor que se vale de tal meio de contratação.[65]

Em matéria de interpretação dos contratos de adesão, duas linhas mestras devem ser necessariamente observadas. Em primeiro lugar, o contrato deve ser interpretado, especialmente no tocante às suas cláusulas dúbias, contra aquele que redigiu o instrumento,[66] como prevê o art. 1.370 do Código Civil italiano, ou, de modo contrário, mas em consonância, em favor do aderente, como prevê o art. 423 do Código Civil brasileiro.

Em segundo lugar, as cláusulas porventura acertadas individualmente devem prevalecer sobre aquelas impressas ou uniformes, como é o caso, por exemplo, da cláusula inserida à máquina ou à mão – circunstância essa que não descaracteriza o contrato como sendo de adesão –, que deve derrogar as outras cláusulas do formulário padrão[67] (art. 1.342 do Código Civil italiano).

Situa-se o contrato de adesão como modalidade das chamadas *condições gerais dos contratos*,[68] contendo regulação não só para um caso concreto, como para toda uma generalidade de casos e para um número indeterminado de negócios, só adquirindo vigência quando o aceitante a elas se submete. Este é, portanto, obrigado a contratar, submisso ao que se lhe impuser.[69]

O meio é largamente utilizado nos chamados contratos de massa, tornando-se mais racionalizada a atividade empresarial e simplificando-se, portanto, o curso dos negócios, tendo sido editada toda uma legislação intervencionista com o objetivo de impedir o abuso da posição dominante no mercado, como a Lei nº 8.884/84 (Lei Antitruste), além do próprio Código de Defesa do Consumidor (Lei nº 8.078/1990).

Será sempre possível, no caso da contratação eletrônica de consumo via Internet, evitar a incidência do contrato de adesão, dando ao cliente a oportunidade de propor um texto alternativo, ou a modificação de algumas cláusulas, o que poderia ocorrer até mesmo mediante a introdução de outro botão junto àquele relativo à aceitação pura e simples das cláusulas, remetendo a um formulário específico para a proposta de um texto alternativo.

Porém, a própria dinâmica da contratação eletrônica, baseada, de um lado, na posição de força em que comumente negociam os empresários, bem como, de outro, na alta frequência dos negócios celebrados e pela contratação não ponderada e pelo consumo compulsivo, impede, na maioria dos casos, um processo de negociação em tais moldes.[70]

Logo, prevalecerá, como regra geral, a figura do contrato de adesão, especialmente na hipótese de quantidade escassa do produto oferecido.

---

[64] MARQUES, Claudia Lima. *Contratos no Código de Defesa do Consumidor*. 3. ed. São Paulo: Revista dos Tribunais, 1999. p. 54-55.

[65] MARQUES, Claudia Lima. *Contratos no Código de Defesa do Consumidor*. 3. ed. São Paulo: Revista dos Tribunais, 1999. p. 58.

[66] MARQUES, Claudia Lima. *Contratos no Código de Defesa do Consumidor*. 3. ed. São Paulo: Revista dos Tribunais, 1999. p. 57.

[67] MARQUES, Claudia Lima. *Contratos no Código de Defesa do Consumidor*. 3. ed. São Paulo: Revista dos Tribunais, 1999. p. 57.

[68] GOMES, Orlando. *Transformações do direito das obrigações*. 2. ed. São Paulo: Revista dos Tribunais, 1980. p. 78. LARENZ, Karl. *Derecho de Obligaciones*. Trad. Jaime Santos Briz. Madrid: Editorial de Derecho Privado, 1958. t. 1, p. 127.

[69] LOPES, Miguel Maria de Serpa. *Curso de direito civil*. Rio de Janeiro: Freitas Bastos, 1996. v. III, p. 222.

[70] RIBAS ALEJANDRO, Javier. *Aspectos jurídicos del comercio electrónico en internet*. Navarra: Aranzadi, 1999. p. 80.

Como modalidade particular de contratos de adesão, no campo da contratação eletrônica, impende destacar as chamadas licenças *clickwrap* (*"clickwrap agreements"* ou *"point-and-click agreements"*), usualmente submetidas à concordância do usuário do produto ou serviço, contendo cláusulas acerca da sua prestação, sendo assim denominadas, pois sua validade se baseia no ato de apertar o botão de aceitação (frequentemente por intermédio do *mouse*), guardando grande similitude para com as licenças *shrinkwrap* utilizadas na comercialização de *software*, nas quais a aceitação ocorre no ato da abertura da embalagem que contém os suportes físicos onde se encontra o programa.[71]

A solução do problema da sua admissibilidade enquanto manifestação de vontade, no âmbito do Direito Comparado, parece apontar para sentidos diferentes.

No Reino Unido, no caso *Beta v. Adobe* (1996), precedente jurisprudencial objeto de fortes críticas na doutrina,[72] entendeu a *Court of Session*[73] escocesa que a licença de plástico seria apenas uma condição imposta pelo titular de direitos ao contrato de compra e venda das cópias do *software*, sendo insuficiente, por si só, à celebração do contrato, cuja validade não seria de modo algum afetada.

Já nos Estados Unidos, um caso considerado pioneiro em sede de validade e caráter vinculante das manifestações de vontade formuladas a partir de tais licenças é o *Hotmail v. Van$ Money Pie Inc.*, julgado pela Suprema Corte do Estado da Califórnia (1997), tendo sido os réus condenados em razão do envio de *e-mails* não solicitados, a partir das caixas de correio eletrônico da *Hotmail*, cujo contrato com os réus incluía uma cláusula proibindo o *spam*.[74]

No caso, os réus enviaram milhares de *e-mails* falsificados, contendo o próprio endereço do *Hotmail*, bem como seu nome de domínio e sua marca, diante do que parecia ter sido o *e-mail* enviado pela própria *Hotmail*, anunciando, dentre outras coisas, pornografia, produtos do tipo "*get rich quick*" e *softwares* visando à sobrecarga de caixas postais eletrônicas.[75]

Além da dita quebra de contrato, encontrava-se em jogo a própria reputação da empresa *Hotmail*, além de custos materiais, em virtude da sobrecarga do sistema, diante disso, a empresa obteve uma injunção proibindo os réus de utilizarem seus serviços de correio eletrônico para a produção de *spam*.

Baseou-se o pedido da *Hotmail*, basicamente, no descumprimento das condições gerais de contratação que foram aceitas pela parte ré ao contratar sua conta de correio eletrônico, a partir da apresentação de um texto contendo as cláusulas relativas à forma de prestação do serviço, juntamente com uma tela em que aparece o texto com as inscrições "*Aceitar*", "*OK*" ou "*Estou de acordo*".[76]

Em matéria de licenças *shrinkwrap*, tidas como precursoras do *clickwrap*, é de se destacar, no sentido da sua admissibilidade, o precedente *ProCD Inc. v. Zeidenberg* (1996), oriundo do Wisconsin e julgado em última instância pela *United States Court of Appeals for the Seventh*

---

[71] RIBAS ALEJANDRO, Javier. *Aspectos jurídicos del comercio electrónico en internet*. Navarra: Aranzadi, 1999. p. 87.
[72] MACQUEEN, Hector. Software transactions and contract law. *In*: EDWARDS, Lilian; WAELDE, Charlotte (coord.). *Law and the internet*: regulating cyberspace. Oxford: Hart, 1997. p. 123. PEREIRA, Alexandre Libório Dias. *Comércio electrónico na sociedade da informação*: da segurança técnica à confiança jurídica. Coimbra: Almedina, 1999. p. 107.
[73] Trata-se, na Escócia, da corte superior de lei e equidade à qual cabe a jurisdição civil em geral (cf. IVAMY, E. R. Hardy. *Mozley's & Whitleley's law dictionary*. London: Butterworks, 1993. p. 69).
[74] Cf. RAYSMAN, Richard; BROWN, Peter. Clickwrap license agreements. *New York Law Journal*, p. 3-4, 11 ago. 1998. Disponível em: http://www.law.com/jsp/nylj/index.jsp?. Acesso em: 27 jan. 2009.
[75] RAYSMAN, Richard; BROWN, Peter. Clickwrap license agreements. *New York Law Journal*, p. 3-4, 11 ago. 1998. Disponível em: http://www.law.com/jsp/nylj/index.jsp?. Acesso em: 27 jan. 2009.
[76] RIBAS ALEJANDRO, Javier. *Aspectos jurídicos del comercio electrónico en internet*. Navarra: Aranzadi, 1999. p. 87.

Circuit, fundado basicamente na circunstância de que as condições da licença tinham sido levadas ao conhecimento do adquirente antes da conclusão da venda.

A reforma que vem sendo empreendida no *Uniform Commercial Code* norte-americano, de modo a regular os negócios celebrados por meios eletrônicos, inclui a proposta de adição da § 2B-308(2), nos termos do qual, numa transação mercantil em massa, a menos que outra coisa seja acordada, uma obrigação ou limitação razoavelmente comunicada na embalagem do produto ou de qualquer modo antes do pagamento do preço da licença, ou que foi parte na descrição do produto, é considerada integrante do contrato. A proposta, portanto, afirma a validade das chamadas licenças de plástico enquanto meio de apresentação das condições do contrato antes mesmo da sua celebração.

Outrossim, a atual redação do § 2-204(1) já abrange tais manifestações de vontade,[77] ao dispor que um contrato de venda de bens pode ser celebrado de qualquer maneira suficiente a demonstrar o consentimento, inclusive a própria conduta das partes ao reconhecer a existência de tal negócio.

Trata-se, pois, de contratos de adesão, na medida em que pressupõem a simples concordância do consumidor em face de cláusulas gerais predeterminadas ou pré-elaboradas pelo fornecedor, de modo a uniformizar a disciplina de todos os contratos a serem celebrados no futuro, sendo-lhes indiferente a negociação individual.[78]

Na redação original da proposta de Diretiva sobre comércio eletrônico da CEE, que finalmente se converteria na Diretiva nº 2000/31, eram contempladas as licenças *clickwrap*, em seu art. 11, o qual previa que, nos casos em que o destinatário do produto ou serviço não tenha alternativa senão clicar um ícone de sim ou não para aceitar uma proposta concreta feita por um prestador, o contrato se reputa celebrado quando o consumidor tiver recebido do prestador, por via eletrônica, o aviso de recebimento da sua aceitação, tendo, outrossim, confirmado a recepção desse aviso.

Quando da aprovação da redação final da Diretiva, tal disposição seria inexplicavelmente suprimida do respectivo texto, passando o art. 11 a regular as encomendas efetuadas exclusivamente por meios eletrônicos, hipótese em que cabe ao prestador de serviços o dever de acusar a recepção da encomenda por parte do destinatário, sem atraso injustificado e por meios eletrônicos.

3.4 IDENTIFICAÇÃO DAS PARTES. OS NOMES DE DOMÍNIO. O ESTABELECIMENTO VIRTUAL

Inicialmente, após a verificação da capacidade das partes, na forma dos arts. 3º e 4º do Código Civil brasileiro, atentar-se-á à sua identificação, o que, assim como se dá normalmente para o Direito, na atribuição de titularidades, terá lugar por intermédio de sinais tais quais o nome e o endereço, só que numa perspectiva singular, falando-se, assim, no nome e no endereço eletrônicos, na medida em que as partes contratantes não se encontram fisicamente presentes.[79]

O endereço IP (*"Internet Protocol"*) identifica os computadores conectados à rede, podendo ser fixo, como no caso dos órgãos governamentais e empresas, ou não, como é o caso dos usuários com conexão discada ou até de banda larga, que recebem seus IPs no momento em que se conectam à Internet por meio dos provedores de acesso.

---

[77] RAYSMAN, Richard; BROWN, Peter. Clickwrap license agreements. *New York Law Journal*, p. 5, 11 ago. 1998. Disponível em: http://www.law.com/jsp/nylj/index.jsp?. Acesso em: 27 jan. 2009.

[78] PEREIRA, Alexandre Libório Dias. *Comércio electrónico na sociedade da informação*: da segurança técnica à confiança jurídica. Coimbra: Almedina, 1999. p. 108-109.

[79] ITAENU, Olivier. *Internet et le droit*: aspects juridiques du commerce électronique. Paris: Eyrolles, 1996. p. 55.

O número IP é composto de quatro partículas decimais, denominadas octetos, em que cada conjunto de até seis algarismos representa 8 bits do endereço, como, por exemplo, 128.6.4.194. Em virtude da multiplicação de dispositivos conectados à rede e da consequente exaustão dos endereços de IP na versão 4 (IPv4), foi desenvolvido o IPv6, a sexta versão, não sendo mais representado por algarismos decimais, mas hexadecimais, os quais variam de 0000 a FFFF, alocando os 128 bits em 8 grupos de 16 bits.[80]

No caso do usuário, o endereço ou nome de domínio se apresenta correlacionado a determinada instituição ou provedor. É o caso, por exemplo, gmmartins@openlink.com.br, de sorte que "gmmartins" designa o titular respectivo, "openlink.com" se refere ao provedor que o abriga, "br" diz respeito à localização do dito provedor (no caso, no Brasil, assim como as partículas "it" e "fr" se referem, respectivamente, à Itália e França), e "openlink.com.br" é a denominação do domínio, ou seja, o registro único de um nome na Internet, permitindo sua utilização em endereços de *sites* e *e-mails*.

Consiste o nome de domínio em um indicador de endereço alfanumérico que associa o respectivo titular a um protocolo da Internet,[81] constituindo-se pelo emprego de partículas tais quais. com (o qual designa instituições comerciais),.org (organizações não governamentais),. gov (entes governamentais),.edu (estabelecimentos acadêmicos) e.mil (redes militares), as quais permanecem desde os tempos da ARPANET, sendo conhecidas pela denominação TLD (*Top-level domain names*),[82] tendo sido posteriormente adotadas outras denominações, tais quais.net (provedores de serviços de comunicação).[83]

O nome de domínio ainda enseja dúvidas em relação à sua natureza jurídica.[84]

Segundo a corrente majoritária, vem sendo interpretado como uma espécie de marca – ou seja, como sinal distintivo que designa dado produto, mercadoria ou serviço, sendo passível de tutela por meio da legislação de marcas e patentes –, sendo que, consoante a regulação dada à matéria pelas Resoluções 1 e 2 do Comitê Gestor Internet do Brasil, ambas de maio de 1998, é adotada a regra, já consagrada no direito norte-americano, do "*first come, first serve*", de modo que a primeira pessoa que requerer o registro do nome, independentemente da existência de uma marca já registrada, será tida como titular dessa marca.[85] No entanto, como tem sido estabelecido na jurisprudência, o critério da anterioridade não pode ser tomado isoladamente.[86]

---

[80] HUGHES, Lawrence E. *Third generation internet revealed*: reinventing computer networks with IPv6. Texas: Apress Press, 2022. p. 6-7.

[81] SMITH, Graham J. *Internet Law and Regulation*. London: Law and Tax, 1997. p. 47.

[82] TERRETT, Andrew. A Lawyer's introduction to the Internet. *In*: EDWARDS, Lilian; WAELDE, Charlotte (coord.). *Law and the internet*: regulating cyberspace. Oxford: Hart, 1997. p. 16.

[83] Disponível em: http://www.cg.org.br/regulamentação. NIGRI, Deborah Fisch; GANDELMAN, Silvia. Aspectos legais sobre o registro de nome de domínio na Internet; Resoluções MICT/SPIA 1 e 2, de 15-4-98. *Doutrina ADCOAS*, Rio de Janeiro, v. 12, p. 453, dez. 1998.

[84] Segundo Ivo Chaitz Scherkerkewitz, "existem três correntes sobre o tema: a) considera-se o nome de domínio similar a um signo distintivo de propriedade intelectual (marca ou nome comercial), aplicando-se a legislação relativa à propriedade intelectual; b) outra corrente considera o nome de domínio uma manifestação atípica dos signos distintivos tradicionais, constituindo manifestações não previstas (e não protegidas) pela legislação de direito de propriedade intelectual; c) a terceira corrente qualifica o nome de domínio como um signo distintivo *sui generis*, podendo ser protegido, de algum modo, pela legislação de direito de propriedade intelectual" (SCHERKERKEWITZ, Ivo Chaitz. *Direito e internet*. São Paulo: Revista dos Tribunais, 2014. p. 31).

[85] NIGRI, Deborah Fisch; GANDELMAN, Silvia. Aspectos legais sobre o registro de nome de domínio na Internet; Resoluções MICT/SPIA 1 e 2, de 15-4-98. *Doutrina ADCOAS*, Rio de Janeiro, v. 12, p. 455, dez. 1998.

[86] STJ, REsp 658.789-RS, 3ª T., Rel. Villas Bôas Cueva, j. 05.09.2013: "AÇÃO DE ABSTENÇÃO DE USO. NOME EMPRESARIAL. MARCA. Nome de domínio na Internet. Registro. Legitimidade. Contestação. Ausência de má-fé. Divergência jurisprudencial não demonstrada. Ausência de similitude fática. 1. A anterioridade do registro no nome empresarial ou da marca nos órgãos competentes não assegura, por si só, ao seu titular o direito de exigir a abstenção de uso do nome de domínio na rede mundial de computadores (Internet) registrado por

Ficam excluídos apenas palavras de baixo calão, nomes reservados mantidos pelo Conselho Gestor e FAPESP (Fundação de Amparo à Pesquisa do Estado de São Paulo, entidade essa que, por delegação do Comitê Gestor, vem exercendo as atividades de registro) e nomes que representem conceitos predefinidos na rede, podendo induzir o usuário em erro, como "Internet",[87] bem como nomes que representem marcas de alto renome ou notoriamente conhecidas, os quais configuram nomes não registráveis, consoante o art. 2º, III, b do Anexo I da Resolução nº 1.[88]

É vedado o registro de domínio que induza terceiros a erro, devendo ser protegida a confiança, necessária ao bom funcionamento da Internet, além de se evitar o favorecimento da concorrência desleal.[89]

A partir de 14 de junho de 2006, a atribuição de funções administrativas relativas ao domínio [br], assim como a execução do registro de nomes de domínio e a alocação de endereços IP, passou ao núcleo de informação e coordenação do Ponto BR-NICbr, conforme a Resolução nº 1, de 21.10.2005, publicada no Diário Oficial da União de 14.06.2006.

O registro de nomes de domínio no Brasil é atualmente regulado pelas Resoluções nº 08/2008 e nº 31/2017, ambas do Comitê Gestor da Internet.

O computador, uma vez ligado à rede, recebe, portanto, um número denominado IP (*Internet Protocol*), que o identifica e o distingue de todos os demais. No caso da conexão feita por meio de um provedor de acesso, tal endereço é dinâmico, mudando a cada vez que o usuário se conectar ao provedor, eis que aquele IP pertence ao próprio provedor, o qual pode livremente delegá-lo a qualquer de seus clientes.[90]

Já na hipótese de ligação permanente à Internet, como geralmente ocorre em grandes empresas e universidades, o computador conectado terá seu próprio IP, através do qual pode

---

estabelecimento empresarial que também ostenta direitos acerca do mesmo signo distintivo. 2. No Brasil, o registro de nomes de domínio é regido pelo princípio *'first come, first served'*, segundo o qual é concedido o domínio ao primeiro requerente que satisfizer as exigências para o registro. 3. A legitimidade do registro do nome de domínio obtido pelo primeiro requerente pode ser contestada pelo titular de signo distintivo similar ou idêntico anteriormente registrado – seja nome empresarial, seja marca. 4. Tal pleito, contudo, não pode prescindir da demonstração da má-fé, a ser aferida caso a caso, podendo, se configurada, ensejar inclusive o cancelamento ou transferência do nome de domínio e a responsabilidade por eventuais prejuízos. 5. No caso dos autos, não é possível identificar nenhuma circunstância que constitua sequer indício de má-fé na utilização do nome pelo primeiro requerente do domínio. 6. A demonstração do dissídio jurisprudencial pressupõe a ocorrência de similitude fática entre o acórdão atacado e os paradigmas. Recurso especial principal não provido e recurso especial adesivo prejudicado".

[87] TERRETT, Andrew. A Lawyer's introduction to the Internet. *In*: EDWARDS, Lilian; WAELDE, Charlotte (coord.). *Law and the internet*: regulating cyberspace. Oxford: Hart, 1997. p. 16.

[88] Disponível em: http://www.cgi.br/regulamentação/anexo1.htm. Acesso em: 27 jan. 2009.

[89] TJ-SP, Ap. 0033665-64.2011.8.26.0-602-Sorocaba. 2ª Câmara Reservada de Direito Empresarial, j. 19.08.2013, Rel. Des. José Reynaldo: "Título de estabelecimento e propriedade industrial. Registro na Internet de nome de domínio idêntico ao do título de estabelecimento registrado e à marca depositada junto ao INPI, o qual não guarda qualquer relação com o nome empresarial ou título do estabelecimento do titular do domínio. Concessão do registro de domínio na Internet efetuada pela precedência, devendo a escolha ser realizada adequadamente pelo requerente, que deve declarar que o nome escolhido não desrespeita a legislação em vigor. Art. 1º, *caput* e parágrafo único da Resolução 08/2008 do CGI.br. Proteção conferida ao nome empresarial, título de estabelecimento e marca. Arts. 33 e 35, V da Lei 8.934/94, 1163 do CC e art. 3º, parágrafo segundo da Lei 6.404/76. Direitos de propriedade sobre a marca concedidos tanto ao titular do registro como ao depositante. Arts. 129 e 130 da Lei 9.279/96. Vedação à utilização da marca depositada pela autora. Cancelamento do domínio da Internet determinada".

[90] DONEDA, Danilo. *Correio eletrônico (e-mail) e o direito à privacidade na Internet*. Dissertação apresentada ao Programa de Pós-Graduação em Direito da Universidade do Estado do Rio de Janeiro como requisito para obtenção do título de mestre (*mimeo*). Rio de Janeiro, 1999. p. 80.

ser acessado por outrem, sendo que o nome de domínio resulta da tradução do respectivo número para uma designação em caracteres alfanuméricos.[91]

O endereço eletrônico, portanto, é composto por códigos numéricos de acesso, os quais são voláteis e facilmente interceptáveis e alteráveis, o que facilita a usurpação de identidade, a qual, por outro lado, é de difícil prova;[92] o consumo eletrônico, assim, não está livre de pessoas que se utilizem de nomes e endereços regularmente atribuídos – porém, que não lhes pertencem.

Neste ponto, deve ser considerada a ausência de *"qualquer traço de cunho personalíssimo (como é a assinatura para o documento escrito) que possa ligar, sem sombra de dúvida, o autor à obra"*.[93] O código representa, de certa maneira, um caractere distintivo, até mesmo pelo fato de, ao contrário do nome, ser em princípio desconhecido de terceiros.[94]

De qualquer modo, a constatação ou atribuição de um nome ou endereço tem o seu controle sujeito a uma autoridade, normalmente ligada ao Poder Público, no caso brasileiro, o Comitê Gestor da Internet, cujas atribuições se encontram previstas no art. 1º da Portaria Interministerial nº 147, de 31 de maio de 1995, firmada pelos Ministérios das Comunicações e da Ciência e Tecnologia, em se tratando de um órgão legitimado pela Administração Pública a acompanhar o provimento de serviços da Internet no País, estabelecendo recomendações, pareceres e padrões técnicos e inclusive éticos, enquadrando-se seus integrantes na categoria de "particulares em colaboração com o poder público",[95] o que não chega a diminuir os riscos de usurpação, até mesmo pelo caráter descentralizado e democrático da rede.

Porém, ocorre que, mesmo com a identificação do terminal, através de um número IP (*Internet Protocol*), não se resolve a questão da autoria, pois este pode ser de outra pessoa que não aquela que realmente efetuou a operação. Uma senha ou um código secreto servem para identificar o usuário credenciado no provedor, mas não a própria pessoa que tenha efetuado a operação.[96]

Tais riscos são reduzidos, em princípio, pelo uso das técnicas de assinatura digital e pelos certificados digitais, já abordados no segundo capítulo deste livro, ou até mesmo por reconhecimento facial e outros tipos de identificação biométrica.

Indaga-se sobre a autonomia do chamado "estabelecimento virtual".

Consoante o art. 1.142 do Código Civil,[97] estabelecimento é "todo complexo de bens organizado, para o exercício da empresa, por empresário, ou por sociedade empresária". Logo,

---

[91] DONEDA, Danilo. *Correio eletrônico (e-mail) e o direito à privacidade na Internet*. Dissertação apresentada ao Programa de Pós-Graduação em Direito da Universidade do Estado do Rio de Janeiro como requisito para obtenção do título de mestre (*mimeo*). Rio de Janeiro, 1999. p. 80. Nas palavras do autor, "[...] assim, um computador acessível através de um número de IP como 'http://152.92.117.13' [...] pode ser endereçado como 'http://fdir.uerj.br', facilitando a associação e a manuseabilidade da rede".

[92] ITAENU, Olivier. *Internet et le droit*: aspects juridiques du commerce électronique. Paris: Eyrolles, 1996. p. 64.

[93] LIMA NETO, José Henrique Barbosa Moreira. Aspectos jurídicos do documento eletrônico. p. 4. Disponível em: https://jus.com.br/artigos/1780/aspectos-juridicos-do-documento-eletronico. Acesso em: 23 jan. 2009.

[94] ITAENU, Olivier. *Internet et le droit*: aspects juridiques du commerce électronique. Paris: Eyrolles, 1996. p. 71.

[95] NIGRI, Deborah Fisch; GANDELMAN, Silvia. Aspectos legais sobre o registro de nome de domínio na Internet; Resoluções MICT/SPIA 1 e 2, de 15-4-98. *Doutrina ADCOAS*, Rio de Janeiro, v. 12, p. 455, dez. 1998.

[96] DE LUCCA, Newton. Títulos e contratos eletrônicos; o advento da informática e seu impacto no mundo jurídico. In: DE LUCCA, Newton; SIMÃO FILHO, Adalberto (coord.). *Direito & Internet*: aspectos jurídicos relevantes. São Paulo: Edipro, 2001. p. 59-60: "Considera-se, por causa disso, a possibilidade de fazer-se a leitura sensível, por máquinas ou caixas eletrônicos, da impressão digital da própria pessoa. Como se sabe, a impressão digital é variável de pessoa para pessoa, possibilitando-se, com o seu prévio registro e posterior leitura pelo computador, maior segurança no sistema".

[97] O art. 1.142 teve três parágrafos acrescentados pela Lei nº 14.382, de 27 de junho de 2022:
"Art. 1.142. [...]
§ 1º O estabelecimento não se confunde com o local onde se exerce a atividade empresarial, que poderá ser físico ou virtual.

o estabelecimento é o conjunto de bens organizados para o exercício de atividade econômica, isto é, o complexo de bens reunidos para a prática de uma atividade econômica organizada titularizada pelo empresário ou por uma sociedade empresária, ou titularizada pelo empresário na sua forma singular ou coletiva.[98]

O Código Civil distinguiu: a) o empresário ou a sociedade empresária, que desenvolve, profissionalmente, uma atividade econômica organizada (art. 966); b) a empresa, que é a atividade econômica organizada para a produção ou a circulação de bens ou de serviços (art. 966, *in fine*); c) o estabelecimento, que é o complexo de bens que o empresário ou a sociedade empresária dispõe, organizadamente, para o exercício da atividade empresarial. É no conceito de estabelecimento que se insere a noção do local onde o empresário desempenha a sua atividade. Isto é, o local – seja ele físico ou eletrônico – não é o estabelecimento empresarial em si, mas dele faz parte.[99]

Assim, a página que o fornecedor mantém na Internet integra o conjunto de bens mencionado no conceito legal de estabelecimento, isto é, o *site* não é o estabelecimento em si.

O estabelecimento empresarial não se confunde com a empresa, que é a atividade empresarial desenvolvida seja no estabelecimento ou fora dele. O estabelecimento é a reunião, de forma organizada, de todos os instrumentos voltados ao desenvolvimento da atividade empresarial e à obtenção de lucro. Estão dentro desse conceito os bens corpóreos, como a sede da empresa, o terreno, o depósito, o maquinário, a matéria-prima. São bens incorpóreos a marca, o nome empresarial, a patente, o ponto comercial e o direito de renovação compulsória do contrato de locação.

Segundo Fábio Ulhoa Coelho, para se examinar o conceito de estabelecimento empresarial virtual deve ser realizado um paralelo entre o mundo físico e o mundo virtual. Fazendo-se esse paralelo, o autor determina que "a venda de produtos ou prestação de serviços por meio da rede mundial de computadores pode ser, agora, considerada mais um canal de venda, que integra o estabelecimento empresarial". O autor continua: "Muitas vezes esse canal de vendas pode agregar considerável valor ao estabelecimento empresarial; ou até mesmo representar o único de seus elementos realmente valioso".[100]

---

§ 2º Quando o local onde se exerce a atividade empresarial for virtual, o endereço informado para fins de registro poderá ser, conforme o caso, o endereço do empresário individual ou o de um dos sócios da sociedade empresária.

§ 3º Quando o local onde se exerce a atividade empresarial for físico, a fixação do horário de funcionamento competirá ao Município, observada a regra geral prevista no inciso II do *caput* do art. 3º da Lei nº 13.874, de 20 de setembro de 2019".

[98] Tal conceito legal inspira-se no conceito de *azienda* do art. 2.555 do Código Civil italiano de 1942, que a define como "o complexo de bens organizados pelo empresário para o exercício da empresa".

[99] PACHECO, José da Silva. Do estabelecimento empresarial em face do novo Código Civil. *ADV Advocacia Dinâmica*: boletim informativo semanal, São Paulo, v. 23, n. 28, p. 417, jul. 2003.

[100] COELHO, Fábio Ulhoa. Direitos do consumidor no comércio eletrônico. p. 10. Disponível em: http://www.ulhoacoelho.com.br/pt/art.s/doutrina/54-direitos-do-consumidor-no-comercio-letronico.html. Acesso em: 1 ago. 2010. Nas palavras do autor: "Na segunda metade dos anos 1990, quando a *internet* começou a ser utilizada para vender mercadorias, diversas questões inéditas foram suscitadas pelo nascente comércio eletrônico. Naquele tempo, pareceu bastante útil o estabelecimento de paralelos entre o mundo físico e o virtual. Na medida em que a comunidade jurídica pudesse enfrentar as questões então propostas confortavelmente alicerçadas em conceitos tradicionais, isso ajudaria na formulação das respostas reclamadas.

O conceito de estabelecimento virtual deve ser examinado nesse contexto. Foram extremamente úteis sua elaboração e difusão nos momentos em que a novidade do comércio eletrônico ainda recomendava o estabelecimento de paralelos confiáveis, aptos a situassem os problemas num ambiente doutrinário mais conhecido dos profissionais do direito. Ao propor uma nova espécie de estabelecimento, o conceito permitia-lhes partir de uma referência teórica conhecida e já suficientemente desenvolvida.

Para o autor, o estabelecimento empresarial virtual ou digital está inserido no contexto dos bens incorpóreos que constituem o estabelecimento empresarial clássico, sendo, de fato, a sua extensão no ambiente digital.

O estabelecimento pertence à categoria dos bens móveis, transcendendo às unidades de coisas que o compõem e são mantidas unidas pela destinação que lhes dá o empresário, que deve ser classificado com o incorpóreo. O estabelecimento constitui, portanto, um bem incorpóreo, formado por um complexo de bens que não se fundem, mas mantêm unitariamente sua individualidade própria. Consoante o art. 112 do Projeto 1572/201 (Projeto de Código Comercial), o nome de domínio do empresário é elemento de seu estabelecimento.

O *site* é um elemento imaterial que compõe o estabelecimento, com o qual não se confunde. O que é virtual é o meio de acesso, e não o estabelecimento.[101] Logo, a imaterialidade ínsita ao estabelecimento virtual não se refere aos bens componentes, mas à acessibilidade.[102]

3.5 CONTRATOS CONEXOS DE CONSUMO VIA INTERNET: FORNECEDORES DE INTERMEDIAÇÃO E *SITES* DE COMPRAS COLETIVAS. A ECONOMIA COMPARTILHADA E O CASO DO UBER

Os contratos firmados entre os empresários enfeixam novas situações jurídicas e revelam posições contratuais diversas na relação de consumo. Se antes o produto ou serviço era fornecido, em regra, apenas pelo fornecedor imediato, a Internet possibilitou aos sujeitos da cadeia de fornecimento novas formas de atuar em relação aos consumidores.

A conexidade contratual nasce da autonomia da vontade ou de disposição legal expressa, de modo que as novas necessidades econômicas exigem a busca de formas contratuais distintas

---

Passada mais de uma década do surgimento do comércio eletrônico, talvez seja já o tempo de se descartar o conceito. A venda de produtos ou prestação de serviços por meio da rede mundial de computadores pode ser, agora, considerada mais um canal de venda, que integra o estabelecimento empresarial. Muitas vezes esse canal de vendas pode agregar considerável valor ao estabelecimento empresarial; ou até mesmo representar o único de seus elementos realmente valioso".

[101] KLEE, Antonia Espindola Longoni. *Comércio eletrônico*. São Paulo: Revista dos Tribunais, 2014. p. 227. Lembra a autora (p. 229-231) que "a existência do estabelecimento virtual não invalida a noção jurídica do estabelecimento empresarial físico já desenvolvida pelos doutrinadores. Assim, o estabelecimento virtual é apenas uma representação do estabelecimento empresarial estabelecido no mundo físico. O local de onde o empresário comanda e supervisiona as operações do *site* será o local incorporado ao estabelecimento empresarial sobre o qual recairão todas as regras jurídicas. Isso porque, embora o estabelecimento virtual pareça ter todas as características de um estabelecimento empresarial, ele não pode existir sem o local onde se encontra o seu suporte técnico. A sede da empresa, onde ela desenvolve a parte substancial de suas atividades, constante do contrato social registrado na Junta Comercial, é a sede do estabelecimento empresarial, local mais provável no qual se encontrarão os computadores, os móveis e outros utensílios que dão suporte existencial ao *site* e formam o conjunto de bens organizado que integra o estabelecimento comercial [...] A Internet configura um novo meio, permitindo a conexão de pessoas nas mais diversas situações, com os mais diversos propósitos. A inter-relação é de tal modo facilitada que se costuma falar em desterritorialização das relações celebradas por meio eletrônico, que estariam localizadas no *não território* da Internet. Certo é, entretanto, que ao final sempre haverá uma pessoa física, ou jurídica, devidamente constituída e administrada por pessoas naturais [...]. Seu domicílio, portanto, será o físico, ou real, e será identificado pelo ânimo definitivo ou centro vital de atividades, de acordo com o artigo 75, IV, do CC: 'o lugar onde funcionarem as respectivas diretorias e administrações, ou onde elegerem domicílio especial no seu estatuto ou atos constitutivos'. Tanto é assim que os tribunais têm aplicado o art. 49 aos contratos celebrados pela Internet, vez que é considerada uma relação celebrada fora do estabelecimento comercial".

[102] COELHO, Fábio Ulhoa. Direitos do consumidor no comércio eletrônico. p. 10. Disponível em: http://www.ulhoacoelho.com.br/pt/art.s/doutrina/54-direitos-do-consumidor-no-comercio-letronico.html. Acesso em: 1 ago. 2010.

dos tipos legais,[103] como expressão da autorregulação dos particulares, sempre que a operação for dotada de unidade e ordem, configurando verdadeiro sistema.

Trata-se de negócio de maior complexidade, possibilitado por uma série de contratos relacionados entre si, por meio da colaboração entre empresas, ante a necessidade de emprestar cobertura a um amplo leque de possibilidades trazidas pelo mercado globalizado.[104]

A vulnerabilidade do consumidor é, assim, cada vez mais evidenciada, trazendo-se novos desafios à sua tutela e demandando a necessidade de maior fortalecimento da sua proteção.[105]

Determinados provedores de Internet atuam como *sites* de intermediação de negócios relativos a produtos e serviços, exercendo atividade de aproximação de interessados na realização de negócios pela rede de computadores. Embora uma corrente jurisprudencial os equipare a um caderno de classificados de periódico,[106] a remuneração percebida, por percentual sobre o valor do negócio, taxas de utilização do serviço, ou em virtude da publicidade,[107] e a coordenação do estabelecimento das relações subjacentes, como as de consumo,[108] justificam sua responsabilização.[109]

A onda iniciada a partir de 2010 tem sido o direcionamento de publicidade em massa acerca das compras coletivas na Internet, o que enseja diversas preocupações, do ponto de vista do exercício do dever de informação dos fornecedores e tutela dos direitos fundamentais dos consumidores.

Vale transcrever algumas palavras de Claudia Lima Marques acerca das relações de consumo conexas ou acessórias, permitindo uma melhor compreensão do fenômeno:

> "Para a conexidade das relações a explicação é simples: na sociedade moderna por vezes as relações contratuais são tão conexas, essenciais, interdependentes e complexas que é impossível distingui-las, realizar uma sem a outra, deixar de realizá-las ou separá-las. E assim, se uma das atividades (ou fins) é de consumo acaba por 'contaminar', por determinar a natureza acessória de consumo da relação ou do contrato comercial [...]. Mister, pois estudar e estar ciente das redes de contratos, as redes de consumidores e os atuais

---

[103] FRÍAS, Ana Lopez. *Los contratos conexos*: estudio de supuestos concretos y ensayo de una construcción doctrinal. Barcelona: Jose Maria Bosch Editor, 1994. p. 21.

[104] ITURRASPE, Jorge Mosset. *Contratos conexos*. Buenos Aires: Rubinzal-Culzoni, 1999. p. 21.

[105] Para Carlos Nelson Konder, a legislação consumerista supriu muitas das deficiências decorrentes da concepção clássica do contrato individualmente considerado (em outras palavras, decorrentes da ausência de um reconhecimento jurídico dos contratos conexos), como a instituição de um regime *ex lege* de responsabilidade que permite ao consumidor acionar não apenas seu contratante direto, mas outros integrantes da cadeia contratual. Destaca, porém, o autor: "No entanto, outras situações permanecem a descoberto, impondo ainda a consagração da figura mesmo no âmbito das relações de consumo. É o caso, por exemplo, do crédito ao consumo: o consumidor impossibilitado de arcar com o custo do produto ou serviço cobrado pelo fornecedor é levado a realizar um financiamento; contudo, o contrato de financiamento é celebrado com outro sujeito (uma instituição financeira) e é supostamente independente da compra e venda – embora ambos persigam a finalidade de aquisição do bem" (Konder, Carlos Nelson. *Contratos conexos*. Rio de Janeiro: Renovar, 2006. p. 98-99).

[106] Nesse sentido, o seguinte acórdão: "Ação de rescisão de contrato, cumulada com indenização. Compra e venda celebrada pela Internet. Consumidor que teve acesso ao fornecedor por meio de um *pop up* contendo anúncio de um monitor LCD de 17 polegadas. Clicando nesse boxe, ele teve acesso ao Shopping UOL, que se apresenta como um serviço de busca de produtos e serviços, com regras gerais a serem observadas pelo usuário e também o 'Guia da Compra Segura', contendo cautelas a serem tomadas para evitar dissabores. Serviço que equivale aos classificados de um jornal ou revista. Consumidor que deixa de tomar esses cuidados. Recurso provido para julgar improcedente o pedido em relação à recorrente" (TJSP, Recurso 2.914, 3ª T. Civ., Rel. Des. Theodureto de Almeida Camargo Neto, j. 12.06.2008).

[107] MIRAGEM, Bruno. *Curso de direito do consumidor*. 3. ed. São Paulo: RT, 2012. p. 417-418.

[108] Veja: MUCELIN, Guilherme. *Conexão online e hiperconfiança*: os *players* da economia do compartilhamento e o direito do consumidor. São Paulo: Revista dos Tribunais, 2020.

[109] MIRAGEM, Bruno. *Curso de direito do consumidor*. 3. ed. São Paulo: RT, 2012. p. 417-418.

contratos coletivos ou sistêmicos. A união de contratos, seu encadeamento em redes, cadeias de fornecimento, formação de grupos de consumidores alvo é o novo meio que se utiliza o mercado para a satisfação de um interesse, o qual não se poderia realizar através das figuras típicas contratuais existentes e do modo de negociação e contratação clássico, mas que o encadeamento/simultaneidade de contratos permite". (g.n.).[110]

Os contratos de consumo na Internet não podem ser vistos isoladamente, verificando-se, na prática moderna, que os agentes econômicos tendem a se especializar em uma etapa da produção em que eles podem ser mais eficientes e deixar as demais para outros atores que nelas sejam mais hábeis, ou tenham recursos suficientes para atuar em outro segmento. O mercado regula-se eficientemente, formando-se assim a corrente contratual, a partir da variedade de agentes nos diferentes níveis da cadeia produtiva, cada um especializado, portanto, em uma tarefa.

A doutrina italiana usa o termo coligação (*contratti collegati*), ao passo que no Direito espanhol se designa tal figura a partir da conexidade (contratos conexos). Já no Direito francês, predomina a referência aos grupos de contratos (*groupes de contrats*).[111] Utiliza-se, na doutrina alemã, a referência aos contratos em rede (*Netzverträge*), sendo todas as expressões anteriores sinônimas, designando a situação na qual um contrato causa interferência no outro.[112]

Há uma importante classificação dentro da conexidade contratual ou dos contratos coligados,[113] podendo ser a operação, conforme o caso, voluntária ou necessária.

---

[110] Proposta de uma teoria geral dos serviços com base no Código de Defesa do Consumidor. *Revista de Direito Consumidor*. São Paulo, v. 33, p. 107, jan./mar. 2000.

[111] Acerca dos grupos de contratos, no Direito holandês, v. VON DONGEN, Sanne. Groups of contracts. An exploration of types and the archetype from a dutch legal perspective. *In*: SAMOY, Ilse; VON LOOS, Marco (coord.). *Linked contracts*. Cambridge: Intersentia, 2012.

[112] ITURRASPE, Jorge Mosset. *Contratos conexos*. Buenos Aires: Rubinzal-Culzoni, 1999. p. 22-26. KATAOKA, Eduardo Takemi. *A coligação contratual*. Rio de Janeiro: Lumen Juris, 2008. p. 4. FRÍAS, Ana Lopez. *Los contratos conexos*: estúdio de supuestos concretos y ensayo de una construcción doctrinal. Barcelona: Jose Maria Bosch Editor, 1994. p. 27 e ss. Segundo Claudia Lima Marques, "a conexidade é o fenômeno operacional econômico de multiplicidade de vínculos, contratos, pessoas e operações para atingir um fim econômico unitário e nasce da especialização das tarefas produtivas, da formação de redes de fornecedores no mercado e, eventualmente, da vontade das partes. Na doutrina, distinguem-se três tipos de contratos conexos de acordo com as suas características básicas se possuírem um fim unitário (elemento objetivo), se existe uma eventual vontade de conexão ou união (elemento subjetivo) ou se a conexão foi determinada por lei (compra e venda com financiamento do art. 52 do CDC, quais sejam: 1. Grupos de contratos, vários que incidem de forma paralela e cooperativa para a realização do mesmo fim. Cada contrato (por exemplo, contratos com um banco múltiplo popular e um consumidor com conta corrente) tem um objetivo diferente (cartão de extratos, crédito imediato limitado ao cheque especial, depósito bancário simples) mas concorrem para um mesmo objetivo (conta corrente especial do consumidor) e somente unidos podem prestar adequadamente; 2. Redes de contratos, em que cada contrato tem sucessivamente por objeto a mesma coisa, o mesmo serviço, o mesmo objeto da prestação. É a estrutura contratual mais usada pelos fornecedores ao organizar suas cadeias de prestação ao consumidor com fornecedores diretos e indiretos, como no caso do seguro-saúde, também usada nas colaborações entre fornecedores para a produção (e terceirizações) e distribuição no mercado. 3. Contratos conexos *stricto sensu* são aqueles contratos autônomos que, por visarem à realização de um negócio único (nexo funcional), celebram-se entre as mesmas partes ou entre partes diferentes e vinculam-se por esta finalidade econômica supracontratual comum, identificável seja na causa, no consentimento, no objeto ou nas bases do negócio. Assim, se a finalidade supracontratual comum é de consumo, todos os contratos são de consumo por conexidade ou acessoriedade" (MARQUES, Claudia Lima. Notas sobre o sistema de proibição de cláusulas abusivas no Código Brasileiro de Defesa do Consumidor [entre a tradicional permeabilidade da ordem jurídica e o futuro pós-moderno do Direito Comparado]. *Revista Trimestral de Direito Civil*, Rio de Janeiro, v. 1, p. 43-44, jan./mar. 2000).

[113] Francisco Paulo de Crescenzo Marino define os contratos coligados como "contratos que, por força de disposição legal, da natureza acessória de um deles ou do conteúdo contratual (expresso ou implícito), encontram-se em relação de dependência unilateral ou recíproca" (MARINO, Francisco Paulo de Crescenzo. *Contratos coligados no direito brasileiro*. São Paulo: Saraiva, 2010. p. 99).

A coligação voluntária dá-se quando as partes inserem cláusulas em um ou mais contratos, criando certas condições, no sentido de que determinados acontecimentos ligados a um deles produza efeitos jurídicos no outro.[114]

A coligação contratual pode ainda ser necessária, quando há imposição pela norma jurídica expressa (como é o caso da solidariedade instituída pelo art. 7º, parágrafo único, da Lei nº 8.078/1990), ou, em certos casos, pela tutela da boa-fé objetiva.[115]

Na reflexão de Nelson Nery Jr., os contratos intermediários, que serviam como ligação entre os negócios sucessivos perdem sua autonomia econômica, em benefício de um tratamento unitário, que leve em conta a linha negocial que vai de uma ponta a outra, do fabricante ao consumidor.[116]

A situação do provedor e do certificador, que figuram, portanto, como intermediários entre o fornecedor e o consumidor, enquadra-se na figura das "redes contratuais", definidas por Ricardo Luis Lorenzetti[117] como uma cadeia decorrente da união de contratos, tratando-se de um meio utilizado para a satisfação de um interesse que não poderia ser normalmente atingido por meio das figuras típicas existentes.

Ainda nas palavras do professor argentino, devem ser extremadas as "relações travadas, de um lado, entre os intermediários – participantes dos contratos que colaboram entre si, tendo em vista a prestação final –, bem como, do outro lado, tendo em vista o consumidor, em cuja função surgem as seguintes indagações: tais contratos se encontram relacionados entre si? É possível pensar que as vicissitudes de um deles se sujeitam à condição de que o(s) outro(s) se cumpram? Cabe a responsabilização dos intermediários, tendo em vista a celebração de contratos distintos em face de cada um destes?"[118]

Após a observação geral da complexidade e interdependência que envolvem as relações jurídicas contratuais na atualidade, faz-se necessário analisar algumas situações jurídicas específicas, com o escopo de destacar a posição de determinados agentes que fazem o papel de intermediadores, de nódulos das redes contratuais.

Em se tratando especificamente dos contratos que têm por objeto *bens e serviços consumíveis off-line*, em sua maioria, é possível trazer dois tipos específicos de relações jurídicas, quais sejam, os *sites* de leilão e a os chamados *sites* de compra coletiva.

Para tal, parte-se de um conceito que qualifique a situação jurídica dos contratantes que fornecem uma atividade de intermediação entre o consumidor final e o fornecedor imediato do produto ou serviço, fomentando a contratação através da Internet, justificando-se a incidência do Código de Defesa do Consumidor com relação a todos os envolvidos.

---

[114] KATAOKA, Eduardo Takemi. *A coligação contratual*. Rio de Janeiro: Lumen Juris, 2008. p. 23-24. Segundo o autor, "por exemplo, tem-se o caso de um banco que empresta dinheiro por meio de dois contratos de mútuo separados a uma pessoa, mas insere uma cláusula prevendo que o vencimento antecipado da obrigação em um deles faz com que o outro também se vença antecipadamente. A coligação, que é definida pela doutrina como sendo a possibilidade de um contrato influir em outro, aqui é estabelecida por força da vontade das partes".

[115] KATAOKA, Eduardo Takemi. *A coligação contratual*. Rio de Janeiro: Lumen Juris, 2008. p. 24-25. Porém, "nem toda 'coligação' economicamente considerada, isto é, fática, produzirá eficácia jurídica idêntica. Por outros termos, por vezes a existência de uma rede ou de uma cadeia contratual não ocasionará a eficácia jurídica de contaminação diante de perturbações da prestação ou inadimplemento".

[116] Aspectos da responsabilidade civil do fornecedor no Código de Defesa do Consumidor. *Revista do Advogado*, São Paulo, v. 33, p. 77, dez. 1990.

[117] Redes contractuales: conceptualización jurídica, relaciones internas de colaboración, efectos frente a terceros. *Revista de Direito do Consumidor*, São Paulo, v. 28, p. 24 e 27, out./dez. 1998.

[118] Redes contractuales: conceptualización jurídica, relaciones internas de colaboración, efectos frente a terceros. *Revista de Direito do Consumidor*, São Paulo, v. 28, p. 27, out./dez. 1998.

Quando existe a participação do *site* de intermediação não apenas na divulgação de produtos oferecidos por terceiros, mas também garantindo qualidade, procedência, pontuando e distinguindo os negociantes ali cadastrados, ou ainda assegurando/confirmando o pagamento realizado, sua atividade ultrapassa o mero veículo de anúncios, comparado a um caderno de classificados.[119]

Porém, faz-se mister distinguir a natureza da intermediação. Há situações em que o *site* participa da operação sem ter conhecimento do conteúdo do contrato a ser celebrado entre as partes, pois sua participação se direciona apenas à aproximação entre os potenciais interessados, sejam eles fornecedores profissionais ou pessoas físicas. É o caso dos *sites* de leilão virtual, que traduzem modelo de negócio diverso das compras coletivas, assim mencionados por Bruno Miragem:

> "Fornecedores de produtos e serviços anunciam em um determinado *site* de Internet determinada oferta cuja contratação deve se dar exclusivamente por meio do provedor, comprometendo-se a assegurar uma vantagem substancial (normalmente desconto no preço), sob a condição de que um determinado número de consumidores venha a celebrar o negócio".[120]

Independentemente do modelo de negócios do *site*, trata-se de atividade de aproximação de interessados no negócio, que pode ser qualificado como serviço, para os fins do art. 3º, § 2º, do CDC. A remuneração pode ser direta ou indireta, esta por meio da comercialização de espaços de publicidade no *site*. Logo, as vítimas de eventuais fraudes sofridas por meio do *site* fazem jus ao regime de responsabilidade por fato do serviço previsto no art. 14 da Lei nº 8.078/1990.[121]

Contudo, não pode ser imposto aos *sites* de intermediação um risco integral pelo descumprimento contratual ou fraude de terceiro, quando sua atividade se esgota na mera aproximação entre os possíveis contratantes, como no caso dos *sites* de leilão virtual (ao contrário da compra coletiva), que se limitam a disponibilizar o espaço ou plataforma para que terceiros (consumidores) adquiram bens dos respectivos fornecedores, mediante remuneração.

Assim elucida o civilista argentino Jorge Mosset Iturraspe:

> "A existência de um controle da prestação nos vínculos de colaboração autônoma cria, frente ao consumidor, uma aparência jurídica que pode obrigar o controlador a responder em virtude da boa-fé originada. No plano da responsabilidade, é admissível a regra: maior intervenção na prestação equivale a uma maior responsabilidade".[122]

No entanto, solução diversa se impõe caso haja falha imputável à sua atividade, como ocorreu na situação julgada pelo Superior Tribunal de Justiça no REsp 1.107.024-DF, julgado pela Min. Maria Isabel Gallotti, em 1º.12.2011, envolvendo a modalidade de pagamento denominada Mercado Pago.[123]

---

[119] MIRAGEM, Bruno. *Curso de direito do consumidor*. 2. ed. São Paulo: Revista dos Tribunais, 2010. p. 418. Nesse sentido, o Tribunal de Justiça do Rio Grande do Sul, no julgamento da Apelação Cível 70041956384, j. 10.11.2011, Rel. Des. Liege Puricelli Pires, assentou que, uma vez credenciado e avaliado positivamente no *site* de compras, não pode o usuário ser arbitrariamente descredenciado pelo provedor, sob pena de afetar sua credibilidade perante os demais participantes, dando causa a dano indenizável.

[120] MIRAGEM, Bruno. *Curso de direito do consumidor*. 2. ed. São Paulo: Revista dos Tribunais, 2010. p. 418.

[121] MIRAGEM, Bruno. *Curso de direito do consumidor*. 2. ed. São Paulo: Revista dos Tribunais, 2010. p. 420.

[122] ITURRASPE, Jorge Mosset. *Contratos conexos*. Buenos Aires: Rubinzal-Culzoni, 1999. p. 41.

[123] O julgado, a ser mais adiante referido, é assim ementado: "Direito do consumidor. Recurso especial. Sistema eletrônico de mediação de negócios. Mercado Livre. Omissão inexistente. Fraude. Falha do serviço. Responsabilidade objetiva do prestador do serviço".

O tema da responsabilidade dos intermediários é objeto de previsão no art. 111 do projeto do Código Comercial,[124] que não abrange as relações de consumo, mas apenas as relações entre empresários, usualmente denominadas B2B (*business to business*):

> "Art. 111. No sítio destinado apenas a viabilizar a aproximação entre potenciais interessados na realização de negócios entre eles, o empresário que o mantém não responde pelos atos praticados por vendedores e compradores de produtos ou serviços por ele aproximados, mas deve:
>
> I – retirar do sítio as ofertas que lesem direito de propriedade intelectual alheio, nas vinte e quatro horas seguintes ao recebimento de notificação emitida por quem seja comprovadamente o seu titular;
>
> II – disponibilizar no sítio um procedimento de avaliação dos vendedores pelos compradores, acessível a qualquer pessoa;
>
> III – cumprir o artigo anterior relativamente à política de privacidade".

Embora, via de regra, não se trate de relação de consumo, regida pelas disposições da Lei nº 8.078/1990, o dispositivo projetado choca-se com os deveres anexos, instrumentais ou laterais de conduta impostos pela boa-fé objetiva em matéria de conexidade contratual, não podendo ser a compra e venda final considerada negócio alheio ao fornecedor responsável pelo *site* de intermediação. A única preocupação do anteprojeto parece ter sido a de eventual lesão à propriedade intelectual alheia, ao estabelecer uma responsabilidade condicionada à notificação (*notice and take down*), desconsiderando por completo o paradigma solidarista em matéria de contratos.

Porém, tendo em vista a abrangência dada ao conceito de consumidor pelo Superior Tribunal de Justiça, em face do chamado finalismo aprofundado, em alguns casos é possível se verificar o consumo nas relações interempresariais. Neste caso, o Código de Defesa do Consumidor, por ser norma de ordem pública com *status* de garantia constitucional, prevalecerá sobre o dispositivo projetado.

A chamada economia do compartilhamento (*sharing economy*) concebe novos modelos de negócio não mais concentrados na aquisição individual de bens e serviços, mas no uso comum – por várias pessoas interessadas – das utilidades oferecidas pelo mesmo bem.[125]

---

[124] O mencionado dispositivo insere-se na seção iniciada pelo art. 108, a seguir transcrita:
"Art. 108. É eletrônico o comércio em que as partes se comunicam e contratam por meio de transmissão eletrônica de dados.
Parágrafo único. O comércio eletrônico abrange não somente a comercialização de mercadorias como também a de insumos e a prestação de serviços, incluindo os bancários.
Art. 109. O empresário está sujeito, no comércio eletrônico, às mesmas obrigações impostas por lei relativamente ao exercício de sua atividade no estabelecimento empresarial, salvo expressa previsão legal em contrário.
Art. 110. O sítio de empresário acessível pela rede mundial de computadores deve conter, em página própria, a política de privacidade.
§ 1º Na página introdutória do sítio, deve ser disponibilizada ligação imediata para a página da política de privacidade.
§ 2º Na política de privacidade do sítio deve ser claramente mencionada a instalação de programas no computador de quem a acessa, em decorrência do acesso ou cadastramento, bem como a forma pela qual eles podem ser desinstalados".

[125] MIRAGEM, Bruno; MARQUES, Claudia Lima. Economia do compartilhamento deve respeitar os direitos do consumidor. *Consultor Jurídico*. Disponível em: http://conjur.com.br/2015-dez-23/garantias-consumo-economia-compartilhamento. Acesso em: 13 fev. 2016.

Tal manifestação abrange diversos setores da economia, como é o caso do transporte de pessoas, a locação de automóveis e a hospedagem turística, dentre outras, ensejando uma nova manifestação da conexidade contratual, mediante o uso, na Internet, de uma plataforma digital por alguém que se dispõe a viabilizar espaço ou instrumento de oferta através de um *site* ou aplicativo.

Quem opta pelo compartilhamento, já vislumbrado em institutos como o *time sharing*, que envolve tanto bens móveis como imóveis, de um lado quer fruir da maior utilidade possível dos bens de sua propriedade, e ser remunerado por isso, em caráter eventual ou não.[126]

No que diz respeito à diversidade de produtos e serviços ofertados, a economia de compartilhamento proporciona uma maior personalização destes, possibilitando uma customização de acordo com as preferências e o perfil de cada consumidor, levando em conta aspectos como a quantidade e os estilos de hospedagem e de transporte.[127]

No que tange à promoção de um mercado ecologicamente sustentável, o consumo de compartilhamento apresenta uma melhora em relação às consequências ambientais do consumo. O exemplo que se dá é em relação ao transporte remunerado privado individual de passageiros por meio de aplicativos: quanto mais pessoas utilizam esse serviço, menos carros circulam nas ruas, fazendo com que haja menos emissão de gases poluentes.[128]

Em se tratando de custos operacionais, resta claro que a economia de compartilhamento os torna efetivamente mais baixos, uma vez que não há a necessidade de providenciar um espaço físico para que o negócio ocorra e, consequentemente, se economiza com o fato de não precisar dirigir-se até um estabelecimento. Além disso, por meio da padronização do negócio, com a incorporação de ferramentas que ofereçam maiores garantias de qualidade e segurança, permite-se a realização de transações em maior proporção, de modo a incentivar o ingresso de participantes casuais no mercado.

Em todos esses casos, geralmente está presente a conexidade contratual, sendo que, em relação à pessoa que, não sendo empresária ou profissional, se utiliza, de forma espontânea e eventual, da Internet para vender coisas usadas, não há relação de consumo. Há, todavia, que se referir que poderá haver, efetivamente, casos em que um civil seja considerado consumidor em sua relação com a plataforma, mesmo praticando atos de venda, na dependência da análise fática de alguns requisitos, como a habitualidade e a profissionalidade, conforme já destacou o STJ.[129]

O consumo de compartilhamento pode se basear em plataforma digital mantida por um fornecedor, que se dispõe a viabilizar espaço ou instrumento de oferta por intermédio de um *site* ou aplicativo, que permite o acesso ao negócio, caso em que o serviço de aproximação ou intermediação deve ser qualificado como provedor de aplicações de Internet, nos termos do art. 15 da Lei nº 12.965/2014.[130]

---

[126] MIRAGEM, Bruno; MARQUES, Claudia Lima. Economia do compartilhamento deve respeitar os direitos do consumidor. *Consultor Jurídico*. Disponível em: http://conjur.com.br/2015-dez-23/garantias-consumo-economia-compartilhamento. Acesso em: 13 fev. 2016.
[127] PASQUALOTTO, Adalberto de Souza; SCALETSCKY, Carolina Litvin. Da responsabilidade da plataforma digital na economia compartilhada. *Revista de Direito do Consumidor*, São Paulo, v. 142, p. 83, jul./ago. 2022.
[128] PASQUALOTTO, Adalberto de Souza; SCALETSCKY, Carolina Litvin. Da responsabilidade da plataforma digital na economia compartilhada. *Revista de Direito do Consumidor*, São Paulo, v. 142, p. 83, jul./ago. 2022.
[129] "A relação entre o ofertante e o intermediador será ou não de consumo a depender da natureza da atividade exercida pelo anunciante do produto ou serviço. Se o vendedor for um profissional que realiza a venda de produtos com habitualidade, ele não se enquadrará no conceito de fornecedor instituído no art. 3º do CDC, de modo que a responsabilidade civil do *site* será regida pelas normas previstas no Código Civil. Lado outro, caso o vendedor não seja um profissional e não venda produtos ou ofereça serviços de forma habitual, havendo falha na prestação de serviços por parte do intermediário, aplicam-se as normas previstas no CDC" (STJ, REsp 1.880.344-SP, 3ª T., Rel. Min. Nancy Andrighi, j. 09.03.2021, *DJe* 11.03.2021).
[130] STJ, REsp 1.880.344-SP, 3ª T., Rel. Min. Nancy Andrighi, j. 09.03.2021, *DJe* 11.03.2021.

Trata-se de uma relação que apresenta três agentes: consumidor, plataforma digital e fornecedor aparente. O fornecedor aparente é aquele que dispõe de seus bens, por meio de uma plataforma digital, ao uso de um terceiro, entrando em contato com o consumidor, como o motorista de Uber ou o proprietário de um imóvel a ser alugado via *Airbnb*.[131]

Já a plataforma digital corresponde ao chamado *"gatekeeper"*, estruturando o modelo de negócio, interferindo na escolha do consumidor quando da contratação, pois estabelece um ambiente de confiança entre as partes, devendo ser reconhecida, nos termos do art. 7º, parágrafo único da Lei nº 8.078/1990, a responsabilidade solidária de todos os integrantes da cadeia produtiva.[132]

Poderão participar outros agentes, como aqueles que administram os meios de pagamento para o adimplemento do contrato (*PayPal*, administradoras de cartões de crédito etc.), ou ainda seguradoras, caso a plataforma se disponha a assegurar os interesses das partes envolvidas no negócio. A imprensa britânica, em 2014, noticiou, acerca de empresa atuante no compartilhamento de casas e acomodações para interessados (*Airbnb*) que, após a má publicidade causada por inquilinos desonestos que causaram prejuízos aos imóveis locados, houve o aumento do valor da cobertura do seguro de danos dos locadores, de modo a atrair novos interessados.

Aquele que organiza ou mantém o *site* ou aplicativo de Internet terá a responsabilidade definida caso a caso, na medida do nível de intervenção que tenha sobre o negócio, não lhe cabendo, necessariamente, responder pelas prestações ajustadas entre as partes. De todo modo, deve restar claro que plataformas são, de fato, fornecedoras dessa economia compartilhada ou mesmo de compras coletivas, seja pela atuação própria, seja porque organizam a cadeia de fornecimento, tornando as relações jurídicas "contaminadas" pela conexidade, cuja finalidade última é o consumo – é uma nova noção de fornecedor no direito brasileiro[133] que organiza e reestrutura as relações de consumo "tradicionais".[134]

Enquanto manifestação das novas modalidades de economia colaborativa, discute-se sobre a legalidade de serviços prestados por empresas como a Uber, fundada em 2009 por Travis

---

[131] PASQUALOTTO, Adalberto de Souza; SCALETSCKY, Carolina Litvin. Da responsabilidade da plataforma digital na economia compartilhada. *Revista de Direito do Consumidor*, São Paulo, v. 142, p. 85, jul./ago. 2022. SCHWARTZ, Fábio. *A economia compartilhada e o novo conceito de fornecedor fiduciário nas relações de consumo*. Rio de Janeiro: Processo, 2020. p. 129.

A doutrina menciona a categoria do *prosumer*, que seria uma espécie de fornecedor aparente. Para Claudia Lima Marques, "seria aquele 'privado' que oferece um bem ou produto no mercado de consumo compartilhado ou da economia do compartilhamento ao consumidor. Conhecemos o 'prosumer' no Brasil também no mundo *off-line*, nos serviços de energia, em que consumidores-privados, se tiverem painéis solares e excesso de produção de energia, podem devolver à rede o excesso e assim 'vender'/ceder/trocar a energia excedente, segundo as regras da ANEEL". A autora menciona uma certa dificuldade em caracterizar o *prosumer* como consumidor ou mesmo fornecedor, pois ele é remunerado, presta serviço, fornece ou coloca produto à disposição dos consumidores. Sua caracterização como fornecedor não é confortável, dada a sua falta de habitualidade e profissionalismo: "ao 'prosumer' do mundo digital é imposto o dever de informar, mas já recebe na Europa uma maior proteção frente às plataformas (Regulamento EU 2019/1150 do Parlamento Europeu, de 20 de junho de 2019, relativo à promoção da equidade e da transparência para os utilizadores profissionais de serviços de intermediação em linha" (MARQUES, Claudia Lima. Revisando a teoria geral dos serviços com base no Código de Defesa do Consumidor em tempos digitais. *In*: MARQUES, Claudia Lima; LORENZETTI, Ricardo Luis; CARVALHO, Diógenes Faria de; MIRAGEM, Bruno. *Contratos de serviços em tempos digitais*. São Paulo: Revista dos Tribunais, 2021. Pos. 2110, 2121 e 2132). (e-book).

[132] PASQUALOTTO, Adalberto de Souza; SCALETSCKY, Carolina Litvin. Da responsabilidade da plataforma digital na economia compartilhada. *Revista de Direito do Consumidor*, São Paulo, v. 142, p. 85 e 89-90, jul./ago. 2022.

[133] MARQUES, Claudia Lima. A nova noção de fornecedor no consumo compartilhado: um estudo sobre as correlações do pluralismo contratual e o acesso ao consumo. *Revista de Direito do Consumidor*, São Paulo, v. 111, p. 247-268, maio/jun. 2017.

[134] Veja, por exemplo: MUCELIN, Guilherme. Peers Inc: a nova estrutura da relação de consumo na economia do compartilhamento. *Revista de Direito do Consumidor*, São Paulo, v. 27, n. 118, p. 77-126, jul./ago. 2018.

Kalanick e Garrett Camp Kanalick, atuando no ramo de transportes, de modo a aproximar motoristas e passageiros, disponível em 56 países no mundo todo, por meio de aplicativos como o UberPop, UberBlack ou o UberPool.[135]

Conforme afirmado em representação encaminhada pela ABRACOMTAXI (Associação Brasileira das Associações e Cooperativas de Motoristas de Táxi) ao Ministério Público do Estado do Rio de Janeiro (procedimento MPRJ 2015.00445048, arquivado no âmbito na 4ª Promotoria de Justiça da Cidadania), o Uber se enquadraria como transporte clandestino de passageiros.

O procedimento teve origem em representação formulada pela ABRACOMTAXI (Associação Brasileira das Associações e Cooperativas de Motoristas de Táxi), tendo em vista a Resolução nº 4287, de 13 de março de 2014, da Agência Nacional de Transportes Terrestres,[136] bem como na Lei nº 12.468/2011, que regulamenta a profissão de taxista. Afirma a associação representante que a empresa UBER teria usurpado atividade privativa dos taxistas, sujeita a requisitos legais específicos. Da mesma forma, segundo a noticiante, teria sido infringido o art. 231, VIII, do Código Brasileiro de Trânsito, que prevê sanções administrativas ao motorista que transitar com veículo efetuando transporte remunerado de passageiros sem o respectivo licenciamento ou permissão da autoridade competente.[137]

No mencionado procedimento, a ABRACOMTAXI interpôs recurso administrativo da promoção que indeferiu de plano a representação, tendo o Conselho Superior do Ministério Público do Estado do Rio de Janeiro, por decisão monocrática, dado provimento parcial àquela impugnação, com o objetivo de prosseguir a investigação sobre a suficiência das condicionantes impostas pelo aplicativo UBER ou a necessidade de intervenção do Poder Público, no sentido da sua regulação ou fiscalização.

A previsão, na Lei nº 12.965/2014, dentre os fundamentos da disciplina do uso da Internet no Brasil, da abertura e colaboração (art. 2º, IV), bem como da livre iniciativa, livre concorrência e defesa do consumidor (art. 2º, V) ensejam novas formas de prestação de serviços, como o Uber.

A concorrência favorece os consumidores, bem como a política de mobilidade urbana, considerando que uma nova opção de transporte a mais pode significar menos automóveis circulando nas ruas, prevalecendo na jurisprudência brasileira a liberdade de atividade profissional.[138]

---

[135] PODSZUN, Rupprecht. UBER – A Pan-European Regulatory Challenge. *EuCML. Journal of European Consumer and Market Law*, Munchen: C.H.Beck, p. 59-60, abr. 2015: "O UberPop conecta clientes buscando transporte individual através de um aplicativo com motoristas que não são formalmente contratados pela Uber. O contrato é celebrado através da Uber. O Uber igualmente determina o preço do serviço. Enquanto o UberPop é oficialmente designado como um serviço de compartilhamento de caronas, o UberBlack corresponde a um serviço de transporte individual: aqui, o aplicativo intermedia consumidores a motoristas particulares de veículos de aluguel. O UberX foi lançado como alternativa de baixo custo ao UberBlack, que mais se aproxima do serviço de limousine".

[136] O texto do art. 1º da Resolução é o seguinte: "Art. 1º. Estabelecer procedimentos de fiscalização do transporte clandestino de passageiros. Parágrafo único. Considera-se serviço clandestino o transporte remunerado de pessoas, realizado por pessoa física ou jurídica, sem autorização ou permissão do Poder Público competente".

[137] "Art. 231. Transitar com o veículo: [...] VIII – Efetuando transporte remunerado de pessoas ou bens, quando não for licenciado para esse fim, salvo casos de força maior ou com permissão da autoridade competente:
Infração – gravíssima;
Penalidade – multa;
Medida administrativa – remoção do veículo."

[138] TJ-RJ, 1ª Câmara Cível, agravo de instrumento 0056440-89.2015.8.19.0000, Rel. Des. Sergio Ricardo de Arruda Fernandes, j. 16.02.2016:
"Agravo de Instrumento em Mandado de Segurança. Administrativo e Constitucional. Insurgência da Edilidade contra decisão de concessão liminar da ordem para que a Autoridade Coatora se abstenha de reprimir o exercício da atividade profissional do impetrante. Transporte privado de passageiros com o auxílio do aplicativo UBER. Questões da órbita social, envolvendo inovações tecnológicas atuais. Óbice posto pelo impetrado

que se mostra injustificado. Serviço de transporte individual privado de passageiros que, antes de impedir ou de dificultar o serviço público individual, o complementa, em proveito dos usuários e da municipalidade, que tem à disposição mais uma opção de transporte de qualidade no caótico trânsito do Município. Atos imputados ao agravado que não podem ser potencializados a ponto de impedir que prossiga desenvolvendo sua atividade profissional. Permissivo constitucional para o exercício da atividade. Artigo 5º, inciso XIII. Livre e salutar concorrência. Artigo 170, inciso IV, da Carta Magna. Discussões periféricas acerca da legalidade da atividade profissional exercida pelo recorrido que não afasta seu direito subjetivo de trabalhar. Decisão a quo que, em juízo de prelibação, deferiu a liminar, que não ostenta natureza teratológica. Súmula nº 59 desta Corte. Desprovimento ao Agravo de Instrumento".

No mesmo sentido, TJ-RJ, 17ª Câmara Cível, agravo de instrumento 0048007-96.2015.8.19.0000, j. 16.12.2005, Rel. Des. Elton Leme: "AGRAVO DE INSTRUMENTO. MANDADO DE SEGURANÇA. MOTORISTA PROFISSIONAL. APLICATIVO UBER. TRANSPORTE INDIVIDUAL DE PASSAGEIROS. INDEFERIMENTO DA LIMINAR. ART. 170, IV, DA CONSTITUIÇÃO FEDERAL. LIVRE INICIATIVA. PRESENÇA DOS REQUISITOS AUTORIZADORES DA MEDIDA. PROVIMENTO DO RECURSO. 1. Trata-se na origem do mandado de segurança impetrado pela ora agravante contra o Departamento de Trânsito do Estado do Rio de Janeiro e o Município do Rio de Janeiro a fim de assegurar à recorrente o exercício de sua atividade laborativa como motorista profissional no transporte privado individual de passageiros, por meio do aplicativo Uber. 2. Presença dos requisitos necessários à concessão da liminar, entendidos estes como o justo receio de violação ao direito líquido e certo e o risco de dano de difícil reparação. 3. A Constituição Federal estabelece que o Estado Democrático de Direito possui como fundamento a livre iniciativa. Trata-se de indiscutível liberdade fundamental garantida a todos os indivíduos pelos artigos 1º, IV, e 170 da Carta Magna. Como extensão dessa garantia, figura também na Constituição o livre exercício de qualquer trabalho, ofício ou profissão, estabelecido no inciso XIII do artigo 5º. 4. Além disso, numa análise cognitiva sumária, não há óbice para que a agravante exerça sua atividade remunerada, tendo em vista que o aplicativo utilizado pela motorista particular opera em diversas partes do mundo, como fórmula de acesso a um serviço de transporte de boa qualidade e útil à sociedade, não sendo razoável e nem proporcional, à luz da Constituição da República, a simples e imotivada proibição da atividade. 5. Ademais, a Lei Federal nº 8.987/95, que deu efetividade ao art. 175 da Constituição Federal, dispondo sobre a prestação dos serviços públicos, em consonância com os princípios e garantias nela insculpidos, tal como a recente Lei nº 12.587/2012, previu a coexistência do sistema público e privado em atividades econômicas do mesmo setor. 6. Justo receio de violação a direito líquido e certo do impetrante. 7. Perigo da demora consubstanciado na necessidade de resguardar a agravante em face de ato coator que a impeça de auferir renda para sustentar a sua família e arcar com suas necessidades habituais. 8. Recurso a que se dá provimento, nos termos do artigo 557, § 1º-A, do Código de Processo Civil".

TJ-SP, agravo de instrumento 2014831-63.2016.8.26.000, Rel. Des. Fermino Magnani Filho, j. 06.02.2016: "1 – Objetivo deste recurso: concessão de liminar para o fim de que as autoridades impetradas e seus agentes se abstenham de praticar quaisquer atos ou medidas restritivas que impossibilitem o livre exercício da atividade dos motoristas e usuários do aplicativo Uber (locação de transporte de passageiros em veículos privados).

As razões recursais trazem as seguintes teses, em síntese: a) o que está em jogo é o livre exercício constitucional da atividade econômica; b) não se discute, nem sequer se questiona, a competência municipal para regulamentar e fiscalizar a atividade de transporte; c) inviabilização do exercício duma atividade econômica legítima, sob as vestes do exercício do poder de polícia, em afronta à Constituição Federal.

2 – O pressuposto para concessão de liminar suspensiva no atual regramento do recurso de agravo reside, n'última análise, na aferição da urgência e do risco, à parte agravante, de lesão grave e difícil reparação. Também não se pode olvidar o pressuposto da verossimilhança. Esta a exegese dos artigos 522, *caput*, 527, inciso III, e 558, *caput*, do Código de Processo Civil".

TJ-SP, agravo de instrumento "COMARCA DE ORIGEM: CAPITAL

AGRAVANTE(S): UBER DO BRASIL TECNOLOGIA LTDA. E OUTRO

AGRAVADO(S): DIRETOR DO DEPARTAMENTO DE TRANSPORTES PÚBLICOS DE SÃO PAULO – DTP E OUTRO

Vistos.

1 – Objetivo deste recurso: concessão de liminar para o fim de que as autoridades impetradas e seus agentes se abstenham de praticar quaisquer atos ou medidas restritivas que impossibilitem o livre exercício da atividade dos motoristas e usuários do aplicativo Uber (locação de transporte de passageiros em veículos privados).

As razões recursais trazem as seguintes teses, em síntese: a) o que está em jogo é o livre exercício constitucional da atividade econômica; b) não se discute, nem sequer se questiona, a competência municipal para regulamentar e fiscalizar a atividade de transporte; c) inviabilização do exercício duma atividade econômica legítima, sob as vestes do exercício do poder de polícia, em afronta à Constituição Federal.

2 – O pressuposto para concessão de liminar suspensiva no atual regramento do recurso de agravo reside, n'última análise, na aferição da urgência e do risco, à parte agravante, de lesão grave e difícil reparação. Também não se pode olvidar o pressuposto da verossimilhança. Esta a exegese dos artigos 522, *caput*, 527, inciso III, e 558, *caput*, do Código de Processo Civil.

No caso *sub judice*, anoto alguma verossimilhança entre os fundamentos da petição recursal e o risco de lesão grave e irreparável.

a) É notória a polêmica instalada nos últimos meses, não só nas principais capitais brasileiras como noutros países, sobre a novidade e consequências do advento do aplicativo Uber. Serviço que surge como alternativa à atividade taxista, porém no limbo da regulamentação usual das prefeituras. Novidade que como outras aturde, não havia planos em lugar algum; metrópoles estrangeiras também tatearam nesse moderno 'conflito de classes'.

Há inequivocamente, de parte dos antagonistas, motoristas de táxis 'tradicionais', pretensões monopolistas, temor à concorrência, o repúdio ao convívio com esse novo serviço, movimentos paredistas em vias públicas (em prejuízo da normalidade urbana). E no extremo, violências físicas. Processo no 2014831-63.2016.8.26.000:
COMARCA DE ORIGEM: CAPITAL
AGRAVANTE(S): UBER DO BRASIL TECNOLOGIA LTDA E OUTRO
AGRAVADO(S): DIRETOR DO DEPARTAMENTO DE TRANSPORTES PÚBLICOS DE SÃO PAULO – DTP E OUTRO
Vistos.

1 – Objetivo deste recurso: concessão de liminar para o fim de que as autoridades impetradas e seus agentes se abstenham de praticar quaisquer atos ou medidas restritivas que impossibilitem o livre exercício da atividade dos motoristas e usuários do aplicativo Uber (locação de transporte de passageiros em veículos privados).

As razões recursais trazem as seguintes teses, em síntese: a) o que está em jogo é o livre exercício constitucional da atividade econômica; b) não se discute, nem sequer se questiona, a competência municipal para regulamentar e fiscalizar a atividade de transporte; c) inviabilização do exercício duma atividade econômica legítima, sob as vestes do exercício do poder de polícia, em afronta à Constituição Federal.

2 – O pressuposto para concessão de liminar suspensiva no atual regramento do recurso de agravo reside, n'última análise, na aferição da urgência e do risco, à parte agravante, de lesão grave e difícil reparação. Também não se pode olvidar o pressuposto da verossimilhança. Esta a exegese dos artigos 522, *caput*, 527, inciso III, e 558, *caput*, do Código de Processo Civil.

No caso *sub judice*, anoto alguma verossimilhança entre os fundamentos da petição recursal e o risco de lesão grave e irreparável.

a) É notória a polêmica instalada nos últimos meses, não só nas principais capitais brasileiras como noutros países, sobre a novidade e consequências do advento do aplicativo Uber. Serviço que surge como alternativa à atividade taxista, porém no limbo da regulamentação usual das prefeituras. Novidade que como outras aturde, não havia planos em lugar algum; metrópoles estrangeiras também tatearam nesse moderno 'conflito de classes'.

Há inequivocamente, de parte dos antagonistas, motoristas de táxis 'tradicionais', pretensões monopolistas, temor à concorrência, o repúdio ao convívio com esse novo serviço, movimentos paredistas em vias públicas (em prejuízo da normalidade urbana). E no extremo, violências físicas. Notícia publicada no jornal "Folha de S. Paulo", edição da sexta-feira, 29.01.2016 (Caderno Cotidiano), ilustrada com vídeo dum tal Antonio Matias, presidente do Sindicato dos Motoristas e Trabalhadores nas Empresas de Táxi de São Paulo, que traz incitação inequívoca à quebradeira dos seus associados contra os motoristas e veículos cadastrados no Uber: Acabou a moleza, prefeito Haddad. Chega de palhaçada nessa cidade. Agora é cacete [...] vai ter morte [*sic*].
[A arma mudou de mãos. Os criminosos são outros].

O que de fato ocorre é apenas reflexo da inserção dos meios eletrônicos na vida cotidiana, o que não raro aturde, abala convicções antigas e atiça o ímpeto regulatório. Telefones celulares, para focarmos o exemplo mais óbvio, ultrapassaram a noção elementar da mera comunicação, prestam-nos inestimáveis confortos instantâneos, possibilitam chamadas de longa distância a custo baixíssimo (governos e empresas telefônicas já sentem o prejuízo na boca do caixa). São, como o Uber, derivações múltiplas do *e-commerce* que, no caso dos autos, esbarra nos preceitos constitucionais sobre a liberdade econômica.

Notícia publicada no jornal "Folha de S. Paulo", edição da sexta-feira, 29/01/2016 (Caderno Cotidiano), ilustrada com vídeo dum tal Antonio Matias, presidente do Sindicato dos Motoristas e Trabalhadores nas Empresas de

O transporte individual de passageiros fica fora do conceito de serviço público, encontrando previsão na Lei nº 12.587/2012, que estabeleceu a política nacional de mobilidade urbana, não se confundindo com o transporte público individual de passageiros, atividade privativa dos taxistas, nos termos do art. 2º da Lei nº 12.468/2011.[139]

Taxi de São Paulo, que traz incitação inequívoca à quebradeira dos seus associados contra os motoristas e veículos cadastrados no Uber: Acabou a moleza, prefeito Haddad. Chega de palhaçada nessa cidade. Agora é cacete [...] vai ter morte [sic].

[A arma mudou de mãos. Os criminosos são outros].

O que de fato ocorre é apenas reflexo da inserção dos meios eletrônicos na vida cotidiana, o que não raro aturde, abala convicções antigas e atiça o ímpeto regulatório. Telefones celulares, para focarmos o exemplo mais óbvio, ultrapassaram a noção elementar da mera comunicação, prestam-nos inestimáveis confortos instantâneos, possibilitam chamadas de longa distância a custo baixíssimo (governos e empresas telefônicas já sentem o prejuízo na boca do caixa). São, como o Uber, derivações múltiplas do e-commerce que, no caso dos autos, esbarra nos preceitos constitucionais sobre a liberdade econômica.

b) Ressalto como premissa, que a fiscalização das Prefeituras sobre a frota circulante e os transportes públicos em particular, neles incluído o serviço (autorizado ou dito clandestino) de táxis, é necessária e está constitucionalmente legitimada em proveito da segurança comum, cidadãos e usuários desses veículos; deve existir e está autorizada, seria um contrassenso coibi-la. Mas essa vigilância deve restringir-se à análise das condições de conservação e de segurança do veículo, sua regularidade documental, aplicação das leis de trânsito, coibição de embriaguez ao volante etc. A Administração não pode apreender veículos, como diariamente noticiado, apenas por que tais motoristas não são considerados "oficialmente" taxistas num campo, ao que parece, ainda não convenientemente regulamentado da atividade econômica eletrônica.

Agir de modo contrário impediria, num exame perfunctório, o exercício da liberdade constitucional de empreendedorismo privado. Debate desafiante a ser melhor estruturado no julgamento do mérito da demanda.

Assunto já enfrentado pela Eg. 17ª Câmara Cível do Tribunal de Justiça do Rio de Janeiro, nos autos do Agravo de Instrumento nº 0061837-32.2015.8.19.000, sob relatoria da douta Desembargadora Marcia Ferreira Alvarenga: Em nenhum momento está em discussão aqui a competência e legitimidade da Municipalidade de regular e fiscalizar a atividade de transporte, zelando pela sua qualidade e segurança. O ponto controverso cinge-se a avaliar se exercer essa prerrogativa abrange a possibilidade de proibir todo um setor dessa atividade econômica, isto é, se é compatível com os postulados normativos da razoabilidade e da proporcionalidade, que o Município possa, em lugar de fiscalizar a presença dos requisitos para realizar o transporte, impedir que os particulares celebrem contratos de transporte individual, com pessoas que não sejam taxistas, com autorização do Poder Público (fls 1155/1161).

E nesta Corte Paulista, extraído dos autos do Agravo de Instrumento nº 2177604-89.2015.8.26.0000, ponderou o douto Desembargador Sérgio Coimbra Schmidt, 7ª Câmara de Direito Público: o tema não se circunscreve à simplicidade que aparenta ter, e para que se dê conta disso basta ter em mente que a Ministra Nancy Andrighi, cujo saber jurídico é notório, observou em palestra ministrada dia 24, no II congresso Brasileiro de Internet, lembrou haver distinção entre o transporte público individual (art. 4º, VIII, da LE nº 12.587/12), típico da atividade exercida por taxistas, e o transporte motorizado privado (art. 4º, VII, da Lei nº 12.587/12) (fls 512/515).

c) Certo que se trata de conhecimento sumário, consequência de alegações unilaterais da parte agravante. Mas o suficiente para o embasamento da liminar que ora concedo nos estritos termos do objeto deste recurso ressalvando a possibilidade de sua reconsideração em qualquer momento.

3 – Comunique-se o digno Juízo de origem, dispensando-o da remessa de informações.

4 – Prossiga-se nos termos do art. 527, inciso V, do Código de Processo Civil.

5 – Remetam-se os autos à douta Procuradoria Geral de Justiça.

6 – Ficam as partes e respectivos procuradores cientificados que este recurso poderá ser submetido a julgamento virtual nos termos do art. 154 e parágrafos, do Código de Processo Civil, e Resolução TJSP nº 549/2011. Eventual oposição deverá ser formalizada pela parte agravante, mediante petição no prazo de 10 (dez) dias contados desta publicação, ou com a contraminuta da parte agravada. O silêncio será interpretado como anuência ao julgamento virtual."

[139] Art. 2º, Lei nº 12.768/2013: "É atividade privativa dos profissionais taxistas a utilização de veículo automotor, próprio ou de terceiros, para o transporte público individual remunerado de passageiros, cuja capacidade será, no máximo, de 07(sete) passageiros".

O transporte individual de passageiros compreende as modalidades pública e privada, desempenhado pelos motoristas da Uber, conforme a Lei nº 12.587/13, não foi retirado da livre iniciativa e livre concorrência.

Embora a matéria deva ser regulamentada, do ponto de vista fiscal, não há como restringir tal atividade, que não se confunde com o transporte individual público por meio dos táxis, pois, conforme as condições gerais de contratação, os motoristas-parceiros não deverão solicitar ou embarcar usuários diretamente nas vias públicas sem que estes tenham requisitado previamente o compartilhamento através de rede digital.

3.5.1 *Sites* de leilão e fornecedores de certificação

O desenvolvimento e a manutenção de páginas virtuais que se dedicam ao fomento de atividades comerciais entre consumidores é prática que remonta aos primórdios da Internet.

Entretanto, a compreensão dos modelos de negócios praticados amplamente na rede determina a não exclusão do provedor que administra o *site* como mantenedor e garantidor da segurança perante não só o consumidor final, mas também perante o fornecedor do produto ou serviço, a quem se aplica a Lei nº 8.078/1990, haja vista se tratar de uma relação *consumer to consumer* intermediada por um fornecedor que se destina precipuamente a tal atividade.

Dessa forma, enquadra-se no conceito de fornecedor o leiloeiro,[140] que pode organizar leilões de vários tipos,[141] ora simplesmente disponibilizando o espaço ou plataforma para que

---

[140] A profissão de leiloeiro, no Direito brasileiro, é regulada pelo Dec. nº 21.981, de 19.10.1932, cujo regulamento prevê, em seu art. 19, as respectivas funções: "compete aos leiloeiros, pessoal e privativamente, a venda em hasta pública ou público pregão, dentro de suas próprias casas ou fará delas, de tudo que, por autorização de seus donos por alvará judicial, forem encarregados, tais como imóveis, móveis, mercadorias, utensílios, semoventes e mais efeitos, e a de bens móveis e imóveis pertencentes às massas falidas, liquidações judiciais, penhores de qualquer natureza, inclusive de joias e *warrants* de armazéns gerais, e o mais que a lei mande, com fé de oficiais públicos". Tal profissão, consoante o art. 1º do mesmo regulamento, "[...] será exercida mediante matrícula concedida pelas Juntas Comerciais, do Distrito Federal, dos Estados e Território do Acre [...]", mas, como alerta Claudia Lima Marques, "Até hoje, não está certo se o leiloeiro eletrônico (e o de televisão) se submete ou não às normas sobre leiloeiros tradicionais" (MARQUES, Claudia Lima. *Confiança no comércio eletrônico e a proteção do consumidor*. São Paulo: Revista dos Tribunais, 2004). A princípio, a nosso ver, o leilão realizado na Internet não se amolda a tal decreto, não somente pela sua organização por pessoa jurídica, como sobretudo pela especificidade destas operações econômicas, que fogem aos requisitos estritos do Dec. nº 21.981/1932.

Na doutrina italiana, Lucia Bressan igualmente conclui que, "[...] numa análise mais atenta do fenômeno, se pode, todavia, afirmar que muitos leilões efetuados e geridos através destes novos canais não podem ser configurados juridicamente como tal. Se por um lado o termo 'leilão' é praticamente utilizado por todos os *sites*, na realidade, nem juridicamente, nem economicamente muitas das atividades desenvolvidas pelos operadores comerciais se enquadram nesta categoria" (BRESSAN, Lucia. Le aste *on line*. *In*: CASSANO, Giuseppe [org.]. *Commercio elettronico e tutela del consumatore*. Milano: Giuffrè, 2003. p. 213). (tradução livre).

[141] Bressan visualiza três modalidades de leilões, de acordo com o perfil mais ou menos ativo daquele fornecedor: 1. Conduzidos diretamente pelo leiloeiro, nos quais é possível adquirir bens de propriedade deste, que normalmente atua como revendedor; 2. Embora igualmente conduzidos pelo leiloeiro, este desempenha um papel passivo, pois os bens oferecidos são pertencentes a terceiros, por cuja conta age o titular do *site*; 3. Leilões nos quais o leiloeiro se limita a disponibilizar a infraestrutura do *site*, sem que lhe caiba qualquer participação no procedimento de adjudicação dos bens. O *Ebay* se enquadraria, segundo a autora, nesta última modalidade, por não se tratar de um "leiloeiro", no sentido tradicional do termo, mas de um mero "[...] lugar virtual que oferece aos vendedores a possibilidade de ofertar, vender e comprar praticamente qualquer coisa, em qualquer momento, em toda parte e sob diversas formas" (BRESSAN, Lucia. Le aste *on line*. *In*: CASSANO, Giuseppe [org.]. *Commercio elettronico e tutela del consumatore*. Milano: Giuffrè, 2003. p. 224-225). (tradução livre).

Para Ricardo Algarve Gregório: "Segundo pudemos observar, o leilão virtual mais antigo – ao menos o de criação mais curiosa e o maior na atualidade – que [sic] se tem notícia é o norte-americano *Ebay* (<www.ebay.com>) [sic] surgido em meados de 1995, inicialmente como 'apenas uma página de encontro de colecionadores, criada por Pierre Omidyar para impressionar a namorada, ao custo de 30 dólares', e que, de forma prodigiosa, 'intermediava, em 1999, a venda de mais de dois milhões de objetos e antiguidades [sic]

terceiros (consumidores) ofereçam bens ou façam lances para adquiri-los, mediante o pagamento de uma taxa ou porcentagem, tudo por meio eletrônico (*marketplace*),[142] ora procedendo à venda direta, mediante oferta ao público. Nesse segundo caso, essa atividade assemelha-se mais aos leilões tradicionais, o que facilita o pagamento e a responsabilização, assim como as garantias do contrato.[143]

O leiloeiro, portanto, normalmente reserva-se a um papel central nessa operação, organizando as ofertas, mantendo tabelas ou catálogos que indicam os lances, definindo as condições de participação e as regras de procedimento, cujo andamento deve informar aos participantes, obrigando-se a fornecer informações oportunas e corretas. Por fim, segundo os mecanismos previamente estabelecidos, caber-lhe-á a adjudicação do bem ou serviço ao autor da melhor oferta.[144]

O leilão virtual pode ter um período de curta duração (minutos), com a formulação de lances instantaneamente (entre presentes), ou durante um intervalo maior (horas, dias ou semanas), entre ausentes.[145]

Em qualquer caso, o leiloeiro é quem fornece as senhas de identificação e registra os consumidores, cuja identificação controla, bem como a do "vencedor" do leilão. No entanto, o direito de informação dos consumidores (art. 6º, III, do CDC) nem sempre é devidamente observado, do ponto de vista de se lhes assegurar um efetivo acesso ao procedimento usado para a identificação da senha do arrematante.[146]

O direito de informação, em face desta modalidade particular de venda, deve recair sobre as condições gerais do leilão, assegurando-se ao consumidor baixá-las e arquivá-las, além da plena identificação do bem oferecido e do seu preço.[147]

Outro problema que pode vir a ocorrer, caso os participantes do leilão *on-line* concorram virtualmente para a formação progressiva do preço de venda do bem, oferecendo sucessivos lances, reside no fato de que nem sempre são assegurados aos consumidores os meios para constatar a veracidade destes, de modo a evitar ou inibir estratagemas destinados a provocar uma alta.[148] Logo, os ditames da boa-fé objetiva exigem a garantia de objetividade, transparência e imparcialidade no procedimento do leilão.

---

por dia'" (GREGÓRIO, Ricardo Algarve. O regime jurídico do leilão virtual. *In*: LEMOS, Ronaldo; WAISBERG, Ivo [org.]. *Conflitos sobre nomes de domínio e outras questões jurídicas da Internet*. São Paulo: RT, 2003. p. 399).

[142] SANTOS, Manoel J. Pereira dos. Responsabilidade civil dos provedores de conteúdo pelas transações comerciais eletrônicas. *In*: SANTOS, Manoel J. Pereira dos; SILVA, Regina Beatriz Tavares da; *Responsabilidade civil na internet e nos demais meios de comunicação*. São Paulo: Saraiva, 2007. p. 136: "O portal oferece facilidades para a comercialização, como formas de divulgação, mecanismos seguros de pagamento, espaço para ofertas e garantia de grande volume de visitantes. De acordo com o procedimento típico, os lojistas são cadastrados pelo provedor e anunciam seus produtos e serviços, podendo os usuários adquirir os produtos e serviços [sic] on-line. O portal cobra do fornecedor taxa fixa e/ou comissão sobre negócios realizados".

[143] MARQUES, Claudia Lima. *Confiança no comércio eletrônico e a proteção do consumidor*. São Paulo: Revista dos Tribunais, 2004. p. 217. A autora refere-se ainda ao "[...] 'leilão por *coshopping*', que não é um leilão *stricto sensu*, mas que trabalha com descontos, conforme o número de consumidores que se interessa por um produto ou grupo de produtos. Neste caso, o leiloeiro serve de plataforma comercial na Internet para o 'encontro' do grupo de interessados".

[144] BRESSAN, Lucia. Le aste *on line*. *In*: CASSANO, Giuseppe (org.). *Commercio elettronico e tutela del consumatore*. Milano: Giuffrè, 2003. p. 217.

[145] GREGÓRIO, Ricardo Algarve. O regime jurídico do leilão virtual. *In*: LEMOS, Ronaldo; WAISBERG, Ivo (org.). *Conflitos sobre nomes de domínio e outras questões jurídicas da Internet*. São Paulo: RT, 2003. p. 399.

[146] MARQUES, Claudia Lima. *Confiança no comércio eletrônico e a proteção do consumidor*. São Paulo: Revista dos Tribunais, 2004. p. 218.

[147] MARQUES, Claudia Lima. *Confiança no comércio eletrônico e a proteção do consumidor*. São Paulo: Revista dos Tribunais, 2004. p. 221.

[148] BRESSAN, Lucia. Le aste *on line*. *In*: CASSANO, Giuseppe (org.). *Commercio elettronico e tutela del consumatore*. Milano: Giuffrè, 2003. p. 232. Sublinha a autora que situações como esta inspiraram o legislador italiano a

Ao concluir no sentido da incidência das normas do Código do Consumidor a esses leilões, observa a professora Claudia Lima Marques: "Interessa-nos aqui o fato de os 'leilões' pela Internet serem *ipso facto* uma atividade comercial, dada a remuneração direta (porcentagens retiradas dos valores vendidos ou comprados) ou indireta (por publicidade, por convênio com provedores ou por impulsos telefônicos) do organizador do leilão. Sendo assim, considero que serão aplicáveis aos leilões realizados por empresários (art. 966 do CC brasileiro de 2002) no meio eletrônico, tanto o CDC, como, no que couber, as regras do Código Civil de 2002 [...]. Aos leilões 'privados', consumidor-consumidor, aplicam-se apenas as regras gerais do Código Civil, mas se acontecerem de forma 'organizada', em espaços organizados para tal, na Internet, ou com a participação de fornecedor ou moderador-profissional, não serão mais caracterizados como leilões privados, aplicando-se as regras de proteção do consumidor [...]".[149]

Logo, conclui a autora que se aplicam os seguintes dispositivos do CDC a tais espécies de relação: art. 31, acerca de quais informações devem ser prestadas; art. 33, que dispõe sobre a identificação do leiloeiro *on-line*; arts. 46 e 48, sobre a redação clara das cláusulas contratuais, devendo algumas ser dispostas no bojo da própria página e não apenas nas cláusulas gerais; arts. 51 a 54, que tratam das cláusulas abusivas, proibidas e do destaque a informações sobre preço e financiamento; arts. 30 e 34, que versam sobre a vinculação solidária do leiloeiro às informações e ao contrato de compra e venda.[150]

Tendo em vista a dificuldade de identificação dos usuários da Internet, em especial os vendedores – caso o *site* de leilões se limite a fornecer o espaço para que terceiros ali formulem ofertas de bens e serviços – cuja identidade pode estar oculta atrás de nomes de fantasia, um dos sistemas adotados para favorecer a confiança na segurança do comércio eletrônico é o *feedback*. Trata-se de informações disponibilizadas pelos próprios consumidores no *site* de venda, em espaço próprio para tanto, permitindo-se a todos os usuários, mediante uma votação, avaliar os serviços de cada ofertante. Em certos casos, se um ofertante obtiver um conceito baixo, o sistema poderá inclusive suspendê-lo automaticamente das operações no *site*.[151]

Portanto, o gestor de um *marketplace* virtual não é parte nas relações entre comprador e vendedor, atuando como uma espécie de intermediário que disponibiliza a infraestrutura

---

simplesmente proibir as operações de venda em leilão realizadas por meio da televisão ou de outros sistemas de comunicação (art.18, nº 5, Decreto Legislativo 14/98). No entanto, conclui que, embora se mostre efetivamente difícil um efetivo controle sobre os leilões celebrados por intermédio da televisão, o mesmo não ocorre necessariamente na Internet, que permite a identificação dos computadores conectados à rede, e, consequentemente, a imputação das ofertas aos usuários que as formularam, o que pode inclusive ocorrer por meio das assinaturas digitais. Como decidiu o Superior Tribunal de Justiça no julgamento do REsp 1.035.373-MG, 4ª T., j. 15.08.2013, Rel. Min. Marco Buzzi, o leiloeiro deve ser responsabilizado pela falha no dever de informação sobre o bem arrematado, além de ter descumprido, no caso, o dever de entrega da documentação do veículo adquirido em 72 horas. O acórdão é assim ementado: "Recurso especial. Ação de indenização. Omissão culposa do leiloeiro no fornecimento de informação adequada sobre o bem apregoado no leilão. [...] A boa-fé deve ser empregada no desempenho da atividade do leiloeiro, pois sua função precípua é aproximar vendedor e comprador, auxiliando-os na consecução de um objetivo comum, qual seja, a formulação do contrato de compra e venda do bem leiloado, nos termos do art. 19 do Dec. 21.981/1932. Tribunal local que com amparo nos elementos fático-probatórios dos autos entendeu que o leiloeiro praticou omissão culposa ao não informar ao arrematante (consumidor) sobre as pendências do bem leiloado que inviabilizariam a disponibilização da documentação veicular. Impossibilidade de reexame de fatos e provas sob pena de violação do óbice da Súmula 7/STJ".

[149] MARQUES, Claudia Lima. *Confiança no comércio eletrônico e a proteção do consumidor*. São Paulo: Revista dos Tribunais, 2004. p. 218. Como bem lembra a autora, a venda *a non domino* por consumidor de boa-fé em leilão é regulada expressamente pelo art. 1.268, *caput*, e §§ 1º e 2º do atual CC.

[150] MARQUES, Claudia Lima. *Confiança no comércio eletrônico e a proteção do consumidor*. São Paulo: Revista dos Tribunais, 2004. p. 221.

[151] BRESSAN, Lucia. Le aste *on line*. *In*: CASSANO, Giuseppe (org.). *Commercio elettronico e tutela del consumatore*. Milano: Giuffrè, 2003. p. 221.

necessária àqueles negócios;[152] contudo, no que toca à sua prestação específica, no sentido de viabilizar a "plataforma" digital, trata-se de um fornecedor, que poderá vir a responder por seus próprios atos.[153]

Outro dispositivo de importância fundamental no estudo da responsabilidade civil do fornecedor é o 7º, parágrafo único, do CDC, acerca da solidariedade do *site* pelos defeitos do produto ou do serviço.

Se o *site* realiza o negócio com o consumidor, recebe o pagamento e depois o repassa ao fornecedor efetivo do produto ou serviço, não há dúvidas de que pertence à cadeia de fornecimento, respondendo solidariamente pelo fato e pelo vício do produto e do serviço.[154]

Nesse sentido, aponta a jurisprudência:

> "Apelação cível. Ação indenizatória c/c obrigação de dar coisa certa com pedido de tutela antecipada. Mercado Livre. Compra e venda de produto realizada pela internet. Pagamento e recebimento do valor pelo fornecedor de serviço. Não entrega da mercadoria. Falha na

---

[152] MARQUES, Claudia Lima. *Confiança no comércio eletrônico e a proteção do consumidor*. São Paulo: Revista dos Tribunais, 2004. p. 222.

[153] No Rio Grande do Sul, acórdão da 2ª T. Recursal dos Juizados Especiais Cíveis enquadrou como fornecedor, para os fins do art. 3º do CDC, leiloeiro sob a modalidade do *marketplace*, responsabilizando-o solidariamente com a proprietária (vendedora) do bem por eventual defeito do produto, em virtude de falha no dever de informação:
"*Ação de cobrança cumulada com indenização por danos morais. Leilão. Entrega de veículo diverso do oferecido. Legitimidade passiva do leiloeiro. Responsabilidade do mesmo pelo abatimento do preço, observado o valor do veículo oferecido e o valor do veículo efetivamente entregue ao comprador.*
O leiloeiro é legitimado passivo para a demanda, porque integra a cadeia de fornecedores, nos termos do art. 3º, *caput*, do CDC, sendo, portanto, responsável solidariamente com a proprietária do bem por eventual vício do produto, tendo, no caso, o autor optado por ajuizar a demanda contra o leiloeiro.
Demonstrado que, no caso, não foi cumprido o dever de informar adequada e previamente o comprador acerca do real estado do veículo, oferecendo, via Internet, veículo diverso do que efetivamente foi entregue ao autor, fato que não é negado pelo recorrente, limitando-se a alegar que o contrato previa a entrega do produto no estado em que se encontrava, contribuindo para o prejuízo do adquirente, devido abatimento no preço, levando-se em conta a diferença entre o valor do veículo oferecido e o veículo efetivamente entregue ao comprador. Precedentes. Recurso desprovido" (2ª T. Recursal do Rio Grande do Sul, Recurso Inominado 71001194471, j. 28.02.2007, Rel. Maria José Schmitt Sant Anna)
A mesma orientação foi seguida pela 2ª T. Recursal dos Juizados Especiais Cíveis e Criminais do TJDF e dos Territórios em 11.02.2004, no julgamento da Ap. Civ. ACJ 2003.03.01488-5, relatada pelo juiz Egmont Leôncio Lopes: "*Civil. Consumidor. Compra e venda de aparelho celular via Internet. Não entrega da mercadoria. Devolução das parcelas pagas. Solidariedade passiva do site que disponibiliza a realização de negócios e recebe uma comissão do vendedor/anunciante, quando concretizado o negócio.* [...] 2. O serviço prestado pela ré, de apresentar o produto ao consumidor e intermediar negócio jurídico por meio de seu *site* e receber comissão quando o negócio se aperfeiçoa, enquadra-se nas normas do Código de Defesa do Consumidor (art. 3º, § 2º, da Lei 8.078/1990). 3. É de se destacar que a recorrente não figura como mera fonte de classificados, e sim participa da compra e venda como intermediadora, havendo assim solidariedade passiva entre a recorrente e o anunciante, nos termos do parágrafo único do art. 7º do Código do Consumidor". Em sentido contrário, o seguinte acórdão da 36ª Câm. de Direito Privado do TJSP, no julgamento da Ap. Civ. 918.326-0/0, j. 04.05.2006, Rel. Des. Romeu Ricúpero: "*Danos morais. Responsabilidade civil. Prestação de serviços. Internet. Compra e venda mediada por empresa virtual. Não recebimento do produto anunciado por terceiro no sítio da requerida. Pagamento efetivado através de depósito em conta corrente de titularidade do vendedor. Empresa virtual que funciona como mero agente mediador. Espaço virtual para anúncio do produto e aproximação das partes. Cobrança de comissão do vendedor anunciante. Ocorrência. Contrato de adesão disponível em seu sítio, no qual há cláusula expressa de não participação na transação entre vendedor e comprador, aceito pelo autor, que manteve contato telefônico com o vendedor e efetuou depósito em conta corrente, conforme orientação daquele. Responsabilidade da empresa ré que foi até o anúncio do produto e não alcança efeitos posteriores à transação*".

[154] MIRAGEM, Bruno. *Curso de direito do consumidor*. 2. ed. São Paulo: Revista dos Tribunais, 2010. p. 420.

prestação dos serviços. Liberação da quantia antes do decurso do prazo. Responsabilidade solidária da empresa intermediadora do negócio jurídico. Dano material. Danos morais não caracterizados. Inadimplemento contratual. Súmula 75 do TJRJ. Sentença que se mantém. Recursos improvidos".[155]

Em outro semelhante julgamento do Superior Tribunal de Justiça, reconheceu-se novamente a responsabilidade solidária do provedor que administra o *site* em virtude de fortuito interno consistente na confirmação fraudulenta de pagamento por terceiro, que se fez passar pelo intermediário.

Tratava-se de caso em que determinado consumidor oferecia produto à venda no *site*. Supostamente interessado, terceiro enviou correio eletrônico fazendo-se passar pelo provedor do *site*, informando ao vendedor de que havia pago pelo produto por meio do sistema mercado. Antes de confirmar em sua conta no *site*, de boa-fé, o vendedor enviou o produto ao suposto comprador. Entretanto, posteriormente, deu-se conta de que fora vítima de estelionato.

O consumidor que entregou o bem ao terceiro demandou em face do mantenedor do *site* pelo ressarcimento dos valores, uma vez que a transação se completou por defeito de segurança do provedor. O fornecedor alegou o fato de terceiro, narrando ainda que o consumidor descumpriu os termos do contrato de adesão, haja vista que deveria ter esperado o sistema do *site* acusar em sua conta de usuário que o pagamento havia sido completado. Por fim, assim decidiu o Tribunal:

"Direito do consumidor. Recurso especial. Sistema eletrônico de mediação de negócios. Mercado Livre. Omissão inexistente. Fraude. Falha do serviço. Responsabilidade objetiva do prestador do serviço. 1. Tendo o acórdão recorrido analisado todas as questões necessárias ao deslinde da controvérsia não se configura violação ao art. 535, II, do CPC. 2. O prestador de serviços responde objetivamente pela falha de segurança do serviço de intermediação de negócios e pagamentos oferecido ao consumidor. 3. O descumprimento, pelo consumidor (pessoa física vendedora do produto), de providência não constante do contrato de adesão, mas mencionada no *site*, no sentido de conferir a autenticidade de mensagem supostamente gerada pelo sistema eletrônico antes do envio do produto ao comprador, não é suficiente para eximir o prestador do serviço de intermediação da responsabilidade pela segurança do serviço por ele implementado, sob pena de transferência ilegal de um ônus próprio da atividade empresarial explorada. 4. A estipulação pelo fornecedor de cláusula exoneratória ou atenuante de sua responsabilidade é vedada pelo art. 25 do Código de Defesa do Consumidor. 5. Recurso provido".[156]

---

[155] TJRJ, 1.ª Câm. Cív., Ap. 0098387-04.2007.8.19.0001 (2008.001.61699), Des. Roberto de Almeida Ribeiro, j. 17.03.2009.

[156] REsp 1.107.024-DF, 2008/0264348-2, j. 1º.12.2011, Rel. Min. Maria Isabel Gallotti. Em sentido contrário, o seguinte acórdão do Tribunal de Justiça de São Paulo: "Comércio eletrônico. Ação de indenização por danos materiais proposta por consumidor, vítima de fraude praticada por terceiro, em face da empresa de intermediação de negócios via Internet denominada 'Mercado Livre'. Aplicação do Código de Defesa do Consumidor por se tratar de prestação de serviços. Excludente de responsabilidade decorrente de culpa exclusiva do consumidor, que não observou os procedimentos de segurança antes de enviar a mercadoria. *E-mail* fraudulento enviado pelo suposto comprador, sem a participação da empresa intermediadora, noticiando a efetivação do pagamento e solicitando liberação da mercadoria. Informações claras e precisas constantes do *site* da recorrente alertando para a necessidade de verificação do pagamento na própria página do 'Mercado Livre' antes da liberação da mercadoria e da autenticidade do endereço da página recebida por *e-mail* para que o usuário não corra o risco de ser vítima de *e-mail* falso em nome do *site*. Inexigibilidade, porém, de comissão de intermediação. Sentença parcialmente reformada. Recurso provido em parte" (TJSP, 1ª T. Civ., j. 19.12.2007, Rel. Des. Jorge Tosta).

O caso é de coligação necessária, imposta pelo princípio da solidariedade (art. 7º, parágrafo único, da Lei nº 8.078/1990) e pelos deveres anexos, laterais ou instrumentais de conduta decorrentes da boa-fé objetiva, protegendo-se, assim, a confiança do contratante. Se houve invasão por terceira pessoa nos sistemas da empresa de leilão, possibilitando a interceptação dos dados do negócio e, por consequência, o aludido *e-mail* falso, trata-se de fortuito interno, ou seja, de risco inerente à atividade do fornecedor.

Conforme se pôde brevemente demonstrar, a jurisprudência vem paulatinamente consagrando a tutela do consumidor dos *sites* de leilão e compreendendo a estrutura e funcionamento das relações jurídicas envolvidas nesse feixe triangular de contratos entre ambos os consumidores e o fornecedor de intermediação.

3.5.2 *Sites* de compra coletiva

Um dos modelos de negócios que mais se popularizaram nos últimos tempos, gerando inúmeras lides pela garantia dos direitos dos consumidores, é o dos chamados *sites* de compras coletivas.

A Câmara Brasileira de Comércio Eletrônico define as compras coletivas como "uma modalidade de *e-commerce* que tem como objetivo vender produtos e serviços de diversos tipos de estabelecimentos empresariais para um número mínimo pré-estabelecido de consumidores por oferta". Contudo, a iniciativa dos fornecedores em delimitar práticas empresariais éticas, por meio da autorregulação, embora de grande relevância para a delimitação da situação jurídica dos envolvidos, não é por si só suficiente.

A característica mais marcante das compras coletivas é o fato de que os termos do negócio, e especialmente as vantagens oferecidas ao consumidor, estarão condicionadas ao alcance de um determinado número de negócios celebrados com usuários interessados dentro do prazo estabelecido na oferta.[157]

Na ausência de legislação federal específica e valendo-se da competência concorrente estabelecida pela Constituição Federal em matéria de responsabilidade por danos ao consumidor (art. 24, VIII e § 3º), alguns Estados brasileiros chegaram a regulamentar a matéria.

Exemplificativamente, Rio de Janeiro, por meio da Lei nº 6.161, de 09.01.2012,[158] e Paraná, consoante a Lei nº 17.106, de 10.04.2012, estabeleceram deveres de informação especializados não só pelo meio, como sobretudo pela forma de contratação.

---

[157] MIRAGEM, Bruno. *Curso de direito do consumidor*. 2. ed. São Paulo: Revista dos Tribunais, 2010. p. 419. Acrescenta o autor que "a possibilidade de contratação normalmente é restrita a consumidores que estejam pré-cadastrados junto ao *site* de compras, assim como as condições da oferta implicam que a vantagem oferecida (normalmente desconto de preço) possa ser aproveitada desde que atendidas exigências de prazo, horário específico, ou outros critérios que venham a delimitar estritamente os termos da oferta".

[158] As empresas que exploram o comércio eletrônico de vendas coletivas deverão manter serviço telefônico de atendimento ao consumidor, gratuito e de acordo com as normas do Decreto Federal nº 11.034/2022. Acerca do tema, recomenda-se a leitura do seguinte texto: MARTINS, Guilherme Magalhães; BASAN, Arthur Pinheiro. Análise da minuta do novo decreto que regula o Serviço de Atendimento ao Consumidor (SAC): da necessária atualização ao retrocesso normativo. *Revista de Direito do Consumidor*, São Paulo, v. 135, p. 475-482, maio/jun. 2021. O teor do Decreto é o seguinte:

"Art. 1º Este Decreto regulamenta a Lei nº 8.078, de 11 de setembro de 1990 – Código de Defesa do Consumidor, para estabelecer diretrizes e normas sobre o Serviço de Atendimento ao Consumidor – SAC, no âmbito dos fornecedores dos serviços regulados pelo Poder Executivo federal, com vistas a garantir o direito do consumidor:

I – à obtenção de informação adequada sobre os serviços contratados; e

II – ao tratamento de suas demandas.

Parágrafo único. Para fins do disposto neste Decreto, os órgãos ou as entidades reguladoras considerarão o porte do fornecedor do serviço regulado.

Art. 2º Para fins do disposto neste Decreto, considera-se Serviço de Atendimento ao Consumidor – SAC o serviço de atendimento realizado por diversos canais integrados dos fornecedores de serviços regulados com a finalidade de dar tratamento às demandas dos consumidores, tais como informação, dúvida, reclamação, contestação, suspensão ou cancelamento de contratos e de serviços.
Parágrafo único. O disposto neste Decreto não se aplica à oferta e à contratação de produtos e serviços.
Capítulo II
Do atendimento ao consumidor
Art. 3º O acesso ao SAC será gratuito e o atendimento das demandas não acarretará ônus para o consumidor.
Art. 4º O acesso ao SAC estará disponível, ininterruptamente, durante vinte e quatro horas por dia, sete dias por semana.
§ 1º O acesso de que trata o *caput* será garantido por meio de, no mínimo, um dos canais de atendimento integrados, cujo funcionamento será amplamente divulgado.
§ 2º O acesso ao SAC prestado por atendimento telefônico será obrigatório, nos termos do disposto no art. 5º.
§ 3º Na hipótese de o serviço ofertado não estar disponível para fruição ou contratação nos termos do disposto no *caput*, o acesso ao SAC poderá ser interrompido, observada a regulamentação dos órgãos ou das entidades reguladoras competentes.
§ 4º O acesso inicial ao atendente não será condicionado ao fornecimento prévio de dados pelo consumidor.
§ 5º É vedada a veiculação de mensagens publicitárias durante o tempo de espera para o atendimento, exceto se houver consentimento prévio do consumidor.
§ 6º Sem prejuízo do disposto no § 5º, é admitida a veiculação de mensagens de caráter informativo durante o tempo de espera, desde que tratem dos direitos e deveres dos consumidores ou dos outros canais de atendimento disponíveis.
Art. 5º Os órgãos ou as entidades reguladoras competentes observarão as seguintes condições mínimas para o atendimento telefônico do consumidor:
I – horário de atendimento não inferior a oito horas diárias, com disponibilização de atendimento por humano;
II – opções mínimas constantes do primeiro menu, incluídas, obrigatoriamente, as opções de reclamação e de cancelamento de contratos e serviços; e
III – tempo máximo de espera para:
a) o contato direto com o atendente, quando essa opção for selecionada; e
b) a transferência ao setor competente para atendimento definitivo da demanda, quando o primeiro atendente não tiver essa atribuição.
Parágrafo único. Os órgãos ou as entidades reguladoras competentes poderão estabelecer, para o setor regulado, horário de atendimento telefônico por humano superior ao previsto no inciso I do *caput*.
Art. 6º É obrigatória a acessibilidade em canais do SAC mantidos pelos fornecedores de que trata este Decreto, para uso da pessoa com deficiência, garantido o acesso pleno para atendimento de suas demandas.
Parágrafo único. Ato da Secretaria Nacional do Consumidor do Ministério da Justiça e Segurança Pública disporá sobre a acessibilidade de canais de SAC, consideradas as especificidades das deficiências.
Art. 7º As opções de acesso ao SAC constarão de maneira clara:
I – em todos os documentos e materiais impressos entregues ao consumidor na contratação do serviço e durante o seu fornecimento; e
II – nos canais eletrônicos do fornecedor.
Capítulo III
Da qualidade do tratamento das demandas
Art. 8º No tratamento das demandas, o SAC garantirá a:
I – tempestividade;
II – segurança;
III – privacidade; e
IV – resolutividade da demanda.
Parágrafo único. No tratamento das demandas serão observados ainda os princípios da:
I – dignidade;
II – boa-fé;
III – transparência;

IV – eficiência;
V – eficácia;
VI – celeridade; e
VII – cordialidade.
Art. 9º Os dados pessoais do consumidor serão coletados, armazenados, tratados, transferidos e utilizados exclusivamente nos termos do disposto na Lei nº 13.709, de 14 de agosto de 2018.
Art. 10. É vedado solicitar a repetição da demanda do consumidor após o seu registro no primeiro atendimento.
Art. 11. Caso a chamada telefônica seja finalizada pelo fornecedor antes da conclusão do atendimento, o fornecedor deverá:
I – retornar a chamada ao consumidor;
II – informar o registro numérico de que trata o art. 12; e
III – concluir o atendimento.
Capítulo IV
Do acompanhamento das demandas
Art. 12. É direito do consumidor acompanhar, nos diversos canais de atendimento integrados, todas as suas demandas, por meio de registro numérico ou outro tipo de procedimento eletrônico.
§ 1º O consumidor terá o direito de acesso ao histórico de suas demandas, sem ônus.
§ 2º O histórico das demandas a que se refere o § 1º:
I – será enviado ao consumidor, mediante solicitação, no prazo de cinco dias corridos, contado da data da solicitação, por correspondência ou por meio eletrônico, a critério do consumidor; e
II – conterá todas as informações relacionadas à demanda, incluído o conteúdo da resposta do fornecedor, observado o disposto no § 2º do art. 13.
§ 3º Quando se tratar de chamada telefônica, a manutenção da gravação da chamada efetuada para o SAC é obrigatória, pelo prazo mínimo de noventa dias, contado da data do atendimento.
§ 4º Durante o prazo de que trata o § 3º, o consumidor poderá requerer acesso ao conteúdo da chamada efetuada.
§ 5º O registro do atendimento será mantido à disposição do consumidor e do órgão ou da entidade fiscalizadora pelo prazo mínimo de dois anos, contado da data de resolução da demanda.
Capítulo V
Do tratamento das demandas
Art. 13. As demandas do consumidor serão respondidas no prazo de sete dias corridos, contado da data de seu registro.
§ 1º O consumidor será informado sobre a conclusão do tratamento de sua demanda e, mediante solicitação, receberá do fornecedor a comprovação pertinente por correspondência ou por meio eletrônico, a critério do consumidor.
§ 2º A resposta do fornecedor:
I – será clara, objetiva e conclusiva; e
II – abordará todos os pontos da demanda do consumidor.
§ 3º Quando a demanda tratar de serviço não solicitado ou de cobrança indevida, o fornecedor adotará imediatamente as medidas necessárias à suspensão da cobrança.
§ 4º Os órgãos ou as entidades reguladoras competentes poderão estabelecer, no setor regulado, prazo para resolução das demandas no SAC.
Art. 14. O recebimento e o processamento imediato do pedido de cancelamento de serviço feito pelo consumidor, por meio do SAC, observará as seguintes diretrizes:
I – o pedido de cancelamento será permitido e assegurado ao consumidor por todos os meios disponíveis para a contratação do serviço, observadas as condições aplicáveis à rescisão e as multas decorrentes de cláusulas contratuais;
II – os efeitos do pedido de cancelamento serão imediatos, independentemente do adimplemento contratual, exceto quando for necessário o processamento técnico da demanda;
III – será assegurada ao consumidor a informação sobre eventuais condições aplicáveis à rescisão e as multas incidentes por descumprimento de cláusulas contratuais de permanência mínima, quando cabíveis;
IV – o comprovante do pedido de cancelamento será encaminhado por correspondência ou por meio eletrônico, a critério do consumidor; e

No entanto, no caso fluminense, o Tribunal de Justiça do Estado, suscitou incidente de inconstitucionalidade, rejeitado pelo Órgão Especial,[159] afastando-se a alegação de usurpação

---

V – poderá ser oferecida a opção para cancelamento programado, sujeita à anuência do consumidor.
Parágrafo único. Os órgãos ou as entidades reguladoras competentes fixarão prazo para a conclusão do processamento técnico da demanda de que trata o inciso II do *caput*.
Capítulo VI
Da efetividade
Art. 15. À Secretaria Nacional do Consumidor do Ministério da Justiça e Segurança Pública competirá desenvolver a metodologia e implementar a ferramenta de acompanhamento da efetividade dos SAC, ouvidos os órgãos e as entidades reguladoras, os integrantes do Sistema Nacional de Defesa do Consumidor e os representantes de prestadores de serviços de relacionamento com consumidores.
§ 1º No desenvolvimento da metodologia e na implementação da ferramenta de que trata o *caput*, serão considerados, no mínimo, os seguintes parâmetros:
I – quantidade de reclamações referentes ao SAC, ponderada por quantidade de clientes ou de unidades de produção;
II – taxa de resolução das demandas, sob a ótica do consumidor;
III – índice de reclamações junto aos órgãos de defesa do consumidor, principalmente no Sistema Nacional de Informações de Defesa do Consumidor e no sítio eletrônico do consumidor.gov.br, ou nas plataformas que venham a substituí-los;
IV – índice de reclamações no órgão ou na entidade reguladora setorial; e
V – grau de satisfação do consumidor.
§ 2º A Secretaria Nacional do Consumidor do Ministério da Justiça e Segurança Pública dará transparência à metodologia e à ferramenta de acompanhamento da efetividade dos SAC de que trata o *caput*, divulgados, no mínimo, uma vez ao ano, os resultados da implementação da ferramenta.
§ 3º A Secretaria Nacional do Consumidor do Ministério da Justiça e Segurança Pública poderá solicitar dados e informações aos fornecedores, observadas as hipóteses legais de sigilo, com vistas ao acompanhamento da efetividade dos SAC.
§ 4º Os dados e as informações de que trata o § 3º poderão ser compartilhados com os órgãos ou as entidades reguladoras competentes, nos termos do disposto no Decreto nº 10.046, de 9 de outubro de 2019.
§ 5º Com base na ferramenta de que trata o *caput*, a Secretaria Nacional do Consumidor do Ministério da Justiça e Segurança Pública poderá, ao averiguar a baixa efetividade dos SAC de determinados fornecedores, estabelecer horário de atendimento telefônico por humano superior ao previsto no inciso I do *caput* do art. 5º.
Capítulo VII
Disposições finais
Art. 16. A inobservância ao disposto neste Decreto acarretará a aplicação das sanções estabelecidas no art. 56 da Lei nº 8.078, de 1990 – Código de Defesa do Consumidor, sem prejuízo da aplicação das sanções constantes dos regulamentos específicos dos órgãos e das entidades reguladoras".

[159] Órgão Especial do Tribunal de Justiça do Estado do Rio de Janeiro, arguição de inconstitucionalidade 0023824-66.2012.8.19.0000, rel. Des. Sergio Verani, j. 07.07.2014: "AÇÃO DIRETA DE INCONSTITUCIONALIDADE. LEI ESTADUAL 6161/2012, QUE ESTABELECE PARÂMETROS PARA O COMÉRCIO COLETIVO DE PRODUTOS E SERVIÇOS ATRAVÉS DE SÍTIOS ELETRÔNICOS NO ÂMBITO DO ESTADO DO RIO DE JANEIRO. ALEGAÇÃO DE INVASÃO DA COMPETÊNCIA PRIVATIVA DA UNIÃO PARA LEGISLAR SOBRE DIREITO CIVIL E COMERCIAL (ART. 22, I, CFRB): INOCORRÊNCIA. DIREITO DO CONSUMIDOR: COMPETÊNCIA LEGISLATIVA CONCORRENTE ENTRE UNIÃO E ESTADOS (ART. 24, V DA CFRB). NORMA SUPLEMENTAR QUE SE MOSTRA ADEQUADA E RAZOÁVEL À PRESERVAÇÃO DOS DIREITOS DOS CONSUMIDORES. A Lei Estadual 6161/2012, que estabelece parâmetros para o comércio coletivo de produtos e serviços através de sítios eletrônicos no âmbito do Estado do Rio de Janeiro, é constitucional. Inocorrência de invasão da competência privativa da União para legislar sobre Direito Civil e Comercial, prevista no art. 22, I, da Constituição da República, por se tratar de relação de consumo, tema que permite a competência legislativa concorrente dos Estados, na forma do art. 24, V e VIII, da Carta Magna. O ato de consumo feito pela Internet representa uma evolução no acordo de compra e venda de produtos e trouxe novas características de mercado. Os *sites* especializados em compras coletivas são a mais recente criação voltada para esta espécie de comércio".
O acórdão de origem foi o seguinte: "Constitucional. Antecipação dos efeitos da tutela jurisdicional. Controle difuso de constitucionalidade. Deferimento em face do Estado do Rio de Janeiro. Inaplicabilidade da Lei 6.161/2012. Estabelecimento de regras para o comércio de produtos e serviços em *sites* de compra coletiva.

de competência legislativa da União, tendo em vista a competência legislativa concorrente da União e Estados (art. 24, V, Constituição da República).

As compras coletivas e *sites* de intermediação são objeto de previsão no art. 3º do Dec. nº 7.962/2013[160] e no art. 44-C do PLS nº 281/2012, em cujos termos:

> "Art. 44-C. Os sítios eletrônicos ou demais meios eletrônicos utilizados para ofertas de compras coletivas ou modalidades análogas de contratação deverão conter, além das informações previstas no art. 44-B, as seguintes:
>
> I – quantidade mínima de consumidores para a efetivação do contrato;
>
> II – prazo para utilização da oferta pelo consumidor;
>
> III – identificação do fornecedor responsável pelo sítio eletrônico e do fornecedor do produto ou serviço ofertado.
>
> Parágrafo único. O fornecedor de compras coletivas, como intermediador legal do fornecedor responsável pela oferta do produto ou serviço, responde solidariamente pela veracidade das informações publicadas e por eventuais danos causados ao consumidor".

Ao mesmo tempo em que atingem uma grande parcela de consumidores a um custo relativamente baixo, os fornecedores organizam sua política de descontos aproveitando-se de um critério de escala que lhes reduz o risco, visto que somente se obrigam a cumprir o preço anunciado se houver um determinado número de interessados na contratação.[161]

Por essa razão, algumas controvérsias têm sido levantadas quanto à aplicação das normas do CDC às compras coletivas.

A primeira diz respeito à extensão do liame obrigacional entre os fornecedores, a qual, no bojo das inúmeras lides levadas aos tribunais pátrios, concretiza-se, primeiramente, na preliminar processual de ilegitimidade de parte. Há decisões que reconhecem a ilegitimidade passiva do mantenedor do *site*. Nesse sentido, já decidiu o Tribunal de Justiça do Distrito Federal:

> "[...] Consumidor. Aquisição de vouchers de rodízio de sushi pela internet. *Ilegitimidade passiva da ré Groupon Serviços Digitais Ltda. Mera intermediadora.* Revelia da ré Aloha Sushi Bar e Temakeria. Inadimplemento da fornecedora de serviços.

Relação de consumo. Usurpação de competência legislativa da União. Legislação sobre informação e mecanismo de defesa. Alegação de que a matéria ultrapassa a competência suplementar. Questão de ordem. Cláusula de reserva de plenário. Necessidade de submissão da questão ao órgão especial deste Tribunal. Suspensão do julgamento do recurso" (TJRJ, 16ª Câm. Civ., j. 31.07.2012).

[160] A redação do art. 3º do Dec. nº 7.962/2013 é a seguinte: "Art. 3º. Os sítios eletrônicos ou demais meios eletrônicos utilizados para ofertas de compras coletivas ou modalidades análogas de contratação deverão conter, além das informações previstas no art. 2º, as seguintes:
I – quantidade mínima de consumidores para a efetivação do contrato;
II – prazo para utilização da oferta pelo consumidor;
III – identificação do fornecedor responsável pelo sítio eletrônico e do fornecedor do produto ou serviço ofertado [...]".

[161] MIRAGEM, Bruno. *Curso de direito do consumidor.* 2. ed. São Paulo: Revista dos Tribunais, 2010. p. 419. Os principais riscos enfrentados pelo consumidor, segundo o autor, são os seguintes: "a) o fato de a oferta ser feita, na maioria das vezes, por prazo determinado, pode submeter o consumidor à pressão, prejudicando sua avaliação sobre a conveniência do negócio; b) a facilitação do consumo leva o consumidor, muitas vezes, a adquirir produtos e serviços desnecessários ou de utilidade reduzida, estimulando o hiperconsumo; c) há claro apelo à vantagem do preço, sem maior atenção à qualidade dos produtos e serviços; d) as ofertas anunciadas não divulgam com o mesmo destaque as vantagens e as demais condições do negócio (prazos, horários ou dias específicos para fruição da oferta), vindo, muitas vezes, a surpreender o consumidor".

Jantar comemorativo de namoro frustrado. Danos morais não configurados. Mero inadimplemento contratual. Recurso conhecido e improvido. Sentença mantida pelos seus próprios fundamentos. *1. Imperiosa a manutenção da sentença que reconheceu a ilegitimidade passiva ad causam da empresa Groupon Serviços Digitais Ltda., por ser mera intermediadora da relação privada estabelecida entre a consumidora e o anunciante do produto (Aloha Sushi Bar e Temakeria), inexistindo, portanto, qualquer nexo causal entre a conduta da empresa ré e o prejuízo alegado pela recorrente.* [...] 3. O fato de o estabelecimento comercial da ré Aloha Sushi Bar e Temakeria estar fechado e, assim, ter restado frustrado um jantar comemorativo de namoro, por si só, não implica qualquer ofensa aos direitos da personalidade. 4. Nesse sentido, escorreita a sentença que extinguiu o feito sem julgamento de mérito em relação a ré Groupon Serviços Digitais Ltda., com base no art. 267, VI, do CPC, e julgou improcedente o pedido de reparação por danos morais no que tange a ré Aloha Sushi Bar e Temakeria. 5. Recurso conhecido e improvido. [...]". (g.n.).[162]

Entretanto, por outro lado, salienta-se que a regra do art. 7º, parágrafo único, do CDC[163] impõe a solidariedade obrigacional entre os fornecedores perante o consumidor, sem prejuízo de ação regressiva do *site* em face do real causador do dano.

Afinal, o desdobramento das funções de oferta por um dos contratantes e prestação de serviços pelo outro não afasta a responsabilidade por parte do *site* pelo cumprimento das cláusulas ofertadas pelo fornecedor imediato do produto ou serviço.

Ainda que possam parecer desconexos, ambos os contratos têm a mesma causa jurídica,[164] havendo a necessidade de se interpretar a relação entre os vários negócios jurídicos como um único contrato perante o consumidor. Destaca Adalberto Simão Filho que, na interpretação da rede contratual, deve-se investigar não a causa das obrigações reciprocamente assumidas pelas partes, mas, sim, como elemento que justifica e identifica o contrato.[165]

Portanto, verificada a pertinência subjetiva da relação jurídica de direito processual, haja vista a natureza complexa do contrato que figura como causa de pedir, é plenamente possível a manutenção da legitimidade passiva de ambos os fornecedores, que respondem, salvo comprovação de não participação na cadeia de consumo, de maneira solidária. Acerca da conexidade contratual face ao consumidor, leciona Jorge Mosset Iturraspe:

> "Na contratação empresária – caracterizada por muitos como 'massificada' e, desde o ângulo jurídico, celebrada sobre a base de cláusulas gerais predispostas –, e, em particular nos contratos de colaboração [...] o consumidor deve estar protegido, tanto contra a empresa individual como contra as empresas reunidas; o consumidor deve saber, de maneira clara, quem está de frente a si; deve conhecer os papéis, os centros de imputação,

---

[162] TJDF, 1ª T. Recursal dos Juizados Especiais do Distrito Federal, Acórdão 549007, 20110111137969ACJ, j. 08.11.2011, Rel. Flávio Fernando Almeida da Fonseca, *DJ* 18.11.2011, p. 420.

[163] "Art. 7º [...] Parágrafo único. Tendo mais de um autor a ofensa, todos responderão solidariamente pela reparação dos danos previstos nas normas de consumo".

[164] Acerca da importância da causa dos contratos, Carlos Nelson Konder: "O principal instrumento de funcionalização no âmbito dos negócios jurídicos – especialmente os contratos – é a causa. Nos ordenamentos que a preveem expressamente – como Itália França e Espanha – a causa desempenha o relevante papel de controle da autonomia privada e, desse modo, de constitucionalização do contrato. Ao se exigir a licitude da causa do negócio, permite-se uma interferência maior na atividade negocial de maneira a exigir sua compatibilidade com preceitos constitucionais. A causa também funciona como parâmetro de equilíbrio entre as partes e desempenha um papel extremamente relevante no processo de interpretação-qualificação do contrato" (Konder, Carlos Nelson. *Contratos conexos*. Rio de Janeiro: Renovar, 2006. p. 34).

[165] Cf. SIMÃO FILHO, Adalberto. Redes contratuais. *Anais do Conpedi*. Vitoria, 2011. p. 3515.

os responsáveis dos danos que possa chegar a sofrer, tanto os contratuais como aqueles nascidos de atos ilícitos".[166]

Igualmente observa Carlos Nelson Konder, ao concluir que, na conexidade em sede de relações de consumo, deve-se "evitar que a diversidade de partes sirva como expediente para reduzir a proteção do consumidor [...]".[167]

Logo, o *site* não só deve apresentar sua resposta processual regularmente, como também pode vir a ser considerado responsável solidário, podendo arcar integralmente com a reparação dos danos causados pelo consumidor, repita-se, sem prejuízo da ação de regresso contra o fornecedor imediato.

A legitimidade passiva do provedor que administra o *site* surge da natureza da relação jurídica entre os fornecedores imediatos dos serviços anunciados e o serviço por ele fornecido, repercutindo diretamente na situação jurídica do consumidor. Há, portanto, um alargamento da relação jurídica de direito material, que atrai sua legitimidade processual e forma o litisconsórcio passivo entre as rés.

Não raras vezes, a fruição dos benefícios da oferta submete-se a regras complexas e desconhecidas do consumidor no momento da contratação. Como verifica Bruno Miragem, eventuais restrições ou condicionamentos da oferta que não tenham sido informados adequadamente antes da celebração do contrato não obrigarão o consumidor, em virtude do art. 46 do CDC. Ademais, o descumprimento da oferta enseja a aplicação do art. 35 do CDC, podendo o consumidor exigir seu cumprimento específico, o abatimento do preço ou a resolução do negócio, sem prejuízo das perdas e danos cabíveis.[168]

No tocante às garantias contratuais para o consumidor, algumas merecem especial destaque.

A primeira é a da repetição dos valores pagos indevidamente. É também possível obter a devolução simples das despesas efetuadas, podendo ser em dobro nos termos do art. 42, parágrafo único, do CDC, se houver comprovação de má-fé ou culpa do fornecedor,[169] inclusive com as diferenças entre o que foi pago e o preço de mercado normalmente praticado pelo fornecedor. A diferença entre o falso valor anunciado pelo *site* e o valor real do produto ou serviço induz os consumidores em erro, nos termos do art. 37, § 1º, do CDC.[170]

---

[166] ITURRASPE, Jorge Mosset. *Contratos conexos*. Buenos Aires: Rubinzal-Culzoni, 1999. p. 13 e 21. No tocante aos contratos colaborativos ou de colaboração, como prefere Iturraspe, leciona Adalberto Simão Filho: "Colaborativos porque agregam pessoas jurídicas e/ou físicas para um fim comum de natureza colaboracional que será o resultante do empreendimento buscado". SIMÃO FILHO, Adalberto. Redes contratuais. *Anais do Conpedi*. Vitoria, 2011. p. 3511. O autor destaca que mesmo nos contratos empresariais, os *sites* aglutinam parte significante da remuneração do fornecedor imediato e celebram contratos em número maior do que a capacidade do fornecedor imediato, obrigando-o a prestar o serviço ou produto muitas vezes com margem de lucro pequena ou mesmo mantendo-o em prejuízo, em claro ato ilícito de abuso da posição contratual (art. 187 do CC).

[167] ITURRASPE, Jorge Mosset. *Contratos conexos*. Buenos Aires: Rubinzal-Culzoni, 1999. p. 326.

[168] ITURRASPE, Jorge Mosset. *Contratos conexos*. Buenos Aires: Rubinzal-Culzoni, 1999. p. 420.

[169] "Consumidor. Repetição de indébito. Art. 42, parágrafo único, do CDC. Engano justificável. Não configuração. 1. Hipótese em que o Tribunal de origem afastou a repetição dos valores cobrados indevidamente a título de tarifa de água e esgoto, por considerar que não se configurou a má-fé na conduta da Sabesp, ora recorrida. 2. A recorrente visa à restituição em dobro da quantia *sub judice*, ao fundamento de que basta a verificação de culpa na hipótese para que se aplique a regra do art. 42, parágrafo único, do Código de Defesa do Consumidor. 3. O engano, na cobrança indevida, só é justificável quando não decorrer de dolo (má-fé) ou culpa na conduta do fornecedor do serviço. Precedente do STJ. 4. Dessume-se das premissas fáticas do acórdão recorrido que a concessionária agiu com culpa, pois incorreu em erro no cadastramento das unidades submetidas ao regime de economias. 5. *In casu*, cabe a restituição em dobro do indébito cobrado após a vigência do CDC. 6. Recurso Especial provido" (REsp 1.079.064-SP, 2ª T., j. 02.04.2009, Rel. Min. Herman Benjamin, DJe 20.04.2009).

[170] "Art. 37. É proibida toda publicidade enganosa ou abusiva. § 1º É enganosa qualquer modalidade de informação ou comunicação de caráter publicitário, inteira ou parcialmente falsa, ou, por qualquer outro modo,

Além disso, cláusulas de retenção de valores pagos ou que transfiram a responsabilidade a terceiros são igualmente nulas, por expressa disposição legal, mesmo que não seja o *site* aquele que preste diretamente o serviço ou a entrega do produto ao consumidor. Em igual medida, termos de uso em que se exclua a responsabilidade do provedor dos defeitos do serviço que fornece, revelam cláusulas igualmente abusivas.[171]

A proteção contratual do consumidor é de ordem pública, "até porque depender do teor do contrato é colocar tudo nas mãos e no controle do fornecedor, o qual, invariavelmente, utiliza-se de contratos de adesão e redige as cláusulas considerando unicamente os próprios interesses econômicos".[172]

No concernente aos danos morais, reconhece-se atualmente que são *in re ipsa*, ou seja, decorrem da lesão à dignidade da pessoa humana das vítimas. Dor, vexame e humilhação não revelam um dano moral indenizável, mas, sim, mero exaurimento ou consequência do dano. O inadimplemento contratual, por si só, pode ensejar o dever de reparar pelos danos morais.[173]

Por fim, o valor fixado a título de indenização por danos morais deve ter como referência as circunstâncias do caso, como a espécie de violação do dever de informar, a natureza do defeito ou vício do produto ou serviço adquirido, e, eventualmente, a gravidade da conduta das rés, haja vista a extensão do dano causado, lado a lado com as respectivas funções compensatória e educativa.

Nesse sentido, a seguinte decisão proferida pelo Tribunal de Justiça do Estado do Rio de Janeiro, corroborando a conclusão aqui defendida:

> "Consumidor. Responsabilidade civil objetiva. *Site* de compra coletiva. Oferta de aparelho celular vinculado a plano de utilização da linha telefônica. Aquisição de cupom sem a respectiva entrega do produto. Falha na prestação do serviço. Dano moral configurado. Precedentes deste TJRJ. Responsabilidade solidária dos integrantes da cadeia de consumo. Verba reparatória fixada em conformidade com os princípios da proporcionalidade e da razoabilidade. Recursos a que se nega seguimento".[174]

Portanto, a estrutura e o funcionamento dos modelos de negócios praticados pelos *sites* de compras coletivas revelam que não se trata de estranhos à cadeia de consumo. Por essa razão, não devem ser considerados partes ilegítimas nem terem sua responsabilidade civil limitada, vez que solidárias nos termos do art. 7º, parágrafo único, do CDC.

Não é por outro motivo que o PL nº 3.514/2015, ao contemplar a responsabilidade dos *sites* de intermediação, prevê, no parágrafo único do art. 44-C, que o *fornecedor de compras*

---

mesmo por omissão, capaz de induzir em erro o consumidor a respeito da natureza, características, qualidade, quantidade, propriedades, origem, preço e quaisquer outros dados sobre produtos e serviços."

[171] "Art. 51. São nulas de pleno direito, entre outras, as cláusulas contratuais relativas ao fornecimento de produtos e serviços que: I – impossibilitem, exonerem ou atenuem a responsabilidade do fornecedor por vícios de qualquer natureza dos produtos e serviços ou impliquem renúncia ou disposição de direitos. Nas relações de consumo entre o fornecedor e o consumidor pessoa jurídica, a indenização poderá ser limitada, em situações justificáveis; II – subtraiam ao consumidor a opção de reembolso da quantia já paga, nos casos previstos neste código; III – transfiram responsabilidades a terceiros [...]".

[172] MARQUES, Claudia Lima; BENJAMIN, Antônio Herman V.; BESSA, Leonardo Roscoe. *Manual de direito do consumidor*. 2. ed. São Paulo: RT, 2009. p. 159.

[173] Nesse sentido, os seguintes enunciados proferidos em sede das Jornadas de Direito Civil do Conselho de Justiça Federal: "445) Art. 927. *O dano moral indenizável não pressupõe necessariamente a verificação de sentimentos humanos desagradáveis como dor ou sofrimento;* 411) Art. 186. *O descumprimento de um contrato pode gerar dano moral, quando envolver valor fundamental protegido pela Constituição Federal de 1988*".

[174] TJRJ, 20ª Câm. Civ., Ap. 0001387-41.2011.8.19.0202, j. 17.10.2011, Des. Marco Antonio Ibrahim.

coletivas, como intermediador legal do fornecedor responsável pela oferta do produto ou serviço, responde solidariamente pela veracidade das informações publicadas e por eventuais danos causados ao consumidor.[175]

3.6 AS RESTRIÇÕES AO USO DA INTERNET FIXA: NEUTRALIDADE E PROTEÇÃO DOS CONSUMIDORES

O anúncio, pelas principais operadoras de Internet fixa no Brasil, de restrições no consumo de dados, enseja grave preocupação, do ponto de vista da proteção dos consumidores. O consumidor que ultrapassar sua cota mensal, de acordo com o pacote de dados contratado, terá a velocidade da Internet reduzida ou suprimida. Até 2016, no entanto, o consumo de dados era ilimitado, havendo cobranças diferenciadas apenas em virtude da velocidade de conexão.

Antes, os consumidores apenas compravam o plano de acordo com a velocidade, mas sem limite quanto ao volume de dados; agora, serão penalizados os usuários que ultrapassarem o valor predefinido nos seus contratos.

Não é por outro motivo que o Conselho Diretor da ANATEL decidiu, no dia 22 de abril de 2016, proibir a imposição de limites à Internet fixa por tempo indeterminado, até a decisão final do processo,[176] ficando as operadoras, até então, impedidas de reduzir a velocidade, suspender o serviço ou cobrar pelo tráfego excedente nos casos em que os consumidores utilizarem toda a franquia contratada, ainda que tais práticas estejam previstas em contrato de adesão ou plano de serviço.

O Ministério das Comunicações, segundo noticiado pela imprensa, está elaborando um termo de compromisso que será apresentado às empresas, de modo a assegurar que os contratos antigos não sejam atingidos por eventual mudança, bem como seja dada aos usuários uma ferramenta informando seu perfil de consumo, o volume de dados consumidos durante o mês e a proximidade do esgotamento do plano.

Como já ocorria na Internet móvel, as operadoras de Internet fixa passam a impor um limite ou franquia de consumo, gerando impactos a diversos usuários, como pesquisadores, espectadores de filmes, alunos de cursos a distância e fãs de videogames, que sofrerão grande impacto no custo do *download* de dados.

Sem falar nos usuários das redes sociais, estimulados a se tornar geradores de dados, viabilizando o crescimento de negócios bilionários, comparáveis aos índios do Brasil Colônia, que, em troca de espelhos, cediam ouro e vastos territórios aos colonizadores brancos.

O resguardo do direito de informação dos consumidores ocorre por meio de dois requisitos: deve a operadora disponibilizar uma ferramenta para que o usuário acompanhe o consumo e informar quando o limite está próximo ao fim.

Tal prática das operadoras revela-se abusiva, por trair a confiança dos consumidores e contrariar dispositivos expressos do Marco Civil da Internet no Brasil (Lei nº 12.965/2014), em especial o art. 3º, IV, que prevê a neutralidade da rede como um de seus princípios, e o art.9º,

---

[175] A redação do dispositivo é a seguinte: "Art. 44-C. Os sítios eletrônicos ou demais meios eletrônicos utilizados para ofertas de compras coletivas ou modalidades análogas de contratação deverão conter, além das informações previstas no art. 44-B, as seguintes: I – quantidade mínima de consumidores para a efetivação do contrato; II – prazo para utilização da oferta pelo consumidor; III – identificação do fornecedor responsável pelo sítio eletrônico e do fornecedor do produto ou serviço ofertado. *Parágrafo único. O fornecedor de compras coletivas, como* intermediador legal do fornecedor responsável pela oferta do produto ou serviço, responde solidariamente pela veracidade das informações publicadas e por eventuais danos causados ao consumidor".

[176] Ainda sem decisão definitiva por ocasião da apresentação deste trabalho.

que proíbe qualquer discriminação ou degradação do tráfego que não decorra de requisitos técnicos necessários à prestação adequada dos serviços, conforme regulamentação. Trata-se, portanto, do pressuposto para uma Internet verdadeiramente livre.

A expressão "neutralidade da Internet" foi cunhada pelo professor da Universidade de Columbia, Tim Wu, em cujas palavras trata-se de "um princípio muito simples, que sugere que você tem o direito de acessar a informação que quiser, é sobre a liberdade de as pessoas se comunicarem".[177]

De acordo com o princípio da neutralidade, os provedores de aplicações e de serviços da Internet não podem tratar de forma discriminatória os dados que trafegam em suas estruturas, não importando seu conteúdo, origem ou destino. A ideia é impedir, contrariando a própria origem e característica descentralizada e livre da Internet, a criação de um poder central capaz de colocar em risco a autonomia do usuário na escolha do que será acessado, além de ameaçar a oferta de produtos, serviços e aplicativos em igualdade de condições.

O argumento utilitarista de que, em homenagem à propriedade privada e pela lógica do mercado, apenas os consumidores que podem pagar mais deverão ter acesso à Internet ilimitada levará a uma segregação social, com a exclusão dos consumidores menos favorecidos no ambiente virtual, cuja navegação seria restrita, reforçando o *digital divide*[178] e indo de encontro ao direito fundamental de acesso à Internet, considerado pelo art. 7º da Lei nº 12.965/2014 como essencial ao exercício da cidadania.

A visão das operadoras, além de traduzir um retrocesso, ofende o princípio da função social da propriedade, cabendo-lhes exercer sua atividade econômica de modo a promover todos os interesses metaindividuais e sociais envolvidos, em especial dos consumidores, evitando-se qualquer tratamento discriminatório.

O acesso à Internet foi considerado como um direito humano fundamental pelo Conselho de Direitos Humanos da ONU, em deliberação de 30 de junho de 2016, que aprovou uma resolução não vinculante, condenando a conduta dos Estados que intencionalmente retiram ou interrompem a conexão dos seus cidadãos.[179]

3.7 ODRS E CONFLITOS REPETITIVOS NAS RELAÇÕES DE CONSUMO

Em demandas repetitivas e de baixa complexidade, o sistema conhecido como ODR (*On-line Dispute Resolution*), dotado de grande flexibilidade, pode ajudar a superar obstáculos de mecanismos tradicionais, judiciais ou a ADR (*Alternative Dispute Resolution*), sendo marcado sobretudo pela natureza adaptativa, com diversas experiências positivas no exterior, como em Nova York (prefeitura), *Ebay*, *PayPal*, *Wikipedia* e *Airbnb*, entre outras. Ocorre a análise jurimétrica dos consumidores nas plataformas, num processo de desjudicialização que se iniciou com a abertura comercial da Internet, nos anos 1990, e, no Brasil, se acentuou com o Código

---

[177] WU, Tim. Network neutrality, broadband discrimination. *Journal of Telecommunications and High Technology Law*, v. 2, p. 141, 2003. Disponível em: http://papers.ssrn.com/sol3/papers.cfm?abstract_id=388863. Acesso em: 24 abr. 2016.

[178] Caracterizando-o como problema social e não puramente técnico ou material, veja: VAN DJIK, Jan. *The digital divide*. Cambridge: Polity, 2019. p. 16 e 22.

[179] "Considerando a importância fundamental a participação do governo em relação a todos os intervenientes, inclusive a sociedade civil, o setor privado, a comunidade técnica e a academia, na promoção e proteção dos direitos humanos e liberdades fundamentais *on-line*, 1. Afirma que os mesmos direitos que as pessoas têm reconhecidos *off-line* devem igualmente ser protegidos on-line, em particular a liberdade de expressão, aplicável apesar das fronteiras e através de qualquer meio de comunicação, de acordo com o art. 19 da Declaração Universal dos Direitos Humanos e a Convenção Internacional sobre direitos civis e políticos" (tradução nossa).

de Processo Civil de 2015, levando à parametrização de interesses.[180] Como afirma Colin Rule, um dos precursores da matéria, o ODR combina a eficiência da solução alternativa de conflitos com a Internet.[181]

No Brasil, há diversos mecanismos, sem dúvida bem-sucedidos, a serem fomentados, como Reclame Aqui, Juspro, e-Conciliar, Vamos Conciliar, Mediação *Online* e Consumidor. gov.br, este administrado pela Secretaria Nacional do Consumidor, pertencente à estrutura do Ministério da Justiça, que atua desde 2014 com bons resultados, tendo inclusive expandido recentemente sua base operacional.

Por um lado, a exaustão do modelo tradicional de resolução de conflitos é algo que não pode ser desconsiderado, de modo que o processo judicial, durante muito tempo, converteu-se na única resposta que se oferecia para qualquer embaraço no relacionamento entre as partes. A procura pelo Judiciário foi tão excessiva que o congestionamento dos tribunais inviabilizou o cumprimento de um comando fundante contido na Carta Cidadã dado pela Emenda Constitucional nº 45/2004: a duração razoável do processo.[182]

Com o advento da recente Resolução nº 358, do CNJ, publicada no dia 02 de dezembro de 2020, o Judiciário brasileiro passou a projetar sistemas informatizados de ODR para a resolução de conflitos, voltados à tentativa de conciliação e mediação (SIREC), no formato de tribunais *on-line*. A ideia é de caminhar além da primitiva ferramenta (mas com aparentes bons resultados) do Consumidor.gov.

Demandas que não chegariam aos tribunais passam a ser manipuladas por tecnologias que fazem as vezes de um agente neutro, propondo alternativas e ações possíveis às partes, com redução de custos, simplicidade e celeridade.[183]

Contudo, em certos casos, os mecanismos de solução de controvérsias podem agravar assimetrias de poder, atribuir responsabilidades e alocar custos de maneira indesejável do ponto de vista social, fugindo ao escrutínio público, com a criação de bancos de dados parametrizados, pelas *legal techs*, para a venda de ODRs, e o consequente *Big Data* envolvido para ganhos econômicos.

Algumas críticas feitas à ADR, do ponto de vista da assimetria, podem ser estendidas à ODR. É verdade que, embora se inspirem nos mecanismos alternativos de solução de conflitos, as ODRs não se limitam à sua transposição para o ambiente eletrônico.[184] Na ausência de vedação legal, a parte mais poderosa dos pontos de vista econômico, tecnológico e informacional pode impor a ODR a consumidor, fornecedor, empregado, cliente etc.[185] Existem dúvidas quanto à imparcialidade do mecanismo e preocupações com o desequilíbrio adicional de forças, com a

---

[180] Acerca do tema, indicam-se as seguintes obras: RULE, Colin. *Online Dispute Resolution for business*: B2B, e-commerce, consumer, employment, insurance, and other commercial conflicts. San Francisco: Jossey Bass, 2002. p. 28-29. KATSH, Ethan; RABINOVICH-EINY, Oina. *Digital justice*: technology and the internet of disputes. Oxford: Oxford University Press, 2017. p. 10.

[181] RULE, Colin. *Online Dispute Resolution for business*: B2B, e-commerce, consumer, employment, insurance, and other commercial conflicts. San Francisco: Jossey Bass, 2002. p. 3.

[182] NALINI, José Renato. É urgente construir alternativas à justiça. *In*: ZANETI Jr., Hermes; CABRAL, Trícia Navarro Xavier (coord.). *Justiça multiportas*: mediação, conciliação, arbitragem e outros meios adequados de solução de conflitos. 2. ed. Salvador: JusPodivm, 2018. p. 31.

[183] ARBIX, Daniel do Amaral. *Resolução online de controvérsias*: tecnologias e jurisdições. Tese (Doutorado) – Faculdade de Direito da Universidade de São Paulo, São Paulo, 2019. p. 2.

[184] ALBERNOZ, M. M. Online Dispute Resolution (ODR) para o comércio eletrônico em termos brasileiros. *Direito. UnB – Revista de Direito da Universidade de Brasília*. v. 3, n. 1, 2019. Disponível em: https://periodicos.unb.br/index.php/revistadedireitounb/article/view/28192. p. 13. Acesso em: 15 abr. 2021.

[185] ARBIX, Daniel do Amaral. *Resolução online de controvérsias*: tecnologias e jurisdições. Tese (Doutorado) – Faculdade de Direito da Universidade de São Paulo, São Paulo, 2019. p. 44. ALBERNOZ, M. M. Online Dispute Resolution(ODR) para o comércio eletrônico em termos brasileiros. *Direito.UnB – Revista de Direito da Universidade*

concentração de informações pelo usuário habitual daqueles mecanismos. Tais preocupações são agravadas pela opacidade das caixas-pretas dos algoritmos[186] empregados nas soluções de conflitos.

Por um lado, nascidos como resposta a conflitos surgidos na Internet, são uma boa opção para que as partes solucionem suas contendas, desde que se trate de interesses individuais disponíveis, com efetividade, com a negociação assistida por uma quarta parte.

Na prática, boa parte das ODRs mais bem-sucedidas é daquelas geridas pelas instituições nas quais os conflitos se originam e por entidades que emprestam conhecimento especializado para sua resolução, como plataformas de *e-commerce* e câmaras de comércio, dotadas de conhecimento especializado crucial para apurar o *design* das ODRs.[187]

Mediante o uso das ODRs, é possível antecipar, até o início do conflito, com o uso de computador, a administração de dados em volume e velocidade superiores, com comunicação anônima e interativa, demandando-se larga escala perante qualquer ambiente. Isso leva à diminuição de custos e de tempo, numa atuação em outros momentos, prevenindo ou influenciando o conflito a fim de evitar sua escalada – de forma confidencial, sem exposição a terceiros.[188]

No entanto, a tecnologia não é neutra, e os procedimentos assim gerados podem ser persuasivos, induzindo a certas escolhas ou excluindo ou omitindo opções. As tecnologias refletem os preconceitos e as premissas dos seus desenvolvedores, podendo determinar resultados simplesmente por sua formatação, potencialmente conduzindo a ilegalidades ou abusividades.[189]

A tecnologia pode favorecer, por exemplo, o acobertamento de atos ilícitos. A indução das partes a certos procedimentos ou composição pode ferir diretrizes éticas e de ordem pública. Deve-se focalizar a transparência dos mecanismos de ODR. Até que ponto existe confidencialidade ou neutralidade?

Segundo Dierle Nunes e Camila Mattos Paolinelli:

> "De todo modo, mesmo integradas ao sistema, é imprescindível que se examine, conforme dito, que o sistema de ODR tenha um desenvolvedor desinteressado. A utilização de ODRs criadas pelo setor privado, ainda que integradas ao sistema público de justiça, pode acentuar disparidades materiais entre os litigantes, tendo em vista que a plataforma é criada por um deles, que detém todas as informações sobre o sistema.
>
> Com poder econômico e informacional, além da habitualidade das demandas (pois participará de todas), o litigante habitual alimentará o sistema com dados (quase que diários) que o favorecerão, desequilibrando os resultados, quase sempre. Ainda que a plataforma de ODR utilizada seja desenvolvida pelo Judiciário como 'parte integrante' do sistema, a depender do sistema utilizado, alimentado pelos dados gerados em decorrência do grande número de demandas, os resultados apresentados na resolução dos litígios também poderão ser tendenciosos e direcionados a beneficiar litigantes habituais (em face das potencialidades de vieses do modelo algorítmico).

---

de Brasília. v. 3, n. 1, 2019. Disponível em: https://periodicos.unb.br/index.php/revistadedireitounb/article/view/28192. Acesso em: 15 abr. 2021.

[186] PASQUALE, Frank. *The black box society*: the secret algorithms that control money and information. Cambridge: Harvard University Press, 2015. p. 9.

[187] ARBIX, Daniel do Amaral. *Resolução* online *de controvérsias*: tecnologias e jurisdições. Tese (Doutorado) – Faculdade de Direito da Universidade de São Paulo, São Paulo, 2019. p. 72.

[188] ARBIX, Daniel do Amaral. *Resolução* online *de controvérsias*: tecnologias e jurisdições. Tese (Doutorado) – Faculdade de Direito da Universidade de São Paulo, São Paulo, 2019. p. 74.

[189] ARBIX, Daniel do Amaral. *Resolução* online *de controvérsias*: tecnologias e jurisdições. Tese (Doutorado) – Faculdade de Direito da Universidade de São Paulo, São Paulo, 2019. p. 32.

Nesse aspecto, talvez o grande desafio seja o de criar uma propedêutica processual amparada em direitos fundamentais que permita rigoroso controle dos resultados enviesados. A arquitetura de escolha da plataforma pode induzir comportamentos e é necessário observar, de perto, quais tipos de comportamentos são estes. A crença na autonomia da vontade foi jogada por terra pela captologia (tecnologia que manipula), e, por isso, a importância de se fortalecer mecanismos que permitam participação informada e controle nos resultados".[190]

Em qualquer caso, há alguns limites que não podem ser ultrapassados, em nome dos valores eleitos primordialmente na Constituição da República, em especial:

1 – A integridade da jurisprudência dos Tribunais Superiores na proteção aos vulneráveis, consolidando temas já julgados, no sentido de servirem como precedentes poderosos contra a prática de recursos procrastinatórios (o Tema 1.075 – "Limites territoriais da coisa julgada coletiva" – bem demonstrou essa falha).[191] Problemas envolvendo consumidores com fragilidades aguçadas, como idade, pobreza, analfabetismo, levando à denominação hipervulnerabilidade,[192] e somadas à crise própria do estado pandêmico, devem ser ainda levados em conta. O direito privado deve necessariamente reconhecer a fraqueza de certos grupos da sociedade, que se apresenta como ponto de encontro entre a função individual, que tradicionalmente lhe é reconhecida, e sua função social, afirmada no direito solidário privado que emerge da Constituição.[193]

2 – A garantia do acesso à Justiça como direito fundamental, evitando-se as seguidas tentativas de impor obstáculos de acesso ao Judiciário e à ordem jurídica justa, por meio de modelos alternativos de solução de conflitos extrajudiciais – especialmente aqueles das plataformas digitais –, na forma do art. 5º, XXXV da Constituição da República: "a lei não excluirá da apreciação do Poder Judiciário lesão ou ameaça a direito", o que obsta a imposição das ODRs como condição da ação – ao contrário do que tem decidido o Poder Judiciário em alguns casos –, sob pena de vedação ao retrocesso.

O uso facultativo das plataformas mostra-se benéfico, como uma opção a mais, de modo a descongestionar o Poder Judiciário, trazendo ganhos, do ponto de vista da eficiência, mas sem descuidar de todos os direitos fundamentais envolvidos, ou tornar-se vinculante ao consumidor sem que haja a possibilidade de resguardo jurisdicional.

3 – A transparência quanto aos algoritmos adotados para manuseio de inteligência artificial quanto à matéria de relações de consumo.

Especialmente quanto a esse último ponto, conforme a Lei Geral de Proteção de Dados, convém não descuidar, entre os princípios das atividades de tratamento de dados pessoais (art.

---

[190] NUNES, Dierle; PAOLINELLI, Camila Mattos. Novos *designs* tecnológicos no sistema de resolução de conflitos: ODRs, e-acesso à justiça e seus paradoxos no Brasil. *Revista de Processo*, v. 314, p. 395-425, abr. 2021.

[191] Supremo Tribunal Federal, Plenário, j. 08.04.2021, julgado mérito com repercussão geral no Recurso Extraordinário 1.101.937: "Decisão: O Tribunal, por maioria, apreciando o tema 1.075 da repercussão geral, negou provimento aos recursos extraordinários e fixou a seguinte tese: 'I – É inconstitucional a redação do art. 16 da Lei 7.347/1985, alterada pela Lei 9.494/1997, sendo repristinada sua redação original. II – Em se tratando de ação civil pública de efeitos nacionais ou regionais, a competência deve observar o art. 93, II, da Lei 8.078/1990 (Código de Defesa do Consumidor). III – Ajuizadas múltiplas ações civis públicas de âmbito nacional ou regional e fixada a competência nos termos do item II, firma-se a prevenção do juízo que primeiro conheceu de uma delas, para o julgamento de todas as demandas conexas', nos termos do voto do Relator, vencido o Ministro Marco Aurélio. O Ministro Edson Fachin acompanhou o Relator com ressalvas. Impedido o Ministro Dias Toffoli. Afirmou suspeição o Ministro Roberto Barroso" (Plenário, sessão virtual de 26.03.2021 a 07.04.2021).

[192] TARTUCE, Fernanda. *Igualdade e vulnerabilidade no processo civil*. Rio de Janeiro: Forense, 2012. p. 253.

[193] MARQUES, Claudia Lima; MIRAGEM, Bruno. *O novo direito privado e a proteção dos vulneráveis*. São Paulo: Revista dos Tribunais, 2012. p. 15.

6º), da transparência (VI), do livre acesso (IV), da não discriminação (IX), da responsabilização e prestação de contas (X). Fórmulas matemáticas (as já mencionadas "*black boxes*") são usadas deliberadamente mais para confundir do que para clarificar, tendo em vista a opacidade das "armas de destruição matemática" – termo cunhado por Cathy O'Neil[194] –, desenhadas para serem opacas e invisíveis, e temperadas pelo "molho secreto" do algoritmo. Modelos programados por algoritmos, embora possam trazer também grandes benefícios, afetam negativamente a vida de milhões de pessoas, e da sociedade, no aspecto coletivo, de maneira inapelável e injusta na sociedade contemporânea, frequentemente de maneira não informada e contrária ao seu consentimento.

3.8 OFERTA ELETRÔNICA

A formulação da oferta, assim como a sua aceitação, traduzindo um encontro de vontades, tem como meio uma rede internacional de telecomunicações, entre pessoas não presentes – diante do que se verifica tratar-se de um contrato a distância, marcado pela não presença física das partes quando do negócio, substituída por um conjunto de informações que identificam abstratamente o fornecedor –, o que evidencia um maior risco para o consumidor quanto à lealdade da outra parte.[195]

O computador e outros aparelhos conectados são utilizados, mais do que como meios de comunicação, como mecanismos que completam ou mesmo formam o processo volitivo, por meio de recomendações e comandos algorítmicos, externando-o;[196] o conjunto de atos integrantes da manifestação da vontade obedece a dados preordenados, de modo que o sistema deverá ter sido previamente programado para responder ao contato da outra parte, no caso o aceitante.

Ainda que seja dado ao computador discernir as circunstâncias do caso concreto e decidir com base nelas, sempre haverá uma emanação da vontade humana, ainda que no algoritmo "primordial",[197] em virtude das instruções passadas à máquina por ocasião da programação.[198]

A participação democrática livre tem como um de seus pressupostos a garantia da informação adequada ao consumidor, como um dos pilares do equilíbrio entre os contratantes, consistindo num conjunto de elementos relacionados à relação jurídica, ou à coisa envolvida na prestação, ou a atividades suscetíveis de causar danos a terceiros, ou a um dos contratantes.[199]

A informação adequada pressupõe um nível de conhecimento altamente específico, de acordo com a maior (ou menor) complexidade dos produtos ou serviços, não se confundindo com a oferta que visa induzir a contratar, seduzindo; deve ser despida de qualquer obscuridade, ao nível educativo do leigo, envolvendo os dados relevantes, capazes de alterar a base do negócio, de modo que ao se conhecê-lo não se contrataria, ou se o faria em outras condições.[200]

---

[194] O'NEIL, Cathy. *Weapons of math destruction:* how Big Data increases inequality and threatens democracy. London: Penguin Books, 2017. p. 279-280.

[195] ITAENU, Olivier. *Internet et le droit*: aspects juridiques du commerce électronique. Paris: Eyrolles, 1996. p. 24. SCHMITT, Cristiano Heineck. *Consumidores hipervulneráveis*: a proteção do idoso no mercado de consumo. São Paulo: Atlas, 2014. p. 63.

[196] SANTOLIM, Cesar Viterbo Matos. *Formação e eficácia probatória dos contratos por computador*. São Paulo: Saraiva, 1995. p. 27.

[197] Visto que no *Machine Learning*, algoritmos geram outros algoritmos.

[198] TOMMASINI, Maria. Osservazioni sulla conclusione del contratto tramite computers: aspetti problematici della comunicazione a distanza in tempo reale. *Rassegna di diritto civile*, Camerino, v. 3, p. 571, 1998.

[199] LORENZETTI, Ricardo Luis. *Fundamentos do direito privado*. Tradução de Vera Maria Jacob de Fradera. São Paulo: Revista dos Tribunais, 1998. p. 515-517.

[200] LORENZETTI, Ricardo Luis. *Fundamentos do direito privado*. Tradução de Vera Maria Jacob de Fradera. São Paulo: Revista dos Tribunais, 1998. p. 515-517.

Deve-se dar ao consumidor a possibilidade de perenizar o contrato eletrônico, arquivando-o, e de reconhecer e corrigir o seu erro, atuando o tempo como aliado na sua reflexão. Acerca da necessidade de disponibilização de um espaço para o distrato pelo consumidor, reconheceu o Tribunal de Justiça do Rio Grande do Sul que se trata de medida tecnicamente viável, em sede de ação civil pública movida em face do provedor UOL.[201]

A oferta deve ser clara e precisa (art. 30, Código de Defesa do Consumidor), vinculando o fornecedor que a formular, especialmente pela circunstância de, em se tratando de um contrato a distância, sendo a presença física das partes substituída por um conjunto de informações, bem como por haver uma incerteza quanto ao objeto do contrato, não se sabendo se este vai ou não atender às informações veiculadas.[202]

O disposto no art. 141 do Código Civil, no tocante ao erro na transmissão de vontade por meios interpostos, aplica-se plenamente à Internet, por meio de todas as suas ferramentas de comunicação, "desde que tenha influenciado a tal ponto a vontade que não ocorreria o negócio jurídico se não houvesse o equívoco indiretamente transmitido".[203]

Outra peculiaridade da oferta se refere ao fato de se exprimir sob um modo audiovisual, no uso de imagens fixas ou animadas e sons, acessível a todos sem distinção, traduzindo, pois, uma comunicação pública, uma vez inserida na rede,[204] quando não se dirija a pessoa determinada, no caso da contratação efetuada via correio eletrônico.

Dentre os inconvenientes próprios dos contratos a distância, podem ser destacados, segundo Calais-Auloy e Steinmetz:[205] a) o fato de os consumidores estarem sujeitos a solicitações repetidas por parte de certos fornecedores, mediante técnicas agressivas de contratação, de modo a constituir uma intromissão na sua vida privada; o que contemporaneamente, no Brasil, tem-se designado como parte do conceito de "assédio de consumo"; b) o adquirente, ao

---

[201] "AGRAVO DE INSTRUMENTO. AÇÃO COLETIVA CONTRA PROVEDOR DE INTERNET. DETERMINAÇÃO DE DISPONIBILIZAÇÃO DE ÍCONE DO SITE DO PROVEDOR QUE VIABILIZE O PEDIDO DE CANCELAMENTO DO SERVIÇO E IMPRESSÃO DE COMPROVANTE. É direito básico do consumidor a simetria entre o contrato e o distrato (art. 6º, II, CDC), não observando tal preceito o provedor que contrata sem quaisquer formalidades, mas, para resilir, exige que o pedido seja formalizado por carta registrada ou junto à sua central de atendimento, à mercê do assédio de seus treinados assistentes [...]. As dificuldades técnicas alegadas pela agravante para a implementação da medida são pouco críveis, pois a criação de um *link* onde o usuário possa fazer o pedido de cancelamento não acarreta risco maior do que o hoje existente em qualquer outro *link* por meio do qual o usuário preste informações pessoais e solicite serviços, tampouco exige maiores elucubrações que rotinas já existentes nas páginas da *web*. Afinal, o ordinário é que uma grande empresa de operação de Internet domine os meandros de sua atividade, sendo o prazo de 90 (noventa) dias mais do que suficiente para oferecer aos seus assinantes um ícone para o pedido de cancelamento do serviço com a expedição do número de protocolo com possibilidade de ser impresso. Agravo não provido" (TJRS, AI 70005950704, j. 24.6.2003, Rel. Des. Aldir Felippe Schmitz).

[202] SCHMITT, Cristiano Heineck. *Consumidores hipervulneráveis*: a proteção do idoso no mercado de consumo. São Paulo: Atlas, 2014. p. 63. Acerca da vinculação decorrente da publicidade, merece ser transcrita a seguinte ementa (TJ-RS, 5ª C. Civ., ap. civ. 70020018529, Rel. Des. Umberto Guaspari Sudbrack, j 01.08.07): "Consumidor. E-commerce. Aquisição de impressora por meio de *e-mail* contendo propaganda do produto. Mensagem eletrônica que garantia a entrega de bônus em dinheiro na compra da mercadoria anunciada. Periférico adquirido que apresentou defeito de fabricação. Fornecedor que se recusou a pagar o bônus anunciado em razão de o produto ter sido trocado por outro similar, alegando, ainda, que a quantia ofertada era de responsabilidade do fabricante. Inadmissibilidade. Publicidade que integra o próprio contrato entabulado entre consumidor e fornecedor. Obrigatoriedade da empresa de comércio eletrônico de efetuar o depósito da quantia prometida. Inteligência do art. 30 da Lei nº 8.078/1990".

[203] TEPEDINO, Gustavo; BARBOZA, Heloísa Helena; MORAES, Maria Celina Bodin. *Código Civil interpretado segundo a Constituição da República*. 2. ed. Rio de Janeiro: Renovar, 2007. v. I.

[204] SCHMITT, Cristiano Heineck. *Consumidores hipervulneráveis*: a proteção do idoso no mercado de consumo. São Paulo: Atlas, 2014. p. 63.

[205] *Droit de la Consomation*. Paris: Dalloz, 1996. p. 83.

basear sua manifestação de vontade em simples imagens ou descrições, corre o risco de receber um objeto que não corresponda exatamente às suas expectativas; c) entre a perfeição do contrato e a entrega medeia necessariamente um intervalo, cuja lentidão pode ser incômoda; d) a possível dificuldade, para o adquirente do produto ou serviço, de fazer valer seus direitos em face de um vendedor a distância, em caso de defeito do objeto; e) em casos extremos, pode até mesmo ocorrer que, após a celebração do contrato e pagamento, o comprador não receba a mercadoria desejada, além de não poder sequer se reembolsar, em virtude da insolvência ou mesmo do desaparecimento do vendedor.

Não obstante as dificuldades anteriormente apontadas, a mundialização dos mercados, por meio das relações de consumo via Internet, já implica naturalmente maior dificuldade de informação acerca de produtos, ofertas e serviços oriundos do "estrangeiro",[206] até mesmo, por vezes, em razão do problema do idioma.

As condições gerais do contrato, portanto, devem se encontrar organizadas de tal maneira que o consumidor, antes de expressar o seu consentimento, possa obter o seu pleno conhecimento, além de serem as respectivas cláusulas redigidas de modo claro e compreensível, em nome do princípio da transparência.[207]

Com a oferta ou proposta, compreendida como a declaração inicial de vontade que se destina à realização do contrato, o proponente não fica desde já obrigado a efetuar a prestação principal, a qual somente nascerá após a aceitação, quando da formação do contrato.[208]

Vincula-se, porém, pela própria proposta, na condição de sujeito passivo ao qual incumbe o dever jurídico de manter a oferta, no interesse de outra pessoa, devendo se submeter aos efeitos jurídicos da aceitação, caso esta já tenha ocorrido, ou, em caso contrário, devendo responder pela sua conduta no sentido de quebrar a confiança do outro sujeito, que acreditou em sua oferta inicial.[209]

Como exemplificação do tratamento dado à matéria nos países do *common law*, deve ser mencionado o caso *People v. Lipsitz*, julgado em 23 de junho de 1997 pela Suprema Corte do Estado de New York, no qual o réu, Kenneth Lipsitz, foi condenado em ação coletiva movida pelo *Attorney General*, por usar vários nomes falsos, vendendo assinaturas de revistas, as quais, em alguns casos, jamais foram entregues, ou, em outros, chegaram ao seu destino com grande atraso, de modo a encurtar o prazo da assinatura contratada, muitas vezes em relação à metade do que fora pago pelo consumidor.

A oferta, no caso, foi formulada por intermédio de *e-mails*, contendo depoimentos fictícios de consumidores exaltando não só a qualidade do serviço prestado pela parte ré, como também os preços vantajosos oferecidos, dirigidos a pessoas que integravam grupos particulares

---

[206] FRANCA FILHO, Marcílio Toscana. O mercado global, o direito da integração e a proteção do consumidor. *Revista de Direito do Consumidor*, São Paulo, v. 23-24, p. 117, jul./dez. 1997.

[207] TOSI, Emilio (coord.). *I problemi giuridici di internet*. Milano: Giuffrè, 1999. p. 21. Para Claudia Lima Marques, "de um lado, o ideal de transparência no mercado acaba por inverter os papéis tradicionais: aquele que se encontrava na posição ativa e menos confortável (*caveat emptor*), aquele que necessitava atuar, informar-se, perguntar, conseguir conhecimentos técnicos ou informações suficientes para realizar um bom negócio, o consumidor, passou para a confortável posição de detentor de um direito subjetivo de informação (art. 6º, III), enquanto aquele que se encontrava na segunda posição passiva, o fornecedor, passou a ser sujeito de um novo direito de informação (*caveat venditor*), dever de conduta ativa (informar), o que significa, na prática, uma inversão de papéis (arts. 46, 51, IV e 54 do CDC)" (MARQUES, Claudia Lima. *Confiança no comércio eletrônico e a proteção do consumidor*. São Paulo: Revista dos Tribunais, 2004. p. 246).

[208] MARQUES, Claudia Lima. *Confiança no comércio eletrônico e a proteção do consumidor*. São Paulo: Revista dos Tribunais, 2004. p. 289.

[209] MARQUES, Claudia Lima. *Confiança no comércio eletrônico e a proteção do consumidor*. São Paulo: Revista dos Tribunais, 2004. p. 290.

de discussão ou "listas" na rede, ou seja, pelo uso não autorizado do correio eletrônico (*spam*) para fins comerciais.

Após ter sido expulso de vários provedores de acesso à Internet, como o *America On Line*, uma vez detectadas tais práticas abusivas, o réu logo tratou de destruir os registros dos negócios efetuados; o resultado foi a sua condenação, no valor de US$ 500 para cada prática de publicidade e de consumo abusiva, além da importância de US$ 2.000, a título de custas, devida ao *Attorney General*.

Em princípio, o objeto de ditos contratos se refere à compra e venda de bens e à prestação de serviços de qualquer natureza, salvo as limitações próprias à ordem pública e aos bons costumes, intensificadas pela circunstância de ser atingido o consumidor pela oferta em seu próprio domicílio, diante do que devem ser excluídas contratações que envolvam a violência, a pornografia ou ofensa à dignidade humana, além das coisas fora do comércio, inobstante as limitações formais impostas pela lei.[210]

O contrato eletrônico pode ser situado a partir de duas modalidades principais,[211] quanto ao objeto: em primeiro lugar, o fornecedor pode propor uma prestação suscetível de ser consumida diretamente pelo meio da multimídia; é o caso dos serviços de informações, dos bancos de dados, dos serviços de mensagem eletrônica, dos serviços lúdicos, podendo ser o caso, ainda, da aquisição de um *software*.

Ou então, podem ser propostas a compra e venda de bens ou a prestação de serviços a serem executados ou entregues por um outro meio, de maneira diferida ou retardada,[212] como ocorre, por exemplo, na compra e venda de um automóvel, podendo dita oferta dirigir-se tanto a pessoas jurídicas como a pessoas físicas, seja especificamente em relação a empresas ou a particulares, seja indistintamente oferecida a todos – o que se mostra mais comum –,[213-214] observado, em ambas as hipóteses, o campo de aplicação da normativa de proteção ao consumidor.

A partir dos recursos da *home page*, o usuário tem acesso, por exemplo, à oferta eletrônica dos produtos de um supermercado, correspondendo a aceitação ao oferecimento do bem – que deve conter todas as especificações, tais quais qualidade, quantidade, preço etc. –, a partir da seta do *mouse*; fornecido o número do cartão de crédito, basta aguardar a entrega da coisa.[215]

Até mesmo profissionais liberais, como advogados, médicos, professores e escritores, dentre outros, têm prestado serviços *on-line*, sob a forma de consultas,[216] seja respondendo a mensagens dos usuários, seja em tempo real.

Questiona-se, no campo do direito de informação, a suficiência da autorregulação pelos membros da rede, tendo recentemente (e de maneira pioneira em nosso país) uma entidade de direito privado, a AMI (Associação de Mídia Interativa), que reúne entre seus integrantes

---

[210] ITAENU, Olivier. *Internet et le droit*: aspects juridiques du commerce électronique. Paris: Eyrolles, 1996. p. 94.
[211] HUET, Jerôme. *Le commerce électronique*. In: HUET, Pierre (coord.). *Le droit de multimedia*: de la télématique à internet. Paris: Les Éditions du Téléphone, 1996. p. 213.
[212] PEREIRA, Caio Mário da Silva. *Instituições de direito civil*. 8. ed. Rio de Janeiro: Forense, 1990. v. III, p. 48.
[213] PEREIRA, Caio Mário da Silva. *Instituições de direito civil*. 8. ed. Rio de Janeiro: Forense, 1990. v. III, p. 48.
[214] Mostra-se comum, especialmente no direito norte-americano, o uso da denominação *indirect e-commerce*, na hipótese da alienação de bens corpóreos que podem ser fisicamente entregues pelos meios tradicionais, em contraposição ao *direct e-commerce*, o qual ocorre quando não só a formação do contrato se dá por meio eletrônico, como também sua execução, no plano do pagamento e entrega (Issues paper. In: SYMPOSIUM RESPONDING TO THE LEGAL OBSTACLES TO ELECTRONIC COMMERCE IN LATIN AMERICA. *Arizona Journal of International and Comparative Law*, Tucson, v. 17, p. 9, 2000).
[215] GLANZ, Semy. Internet e contrato eletrônico. *Revista de Direito do Tribunal de Justiça do Estado do Rio de Janeiro*. Rio de Janeiro, v. 36, p. 44, jul./ set. 1998.
[216] *Jornal do Brasil*, Rio de Janeiro, 27 maio 1999. Caderno Informática, p. 4.

diretores de alguns dos principais provedores do País, lançado um Código de Ética,[217] contendo desde disposições gerais sobre a oferta ("*os anúncios devem conter uma apresentação verdadeira do produto oferecido*") até diretrizes sobre bens específicos tais quais bebidas alcoólicas, produtos alimentícios, produtos de fumo e armas de fogo.

Trata-se de uma tendência internacional, merecendo registro semelhantes *códigos morais* em países como a Itália – onde foi editado o *Codice di autoregolamentazione per i servizi Internet* –[218] e a Grã-Bretanha – onde vigoram os *British Codes of advertising pratice*[219] –, competindo a comissões formadas por representantes das empresas do setor a sua elaboração, bem como a fiscalização acerca do cumprimento das suas normas, as quais incluem a autovaloração sistemática dos conteúdos publicados na Internet.

Isso reflete uma tendência corrente à fixação da conduta dos contratantes de acordo com as práticas correntes, traduzindo, de certa maneira, um empirismo, como manifestação peculiar da autorregulamentação que já ocorria na atividade publicitária em geral, cujos méritos, por um lado, são incontestáveis, resguardando o consumidor de práticas lesivas.[220]

O ideal, porém, seria um sistema misto, desempenhando a autodisciplina uma função subsidiária em face da lei, conforme a diretriz seguida pelo direito comunitário europeu, eis que a simples regulação pelos próprios pares, mais do que insuficiente, pode se revelar perigosa.

Daí que vem ganhando certa notoriedade na doutrina a "autorregulação regulada", que apresenta modelos regulatórios justapostos, isto é, uma combinação de autorregulação com a regulação derivada do Estado e por ele fiscalizada – um modelo misto, portanto. Maranhão e Campos entendem a autorregulação regulada como um modelo de proceduralização do direito que combina importantes fatores para o futuro incerto dos desenvolvimentos tecnológicos e o poder de grandes empresas de tecnologia com a função estatal referida no dever de proteção – aqui, em especial, aos consumidores.

Para os autores, "a autorregulação tem a vantagem da eficiência pela disposição do conhecimento interno e dinâmica de constante revisão de conceitos. Por outro, tem a desvantagem por não necessariamente perseguir interesses e valores públicos", ao passo que "a regulação por terceiro ("*Fremdregulierung*") [*normalmente o Estado*] tem a vantagem de poder ser implementada por coerção em nome do interesse público e a desvantagem de, em ambientes dinâmicos, não dispor de conhecimento suficiente [...]".[221]

Trata-se de uma tendência global para o desenvolvimento do movimento de políticas públicas de cunho regulatório para a governança da Internet de modo geral, afetando inclusive a seara contratual.

Nessa esteira, a Diretiva CEE nº 2000/31, no seu art. 16, enuncia que os Estados-Membros e a Comissão incentivarão ditos códigos de conduta, a serem elaborados pelas associações de comerciantes, industriais ou de consumidores, de modo a contribuir para a boa aplicação dos arts. 5º a 15º da Diretiva (letra "a") – portanto, repita-se, sempre de maneira subsidiária.

O art. 16 da Diretiva nº 2000/31 prevê que será ainda incentivada a transmissão voluntária dos projetos de códigos de conduta, a nível nacional ou comunitário, à Comissão (letra "b"). Outrossim, consoante a letra "d", é ainda encorajada a comunicação aos Estados-Membros e à

---

[217] Podendo ser consultado no endereço <www.ami.org.br>.
[218] TOSI, Emilio (coord.). *I problemi giuridici di internet*. Milano: Giuffrè, 1999. p. 626-637.
[219] SMITH, Graham J. *Internet Law and Regulation*. London: Law and Tax, 1997. p. 268.
[220] LOPES, Maria Elizabete Vilaça. O consumidor e a publicidade. *Revista de Direito do Consumidor*, São Paulo, v. 2, p. 152-153, mar. 1992.
[221] MARANHÃO, Juliano; CAMPOS, Ricardo. *Fake news* e autorregulação regulada das redes sociais no Brasil: fundamentos constitucionais. *In*: ABBOUD, Georges; NERY JR., Nelson; CAMPOS, Ricardo (org.). Fake news *e regulação*. 3. ed. São Paulo: Thomson Reuters Brasil, 2021. RB-1.15.

Comissão, pelas associações e organizações mencionadas no item "a", das avaliações da aplicação de tais códigos e seu impacto nas práticas, usos e costumes relativos ao comércio eletrônico.

A redação da letra "b" enfraquece, de certa forma, o controle a ser exercido em face de ditas manifestações, já que, originalmente, o art. 16 da proposta de Diretiva, por fim revogada, previa a transmissão dos projetos à Comissão Europeia, *para que esta examinasse a sua compatibilidade com o direito comunitário*, tendo sido suprimida esta última expressão.

Diante da proliferação de tais códigos deontológicos, o Parlamento Europeu e o Conselho da União Europeia optaram por encorajá-los, termo esse que deve ser entendido como uma forma de buscar o seu controle, evitando abusos por parte do poder econômico; a inclusão das associações de consumidores dentre os seus elaboradores, bem como partícipe no respectivo processo de elaboração (art. 16, nº 2), aliás, tendo sido resultado de emenda apresentada pelo Parlamento em 6 de maio de 1999, reflete tal espírito.

Essas manifestações, convém repetir, dizem respeito especialmente ao campo da publicidade, a ser mais bem examinada no item 4.4, cujo objetivo é informar os clientes potenciais acerca de determinadas características do produto ou serviço, de modo a promovê-lo, incitando à sua aquisição, pela qual se vincula o fornecedor, desde que suficientemente precisa e detalhada,[222] como prevê o art. 30 do Código de Defesa do Consumidor (Lei nº 8.078/1990).

Aquela definição se inspira sobretudo na jurisprudência francesa, que tem conferido valor contratual dos informes publicitários, no caso, por exemplo, de uma empresa que se utilize de um *site* tão somente com o fim de apresentação de seus produtos ou serviços, e não como suporte para a venda a distância, desde que presente o requisito da precisão das informações ali contidas, vinculando-se as partes, ainda que tenha sido estipulado o contrário.[223]

Na França, diga-se, a construção jurisprudencial tem alargado o campo da noção de publicidade enganosa, proibida na forma do art. L121-1 do *Code de la consommation*,[224] de modo a incluir todo e qualquer documento comercial fornecido no período pré-contratual, inclusive faturas, recibos etc., desde que suficientemente precisos e detalhados, mesmo se é estipulada a ausência de valor contratual, o que inspirou o legislador pátrio na edição do art. 30 do Código do Consumidor, como fonte de obrigações para o fornecedor, equiparando-se à oferta, de modo que, caso já tenha sido aceita, concluiu-se o contrato, não mais havendo como revogá-la.[225]

Atentando, pois, ao disposto no art. 46 do Código do Consumidor, traduzindo a exigência legal de que tenha o usuário *prévio conhecimento* do conteúdo do contrato em que será parte, bem como de que esse conteúdo esteja vertido em instrumentação de compreensão *acessível*, o que, nas palavras de Cesar Viterbo Santolim,[226] deve ser acentuado pela particular circunstância de que, no momento em que externa sua vontade, o oblato não está diante do policitante, mas, sim, da sua manifestação de vontade (proposta), completamente aperfeiçoada, não podendo, assim, formular indagações ou obter outros dados que não aqueles constantes da programação do computador.

A sanção prevista para o fornecedor, segundo a letra do art. 46 da Lei nº 8.078/1990, é a desconsideração da manifestação de vontade do consumidor, ou seja, da aceitação, mesmo que o contrato já esteja pronto e acabado e o consenso formalizado.[227]

---

[222] ITAENU, Olivier. *Internet et le droit*: aspects juridiques du commerce électronique. Paris: Eyrolles, 1996. p. 84.
[223] SÉDAILLAN, Valérie. *Droit de l'Internet*: réglementation, responsabilités, contrats. Cachan: Net Press, 1996. p. 192.
[224] ITAENU, Olivier. *Internet et le droit*: aspects juridiques du commerce électronique. Paris: Eyrolles, 1996. p. 151.
[225] MARQUES, Claudia Lima. *Contratos no Código de Defesa do Consumidor*. 3. ed. São Paulo: Revista dos Tribunais, 1999. p. 311.
[226] SANTOLIM, Cesar Viterbo Matos. *Formação e eficácia probatória dos contratos por computador*. São Paulo: Saraiva, 1995. p. 38.
[227] MARQUES, Claudia Lima. *Contratos no Código de Defesa do Consumidor*. 3. ed. São Paulo: Revista dos Tribunais, 1999. p. 335.

Logo, a aceitação baseada nos dados constantes da proposta só pode ser invalidada caso comprovado que o consumidor agiu mediante erro[228] ou dolo, caso os dados esclarecedores se mostrem deficientes ou tendenciosos.[229]

No Projeto de Lei nº 1.589/1999, oriundo de anteprojeto da OAB-SP, sempre uma referência a ser citada, ainda que arquivado, mostra-se de fundamental importância o art. 4º, em cujos termos a oferta deve conter claras e inequívocas informações sobre: a) nome do ofertante (bem como sua inscrição no cadastro geral do Ministério da Fazenda e no órgão fiscalizador, no caso de serviço sujeito a profissão regulamentada); b) endereço físico do estabelecimento; c) identificação e endereço físico do armazenador; d) meio pelo qual é possível contatar o ofertante, inclusive correio eletrônico; e) o arquivamento do contrato eletrônico, pelo ofertante; f) instruções para arquivamento e recuperação do contrato pelo aceitante; g) os sistemas de segurança empregados.

Da mesma forma, citem-se o art. 6º, que prevê que a oferta deve ocorrer em ambiente seguro, devidamente certificado (conforme visto no item 3.1), o art. 7º, em cujos termos o ofertante deve transmitir uma resposta eletrônica automática, confirmando o recebimento da aceitação, e o art. 8º, que visa a minimizar o problema da correspondência comercial não solicitada, prevendo que o envio de oferta por *e-mail*, sem prévio conhecimento do destinatário, deve permitir a este identificá-la como tal, sem que seja necessário verificar seu conteúdo.

A Diretiva 97/CE, em seu art. 4º, prevê um amplo campo de incidência para o direito de informação do consumidor, de modo que deve o mesmo ser informado da identidade e do endereço do fornecedor, das características básicas do produto ou serviço oferecido, do seu preço e dos impostos, bem como dos custos de envio e taxas extras que se façam necessárias, tais quais a taxa de postagem, embalagem etc.

Outrossim, segundo o mesmo dispositivo, o consumidor deve ser informado sobre o custo e o uso do método da comunicação, se a distância e se diferente da tarifa básica, sobre o seu direito de arrependimento, sobre o prazo de validade da oferta ou do preço especial, sobre o tempo de duração do contrato, sobre o prazo de entrega do bem ou execução do serviço, a forma e a regularidade da prestação do serviço.

Tais informações, ditas preventivas ou preliminares, devem ser prestadas previamente à conclusão do contrato, e não se sujeitam a exigências formais,[230] bastando, consoante o art. 4º, que sejam fornecidas de modo claro e compreensível, e por qualquer meio adequado à técnica de comunicação empregada, observados os princípios básicos de lealdade nas transações comerciais e de proteção dos incapazes.

Exige-se ainda, pelo art. 4º, que a intenção comercial do contrato e das informações prestadas seja expressa, bem como que a adaptação da oferta eletrônica, nas normas de cada país, atente à proteção dos incapazes e às exigências do tráfico jurídico e da boa-fé, esta aqui objeto de menção expressa.

Acrescenta o art. 5º que tais informações devem ser confirmadas por escrito, ou, caso acessível ao consumidor, por *e-mail*, durante o período em que forem se realizando as prestações;

---

[228] MARQUES, Claudia Lima. *Contratos no Código de Defesa do Consumidor*. 3. ed. São Paulo: Revista dos Tribunais, 1999. p. 316. A principal objeção que se coloca à anulação do negócio jurídico por erro, em sede de contratos de consumo influenciados pela publicidade enganosa, consiste na difícil prova de tal defeito, o qual somente é relevante caso substancial, ou seja, de tal força que, sem ele, o ato não se realizaria, na forma do art. 138 do Código Civil brasileiro (MENKE, Fabiano. Art. 138. *In:* NANNI, Giovanni Ettore (coord.) *Comentários ao Código Civil*: direito privado contemporâneo. São Paulo: Saraiva, 2019. p. 227-228).

[229] SANTOLIM, Cesar Viterbo Matos. *Formação e eficácia probatória dos contratos por computador*. São Paulo: Saraiva, 1995. p. 38.

[230] VALENTINO, Daniela. Obblighi di informazione e vendite a distanza. *Rassegna di diritto civile*, Camerino, v. 2, p. 377, 1988.

mesmo no caso da prestação única e imediata, o consumidor deve ser informado do endereço do fornecedor.

Outra previsão relevante contida em tal Diretiva diz respeito ao prazo de arrependimento assegurado ao consumidor, que será tratado adiante.

A Diretiva nº 2000/31 da Comunidade Europeia, a seu turno, prevê expressamente, em seu art. 6º, sem prejuízo das obrigações decorrentes da legislação comunitária aplicável, deveres de informação no tocante à identificação e localização do fornecedor, bem como à clareza de identificação da comunicação comercial, assim como da pessoa natural ou jurídica por conta de quem a comunicação comercial é feita.

Resta evidente, em face das novas tecnologias, que as normas do Código Civil brasileiro, no tocante à celebração e perfeição dos contratos, mostram-se inadequadas à realidade da contratação eletrônica, tendendo à superação noções tais quais as de contratos entre ausentes e entre presentes – estes, cuja concepção, na disciplina codificada, pressupunha, como decorrência natural das circunstâncias envolvidas, o conhecimento da aceitação pelo policitante, não podendo ocorrer, no tocante à comunicação, qualquer problema, de modo que as palavras ou sinais deveriam ser não somente ouvidos e vistos, como também compreendidos.[231]

Os contratos entre ausentes, por sua vez, sofrem, na forma do Código Civil, a incidência das mesmas regras atinentes aos contratos por correspondência, exigindo a atividade de interpretação – no tocante à perfeita concordância, no que se refere ao conteúdo, entre oferta e aceitação, além dos problemas relativos à fixação do momento da sua conclusão –, ao passo que prepondera, nos contratos entre presentes, a percepção.[232]

Porém, o principal critério distintivo entre ambos reside no tempo que necessariamente medeia entre a proposta e a aceitação, sendo que a simples circunstância dos lugares em que se encontram os contraentes não tem interesse para a determinação do momento em que se forma o contrato.[233]

O que caracteriza a presença não é, de fato, a proximidade física, mas a possibilidade de comunicação direta e, mais especificamente, a possibilidade de haver uma resposta imediata à proposta.[234]

Como leciona Clóvis Beviláqua, "se a palavra de um é ouvida pelo outro contraente, no mesmo ato, consideram-se presentes, não obstante afastados um do outro por muitas léguas".[235]

Conforme a hipótese, a contratação eletrônica pode se subsumir nas categorias dos negócios entre ausentes ou entre presentes.

Caso utilizado um programa que permita uma conversação a viva voz, ou a conversação em tempo real, como é o caso das tecnologias de voz sobre IP, por intermédio de programas como o *Skype*, ou *apps* como o *WhatsApp, Meets ou Teams*, ou por intermédio de *chat* ou videoconferência, tratar-se-á de contratos entre presentes, na forma do art. 428, I do Código Civil:

> "Art. 428. Deixa de ser obrigatória a proposta:
>
> I – se, feita sem prazo a pessoa presente, não foi imediatamente aceita. Considera-se também presente a pessoa que contrata por telefone *ou por meio de comunicação semelhante*". (g.n.).

---

[231] LOPES, Miguel Maria de Serpa. *Curso de direito civil*. Rio de Janeiro: Freitas Bastos, 1996. v. III, p. 117.
[232] LOPES, Miguel Maria de Serpa. *Curso de direito civil*. Rio de Janeiro: Freitas Bastos, 1996. v. III, p. 117.
[233] BEVILÁQUA, Clóvis. *Código Civil dos Estados Unidos do Brasil*. Rio de Janeiro: Editora Rio, 1979. v. II, p. 196.
[234] TEPEDINO, Gustavo; BARBOZA, Heloísa Helena; MORAES, Maria Celina Bodin. *Código Civil interpretado segundo a Constituição da República*. Rio de Janeiro: Renovar, 2006. v. II, p. 42.
[235] BEVILÁQUA, Clóvis. *Código Civil dos Estados Unidos do Brasil*. Rio de Janeiro: Editora Rio, 1979. v. II, p. 196.

Não obstante a tímida referência do legislador de 2002, em plena revolução tecnológica, aplicam-se as regras relativas aos contratos celebrados via telefone, pelas quais o contrato se forma com a aceitação, que é imediatamente recebida pelo proponente.

Já no caso dos contratos celebrados por correio eletrônico ou mesmo nos negócios ditos interativos, em que o consumidor interage com um sistema preordenado, tratar-se-á de contratos entre ausentes, inexistindo imediatismo na comunicação entre as partes.

Parte da doutrina, portanto, acrescenta uma variável, assentando que as relações contratuais decorrentes de uma oferta permanente *on-line*, por exemplo, enquadrar-se-iam sob a moldura legal dos contratos entre ausentes, na forma da regulação codificada, considerando que o elemento norteador para a caracterização da presença ou da ausência seria o da imediatidade da resposta, eis que aquele que orienta seu computador, mediante prévia programação, a contratar sob tais e quais condições, ignora sequer a existência concreta de outro contratante, a qual apenas pressupõe.[236]

Segundo tal concepção, o ofertante, após a veiculação da proposta, não obtém (embora até possa ocorrer de logo obtê-la) de pronto a resposta. Assim, o destinatário da oferta é, para ele, ausente; já o aceitante, que se depara com o sistema à sua disposição, manifestaria sua vontade independentemente.[237]

Por conseguinte, de acordo com o mesmo posicionamento doutrinário, tais contratos deveriam ser considerados entre ausentes, do ponto de vista da manifestação de vontade do policitante, e entre presentes, do ponto de vista do aceitante, que teria uma imediatidade entre a sua manifestação de vontade e o aperfeiçoamento do contrato.[238]

Embora busque, de forma louvável, adequar a realidade dos fatos à normativa do Código Civil, tal visão, além de implicar a indesejável fragmentação de um instituto que deveria ser visto como uma unidade, conduz a uma grande perplexidade, pois, caso se trate, sob o prisma do ofertante, de um contrato entre ausentes, e, sob o prisma do aceitante, de um contrato entre presentes, pergunta-se: em que momento reputar-se-ia formado o contrato?

Em outras palavras, à medida que cada modalidade comportaria um momento distinto para a perfeição do contrato, ou seja, o da própria aceitação, no contrato entre presentes, e o das regras relativas aos contratos por correspondência, no contrato entre ausentes (por meio da teoria da expedição, acolhida pelo art. 434 do Código Civil brasileiro), aquela concepção não pode de modo algum prevalecer.

Por outro lado, em face da própria definição de Beviláqua, antes transcrita, revela-se manifestamente inadequada a distinção entre contratos entre ausentes e entre presentes, na forma da disciplina codificada, não mais havendo, em face do notável avanço dos meios de comunicação (e, em particular, da Internet, no plano da contratação eletrônica, tendente, cada vez mais, à imediatidade, na eliminação do fator tempo), duas situações a serem estremadas, seja em função da interpretação, seja em função da percepção.

Trata-se de fenômeno complexo, encerrando diversas manifestações, conforme o uso de cada meio de comunicação próprio da Internet.

A contratação de consumo via correio eletrônico, por um lado, foge às regras tradicionais acerca da contratação epistolar, devendo encerrar todo um regime próprio; a comunicação via oferta ao público, por outro lado, se aproxima progressivamente da instantaneidade, diante do que a circunstância de se tratar de contrato entre presentes ou entre ausentes perde efeito prático,

---

[236] SANTOLIM, Cesar Viterbo Matos. *Formação e eficácia probatória dos contratos por computador*. São Paulo: Saraiva, 1995. p. 30.

[237] SANTOLIM, Cesar Viterbo Matos. *Formação e eficácia probatória dos contratos por computador*. São Paulo: Saraiva, 1995. p. 29-30.

[238] SANTOLIM, Cesar Viterbo Matos. *Formação e eficácia probatória dos contratos por computador*. São Paulo: Saraiva, 1995. p. 29-30.

ao menos em relação a tal particular modalidade contratual. A oferta ao público pode encerrar diversas modalidades, como, por exemplo, *chatbots* de fornecedores que possibilitam contratação de produtos e serviços, equivalendo, em algum grau, à automação do atendimento ao consumidor.

É de se lamentar que o atual Código Civil não tenha trazido tal problema a lume, desperdiçando-se, assim, uma preciosa oportunidade.

O professor Cesar Viterbo Matos Santolim, estudioso da matéria e autor da obra *Formação e eficácia probatória dos contratos por computador*, prevê, ainda, afora a hipótese anteriormente mencionada, de oferta ao público, a possibilidade (mais comum por meio do correio eletrônico) de ambos os contraentes se valerem do computador como auxiliar no processo de aperfeiçoamento de suas vontades, sem que haja a programação prévia do computador a contratar sob dadas condições, no tocante à identificação das partes intervenientes, seja como aceitantes, seja como proponentes.[239]

A solução, no caso, é verificar de quem partiu a iniciativa da celebração do contrato, pelo critério cronológico, identificando-se, assim, o ofertante.[240]

O contrato, em qualquer das hipóteses já referidas, se forma a partir da aceitação, ficando assim vinculadas as partes, na forma dos arts. 427 e 428 do Código Civil brasileiro, só deixando de ser obrigatória nos casos mencionados no segundo dispositivo, ou seja, sua recusa pelo presente, ou o fato de haver decorrido *in albis* tempo suficiente ou o prazo dado para a resposta do ausente, além da retratação do proponente.

Outrossim, a aceitação fora do prazo, modificada, aumentada ou restrita, implica nova proposta (art. 431), e a retratação anterior ou concomitante à anuência acarreta a desconsideração desta (art. 433).

A aceitação, definida como a aquiescência à proposta,[241] na integração da vontade do aceitante na do proponente, deve consistir numa manifestação expressa de vontade, na espécie contratual em tela; o silêncio não corresponde à aceitação. Da mesma forma, o aceite deve ser simétrico à proposta: o contrato não pode se considerar formado se o comprador aceita comprar um computador, ao mesmo tempo em que o vendedor lhe propõe a venda de uma geladeira.[242]

3.8.1 Modalidades da oferta

A manifestação de vontade pelo meio eletrônico, cuja natureza é sempre receptícia,[243] pode se verificar sob as seguintes modalidades,[244] correspondentes aos diferentes métodos de comunicação empregados na Internet.

a) Segundo o esquema da oferta ao público – ou seja, pela proposta *ad incertam personam*, dirigida a pessoa determinável –, desde que o *site* contenha todos os elementos essenciais do negócio, constituindo-se, efetivamente, a proposta (art. 429 do Código Civil e art. 30 do Código de Defesa do Consumidor).

---

[239] SANTOLIM, Cesar Viterbo Matos. *Formação e eficácia probatória dos contratos por computador*. São Paulo: Saraiva, 1995. p. 30. Divergimos, s.m.j., da posição do autor no sentido de que se trata, no caso, de contratos entre presentes, equiparados à contratação por telefone (art. 428, I do Código Civil) não se podendo falar, nesse caso, em instantaneidade.

[240] SANTOLIM, Cesar Viterbo Matos. *Formação e eficácia probatória dos contratos por computador*. São Paulo: Saraiva, 1995. p. 30-31.

[241] GOMES, Orlando. *Contratos*. 18. ed. Atualização e notas de Humberto Theodoro Junior. Rio de Janeiro: Forense, 1998. p. 64.

[242] ITAENU, Olivier. *Internet et le droit*: aspects juridiques du commerce électronique. Paris: Eyrolles, 1996. p. 85.

[243] GOMES, Orlando. *Contratos*. 18. ed. Atualização e notas de Humberto Theodoro Junior. Rio de Janeiro: Forense, 1998. p. 64.

[244] TOSI, Emilio (coord.). *I problemi giuridici di internet*. Milano: Giuffrè, 1999. p. 16.

A oferta se torna perfeita, no caso, a partir da sua inserção em um *site*, de modo que se permita o seu conhecimento por parte dos possíveis destinatários.

Da mesma forma, o contrato se reputa formado no momento e no lugar em que o consumidor transmita a declaração negocial de aceitação ao titular do *site* que contém a oferta, em cujo servidor fica registrado o impulso eletrônico enviado pelo aceitante.[245]

Na hipótese de serem os bens oferecidos insuficientes para atender a todos os aceitantes, prevalece o critério temporal, ou seja, o contrato ter-se-á por concluído com aquele que em primeiro lugar haja enviado a aceitação eletrônica. A anterioridade da chegada da mensagem pode ser verificada por consulta ao *log* ou registro do sistema, no qual aparecem consignadas as operações informáticas.[246]

b) Entre o proponente da contratação de bens e serviços e um sujeito determinado (diversamente do que ocorre na oferta ao público), que figura como destinatário da proposta, normalmente formulada por meio do correio eletrônico (*e-mail*).[247]

Observe-se que, na hipótese contemplada na letra "a" (oferta contida em um *site*), é possível que o fornecedor venha a oferecer ao consumidor, ainda em função de hipertexto, o próprio *e-mail*, de modo a atender a possíveis pedidos de informações suplementares; neste caso, o envio de uma mensagem eletrônica pelo consumidor passa a se enquadrar na presente modalidade.[248]

O enquadramento ou não de tal espécie na normativa dos contratos celebrados por correspondência será apreciado a seguir, na seção 4.4.3.

Observe-se que a oferta ao público, mencionada *supra*, na letra "a", abrange não somente os *sites* abertos a todo e qualquer usuário como também aqueles cujo acesso se restringe a membros registrados em função de serviços específicos, desde que o número destes exclua a contratação *intuitu personae*. Em ambos os casos, repita-se, a inserção da oferta no *site* a torna pública.[249]

Ambas as modalidades anteriores poderão se revelar por meio da publicidade, desde que suficientemente precisa, outrora considerada, segundo a visão tradicional em matéria de formação dos contratos, como mero convite a contratar ou negociações preliminares.

Segundo tal concepção, atualmente ultrapassada, se o *site* não contém todos os elementos essenciais da proposta contratual, ocorria uma inversão da posição ocupada pelas partes: o proponente passava a ser, com efeito, o adquirente do bem ou serviço, e o fornecedor tornava-se o aceitante, reservando-se a concluir o contrato.[250]

A concepção baseada na amplitude da noção de convite a contratar, atualmente superada, fazia com que o fornecedor não se vinculasse a partir de suas informações iniciais, reservando-se ao consumidor a posição mais gravosa, ou seja, a de ofertante, cuja manifestação, juridicamente, era considerada como uma proposta.[251]

Desta forma, evitam-se maiores problemas no tocante à necessidade de armazenamento de mercadorias, cuja falta, no caso da oferta ao público, implicaria defeito ou vício do produto,[252] de modo a ensejar a responsabilização do fornecedor, que, consoante a visão clássica, ficaria desobrigado.

---

[245] TOSI, Emilio (coord.). *I problemi giuridici di internet*. Milano: Giuffrè, 1999. p. 16.
[246] TOSI, Emilio (coord.). *I problemi giuridici di internet*. Milano: Giuffrè, 1999. p. 35.
[247] TOSI, Emilio (coord.). *I problemi giuridici di internet*. Milano: Giuffrè, 1999. p. 16-17.
[248] GAMBINO, Alberto Maria. *L'accordo telematico*. Milano: Giuffrè, 1997. p. 40.
[249] TOSI, Emilio (coord.). *I problemi giuridici di internet*. Milano: Giuffrè, 1999. p. 35.
[250] HANCE, Olivier. *Business and law on the internet*. New York: Mc Graw-Hill, 1996. p. 154-155.
[251] MARQUES, Claudia Lima. *Contratos no Código de Defesa do Consumidor*. 3. ed. São Paulo: Revista dos Tribunais, 1999. p. 291.
[252] TOSI, Emilio (coord.). *I problemi giuridici di internet*. Milano: Giuffrè, 1999. p. 16.

Em face da nova noção de oferta vigente no Direito brasileiro a partir do art. 30 do Código de Defesa do Consumidor (Lei n° 8.078/1990), toda a informação, mesmo a publicidade, desde que suficientemente precisa, constitui uma proposta contratual, vinculando o consumidor,[253] como será visto oportunamente.

No caso da oferta ao público, a publicidade assume uma continuidade comunicativa mais duradoura, podendo vir a ser disponibilizada sempre que o usuário acesse o respectivo *site*.

Outra interessante classificação dos contratos eletrônicos, proposta pela doutrina, os distingue em intersistêmicos, interpessoais e interativos.[254]

Nos contratos intersistêmicos, o computador é usado como ponto convergente de vontades preexistentes, reunindo, de cada um dos lados da relação contratual, um sistema informático preordenado. Segundo Erica Barbagalo, "as partes apenas transpõem para o computador as vontades resultantes da negociação prévia, sem que o equipamento interligado em rede tenha interferência na formação dessas vontades".[255]

Trata-se de modalidade comum nas chamadas redes fechadas, mediante o uso de tecnologias como o EDI ("*Electronic Data Interchange*"), caso em que o contrato principal é normalmente celebrado de forma tradicional, e nele são estabelecidas as regras gerais de funcionamento das ocorrências futuras mediante uso de computadores, podendo-se imaginar, por exemplo, um industrial que negocia com seus fornecedores de matérias-primas, mediante protocolos previamente estabelecidos, inexistindo a participação humana em cada ato celebrado.

Já os contratos eletrônicos interpessoais são caracterizados pela participação humana nos dois extremos da relação, de modo que o computador "é utilizado como meio de comunicação entre as partes, interagindo na formação da vontade destas e na instrumentalização do contrato, não sendo apenas forma de comunicação da vontade já concebida".[256]

Conforme se trate de contratos entre presentes ou entre ausentes, este tipo pode ser dividido em duas categorias distintas: interpessoais simultâneos e não simultâneos.

Os contratos eletrônicos interpessoais simultâneos são aqueles celebrados em tempo real, *on-line*, por partes que estejam ao mesmo tempo conectadas à rede, desde que "a declaração de vontade de uma parte seja recebida pela outra no mesmo momento em que é declarada ou em curto espaço de tempo".[257]

Trata-se, portanto, de contratos entre presentes, envolvendo meios de comunicação como o *chat*, a videoconferência, as tecnologias de voz sobre IP ou programas que permitam uma comunicação instantânea ou praticamente instantânea, como o WhatsApp, dentre outros.

Já os contratos eletrônicos interpessoais não simultâneos são aqueles em que existe um lapso temporal entre a declaração de uma parte e a recepção desta pelo outro contratante, por

---

[253] MARQUES, Claudia Lima. *Contratos no Código de Defesa do Consumidor*. 3. ed. São Paulo: Revista dos Tribunais, 1999. p. 291. Em sentido contrário, negando o efeito vinculante da publicidade, citem-se DÍEZ-PICAZO, Luis; GULLÓN, Antonio. *Sistema de derecho civil*. Madrid: Tecnos, 2000. v. II, p. 72-73: "Normalmente, a publicidade deve ser considerada como um mero convite a contratar, não supondo para o anunciante nenhuma vinculação contratual. Apenas em algumas hipóteses poderá ser valorada como oferta contratual realizada ao público ou a um conjunto indeterminado de pessoas. A decisão acerca da verificação de um ou outro plano dependerá da interpretação das declarações [...] a qual deve ser objetiva, ou seja, de acordo com a inteligência que razoavelmente deva suscitar perante os seus destinatários".

[254] BARBAGALO, Erica Brandini. *Contratos eletrônicos*: contratos formados por meio de redes de computadores – peculiaridades jurídicas da formação do vínculo. São Paulo: Saraiva, 2001. p. 51.

[255] BARBAGALO, Erica Brandini. *Contratos eletrônicos*: contratos formados por meio de redes de computadores – peculiaridades jurídicas da formação do vínculo. São Paulo: Saraiva, 2001. p. 51.

[256] BARBAGALO, Erica Brandini. *Contratos eletrônicos*: contratos formados por meio de redes de computadores – peculiaridades jurídicas da formação do vínculo. São Paulo: Saraiva, 2001. p. 53.

[257] BARBAGALO, Erica Brandini. *Contratos eletrônicos*: contratos formados por meio de redes de computadores – peculiaridades jurídicas da formação do vínculo. São Paulo: Saraiva, 2001. p. 54.

meio de tecnologias como o correio eletrônico, enquadrando-se, na disciplina codificada, na categoria dos contratos entre ausentes.

Por fim, os contratos interativos, que representam a modalidade de maior incidência no tráfico jurídico, ocorrem quando "uma pessoa interage com um sistema destinado ao processamento eletrônico de informações, colocado à disposição por outra pessoa, sem que esta esteja, ao mesmo tempo, conectada e sem que tenha ciência imediata de que o contrato foi efetuado".[258]

É o caso dos negócios celebrados com *sites* de comércio eletrônico, como o *Submarino* ou *Americanas.com*, normalmente constituindo contratos de adesão, com cláusulas preestabelecidas pelo proponente. Cabe ao consumidor, a quem devem ser asseguradas a informação e segurança devidas, escolher o item desejado, a forma de pagamento e o local de entrega, além da sua própria identificação, para em seguida manifestar sua aceitação.

3.8.2 A vinculação resultante da publicidade

Na sociedade de massa, a criação de vínculos juridicamente relevantes decorre não só do contrato como também da publicidade, a qual, conforme prevê o art. 30 do Código de Defesa do Consumidor, constitui fonte de obrigação para o fornecedor.[259]

Este dispositivo legal dilui, ainda mais, a diferença existente entre as manifestações das partes quando da chamada fase de negociações preliminares e as manifestações das partes dirigidas à formação do contrato definitivo, ou seja, oferta e aceitação.[260]

Fato é que, ao igualar a publicidade suficientemente precisa à oferta, o Código do Consumidor coloca o fornecedor que já veiculou a publicidade no mesmo estado de sujeição à aceitação que já era conhecido pelo próprio Código Civil, no caso da proposta contratual aceita,[261] não se contentando com a incidência, na espécie, das regras civis sobre a proposta de contrato (arts. 427 e seguintes, Código Civil).[262]

Fato é que, em uma realidade de hiperinformação, na qual cada indivíduo é submetido a uma quantidade imensa de dados e informações as mais variadas, a todo o tempo, a importância da publicidade é ressaltada.[263]

A publicidade[264] consiste em toda atividade comercial destinada a estimular o consumo de bens e serviços, distinguindo-se, porém, segundo a doutrina, da propaganda, a qual visa obter a adesão a um sistema ou convicção ideológica, política, social, econômica ou religiosa.[265]

---

[258] BARBAGALO, Erica Brandini. *Contratos eletrônicos*: contratos formados por meio de redes de computadores – peculiaridades jurídicas da formação do vínculo. São Paulo: Saraiva, 2001. p. 55.
[259] MARQUES, Claudia Lima. *Contratos no Código de Defesa do Consumidor*. 3. ed. São Paulo: Revista dos Tribunais, 1999. p. 304.
[260] MARQUES, Claudia Lima. *Contratos no Código de Defesa do Consumidor*. 3. ed. São Paulo: Revista dos Tribunais, 1999. p. 318.
[261] MARQUES, Claudia Lima. *Contratos no Código de Defesa do Consumidor*. 3. ed. São Paulo: Revista dos Tribunais, 1999. p. 309.
[262] LOPES, Maria Elizabete Vilaça. O consumidor e a publicidade. *Revista de Direito do Consumidor*, São Paulo, v. 2, p. 167, mar. 1992.
[263] MIRAGEM, Bruno. *Curso de direito do consumidor*. 4. ed. São Paulo: Revista dos Tribunais, 2014. p. 239-240.
[264] A Diretiva nº 84/450, de 10 de setembro de 1984, que versa sobre a publicidade enganosa, traz uma importante definição. Consoante o art. 2º daquela norma comunitária, é considerada publicidade "toda forma de comunicação feita no quadro de uma atividade comercial, industrial, artesanal ou liberal, com o fim de promover o fornecimento de bens ou de serviços, compreendidos os bens imóveis, os direitos e as obrigações". Já o Código Brasileiro de Autorregulamentação Publicitária toma por publicidade "comercial" toda atividade destinada a estimular o consumo de bens ou serviços, bem como promover instituições, conceitos ou ideias (art. 8º).
[265] LOPES, Maria Elizabete Vilaça. O consumidor e a publicidade. *Revista de Direito do Consumidor*, São Paulo, v. 2, p. 151, mar. 1992.

Porém, ambas as expressões são empregadas de modo indiferente inclusive no direito positivo brasileiro, como ocorre no Código de Defesa do Consumidor, que se refere à contrapropaganda (arts. 56 e 60), quando deveria se aludir à contrapublicidade.[266]

A publicidade, originariamente, tinha uma função eminentemente informativa – visando a dar conhecimento aos interessados da existência de certo produto ou serviço e do local onde poderia ser adquirido –, sendo que, com a evolução do mercado de consumo e o aumento da competição entre as empresas fabricantes, passou a representar um importante instrumento concorrencial. Tornou-se assim, observa Lucia Ancona, ferramenta fundamental na busca de novos clientes, gerando uma mescla entre o caráter essencialmente informativo e os mecanismos de persuasão. Sua linguagem é cada vez mais atrativa, com apelos lógicos e emocionais, numa ideia de convencimento.[267]

Lembra Adalberto Pasqualotto que o Código de Defesa do Consumidor não traz um conceito explícito de publicidade, o que implica ausência de qualquer limitação. Para o autor, esse aspecto mostra-se positivo, em vista da grande abrangência da publicidade no Brasil.[268]

Outra distinção elaborada pela doutrina consumerista refere-se ao contraponto entre a publicidade promocional e a publicidade institucional.

A publicidade promocional refere-se à atividade que se estabelece no mercado de consumo, ligada à divulgação de produtos e serviços. A publicidade institucional, por sua vez, tem a finalidade de promoção de uma marca, ou de uma determinada empresa fornecedora. A publicidade institucional não possui por fim direto e imediato a promoção de venda de determinados produtos e serviços, mas tem este objetivo por finalidade indireta ou mediata, por intermédio da promoção da marca ou conceito, razão pela qual se encontra também sob o regramento das normas da Lei nº 8.078/1990.[269]

Ao contrário do que ocorre na esfera civil, a oferta nas relações de consumo pode ocorrer entre pessoas indeterminadas, alcançando tanto o consumidor efetivo – aquele que atua adquirindo produtos e serviços – como o potencial, aquele que está propenso a consumir ou exposto às práticas de consumo, como oferta, publicidade e práticas abusivas – considerado consumidor por equiparação (art. 29).[270]

Em decorrência da concentração econômica responsável pela transformação do mercado a partir da segunda metade do século XIX, a montagem de vastos aparatos publicitários visando à persuasão e ao convencimento passa a ser tanto ou mais importante do que o próprio sistema de formação e venda de bens.[271]

---

[266] LOPES, Maria Elizabete Vilaça. O consumidor e a publicidade. *Revista de Direito do Consumidor*, São Paulo, v. 2, p. 153, mar. 1992.

[267] DIAS, Lucia Ancona Lopez de Magalhães. *Publicidade e direito*. 3. ed. São Paulo: Saraiva, 2018. p. 32.

[268] PASQUALOTTO, Adalberto. *Os efeitos obrigacionais da publicidade no Código de Defesa do Consumidor*. São Paulo: Revista dos Tribunais, 1997. p. 23. Nas palavras do autor, "Tome-se o exemplo da publicidade oficial. Fosse o caso de uma definição legal, deveria ou não estar incluída? Seria uma opção do legislador, sujeita a críticas em qualquer hipótese. À falta de opção, o conceito deve ser deduzido do sistema".

[269] MIRAGEM, Bruno. *Curso de direito do consumidor*. 4. ed. São Paulo: Revista dos Tribunais, 2014. p. 240. Acrescenta o autor que também há de se considerar o patrocínio como espécie de publicidade, podendo ser tanto promocional como institucional. Em geral, o patrocínio é espécie de publicidade que se vincula à realização de um ou mais eventos ou atividades específicas, à qual se associa a marca, o nome ou a imagem de produto ou serviço, ou ainda de uma empresa fornecedora.

No Brasil, são comuns os patrocínios em eventos esportivos e mesmo de clubes esportivos, na realização de eventos culturais e de lazer, e até mesmo de atividades comunitárias. Nesses casos, é comum a existência de pagamento pela empresa patrocinadora, ainda que isso não seja um requisito essencial que determine a caracterização ou não do patrocínio (MIRAGEM, Bruno. *Curso de direito do consumidor*. 4. ed. São Paulo: Revista dos Tribunais, 2014. p. 241).

[270] ALMEIDA, João Batista de. *A proteção jurídica do consumidor*. 4. ed. São Paulo: Saraiva, 2003. p. 105.

[271] AMARAL JÚNIOR, Alberto. O princípio da vinculação da mensagem publicitária. *Revista de Direito do Consumidor*, São Paulo, v. 14, p. 41-42, abr./jun. 1995.

Trata-se, pois, de verdadeira técnica de formação do consenso, incidindo diretamente sobre as escolhas dos consumidores, cuja simples vontade não é fator suficiente para evitar a influência da publicidade; logo, a ausência de força vinculante da mensagem publicitária importaria em incontáveis abusos.[272]

Acerca da identificação entre publicidade e informação e da indagação sobre encontrar-se a publicidade comercial identificada com a liberdade de expressão, há divergência doutrinária.

Para uma primeira corrente, sustentada na doutrina por Luis Roberto Barroso,[273] o conteúdo básico da publicidade é informativo e, por consequência, trata-se de atividade protegida pela liberdade de expressão. Segundo essa visão, a publicidade encontra fundamento no direito fundamental à liberdade de expressão, consagrado no art. 5º, IX, da Constituição da República, que estabelece: "é livre a expressão da atividade intelectual, artística, científica e de comunicação, independentemente de censura ou licença".

Trata-se de tendência já seguida pela jurisprudência da Suprema Corte dos EUA, que colocou a publicidade comercial sob o abrigo da Primeira Emenda em razão do presumível interesse dos cidadãos em receber informações sobre preço, qualidade e disponibilidade dos produtos e serviços.[274]

Já para uma segunda corrente, defendida por Adalberto Pasqualotto[275] e Bruno Miragem,[276] e a nosso ver mais condizente com a principiologia constitucional da " proteção do consumidor (Constituição da República, art. 5º, XXXII e 170, V), a função persuasiva da publicidade impede a sua aparente intenção informativa. Sua intenção, de fato, não é informar sobre os produtos que oferece, mas evadir a crítica da esfera cognitiva.

A publicidade toma emprestadas da retórica as técnicas de persuasão: as provas (sob a forma de demonstrações do uso do produto), o exemplo (sob a forma de anúncios testemunhais) e os entimemas, silogismos truncados, em que uma premissa fica oculta, mas pode ser deduzida pelo senso comum, transmitindo ao receptor da mensagem publicitária a sensação de uma descoberta.[277]

Ainda que se admita algum ponto de contato entre a publicidade e a liberdade de expressão, considerando que a atividade publicitária não deixa de ser veículo, de certa forma, da atividade

---

[272] AMARAL JÚNIOR, Alberto. O princípio da vinculação da mensagem publicitária. *Revista de Direito do Consumidor*, São Paulo, v. 14, p. 46, abr./jun. 1995.
[273] BARROSO, Luis Roberto. Liberdade de expressão, direito à informação e banimento da publicidade de cigarro. *Temas de direito constitucional*. Rio de Janeiro: Renovar, 2001. p. 263.
[274] *Virginia Board of Pharmacy v. Virginia Citizens Consumer Council*, 425 U.S. 748(1976).
[275] PASQUALOTTO, Adalberto. Apresentação. *In*: PASQUALOTTO, Adalberto; ALVAREZ, Ana Maria Montiel (org.). *Publicidade e proteção da infância*. Porto Alegre: Livraria do Advogado, 2014. p. 7. Segundo o autor, "palavras contundentes encontram-se em Niklas Luhmann –, descreveu a publicidade como a auto-organização da estupidez, porque o que ela busca é a manipulação. Sua intenção não é informar sobre os produtos que oferece, mas evadir a crítica da esfera cognitiva. Para isso, serve-se da estética, fazendo com que os motivos que determinaram a decisão de compra permaneçam ocultos. Ao mesmo tempo, a publicidade insinua que se trata de uma decisão livre, convencendo o consumidor a querer o que realmente não teria querido. A técnica da persuasão desloca a ênfase da mensagem publicitária do produto para o consumidor. A utilidade do produto é substituída por uma satisfação que o consumidor não encontra na sua realidade imediata. O valor intrínseco do objeto é posto em segundo plano, e a satisfação substituta é prometida como uma profecia eu se realiza a si própria (*self-fulfilling prophecy*), criando uma evidência rodopiante, conforme Baudrillard. É o que se vê em *slogans* que, em si mesmos, não são verdadeiros nem falsos".
[276] Para Bruno Miragem, "não se pode desconsiderar que a publicidade distingue-se de modo decisivo das demais formas de expressão, sobretudo pela vinculação íntima da atividade publicitária a um fim eminentemente econômico. Neste sentido, não parece correto reconhecer na atividade publicitária a mesma finalidade que em geral se reconhece à liberdade de expressão, como garantia do regime democrático e do Estado de Direito" (MIRAGEM, Bruno. *Curso de direito do consumidor*. 5. ed. São Paulo: Revista dos Tribunais, 2014. p. 250-251).
[277] PASQUALOTTO, Adalberto. Apresentação. *In*: PASQUALOTTO, Adalberto; ALVAREZ, Ana Maria Montiel (org.). *Publicidade e proteção da infância*. Porto Alegre: Livraria do Advogado, 2014. p. 8.

intelectual, artística e de comunicação, a legitimidade das limitações que lhe são endereçadas sustenta-se na proteção a outros direitos e liberdades fundamentais assegurados pela própria Constituição da República.[278]

O grande psicotrópico para os males da vida moderna se denomina consumo, enquanto promessa de felicidade, por meio da sedução da publicidade.[279]

Na base da vinculação decorrente da publicidade se encontra a responsabilidade pela confiança despertada pela atividade dirigida e profissional do fornecedor, lado a lado com o já mencionado princípio da transparência, que exige veracidade nas informações transmitidas aos consumidores, ambas constituindo derivações da boa-fé objetiva, contemplada no art. 4º, III, do Código de Defesa do Consumidor.[280]

Na definição de Claudia Lima Marques,[281]

> "Boa-fé objetiva, em matéria de publicidade, significa a exigência de que esta seja uma atividade leal (atividade refletida, pensando também naquele que recebe a mensagem, o consumidor), que prometa só o que pode cumprir, que se trouxer informações, seja sobre a qualidade, quantidade ou qualquer característica do produto ou serviço, seja sobre as condições do contrato, que esta constitua uma informação correta, verídica, que o próprio intuito de incitar ao consumo seja identificável e a publicidade identificada como tal pelo público".

Tal vinculação possui índole pré-contratual, em se tratando de uma declaração unilateral de vontade da qual decorrem direitos para os consumidores atingidos pela publicidade, bem como deveres jurídicos para o fornecedor.[282]

A partir do art. 30 do Código de Defesa do Consumidor, o conteúdo da publicidade passa a integrar o contrato firmado com o consumidor, como se fosse uma cláusula extra, não escrita, mas cujo cumprimento poderá ser exigido, inclusive judicialmente.[283]

A observância dos deveres anexos de conduta próprios da boa-fé, nesse particular, a partir da proteção da confiança nas relações de consumo, tende à superação da *summa divisio* entre a responsabilidade contratual e extracontratual, eis que aqueles se irradiam indistintamente em relação a ambas.[284]

---

[278] MIRAGEM, Bruno. Proteção da criança e do adolescente consumidores. Possibilidade de explicitação de critérios de interpretação do conceito legal de publicidade abusiva e prática abusiva em razão da ofensa a direitos da criança e do adolescente por resolução do Conselho Nacional da Criança e do Adolescente – CONANDA. Parecer. *Revista de Direito do Consumidor*, v. 95, p. 465, set./out. 2014.

[279] Para Gilles Lipovetsky, "Além da consagração social dos valores hedonistas, existem outros fatores que contribuem para a maré crescente do hiperconsumo – a desagregação dos laços sociais, o recuo dos sentimentos de inclusão numa comunidade, o aumento da incerteza, a fragilização da vida social e afetiva, o afrouxamento dos laços familiares. Solidão e infelicidade – fúrias consumidoras. Permitem dar-se prazer, oferecer-se pequenas felicidades para compensar a falta de amor, de laços ou reconhecimento" (LIPOVETSKY, Gilles. *A felicidade paradoxal*: ensaios sobre a sociedade de hiperconsumo. Tradução de Maria Lucia Machado. São Paulo: Companhia das Letras, 2007. p. 191).

[280] MARQUES, Claudia Lima. *Contratos no Código de Defesa do Consumidor*. 3. ed. São Paulo: Revista dos Tribunais, 1999. p. 296-297.

[281] MARQUES, Claudia Lima. *Contratos no Código de Defesa do Consumidor*. 3. ed. São Paulo: Revista dos Tribunais, 1999. p. 296-297.

[282] MARQUES, Claudia Lima. *Contratos no Código de Defesa do Consumidor*. 3. ed. São Paulo: Revista dos Tribunais, 1999. p. 307.

[283] MARQUES, Claudia Lima. *Contratos no Código de Defesa do Consumidor*. 3. ed. São Paulo: Revista dos Tribunais, 1999. p. 305.

[284] MARQUES, Claudia Lima. Proposta de uma teoria geral dos serviços com base no Código de Defesa do Consumidor. *Revista de Direito do Consumidor*, São Paulo, v. 33, p. 105, jan./mar. 2000.

Antônio Herman de Vasconcellos Benjamin elenca dois requisitos básicos para que o princípio da vinculação atue, a saber, a exposição, na medida em que a proposta deve chegar ao conhecimento do consumidor, mesmo que colocada no papel, bem como a precisão da oferta,[285] eis que

> "[...] o simples exagero ('*puffing*') não obriga o fornecedor. É o caso de expressões exageradas, que não permitem verificação objetiva, como 'o melhor sabor', 'o mais bonito', 'o mais maravilhoso'. Contudo, até essas expressões, em alguns contextos, podem ganhar precisão, vinculando, então, o anunciante. Por exemplo, quando o fornecedor afirma ter 'o melhor preço da capital' ou 'a garantia mais completa do mercado'. A utilização do '*puffing*' em relação a preço impõe, de regra, a vinculação".

O termo "suficientemente precisa", empregado pelo dispositivo visto anteriormente, destaca que a publicidade não precisa ser "total", ou seja, não é necessário que contenha todos os elementos do futuro contrato ou todos os componentes da oferta, podendo alguns daqueles dados ser definidos quando do futuro contrato. Porém, os elementos constantes da publicidade obrigam e vinculam desde já.[286]

O art. 33 da Lei nº 8.078/1990 regula especialmente as vendas por telefone ou reembolso postal,[287] formas de contratação a distância nas quais é exigido que o nome do fabricante e seu endereço deverão constar obrigatoriamente da embalagem, publicidade e impressos utilizados na transação comercial, tendo em vista os riscos inerentes a tal forma de contratação.

No entanto, tal regulamentação mostra-se insuficiente para a proteção do consumidor na contratação eletrônica de consumo, do que decorre a necessidade de regras específicas, atualmente presentes no Dec. nº 7.962/2013 e do Projeto de Lei do Senado nº 281/2012.

Consoante o art. 34 do Código de Defesa do Consumidor, além de responsável pela oferta que fizer diretamente, o fornecedor é solidariamente responsável por aquela feita por seus empregados, agentes e representantes, inclusive autônomos, que em nome dele atuaram.

A sanção pelo descumprimento da publicidade, bem como da oferta em geral, se encontra prevista no art. 35, I, II e III da Lei nº 8.078/1990, podendo o consumidor, alternativamente e à sua escolha, optar pelo cumprimento forçado da obrigação, pela aceitação de outro produto ou prestação equivalente ou pela rescisão do contrato, ressalvado seu direito à restituição da quantia eventualmente antecipada, corrigida monetariamente, sem prejuízo de perdas e danos.

Na forma do art. 36 da Lei nº 8.078/1990, a publicidade deve ser veiculada de tal forma que o consumidor, fácil e imediatamente, a identifique como tal – princípio da identificação publicitária. Dita norma alberga o princípio da identificação obrigatória da mensagem, comum no Direito Comparado, como é o caso do art. 4º da Diretiva CEE nº 97-7 e do art. 6º da Diretiva CEE nº 2000-31. O objetivo é, basicamente, proibir a publicidade subliminar, dirigida ao inconsciente do indivíduo,[288] bem como evitar abusos por meio das técnicas de *merchandising*.[289]

---

[285] BENJAMIN, Antônio Herman de Vasconcellos. *Código Brasileiro de Defesa do Consumidor*. São Paulo: Forense Universitária, 1997. p. 214-215.

[286] MARQUES, Claudia Lima. *Contratos no Código de Defesa do Consumidor*. 3. ed. São Paulo: Revista dos Tribunais, 1999. p. 307.

[287] "Art. 33. Em caso de oferta ou venda por telefone ou reembolso postal, deve constar o nome do fabricante e endereço na embalagem, publicidade e em todos os impressos utilizados na transação comercial."

[288] LOPES, Maria Elizabete Vilaça. O consumidor e a publicidade. *Revista de Direito do Consumidor*, São Paulo, v. 2, p. 154, mar. 1992. Segundo a autora, publicidade subliminar é aquela que "através de mensagens visuais ou sonoras de pouca intensidade (p. ex. inserção de imagem em curtíssimo espaço de tempo) não chega a estimular a consciência, mas, mercê de sua repetição, logra registrar no subconsciente das pessoas a marca de certo produto. No momento da compra, essa marca arquivada no subconsciente aflora no nível da consciência, como se fosse uma opção espontânea do consumidor".

[289] MARQUES, Claudia Lima. *Contratos no Código de Defesa do Consumidor*. 3. ed. São Paulo: Revista dos Tribunais, 1999. p. 332. Na definição da autora, o *merchandising* de uma prática comum em novelas de televisão, filmes

Em nome do princípio da boa-fé, o art. 37 do Código de Defesa do Consumidor proíbe a publicidade abusiva, ofensiva da vulnerabilidade do consumidor, bem como de valores básicos, ferindo a sociedade como um todo e consistindo num ilícito civil,[290] referindo-se à publicidade discriminatória de qualquer natureza, a que incite à violência, explore o medo ou a superstição, se aproveite da deficiência de julgamento e experiência da criança, desrespeite valores ambientais, ou que seja capaz de induzir o consumidor a se comportar de forma prejudicial ou perigosa à sua saúde ou segurança (art. 37, § 2º).

Dentre as hipóteses de publicidade abusiva na Internet, podem ser elencadas: a omissão de dados do fornecedor,[291] a exploração de situações desfavoráveis ao consumidor,[292] a publicidade contrária à moral, aos bons costumes e à lei,[293] a imposição de mensagem publicitária,[294] a obstrução de saída,[295] a insinceridade de *link*,[296] o trancamento do fluxo natural de navegação e leitura[297] e o *spam*.

---

ou peças teatrais, nas quais o produto é visto na tela, sendo ainda utilizado ou consumido pelos atores em meio à ação, de modo a sugerir a identificação do bem em face do contexto narrado ou em face de determinado personagem.

[290] MARQUES, Claudia Lima. *Contratos no Código de Defesa do Consumidor*. 3. ed. São Paulo: Revista dos Tribunais, 1999. p. 350.

[291] Envolvendo informações como nome, endereço físico, registro no CNPJ e *e-mail* para retorno de mensagens, cf. ERENBERG, Jean-Jacques. *Publicidade patológica na Internet à luz da legislação brasileira*. São Paulo: Juarez de Oliveira, 2003. p. 53.

[292] O art. 37, § 2º da Lei nº 8.078/1990 menciona o medo, a superstição, a dor, a revolta, a deficiência de julgamento da criança, do adolescente e do idoso, a incitação da violência e práticas perigosas à saúde ou segurança do consumidor ou de terceiros.

[293] Segundo Jean-Jacques Erenberg, é o caso da "oferta não solicitada de pornografia, utilização de material ofensivo para a divulgação de produtos ou serviços, falsas promessas de fortuna, oferta de produtos ilícitos (jogo a dinheiro, aparelhos que podem ser utilizados para ferir pessoas e animais, cópias não autorizadas de obras autorais – música, imagem, literatura, *software* etc." (ERENBERG, Jean-Jacques. *Publicidade patológica na Internet à luz da legislação brasileira*. São Paulo: Juarez de Oliveira, 2003. p. 53).

[294] Neste caso, "a oferta é exibida na tela do computador do usuário sem que este tenha voluntariamente buscado o acesso. É comum a utilização de subterfúgios para forçar o direcionamento do programa de navegação do usuário a determinados *sites*. É o caso de mensagens eletrônicas contendo comandos ocultos que determinam a abertura pelo programa de navegação de determinada página da Internet sem intervenção do usuário; páginas que ao serem abertas ou fechadas disparam a abertura de outras; páginas que são abertas sorrateiramente por uma das formas [...] descritas e permanecem ocultas, determinando a abertura de outras a intervalos regulares etc." (ERENBERG, Jean-Jacques. *Publicidade patológica na Internet à luz da legislação brasileira*. São Paulo: Juarez de Oliveira, 2003. p. 53).

[295] Trata-se da "impossibilidade de o usuário menos experiente retirar-se de um determinado *site* sem que tenha de desconectar-se da Internet ou desligar o computador. Certos *sites* incluem em suas páginas instruções que determinam a ocupação total da tela do computador, ocultando a visualização dos botões de comando do navegador, ou ainda, que são programados de modo que, a cada tentativa de saída, o usuário seja conduzido a novas páginas do mesmo ou de outro *site*. Também é comum a utilização de *frames* para impossibilitar ou dificultar a saída do usuário de um *site*" (ERENBERG, Jean-Jacques. *Publicidade patológica na Internet à luz da legislação brasileira*. São Paulo: Juarez de Oliveira, 2003. p. 54).

[296] Situação que ocorre quando "a peça publicitária apresenta *links* que supostamente apontam para informações, brindes ou qualquer outra página de conteúdo. Na realidade, porém, conduzem o visitante a uma mensagem publicitária" (ERENBERG, Jean-Jacques. *Publicidade patológica na Internet à luz da legislação brasileira*. São Paulo: Juarez de Oliveira, 2003. p. 54).

[297] O uso excessivo de páginas intercaladas, *banners*, janelas *pop-up*, pode tornar desgastante a utilização dos serviços da rede pelo usuário, forçando-o a desviar sua atenção frequentemente daquilo que constitui o objeto de seu interesse. Pode ocorrer, por exemplo, de várias janelas *pop-up* serem disparadas simultânea ou sucessivamente, de forma muito rápida, sobrecarregando o equipamento do usuário e chegando a causar travamentos. Podem também estar as janelas encadeadas, de forma que, se o usuário fecha uma, logo surgem outras. E já se registram casos de janelas *pop-up* ocultas, que não se abrem no navegador, mas permanecem minimizadas, determinando a abertura de outras novas janelas de tempos em tempos, sem que o usuário

A publicidade enganosa, por sua vez, na forma do art. 37, § 1º, da Lei nº 8.078/1990, abrange qualquer modalidade de informação ou comunicação inteira ou parcialmente falsa, ou, de qualquer forma, mesmo por omissão, capaz de induzir em erro o consumidor acerca da natureza, características, qualidade, quantidade, propriedades, origem, preço e quaisquer outros dados sobre produtos e serviços. É o caso dos editoriais pagos, bem como das ofertas de produtos inexistentes, mediante preços que não serão praticados[298] ou através de informações falsas ou omissão de dados relevantes.[299]

Como já decidiu o Superior Tribunal de Justiça, "é lícito o serviço de publicidade pago, oferecido por provedores de busca, que, por meio da alteração do referenciamento de um domínio, com base na utilização de certas palavras-chave, coloca em destaque e precedência o conteúdo pretendido pelo anunciante 'pagador' (*links* patrocinados). 7. Todavia, infringe a legislação de propriedade industrial aquele que elege como palavra-chave, em *links* patrocinados, marcas registradas por um concorrente, configurando-se o desvio de clientela, que caracteriza ato de concorrência desleal, reprimida pelo art. 195, III e V, da Lei da Propriedade Industrial e pelo art. 10 *bis*, da Convenção da União de Paris para Proteção da Propriedade Industrial" (STJ, REsp 1.937.989, 4ª T., Rel. Min. Luis Felipe Salomão, j. 23.08.2022).

A aparente falta de controle criou certa sensação de impunidade, o que pode vir a ocasionar certos casos de publicidade enganosa, ou seja, aquela que, de qualquer maneira, inclusive na sua apresentação, pode induzir os seus destinatários em erro, podendo afetar o seu comportamento econômico, ou então prejudicar ou ser capaz de prejudicar a concorrência.[300]

A seguir, um caso concreto frequentemente lembrado, ocorrido nos Estados Unidos em 1995: uma companhia de aviação britânica, *Virgin Atlantic Airways*, anunciou na sua página na Internet uma oferta de desconto em viagem transatlântica, oferecida aos passageiros que fizessem reserva com 21 dias de antecedência, na viagem Nova York-Londres.

Ocorre que a oferta era válida apenas para os meses de baixa temporada, o que, no entanto, não ficou expresso no anúncio, não tendo sido ainda especificada a existência de uma ulterior taxa suplementar, motivo pelo qual foi processada pelo *U.S. Department of Transportation*, impondo-se-lhe o pagamento de uma multa, embora o ato não tenha sido considerado doloso, no sentido da realização de propaganda enganosa.[301]

---

possa impedir (ERENBERG, Jean-Jacques. *Publicidade patológica na Internet à luz da legislação brasileira*. São Paulo: Juarez de Oliveira, 2003. p. 54).

[298] Para Jean-Jacques Erenberg, trata-se de "publicidade travestida de notícia ou informação. A publicidade assume a forma editorial pela semelhança visual e gráfica com um texto não publicitário. Os publicitários reputam ser essa 'uma boa forma de atrair a atenção do internauta', vez que na Internet os usuários estão sempre procurando por informação". No entanto, além de tratar-se de técnica que gera no usuário a sensação de ter sido enganado, trata-se de ofensa à regra da identificação obrigatória da mensagem publicitária (art. 36, CDC) (ERENBERG, Jean-Jacques. *Publicidade patológica na Internet à luz da legislação brasileira*. São Paulo: Juarez de Oliveira, 2003. p. 52).

[299] É o caso ainda de novas técnicas publicitárias, como os *advergames* – jogos eletrônicos criados para funcionar como ferramenta de *marketing* –, caso em que a mensagem publicitária aparece frequentemente disfarçada ou oculta, contrariando a identificação obrigatória da mensagem (CDC, art. 36). Os *advergames*, além de anunciarem produtos ou serviços, permitem o direcionamento, permitindo que as empresas tenham acesso a estatísticas e uso e consume (MODENESI, Pedro. Contratos eletrônicos de consume: aspectos doutrinário, legislativo e jurisprudencial. *In*: MARTINS, Guilherme Magalhães (coord.). *Direito privado e internet*. São Paulo: Atlas, 2014. p. 317).

[300] RIBAS ALEJANDRO, Javier. Comercio electrónico en internet: aspectos jurídicos. *Revista Electrónica de Derecho Informatico*, v. 1, ago. 1998. Disponível em: http://www.alfa-redi.org/rdi-articulo.shtml?x=139. Acesso em: 27 jan. 2009.

[301] STUBER, Walter. A internet sob a ótica jurídica. *Revista dos Tribunais*, São Paulo, v. 749, p. 72, mar. 1998. GAMBINO, Alberto Maria. *L'accordo telematico*. Milano: Giuffrè, 1997. p. 45.

Conclui-se que todo o conteúdo da publicidade veiculada na Internet deve ser constantemente revisto e atualizado pelos ofertantes de produtos e serviços.

Deve ser coibida a publicidade enganosa na Internet por meio do uso de má-fé dos chamados "*metatags*", ou seja, palavras-chave codificadas em linguagem HTML ("*hypertext markup language*"), que numerosos *sites* de busca colocam à disposição dos seus usuários, e cujo uso é suscetível de análises estatísticas, podendo ser incluídas em certa página algumas das palavras mais empregadas pelos usuários (o que se mostra comum, por exemplo, nos termos ligados à ideia de sexo), de modo a atrair o consumidor.[302]

A mecânica dos "*metatags*", basicamente, é a seguinte: toda vez que o usuário escrever a palavra em questão, aparece a página de determinado fornecedor de produtos e serviços, propositadamente associada ao termo digitado, a partir das informações sobre as expressões mais empregadas pelos "navegantes", ainda que não tenha qualquer relação direta com o objeto da busca.

Em matéria de publicidade infantil, a edição da Resolução 163, de 13 de março de 2014, do Conselho Nacional dos Direitos da Criança e do Adolescente – CONANDA, fixando critérios para a definição da publicidade abusiva dirigida a crianças, trouxe novos contornos à matéria.[303]

---

[302] TOSI, Emilio. Le responsabilità civili. *In*: TOSI, Emilio (coord.). *I problemi giuridici di internet*. Milano: Giuffrè, 1999. p. 277.

[303] O teor da Resolução CONANDA 163/2014 é o seguinte: "Art. 1º Esta Resolução dispõe sobre a abusividade do direcionamento de publicidade e de comunicação mercadológica à criança e ao adolescente, em conformidade com a política nacional de atendimento da criança e do adolescente prevista nos arts. 86 e 87, incisos I, III, V da Lei 8.069, de 13 de julho de 1990.

§ 1º Por 'comunicação mercadológica' entende-se toda e qualquer atividade de comunicação comercial, inclusive publicidade, para a divulgação de produtos, serviços, marcas e empresas independentemente do suporte, da mídia ou do meio utilizado.

§ 2º A comunicação mercadológica abrange, dentre outras ferramentas, anúncios impressos, comerciais televisivos, *spots* de rádio, *banners* e páginas na Internet, embalagens, promoções, *merchandising*, ações por meio de *shows* e apresentações e disposição dos produtos nos pontos de vendas.

Art. 2º Considera-se abusiva, em razão da política nacional de atendimento da criança e do adolescente, a prática do direcionamento de publicidade e de comunicação mercadológica à criança, com a intenção de persuadi-la para o consumo de qualquer produto ou serviço e utilizando-se, dentre outros, dos seguintes aspectos:

I – linguagem infantil, efeitos especiais e excesso de cores;
II – trilhas sonoras de músicas infantis ou cantadas por vozes de criança;
III – representação de criança;
IV – pessoas ou celebridades com apelo ao público infantil;
V – personagens ou apresentadores infantis;
VI – desenho animado ou de animação;
VII – bonecos ou similares;
VIII – promoção com distribuição de prêmios ou brindes colecionáveis ou com apelos ao público infantil;
IX – promoção com competições ou jogos com apelo ao público infantil.

§ 1º O disposto no *caput* se aplica à publicidade e à comunicação mercadológica realizada, entre outros meios e lugares, em eventos, espaços públicos, páginas de Internet, canais televisivos, em qualquer horário, por meio de qualquer suporte e mídia, seja de produtos ou serviços relacionados à infância ou relacionados ao público adolescente ou adulto.

§ 2º Considera-se abusiva a publicidade e comunicação mercadológica no interior de creches e das instituições escolares da educação infantil e fundamental, inclusive em seus uniformes escolares ou materiais didáticos.

§ 3º As disposições deste artigo não se aplicam às campanhas de utilidade pública que não configurem estratégia publicitária referente a informações sobre boa alimentação, segurança, educação, saúde, entre outros itens relativos ao melhor desenvolvimento da criança no meio social.

Art. 3º São princípios gerais a serem aplicados à publicidade e à comunicação mercadológica dirigida ao adolescente, além daqueles previstos na Constituição Federal, na Lei 8.069, de 11 de setembro de 1990, Código de Defesa do Consumidor, os seguintes:

Em judicioso parecer sobre a constitucionalidade da Resolução CONANDA 163, Bruno Miragem ressalta que o Direito brasileiro não proíbe a publicidade dirigida à criança. Todavia, proíbe, em homenagem à proteção dos direitos fundamentais de proteção da criança (art. 227 da Constituição da República) e de defesa do consumidor (art. 5º, XXXII, da Lei Maior), a publicidade que se aproveite da deficiência de julgamento e experiência da criança.[304]

Deve prevalecer, portanto, essa visão útil do regulamento, que completa a lei, com o fim de promover a própria efetividade da norma, no caso da proibição da abusividade da publicidade ou da prática comercial voltada a prejudicar crianças e adolescentes. O regulamento, portanto, pode conter disposições distintas, desde que estas estejam expressa ou implicitamente permitidas pela lei.[305]

3.8.3 A oferta via *e-mail* se equipara à oferta postal convencional?

Indagar-se-á, no tocante às formas contratuais em apreço, acerca da aplicabilidade das regras pertinentes à comunicação instantânea ou daquelas relativas aos contratos por correspondência.

I – respeito à dignidade da pessoa humana, à intimidade, ao interesse social, às instituições e símbolos nacionais;

II – atenção e cuidado especial às características psicológicas do adolescente e sua condição de pessoa em desenvolvimento;

III – não permitir que a influência do anúncio leve o adolescente a constranger seus responsáveis ou conduzi-los a uma posição socialmente inferior;

IV – não favorecer ou estimular qualquer espécie de ofensa ou discriminação de gênero, orientação sexual e identidade de gênero, racial, política, religiosa ou de nacionalidade;

V – não induzir, mesmo implicitamente, sentimento de inferioridade no adolescente, caso este não consuma determinado produto ou serviço;

VII – não induzir, de forma alguma, a qualquer espécie de violência;

VIII – a qualquer forma de degradação do meio ambiente;

IX – primar por uma apresentação verdadeira do produto ou serviço oferecido, esclarecendo sobre suas características e funcionamento, considerando especialmente as características peculiares do público-alvo a que se destina".

[304] MIRAGEM, Bruno. Proteção da criança e do adolescente consumidores. Possibilidade de explicitação de critérios de interpretação do conceito legal de publicidade abusiva e prática abusiva em razão da ofensa a direitos da criança e do adolescente por resolução do Conselho Nacional da Criança e do Adolescente – CONANDA. Parecer. *Revista de Direito do Consumidor*, v. 95, p. 484, set./out. 2014.

[305] MIRAGEM, Bruno. Proteção da criança e do adolescente consumidores. Possibilidade de explicitação de critérios de interpretação do conceito legal de publicidade abusiva e prática abusiva em razão da ofensa a direitos da criança e do adolescente por resolução do Conselho Nacional da Criança e do Adolescente – CONANDA. Parecer. *Revista de Direito do Consumidor*, v. 95, p. 490, set./out. 2014: "o que faz a resolução é definir critérios para interpretação do art. 37, parágrafo segundo, e art. 39, IV, do CDC. Normas sobre as quais é notório – e já foi mencionado neste parecer – que são dotadas de tal largueza e amplitude que dificultam sua aplicação *in concreto* pelo julgador, exatamente na parte tocante à proteção da criança e do adolescente". Em importante "leading case" sobre a matéria, o Superior Tribunal de Justiça, em acórdão da lavra do Ministro Humberto Martins, considerou abusiva a publicidade de aquisição de relógios condicionada à compra de cinco produtos da linha "Gulosos", dirigida às crianças, tendo em vista não só a venda casada, mas o uso inadequado de verbos no imperativo (STJ, 2ª T., REsp 1.558.086-SP, Rel. Min. Humberto Martins, j. 10.03.2016: "PROCESSUAL CIVIL. DIREITO DO CONSUMIDOR. AÇÃO CIVIL PÚBLICA. VIOLAÇÃO DO ART. 535 DO CPC. FUNDAMENTAÇÃO DEFICIENTE. SÚMULA 284/STF. PUBLICIDADE DE PRODUTOS DIRIGIDA À CRIANÇA. ABUSIVIDADE. VENDA CASADA CARACTERIZADA. ARTS. 37, PARÁGRAFO SEGUNDO E 39, I, DO CÓDIGO DE DEFESA DO CONSUMIDOR [...] 2 – A hipótese dos autos caracteriza publicidade duplamente abusiva. Primeiro, por se tratar de anúncio ou promoção de venda de alimentos direcionada, direta ou indiretamente, às crianças. Segundo, pela evidente 'venda casada', ilícita em negócio jurídico entre adultos e, com maior razão, em contexto de *marketing* que utiliza ou manipula o universo lúdico infantil (art. 39, I, do CDC). 3 – *In casu*, está configurada a venda casada, uma vez que, para adquirir/comprar o relógio, seria necessário que o consumidor comprasse também 05 (cinco) produtos da linha 'Gulosos'".

Nas primeiras, em se tratando, como visto, de contratos entre presentes, o recebimento da aceitação pelo proponente implica a conclusão do contrato (CC 428, I), enquanto nos contratos epistolares o contrato somente se considera formado com a expedição da aceitação, conforme o art. 434 do Código Civil brasileiro,[306] traduzindo regra igualmente corrente nos países do *common law*.[307-308]

Grande parte da doutrina inclina-se pela aplicação da teoria da expedição aos contratos entre ausentes celebrados via *e-mail*, posição essa acolhida por autores como José de Oliveira Ascensão,[309] Ana Paula Gambogi Carvalho,[310] Erica Brandini Barbagalo[311] e Marco Aurélio Bezerra de Melo.[312]

Porém, ousamos respeitosamente divergir de tal posicionamento, que não dá uma resposta adequada ao problema, pelos motivos a seguir expostos.

A normativa dos contratos por correspondência – pressupondo uma avaliação prática dos riscos envolvidos ao se contratar por tal meio – repousa no fato de que o aceitante confiou sua comunicação a uma terceira pessoa, ou deixou sob o controle desta a transmissão da sua manifestação de vontade.[313]

A resposta a tal questão se situa na definição ou não da Internet como meio de comunicação instantâneo, o que, no caso da contratação via correio eletrônico – caracterizada pelo envio de mensagens digitalizadas por meio da linha telefônica e de um *modem*, o qual as transforma de digitais em eletromagnéticas, e vice-versa[314] –, evidentemente não ocorre.

---

[306] Segundo Caio Mário da Silva Pereira (*Instituições de Direito Civil*. Rio de Janeiro: Forense, 1990. v. III, p. 33), o Código Civil brasileiro adotou a teoria da expedição de forma mitigada, eis que "[...] recusando efeito à expedição, se tiver havido retratação oportuna, ou se a resposta não chegar ao conhecimento do proponente no prazo, desfigura a teoria da expedição, admitindo um pouco a da recepção e um pouco a da informação [...]".

[307] ZWEIGERT, Konrad; KÖTZ, Hein. *Introduction to Comparative Law*. Oxford: Clarendon Press, 1998. p. 358.

[308] FISCHER, Brenno. *Dos contratos por correspondência*. Rio de Janeiro: José Konfino Editor, 1956. p. 48. Para a teoria da expedição, como sublinha o autor, a formação do contrato ocorre quando o aceitante envia a carta, telegrama ou outro documento semelhante (no caso, por meio eletrônico), contendo a sua aquiescência à proposta. Não basta declarar a vontade, sendo indispensável que o autor se despoje do documento portador dela.

[309] Contratação electrônica. *Revista Trimestral de Direito Civil*, Rio de Janeiro, v. 12, p. 107-108, out./dez. 2002. Para o professor titular da Universidade de Lisboa, que comenta o art. 11 da Diretiva CEE nº 31/2000, "[...] Ele determina, como se disse, que se considere que a ordem de encomenda e o aviso de recepção são recebidos quando as partes a quem são dirigidos têm possibilidade de aceder a estes. Isto confirma quanto dissemos sobre o significado desta previsão. O que se regula é a exatidão das comunicações, e não o momento da perfeição do contrato. Em qualquer caso, é necessário que haja um momento em que a mensagem se deve considerar recebida. Este momento é aquele em que o destinatário tem possibilidade de aceder a ela [...] como já vimos, o art. 11/1 tem a sua justificação própria. Pretende assegurar a certeza das comunicações. Por isso, aplica-se quer à nota de encomenda quer ao aviso de recepção a regra que se consideram recebidos quando os destinatários estão em condição de aceder a estes [...]. Entendendo o preceito doutra maneira, perdia-se o fio lógico que explica o aviso de recepção. Este tem uma finalidade muito determinada: assegurar ao encomendante, nos mais breves prazos, que a encomenda foi recebida. Mais nada. Se se lhe associasse o sentido de confirmação do contrato, esta finalidade ficaria prejudicada. O prestador de serviços tem de verificar se está em condições de satisfazer a encomenda. Porque se podem ter esgotado os meios, humanos ou materiais, necessários para aquela verificação".

[310] CARVALHO, Ana Paula Gambogi. *Contratos via Internet*. Belo Horizonte: Del Rey, 2001. p. 80-81.

[311] BARBAGALO, Erica Brandini. *Contratos eletrônicos*: contratos formados por meio de redes de computadores – peculiaridades jurídicas da formação do vínculo. São Paulo: Saraiva, 2001. p. 78-79.

[312] MELO, Marco Aurélio Bezerra de. *Curso de direito civil*. São Paulo: Atlas, 2015. v. III (Direito dos contratos), t. I (Teoria geral dos contratos), p. 188.

[313] DAVIES, Lars. Contract formation on the Internet: shattering a few myths. *In*: EDWARDS, Lilian; WAELDE, Charlotte (coord.). *Law and the internet*: regulating cyberspace. Oxford: Hart, 1997. p. 98.

[314] GAMBINO, Alberto Maria. *L'accordo telematico*. Milano: Giuffrè, 1997. p. 38.

Tal afirmativa se justifica na medida em que comunicação entre as partes, nesse caso, se dá por meio dos provedores de acesso, tanto o do proponente como o do aceitante, não havendo sequer, conforme já dito, garantia acerca de quando ou se o *e-mail* alcançará o seu destino.[315]

Por tal motivo, além de não apresentar a contratação por *e-mail* qualquer analogia em face de meios de comunicação marcados pela instantaneidade, como é o caso do telefone ou do *telex*, as regras dos contratos por correspondência igualmente não se aplicam, pois têm como pressuposto uma única organização responsável pelo serviço postal, na qual podem as partes razoavelmente confiar.[316]

Diante das peculiaridades do meio eletrônico, é de se registrar que a jurisprudência francesa se divide entre as teorias da expedição e da recepção, havendo precedentes em ambos os sentidos.[317]

Em relação aos contratos eletrônicos a partir da oferta permanente *on-line*, via *home page*, o contexto difere, em razão da noção de tempo real, a partir de uma *presença virtual simultânea* das partes, perfeitamente aplicável às relações a distância,[318] de maneira semelhante às negociações entre presentes, do ponto de vista do tempo.[319]

Nesse caso, embora se aplique, como visto, a normativa da contratação entre ausentes, faltando, pois, a instantaneidade, o contrato se reputa formado pelo recebimento da resposta pelo proponente, através de tal técnica de transmissão de dados, na qual o envio e a recepção do sinal que contém a manifestação de vontade, ainda que não simultâneos, tendem a se perfazer em intervalos cada vez mais reduzidos.[320]

Na hipótese de emprego de programas que permitem conversar *a viva voz*, o contrato eletrônico segue as mesmas regras da contratação via telefone,[321] cuja instantaneidade é patente.

Porém, é no campo da contratação por meio do correio eletrônico – o qual, portanto, não pode ser considerado como uma forma de comunicação instantânea, além de não se lhe aplicarem as regras dos contratos por via epistolar ou telegráfica, como visto – que se encontram os maiores problemas atinentes à matéria da determinação do momento conclusivo.

Conforme previsto na lei modelo da UNCITRAL acerca do comércio eletrônico, a mensagem de dados considerar-se-á expedida quando do seu ingresso em um sistema de informação que se situe além do controle do emissor ou daquele que a enviou em nome deste (art. 15, nº 1).[322]

Caso não tenha sido adotada solução diversa pelas partes, o momento da recepção da mensagem determinar-se-á da seguinte forma (art. 15, nº 2):

a) Se o destinatário designou um sistema de informação diverso do seu para a recepção de mensagens de dados, a recepção terá lugar no momento da sua entrada em tal sistema, ou, no caso de envio da mensagem a um sistema que não seja o designado, no momento em que o destinatário recupere a mensagem de dados;

b) Quando do ingresso da mensagem no sistema de informação próprio do destinatário, não tendo sido designado outro sistema para tanto.

---

[315] SMITH, Graham J. *Internet Law and Regulation*. London: Law and Tax, 1997. p. 213-214.
[316] SMITH, Graham J. *Internet Law and Regulation*. London: Law and Tax, 1997. p. 214.
[317] BENSOUSSAN, Alain. *Internet*: aspects juridiques. Paris: Hermès, 1997. p. 68.
[318] ITAENU, Olivier. *Internet et le droit*: aspects juridiques du commerce électronique. Paris: Eyrolles, 1996. p. 27.
[319] TOSI, Emilio (coord.). *I problemi giuridici di internet*. Milano: Giuffrè, 1999. p. 23. TOMMASINI, Maria. Osservazioni sulla conclusione del contratto tramite computers: aspetti problematici della comunicazione a distanza in tempo reale. *Rassegna di diritto civile*, Camerino, v. 3, p. 594, 1998.
[320] SMITH, Graham J. *Internet Law and Regulation*. London: Law and Tax, 1997. p. 213-214.
[321] GAMBINO, Alberto Maria. *L'accordo telematico*. Milano: Giuffrè, 1997. p. 41-42.
[322] Disponível em: http://www.uncitral.org/sp-index.htm. A lei modelo, em seu art. 2º, "f", define o sistema de informação como "todo sistema utilizado para gerar, enviar, receber, arquivar ou processar de alguma forma mensagens de dados".

Adota-se, aqui, a teoria da recepção, pela qual o contrato se reputa formado quando a aceitação é recebida pelo proponente, não bastando o seu simples envio, a partir da leitura conjugada dos números 1 e 2 do art. 15.[323]

Segundo a lei modelo da UNCITRAL, portanto, o contrato se reputa formado quando a aceitação chega ao destinatário, o que, do ponto de vista probatório, apresenta significativa vantagem em face da teoria da expedição,[324] sendo que a prova de que a mensagem chegou ao destinatário consiste no respectivo aviso de recebimento, tornando-se irrevogável a aceitação em tal momento preciso e oportuno.

Como destaca Brenno Fischer,[325] muito embora na teoria da expedição os efeitos do contrato tenham seu ponto de partida na remessa da aceitação, é sempre prudente, para agir sem receio, que se aguarde a chegada dela ao destinatário, o que, em última análise, vem a dar na mesma coisa. Evita-se, portanto, o ponto fraco da teoria da expedição, que vem a ser a possibilidade de a carta vir a ser retirada, enquanto não chegar ao destinatário, embora o contrato já tenha se formado desde a expedição da aceitação.

Baseia-se dita teoria na presunção de que, a partir do recebimento da carta, o respectivo conteúdo se considera conhecido do destinatário, dispensando-se a prova da leitura e efetivo conhecimento, adotada pela teoria da informação, que encerra um acentuado subjetivismo, dando ensejo à possível má-fé do proponente,[326] em cujo arbítrio resta a abertura da correspondência e o conhecimento da resposta positiva e geradora do ajuste,[327] evitando-se ainda a indefinição gerada pelo estado psicológico da vontade não externada, própria da teoria da declaração.[328]

Outra falha da teoria da expedição reside na possibilidade de retratação por parte do aceitante, que somente se torna eficaz (CC, art. 435) caso chegue ao conhecimento do proponente juntamente com a aceitação ou antes dela. Como compatibilizar com o princípio da obrigatoriedade dos contratos um ajuste que já se encontra formado, pela expedição da aceitação, mas permite que a parte se desdiga?

Ademais, como ensina a professora Ana Paula Gambogi Carvalho, a retratação de uma proposta feita pela Internet, na forma do art. 435 do Código Civil, é praticamente impossível, pois o *e-mail* contendo a oferta entra no âmbito de domínio do destinatário poucos segundos após o seu envio, não havendo um intervalo de tempo longo o suficiente para que a mensagem com a retratação chegue antes ou simultaneamente.[329]

A professora Ana Paula Gambogi Carvalho, embora adote a primeira corrente aqui mencionada, admite que:

> "A adoção da teoria da expedição pelo CC não significa, porém, que a chegada da aceitação não é necessária para a formação do contrato. A aceitação continua sendo uma declaração de vontade basicamente receptícia. Se ela não chega de modo algum ao proponente, então o contrato não se conclui. A teoria da expedição implica apenas a fixação retroativa do momento da conclusão contratual. Se o *e-mail* contendo a aceitação chega corretamente ao proponente, então considera-se o contrato celebrado no instante da sua

---

[323] PEREIRA, Caio Mário da Silva. *Instituições de direito civil*. 8. ed. Rio de Janeiro: Forense, 1990. v. III, p. 32. A teoria da recepção não se confunde com a teoria da expedição, na qual prepondera o instante em que a aceitação é expedida.
[324] Disponível em: http://www.uncitral.org/sp-index.htm.
[325] FISCHER, Brenno. *Dos contratos por correspondência*. Rio de Janeiro: José Konfino Editor, 1956.
[326] FISCHER, Brenno. *Dos contratos por correspondência*. Rio de Janeiro: José Konfino Editor, 1956. p. 54.
[327] PEREIRA, Caio Mário da Silva. *Instituições de direito civil*. 8. ed. Rio de Janeiro: Forense, 1990. v. III, p. 32.
[328] FISCHER, Brenno. *Dos contratos por correspondência*. Rio de Janeiro: José Konfino Editor, 1956. p. 54.
[329] CARVALHO, Ana Paula Gambogi. *Contratos via Internet*. Belo Horizonte: Del Rey, 2001. p. 77.

aceitação. *Caso, porém, ocorra um erro ou qualquer outro problema na transmissão e o e-mail jamais alcance o destinatário, então o contrato não se torna jamais perfeito".* (g.n.)[330]

O Conselho da Justiça Federal, na IV Jornada de Direito Civil, aprovou o Enunciado nº 173 (referente ao art. 434 do CC), de iniciativa do autor desta obra, em cujos termos se estabelece que "a formação dos contratos realizados entre pessoas ausentes, por meio eletrônico, completa-se com a recepção da aceitação pelo proponente".

Acima de tudo, a teoria da recepção mostra-se mais benéfica ao consumidor, observado o seu direito básico à proteção da segurança (art. 6º, I, CDC) no fornecimento de produtos ou serviços, haja vista os riscos inerentes ao meio.[331]

A Convenção de Viena sobre contratos internacionais de compra e venda, no seu art. 15.1, estabelece que a oferta surtirá efeitos quando chegue ao destinatário. Da mesma forma, a Diretiva nº 31/2000 da Comunidade Econômica Europeia, relativa ao comércio eletrônico, art. 11, determina que o contrato se considera celebrado quando o destinatário do serviço tiver recebido do prestador, por via eletrônica, o aviso de recepção da aceitação pelo destinatário do serviço e tiver confirmado a recepção desse aviso.

O novo Código Civil argentino (Lei nº 26.994/2014) adota a teoria da recepção, no seu art. 971: "os contratos se concluem com a recepção da aceitação de uma oferta ou por uma conduta das partes que seja suficiente para demonstrar a existência de um acordo".

Não se trata de uma questão meramente probatória, mas de uma garantia decorrente das expectativas legítimas ensejadas pela boa-fé objetiva protrair a conclusão do contrato até o momento em que a resposta positiva chega ao proponente.

3.8.4 A revogação da oferta e seus efeitos

A revogação da oferta deve ser feita pelo mesmo sistema da proposta ou por meio equivalente – sendo exigível a sua comunicação –, ou seja, no caso da oferta ao público, pela programação do *site* nesse sentido, de maneira acessível ao usuário,[332] ou, no caso da oferta formulada via correio eletrônico, pelo envio de outro *e-mail*, podendo ocorrer, em ambos os casos, a cientificação do seu destinatário, por qualquer outro meio.[333]

---

[330] CARVALHO, Ana Paula Gambogi. *Contratos via Internet*. Belo Horizonte: Del Rey, 2001. p. 81.

[331] Ricardo Lorenzetti, Ministro da Suprema Corte Argentina, se pronuncia favoravelmente à teoria da recepção: "no direito anglo-saxão é feita a distinção da contratação de acordo com a existência de um prazo entre a realização da oferta e da aceitação, e, na hipótese de isto ocorrer, predomina o critério da expedição, ou *mail box rule*, mediante a qual o contrato se perfectibiliza quando se tenha produzido o depósito da declaração de aceitação perante os correios; por outro lado, entre presentes, vigora a teoria da recepção. Na Europa, a variedade é grande, mas nos últimos códigos parece ter prevalecido a teoria da recepção.

A teoria da recepção difundiu-se no direito atual. A Convenção de Viena de 1980 sobre compra e venda internacional de mercadorias (Lei nº 22.765) dispõe que o contrato se perfectibiliza no momento de surgir efeito a aceitação da oferta, e isso sucede no momento em que a declaração de assentimento chega ao ofertante (arts. 23 e 18.2). Os princípios da Unidroit estabelecem que 'a aceitação da oferta produz efeitos quando a manifestação de assentimento chega ao ofertante' (art. 2.6), e que 'a comunicação surtirá efeitos quando chegue à pessoa a qual foi direcionada' (art. 1.9). O anteprojeto do Código Europeu de Contratos prevê que 'a aceitação produz efeitos a partir do momento em que o ofertante dela tome conhecimento (art. 16, II); mas presume o conhecimento desde o momento em que a aceitação tenha sido recebida no domicílio do ofertante" (LORENZETTI, Ricardo Luis. *Comércio eletrônico*. Tradução de Fabiano Menke. São Paulo: Revista dos Tribunais, 2004. p. 318-320).

[332] Como salientam DÍEZ-PICAZO e GULLÓN, a revogação da oferta ao público deve seguir o regime geral da oferta, sendo que, justamente em razão da indeterminação dos destinatários, a revogação deve receber uma publicidade suficiente, de modo que possa ser reconhecida (DÍEZ-PICAZO, Luis; GULLÓN, Antonio. *Sistema de derecho civil*. Madrid: Tecnos, 2000. v. II, p. 66).

[333] SMITH, Graham J. *Internet Law and Regulation*. London: Law and Tax, 1997. p. 215.

Até mesmo pelo fato de se tratar de contratos consensuais, bastando que a declaração atenda à finalidade visada pelas partes, não se cogitando de forma, não é necessário que a revogação se dê necessariamente através da Internet, como pretende parte da doutrina.[334]

Ocorre que o problema da vinculação da oferta nos contratos em geral encontra solução diversa no direito anglo-saxônico, de um lado, e nos sistemas continentais, de outro – embora ambos, diga-se, alberguem a imperatividade da observância do dever de informação na oferta –, o que deve ser apreciado à luz da matéria em foco.

No direito anglo-saxão, até a aceitação da oferta, desde que não tenha havido contraproposta, pode o ofertante revogá-la a qualquer tempo, sendo que, mesmo no caso de haver sido estabelecida a vinculação à oferta por um prazo determinado, pode o proponente, expirado tal prazo, livremente retratar-se.[335]

Já nos sistemas do *civil law*, tais quais o alemão, a revogação da oferta antes do decurso do prazo para aceitação (ou, caso tal lapso não tenha sido fixado, por um período razoável ou termo moral, observadas as circunstâncias do caso) é passível de acarretar, para o proponente, a reparação dos danos causados à outra parte em virtude da prematura revogação.

Consoante o art. 145 do BGB (*Bürgerliches Gesetzbuch*), quem propõe a outrem a conclusão de um contrato se vincula à oferta, a menos que haja excluído a vinculação.

Nosso sistema se filia à sistemática dominante nos países do *civil law*, na forma do art. 427 do Código Civil, em cujos termos a proposta de contrato obriga o proponente, se o contrato não resultar dos termos dela, da natureza do negócio ou dos termos do caso.

Tal obrigatoriedade foi criada pela lei tendo em vista a seriedade da proposição feita, bem como a necessidade de assegurar o destinatário de boa-fé.[336]

Nas palavras de Antonio Junqueira de Azevedo, "o ofertante, por ato unilateral, cria, no patrimônio do oblato, um direito expectativo, ou potestativo, de concluir o contrato". Logo, especialmente em havendo oferta irrevogável ou com prazo determinado de eficácia, a retirada da oferta tem por consequência a responsabilidade obrigacional do proponente.[337]

Como já dito anteriormente, o proponente não fica obrigado desde já em função da imposição principal, o que somente ocorre após a aceitação, porém fica vinculado perante a outra parte a manter a oferta, a qual consiste numa declaração de vontade que, uma vez emitida, possui os efeitos jurídicos da vinculabilidade e irrevogabilidade, como garantia da segurança dos negócios.[338]

Outro problema a ser debatido se refere à questão da subsistência ou não da oferta, após a morte do policitante ou a declaração de sua incapacidade ocorridas antes da aceitação.

No direito anglo-saxão, a partir da concepção de que as obrigações somente surgem a partir do momento em que o contrato se perfaz, prevalece a visão de que a morte ou incapacidade do ofertante leva à caducidade da oferta, desde que o aceitante conheça tal circunstância. Caso realizada a aceitação na ignorância escusável de tal situação, o ato é válido, desde que não se trate de contrato personalíssimo.[339]

---

[334] No sentido de ser a Internet o único meio admissível para tanto, ver TOSI, Emilio (coord.). *I problemi giuridici di internet*. Milano: Giuffrè, 1999. p. 36.

[335] ZWEIGERT, Konrad; KÖTZ, Hein. *Introduction to Comparative Law*. Oxford: Clarendon Press, 1998. p. 357; MCKENDRICK, Ewan. *Contract Law*. London: Mac Millan, 1990. p. 36.

[336] LOPES, Miguel Maria de Serpa. *Curso de direito civil*. Rio de Janeiro: Freitas Bastos, 1996. v. III, p. 109.

[337] A boa-fé na formação dos contratos. *Revista de Direito do Consumidor*, São Paulo, v. 3, p. 83, set./dez. 1992.

[338] MARQUES, Claudia Lima. *Contratos no Código de Defesa do Consumidor*. 3. ed. São Paulo: Revista dos Tribunais, 1999. p. 290.

[339] MCKENDRICK, Ewan. *Contract Law*. London: Mac Millan, 1990. p. 37. Ainda que admitida, em tal hipótese, a caducidade da oferta, tal efeito não se produz na hipótese de ser o ofertante um empresário, correspondendo a oferta ao círculo de obrigações da empresa. A oferta cria uma situação objetiva para a empresa, devendo

O Código Civil italiano segue a mesma regra, pressupondo que para a conclusão do contrato se faz necessário o concurso contemporâneo das vontades de duas ou mais pessoas capazes, salvo duas exceções nas quais a proposta mantém sua eficácia mesmo após a morte ou a incapacidade superveniente: a) caso a proposta tenha sido feita irrevogavelmente (art. 1.329), o que ocorre nas hipóteses de contrato gratuito; b) quando a proposta foi feita por um empresário, no exercício da sua empresa (art. 1.330).[340]

Já o Código Civil alemão perfilha solução diversa, ao estatuir, em seu art. 153, que a obrigatoriedade da oferta subsiste, mesmo em face da morte ou da incapacidade superveniente do proponente antes da aceitação, salvo se outra houver sido a sua intenção.

A mesma diretriz é seguida pelo nosso direito, marcado pela obrigatoriedade da oferta; sendo desde já constituída uma obrigação, transmite-se aos herdeiros do ofertante, o qual deve ter a vontade suprida, em caso de incapacidade, por seu representante legal, podendo apenas ser exercida a retratação, na forma do art. 428, IV, do Código Civil.

3.8.5 Aplicabilidade do prazo de arrependimento em benefício do consumidor

Outro ponto relevante a ser tratado consiste na aplicabilidade do disposto no art. 49 do Código de Defesa do Consumidor – o qual fixa o prazo de arrependimento de sete dias da contratação ou do ato de recebimento do produto ou do serviço, quando tal ocorrer fora do estabelecimento comercial,[341] especialmente por telefone ou a domicílio – aos contratos celebrados via Internet.[342]

---

subsistir, independentemente das vicissitudes pessoais que venha a atravessar o empresário, em razão da autonomia patrimonial da pessoa jurídica (DÍEZ-PICAZO, Luis; GULLÓN, Antonio. *Sistema de derecho civil*. Madrid: Tecnos, 2000. v. II, p. 66).

[340] TRABUCCHI, Alberto. *Istituzioni di diritto civile*. Padova: CEDAM, 1978. p. 659.

[341] CATRICALÀ, Antonio; PIGNALOSA, Maria Pia. *Manuale del diritto dei consumatori*. Roma: Dike, 2013. p. 159 e ss. LIVI, Maria Alessandra. Contratti con i consumatori: contratti negoziati fuori dei locali commerciali. *In*: ALPA, Guido (coord.). *I contratti del consumatore*. Milano: Giuffrè, 2014. p. 431 e ss.

[342] O Superior Tribunal de Justiça teve a oportunidade de reconhecer o direito de arrependimento no julgamento do AgRG na MC 22722-SP, Rel. Min. Paulo de Tarso Sanseverino, 3ª T., j. 10.06.2014: "AGRAVO REGIMENTAL NA MEDIDA CAUTELAR. AGREGAÇÃO DE EFEITO SUSPENSIVO A RECURSO ESPECIAL INADMITIDO. CIVIL E CONSUMIDOR. AÇÃO CIVIL PÚBLICA. DETERMINAÇÃO DE INCLUSÃO NOS CONTRATOS CELEBRADOS PELA RÉ DA INCIDÊNCIA DA MULTA MORATÓRIA EM SEU DESFAVOR NA HIPÓTESE DE DESCUMPRIMENTO DO PRAZO PARA ENTREGA DE PRODUTOS VENDIDOS NO VAREJO E DA NÃO DEVOLUÇÃO IMEDIATA DE PREÇOS QUANDO EXERCIDO O DIREITO DE ARREPENDIMENTO (ART. 49 DO CDC). COMINAÇÃO DE MULTAS E DETERMINAÇÃO DE DIVULGAÇÃO NOS MEIOS DE COMUNICAÇÃO. NECESSIDADE DE AGUARDO DO RECURSO ESPECIAL PARA A DEFLAGRAÇÃO DA EXECUÇÃO PROVISÓRIA".
No mesmo sentido, o voto do Ministro Mauro Campbell Marques no julgamento do Recurso Especial 1340604, 2ª T., j. 15.08.2013: "ADMINISTRATIVO. CONSUMIDOR. DIREITO DE ARREPENDIMENTO. ART. 49 DO CDC. RESPONSABILIDADE PELO VALOR DO SERVIÇO POSTAL DECORRENTE DA DEVOLUÇÃO DO PRODUTO. CONDUTA ABUSIVA. LEGALIDADE DA MULTA APLICADA PELO PROCON. 1. No presente caso, trata-se da legalidade de multa imposta à TV SKY SHOP (SHOPTIME) em razão do apurado em processos administrativos, por decorrência de reclamações realizadas pelos consumidores, no sentido de que havia cláusula contratual responsabilizando o consumidor pelas despesas com o serviço postal decorrente da devolução de produto do qual pretende-se desistir. 2. O art. 49 do Código de Defesa do Consumidor dispõe que, quando o contrato de consumo for concluído fora do estabelecimento comercial, o consumidor tem o direito de desistir do negócio em 7 dias (período de reflexão), sem qualquer motivação. Trata-se do direito de arrependimento, que assegura ao consumidor a realização de uma compra consciente, equilibrando as relações de consumo. 3. Exercido o direito de arrependimento, o parágrafo único do art. 49 do CDC especifica que o consumidor terá de volta, imediatamente e monetariamente atualizados, todos os valores eventualmente pagos, a qualquer título, durante o prazo de reflexão, entendendo-se incluídos nestes valores todas as despesas com o serviço postal para a devolução do produto, quantia esta que não pode ser repassada ao consumidor. 4.Eventuais

Isso se justifica especialmente em face de algumas operações especialmente perigosas, seja em razão do seu objeto, seja das modalidades de contratação utilizadas.[343]

A jurisprudência tem equiparado a Internet e o meio eletrônico à expressão "fora do estabelecimento comercial" presente na redação do art. 49 do CDC, valendo destacar o seguinte acórdão do Tribunal de Justiça do Rio Grande do Sul, relativo à compra de passagens aéreas pela Internet: "Apelação cível. Contrato de transporte aéreo. Ação de reparação de danos materiais e morais c/c repetição de indébito. Aquisição de bilhete aéreo com posterior desistência da viagem. Compra pela Internet. Código de Defesa do Consumidor. Devolução em dobro. Inaplicabilidade do art. 42, parágrafo único do CDC. Danos morais [...]. Não há por que o Código de Defesa do Consumidor não se aplicar aos casos de compra de passagens aéreas pela Internet. A interpretação extensiva do conceito de serviço, excluindo desse aquele oferecido pela Internet na aquisição de bilhetes aéreos, além de militar em *malam partem*, com indiscutível prejuízo da parte mais vulnerável, sobretudo nas compras virtuais, não encontra correspondência no que dispõe o texto da legislação consumerista. Art. 49 do CDC. Direito de arrependimento. *Interpretação pontual, a partir do bom senso, no que se refere ao transporte aéreo. Devolução do valor pago. Tendo a autora desembolsado, pelo desfazimento do negócio, o valor relativo à taxa de cancelamento, deverá ser reembolsada nos valores que permaneceram sendo descontados nas faturas do seu cartão de crédito, considerando que o valor total da compra já havia sido repassado à apelada. Devolução de forma simples, pois não se flagra a figura do art. 42, parágrafo único, do CDC*" (TJRS, Ap. Civ. 70049155534, 12ª CC., Rel. Des. Ana Lúcia Carvalho Pinto Vieira Rebout, j. 16.08.2012). (g.n.).

O Dec. nº 7.962, de 15.03.2013, ao regulamentar o Código de Defesa do Consumidor, prevê o direito de arrependimento, nos seus arts 1º, III, 4º, V e 5º.

Na medida em que o consumidor, nessas condições, possui menor possibilidade de avaliar o que estava contratando, deve lhe ser assegurado o prazo de arrependimento, não só nos contratos em distância em geral – tais quais a venda porta a porta, por telefone, reembolso postal, por *fax*, videotexto, por prospectos etc.–, como também nos contratos via Internet, até mesmo pela disseminação de tais práticas, à margem de uma regulação,[344] a partir dessas novas técnicas, que permitem que o consumidor contrate sem sair de sua casa, muitas vezes com empresas e fornecedores de outros países.

Não deve prevalecer o argumento sustentado por parte da doutrina, de modo a negar a faculdade de arrependimento,[345] haja vista que o intuito da norma seria o de

> "proteger o consumidor que, ao invés de buscar, ele próprio, o fornecedor, é alcançado por este, por telefone, e, às vezes, no seu domicílio, colocando-se, quiçá até por constrangimento, em posição de inevitável aceitação"[...]
>
> "o oblato (ora consumidor), em um tratado instrumentado por computador, só pode ser alcançado pela proposta manifestada por outro computador se previamente programou seu equipamento para tanto".

---

prejuízos enfrentados pelo fornecedor neste tipo de contratação são inerentes à modalidade de venda agressiva fora do estabelecimento comercial (Internet, telefone, domicílio). Aceitar o contrário é criar limitação ao direito de arrependimento legalmente não prevista, além de desestimular tal tipo de comércio tão comum nos dias atuais".

[343] RIZZO, Vito. *Contratos do consumidor e direito comum dos contratos*. Palestra proferida na Universidade do Estado do Rio de Janeiro em 29 de agosto de 2000. Tradução de Maria Cristina de Cicco (*mimeo*), p. 9.

[344] Nesse sentido, MARQUES, Claudia Lima. *Contratos no Código de Defesa do Consumidor*. 3. ed. São Paulo: Revista dos Tribunais, 1999. p. 380.

[345] SANTOLIM, Cesar Viterbo Matos. *Formação e eficácia probatória dos contratos por computador*. São Paulo: Saraiva, 1995. p. 39.

Tal afirmação não condiz com o espírito da Lei nº 8.078/ 90, visando tal norma a corrigir o desequilíbrio proveniente da compra e venda fora do estabelecimento comercial, justificando-se na medida em que o consumidor, nessas condições, possui menor possibilidade de avaliar o que estava contratando,[346] o que igualmente ocorre em tal modalidade de contratos a distância, não podendo, pois, ser interpretado o dispositivo restritivamente.

O exercício do direito de arrependimento não se pode sujeitar a qualquer formalidade, não podendo implicar, para o consumidor, em qualquer tipo de penalidade,[347] devendo o mesmo tão somente suportar os gastos da devolução.

O arrependimento compreende todas as hipóteses em que a lei confere a um dos contraentes a faculdade de, em prazo determinado e sem contrapartida, desvincular-se de um contrato por meio de declaração unilateral e imotivada.[348]

A natureza jurídica de tal prazo enseja divergência doutrinária, no tocante a se considerar ou não a formação do vínculo contratual antes do término do lapso de reflexão, o que influirá na amplitude da reparação assegurada ao consumidor.[349]

Se o contrato se considera formado já na primeira manifestação de vontade, a proteção ao consumidor não será tão ampla, pois terá este apenas uma possibilidade de se desembaraçar do vínculo.

A melhor solução, nesse ponto, é a de que o contrato se encontra perfeito e acabado antes do prazo de 07 (sete) dias, antes da assinatura, porém tal lapso atua como fator de eficácia do negócio, de modo que, exercida a faculdade de retratação, apaga-se o consentimento anteriormente prestado pelo consumidor, e o contrato caduca.[350]

Afora tal controvérsia, trata-se de um prazo decadencial, visto que a manifestação de arrependimento do consumidor é um direito potestativo, ou seja, o poder de alterar a situação jurídica de outrem, independentemente ou mesmo contra a vontade deste. Logo, transcorrido o prazo de sete dias, sobrevém a extinção automática do direito de arrependimento, o que é apreciável de ofício.[351]

Consoante o art. 49 do CDC, o direito de arrependimento pode ser exercido sem invocação de motivo, causa ou fundamento. É, portanto, irrenunciável, não sendo lícito ao consumidor previamente abrir mão do seu exercício, seja por acordo, seja por imposição unilateral do fornecedor.[352]

Segundo Nelson Nery Jr.,[353] a determinação do que seja venda fora do estabelecimento comercial sujeita a prazo de arrependimento decorre do caso concreto, de modo que, se for dos usos e costumes entre as partes a celebração do contrato a distância, não há que se falar em arrependimento. Tendo o consumidor relações contínuas com dado fornecedor, que lhe vende, por exemplo, material de escritório, e o faz por telefone, já negociando há bastante tempo, sem reclamações, já sabendo o fornecedor qual a exigência e a preferência do consumidor, o

---

[346] ARRUDA ALVIM et al. *Código do Consumidor anotado*. 2. ed. São Paulo: Revista dos Tribunais, 1995. p. 243.
[347] RIBAS ALEJANDRO, Javier. *Aspectos jurídicos del comercio electrónico en internet*. Navarra: Aranzadi, 1999. p. 24.
[348] GOMIDE, Alexandre Junqueira. *Direito de arrependimento nos contratos de consumo*. Coimbra: Almedina, 2014. p. 55-56.
[349] SCHMITT, Cristiano Heineck. *Consumidores hipervulneráveis*: a proteção do idoso no mercado de consumo. São Paulo: Atlas, 2014. p. 70-71.
[350] SCHMITT, Cristiano Heineck. *Consumidores hipervulneráveis*: a proteção do idoso no mercado de consumo. São Paulo: Atlas, 2014. p. 70-71.
[351] KLEE, Antonia Espindola Longoni. *Comércio eletrônico*. São Paulo: Revista dos Tribunais, 2014. p. 163.
[352] KLEE, Antonia Espindola Longoni. *Comércio eletrônico*. São Paulo: Revista dos Tribunais, 2014. p. 165.
[353] NERY JÚNIOR, Nelson. *Código Brasileiro de Defesa do Consumidor*. São Paulo: Forense Universitária, 1997. p. 393.

contrato de consumo se dá nas mesmas bases que os anteriores, não se podendo falar naquela possibilidade de retratação (a menos que mudem as condições do contrato, quanto à prestação, preço e demais especificações).

A Diretiva nº 83/2011 da Comunidade Europeia passa a tratar o arrependimento como direito de retratação,[354] a ser exercido em 14 dias, nos contratos celebrados a distância ou fora do estabelecimento comercial, sem necessidade de indicar o motivo e de incorrer em quaisquer custos além dos de devolução.[355]

Segundo o art. L.121-16 do *Code de la consommation*, é assegurado ao adquirente o prazo de arrependimento de 07 (sete) dias, contados da entrega, o que se justifica na medida em que, nos contratos a distância, a manifestação de vontade do consumidor se baseia em simples imagens ou descrições, o que enseja o risco de receber um objeto que não corresponda às suas expectativas; logo, o produto somente poderá ser julgado após a entrega.[356]

O prazo de arrependimento é perfeitamente compatível com a aquisição de produtos on-line, por exemplo, *softwares*, cabendo ao fornecedor acautelar-se para evitar que o consumidor simplesmente copie e posteriormente repudie o bem. A forma de fornecimento do produto, por si só, não se presta a esvaziar a norma do art. 49 do Código de Defesa do Consumidor, que deve ser adaptada àquela modalidade de oferta.

3.9 SMART CONTRACTS

Os contratos inteligentes (*smart contracts*) foram primeiramente vislumbrados por Nick Szabo como uma espécie de "protocolo" executável a partir de computadores, e com o potencial de executar automaticamente os termos de um contrato.[357]

Segundo Max Raskin:

> "Um contrato inteligente é um contrato cuja execução é automatizada. Essa execução automática geralmente é realizada por meio de um computador executando um código que traduz a prosa legal em um programa executável. Este programa tem controle sobre os objetos físicos ou digitais necessários para efetuar a execução. Exemplos: um carro com um programa instalado para impedir a ignição se os termos de um contrato de dívida não forem cumpridos ou um *software* bancário que transfira dinheiro automaticamente se determinadas condições forem atendidas. Um contrato inteligente

---

[354] A Diretiva nº 97-7, em seu art. 6º, contemplava o prazo de sete dias úteis para o arrependimento do consumidor, a partir da prestação do serviço ou entrega da coisa, sendo que, em caso de descumprimento dos deveres de informação previstos nos arts. 4º e 5º, o lapso passaria a ser de três meses; uma vez exercida a retratação, ao fornecedor caberia devolver todos os valores recebidos (sem a incidência de quaisquer prestações suplementares), e o consumidor deveria suportar tão somente os custos físicos da devolução do produto.

[355] A primeira Diretiva prevendo o prazo de 14 dias foi aquela concernente ao *marketing* a distância para os consumidores de serviços financeiros, seguida pelas Diretivas de *Timesharing* e crédito ao consumo, de 2008 (TONNER, Klaus. The Consumer Rights Directive and its impact on Internet and other distance consumer contracts. *In*: REICH, Norbert; MICKLITZ, Hans W.; ROTT, Peter; TONNER, Klaus. *European Consumer Law*. London: Intersentia, 2014. p. 406).

[356] CALAIS-AULOY, Jean. L'influence du droit de la consommation sur le droit des contrats. *Revue Trimestrielle de Droit Commercial et de Droit Economique*. Paris, p. 88, jan./mar. 1998.

[357] SZABO, Nick. The idea of smart contracts. *Nick Szabo's Papers and Concise Tutorials*, 1997. Disponível em: http://www.fon.hum.uva.nl/rob/Courses/InformationInSpeech/CDROM/Literature/LOTwinterschool2006/szabo.best.vwh.net/index.html. Acesso em: 28 abr. 2020.
MARTINS, Guilherme Magalhães; FALEIROS JÚNIOR, José Luiz de Moura. Reflexões sobre os contratos inteligentes (*smart contracts*) e seus principais reflexos jurídicos. *In*: ERHRARDT JÚNIOR, Marcos; CATALAN, Marcos; MALHEIROS, Pablo (coord.). *Direito civil e tecnologia*. 2. ed. Belo Horizonte: Fórum, 2021. t. I, p. 193.

não depende do Estado para execução, mas é uma maneira de as partes contratantes garantirem o desempenho".[358]

Atualmente, o conceito de contratos inteligentes está associado à tradução de comportamentos humanos em códigos de programação que controlam a própria execução da prestação obrigacional, sendo a automatização um requisito indispensável para sua configuração; esse *design* assegura a sua *performance* – para o bem ou para o mal – retirando qualquer discricionariedade humana do processo.[359]

A linguagem de programação difere da humana exatamente em virtude do traço característico dos códigos de programação, que é a inexistência de ambiguidade. É de se destacar que, pela utilização da linguagem computacional do tipo de operações lógicas (se X então Y), o cenário contratual torna-se mais objetivo e contribui à diluição do risco do negócio jurídico firmado.[360] No código de programação, portanto, não há qualquer espaço para disputa ou interpretação, pois ele é executado fielmente, sem censura. Se, na linguagem humana, uma mesma palavra pode ter uma multiplicidade de significados e significantes, o código de programação se compõe de conjunto de comandos a serem executados sem qualquer forma de interferência externa. O uso da tecnologia dos *smart contracts* de certa forma resolve a ambiguidade que caracteriza a linguagem humana, garantindo a execução automatizada das prestações.[361]

Apesar de o uso da expressão *smart contracts* remontar aos anos 1990, os contratos inteligentes ganharam maior notoriedade com sua inserção em plataformas descentralizadas e criptografadas denominadas de *blockchain*, ou seja, o banco de dados que guarda sequência de transações registradas em ordem cronológica em rede de computadores, que são divididas em conjuntos menores de dados denominados "blocos". Cada bloco da cadeia contém a referência ao bloco anterior, bem como informações sobre determinado número de transações. E uma cópia da cadeia de blocos é armazenada em cada computador, com o objetivo de que todos os computadores tenham o mesmo banco de dados compartilhado.[362]

Não se trata, da mesma forma, de um novo tipo contratual ou categoria contratual autônoma, mas de um modo de execução, caracterizado pela automação. A doutrina exemplifica – além do caso da máquina de refrigerantes – com um contrato de compra e venda celebrado

---

[358] RASKIN, Max. The law and legality of smart contracts. *Georgetown Law Technology Review*, Washington, D.C., v. 304, n. 1, p. 309-310, 2017. (tradução livre). No original: "A smart contract is an agreement whose execution is automated. This automatic execution is often effected through a computer running code that has translated legal prose into an executable program. This program has control over the physical or digital objects needed to effect execution. Examples are a car that has aprogram installed to prevent ignition if the terms of a debt contract are not met or banking software that automatically transfers money if certain conditions are met. A smart contract does not rely on the state for enforcement, but is a way for contracting parties to ensure performance".

[359] JOELSONS, Marcela. *Smart contracts* nas relações de consumo. *In*: MARQUES, Claudia Lima; MARTINS, Fernando Rodrigues; MARTINS, Guilherme Magalhães; CAVALLAZZI, Rosângela Lunardelli (coord.). *Direito do consumidor aplicado*: garantias do consumo. Indaiatuba: Foco, 2023. p. 331-332.

[360] PINHEIRO, Patrícia Peck; WEBER, Sandra Paula Tomazi; OLIVEIRA NETO, Antonio Alves de. *Fundamentos dos negócios e contratos digitais*. São Paulo: Revista dos Tribunais, 2021. RB-13.1.

[361] TERRA, Aline de Miranda Valverde; SANTOS, Deborah Pereira Pinto dos. Do *pacta sunt servanda* ao *code is law*: breves notas sobre a codificação de comportamentos e os controles de legalidade nos *smart contracts*. *In*: TEPEDINO, Gustavo; SILVA, Rodrigo da Guia (coord.). *O direito civil na era da inteligência artificial*. São Paulo: Revista dos Tribunais, 2020. p. 400.

[362] TERRA, Aline de Miranda Valverde; SANTOS, Deborah Pereira Pinto dos. Do *pacta sunt servanda* ao *code is law*: breves notas sobre a codificação de comportamentos e os controles de legalidade nos *smart contracts*. *In*: TEPEDINO, Gustavo; SILVA, Rodrigo da Guia (coord.). *O direito civil na era da inteligência artificial*. São Paulo: Revista dos Tribunais, 2020. p. 401. DE FILIPI, Primavera; WRIGHT, Aaron. *Blockchain and the law*: the rule of code. Cambridge: Harvard University Press, 2018, p. 2. (*e-book*).

pela Internet, tendo por objeto um carro que se encontra trancado em uma garagem à qual somente se pode ter acesso mediante um código eletrônico. O código de acesso à garagem será disponibilizado automaticamente por um *software* assim que um número predeterminado de parcelas for pago, a partir de uma particular rede de transmissão de dados, visando a garantir a maior segurança possível para a transação.[363]

Dentre as principais características dos *smart contracts*, podem ser destacadas as seguintes: (i) são executáveis automaticamente; (ii) garantem o *enforcement*, ou seja, a autoexecutoriedade; (iii) possuem identidade semântica quanto à linguagem de programação aplicada; (iv) são considerados seguros e confiáveis;[364] (v) são irreversíveis.[365]

Entretanto, como alerta Bruno Miragem, o caráter autoexecutável do contrato não elimina o controle de legalidade sobre seu conteúdo, seja com relação às cláusulas contratuais constantes de condições gerais ou condições de uso, seja com relação à prática contratual determinada pela programação de execução realizada pelo fornecedor. Identificada eventual ilegalidade ou abusividade no conteúdo do contrato, ou no modo do exercício dos deveres que define, caberá ao fornecedor alterar a programação predeterminada à execução do contrato, promovendo sua adequação às exigências legais. Não devem ser admitidas, a qualquer pretexto, alegações de dificuldades ou de impossibilidade técnica de alteração da programação realizada para execução do contrato, evitando-se ressaltar ainda mais a assimetria existente entre os contratantes.[366]

Entre os novos riscos oriundos da mencionada assimetria, podem-se mencionar termos contratuais fraudulentos e injustos, que tradicionalmente seriam policiados pelos tribunais, mas que nas circunstâncias dos *smart contracts* se proliferariam à medida que as partes que detêm o código se valeriam da contraparte, levando a uma dependência do técnico que possui o conhecimento da utilização desses sistemas. Em vez de gerar a objetividade e a previsibilidade comumente associadas a esse mecanismo, há a possibilidade de se gerarem efeitos negativos.[367]

Como vantagem, a automação da execução suscitada pelos *smart contracts* pode traduzir importante vacina ao inadimplemento contratual, cujos riscos ela mitiga e, praticamente, elimina, além de deflagrar automaticamente mecanismos de defesa suscitados pelo descumprimento. Devem ser acrescidas outras possíveis utilidades, como a previsibilidade sobre o curso da execução contratual e a autonomia, dispensando intermediários na relação, além da agilidade, ante a sincronização no cumprimento das obrigações, sem falar na economia gerada pela redução de custos. Caso seja utilizada a tecnologia *blockchain*, outros ganhos podem ser mencionados, como a confiança, em virtude da descentralização no armazenamento das

---

[363] TEPEDINO, Gustavo; SILVA, Rodrigo da Guia. Inteligência artificial, *smart contracts* e gestão do risco contratual. *In*: TEPEDINO, Gustavo; SILVA, Rodrigo da Guia (coord.). *O direito civil na era da inteligência artificial*. São Paulo: Revista dos Tribunais, 2020. p. 386. Para os autores, "na seara securitária, pode-se cogitar da incorporação dos *smart contracts*; a título ilustrativo, é possível que as partes estipulem tanto a automação do pagamento do prêmio a cargo do segurado quanto a automação do pagamento da indenização securitária sob a responsabilidade da seguradora diante da comprovação do sinistro junto ao *software* adotado na concreta relação contratual".

[364] BASHIR, Imran. *Mastering blockchain*: distributed ledger technology, decentralization, and smart contracts explained. Birmingham: Packt, 2018. p. 265.

[365] PINHEIRO, Patrícia Peck; WEBER, Sandra Paula Tomazi; OLIVEIRA NETO, Antonio Alves de. *Fundamentos dos negócios e contratos digitais*. São Paulo: Revista dos Tribunais, 2021. RB-13.1.

[366] MIRAGEM, Bruno. Novo paradigma tecnológico, mercado de consumo e direito do consumidor. *In*: MARTINS, Guilherme Magalhães; LONGHI, João Victor Rozatti (coord.). *Direito digital*: direito privado e internet. 4. ed. Indaiatuba: Foco, 2021. p. 433.

[367] JOELSONS, Marcela. *Smart contracts* nas relações de consumo. *In*: MARQUES, Claudia Lima; MARTINS, Fernando Rodrigues; MARTINS, Guilherme Magalhães; CAVALLAZZI, Rosângela Lunardelli (coord.). *Direito do consumidor aplicado*: garantias do consumo. Indaiatuba: Foco, 2023. p. 323.

informações, e a segurança, pela utilização da criptografia, que mantém o conteúdo do contrato seguro e inviolável.[368]

Como proteção aos consumidores, ante a tendência de aumento na utilização dos contratos inteligentes, devem-se contemplar necessariamente cinco aspectos: (a) atendimento ao dever de informação e esclarecimento do fornecedor, prévio à contratação, sobre seus aspectos característicos e o modo de exercício dos direitos pelo consumidor, inclusive com a possibilidade de acesso prévio ao instrumento contratual (art. 46 do CDC e art. 4º, IV do Dec. nº 7.962/2013); (b) assegurar a possibilidade de contato do consumidor com o fornecedor por meio alternativo ao da contratação (por exemplo, *e-mail*, telefone, endereço físico etc.); (c) na programação de suas ordens autoexecutáveis, garantia dos condicionamentos estabelecidos pela legislação, em especial o direito de reclamação ou resolução no caso de vícios da prestação (arts. 18 a 20 do CDC), bem como o direito de arrependimento (art. 49 do CDC); (d) a necessidade de evitar abusos nas hipóteses em que, automaticamente, se busque sanar ou reparar eventuais inadimplementos (como no caso de um veículo dado em garantia que tenha o seu controle automaticamente retirado do devedor e passado ao credor);[369] e (e) a inserção, nos códigos parâmetros, de previsões a respeito de contextos em que o contrato possa ser editado e modificado e, também, de disposições igualmente codificadas a respeito da proteção e dos direitos dos consumidores de modo geral.[370-371]

A doutrina recomenda uma detida reflexão acerca da conformidade da automação da execução promovida pelos *smart contracts*, em face da legalidade constitucional, em especial no tocante à esfera de autonomia reconhecida às partes para modular ou afastar as exceções de defesa ordinariamente oponíveis, com vistas à suspensão ou à interrupção da exigibilidade da prestação.[372]

---

[368] JOELSONS, Marcela. *Smart contracts* nas relações de consumo. *In*: MARQUES, Claudia Lima; MARTINS, Fernando Rodrigues; MARTINS, Guilherme Magalhães; CAVALLAZZI, Rosângela Lunardelli (coord.). *Direito do consumidor aplicado*: garantias do consumo. Indaiatuba: Foco, 2023. p. 322.

[369] Veja, por exemplo: "Carros da Ford poderão 'fugir' do dono inadimplente e voltar sozinhos para a loja. Patente da fabricante mostra tecnologia para impedir que proprietário que deve ao banco tenha acesso ao carro". Disponível em: https://autoesporte.globo.com/tecnologia/noticia/2023/02/carros-da-ford-poderao-fugir-do-dono-inadimplente-e-voltar-sozinhos-para-a-loja.ghtml.

[370] KASATKINA, Marina. Consumer protection in the light of smart contracts. *ELTE Law Journal*, v. 1, 2021. DOI: 10.54148/ELTELJ.2021.1.95.

[371] MIRAGEM, Bruno. Novo paradigma tecnológico, mercado de consumo e direito do consumidor. *In*: MARTINS, Guilherme Magalhães; LONGHI, João Victor Rozatti (coord.). *Direito digital*: direito privado e internet. 4. ed. Indaiatuba: Foco, 2021. p. 433.

[372] TEPEDINO, Gustavo; SILVA, Rodrigo da Guia. Inteligência artificial, *smart contracts* e gestão do risco contratual. *In*: TEPEDINO, Gustavo; SILVA, Rodrigo da Guia (coord.). *O direito civil na era da inteligência artificial*. São Paulo: Revista dos Tribunais, 2020. p. 392.

4
A REGULAMENTAÇÃO CIVIL DA INTERNET NO BRASIL

4.1 A ATUALIZAÇÃO DO CÓDIGO DE DEFESA DO CONSUMIDOR E O COMÉRCIO ELETRÔNICO – PL Nº 3.514/2015 E O DECRETO Nº 7.962/2012

A expansão do comércio eletrônico no Brasil, movimentando valores superiores a 262 bilhões de reais no ano de 2022,[1] reforça a necessidade de regras específicas a respeito da matéria, sobre a qual pairou durante décadas um vazio de regulação, incompatível com a confiança dos consumidores, cujo reforço neste momento se impõe.

O movimento de atualização cirúrgica[2] do Código de Defesa do Consumidor, iniciado por meio da equipe de juristas instalada no Senado Federal a partir de 07.12.2010, sob a presidência do Ministro Herman Benjamin, certamente dará àquele diploma legal, 23 anos após a sua promulgação, um novo sopro de vida,[3] num trabalho que resultou na edição do Projeto de Lei nº 281/2012, aprovado em novembro de 2015 pelo Plenário do Senado Federal e posteriormente convertido no Projeto de Lei nº 3.514, da Câmara dos Deputados, atualmente apensado ao Projeto de Lei nº 4.906/2001.

A regulamentação do comércio eletrônico no Projeto de Lei do Senado certamente trará um avanço, do ponto de vista da confiança dos consumidores, cuja proteção, embasada no binômio segurança/informação, é aperfeiçoada, preservando a estrutura principiológica do Código de Defesa do Consumidor, sob o compromisso do não retrocesso.

Lado a lado com o Projeto de Lei, o governo brasileiro editou o Dec. nº 7.962, de 15.03.2013, que visa a regulamentar o comércio eletrônico, abrangendo na sua principiologia (art. 1º) os seguintes aspectos: (i) informações claras a respeito do produto, do serviço e do fornecedor; (ii) atendimento facilitado ao consumidor; e (iii) respeito ao direito de arrependimento.

4.2 O DECRETO Nº 7.962/2013

No âmbito das comemorações dos 50 anos do Dia Internacional do Consumidor, a Presidente da República, no dia 15 de março de 2013, editou o Dec. nº 7.962/2013,

---

[1] Disponível em: https://www.cnnbrasil.com.br/business/comercio-eletronico-tem-alta-de-16-em-2022-e-fatura-r-262-bilhoes/#:~:text=O%20faturamento%20do%20com%C3%A9rcio%20eletr%C3%B4nico,um%20recorde%20para%20o%20setor. Acesso em: 11 mar. 2023.

[2] Expressão empregada pelo Ministro Antonio Herman Benjamin na primeira audiência pública realizada pela comissão de juristas nomeada pelo Senado Federal no dia 19 de agosto de 2011, na sede do Instituto dos Advogados Brasileiros, situada no Rio de Janeiro (informação oral).

[3] PASQUALOTTO, Adalberto. Dará a reforma ao Código de Defesa do Consumidor um sopro de vida? *Revista de Direito do Consumidor*, São Paulo, v. 78, p. 12-13, abr.-jun. 2011.

regulamentando secundariamente o Código de Defesa do Consumidor em matéria de comércio eletrônico.

O Dec. nº 7.962/2013 sofreu forte influência da redação dos dispositivos do PLS nº 281/2012, posteriormente convertido no PL nº 3.514/2015, em grande parte transcritos textualmente. Nas contratações via Internet, não basta a incidência do direito à informação sobre o produto ou o serviço, o que já é objeto do art. 31 da Lei nº 8.078/1990, sendo necessário que abranja o próprio fornecedor. A vulnerabilidade específica do consumidor na Internet exige informações claras sobre a identificação do fornecedor, conforme prescrito no art. 2º, I e II do Dec. nº 7.962/2013, que reproduz o art. 44-B do PLS nº 281/2012, por sua vez inspirado na Diretiva nº 31/2000 da Comunidade Econômica Europeia sobre o comércio eletrônico.[4]

O art. 2º do Dec. nº 7.962/2013 prevê informações a serem obrigatoriamente prestadas pelos fornecedores no meio eletrônico, de modo a prevenir possíveis fraudes e garantir, em certos casos, sua própria existência.[5]

O Decreto foi pioneiro ao abranger as compras coletivas e modalidades análogas de contratação, no seu art. 3º,[6] estabelecendo as informações adicionais que tais fornecedores devem disponibilizar, além daquelas previstas no art. 2º.[7]

Outra aplicação marcante da boa-fé objetiva no Dec. nº 7.962/2013 é a previsão da obrigação, a cargo do fornecedor, para garantir o atendimento facilitado ao consumidor, de apresentar sumário do contrato antes de sua conclusão, com as informações necessárias ao pleno exercício do direito de escolha do consumidor, enfatizadas as cláusulas que limitam direitos (art. 4º, I, do Dec. nº 7.962/2012).[8]

---

[4] MIRAGEM, Bruno. *Aspectos característicos da disciplina do comércio eletrônico de consumo*. Comentários ao Decreto 7.962, de 15.03.2013. *Revista de Direito do Consumidor*, São Paulo, v. 86, p. 293-293, mar.-abr. 2013.

[5] "Art. 2º Os sítios eletrônicos ou demais meios eletrônicos utilizados para oferta ou conclusão de contrato de consumo devem disponibilizar, em local de destaque e de fácil visualização, as seguintes informações: I – nome empresarial e número de inscrição do fornecedor, quando houver, no Cadastro Nacional de Pessoas Físicas ou no Cadastro Nacional de Pessoas Jurídicas do Ministério da Fazenda; II – endereço físico e eletrônico, e demais informações necessárias para sua localização e contato; III – características essenciais do produto e do serviço, incluídos os riscos à saúde e segurança dos consumidores; IV – discriminação, no preço, de quaisquer despesas adicionais ou acessórias, tais como as de entrega ou seguros; V – condições integrais da oferta, incluídas modalidades de pagamento, disponibilidade, forma e prazo da execução do serviço ou da entrega ou disponibilização do produto; e VI – informações claras e ostensivas a respeito de quaisquer restrições à fruição da oferta."

[6] "Art. 3º Os sítios eletrônicos ou demais meios eletrônicos utilizados para ofertas de compras coletivas ou modalidades análogas de contratação deverão conter, além das informações previstas no art. 2º, as seguintes: I – quantidade mínima de compradores para efetivação do contrato; II – prazo para utilização da oferta pelo consumidor; e III – identificação do fornecedor responsável pelo sítio eletrônico e do fornecedor do produto ou serviço ofertado, nos termos dos incisos I e II do art. 2º."

[7] Segundo Vitor Almeida e Gabriel Furtado, "o direito à informação [...] carece de preenchimento e densidade a partir dos parâmetros hábeis a incidir nas diferentes modalidades de oferta de produtos e serviços no mercado de consumo. O Dec. 7.962/2013 cumpre esse papel, na medida em que confere eficácia e instrumentalidade ao direito à informação adequada e clara, nos termos do art. 6º, III, do CDC" (ALMEIDA JÚNIOR, Vitor; FURTADO, Gabriel. A tutela do consumidor e o comércio eletrônico coletivo. *In*: MARTINS, Guilherme Magalhães [coord.]. *Direito privado e internet*. São Paulo: Atlas, 2014. p. 423).

[8] "Art. 4º Para garantir o atendimento facilitado ao consumidor no comércio eletrônico, o fornecedor deverá: I – apresentar sumário do contrato antes da contratação, com as informações necessárias ao pleno exercício do direito de escolha do consumidor, enfatizadas as cláusulas que limitem direitos; II – fornecer ferramentas eficazes ao consumidor para identificação e correção imediata de erros ocorridos nas etapas anteriores à finalização da contratação; III – confirmar imediatamente o recebimento da aceitação da oferta; IV – disponibilizar o contrato ao consumidor em meio que permita sua conservação e reprodução, imediatamente após a contratação; V – manter serviço adequado e eficaz de atendimento em meio eletrônico, que possibilite ao consumidor a resolução de demandas referentes a informação, dúvida, reclamação, suspensão ou cancelamento do contrato; VI – confirmar imediatamente o recebimento das

Destaca-se ainda no Dec. nº 7.962/2012 o art. 4º, parágrafo único, que estabelece um prazo de cinco dias para a manifestação do fornecedor em relação às demandas previstas no art. 4º, V ("manter serviço adequado e eficaz de atendimento em meio eletrônico, que possibilite ao consumidor a resolução das demandas referentes a informação, dúvida, reclamação, suspensão ou cancelamento do contrato"). Ainda que tal disposição revele, na prática, um prazo moral, trata-se de importante manifestação de uma vontade política no sentido da promoção do direito fundamental da proteção dos consumidores (art. 5º, XXXII, da CF/1988).

O art. 5º do Dec. nº 7.962/2013 contempla o direito de arrependimento pelo consumidor, cujos meios de exercício, consoante o *caput*, devem ser informados de forma clara e ostensiva pelo fornecedor. O arrependimento, na forma do art. 5º, § 1º, poderá ser exercido pela mesma ferramenta utilizada para a contratação, sem prejuízo de outros meios disponibilizados.

O art. 5º, § 2º, do Decreto prevê expressamente uma consequência jurídica da coligação contratual, ou seja, a resolução dos contratos conexos, quando o consumidor exercer seu direito de arrependimento. A previsão do dispositivo é ampla, abrangendo não apenas os contratos de crédito, mas também de seguro, transporte ou quaisquer outros ligados à causa do negócio objeto de direito de arrependimento.[9]

Já o art. 5º, § 3º, do Dec. nº 7.l962/2013 busca conferir uma maior efetividade ao direito de arrependimento, ao determinar que o fornecedor comunique a retratação, imediatamente, à instituição financeira ou à administradora de cartão de crédito, a fim de que não seja lançada a transação na fatura do consumidor, ou, caso o lançamento já tenha sido realizado, seja efetivado o estorno da quantia.

O art. 6º do Dec. nº 7.962/2013 reenvia aos arts. 30 e 31 do CDC, destacando a obrigação de cumprimento dos prazos de entrega dos produtos e de execução dos serviços contratados, cuja inobservância configura uma das hipóteses mais comuns de reclamações dos consumidores e de litígios no comércio eletrônico.

O art. 7º prevê que a violação da normativa do Decreto acarretará a aplicação das sanções administrativas do art. 56 do CDC, como multa ou suspensão no fornecimento de produtos e serviços, que poderão ser aplicadas cumulativamente, sem prejuízo das sanções civis e penais.

Por fim, o art. 8º acrescenta um parágrafo único ao art. 10 do Dec. nº 5.903/2006,[10] que determina a aplicação de seus arts. 2º, 3º e 9º à contratação eletrônica. Tais artigos regulamentam o direito básico do consumidor de obter informações adequadas e claras sobre produtos e serviços, conforme previsto no art. 6º, III, do CDC. Deste modo, passa-se a exigir, consoante o art. 3º do Dec. nº 5.903/2006, que o fornecedor especifique o preço total à vista do produto ou serviço ou, na hipótese de financiamento ou parcelamento, sejam determinados o valor total a ser pago, o número, periodicidade e valor das prestações, os juros aplicados e quaisquer outros acréscimos e encargos incidentes.

---

demandas do consumidor referidas no inciso, pelo mesmo meio empregado pelo consumidor. Parágrafo único. A manifestação do fornecedor às demandas previstas no inciso V do *caput* será encaminhada em até cinco dias ao consumidor."

[9] MODENESI, Pedro. Contratos eletrônicos de consumo: aspectos doutrinário, legislativo e jurisprudencial. *In*: MARTINS, Guilherme Magalhães (coord.). *Direito privado e internet*. São Paulo: Atlas, 2014. p. 354: "a norma tem como pano de fundo a 'lógica da coligação contratual, que é justamente a dependência entre os contratos coligados'. Logo, se não há mais interesse em se alcançar (ou se manter) o fim concreto a que se destina o contrato em razão do qual foram estabelecidos os acordos conexos, estes são necessariamente afetados, não mais havendo fundamento para serem mantidos".

[10] Decreto nº 5.903, de 20 de setembro de 2006:
"Art. 1º Este Decreto regulamenta a Lei 10.962, de 11 de outubro de 2004, e dispõe sobre as práticas infracionais que atentam contra o direito básico do consumidor de obter informação adequada e clara sobre produtos e serviços, previstas na Lei 8.078, de 11 de setembro de 1990.

Art. 2º Os preços de produtos e serviços deverão ser informados adequadamente, de modo a garantir ao consumidor a correção, clareza, precisão, ostensividade e legibilidade das informações prestadas.

§ 1º Para efeito do disposto no *caput* deste artigo, considera-se:

I – correção, a informação verdadeira que não seja capaz de induzir o consumidor em erro;

II – clareza, a informação que pode ser entendida de imediato e com facilidade pelo consumidor, sem abreviaturas que dificultem a sua compreensão, e sem a necessidade de qualquer interpretação ou cálculo;

III – precisão, a informação que seja exata, definida e que esteja física ou visualmente ligada ao produto a que se refere, sem nenhum embaraço físico ou visual interposto;

IV – ostensividade, a informação que seja de fácil percepção, dispensando qualquer esforço na sua assimilação; e

V – legibilidade, a informação que seja visível e indelével.

Art. 3º O preço de produto ou serviço deverá ser informado discriminando-se o total à vista.

Parágrafo único. No caso de outorga de crédito, como nas hipóteses de financiamento ou parcelamento, deverão ser também discriminados:

I – o valor total a ser pago com financiamento;

II – o número, periodicidade e valor das prestações;

III – os juros; e

IV – os eventuais acréscimos e encargos que incidirem sobre o valor do financiamento ou parcelamento.

Art. 4º Os preços dos produtos e serviços expostos à venda devem ficar sempre visíveis aos consumidores enquanto o estabelecimento estiver aberto ao público. Parágrafo único. A montagem, rearranjo ou limpeza, se em horário de funcionamento, deve ser feito sem prejuízo das informações relativas aos preços de produtos ou serviços expostos à venda.

Art. 5º Na hipótese de afixação de preços de bens e serviços para o consumidor, em vitrines e no comércio em geral, de que trata o inciso I do art. 2º da Lei nº 10.962, de 2004, a etiqueta ou similar afixada diretamente no produto exposto à venda deverá ter sua face principal voltada ao consumidor, a fim de garantir a pronta visualização do preço, independentemente de solicitação do consumidor ou intervenção do comerciante. Parágrafo único. Entende-se como similar qualquer meio físico que esteja unido ao produto e gere efeitos visuais equivalentes aos da etiqueta.

Art. 6º Os preços de bens e serviços para o consumidor nos estabelecimentos comerciais de que trata o inciso II do art. 2º da Lei nº 10.962, de 2004, admitem as seguintes modalidades de afixação:

I – direta ou impressa na própria embalagem;

II – de código referencial; ou

III – de código de barras.

§ 1º Na afixação direta ou impressão na própria embalagem do produto, será observado o disposto no art. 5º deste Decreto.

§ 2º A utilização da modalidade de afixação de código referencial deverá atender às seguintes exigências:

I – a relação dos códigos e seus respectivos preços devem estar visualmente unidos e próximos dos produtos a que se referem, e imediatamente perceptível ao consumidor, sem a necessidade de qualquer esforço ou deslocamento de sua parte; e

II – o código referencial deve estar fisicamente ligado ao produto, em contraste de cores e em tamanho suficientes que permitam a pronta identificação pelo consumidor.

§ 3º Na modalidade de afixação de código de barras, deverão ser observados os seguintes requisitos:

I – as informações relativas ao preço à vista, características e código do produto deverão estar a ele visualmente unidas, garantindo a pronta identificação pelo consumidor;

II – a informação sobre as características do item deve compreender o nome, quantidade e demais elementos que o particularizem; e

III – as informações deverão ser disponibilizadas em etiquetas com caracteres ostensivos e em cores de destaque em relação ao fundo.

Art. 7º Na hipótese de utilização do código de barras para apreçamento, os fornecedores deverão disponibilizar, na área de vendas, para consulta de preços pelo consumidor, equipamentos de leitura ótica em perfeito estado de funcionamento.

No art. 9º do Dec. nº 5.903/2006 é estabelecido um rol exemplificativo de condutas violadoras do direito básico do consumidor à informação, podendo ser destacadas: a utilização de letras cujo tamanho dificulte a percepção da informação; a divulgação de preços apenas em parcelas, obrigando o consumidor ao cálculo do total; e a exposição de preços em moeda estrangeira, sem a devida conversão para a moeda corrente nacional. A prática de tais condutas é sancionada administrativamente pelo art. 56 do CDC.

4.3 O PL Nº 3.514/2015

Neste momento, será feita uma abordagem crítica, artigo a artigo, do projeto de atualização do Código de Defesa do Consumidor acerca do comércio eletrônico, do ponto de vista dos seus avanços e perspectivas.

Conforme a hipótese de trabalho defendida pela professora Claudia Lima Marques, a nova linguagem visual, fluida, rápida, agressiva, pseudoindividual e massificada dos negócios jurídicos de consumo a distância pela Internet propõe desafios sérios para o direito privado, em especial para o direito do consumidor e o seu paradigma de boa-fé.[11]

§ 1º Os leitores óticos deverão ser indicados por cartazes suspensos que informem a sua localização.

§ 2º Os leitores óticos deverão ser dispostos na área de vendas, observada a distância máxima de quinze metros entre qualquer produto e a leitora ótica mais próxima.

§ 3º Para efeito de fiscalização, os fornecedores deverão prestar as informações necessárias aos agentes fiscais mediante disponibilização de croqui da área de vendas, com a identificação clara e precisa da localização dos leitores óticos e a distância que os separa, demonstrando graficamente o cumprimento da distância máxima fixada neste artigo.

Art. 8º A modalidade de relação de preços de produtos expostos e de serviços oferecidos aos consumidores somente poderá ser empregada quando for impossível o uso das modalidades descritas nos arts. 5º e 6º deste Decreto.

§ 1º A relação de preços de produtos ou serviços expostos à venda deve ter sua face principal voltada ao consumidor, de forma a garantir a pronta visualização do preço, independentemente de solicitação do consumidor ou intervenção do comerciante.

§ 2º A relação de preços deverá ser também afixada, externamente, nas entradas de restaurantes, bares, casas noturnas e similares.

Art. 9º Configuram infrações ao direito básico do consumidor à informação adequada e clara sobre os diferentes produtos e serviços, sujeitando o infrator às penalidades previstas na Lei 8.078, de 1990, as seguintes condutas:

I – utilizar letras cujo tamanho não seja uniforme ou dificulte a percepção da informação, considerada a distância normal de visualização do consumidor;

II – expor preços com as cores das letras e do fundo idêntico ou semelhante;

III – utilizar caracteres apagados, rasurados ou borrados;

IV – informar preços apenas em parcelas, obrigando o consumidor ao cálculo do total;

V – informar preços em moeda estrangeira, desacompanhados de sua conversão em moeda corrente nacional, em caracteres de igual ou superior destaque;

VI – utilizar referência que deixa dúvida quanto à identificação do item ao qual se refere;

VII – atribuir preços distintos para o mesmo item; e

VIII – expor informação redigida na vertical ou outro ângulo que dificulte a percepção.

Art. 10. A aplicação do disposto neste Decreto dar-se-á sem prejuízo de outras normas de controle incluídas na competência de demais órgãos e entidades federais.

Parágrafo único. O disposto nos arts. 2º, 3º e 9º deste Decreto aplica-se às contratações no comércio eletrônico. (Incluído pelo Decreto 7.962, de 2013).

Art. 11. Este Decreto entra em vigor noventa dias após sua publicação".

[11] MARQUES, Claudia Lima. *Confiança no comércio eletrônico e a proteção do consumidor*. São Paulo: Revista dos Tribunais, 2004. p. 46. Nas palavras da autora, "o uso de um meio virtual, ou a entrada de uma cultura

A opção principiológica do legislador fica clara na redação do art. 3º-A, que, ao estabelecer que as normas e os negócios jurídicos devem ser interpretados e integrados da maneira mais favorável ao consumidor, traz para as disposições gerais do Código de Defesa do Consumidor norma antes localizada apenas no capítulo sobre a proteção contratual (art. 47).[12]

Outra norma geral do Projeto de Lei nº 3.514/2015 aparece no art. 5º, VI, que prevê dentre os instrumentos da Política Nacional das Relações de Consumo o conhecimento de ofício pelo Poder Judiciário, no âmbito de processo em curso e assegurado o contraditório, de violação a normas de defesa do consumidor.

A redação projetada do art. 6º, que institui novos direitos básicos do consumidor, é a seguinte:

"Art. 6º [...]

[...]

XI – a privacidade e a segurança das informações e dados pessoais prestados ou coletados, por qualquer meio, inclusive o eletrônico, assim como o acesso gratuito do consumidor a estes e suas fontes;

XII – a liberdade de escolha, em especial frente a novas tecnologias e redes de dados, sendo vedada qualquer forma de discriminação e assédio de consumo.

XIII – a informação ambiental veraz e útil, observados os requisitos da Política Nacional de Resíduos Sólidos (Lei 12.305, de 2 de agosto de 2010)".

O art. 6º, em seus incs. XI e XII, configura uma norma principiológica, traduzindo a técnica adotada predominantemente pelo projeto, que apresenta vantagens, dada a rapidez

---

visual leva a uma perda de significado ou de eficiência do princípio da boa-fé, que guiou o direito privado e, em especial, o direito do consumidor do século XX. Para alcançar a mesma eficácia em tempos virtuais pós-modernos, parece-me necessário evoluir para o uso de um paradigma mais visual, de aparência, de menos fidelidade e personalização (*fides*), de menos eticidade (valoração), e sim mais socialidade". A professora gaúcha invoca a socialidade projetada por Miguel Reale para justificar que qualquer forma de declaração vincule o profissional organizador da cadeia de fornecimento.

[12] A opção principiológica do legislador fica clara ainda no art. 4º e parágrafos do projeto, inclusive com nova redação para o *caput* do dispositivo que prevê os princípios da Política Nacional das Relações de Consumo: "Art. 4º A Política Nacional das Relações de Consumo tem por objetivo o atendimento das necessidades dos consumidores, o respeito à sua dignidade, saúde e segurança, a proteção de seus interesses econômicos, a melhoria da sua qualidade de vida, bem como a transparência e harmonia das relações de consumo, atendidos os seguintes princípios: I – reconhecimento da vulnerabilidade do consumidor no mercado de consumo; II – ação governamental no sentido de proteger efetivamente o consumidor: a) por iniciativa direta; b) por incentivos à criação e desenvolvimento de associações representativas; c) pela presença do Estado no mercado de consumo; d) pela garantia dos produtos e serviços com padrões adequados de qualidade, segurança, durabilidade e desempenho. III – harmonização dos interesses dos participantes das relações de consumo e compatibilização da proteção do consumidor com a necessidade de desenvolvimento econômico e tecnológico, de modo a viabilizar os princípios nos quais se funda a ordem econômica (art. 170, da Constituição Federal), sempre com base na boa-fé e equilíbrio nas relações entre consumidores e fornecedores; IV – educação e informação de fornecedores e consumidores, quanto aos seus direitos e deveres, com vistas à melhoria do mercado de consumo; V – incentivo à criação pelos fornecedores de meios eficientes de controle de qualidade e segurança de produtos e serviços, assim como de mecanismos alternativos de solução de conflitos de consumo; VI – coibição e repressão eficientes de todos os abusos praticados no mercado de consumo, inclusive a concorrência desleal e utilização indevida de inventos e criações industriais das marcas e nomes comerciais e signos distintivos, que possam causar prejuízos aos consumidores; VII – racionalização e melhoria dos serviços públicos; VIII – estudo constante das modificações do mercado de consumo".

da evolução tecnológica, tendo em vista que privacidade e imagem do consumidor são frequentemente agredidas por meio dos processos de cruzamento de dados pessoais, através de um processo dinâmico de manipulação de informações característico dos sistemas informatizados.

Ao mencionar esses dois novos direitos básicos do consumidor (art. 6º, XI e XII), de maneira conjugada com a autodeterminação, contemplada na norma de abertura do art. 44-A, o projeto foca a perspectiva dinâmica da utilização, pelo fornecedor, das informações obtidas, ou seja, como observa Cesar Santolim:

> "qualquer aplicação dessas informações para a produção de novas informações deve ser objeto de prévia autorização do consumidor. Isso inclui conhecidos mecanismos, como *shopbots* e *collaborative filtering*, onde as informações dos diferentes consumidores são cotejadas para a definição das preferências e de ofertas customizadas".[13]

Em diversos momentos, o Projeto nº 3.514/2015 afasta-se da sua especialidade, não obstante a carência de regras próprias, abraçando normas relativas à proteção do meio ambiente, como é o caso do art. 6º, XIII, anteriormente transcrito, ou do art. 10-A, em cujos termos "as regras preventivas e precautórias dos arts. 8º, 9º e 10 deste Código aplicam-se aos riscos provenientes de impactos ambientais decorrentes de produtos e serviços colocados no mercado de consumo". O mesmo deve ser dito acerca da redação projetada do art. 39, XIV.[14]

Já o art. 44-A contém norma de abertura da seção intitulada *comércio eletrônico*, mostrando-se, enquanto cláusula geral, como uma das mais significativas contribuições para a atualização do Código de Defesa do Consumidor.[15] A assimetria, ali referida, traduz, ante a especialidade do meio, a vulnerabilidade técnica e informacional do consumidor, ou seja, a disparidade em relação aos agentes econômicos do mercado.

Já o art. 44-B, traduzindo aplicação dos deveres laterais, anexos ou instrumentais de conduta decorrentes da boa-fé objetiva, a ensejar a colaboração entre as partes da relação de consumo, aponta um conjunto de informações[16] que deverão ser prestadas ao consumidor,

---

[13] SANTOLIM, Cesar. Anotações sobre o anteprojeto da Comissão de Juristas para a atualização do Código de Defesa do Consumidor na parte referente ao comércio eletrônico. *Revista de Direito do Consumidor*, São Paulo, v. 83, p. 75, jul.-dez. 2012. O autor compara o tratamento dinâmico ao tratamento estático da informação, havendo significativas diferenças, do ponto de vista da sua proteção: "quando se solicita ao consumidor o fornecimento de dados pessoais, tendo em vista uma transação realizada eletronicamente, e estas informações guardam conexão e proporção com a finalidade da relação jurídica estabelecida, remanescerá ao fornecedor, destinatário destes dados, apenas a responsabilidade pela sua conservação e utilização. É o que se pode denominar de tratamento estático da informação".

[14] "Art. 39. [...] XIV – ofertar produto ou serviço com potencial de impacto ambiental negativo, sem tomar as devidas medidas preventivas e precautórias."

[15] "Art. 44-A. Esta seção dispõe sobre normas gerais de proteção do consumidor no comércio eletrônico e a distância, visando fortalecer a sua confiança e assegurar a tutela efetiva, com a diminuição da assimetria de informações, a preservação da segurança nas transações, a proteção da autodeterminação e da privacidade dos dados pessoais."

[16] Acerca da configuração do direito à informação como um direito fundamental, escreve Fernanda Nunes Barbosa: "A verificação de que o direito à informação não está contido apenas em legislações infraconstitucionais, mas também nas Constituições mais recentes, como direito fundamental, também denota que seus efeitos não se restringem à ordem privada dos sujeitos, mas irradiam-se na consideração pública do campo indisponível da cidadania ativa, segundo a concepção contemporânea que não a vê somente no exercício do direito oponível ao Estado, mas em face do poder econômico" (BARBOSA, Fernanda Nunes. *Informação*: direito e dever nas relações de consumo. São Paulo: RT, 2008. p. 46).

fornecendo, no caso dos incs. I e II, um mínimo de certeza até mesmo acerca da existência do *site* de fornecimento de produtos e serviços.[17-18-19]

---

[17] Conforme já observado em outra oportunidade, "o consumidor pode não saber exatamente com quem está a contratar, pois tem apenas a indicação de um endereço eletrônico, que pode não dar garantias sobre a idoneidade ou mesmo a real existência do fornecedor, muitas vezes inclusive desconhecendo, em caso de reclamação, a quem se dirigir. Ademais, normalmente, lhe é solicitado o pagamento antecipado, amiúde por meio do fornecimento do número do seu cartão de crédito, o que já acarreta, a princípio, cerca insegurança" (MARTINS, Guilherme Magalhães. *Responsabilidade civil por acidente de consumo na internet*. São Paulo: RT, 2008. p. 254).

[18] Segundo Bruno Miragem, "o dever de informar do fornecedor decorre da positivação legal de um direito básico do consumidor à informação, desdobrado por uma série de disposições específicas relativas a informações de distintos aspectos da relação de consumo [...] O dever de informar na Internet atende, em primeiro lugar, a uma de suas finalidades básicas no sistema de proteção do consumidor, que é justamente a prevenção de danos. Da mesma forma, permite a formação livre e racional do consumidor quanto às relações estabelecidas por intermédio da Internet, permitindo a reflexão sobre suas restrições e riscos, ao assegurar a equidade informacional das partes" (MIRAGEM, Bruno. *Curso de direito do consumidor*. 4. ed. São Paulo: RT, 2013. p. 487).

[19] Em consonância com o art. 6º, 1, "a" a "t", da Diretiva CEE 2011/83, que prevê deveres de informação a serem prestados nos contratos a distância: "1. Antes de o consumidor ficar vinculado por um contrato a distância ou celebrado fora do estabelecimento comercial ou por uma proposta correspondente, o profissional faculta ao consumidor, de forma clara e compreensível, as seguintes informações: a) características principais dos bens ou serviços, na medida adequada ao suporte utilizado e aos bens e serviços em causa; b) identidade do profissional, como o seu nome, firma ou denominação social; c) endereço geográfico no qual o profissional está estabelecido, o seu número de telefone e de fax, bem como o seu endereço de correio electrónico, se existirem, para permitir ao consumidor contactá-lo rapidamente e comunicar-se com ele de modo eficaz e, se for o caso, o endereço geográfico e a identidade do profissional por conta de quem actua; d) no caso de ser diferente do endereço comunicado nos termos da alínea c), o endereço geográfico do estabelecimento comercial do profissional e, se aplicável, o do profissional por conta de quem actua, onde o consumidor possa apresentar uma reclamação; e) preço total dos bens ou serviços, incluindo impostos e taxas ou, quando devido à natureza dos bens ou serviços o preço não puder ser calculado de forma antecipada, a forma como o preço é calculado, bem como, se for caso disso, todos os encargos suplementares de transporte, de entrega e postais, e quaisquer outros custos ou, quando tais encargos não puderem ser razoavelmente calculados de forma antecipada, indicação de que podem ser exigíveis. No caso de um contrato de duração indeterminada ou que inclua uma assinatura, o preço total inclui os custos totais por período de facturação. No caso de se tratar de contratos com uma tarifa fixa, o preço total equivale igualmente aos custos mensais totais. Sempre que os custos totais não puderem ser razoavelmente calculados de forma antecipada, deve ser apresentada a forma de calcular o preço; f) custo da utilização do meio de comunicação a distância para a celebração do contrato, sempre que esse custo for calculado numa base diferente da tarifa de base; g) modalidades de pagamento, de entrega, de execução, a data-limite em que o profissional se compromete a entregar os bens ou a prestar os serviços, bem como, se for caso disso, o sistema de tratamento de reclamações do profissional; h) sempre que exista um direito de retratação, as condições, o prazo e o procedimento de exercício desse direito nos termos do artigo 11º, nº 1, bem como modelo de formulário de retratação apresentado no anexo I, Parte B; i) se aplicável, a indicação de que o consumidor tem de suportar os custos da devolução dos bens em caso de retratação e, no caso dos contratos a distância, se os bens, pela sua natureza, não puderem ser devolvidos normalmente pelo correio, os custos da devolução dos bens; j) sempre que o consumidor exercer o direito de retratação após ter apresentado um pedido nos termos do artigo 7º, nº 3, ou do artigo 8º, nº 8, a informação de que o consumidor terá a responsabilidade de pagar ao profissional custos razoáveis nos termos do artigo 14º, nº 3; k) sempre que não se aplique o direito de retratação nos termos do artigo 16º, a informação de que o consumidor não se beneficia de um direito de retratação ou, se for caso disso, as circunstâncias em que o consumidor perde o seu direito de retratação; l) aviso da existência de uma garantia legal de conformidade dos bens; m) se aplicável, a existência e condições de assistência pós-venda, de serviços pós-venda e de garantias comerciais; n) existência de códigos de conduta relevantes, na acepção do artigo 2º, alínea f), da Directiva 2005/29/CE, e modo de obter as respectivas cópias, se aplicável; o) duração do contrato, se aplicável, ou, se o contrato for de duração indeterminada ou de renovação automática, as condições para a sua rescisão; p) se aplicável, duração mínima das obrigações dos consumidores decorrentes do contrato; q) se aplicável, existência de depósitos ou outras garantias financeiras, e respectivas condições, a pagar ou prestar pelo consumidor a pedido do profissional; r) se aplicável, funcionalidade dos conteúdos digitais, incluindo as medidas de protecção técnica; s) se aplicável, qualquer interoperabilidade relevante dos conteúdos digitais com equipamentos e programas informáticos de que o profissional tenha ou possa

Tais deveres de informação vinculam-se não somente ao produto ou serviço ofertado em ambiente de Internet, mas também aos aspectos de segurança que envolvem a operação como um todo, os quais deverão ser igualmente esclarecidos. O consumidor deve ser elucidado a respeito de sistemas de segurança, como a criptografia utilizada, que lhe permitam, ao menos, verificar em que medida certo sistema de pagamento *on-line* é mais seguro e confiável do que o outro.

Dentre as hipóteses de publicidade enganosa que o Projeto nº 281/2012 visa a combater, podem ser destacadas a oferta de produtos por preços que não serão praticados, ou ainda a imposição de mensagem publicitária, quando a oferta é exibida na tela do computador do usuário sem que este tenha buscado o acesso, ou, nos casos de obstrução de saída, insinceridade de *link* e trancamento do fluxo natural de navegação ou leitura.[20]

A redação do art. 44-B, que reforça a confiança, como resposta necessária aos problemas do comércio eletrônico, é a seguinte:

> "Art. 44-B. Sem prejuízo do disposto nos arts. 31 e 33, o fornecedor de produtos e serviços que utilizar meio eletrônico ou similar deve disponibilizar em local de destaque e de fácil visualização:
>
> I – seu nome empresarial e número de sua inscrição no cadastro geral do Ministério da Fazenda;
>
> II – seu endereço geográfico e eletrônico, bem como as demais informações necessárias para sua localização, contato e recebimento de comunicações e notificações judiciais ou extrajudiciais.
>
> III – preço total do produto ou do serviço, incluindo a discriminação de quaisquer eventuais despesas, tais como a de entrega e seguro;
>
> IV – especificidades e condições da oferta, inclusive as modalidades de pagamento, execução, disponibilidade ou entrega;
>
> V – características essenciais do produto ou do serviço;
>
> VI – prazo de validade da oferta, inclusive do preço;
>
> VII – prazo da execução do serviço ou da entrega ou disponibilização do produto".

Todo e qualquer custo imputado ao consumidor, inclusive entrega e seguro, deverá ser discriminado (inc. III), evitando surpresas como a das ofertas eletrônicas contendo preço reduzido de certo produto ou serviço, acompanhado, porém, do pagamento de outros valores por serviços de entrega e outros adicionais.[21]

O dispositivo assegura ainda o prazo de validade da oferta, inclusive do preço (inc. VI), evitando a retirada súbita de determinadas propostas do ar, e quanto ao prazo de execução do serviço ou entrega do produto (VII), evitando assim o atraso, motivo mais comum das queixas dos consumidores.

---

razoavelmente ter conhecimento; t) se aplicável, possibilidade de acesso a um mecanismo extrajudicial de reclamação e recurso a que o profissional esteja submetido e o modo de acesso ao mesmo" (TONNER, Klaus. The consumer rights directive and its impact on internet and other distance consumer contracts. *In*: REICH, Norbert; MICKLITZ, Hans W.; ROTT, Peter; TONNER, Klaus. *European consumer law*. London: Intersentia, 2014. p. 401).

[20] ERENBERG, Jean Jacques. *Publicidade patológica na Internet à luz da legislação brasileira*. São Paulo: Juarez de Oliveira, 2003. p. 53-54.

[21] MIRAGEM, Bruno. Aspectos característicos da disciplina do comércio eletrônico de consumo. Comentários ao Decreto 7.962, de 15.03.2013. *Revista de Direito do Consumidor*, São Paulo, v. 86, p. 293, mar./abr. 2013. O autor menciona a regra equivalente do art. 2º, V e VI do Decreto 7.962/2013.

Já o art. 44-C, seguindo a mesma tendência do Dec. nº 7.962/2013,[22] prevê regras sobre os *sites* de compras coletivas ou modalidades análogas de contratação, compreendendo, no que couber, as demais modalidades de *sites* de intermediação:

> "Art. 44-C. Os sítios eletrônicos ou demais meios eletrônicos utilizados para ofertas de compras coletivas ou modalidades análogas de contratação deverão conter, além das informações previstas no art. 44-B, as seguintes:
>
> I – quantidade mínima de consumidores para a efetivação do contrato;
>
> II – prazo para utilização da oferta pelo consumidor;
>
> III – identificação do fornecedor responsável pelo sítio eletrônico e do fornecedor do produto ou serviço ofertado.
>
> Parágrafo único. O fornecedor de compras coletivas, como intermediador legal do fornecedor responsável pela oferta do produto ou serviço, responde solidariamente pela veracidade das informações publicadas e por eventuais danos causados ao consumidor".

A quantidade mínima de compradores (inc. I), como visto, é requisito necessário à fruição da oferta, assim como o prazo de utilização desta (inc. II), sob pena de frustrar as expectativas dos consumidores e a causa do contrato, sendo que, na ausência de tais dados, o produto de reputa defeituoso pela falha na informação.

Já a inclusão do parágrafo único, enfatizando a responsabilidade solidária do fornecedor de compras coletivas, sem prejuízo da regra geral do art. 7º, parágrafo único, do CDC, se justifica, em virtude da conexidade contratual.

Ainda que possam parecer desconexos, ambos os contratos têm a mesma causa jurídica,[23] havendo a necessidade de se interpretar a relação entre os vários negócios jurídicos como um único contrato perante o consumidor. Na interpretação da rede contratual, deve-se investigar não a causa das obrigações reciprocamente assumidas pelas partes, mas, sim, o elemento que justifica e identifica o contrato.

Já o art. 44-D visa disciplinar as condutas impostas ao fornecedor no sentido de ampliar o acesso do consumidor a todas as informações do negócio realizado, na íntegra. A redação é a seguinte:

> "Art. 44-D. É obrigação do fornecedor que utilizar o meio eletrônico ou similar:
>
> I – apresentar sumário do contrato antes da contratação, com as informações necessárias ao pleno exercício do direito de escolha do consumidor, destacadas as cláusulas que limitem direitos;

---

[22] Cujo art. 3º assim prevê: "Art. 3º. Os sítios eletrônicos ou demais meios eletrônicos utilizados para ofertas de compras coletivas ou modalidades análogas de contratação deverão conter, além das informações previstas no art. 2º, as seguintes:
I – quantidade mínima de consumidores para a efetivação do contrato;
II – prazo para utilização da oferta pelo consumidor; e
III – identificação do fornecedor responsável pelo sítio eletrônico e do fornecedor do produto ou serviço ofertado, nos termos dos incisos I e II do art. 2º".

[23] Acerca da importância da causa dos contratos, destaca Carlos Nelson Konder: "O principal instrumento de funcionalização no âmbito dos negócios jurídicos – especialmente os contratos – é a causa. Nos ordenamentos que a preveem expressamente – como Itália França e Espanha – a causa desempenha o relevante papel de controle da autonomia privada e, desse modo, de constitucionalização do contrato. Ao se exigir a licitude da causa do negócio, permite-se uma interferência maior na atividade negocial de maneira a exigir sua compatibilidade com preceitos constitucionais. A causa também funciona como parâmetro de equilíbrio entre as partes e desempenha um papel extremamente relevante no processo de interpretação-qualificação do contrato" (KONDER, Carlos Nelson. *Contratos conexos*. Rio de Janeiro: Renovar, 2006. p. 34).

II – manter disponível serviço adequado, facilitado e eficaz de atendimento, tal como o meio eletrônico ou telefônico, que possibilite ao consumidor enviar e receber comunicações, inclusive notificações, reclamações e demais informações necessárias à efetiva proteção dos seus direitos;

III – confirmar imediatamente o recebimento de comunicações relevantes, como a manifestação de arrependimento e cancelamento do contrato, utilizando o mesmo meio empregado pelo consumidor ou outros costumeiros;

IV – assegurar ao consumidor os meios técnicos adequados, eficazes e facilmente acessíveis que permitam a identificação e correção de eventuais erros na contratação, antes de finalizá-la, sem prejuízo do posterior exercício do direito de arrependimento;

V – utilizar mecanismos de segurança eficazes para pagamento e para tratamento de dados do consumidor;

VI – informar aos órgãos de defesa do consumidor e ao Ministério Público, sempre que requisitado, o nome e endereço eletrônico e demais dados que possibilitem o contato do provedor de hospedagem, bem como dos seus prestadores de serviços financeiros e de pagamento;

VII – informar imediatamente às autoridades competentes e ao consumidor sobre o vazamento de dados ou comprometimento, mesmo que parcial, da segurança do sistema".

O disposto no art. 44-D, VI, como esclarece Antonia Espindola Longoni Klee,[24] refere-se a um caso extremo (de fraude, por exemplo), em que o fornecedor já está sendo objeto de algum processo administrativo ou atuação do Ministério Público. Por isso a utilização da expressão "sempre que requisitado". Aos consumidores, essas informações devem ser prestadas independentemente de requisição.

O art. 44-D, VII, acrescenta a mesma autora, dispõe sobre o dever de informar às autoridades competentes e ao consumidor sobre o vazamento de dados ou o comprometimento da integridade, mesmo que parcial, da segurança do sistema. Esse dispositivo espelha a preocupação do legislador de proteger o consumidor em sua segurança e a proteção da integridade das informações do consumidor.

Já o art. 44-E enfatiza a incidência da boa-fé objetiva desde a fase pré-contratual – momento em que deverá ter acesso às condições gerais de contratação, em linguagem acessível e com fácil visualização em sua página (inc. I) – até a formação do contrato propriamente dito, devendo o consumidor, além de ter confirmado imediatamente o recebimento da oferta (inc. II), receber uma via do contrato em suporte duradouro, que ofereça as garantias de fidedignidade, inteligibilidade[25] e conservação dos dados contratuais, juntamente com um formulário ou *link* facilitado e específico para preenchimento em caso de exercício do direito de arrependimento (inc. IV).[26]

---

[24] KLEE, Antonia Espindola Longoni. *Comércio eletrônico*. São Paulo: Revista dos Tribunais, 2014. p. 246-247.

[25] Para SANTOLIM, acerca da referência legislativa à inteligibilidade: "vale destacar a (correta) preocupação dos responsáveis pela elaboração do texto no sentido do prestigiamento da característica da 'indelebilidade' ou 'integridade' do registro eletrônico, requisito sem o qual não se lhe poderia reconhecer a eficácia probatória de um 'documento', em seu sentido jurídico" (SANTOLIM, Cesar. Anotações sobre o anteprojeto da Comissão de Juristas para a atualização do Código de Defesa do Consumidor na parte referente ao comércio eletrônico. *Revista de Direito do Consumidor*, São Paulo, v. 83, p. 79, jul.-dez. 2012).

[26] A redação do dispositivo é a seguinte: "Art. 44-E. Na contratação por meio eletrônico ou similar, o fornecedor deve enviar ao consumidor:

I – em momento prévio à contratação, o contrato, em língua portuguesa, em linguagem acessível e com fácil visualização em sua página; II – confirmação imediata do recebimento da aceitação da oferta; III – via do

O art. 44-E, III, prevê importante dever, a cargo do fornecedor, de enviar ao consumidor uma via do contrato em suporte duradouro, assim entendido qualquer instrumento, inclusive eletrônico, que ofereça as garantias de fidedignidade, inteligibilidade e conservação dos dados contratuais, permitindo ainda a facilidade de sua reprodução. Regra idêntica aparece no art. 4º, IV, do Dec. nº 7.962/2013.

Trata-se de importante concretização da boa-fé objetiva, possibilitando ao consumidor arquivar e perenizar os termos do contrato em suporte duradouro. Tal previsão também representa importante aspecto do dever de informação a cargo dos fornecedores, contribuindo para um justo equilíbrio entre as partes, em virtude da concentração tecnológica e informacional que normalmente ocorre em favor do fornecedor. O tempo deve ser um aliado do consumidor, a quem devem ser dadas todas as oportunidades para refletir e corrigir eventuais erros, consoante assegurado expressamente no art. 44-D, IV.[27]

O art. 44-F proíbe a prática do *spam*, mesclando os sistemas do *opt in*, pelo qual o consumidor deve se manifestar previamente sua concordância com o recebimento dessas mensagens, e do *opt out*, que só proíbe o envio de *e-mails* não solicitados no caso de o usuário se manifestar expressamente em sentido contrário.[28]

O art. 44-F, no seu § 4º, define a mensagem eletrônica não solicitada: "4º Para os fins desta seção, entende-se por mensagem eletrônica não solicitada a relacionada à oferta ou publicidade de produto ou serviço e enviada por correio eletrônico ou meio similar".[29]

---

contrato em suporte duradouro, assim entendido qualquer instrumento, inclusive eletrônico, que ofereça as garantias de fidedignidade, inteligibilidade e conservação dos dados contratuais, permitindo ainda a facilidade de sua reprodução; IV – formulário ou *link facilitado e específico para* preenchimento do consumidor em caso de exercício do direito de arrependimento. *Parágrafo único. Caso a confirmação e o formulário* previstos nos incisos II e IV não tenham sido enviados pelo fornecedor, o prazo previsto no *caput do art. 49 deverá ser* ampliado por mais quatorze dias".

[27] Consoante tal dispositivo, é obrigação do fornecedor que utilizar o meio eletrônico "IV assegurar ao consumidor os meios técnicos adequados, eficazes e facilmente acessíveis que permitam a identificação e correção de eventuais erros na contratação, antes de finalizá-la, sem prejuízo do posterior exercício do direito de arrependimento".

[28] A redação é a seguinte: "Art. 44-F. É vedado ao fornecedor de produto ou serviço enviar mensagem eletrônica não solicitada a destinatário que:
I – não possua relação de consumo anterior com o fornecedor e não tenha manifestado consentimento prévio e expresso em recebê-la;
II – esteja inscrito em cadastro de bloqueio de oferta;
III – tenha manifestado diretamente ao fornecedor a opção de não recebê-la.
§ 1º Se houver prévia relação de consumo entre o remetente e o destinatário, admite-se o envio de mensagem não solicitada, desde que o consumidor tenha tido oportunidade de recusá-la.
§ 2º O fornecedor deve enviar ao destinatário, em cada mensagem enviada:
I – o meio adequado, simplificado, seguro e eficaz que lhe permita, a qualquer momento, recusar, sem ônus, o envio de novas mensagens eletrônicas não solicitadas;
II – o modo como obteve os dados do consumidor.
§ 3º O fornecedor deve cessar imediatamente o envio de ofertas e comunicações eletrônicas ou de dados a consumidor que manifestou a sua recusa em recebê-las.
§ 4º Para os fins desta seção, entende-se por mensagem eletrônica não solicitada a relacionada a oferta ou publicidade de produto ou serviço e enviada por correio eletrônico ou meio similar.
§ 5º É também vedado:
I – remeter mensagem que oculte, dissimule ou não permita de forma imediata e fácil a identificação da pessoa em nome de quem é efetuada a comunicação e sua natureza publicitária;
II – veicular, exibir, licenciar, alienar, compartilhar, doar ou de qualquer forma ceder ou transferir dados, informações ou identificadores pessoais, sem expressa autorização e consentimento informado do seu titular.

[29] No entanto, a doutrina não é unívoca acerca da identificação do *spam* com a mensagem eletrônica não solicitada. Para Danilo Doneda, "A ideia de que um *e-mail* não foi 'solicitado' pelo seu destinatário deve ser

Já o § 5º do art. 44-F abrange a vedação de outras modalidades de *e-mails* traduzindo publicidade oculta ou clandestina, além da transferência indevida de dados ou identificadores pessoais:

"§ 5º É também vedado:

I – remeter mensagem que oculte, dissimule ou não permita de forma imediata e fácil a identificação da pessoa em nome de quem é efetuada a comunicação e a sua natureza publicitária;

II – veicular, exibir, licenciar, alienar, compartilhar, doar ou de qualquer forma ceder ou transferir dados, informações ou identificadores pessoais, sem expressa autorização e consentimento informado do seu titular".

Trata-se do primeiro dispositivo legal no Direito brasileiro a regular a matéria, traduzindo um formidável avanço em face de boa parte da jurisprudência anterior, em especial o julgamento do REsp 844.736-DF, que negou a tutela do assédio de consumo e, por consequência, o dano moral, em face do *spam*, tendo em vista a existência de meios de o destinatário bloquear a mensagem indesejada, o que afastaria o dever de indenizar.[30]

---

examinada com a devida cautela. Em uma interpretação excessivamente literal, a grande maioria dos *e-mails* (e das comunicações em geral) não são estritamente 'solicitados' pelo destinatário, porém lhe são dirigidos no âmbito de contatos anteriores ou de interesses específicos. Talvez a expressão 'não solicitada' fosse melhor traduzida por algo que representasse o fato de o destinatário, tendo sabido do teor da mensagem, tivesse preferido não tê-la recebido – o que, por sua vez, peca pelo extremo subjetivismo. Fato é que a expressão 'não solicitado' é de uso generalizado, e cabe a integração da sua interpretação, que deve ser realizada sob a ótica da boa-fé no sentido de que o *e-mail* deva apresentar algum interesse objetivo potencial para o seu destinatário". Da mesma forma, *e-mails* sem caráter comercial direto ou indireto podem ser considerados como *spam*, o que incluiria "as mensagens com conteúdo fictício elaboradas com a intenção de fraudar de alguma maneira o destinatário. Tal fraude poder-se-ia processar seja através da instalação de vírus, *trojans*, *spyware* ou congêneres no computador do destinatário, seja pela tentativa de obter dados pessoais de forma ilícita ou então por outros inúmeros meios – todos dificilmente reconduzíveis a qualquer aspecto licitamente 'comercial'. Assim, malgrado a finalidade comercial direta ou indiretamente verificável em um *spam* 'clássico', é de se ter em conta que esta não é uma característica a ser tomada como absoluta" (DONEDA, Danilo. *A proteção de dados pessoais nas relações de consumo*: para além da informação creditícia. Brasília: SDE/DPDC, 2010. p. 92-93).

[30] STJ, REsp 844.736-DF, 4ª T., j. 27.10.2009, Rel. originário Min. Luis Felipe Salomão, Rel. p/ Ac Min. Honildo de Mello Castro (Desembargador convocado do TJAP): "Danos morais. *Spam*. Trata-se de obrigação de fazer cumulada com pedido de indenização por danos morais em que o autor alega receber *e-mails* (*spam* com mulheres de biquíni) de restaurante que tem *show* de *strip-tease* e, mesmo tendo solicitado, por duas vezes, que seu endereço eletrônico fosse retirado da lista de *e-mail* do réu (recorrido), eles continuaram a ser enviados. Entre os usuários de Internet, é denominada *spam* mensagem eletrônica comercial com propaganda não solicitada de fornecedor de produto ou serviço. A sentença julgou procedente o pedido e deferiu tutela antecipada para que o restaurante se abstivesse do envio da propaganda comercial sob pena de multa diária, condenando-o a pagar, a título de danos morais, o valor de R$ 5 mil corrigidos pelo IPC a partir da data do julgamento, acrescidos de juros de mora, contados a partir do evento lesivo. Entretanto, o TJ proveu apelação do estabelecimento e reformou a sentença, considerando que o simples envio de *e-mails* não solicitados, ainda que dotados de conotação comercial, não configuraria propaganda enganosa ou abusiva para incidir o CDC e não haveria dano moral a ressarcir, porquanto não demonstrada a violação da intimidade, da vida privada, da honra e da imagem. Para o Min. Relator, que ficou vencido, o envio de mensagens com propaganda, quando não autorizada expressamente pelo consumidor, constitui atividade nociva que pode, além de outras consequências, gerar um colapso no próprio sistema de Internet, tendo em vista um grande número de informações transmitidas na rede, além de que o *spam* teria um custo elevado para a sociedade. Observou que não há legislação específica para o caso de abusos, embora existam projetos de lei em tramitação no Congresso. Daí se aplicar por analogia o CDC. Após várias reflexões sobre o tema, reconheceu a existência do dano e a obrigação de o restaurante retirar o autor de sua lista de envio de propaganda, e a invasão à privacidade do autor, e por isso restabeleceu a sentença. Para a tese vencedora, inaugurada pelo

Ocorre que a regra da proibição ao *spam* passa por algumas flexibilizações, a começar pelo art. 44-F, §§ 1º, 6º e 7º:

> "§ 1º Se houver prévia relação de consumo entre o remetente e o destinatário, admite-se o envio de mensagem não solicitada, desde que o consumidor tenha tido oportunidade de recusá-la
>
> [...]
>
> § 6º Na hipótese de o consumidor manter relação de consumo com fornecedor que integre um conglomerado econômico, o envio de mensagens por qualquer sociedade que o integre não se insere nas vedações do *caput* do presente artigo, desde que o consumidor tenha tido oportunidade de recusá-la e não esteja inscrito em cadastro de bloqueio de oferta.
>
> § 7º A vedação prevista no inciso II, do § 5º, não se aplica aos fornecedores que integrem um mesmo conglomerado econômico".

Embora a regra da proibição ao *spam* seja de grande importância, traduzindo, portanto, um avanço em relação ao direito anterior, ao reconhecer a sua abusividade, as exceções mencionadas trazem consigo um justificado receio de enfraquecimento do art. 44-F, *caput*.

O art. 44-G, por sua vez, enfatiza que, na oferta de produto ou serviço por meio da rede mundial de computadores (Internet) ou qualquer modalidade de comércio eletrônico, somente será exigida do consumidor, para a aquisição do produto ou serviço ofertado, a prestação das informações indispensáveis à conclusão do contrato. Quaisquer outras informações, além das indispensáveis, para cada relação de consumo concreta, terão caráter facultativo, devendo o consumidor ser previamente avisado dessa condição (parágrafo único), hipótese em que a lei prevê um regime especial. O projeto reflete uma preocupação com a finalidade pela qual os dados pessoais foram coletados, não podendo os mesmos ser utilizados para fim diverso sem o expresso consentimento do consumidor.[31]

Min. Honildo de Mello Castro, não há o dever de indenizar, porque existem meios de o remetente bloquear o *spam* indesejado, aliados às ferramentas disponibilizadas pelos serviços de *e-mail* da Internet e *softwares* específicos, assim manteve a decisão do Tribunal *a quo*. Diante do exposto, a turma por maioria não conheceu do recurso.

Por três votos a um, os ministros entenderam que o usuário da Internet nada pode fazer em face dos vários *e-mails* indesejados que recebe. No caso, o Superior Tribunal de Justiça rejeitou a pretensão de um internauta de não receber *spams* de uma casa noturna que promove *shows* de *strip-tease* em Brasília. O internauta – que é advogado – recorreu à Justiça para ser excluído do *mail list* da casa noturna, haja vista a recusa da ré em retirá-lo. Pediu, ainda, danos morais, pois as mensagens teriam gerado rompimento com sua esposa.

O acórdão vincula o dano moral à dor, vexame, sofrimento e humilhação, desconsiderando a distinção entre a ofensa ao princípio constitucional da dignidade da pessoa humana e sua eventual consequência. A ementa é a seguinte: Internet. Envio de mensagens eletrônicas. *Spam*. Possibilidade de recusa por simples deletação. Dano moral não configurado. Recurso especial não conhecido. 1. Segundo a doutrina pátria só deve ser reputado como dano moral a dor, vexame, sofrimento ou humilhação que, fugindo à normalidade, interfira intensamente no comportamento psicológico do indivíduo, causando-lhe aflições, angústia e desequilíbrio em seu bem-estar. Mero dissabor, aborrecimento, mágoa, irritação ou sensibilidade exacerbada estão fora da órbita do dano moral, porquanto tais situações não são intensas e duradouras, a ponto de romper o equilíbrio psicológico do indivíduo. 2. Não obstante o inegável incômodo, o envio de mensagens eletrônicas em massa – Spam – por si só não consubstancia fundamento para justificar a ação de dano moral, notadamente em face da evolução tecnológica que permite o bloqueio, a deletação ou simplesmente a recusa de tais mensagens. 3. Inexistindo ataque à honra ou à dignidade de quem recebe as mensagens eletrônicas, não há que se falar em nexo de causalidade a justificar uma condenação por danos morais. 4. Recurso Especial não conhecido".

[31] Segundo Danilo Doneda (*A proteção de dados pessoais nas relações de consumo*: para além da informação creditícia. Brasília: SDE/DPDC, 2010. p. 25), "a informação pessoal pode agrupar-se em subcategorias, ligadas a

A proteção dos dados pessoais deve ser entendida como uma situação existencial, ou como um aspecto dos direitos da personalidade, em face dos riscos ocasionados pela coleta, processamento e circulação daquelas informações.[32]

O exercício do direito de arrependimento na contratação eletrônica é contemplado especialmente na nova redação dada ao arts. 49 e 49-A do CDC:

> "Art. 49. O consumidor pode desistir da contratação a distância, no prazo de sete dias a contar da aceitação da oferta, do recebimento ou da disponibilidade do produto ou serviço, o que ocorrer por último.
>
> 1º [...].
>
> § 2º Por contratação a distância entende-se aquela efetivada fora do estabelecimento, ou sem a presença física simultânea do consumidor e fornecedor, especialmente em domicílio, por telefone, reembolso postal, por meio eletrônico ou similar.
>
> § 3º Equipara-se à modalidade de contratação prevista no § 2º deste artigo aquela em que, embora realizada no estabelecimento, o consumidor não teve a prévia oportunidade de conhecer o produto ou serviço, por não se encontrar em exposição ou pela impossibilidade ou dificuldade de acesso a seu conteúdo.
>
> § 4º A desistência formalizada dentro do prazo previsto no *caput* implica na devolução do produto com todos os acessórios recebidos pelo consumidor e nota fiscal.
>
> § 5º Caso o consumidor exerça o direito de arrependimento, os contratos acessórios de crédito são automaticamente rescindidos, devendo ser devolvido ao fornecedor do crédito acessório o valor que lhe foi entregue diretamente, acrescido de eventuais juros incidentes até a data da efetiva devolução e tributos.
>
> § 6º Sem prejuízo da iniciativa do consumidor, o fornecedor deve comunicar de modo imediato a manifestação do exercício de arrependimento à instituição financeira ou à administradora do cartão de crédito ou similar, a fim de que:
>
> I – a transação não seja lançada na fatura do consumidor;
>
> II – seja efetivado o estorno do valor, caso a fatura já tenha sido emitida no momento da comunicação;

---

determinado aspecto da vida de uma pessoa. Uma tal classificação pode ser o pressuposto para a qualificação das normas a serem aplicadas a determinadas categorias de dados pessoais, assim como acontece para as normas que, por exemplo, aplicam-se diretamente às informações referentes a movimentações bancárias de uma pessoa, que enquadrariam-se no chamado sigilo bancário. Esta setorização pode servir a escopos diferentes, desde uma fragmentação da tutela – que se estruturaria em torno de contextos setoriais, e não da pessoa – ou então, dentro de um panorama de tutela integral da pessoa, para mera especificação da abordagem a ser dada.

Neste último sentido, a prática do direito à informação deu origem à criação de uma categoria específica de dados, os dados sensíveis. Estes seriam determinados tipos de informação que, se conhecidas e processadas, prestariam-se a uma potencial utilização discriminatória ou lesiva, particularmente mais intensa e que apresentaria maiores riscos potenciais que a média. Alguns desses dados seriam as informações sobre raça, credo político ou religioso, opções sexuais, histórico médico ou dados genéticos de um indivíduo. [...]

A elaboração desta categoria e de disciplinas específicas a ela aplicadas não foi isenta de críticas, como o que afirma que é impossível, em última análise, definir antecipadamente os efeitos do tratamento de uma informação, seja ela da natureza que for. Desta forma, mesmo dados não qualificados como sensíveis, quando submetidos a um determinado tratamento, podem revelar aspectos sobre a personalidade de alguém, podendo levar a práticas discriminatórias. Afirma-se, em síntese, que um dado, em si, não é perigoso ou discriminatório – mas o uso que se faz dele pode sê-lo".

[32] MENDES, Laura Schertel. *Privacidade, proteção de dados e defesa do consumidor*: linhas gerais de um novo direito fundamental. São Paulo: Saraiva, 2014. p. 124.

III – caso o preço já tenha sido total ou parcialmente pago, seja lançado o crédito do respectivo valor na fatura a ser emitida posteriormente à comunicação.

§ 7º Se o fornecedor de produtos ou serviços descumprir o disposto no § 1º ou no § 6º, o valor pago será devolvido em dobro.

§ 8º O fornecedor deve informar, de forma prévia, clara e ostensiva, os meios adequados, facilitados e eficazes disponíveis para o exercício do direito de arrependimento do consumidor, que devem contemplar, ao menos, o mesmo modo utilizado para a contratação.

§ 9º O fornecedor deve enviar ao consumidor confirmação individualizada e imediata do recebimento da manifestação de arrependimento.

Art. 49-A. Sem prejuízo do direito de rescisão do contrato de transporte aéreo antes de iniciada a viagem (art. 740, § 3º do Código Civil), o exercício do direito de arrependimento do consumidor de passagens aéreas poderá ter seu prazo diferenciado, em virtude das peculiaridades do contrato, por norma fundamentada das agências reguladoras.

Parágrafo único. A regulamentação prevista no *caput* deverá ser realizada no prazo máximo de cento e oitenta dias após a entrada em vigor desta Lei".

O art. 49 mantém o prazo de reflexão de 7 dias previsto para os demais casos de contratação a distância, na contramão das Diretivas n°s 83/2011 e 65/2002 da Comunidade Econômica Europeia, esta especificamente relacionada à comercialização a distância de serviços financeiros, que contemplam um prazo de 14 dias.[33]

---

[33] O art. 9º da Diretiva nº 83/2011 da Comunidade Econômica Europeia assim prescreve:
"Art. 9º Direito de retratação
Ressalvando os casos em que se aplicam as exceções previstas no art. 16, o consumidor dispõe de um prazo de 14 dias para exercer o direito de retratação do contrato celebrado a distância ou fora do estabelecimento comercial, sem necessidade de indicar qualquer motivo, e sem incorrer em quaisquer custos para além dos estabelecidos no art. 13, nº 2, e no art. 14.
Sem prejuízo do disposto no art. 10, o prazo de retratação previsto no nº 1 do presente expira 14 dias a contar do:
Dia da celebração do contrato, no caso dos contratos de prestação de serviços;
Dia em que o consumidor ou um terceiro, com exceção do transportador, indicado pelo consumidor, adquira a posse física dos bens, nos casos de compra e venda, ou: dia em que o consumidor ou um terceiro, com exceção do transportador, indicado pelo consumidor, adquira a posse física do último bem, no caso de vários bens encomendados pelo consumidor numa única encomenda e entregues separadamente;
dia em que o consumidor ou um terceiro, com exceção do transportador, indicado pelo consumidor, adquira a posse física do último lote ou elemento, no caso da entrega de um bem que consista em diversos lotes ou elementos;
dia em que o consumidor ou um terceiro por ele indicado, que não seja o transportador, adquira a posse física do primeiro bem, no caso dos contratos de entrega periódica de bens durante um determinado período;
Dia da celebração do contrato, nos casos dos contratos de fornecimento de água, gás ou eletricidade, caso não sejam postos à venda em volume ou quantidade limitadas, de aquecimento urbano ou de conteúdos digitais que não sejam fornecidos num suporte material;
Os Estados-Membros não devem proibir as partes contratantes de cumprir as respectivas obrigações contratuais durante o prazo de retratação. Contudo, no caso dos contratos celebrados fora do estabelecimento comercial, os Estados-Membros podem manter a legislação nacional em vigor que proíba o profissional de exigir o pagamento ao consumidor durante um determinado período após a celebração do contrato".
Durante reunião realizada no dia 17 de outubro de 2012, a Comissão Especial do Brasilcon para acompanhamento dos projetos de atualização do CDC acatou a sugestão e propôs uma emenda de ampliação do prazo

A matéria já se encontra regulamentada no art. 5º do Dec. nº 7.962/2013, que manteve o prazo de sete dias para que o consumidor exerça seu direito de arrependimento.[34] Consoante o art. 49, § 5º, do PLS nº 281/2012, o exercício do direito de arrependimento implica a rescisão dos contratos acessórios, sem qualquer ônus para o consumidor,[35] traduzindo importante manifestação dos contratos coligados, todos perpassados pela mesma causa ou finalidade econômica, o que justifica o tratamento dado à matéria.

Havendo conexão entre o contrato principal de consumo e o contrato acessório de financiamento, e tendo o consumidor exercido o seu direito de arrependimento com relação ao contrato principal, resolve-se, como consequência lógica, o acessório. Não aplicar esse raciocínio seria inviabilizar o direito do consumidor de pôr fim ao vínculo.[36]

A parte final do art. 49, § 5º, acrescenta que deve ser devolvido ao fornecedor do crédito acessório o valor que lhe foi entregue diretamente, acrescido de eventuais juros incidentes até a data da efetiva devolução e tributos.

---

de arrependimento do consumidor de sete para quatorze dias, sob a justificativa de que "a normativa trazida aos contratos a distância pela Diretiva nº 83, de outubro de 2011, da Comunidade Europeia, estabelece em quatorze dias o prazo de arrependimento, o que se justifica pela periculosidade inerente ao meio (Internet)". Essa emenda, infelizmente, não foi aprovada. Em 7 de agosto de 2013, o Senador Rodrigo Rollemberg propôs a Emenda nº 20 ao PLS nº 281/2012, com a sugestão de ampliar o prazo para o exercício do direito de arrependimento dos consumidores para quatorze dias. A Emenda nº 20 não foi aprovada no relatório final do Senado Federal (cf. KLEE, Antonia Espindola Longoni. *Comércio eletrônico*. São Paulo: Revista dos Tribunais, 2014. p. 281).

Já a redação do art. 6º da Diretiva nº 65/2002 é a seguinte:

"Art. 6º Direito de rescisão

1. Os Estados-Membros devem garantir que o consumidor disponha de um prazo de 14 dias de calendário para rescindir o contrato, sem indicação do motivo nem penalização. Contudo, este prazo deve ser aumentado para 30 dias de calendário no caso de contratos a distância, abrangidos pela Directiva 90/619/CEE, relativos a seguros de vida e no caso de operações referentes a pensões individuais.

O prazo para o exercício do direito de rescisão começa a correr:

– a contar da data da celebração do contrato a distância, exceto no que se refere a seguros de vida, em que esse prazo começa a correr a partir do momento em que o consumidor for informado da celebração do contrato, ou

– a contar da data de recepção, pelo consumidor, dos termos do contrato e das informações, nos termos dos n. 1 ou 2 do art. 5º, se esta última data for posterior".

[34] A redação do art. 5º do Dec. nº 7.962/2013 é a seguinte: "Art. 5º O fornecedor deve informar, de forma clara e ostensiva, os meios adequados e eficazes para o exercício do direito de arrependimento pelo consumidor.

§ 1º O consumidor poderá exercer seu direito de arrependimento pela mesma ferramenta utilizada para a contratação, sem prejuízo de outros meios disponibilizados.

§ 2º O exercício do direito de arrependimento implica a rescisão dos contratos acessórios, sem qualquer ônus para o consumidor.

§ 3º O exercício do direito de arrependimento será comunicado imediatamente pelo fornecedor à instituição financeira ou à administradora do cartão de crédito ou similar, para que:

I – a transação não seja lançada na fatura do consumidor; ou

II – seja efetivado o estorno do valor, caso o lançamento na fatura já tenha sido realizado.

§ 4º O fornecedor deve enviar ao consumidor confirmação imediata do recebimento da manifestação de arrependimento".

[35] "§ 5º Caso o consumidor exerça o direito de arrependimento, os contratos acessórios de crédito são automaticamente rescindidos, devendo ser devolvido ao fornecedor do crédito acessório o valor que lhe foi entregue, acrescido de eventuais juros incidentes até a data da efetiva devolução e tributos".

[36] AMARAL JÚNIOR, Alberto; VIEIRA, Luciane Klein. As recentes alterações no Direito brasileiro sobre o arrependimento nas relações de consumo estabelecidas por meios eletrônicos: legislação atual e norma projetada. *Revista de Direito do Consumidor*, São Paulo, v. 90, p. 225, nov.-dez. 2013.

Conforme a redação projetada para o art. 49, § 6º, cria-se para o fornecedor a obrigação de comunicar imediatamente a instituição financeira, administradora de cartões de crédito ou similar a manifestação do direito de arrependimento pelo consumidor.

Sancionando o descumprimento pelo fornecedor, relativamente à obrigação de comunicar à instituição financeira ou de crédito a respeito do exercício do direito de arrependimento pelo consumidor, o art. 49, § 6º, ordena o pagamento em dobro do valor a ser devolvido.

O art. 49, § 8º, enfatiza o dever, a cargo do fornecedor, de informar, de forma clara e perceptível, quais são os meios adequados e facilitados disponíveis para o direito de arrependimento, ao passo que o § 8º obriga o fornecedor a enviar ao consumidor, imediatamente e de maneira individualizada, uma confirmação do recebimento da manifestação de arrependimento.

Já o art. 49, § 7º, prevê uma multa civil como pena pelo descumprimento das obrigações impostas ao fornecedor relativamente ao direito de arrependimento, sem prejuízo da responsabilização civil, penal e administrativa.

Andou bem o Projeto nº 281/2012 ao não prever o direito de arrependimento em relação ao comércio eletrônico direto, superando a discussão sobre a impossibilidade de o consumidor devolver ao fornecedor o produto ou serviço adquirido.[37]

No comércio eletrônico direto, como é o caso da venda de bens intangíveis (*softwares*, aplicativos, filmes, áudio ou texto), deve ser assegurado o direito de arrependimento, cabendo ao fornecedor o uso de bloqueios anticópias, que perdurariam até o final do prazo dos sete dias. Um exemplo deste tipo de bloqueio é a tecnologia denominada Gestão de Direitos Digitais, ou, como é mais conhecida em inglês, *Digital Rights Management* (DRM).[38]

---

[37] Defende a doutrina que "para atenuar a situação descrita para o caso de aquisição de *softwares*, recebidos instantaneamente por *download*, é comum que o fornecedor ofereça um teste gratuito por determinados períodos ou senhas de acesso para atualizações ao consumidor" (AMARAL JÚNIOR, Alberto; VIEIRA, Luciane Klein. As recentes alterações no Direito brasileiro sobre o arrependimento nas relações de consumo estabelecidas por meios eletrônicos: legislação atual e norma projetada. *Revista de Direito do Consumidor*, São Paulo, v. 90, p. 231, nov.-dez. 2013).

[38] Conforme a melhor visão, "é extremamente injusto que o consumidor seja obrigado a aceitar e pagar por um produto que não atende às suas expectativas, apenas porque tecnologicamente é mais fácil esse produto ser copiado. Se um consumidor adquire um livro, via Internet, diretamente do *website* de uma livraria, e alguns dias depois recebe o exemplar em seu domicílio, verificando imediatamente que o livro não atende às suas necessidades, do ponto de vista da doutrina predominante, já abordada anteriormente, o consumidor poderia exercer plenamente o direito de arrependimento. Agora, se o bem adquirido fosse o mesmo livro, porém no formato digital, por que o raciocínio seria diferente do primeiro caso? Por que o consumidor deve arcar com o ônus pelo avanço tecnológico? [...] A tecnologia DRM consiste em restringir a difusão por cópia de conteúdos digitais, ao mesmo tempo em que se assegura e administra os direitos autorais e suas marcas registradas, pelo ângulo do proprietário desses direitos. O objetivo da DRM é criar parâmetros e controlar um determinado conteúdo de maneira mais restrita, por exemplo, personalizando o número de vezes em que esse conteúdo pode ser aberto, ou então a duração de validade do mesmo. A tecnologia DRM pode ser aplicada a filmes, músicas, CDs, DVDs, *softwares*, documentos eletrônicos, livros em formato digital (*e-book*) etc.
Existem diferentes tipos de DRM, planejados por empresas diferentes, mas, no geral, todos têm em comum algumas características: detecção de quem tem acesso a cada obra, quando e sob quais condições, reportando essa informação ao provedor da obra; autorização ou negação, de maneira irrefutável, de acesso à obra, de acordo com condições que podem ser alteradas unilateralmente pelo provedor; autorização de acesso sob condições restritivas que são fixadas unilateralmente pelo provedor da obra, independentemente dos direitos que a lei fornece ao autor ou ao público. Como exemplos de DRM, existem as travas anticópias de CDs e DVDs, o mecanismo que impõe zonas globais num DVD (que pode impedir que um DVD comprado nos EUA possa ser lido no Brasil), o impedimento de que uma música comprada na loja *on-line* i-Tunes da Apple seja tocada num leitor que não o iPod, o bloqueio de um celular para que só funcione com o cartão de uma determinada operadora etc." (AZEVEDO, Carlos Eduardo Menezes de. O direito de arrependimento do consumidor nas contratações eletrônicas. *In*: MARTINS, Guilherme Magalhães [coord.]. *Temas de Direito do Consumidor*. Rio de Janeiro: Lumen Juris, 2010. p. 112-113).

No entanto, o art. 49-A traduz um retrocesso em relação à Lei nº 8.078/1990, ao estabelecer que, sem prejuízo do direito de rescisão do contrato de transporte aéreo antes de iniciada a viagem (art. 740, § 3º, do CC), o exercício do direito de arrependimento do consumidor de passagens aéreas poderá ter seu prazo diferenciado, em virtude das peculiaridades do contrato, por norma fundamentada das agências reguladoras.

Tendo em vista a principiologia constitucional do Direito do Consumidor, consagrado como direito fundamental (art. 5º, XXXII) e princípio geral da ordem econômica pela Constituição da República (art. 170, V), tal norma, caso sancionada, afigura-se materialmente inconstitucional, por atentar contra o princípio da dignidade da pessoa humana, não se justificando um tratamento diferenciado nos contratos de transporte aéreo, mediante regulamento.

O art. 56, por sua vez, estabelece uma nova sanção administrativa consistente na suspensão temporária ou proibição de oferta e de comércio eletrônico:

"Art. 56. [...]

[...]

XIII – suspensão temporária ou proibição de oferta e de comércio eletrônico".

Embora o Código de Defesa do Consumidor, na sua redação original, já consagre importantes obrigações de fazer ou não fazer no âmbito das sanções administrativas, em especial no art. 56, VI (suspensão de fornecimento de produto ou serviço) e VII (suspensão temporária de atividade), tal norma revela-se de grande importância, devido à velocidade e desterritorialização das relações de consumo via Internet. O grande problema reside na efetiva implementação de tais medidas.[39]

O Tribunal de Justiça do Estado do Rio de Janeiro, em importante decisão, da lavra da Desembargadora Helda Lima Meirelles (15ª Câm. Cível, AI 0008595-03.2011.8.19.0000, 24.02.2011), em ação civil pública proposta pelo Ministério Público do Estado do Rio de Janeiro, suspendeu a venda de qualquer produto por meio do *site* www.americanas.com no Estado do Rio de Janeiro, até que fossem feitas todas as entregas atrasadas, sob pena de multa diária de R$ 20.000,00.[40] A partir de agora, os Procons de todo o Brasil, que já vêm aplicando tal sanção consistente no bloqueio *on-line*, passam a ter respaldo legal para tanto.

---

[39] O anteprojeto do PLS nº 281/2012, na sua versão original, previa a seguinte medida, que terminou sendo suprimida do projeto: "Art. 59. [...] § 4º Para garantir efetividade da pena de suspensão ou de proibição de oferta e de comércio eletrônico, a autoridade administrativa notificará os provedores de serviços de conexão, hospedagem ou de informações, conforme o caso, a fim de que, no prazo máximo de quarenta e oito horas, excluam a conexão, hospedagem ou informações durante o período da sanção, sob pena de pagamento de multa diária".

[40] Na mencionada ação civil pública, ajuizada em face da empresa B2W Companhia Global de Varejo, o Ministério Público do Estado do Rio de Janeiro ressaltou a existência de milhares de reclamações em face do mencionado *site* em virtude de atrasos na entrega dos produtos adquiridos. Quando da propositura da ação, encontrar-se-iam registradas cerca de 24 mil reclamações contra a empresa somente no site "Reclame aqui". Na 1ª instância, o juiz Cezar Augusto Rodrigues Costa, da 7ª Vara Empresarial da Capital, deferiu em parte a liminar para obrigar o *site* a veicular em todas as ofertas o prazo preciso de entrega dos produtos, mediante a simples informação do código de endereçamento postal para entrega, abstendo-se, assim, de exigir previamente o preenchimento de qualquer cadastro relativo às informações pessoais do consumidor. Além disso, a decisão de primeira instância impôs à empresa um prazo exato para a entrega dos produtos, sob pena de multa diária, fixada inicialmente em R$ 500,00. Além de majorar a multa para R$ 20.000,00, a Desembargadora Helda Lima Meirelles determinou aquela obrigação de não fazer, sob o argumento de que, ao continuar a venda pela Internet, os compradores serão ainda mais prejudicados com o aumento de atrasos na entrega das mercadorias. Nas palavras da desembargadora, "há que se estabelecer os limites da atuação das diversas empresas que, na busca por maiores lucros, não se furtam a promover ofertas vantajosas sem, contudo, oferecer a contraprestação necessária, qual seja, o respeito pela parte interessada em

Trata-se, sem dúvida, da mais relevante inovação trazida pelo anteprojeto, calcada na preocupação da principiologia do Direito Civil-Constitucional, que encontra seu sentido e razão na dignidade da pessoa humana (art. 1º, III, da CF/88). Seu objetivo é, mais do que evitar que as vítimas fiquem irressarcidas, garantir o direito de alguém não mais ser vítima de danos.

Esse caráter de prevenção na ocorrência de danos busca seu espaço no sistema de responsabilidade civil, paralelamente àquele já ocupado pela reparação dos danos já ocorridos, cujo monopólio deixa de existir.[41]

Desponta, assim, o princípio da precaução, voltado à eliminação prévia (anterior à produção do dano) dos riscos da lesão, por meio de normas específicas, de natureza administrativa e regulatória, impondo deveres aos agentes econômicos de maior potencial lesivo, o que pressupõe também uma fiscalização eficiente pelo Poder Público. É necessário, no caso da suspensão temporária ou proibição da oferta no comércio eletrônico, viabilizar os meios técnicos para a efetividade da medida.

A imposição de obrigações de fazer e não fazer, já contemplada no art. 84 e seus parágrafos da Lei nº 8.078/1990, sem prejuízo da previsão do CC, nos arts. 247 e seguintes, com forte influência do CPC (arts. 497 e seguintes), implica uma tendência de despatrimonialização da responsabilidade civil, concretizando a proteção dos consumidores como garantia fundamental e princípio geral da ordem econômica (arts. 5º, XXXII e 170, V, da CF/88).

Com vistas à concretização da nova sanção administrativa do art. 56, XIII, do anteprojeto, é acrescentado um novo parágrafo ao art. 59:

> "Art. 59. [...]
>
> [...]
>
> § 4º. Caso o fornecedor por meio eletrônico ou similar descumpra a pena de suspensão ou de proibição de oferta e de comércio eletrônico, sem prejuízo de outras medidas administrativas ou judiciais de prevenção de danos, o Poder Judiciário determinará, a pedido da autoridade administrativa ou do Ministério Público, no limite estritamente necessário para a garantia da efetividade da sanção, que os prestadores de serviços financeiros e de pagamento utilizados pelo fornecedor, de forma alternativa ou conjunta, sob pena de pagamento de multa diária:
>
> I – suspendam os pagamentos e transferências financeiras para o fornecedor de comércio eletrônico;
>
> II – bloqueiem as contas bancárias do fornecedor".

A regra vista anteriormente segue o sistema norte-americano (*follow the Money*) de imposição de sanções econômicas, isolando-se do mercado o fornecedor que descumpre a sanção de proibição de oferta e comércio eletrônico, o que se revela de grande efetividade, desde que haja uma fiscalização eficaz.

O art. 60-A, introduzido pelo PL nº 3.514/2015, cria uma nova multa civil, condicionada ao descumprimento reiterado dos deveres do fornecedor em matéria de comércio eletrônico (e não apenas em relação ao direito de arrependimento, consoante o art. 49, § 9º). Tal multa civil deve ser aplicada pelo Poder Judiciário, em valor adequado à gravidade da conduta e suficiente para inibir novas violações, sem prejuízo das sanções penais e administrativas cabíveis

---

suas promoções que, com o decorrer do tempo, se mostram não só desvantajosas, mas também atingindo as raias do desrespeito com o consumidor lesado". Disponível em: www.tjrj.jus.br. Acesso em: 28 ago. 2011. No dia 16.06.2011, tal decisão, que lamentavelmente foi descumprida pela ré, foi reconsiderada em parte, apenas para excluir a proibição de vendas pela Internet.

[41] VINEY, Geneviève. *Droit civil*: introduction à la responsabilité. 2. ed. Paris: LGDJ, 1995. p. 57.

e da indenização por perdas e danos, patrimoniais e morais, ocasionados aos consumidores. Acrescenta o parágrafo único do art. 60-A que a graduação e a destinação da multa civil observarão o disposto no art. 57.[42]

Sem prejuízo da multa do art. 60-A, os demais órgãos de proteção ao consumidor poderão igualmente agir no seu âmbito, como ocorreu recentemente com o Ministério da Justiça, que, em julho de 2014, por intermédio do Departamento de Proteção e Defesa do Consumidor – DPDC, multou a OI em 3,5 milhões de reais por mapear o tráfego de dados do consumidor, de modo a compor seu perfil de navegação, por intermédio de um *software* denominado "Navegador", desenvolvido em parceria com a empresa britânica Phorm. Tais perfis eram comercializados com anunciantes, agências de publicidade e portais da *web*, para ofertar publicidade e conteúdo personalizados.

Segundo noticiado, a empresa, sob o pretexto de aprimorar a navegação na Internet, omitiu do consumidor informações essenciais sobre o serviço e suas implicações para a privacidade e segurança de dados pessoais. Logo, em momento algum os consumidores foram informados de que sua navegação seria monitorada pela empresa e o seu perfil seria comercializado com empresas de publicidade.

O projeto optou ainda por criar um novo tipo penal no art. 72-A:

"Art. 72-A. Veicular, hospedar, exibir, alienar, utilizar, compartilhar, licenciar, doar ou de qualquer forma ceder ou transferir dados ou informações pessoais ou identificadores de consumidores sem a sua expressa autorização e consentimento informado, salvo regular alimentação de bancos de dados ou cadastro destinado à proteção ao crédito;
Pena – detenção de seis meses a dois anos e multa".

Em tempos de direito penal mínimo, questiona-se a possível efetividade da regra projetada, considerando o volume e a rapidez do intercâmbio de dados pessoais na Internet, à margem do controle de qualquer órgão público ou privado.

Por fim, a proteção do consumidor nos contratos internacionais a distância é finalmente contemplada de maneira extremamente feliz no art. 101 e seus parágrafos:

"Art. 101. [...]
Na ação de responsabilidade contratual e extracontratual do fornecedor de produtos e serviços, inclusive no fornecimento a distância nacional e internacional, sem prejuízo do disposto nos Capítulos I e II deste Título:
I – será competente o foro do domicílio do consumidor, nas demandas em que o consumidor residente no Brasil seja réu e que versem sobre relações de consumo;
II – o consumidor residente no Brasil, nas demandas em que seja autor, poderá escolher, além do foro indicado no inciso I, o do domicílio do fornecedor de produtos ou serviços, o do lugar da celebração ou da execução do contrato ou outro conectado ao caso;
III – são nulas as cláusulas de eleição de foro e de arbitragem celebradas pelo consumidor.
Parágrafo único. Aos conflitos decorrentes do fornecimento a distância internacional, aplica-se a lei do domicílio do consumidor, ou a norma estatal escolhida pelas partes, desde que mais favorável ao consumidor, assegurando igualmente o seu acesso à Justiça".

---

[42] Art. 57 da Lei nº 8.078/1990: "A pena de multa, graduada de acordo com a gravidade da infração, a vantagem auferida e a condição econômica do fornecedor, será aplicada mediante procedimento administrativo, revertendo para o Fundo de que trata a Lei 7.347, de 24 de julho de 1985, os valores cabíveis à União, ou para os Fundos estaduais ou municipais de proteção ao consumidor nos demais casos".

Ocorre que, no caso das relações originadas via Internet, os instrumentos do direito tradicional e codificado mostram-se mais uma vez insuficientes, haja vista que se revela praticamente impossível determinar em qual território essas relações foram levadas a efeito.

Por consequência, torna-se praticamente impossível determinar qual a legislação a ser aplicada aos casos concretos por meio das chamadas normas de conflito vigentes em matéria de Direito Internacional privado, que levam em consideração primordialmente o espaço geográfico, físico.

Ademais, a adoção, em todos os casos, da regra *locus regit actum* (art. 9º, *caput* e § 2º da Lei de Introdução às Normas do Direito Brasileiro), ocorreria em detrimento da garantia constitucional do livre acesso ao Judiciário por parte dos consumidores (art. 5º, XXXII e XXXV e 170, V, da CF/88), além da tutela da sua proteção e segurança: "uma vez eleita a lei do domicílio do proponente – geralmente o fornecedor – necessariamente o consumidor se encontraria tolhido em seu direito ao efetivo acesso à justiça, já que uma demanda internacional seria por demais gravosa".[43]

Como o Código de Defesa do Consumidor determina que o proponente nos contratos de consumo é sempre o fornecedor (CDC, art. 30), teríamos sempre a prevalência do local da proposta (CC, 435) ou o local da residência do fornecedor (Lei de Introdução às Normas do Direito Brasileiro, art. 9º, § 2º) para reger a lei aplicável aos contratos eletrônicos a distância.[44]

A aplicação da lei e do foro do domicílio do fornecedor levaria à conclusão de que se estaria dando prevalência a regras de mercado, em contraposição ao direito fundamental do consumidor de se ver tutelado e protegido.[45]

Se a autonomia da vontade das partes é considerada hoje o mais importante critério de conexão no Direito Internacional, encontra ela um limite no que se refere às relações de consumo. A possibilidade de escolha da lei pelas partes, a autonomia de vontade, perde sentido, segundo Claudia Lima Marques, caso passe a atuar como instrumento de domínio dos mais fracos pelos mais fortes.[46]

O art. 5º da Convenção de Roma de 1980 sobre comércio internacional impõe certos limites de ordem pública, fundados na proteção do consumidor, em prevalência sobre a autonomia da vontade, que permite às partes a livre escolha da lei aplicável:

"Artigo 5º.

Contratos celebrados por consumidores

1. O presente artigo aplica-se aos contratos que tenham por objeto o fornecimento de bens móveis corpóreos ou de serviços a uma pessoa, o consumidor, para uma finalidade que pode considerar-se estranha à sua atividade profissional, bem como aos contratos destinados ao financiamento desse fornecimento.

2. *Sem prejuízo do disposto no artigo 3º, a escolha pelas partes da lei aplicável não pode ter como consequência privar o consumidor privado da proteção que lhe garantem as disposições imperativas da lei do país em que tenha a sua residência habitual:*

---

[43] MULHOLLAND, Caitlin. *Internet e contratação*: panorama das relações contratuais eletrônicas de consumo. Rio de Janeiro: Renovar, 2006. p. 126.

[44] MARQUES, Claudia Lima. *Confiança no comércio eletrônico e a proteção do consumidor*. São Paulo: Revista dos Tribunais, 2004. p. 441.

[45] MULHOLLAND, Caitlin. *Internet e contratação*: panorama das relações contratuais eletrônicas de consumo. Rio de Janeiro: Renovar, 2006. p. 126. Conclui a autora: "uma vez estabelecida a proteção e defesa constitucionais do consumidor e determinada a tutela do efetivo acesso à justiça aos consumidores, partes vulneráveis de uma relação de consumo, necessariamente, deve-se desconsiderar a regra conflitual do *locus regit actum*, e estabelecer-se a necessidade da tutela dos interesses do consumidor acima de qualquer outro critério conflitual".

[46] MARQUES, Claudia Lima. *Confiança no comércio eletrônico e a proteção do consumidor*. São Paulo: Revista dos Tribunais, 2004. p. 441-442.

– se a celebração do contrato tiver sido precedida, neste país, de uma proposta que lhe foi especialmente dirigida ou de anúncio publicitário, e se o consumidor tiver executado nesse país todos os atos necessários à celebração do contrato, ou:

– se a outra parte ou o respectivo representante tiver recebido o pedido do consumidor nesse país, ou

– se o contrato consistir numa venda de mercadorias e o consumidor se tenha deslocado desse país a um outro país e aí tenha feito o pedido, desde que a viagem tenha sido organizada pelo vendedor com o objetivo de incitar o consumidor a comprar.

3. Sem prejuízo do disposto no artigo 4º e na falta de escolha feita nos termos do artigo 3º, esses contratos serão regulados pela lei do país em que o consumidor tiver sua escolha habitual, se se verificarem as circunstâncias referidas no n. 2 do presente artigo". (g.n.).

Portanto, a eleição pelas partes da lei aplicável não pode privar o consumidor da proteção que lhe outorgam as disposições imperativas da lei de sua residência habitual; embora, em linha de princípio, a convenção abranja apenas os contratos visando à venda de bens móveis corpóreos ou prestação de serviços, o autor espanhol Pedro Alberto de Miguel Asensio afirma que não pode ser excluído o *comércio eletrônico direto,* no qual o próprio bem é fornecido *on-line,* como na aquisição de *softwares,* imagens ou músicas.[47]

Conclui Claudia Lima Marques:

"Em matéria de contratos de consumo, há que considerar que o DIPr. brasileiro atualizou seus princípios. Assim, tratando-se de direito humano reconhecido como direito fundamental pela Constituição da República de 1988 (art. 5º, XXXII) e lei de origem constitucional (art. 48 do ADCT), é bem possível que tais normas sejam consideradas 'imperativas', de ordem pública internacional ou leis de aplicação imediata, normas, pois, que se aplicam diretamente, neste último caso, mesmo antes das normas de DIPr. ou de colisão.

[...] Efetivamente, parte da doutrina defende que o Código de Defesa do Consumidor deva ser aplicado a todos os contratos do consumidor com contatos suficientes no Brasil, enquanto uma regra imperativa internacional ou *lois d'application immediate,* o Código de Defesa do Consumidor deve fornecer padrões mínimos (e imperativos) à proteção dos consumidores passivos em todos os contratos a distância, contratos negociados no Brasil por nacionais ou estrangeiros, ou, quando o *marketing* ou a oferta forem feitos no Brasil, inclusive nos contratos eletrônicos com fornecedores com sede no exterior, como impõem o *Unfair Contract Terms Act,* de 1977, do Reino Unido, ou a lei alemã de 1976 (arts. 12 e 29 da EGBGB), ou a lei portuguesa de 1985 (art. 33)".[48]

O art. 101, § 1º, III, que, na forma do PL nº 3.514/2015, declara nulas as cláusulas de eleição de foro e de arbitragem, corrobora o art. 51, VII, da Lei nº 8.078/1990, que estabelece como nulas de pleno direito as cláusulas contratuais que determinem a utilização compulsória da arbitragem.

Já o art. 2º do PL nº 3.514/2015 traz importantes alterações na Lei de Introdução às Normas do Direito Brasileiro – Dec.-Lei nº 4.657/42.[49]

---

[47] ASENSIO, Pedro Alberto de Miguel. *Derecho privado de Internet.* 2. ed. Madrid: Civitas, 2001. p. 480-481.
[48] MARQUES, Claudia Lima. *Confiança no comércio eletrônico e a proteção do consumidor.* São Paulo: Revista dos Tribunais, 2004. p. 446-450.
[49] "Art. 2º O Decreto-Lei nº 4.657, de 4 de setembro de 1942 (Lei de Introdução às normas do Direito Brasileiro), passa a vigorar com as seguintes alterações:

'Art. 9º O contrato internacional entre profissionais, empresários e comerciantes rege-se pela lei escolhida pelas partes, sendo que o acordo das partes sobre esta escolha deve ser expresso.

§ 1º A escolha deve referir-se à totalidade do contrato, mas nenhuma conexão precisa existir entre a lei escolhida e as partes ou a transação.

§ 2º Na escolha do *caput*, a referência à lei inclui também a indicação como aplicável ao contrato de um conjunto de regras jurídicas de caráter internacional, opcional ou uniforme, aceitas no plano internacional, supranacional ou regional como neutras e justas, inclusive da lex mercatoria, desde que não contrárias à ordem pública.

§ 3º Na ausência ou invalidade da escolha, o contrato será regido pela lei do lugar da sua celebração, considerando-se este em contratos celebrados a distância como o lugar da residência do proponente.

§ 4º Destinando-se a obrigação a ser executada no Brasil e dependendo de forma essencial, será esta observada, admitidas as peculiaridades da lei estrangeira quanto aos requisitos extrínsecos do ato.

§ 5º Não obstante o disposto neste artigo, em se tratando de contrato *standard* ou de adesão celebrado no Brasil ou que aqui tiver de ser executado, aplicar-se-ão necessariamente as disposições do Direito brasileiro quanto revestirem caráter imperativo.

§ 6º Este artigo não se aplica aos seguintes contratos e obrigações:

I – questões derivadas do estado civil das pessoas físicas, capacidade das partes ou consequências da nulidade ou invalidade do contrato que decorram da incapacidade de uma das partes;

II – obrigações contratuais que tenham como objeto principal questões sucessórias, testamentárias, de regime matrimonial ou decorrentes de relações de família;

III – obrigações provenientes de títulos de crédito;

IV – obrigações provenientes de transações de valores mobiliários;

V – acordos sobre arbitragem ou eleição de foro;

VI – questões de direito societário, incluindo existência, capacidade, funcionamento e dissolução das sociedades comerciais e das pessoas jurídicas em geral;

VII – contratos de transporte, de seguro ou de trabalho;

VIII – relações de consumo.

Art. 9º-A. Os contratos internacionais de consumo, entendidos como aqueles realizados entre um consumidor, pessoa física, cujo domicílio esteja situado em um país distinto daquele onde estiver o estabelecimento do fornecedor de produtos e serviços envolvido na contratação, regem-se pela lei do domicílio do consumidor.

§ 1º Em caso de fornecimento a distância internacional, conforme definido na Lei 8.078, de 1990 (Código de Defesa do Consumidor), aplica-se a lei do domicílio do consumidor, ou a norma estatal escolhida pelas partes, desde que mais favorável ao consumidor.

§ 2º Tratando-se de contrato celebrado no Brasil, que aqui tiver de ser executado ou se a contratação for precedida de qualquer atividade negocial ou de *marketing*, do fornecedor ou seus representantes dirigida ao ou realizada no território brasileiro, em especial envio de publicidade, correspondência, *e-mails*, mensagens comerciais, convites, de prêmios ou ofertas, aplicar-se-ão as disposições da lei brasileira quanto revestirem caráter imperativo, sempre que mais favoráveis ao consumidor.

§ 3º Aos contratos de fornecimento de produtos e serviços celebrados pelo consumidor turista, estando fora de seu país de domicílio ou residência habitual e executados integralmente em outros países que o seu país de domicílio, será aplicada a lei do lugar da celebração, ou a lei escolhida pelas partes, dentre a lei do lugar da execução ou a lei do domicílio do consumidor.

§ 4º Os contratos de pacotes de viagem internacionais ou viagens combinadas, com grupos turísticos ou conjuntamente com serviços de hotelaria e turismo, com cumprimento fora do Brasil, contratados com agências de turismo e operadoras situadas no Brasil regem-se pela lei brasileira.

Art. 9º-B. Para reger as demais obrigações, aplicar-se-á a lei do país em que se constituírem.

§ 1º Em caso de obrigações extracontratuais, caso nenhuma das partes envolvidas possua domicílio ou sede no país em que o acidente, dano, fato ou ato ilícito ocorreu, será aplicável a lei do lugar onde os efeitos se fizeram sentir.

§ 2º Em caso de acidentes de trânsito, se no acidente participarem ou resultarem atingidas unicamente pessoas domiciliadas em outro país, o magistrado pode, excepcionalmente, considerar aplicável esta lei à responsabilidade civil, respeitadas as regras de circulação e segurança em vigor no lugar e no momento do acidente.

§ 3º Em se tratando de acidentes de trânsito, a responsabilidade civil por danos sofridos nas coisas alheias aos veículos acidentados como consequência do acidente de trânsito, será regida pela lei do país no qual se produziu o fato. (NR)'

Art. 3º Esta Lei entra em vigor na data da sua publicação."

Mostra-se necessária uma legislação específica para regular as relações de consumo eletrônicas por meio da Internet, não obstante a importante iniciativa que foi a promulgação do Decreto nº 7.962/2013, como reforço da segurança e informação dos consumidores, sem prejuízo da preservação da principiologia e fundamentos da Lei nº 8.078/1990.

Tendo em vista a vulnerabilidade técnica e informacional do consumidor no comércio eletrônico, merece especial reforço o princípio da boa-fé objetiva, a partir da imposição de deveres laterais, anexos ou instrumentais de conduta, incidindo sobre aspectos como informação, proteção contra fraudes, correção de possíveis erros, proibição do *spam*, proibição da publicidade enganosa e tutela do direito de arrependimento.

A atualização da Lei nº 8.078/1990 em matéria de comércio eletrônico atende aos anseios de confiança necessários à adaptação do Direito do Consumidor às peculiaridades da contratação eletrônica de consumo na Internet, traduzindo, no seu conjunto, um progresso, ao romper com um passado marcado pela ausência de regulação.

4.4 O MARCO CIVIL DA INTERNET NO BRASIL – LEI Nº 12.965/2014

De muitas formas, a Internet conseguiu tornar-nos novamente habitantes de uma pequena vila.[50] Ninguém mais é um estranho, mesmo na vila da Internet, onde os cidadãos instruídos sabem como processar a informação, participando, de maneira democrática e colaborativa, das suas mais variadas ferramentas de comunicação.

Inserida na consolidação da sociedade da informação, a regulamentação dos aspectos civis da Internet no Brasil caminha a passos largos. Mais do que simplesmente adaptar seus institutos e conceitos à mudança social que acompanha a revolução tecnológica, o direito privado, em não raras ocasiões, deve promover soluções para novos problemas, por meio de categorias consagradas pelo costume, pelas normas sociais e pela arquitetura da Internet.[51]

O Direito Civil abraça o desafio da contemporaneidade, de modo que temas que há 20 anos sequer integravam a agenda jurídica passam a exigir regulamentação.

O desenvolvimento da computação em uma rede aberta, ou em um conjunto de redes que atravessam todo o planeta, como a Internet, traz novos desafios aos operadores do Direito. Inicialmente, o computador se destinava apenas a automatizar e expandir as práticas informacionais já existentes, tanto no setor público como na iniciativa privada. No estágio atual, as redes deram aos particulares o acesso a poderes na área da computação que anteriormente eram reservados apenas aos governos.[52]

Surgem novos interesses e situações jurídicas, tanto patrimoniais quanto existenciais, insuscetíveis de serem tratados com base nos paradigmas do passado. O grande desafio é conciliar a rapidez da evolução tecnológica com a liberdade de expressão dos usuários, marcante no desenvolvimento da Internet.[53]

---

[50] LEVMORE, Saul; NUSSBAUM, Martha. Introduction. *In*: LEVMORE, Saul; NUSSBAUM, Martha. *The offensive internet*. Cambridge: Harvard University Press, 2010. p. 1. (tradução nossa).

[51] Encontra-se na obra do pesquisador norte-americano Lawrence Lessig a expressão *"code"* enquanto fonte normativa regulamentadora no espaço virtual. Em sua obra paradigmática, o professor da Universidade de Stanford afirma, inicialmente, que há quatro meios de se reger comportamentos e normatizar condutas: a lei, entendida como todo o conjunto normativo estatal ou emanado por uma autoridade superior; as normas sociais, que não só os usos e costumes, mas qualquer situação contingencial de conduta predeterminada em determinada comunidade; o mercado, como mecanismo de acesso a bens econômicos; e, por derradeiro, a arquitetura, ou seja, o aspecto estrutural de como as coisas funcionam e ocorrem (LESSIG, Lawrence. *Code and other laws of cyberspace*. New York: Basic Books, 1999. p. 43). (tradução nossa).

[52] LLOYD, Ian. *Information Technology Law*. 2. ed. London: Butterworths, 1997. p. XXXIX.

[53] EDWARDS, Lilian; WAELDE, Charlotte. Introduction. *In*: EDWARDS, Lilian; WAELDE, Charlotte (coord.). *Law and the internet*: regulating cyberspace. Oxford: Hart, 1997. p. 8. (tradução nossa).

Como as leis naturais da física, a arquitetura da Internet determina os espaços onde se podem elaborar e estabelecer políticas públicas.[54] Entretanto, as leis da física não são feitas pelo homem, que apenas as reconhece, enquanto a arquitetura do espaço virtual é obra humana, tendo sido elaborada sob o manto da autonomia e liberdade de expressão dos seus criadores, que não pode sobrepujar os valores fundamentais ligados à pessoa humana, em especial a sua dignidade (art. 1º, III, da CF/88).

A regulamentação civil da Internet deve levar em conta suas características fundamentais, como a desterritorialização e desmaterialização, em se tratando de uma das facetas mais marcantes da globalização.[55]

No dia 01.11.2013, as Presidentas do Brasil e da Alemanha, Dilma Rousseff e Angela Merkel, ambas vítimas de espionagem pela Internet, apresentaram conjuntamente à Organização das Nações Unidas proposta de resolução sobre a privacidade nos meios eletrônicos, sob o título Privacidade na Era Digital.[56] A proposta sugere a revisão de procedimentos, práticas e legislação no que tange à vigilância das comunicações, sua interceptação e à coleta de dados pessoais.

No dia 22.04.2014, a Presidente Dilma Rousseff sancionou simbolicamente, durante o fórum Net Mundial, em São Paulo, o Marco Civil da Internet no Brasil, aprovado na véspera pelo Plenário do Senado Federal. No dia seguinte, foi publicado no Diário Oficial da União o texto, transformado em Lei nº 12.965, de 23.04.2014.

O Marco Civil visa definir os direitos e responsabilidades dos cidadãos, empresas e governo na web, tendo a sua minuta de anteprojeto sido inicialmente submetida à discussão pública, consoante os valores democráticos e participativos que sempre marcaram o desenvolvimento da Internet, sobretudo a partir dos anos 1970.

Em um primeiro momento, foi produzido um texto base pelo Ministério da Justiça, que teve como meta estabelecer uma pauta e problematizar as principais questões envolvendo o uso da rede que deveriam ser abordadas em um futuro projeto de lei específico. O objetivo central dos envolvidos era elaborar uma norma que, amparada pelo respeito aos direitos humanos e à dinâmica da Internet, embasasse as decisões judiciais envolvendo lides na Internet. Segundo dados coletados, o debate aberto sobre o Marco Civil da Internet, realizado entre novembro de 2009 e junho de 2010, no site <culturadigital.br/marcocivil/> recebeu mais de 2.000 contribuições e 18.500 visitas.[57]

Na segunda fase, a minuta foi submetida à apreciação de outros órgãos governamentais e encaminhada pela presidenta Dilma Rousseff ao Congresso Nacional, transformando-se no PLC nº 2.126/2011. Diante dos inúmeros debates promovidos, no ano de 2012, a redação

---

[54] KLEINWÄCHTER, Wolfgang. Internet co-governance; towards a Multilayer Multiplayer Mechanism of Consultation, Coordination and Cooperation (M3C3). *Consulta Informal do Grupo de Trabalho sobre a Governança da Internet* (GTGI), v. 2.0. Genebra: 2004.

[55] Nas palavras de José Eduardo Faria, "Ao propiciar o advento do tempo real, a revolução das técnicas de comunicação 'diminuiu' o mundo, tornando-o mais independente. Dito de outro modo, tornou-o mais integrado do ponto de vista econômico, porém mais fragmentado do ponto de vista político, na medida em que abriu caminho para modos inéditos de comunicação e de transmissões culturais instantâneas e permanentes entre polos bastante longínquos, levando a proximidade física entre os indivíduos a ser progressivamente substituída pelos efeitos interativos das redes tecnológicas de interligação no tempo e no espaço" (FARIA, José Eduardo. Informação e democracia na economia globalizada. *In*: SILVA JUNIOR, Ronaldo Lemos; WAISBERG, Ivo [org.]. *Comércio eletrônico*. São Paulo: RT, 2001. p. 20).

[56] OLIVEIRA, Eliane. Brasil e Alemanha apresentam proposta contra espionagem na ONU. *O Globo Online*. Disponível em: http://oglobo.globo.com/mundo/brasil-alemanha-apresentam-proposta-contra-espionagem-na-onu-10645353. Acesso em: 3 nov. 2013.

[57] Disponível em: http://portal.mj.gov.br/main.asp?ViewID=%7B0EADEB70-AE9F-4C0B-869D-CDB8AFB2FC02%-7D&params=itemID=%7BD51FB99D-C809-4BBC-A552- 124C3CFAE17%7D;&UIPartUID=%7B2868BA3C-1C-72-4347-BE11-A26F70F4CB26%7D. Acesso em: 22 ago. 2013.

deste projeto sofreu algumas alterações por meio de seu relator, o deputado Alessandro Molon (PT-RJ), que ofereceu um texto substitutivo.

O art. 3º da Lei nº 12.965/2014 estabelece como princípios da disciplina do uso da Internet no Brasil os seguintes:

> "I – garantia da liberdade de expressão, comunicação e manifestação de pensamento, nos termos da Constituição;
>
> II – proteção da privacidade;
>
> III – proteção aos dados pessoais, na forma da lei;
>
> IV – preservação e garantia da neutralidade da rede;
>
> V – preservação da estabilidade, segurança e funcionalidade da rede, por meio de medidas técnicas compatíveis com os padrões internacionais e pelo estímulo ao uso de boas práticas;
>
> VI – responsabilização dos agentes de acordo com suas atividades, na forma da lei;
>
> VII – preservação da natureza participativa da rede;
>
> VIII – liberdade dos modelos de negócios promovidos na Internet, desde que não conflitem com os demais princípios estabelecidos nesta Lei.
>
> Parágrafo único. Os princípios expressos nesta lei não excluem outros previstos no ordenamento pátrio relacionados à matéria, ou nos tratados internacionais em que a República Federativa do Brasil seja parte".

Embora tenha pontos positivos, como valorização e descoberta das instituições democráticas, e apresentado à população como uma "Constituição da Internet", o Marco Civil traz mais problemas do que soluções, em especial no tocante à responsabilidade civil por conteúdos publicados por terceiros, enunciando como tríplice vertente a preservação da neutralidade da rede, a privacidade e a liberdade de expressão.[58]

A Lei nº 12.965/2014 estabelece um regime de tutela da liberdade de expressão fundado na dinâmica da Primeira Emenda à Constituição dos Estados Unidos da América, conferindo-lhe proteção superior àquela dada a outros direitos da personalidade.[59]

No entanto, colisões entre a liberdade de expressão e o direito à honra são, em geral, *hard cases*, de modo que o Marco Civil, ao veladamente separar direitos da personalidade em grupos distintos, e, na prática, neutralizar a honra, a vida privada e direitos da criança e do adolescente,

---

[58] Vale transcrever a observação crítica de Lenio Streck: "[...] A nova lei está sendo apelidada de 'Constituição da Internet' ou ainda 'Carta dos Direitos do Século XXI'. Estaríamos, então, diante do *cyberconstitucionalismo*? Esta situação é minimamente questionável numa realidade de baixa constitucionalidade como a brasileira. Ironicamente, como se pode notar, a famigerada 'era dos princípios', que propiciou o surgimento de leis com características sociais-diretivas, encontra – mormente todas as críticas – um imaginário jurídico ainda fortemente dependente da metodologia tradicional, que sob o pretexto de 'interpretar' conforme a Constituição, costuma criar princípios como se fossem *tweets*. Ou seja, não adianta falar em princípios se, depois, com eles e a despeito deles, o intérprete os interpreta como quer. Princípios não são ornamentos. E tampouco são álibis teóricos.

Noutro aspecto, no que diz respeito à interpretação, o art. 6º do Marco Civil apresenta uma espécie de manual de utilização que entendo dispensável, seja pelo caráter tautológico ou por aquilo que não declara e que é necessário nessa tarefa, e que nem por isso são vinculantes" (STRECK, Lenio. Apontamentos hermenêuticos sobre o marco civil regulatório da internet. *In*: LEITE, George Salomão; LEMOS, Ronaldo [coord.]. *Marco civil da internet*. São Paulo: Atlas, 2014. p. 334).

[59] THOMPSON, Marcelo. Marco civil ou demarcação de direitos? Democracia, razoabilidade e as fendas da internet no Brasil. *Revista de Direito Administrativo*, Rio de Janeiro, v. 261, p. 203, set.-dez. 2012.

cria demarcações irrazoáveis e incompatíveis com as possibilidades democráticas do mundo contemporâneo.[60]

A preservação da neutralidade, prevista como princípio da disciplina do uso da Internet no Brasil no art. 3º, IV, é contemplada ainda no art. 9º: "o responsável pela transmissão, comutação ou roteamento tem o dever de tratar de forma isonômica quaisquer pacotes de dados, sem distinção por conteúdo, origem e destino, serviço, terminal ou aplicação".[61] O princípio da neutralidade é um dos pontos mais salutares da nova lei, assegurando a isonomia nas relações de consumo que têm por objeto a transmissão de dados eletrônicos, embora suas exceções fiquem sujeitas à regulamentação pelo Executivo.

Com vistas à regulamentação do Marco Civil, sobretudo, em matéria de neutralidade, para tratar das hipóteses admitidas de discriminação dos pacotes de dados na Internet e degradação de tráfego além de indicar procedimentos para guarda e proteção de dados por provedores de conexão e de aplicações, foi editado o Decreto nº 8.771, de 11 de maio de 2016.[62]

---

[60] THOMPSON, Marcelo. Marco civil ou demarcação de direitos? Democracia, razoabilidade e as fendas da internet no Brasil. *Revista de Direito Administrativo*, Rio de Janeiro, v. 261, p. 203, set.-dez. 2012.

[61] Segundo informação retirada do site do relator do PLC nº 2.126/2011, Deputado Alessandro Molon, "a neutralidade tecnológica assegura que tudo o que trafega pela Internet seja tratado da mesma maneira. Sem ela, seu provedor de conexão pode escolher pelo usuário o que acessar, priorizando a velocidade de acesso a determinados *sites* com quem tenha algum acordo comercial ou que sejam do interesse da empresa, em detrimento de outros" (Disponível em: www.molon1313.com.br/convergencia-digital-teles-vencem-e-marco-civil-da-internet-trava-na-camara/. Acesso em: 22 nov. 2012).

[62] A neutralidade da rede é tratada no Capítulo II do Decreto nº 8.771/16:
"Art. 3º A exigência de tratamento isonômico de que trata o art. 9º da Lei nº 12.965, de 2014, deve garantir a preservação do caráter público e irrestrito do acesso à Internet e os fundamentos, princípios e objetivos do uso da Internet no País, conforme previsto na Lei nº 12.965, de 2014.
Art. 4º A discriminação ou a degradação de tráfego são medidas excepcionais, na medida em que somente poderão decorrer de requisitos técnicos indispensáveis à prestação adequada de serviços e aplicações ou da priorização de serviços de emergência, sendo necessário o cumprimento de todos os requisitos dispostos no art. 9º, § 2º, da Lei nº 12.965, de 2014.
Art. 5º Os requisitos técnicos indispensáveis à prestação adequada de serviços e aplicações devem ser observados pelo responsável de atividades de transmissão, de comutação ou de roteamento, no âmbito de sua respectiva rede, e têm como objetivo manter sua estabilidade, segurança, integridade e funcionalidade.
§ 1º Os requisitos técnicos indispensáveis apontados no *caput* são aqueles decorrentes de:
I – tratamento de questões de segurança de redes, tais como restrição ao envio de mensagens em massa (*spam*) e controle de ataques de negação de serviço; e
II – tratamento de situações excepcionais de congestionamento de redes, tais como rotas alternativas em casos de interrupções da rota principal e em situações de emergência.
§ 2º Agência Nacional de Telecomunicações – Anatel atuará na fiscalização e na apuração de infrações quanto aos requisitos técnicos elencados neste artigo, consideradas as diretrizes estabelecidas pelo Comitê Gestor da Internet – CGIbr.
Art. 6º Para a adequada prestação de serviços e aplicações na Internet, é permitido o gerenciamento de redes com o objetivo de preservar sua estabilidade, segurança e funcionalidade, utilizando-se apenas de medidas técnicas compatíveis com os padrões internacionais, desenvolvidos para o bom funcionamento da Internet, e observados os parâmetros regulatórios expedidos pela Anatel e consideradas as diretrizes estabelecidas pelo CGIbr.
Art. 7º O responsável pela transmissão, pela comutação ou pelo roteamento deverá adotar medidas de transparência para explicitar ao usuário os motivos do gerenciamento que implique a discriminação ou a degradação de que trata o art. 4º, tais como:
I – a indicação nos contratos de prestação de serviço firmado com usuários finais ou provedores de aplicação; e
II – a divulgação de informações referentes às práticas de gerenciamento adotadas em seus sítios eletrônicos, por meio de linguagem de fácil compreensão.
Parágrafo único. As informações de que trata esse artigo deverão conter, no mínimo:
I – a descrição dessas práticas;
II – os efeitos de sua adoção para a qualidade de experiência dos usuários; e
III – os motivos e a necessidade da adoção dessas práticas.

A iniciativa do Marco Civil acompanhou, à época, a tendência da União Europeia, tendo em vista a aprovação, pelo Parlamento Europeu, de um conjunto de reformas na legislação sobre telecomunicações, definindo e protegendo a neutralidade.[63]

Caso autorizado o fim da neutralidade, o usuário que consumisse mais banda (ou seja, mais informação), assistindo um vídeo, por exemplo, poderia ser cobrado a mais por isso. Embora a neutralidade seja consagrada como um princípio, suas exceções ficam sujeitas à regulamentação pelo Executivo.[64]

A privacidade é outro pilar do Marco Civil, contemplada como direito fundamental no art. 7º, I, que contempla a "inviolabilidade da intimidade e da vida privada, sua proteção e indenização pelo dano material ou moral decorrente da sua violação".

De maneira positiva, o Marco Civil prevê a preservação da autodeterminação informativa dos usuários, contemplada nos arts. 8º e 10 e seguintes da Lei nº 12.965/2014.[65]

Percebe-se que a lei que disciplina o uso da Internet no Brasil é pródiga em dispositivos que tutelam especificamente a privacidade dos usuários, ainda que desnecessários em face do art. 5º, X, da CF/88, que já assegura o direito fundamental à intimidade e vida privada.

Para Marcelo Thompson, é comum ainda hoje ver a Internet como um espaço de liberdade absoluta, irrestrita. Mas essa não é uma visão desejável ou possível:

Art. 8º A degradação ou a discriminação decorrente da priorização de serviços de emergência somente poderá decorrer de:

I – comunicações destinadas aos prestadores dos serviços de emergência, ou comunicação entre eles, conforme previsto na regulamentação da Agência Nacional de Telecomunicações – Anatel; ou

II – comunicações necessárias para informar a população em situações de risco de desastre, de emergência ou de estado de calamidade pública.

Parágrafo único. A transmissão de dados nos casos elencados neste artigo será gratuita.

Art. 9º Ficam vedadas condutas unilaterais ou acordos entre o responsável pela transmissão, pela comutação ou pelo roteamento e os provedores de aplicação que:

I – comprometam o caráter público e irrestrito do acesso à Internet e os fundamentos, os princípios e os objetivos do uso da Internet no País;

II – priorizem pacotes de dados em razão de arranjos comerciais; ou

III – privilegiem aplicações ofertadas pelo próprio responsável pela transmissão, pela comutação ou pelo roteamento ou por empresas integrantes de seu grupo econômico.

Art. 10. As ofertas comerciais e os modelos de cobrança de acesso à Internet devem preservar uma Internet única, de natureza aberta, plural e diversa, compreendida como um meio para a promoção do desenvolvimento humano, econômico, social e cultural, contribuindo para a construção de uma sociedade inclusiva e não discriminatória".

[63] European Parliament passes strong net neutrality law, along with major roaming reforms. Disponível em: http://gigaom.com/2014/04/03/european-parliament-passes-strong-net-neutrality-law-along-with-major--roaming-reforms/. Acesso em: 10 abr. 2014.

[64] Conforme o art. 9º, § 1º, do Substitutivo do PLC nº 2.126/2011 aprovado no plenário da Câmara dos Deputados, "a discriminação ou degradação de tráfego será regulamentada nos termos das atribuições privativas do Presidente da República previstas no inc. IV do art. 84 da CF, para a fiel execução desta Lei, ouvidos o Comitê Gestor da Internet e a Agência Nacional de Telecomunicações, e somente poderá decorrer de: I – requisitos técnicos indispensáveis à prestação adequada dos serviços e aplicações; II – e a priorização a serviços de emergência".

[65] O art. 8º da Lei nº 12.965/20014 assim estabelece:

"Art. 8º A garantia do direito à privacidade e à liberdade de expressão nas comunicações é condição para o pleno exercício do direito de acesso à Internet.

Parágrafo único. São nulas de pleno direito as cláusulas contratuais que violem o disposto no *caput*, como aquelas que:

I – impliquem ofensa à inviolabilidade e ao sigilo das comunicações privadas pela Internet;

II – em contrato de adesão, não ofereçam como alternativa ao contratante a adoção do foro brasileiro em controvérsias decorrentes de serviços prestados no Brasil".

"As configurações da Internet, como ensina a doutrina, são maleáveis. Não comportam, portanto, somente o grito libertário que não conhece limites. Não demandam a neutralização de tudo que se ponha no caminho de usuários de liberdade infinita. A Internet será a imagem precisa das sociedades que queremos ser. Remove, sim, ditadores, e deve fazê-lo. Mas não pode, no caminho da democracia, extinguir-lhe a razão de ser – o igual valor, a dignidade de cada um dos integrantes do povo".[66]

Embora baseado na prevalência dada à liberdade de expressão pela Primeira Emenda da Constituição dos Estados Unidos da América, o Marco Civil entra em choque até mesmo com o atual contorno da Internet nos EUA, onde atualmente se discute a aprovação de regras de proteção de dados pessoais introduzidas pelo governo Obama.

Para promover a liberdade de expressão, o Marco Civil busca neutralizar qualquer papel que os intermediários do conhecimento e informação em circulação na Internet possam desempenhar na preservação de direitos. A premissa fundamental é a de que os intermediários – como o YouTube e o Facebook – não devem ter qualquer dever de velar pela razoabilidade e responsabilidade dos seus usuários, pois isso violaria a liberdade de expressão.[67]

A partir da premissa da neutralidade, o Marco Civil abrange vários pontos polêmicos, em especial o seu art. 19, que prevê que o provedor de aplicações da Internet somente poderá ser responsabilizado civilmente[68] por danos decorrentes de conteúdo gerado por terceiros se, após ordem judicial específica, não tomar as providências para, no âmbito e nos limites técnicos do seu serviço e dentro do prazo assinalado, tornar indisponível o conteúdo apontado como infringente.[69]

---

[66] THOMPSON, Marcelo. Marco civil ou demarcação de direitos? Democracia, razoabilidade e as fendas da internet no Brasil. *Revista de Direito Administrativo*, Rio de Janeiro, v. 261, p. 206, set.-dez. 2012: "É de se ver então que tipo de Constituição é o Marco Civil da Internet no Brasil. Ele reconhece e promove o igual valor, a dignidade de todos os membros do povo, ou privilegia interesses que são mais caros a alguns, ou mesmo a muitos em completa anulação de minorias?".

[67] THOMPSON, Marcelo. Marco civil ou demarcação de direitos? Democracia, razoabilidade e as fendas da internet no Brasil. *Revista de Direito Administrativo*, Rio de Janeiro, v. 261, p. 213, set.-dez. 2012: "Em outras palavras, mesmo quando o YouTube e o Facebook sabem que hospedam conteúdo que viola a vida privada e a reputação das pessoas – isto é, mesmo quando alguém já lhes tenha dito expressamente e demonstrado de maneira robusta –, eles não têm qualquer responsabilidade de examinar a natureza do conteúdo e lhe dar atenção compatível com a seriedade dos direitos cuja proteção se busca.
O Marco Civil, cujo anteprojeto teve o dispositivo redigido por Marcel Leonardi, professor da Fundação Getúlio Vargas de São Paulo e ex-diretor de Políticas Públicas da Google Brasil, diz que 'a responsabilidade dos provedores de aplicações (como o Google, em diversos de seus *sites*) só existe quando estes descumprirem ordem judicial; nunca antes'. Mas entre achar um advogado, negociar seus honorários, descobrir quem de fato é o provedor e onde está estabelecido, ter uma petição redigida, obter uma ordem judicial, enviar uma carta precatória para São Paulo ou uma carta rogatória para Londres para fazer cumprir a ordem, notificar o réu e este, dentro de período razoável, tornar o conteúdo indisponível, o conteúdo já foi reproduzido por um, por outro, por centenas de *sites* na Internet [...]. Além do problema puro e simples das vítimas e da erosão das garantias das nossas instituições democráticas – que, em si, são problemas monumentais –, teríamos ainda problema não menos expressivo no âmbito de nossas relações internacionais. O Brasil seria o paraíso da hospedagem de conteúdo ilícito – as Cayman Islands da indignidade – e da neutralização dos direitos de cidadãos de outros países quando aos danos ocorridos no Brasil". (g.n.).

[68] O art. 19, *caput* choca-se inclusive com a nova redação a ser dada ao art. 5º, VI, do CDC pelo art. 1º do PLS nº 281/2012, que atualiza o Código de Defesa do Consumidor em matéria de comércio eletrônico, prevendo, dentre os instrumentos da Política Nacional das Relações de Consumo, o conhecimento de ofício pelo Poder Judiciário, no âmbito do processo em curso, *e pela Administração Pública*, de violação a normas de defesa do consumidor.

[69] De maneira ociosa, o art. 19 traz ainda regras processuais e de competência nos §§ 3º e 4º.
"§ 3º As causas que versem sobre ressarcimento por danos decorrentes de conteúdos disponibilizados na Internet relacionados à honra, à reputação ou a direitos da personalidade bem como sobre a indisponibilização desses conteúdos por provedores de aplicações de Internet poderão ser apresentadas perante os juizados especiais.

Em plena era dos meios alternativos de solução de conflitos, como a mediação e a arbitragem, o Marco Civil judicializa questões que já se encontravam resolvidas por outros instrumentos mais ágeis, como os Termos de Ajustamento de Conduta (TACs).[70]

Nos últimos dias,[71] voltou à tona a problemática[72] questão da responsabilidade civil de provedores de aplicação por conteúdo inserido por terceiros, com o julgamento de dois casos na Suprema Corte americana. No centro das atenções do debate público, estão os chamados "imunidade legal" ou "sistema de irresponsabilidade civil"[73] por conteúdo ilícito, bem como pela opção de bloqueio – caso a plataforma o considere ilegal unilateralmente –, ambos previstos na Seção 230 do *Communications Decency Act*.[74]

---

§ 4º O Juiz, inclusive no procedimento previsto no § 3º, poderá antecipar, total ou parcialmente, os efeitos da tutela pretendida no pedido inicial, existindo prova inequívoca do fato e considerado o interesse da coletividade na disponibilização do conteúdo na Internet, desde que presentes os requisitos da verossimilhança da alegação do autor e de fundado receio de dano irreparável ou de difícil reparação".

[70] A redação original do art. 20 do Anteprojeto do Marco Civil era a seguinte, consagrando a notificação administrativa do provedor:
"Art. 20. O provedor de serviço de Internet somente poderá ser responsabilizado por danos decorrentes de conteúdo gerado por terceiros se for notificado pelo ofendido e não tomar as providências para, no âmbito de seu serviço e dentro de prazo razoável, tornar indisponível o conteúdo apontado como infringente.
§ 1º Os provedores de serviços de Internet devem oferecer de forma ostensiva ao menos um canal eletrônico dedicado ao recebimento de notificações e contranotificações.
§ 2º É facultado ao provedor de serviços de Internet criar mecanismo automatizado para atender aos procedimentos dispostos nesta Seção".

[71] MARTINS, Guilherme Magalhães; LONGHI, João Victor Rozatti. Gon-zález *vs*. Google e Twitter *vs*. Taamneh: provedores de internet na mira da Scotus. *Consultor Jurídico*, 24 mar. 2023. Disponível em: https://www.conjur.com.br/2023-mar-24/garantias-consumo-fim-internet-conhecemos-nesta-semana. Acesso em: 9 abr. 2023.

[72] BARNES Robert; VYNCK, Gerrit de; LIMA, Cristiano; OREMUS, Will; WANG, Amy B. Supreme Court considers if Google is liable for recommending ISIS videos. *Washington Post*, 21 fev. 2023. Disponível em: https://www.washingtonpost.com/technology/2023/02/21/gonzalez-v-google-section-230-supreme-court/. Acesso em: 7 mar. 2023.
ROBINSON, Kimberly Strawbridge. Law Professor Lands High Court Tech Cases Due to Conflict Rules. *Bloomberg Law*, 17 fev. 2023. Disponível em: https://news.bloomberglaw.com/us-law-week/law-professor-lands-high-court-tech-cases-due-to-conflict-rules. Acesso em: 7 mar. 2023.
FUNG, Brian; SNEED, Tierney. Takeaways from the Supreme Court's hearing on Twitter's liability for terrorist use of its platform. *CNN*, 22 fev. 2023. Disponível em: https://edition.cnn.com/2023/02/22/tech/supreme-court-twitter-v-taamneh/index.html. Acesso em: 7 mar. 2023.
FEINER, Lauren. Supreme Court considers whether Twitter can be held liable for failing to remove terrorist content. *CNBC*, 22 fev. 2023. Disponível em: https://www.cnbc.com/2023/02/22/supreme-court-hears-twitter-v-taamneh-case-about-terrorist-content.html. Acesso em: 7 mar. 2023.
No Brasil, *v*. CAVALCANTI, Glauce. Julgamento da Suprema Corte dos EUA deve ditar rumos de *big techs* no Brasil e no mundo. Entenda por que EUA discutem até junho responsabilidade de plataformas como Google, Facebook e Twitter sobre conteúdo de ódio e terrorismo. No Brasil, Marco Civil da internet pode ser revisto. *O Globo*, 10 mar. 2023. Disponível em: https://oglobo.globo.com/economia/tecnologia/noticia/2023/03/julgamento-da-suprema-corte-dos-eua-deve-ditar-rumos-de-big-techs-no-brasil-e-no-mundo-entenda-por-que.ghtml. Acesso em: 10 mar. 2023.
CARDOSO, Jessica. EUA julgam se *big techs* são culpadas por sugestões de algoritmos: Suprema Corte trata do caso de jovem morta em ataque em Paris; acusação diz que extremistas foram influenciados por algoritmos do YouTube. *Poder 360*, 1 mar. 2023. Disponível em: https://www.poder360.com.br/tecnologia/eua-julgam-se-big-techs-sao-culpadas-por-sugestoes-de-algoritmos/. Acesso em: 7 mar. 2023

[73] MARTINS, Guilherme Magalhães; LONGHI, João Victor Rozatti. OPINIÃO Liberdade de expressão e redes sociais virtuais. *Consultor Jurídico*, 12 abr. 2020. Disponível em: https://www.conjur.com.br/2020-abr-12/martins-longhi-liberdade-expressao-redes-sociais. Acesso em: 9 abr. 2023.

[74] "(1)Treatment of publisher or speaker. No provider or user of an interactive computer service shall be treated as the publisher or speaker of any information provided by another information content provider. (2) Civil liability. No provider or user of an interactive computer service shall be held liable on account of (A)any action voluntarily taken in good faith to restrict access to or availability of material that the provider or user considers

Em linhas gerais, no primeiro caso,[75] o pai de Nohemi González, estudante norte-americana morta nos atentados terroristas de Paris em 2015, demandou contra o provedor de aplicações, afirmando que o ranqueamento de vídeos no YouTube teria promovido conteúdos que levaram à radicalização de *jihadistas* e, consequentemente, à morte de sua filha. Assim, o YouTube não agiria somente como uma plataforma isenta para o conteúdo de terceiros, mas como um *publisher*, uma vez que lucraria diretamente pelo conteúdo sugerido, e indiretamente pela publicidade dirigida aos usuários com o conteúdo terrorista, o que agrava a posição da plataforma, já que em 2016 foi alterada a lei antiterrorismo para responsabilizar quem divulga conteúdo considerado terrorista.

A atual administração federal estadunidense concorda com o demandante, asseverando que, atualmente, a regra legal que concede imunidade aos provedores pelo conteúdo inserido por terceiros não estaria guarnecida pela regra da Seção 230, especialmente com o avanço dos sistemas de recomendação dirigidos por algoritmos. Igualmente, também se destaca o argumento de que a interpretação dada pelas Cortes ao dispositivo seria excessivamente extensiva, especialmente porque ele é datado de 1996, quando os modelos de negócios das plataformas e a própria tecnologia existente eram mais baseados em conteúdo próprio, e não na criação de meios eficazes para que os usuários disponibilizassem conteúdo.[76]

O Google assevera em sua defesa que sua "derrota pode arruinar a Internet". Igualmente, que o julgamento contrário a seus interesses teria "efeitos devastadores", fazendo com que a Internet voltasse a ser um "campo minado para litígios". Essencialmente, o argumento central é o de que tornar o provedor responsável poderá causar uma alta significativa nas retiradas de conteúdos, levando a um ambiente em que haverá, por parte dos provedores, alto risco de censura e, portanto, violação da liberdade de expressão.[77]

Já o caso *Taamneh*[78] trata-se de demanda, em face do Twitter, pela família nos EUA de um cidadão da Jordânia morto em atentados terroristas em uma boate de Istambul, em 2016. Em foco, está a suposta responsabilidade civil de "qualquer pessoa que contribua ou incite atos de terrorismo" prevista especificamente no *Justice Against Sponsors of Terrorism Act* de 2016.[79]

O Twitter vai em linha semelhante à das demais plataformas. Essencialmente, é de se destacar que o provedor procura descaracterizar o vínculo direto entre o ataque de Istambul e a morte do familiar dos demandantes e a conduta da plataforma de permitir que conteúdo de incentivo aos grupos *jihadistas* circule. Igualmente, que a Seção 230 não impõe dever de retirar o conteúdo, mas isenta de responsabilidade o "bom samaritano" que, de boa-fé, bloqueie conteúdo que considere ilícito.

A intersecção entre a imunidade dos provedores e a questão do terrorismo, com legislação especial e toda a carga histórica que envolve o tema nos EUA, torna o assunto ainda mais delicado e complexo.

---

to be obscene, lewd, lascivious, filthy, excessively violent, harassing, or otherwise objectionable, whether or not such material is constitutionally protected; or (B)any action taken to enable or make available to information content providers or others the technical means to restrict access to material described in paragraph (1)."

[75] SUPREME COURT OF THE UNITED STATES OF AMERICA. Oral Argument – Audio. Gonzalez v. Google LLC. Docket Number: 21-1333. Date Argued: 02/21/23. Disponível em: https://www.supremecourt.gov/oral_arguments/audio/2022/21-1333. Acesso em: 7 mar. 2023.

[76] MELO, João Ozorio de. Batalha de gigantes. EUA se opõem ao Google em disputa sobre mídia social na Suprema Corte. *Consultor Jurídico*, 9 dez. 2022. Disponível em: https://www.conjur.com.br/2022-dez-09/governo-eua-opoe-google-disputa-midia-social. Acesso em: 7 mar. 2023.

[77] Cf. MELO, João Ozorio de. *Big techs* em alerta. Google diz à Suprema Corte que derrota em julgamento pode arruinar internet. *Consultor Jurídico*, 17 jan. 2023. Disponível em: https://www.conjur.com.br/2023-jan-17/google-suprema-corte-derrota-arruinar-internet. Acesso em: 7 mar. 2023.

[78] Disponível em: https://www.supremecourt.gov/oral_arguments/audio/2022/21-1496.

[79] Disponível em: https://static.poder360.com.br/2023/03/21-1496-sustentacao-oral-twitter-vs-taamneh.pdf.

Jeff Kosseff destaca em seu *Vinte e seis palavras que moldaram a Internet* (a primeira parte da Seção 230 tem exatas 26 palavras) que, mesmo assim, as Cortes americanas têm rechaçado demandas como a de *Taamneh*, em especial, pela dificuldade de visualização de causalidade entre a conduta do provedor e a situação jurídica de *publisher*, nos termos da lei. Entretanto, analisa particularidades da argumentação do caso *Fields* v. *Twitter*, em linhas muito semelhantes às discutidas em *Taamneh*, rechaçadas pela Corte Federal do 9º Circuito pela ausência de *direct link* entre a conduta do provedor e o ato terrorista em si. Contudo, o caso seria uma espécie de oportunidade, pois o fundamento principal não foi a imunidade dos provedores, mas a lei especial, tendo-se levantado nas discussões que o fato de a plataforma lucrar com o conteúdo a faria uma espécie de *publisher*.[80]

Mesmo assim, os esforços parecem ser em vão ou, ao menos, ter muita dificuldade de alterar a realidade das coisas, especialmente nos EUA. Sobressai o fato de que os provedores têm a seu favor o que ainda popularmente é chamado de "Magna Carta da Internet".[81] Há toda uma gama de precedentes judiciais e um grande coro doutrinário – e mesmo da opinião pública –, que fazem com que uma leitura evolutiva da Seção 230, capaz de trazer algum tipo de responsabilização, seja quase um "tabu" dentro da sistemática americana.

Contudo, é fato que ao menos o ambiente político tenha se alterado um pouco nos últimos anos sobre a visão pública acerca dos provedores.

O caso foi julgado pela Suprema Corte norte-americana no dia 18 de maio de 2023, que, por nove votos a zero, manteve sua interpretação anterior sobre a Seção 230, isentando os provedores de responsabilidade sobre as publicações dos seus usuários.

As *big techs* estão sob os holofotes; por um lado, pelas revelações desde 2016 de intervenção nas eleições americanas pela inteligência russa, valendo-se da facilidade que há em se criarem perfis falsos, dirigir demandas políticas fantasiosas e espalhar desinformação e outros conteúdos tóxicos, como riscos reais à democracia. Por outro, valendo-se da isenção de responsabilidade pela retirada unilateral de conteúdo, supostamente a ensejar benefícios para o provedor, há pressão pela revisão do dispositivo, especialmente considerando que as *big techs* ganharam vulto maior do que muitos (senão todos os) Estados soberanos, e sua relevância como meio para praticamente a totalidade das atividades econômicas e políticas do mundo contemporâneo faz com que a imunidade inicialmente concedida para promover seu incipiente modelo de negócios em 1996 – quando originalmente concebido – limite ou fira de morte a liberdade de expressão.

Esse último discurso é frequentemente levantado pelos que financiam, propagam e lucram com tais conteúdos nocivos (desinformação, discurso de ódio, terrorismo etc.). Nessa linha, com foco inclusive nos efeitos sociais e concorrenciais do tema, o *Amicus Brief* apresentado pelo *Cyber Civil Rights Initiative*, de autoria de Mary Anne Franks *et al.*:

> "Os 'bons samaritanos' competem no mercado com uma mão amarrada atrás das costas, uma vez que permitem que operadores inescrupulosos – sem medo de responsabilidade – arrebatem a lucrativa receita publicitária gerada pelo conteúdo nocivo que os 'bons

---

[80] "Although they ruled in favor of Twitter, they did not do so because of Section 230. Instead, they determined that there was not proximate cause: there was not a sufficient claim that they were injured by reason of international terrorism. In an opinion for the unanimous panel, Smith wrote that the statute's "by reason of" requirement means that "a plaintiff must show at least some direct relationship between the injuries that he or she suffered and the defendant's acts" (KOSSEFF, Jeff. *The twenty-six words that created the internet*. Ithaca: Cornell University Press, 2019. p. 236).

[81] O termo é usado por Alan Rozenshtein no evento *Gonzalez v. Google and the fate of Section 230* (14.02.2023), promovido pelo *Brookings Institute*, moderação de Quinta Jurecic e participação de Benjamin Wittes, Hany Farid, Alan Rozenshtein e Daphne Keller. Disponível em: https://www.brookings.edu/events/gonzalez-v-google-and-the-fate-of-section-230/. Acesso em: 7 mar. 2023.

samaritanos' filtram. Essa superimunidade radical cria um risco moral, incentivando os provedores de conteúdo a agir de forma imprudente em busca do lucro, sem medo de responsabilidade".[82]

Nos EUA, enfatiza-se que uma mudança efetiva deveria vir do campo político, especialmente se preconizando que o caminho correto seria uma mudança legislativa e o do controle de constitucionalidade (*judicial review*).[83]

Já no Brasil, ao menos por enquanto, é mais ou menos consolidado na cultura jurídica que o STF pode lançar mão de técnicas de interpretação diversas da declaração de inconstitucionalidade ou não do análogo art. 19 do Marco Civil da Internet – interpretação conforme a Constituição, declaração de inconstitucionalidade sem redução do texto e tantas outras poderiam moldar o dispositivo às compreensões de que não é possível permitir que milícias digitais ameacem a democracia, a saúde pública e outros valores constitucionais fundamentais.

Uma solução que pode se somar à recente tomada de consciência sobre o tema é a louvável iniciativa de estabelecimento de um grupo de trabalho, junto do Ministério dos Direitos Humanos, com a finalidade de construção de uma regulação das redes sociais capaz de responder aos desafios da Internet atual, com soluções que vão desde desmonetização e autorregulação regulada a tantas outras inspiradas nas mais diversas regulações, que não a norte-americana – o que é vital para a compreensão do desenvolvimento da rede, marcada pelo excepcionalismo de uma ordem jurídica que cultua a liberdade de expressão como liberdade individual tendente à falta de limites.

Como exemplos dessa inspiração, a legislação alemã (NETZDG) de 2017 ou o recente *Digital Services Act* europeu. Contudo, para cada um deles, não falta quem diga até hoje que "a Internet vai acabar".

O Supremo Tribunal Federal apreciará em breve a constitucionalidade ou não do art. 19 do Marco Civil da Internet, no âmbito do Recurso Extraordinário 1.057.258 (com o Tema de Repercussão Geral 533), sobre a existência ou não de dever de monitoramento e fiscalização dos conteúdos que circulam na rede por parte dos provedores de aplicação na Internet, em caso concreto que se originou de uma publicação ofensiva numa rede social, e do Recurso Extraordinário 1.037.936 (com o Tema 987 de Repercussão Geral), cujo caso concreto se originou de perfil falso em uma rede social.[84]

Sobre o tema, o Supremo Tribunal Federal, nos dias 28 e 29 de março de 2023, realizou audiência pública – convocada pelos Ministros Luiz Fux e Dias Toffoli –, com a presença de diversos órgãos da sociedade civil, além de empresas como Google, Facebook e TikTok.

---

[82] "Samaritans compete in the marketplace with one hand tied behind their backs, since they allow unscrupulous operators—without fear of liability—to snatch up the lucrative advertising revenue generated by the harmful content that Good Samaritans filter. This radical, super-immunity creates a moral hazard, incentivizing ICSPs to act recklessly in pursuit of profit without fear of liability (FRANKS, Mary Anne *et al*. Brief of amici curiae the cyber civil rights initiative and legal scholars in support of petitioners". Disponível em: https://cybercivilrights.org/wp-content/uploads/2023/01/Gonzalez-v.-Google-LLC.pdf. Acesso em: 10 mar. 2023). (tradução livre)

[83] É o que se extrai especialmente da fala do Professor Alan Rozenshtein já ao final do evento *Gonzalez v. Google and the fate of Section 230* (14.02.2023), promovido pelo *Brookings Institute*, moderação de Quinta Jurecic e participação de Benjamin Wittes, Hany Farid, Alan Rozenshtein e Daphne Keller. Disponível em: https://www.brookings.edu/events/gonzalez-v-google-and-the-fate-of-section-230/. Acesso em: 7 mar. 2023.

[84] "Tema 533 – Dever de empresa hospedeira de sítio na Internet fiscalizar o conteúdo publicado e retirá-lo do ar quando considerado ofensivo, sem intervenção do Judiciário."
"Tema 987 – Discussão sobre a constitucionalidade do art. 19 da Lei n. 12.965/2014 (Marco Civil da Internet) que determina a necessidade de prévia e específica ordem judicial de exclusão de conteúdo para a responsabilização civil de provedor de internet, *websites* e gestores de aplicativos de redes sociais por danos decorrentes de atos ilícitos praticados por terceiros."

O Ministério da Justiça e Segurança Pública baixou a Portaria MJSP 351, de 12 de abril de 2023, que dispõe sobre medidas administrativas a serem adotadas no âmbito do Ministério da Justiça e Segurança Pública, para fins de prevenção à disseminação de conteúdos flagrantemente ilícitos, prejudiciais ou danosos por plataformas de redes sociais, e dá outras providências.[85]

O art. 19 do Marco Civil obstaculiza termos de ajustamento de conduta firmados entre os principais provedores, como a Google, e o Ministério Público Federal e os Ministérios Públicos de diversos Estados, como Rio de Janeiro e São Paulo, possibilitando o livre acesso às informações acerca dos usuários para fins de persecução criminal.

Trata-se de uma tentativa de imunizar os provedores, que vai de encontro aos meios alternativos de solução de conflitos, como a arbitragem e a mediação.

Ao optar pela via judicial, a Lei nº 12.695/2014 impõe mais um ônus à vítima, que agora precisa provocar o Judiciário para requerer a retirada do conteúdo ofensivo, além de facilitar o aumento da extensão do dano, visto que aquele material ficará mais tempo disponível na rede.

A lei ameaça conquistas alcançadas de maneira gradual, em detrimento do interesse público, especialmente em matéria de responsabilização dos provedores, onde se visualizam hoje os maiores problemas decorrentes dos vícios e acidentes de consumo nas redes sociais virtuais, sobretudo haja vista a abrangência da norma do art. 17 da Lei nº 8.078/1990, que equipara aos consumidores todas as vítimas do evento (*bystanders*).

Espelhando uma ótica patrimonialista, o legislador demonstra preocupação apenas com as infrações a direitos autorais ou direitos conexos, que, na forma do art. 19, § 2º, tem o requisito da ordem judicial condicionado a previsão legal específica.

Nesse ponto, o Marco Civil, paradoxalmente, consagra a prevalência das situações patrimoniais sobre as existenciais, caso em que a responsabilidade do provedor em face das vítimas depende de uma prévia notificação judicial, o que não se aplica, portanto, ao titular do direito autoral. Conferir aos interesses da indústria cultural, em função da titularidade dos direitos patrimoniais do autor (*copyright*) em face das vítimas de danos sofridos através das ferramentas de comunicação da Internet, como as redes sociais, significa inverter os valores fundamentais contidos na tábua axiológica da Constituição da República.

Portanto, o art. 19, § 2º, do Marco Civil é eivado de inconstitucionalidade material, por afrontar a dignidade da pessoa humana, eleita como princípio fundamental da República Federativa do Brasil no art. 1º, IV, da CF/1988, em nome da exaltação de uma liberdade de expressão que não pode ser absoluta.

Numa outra tentativa de minimizar o efeito danoso do art. 19, o Substitutivo do Marco Civil aprovado pela Câmara dos Deputados em 25.03.2014 inseriu o art. 21, voltado à veiculação de imagens, vídeos ou outros materiais contendo cenas de nudez ou sexo, caso em que o provedor responde subsidiariamente[86] em caso de inação face à notificação extrajudicial.[87]

---

[85] Conforme o art. 4º da Portaria: "Art. 4º A Senacon, no âmbito de processo administrativo, deverá requisitar que as plataformas de redes sociais avaliem e tomem medidas de mitigação relativas aos riscos sistêmicos decorrentes do funcionamento dos seus serviços e sistemas relacionados, incluindo os sistemas algorítmicos.
§ 1º A avaliação de riscos sistêmicos, a ser requisitada nos termos do *caput*, deverá considerar os efeitos negativos, reais ou previsíveis, da propagação de conteúdos ilícitos, nos termos desta Portaria, em especial:
I – risco de acesso de crianças e adolescentes a conteúdos inapropriados para idade, além de conteúdos ilegais, nocivos e danosos, nos termos desta Portaria; e
II – risco de propagação e viralização de conteúdos e perfis que exibam extremismo violento, incentivem ataques a ambiente escolar ou façam apologia e incitação a esses crimes ou a seus perpetradores".

[86] Tal solução atenta contra o art. 7º, parágrafo único, da Lei nº 8.078/1990, que prevê a responsabilidade solidária de todos os integrantes da cadeia de prestação de produtos e serviços.

[87] "Art. 21. O provedor de aplicações de Internet que disponibilize conteúdo gerado por terceiros será responsabilizado subsidiariamente pela violação da intimidade decorrente da divulgação, sem autorização de seus

O clamor público causado pelo uso agressivo da pornografia nas redes sociais, em situações como o denominado *cyber revenge*, certamente inspirou a introdução do art. 21, mas o critério da ordem judicial traduz um grave retrocesso em face do direito de não ser vítima de danos, nas situações não abrangidas por aquele dispositivo.

As únicas exceções à responsabilidade condicionada ao descumprimento de ordem judicial seriam: a) a ofensa de cunho sexual, caso em que a necessidade de ordem judicial é substituída pela notificação administrativa, como já observamos em outra oportunidade (a inconstitucionalidade do Marco Civil da Internet, editorial publicado no Valor Econômico em 19 de maio de 2014) e b) a infração a direitos autorais ou conexos, condicionada a previsão legal específica, conforme o art. 19, § 2º do Marco Civil.

De certo modo, a tutela semiabsoluta da imunidade dos provedores só foi ponderada em virtude do tratamento moral-religioso irradiante em tópicos como a sexualidade, e quando se trata das *propriedades imateriais* ligadas à indústria do entretenimento.

Logo, o patrimônio, para o Marco Civil, prevalece sobre a cláusula geral de proteção da pessoa humana. Se a responsabilidade do provedor em face das vítimas depende de uma prévia notificação judicial, isso não se aplica, portanto, ao titular do direito autoral. Conferir aos interesses da indústria cultural, em função da titularidade dos direitos patrimoniais do autor (*copyright*) em face das vítimas de danos sofridos através das ferramentas de comunicação da Internet, como as redes sociais, significa inverter os valores fundamentais contidos na tábua axiológica da Constituição da República. A vaga referência à futura Lei de Direitos Autorais, em discussão há mais de dez anos, não resolve o problema.

A notificação do provedor de Internet, prevista no art. 19 da Lei nº 12.965/14, constitui mera condição de procedibilidade, para as ações de reparação de danos movidas em face daqueles prestadores, não implicando um juízo de valor ou a violação dos deveres ensejadores de culpa, já definida por Patrice Jourdain como uma veste demasiada apertada para indenizar todas as vítimas.

O Marco Civil se limita a prever a responsabilidade decorrente do não cumprimento de uma ordem judicial de retirada de conteúdo, sem qualquer referência à culpa, o que não é de maneira alguma incompatível com a cláusula geral do risco.

A disponibilização de conteúdos ou a hospedagem de páginas na Internet é, portanto, atividade perigosa ou de risco, tendo em vista a volatilidade e insegurança do meio, não podendo a conduta dos provedores de aplicação, em pleno século XXI, ser avaliada pelo subjetivismo próprio da culpa.

Diante de uma lei injusta, cabe ao magistrado julgá-la incidentalmente inconstitucional, afastando-se da mera subsunção ou da visão positivista, pela qual o simples enunciado da lei injusta seria uma contradição em termos.

Uma solução, do ponto de vista da interpretação conforme a Constituição, seria, de modo a preservar os direitos da personalidade de vítimas de discursos tóxicos, manifestações de ódio, discriminações e milícias digitais, exigir apenas o requisito da notificação extrajudicial, como faz o art. 21 do Marco Civil da Internet.

O real risco para a liberdade de expressão, não obstante as alegações de que seria deslocada uma censura privada para as empresas do setor, decorre da ausência de regulação ou de

---

participantes, de imagens, vídeos ou outros materiais contendo cenas de nudez ou de atos sexuais de caráter privado quando, após o recebimento de notificação pelo participante ou seu representante legal, deixar de promover, de forma diligente, no âmbito e nos limites técnicos do seu serviço, a indisponibilização desse conteúdo.
Parágrafo único. A notificação prevista no *caput* deverá conter, sob pena de nulidade, elementos que permitam a identificação específica do material apontado como violador da intimidade do participante e a verificação da legitimidade para apresentação do pedido."

responsabilização das plataformas a partir do *safe harbour* estabelecido pelo art. 19 do Marco Civil da Internet.

Não se pode mais aceitar a ideia de que as plataformas são neutras ou inimputáveis em relação aos conteúdos que nelas trafegam, simplesmente criando um espaço virtual a ser preenchido por terceiros, que seriam os únicos responsáveis pelos conteúdos inseridos.

Pelo contrário, as plataformas são grandes gerenciadoras de conteúdo, identificando, filtrando, classificando, ranqueando e priorizando as informações que devem ser difundidas para cada usuário.[88]

A censura privada já existe na prática, e só uma boa regulação pode assegurar a qualidade desse fluxo informacional. Muitas vezes, como lembra Ana Frazão, a liberdade de expressão, no caso de *bots* e minorias raivosas, é usada como disfarce para a prática de ilicitudes, abusos e manipulações, considerando que a arquitetura da Internet é muitas vezes baseada na monetização.[89]

Mencione-se ainda o conceito de dever de cuidado (*duty of care*) em matéria de responsabilização das plataformas digitais, exigindo que as pessoas e organizações tomem medidas razoáveis para evitar causar danos a terceiros, sendo aplicável a qualquer pessoa que possa ser suficientemente afetada pelas ações ou omissões da pessoa ou organização em questão. Algumas iniciativas legislativas surgiram na Europa, como a *Online Safety Bill*, proposta legislativa em tramitação no Reino Unido, e o *Digital Services Act* da União Europeia.[90]

Não obstante a obrigação de não monitorar, consagrada na Diretiva nº 31/2000 da Comunidade Econômica Europeia e no *Communications Decency Act*, nos Estados Unidos, o *safe harbour* dos provedores de Internet deve conviver, no ordenamento brasileiro, com os valores constitucionais da defesa do consumidor (art. 5º, XXXII e art. 170, V) e da proteção integral (art. 227).

Em decisão paradigmática, de 16 de junho de 2015, no caso *Delfi AS v. Estônia*, a Grande Câmara da Corte Europeia de Direitos Humanos responsabilizou um portal de notícias, independentemente de culpa, pelos comentários ofensivos postados por seus leitores, cuja simples remoção foi insuficiente, em virtude da gravidade dos danos causados à reclamante, justificando-se a restrição à liberdade de expressão daquele provedor.

A exigência da ordem judicial, não obstante a inconstitucionalidade material daquele dispositivo, serve apenas à aferição do início da responsabilidade civil do provedor de aplicações de Internet, que disponibiliza conteúdos ou hospeda páginas concebidas por terceiros.

Exaltar a liberdade em sacrifício de outros direitos fundamentais, em especial a dignidade, a honra, a privacidade e a imagem das vítimas de danos potencializados pela velocidade das redes sociais na Internet significa, na maioria dos casos, sacralizar o direito de ofender a esfera jurídica alheia, ou banalizar o discurso do ódio, sob o pretexto de premiar aquele que exerce uma liberdade fundamental.

O fortalecimento dos seguros de responsabilidade civil é a resposta para a nova distribuição de danos proposta pelo ordenamento civil-constitucional.

---

[88] FRAZÃO, Ana. Regulação de conteúdos em plataformas digitais; não invoquemos a liberdade de expressão em vão. *Jota*, 22 mar. 2023. Disponível em: https://www.jota.info/opiniao-e-analise/colunas/constituicao-empresa-e-mercado/regulacao-de-conteudos-em-plataformas-digitais-22032023. Acesso em: 7 abr. 2023.

[89] FRAZÃO, Ana. Regulação de conteúdos em plataformas digitais; não invoquemos a liberdade de expressão em vão. *Jota*, 22 mar. 2023. Disponível em: https://www.jota.info/opiniao-e-analise/colunas/constituicao-empresa-e-mercado/regulacao-de-conteudos-em-plataformas-digitais-22032023. Acesso em: 7 abr. 2023.

[90] CAMPOS, Ricardo; OLIVEIRA, Samuel Rodrigues de; SANTOS, Carolina Xavier. O conceito de dever de cuidado no âmbito das plataformas digitais. *Consultor Jurídico*, 21 mar. 2023. Disponível em: https://www.conjur.com.br/2023-mar-21/direito-digital-conceito-dever-cuidado-ambito-plataformas digi-tais#:~:text=O%20dever%20de%20cuidado%20%C3%A9,adequado%20de%20responsabiliza%C3%A7%C3%A3o%20das%20plataformas. Acesso em: 8 abr. 2023.

O Marco Civil da Internet deve ainda dialogar com o Código de Defesa do Consumidor (Lei nº 8.078/1990), que prevê a regra da responsabilidade objetiva, nos seus arts. 12 e 14, bem como com a recém-publicada Lei nº 13.185, de 6 de novembro de 2015, que institui o programa de combate à intimidação sistemática (*"bullying"*).

Trata-se de ofensas que demandam uma ação preventiva, por meio dos mecanismos de tutela inibitória, e repressiva, em face da intimidação sistemática na rede de computadores (*"cyberbullying"*), definida no art. 2º, parágrafo único da Lei nº 13.185/2015, em função do uso dos instrumentos que lhe são próprios para depreciar, incitar à violência e adulterar fotos e dados pessoais, criando constrangimento psicossocial.

A Lei nº 13.185/2015 contempla, em seu art. 3º, VIII, a intimidação virtual, definida como "depreciar, enviar mensagens intrusivas de intimidade, enviar ou adulterar fotos ou dados pessoais que resultem em sofrimento com o intuito de criar meios de constrangimento psicológico e social".

Segundo uma pesquisa realizada pela organização norte-americana Women's Rights Association for Progressive Communications, divulgada no Jornal *O Globo* de 10 de novembro de 2015, a respeito de assédio *on-line*, com a publicação de fotos íntimas como forma de vingança, campanhas de difamação ou mesmo ameaças de morte, dentre outras condutas, cerca de 60% dos mil casos levantados não foram investigados pelas autoridades, ao passo que menos de um terço teve algum tipo de resposta pelos provedores de serviços de Internet.

Outro ponto controvertido se refere à guarda dos registros.

O Marco Civil, em seu art. 5º, diferencia os registros de conexão (inc. VI)[91] e de acesso a aplicações de Internet (inc. VIII),[92] cada qual sujeito a um regime distinto de guarda e tratamento de dados.

A guarda dos registros de conexão é disciplinada no art. 13, que, em seu *caput*, atribui ao prestador o dever de manter os dados, sob sigilo, em ambiente controlado e de segurança, pelo prazo de um ano, nos termos do regulamento. Consoante o termo de ajustamento de conduta celebrado pela Google Brasil com o Ministério Público Federal para o combate à pedofilia, o prazo para o armazenamento de tais informações seria de três anos.

Tal dispositivo em muito se assemelha ao art. 58 da Lei nº 5.250/1967 (Lei de Imprensa),[93] sob cujo antreparo, não raras vezes, o Poder Judiciário inviabilizou o exercício de pretensões relativas à reparação de danos à pessoa humana.

É verdade que o art. 13, § 2º, da Lei nº 12.965/2014 mitiga os inconvenientes de um prazo tão curto, ao estabelecer que a autoridade policial ou administrativa ou o Ministério Público poderão requerer cautelarmente que os registros de conexão sejam guardados por prazo superior ao previsto no *caput*.

Já o art. 13, § 3º, da Lei nº 12.965/2014, mais uma vez, judicializa problemas usualmente solucionados pela via administrativa, ao condicionar a regra do art. 13, § 2º, de acordo com a autorização judicial, a ser requerida no prazo de 60 dias.

---

[91] Os registros de conexão são definidos no art. 5º, VI, como "conjunto de informações referentes à data de hora de início e término de uma conexão à Internet, sua duração e o endereço IP utilizado pelo terminal para o envio e recebimento de pacotes de dados".

[92] Já os registros de acesso a aplicações de Internet são conceituados no art. 5º, VIII, da Lei nº 12.965/2014 como "conjunto de informações referentes à data e hora do uso de uma determinada aplicação de Internet a partir de um determinado endereço de IP".

[93] O dispositivo assim previa: "Art. 58. As empresas permissionárias ou concessionárias de serviços de radiodifusão deverão conservar em seus arquivos, pelo prazo de 60 dias, e devidamente autenticados, os textos dos seus programas, inclusive noticiosos". A Lei de Imprensa, no dia 30.04.2009, foi julgada inconstitucional, por maioria, pelo STF, no julgamento da ADPF 130/DF.

Na tentativa de construir regimes diferenciados para ambas as modalidades de guarda de registros, dispõe o art. 14 do Marco Civil que, na provisão de conexão,[94] onerosa ou gratuita, é vedado guardar os registros de acesso a aplicações de Internet. O provedor de conexão, portanto, fica impedido de exercer qualquer atividade de monitoramento, não podendo rastrear e gravar os endereços eletrônicos visitados, as mensagens trocadas e os arquivos baixados pelos usuários.

A guarda de registros de acesso a aplicações de Internet na provisão de aplicações, por sua vez, é tratada no art. 15, cuja incidência é condicionada aos requisitos da organização, profissionalidade e finalidade econômica do provedor, que deverá "manter os respectivos de registros de acesso e aplicações de Internet, sob sigilo, em ambiente controlado e de segurança, pelo prazo de seis meses, nos termos do regulamento".[95]

A exigência da finalidade econômica é de constitucionalidade duvidosa, em face da hierarquia constitucional do direito do consumidor (art. 5º, XXXII e 170, V, da CF/88), tendo em vista a possibilidade de remuneração indireta, nos termos do art. 3º, § 2º, da Lei nº 8.078/1990.

Os provedores que não atendam aos requisitos da organização e finalidade econômica são contemplados no art. 15, § 1º, podendo ser obrigados por ordem judicial, mediante prazo determinado, a guardar registros de acesso a aplicações da Internet, desde que se trate de fatos específicos e relativos a determinado período.

Seguindo a mesma linha do art. 13, § 2º, o art. 15, em seu § 2º estabelece que a autoridade policial ou administrativa ou o Ministério Público poderão requerer cautelarmente a qualquer provedor de aplicações de Internet que os registros de acesso a aplicações sejam guardados, inclusive por período superior ao *caput*, desde que observado o disposto no art. 13, §§ 3º e 4º.

A proteção aos registros, dados pessoais e comunicações privadas é tratada no Capítulo III do Decreto nº 8.771/2016, arts. 11 a 16.[96]

---

[94] O provedor de conexão corresponde à nomenclatura *provedor de acesso*, definido no anexo da Portaria do Ministério das Telecomunicações 148/95, como prestador de serviço de conexão à Internet (PCSI). Conforme o art. 3º, "d", daquela norma, trata-se da "entidade que presta o serviço de conexão à Internet". Trata-se de um intermediário entre o equipamento do usuário e a Internet, atribuindo-lhe um endereço. IP.

[95] O provedor de aplicações de Internet corresponde à figura do provedor de conteúdo, definido no anexo da Portaria 148/95 do Ministério das Telecomunicações, art. 3º, "g", como uma entidade que possui informações de interesse e as dispõe na Internet. Tal nomenclatura adotada pelo Marco Civil, provedor de aplicações de Internet, abrange tanto o provedor de conteúdo, cuja principal função é "coletar, manter ou organizar informações *on-line* para acesso oneroso ou gratuito por meio da Internet, tratando-se, pois, do sujeito que fornece o material a ser difundido na rede" (MARTINS, Guilherme Magalhães. *Responsabilidade civil por acidente de consumo na internet*. 2. ed. São Paulo: Revista dos Tribunais, 2014. p. 283).

[96] Art. 11. As autoridades administrativas a que se refere o art. 10, § 3º, da Lei nº 12.965, de 2014, indicarão o fundamento legal de competência expressa para o acesso e a motivação para o pedido de acesso aos dados cadastrais.
§ 1º O provedor que não coletar dados cadastrais deverá informar tal fato à autoridade solicitante, ficando desobrigado de fornecer tais dados.
§ 2º São considerados dados cadastrais:
I – a filiação;
II – o endereço; e
III – a qualificação pessoal, entendida como nome, prenome, estado civil e profissão do usuário.
§ 3º Os pedidos de que trata o *caput* devem especificar os indivíduos cujos dados estão sendo requeridos e as informações desejadas, sendo vedados pedidos coletivos que sejam genéricos ou inespecíficos.
Art. 12. A autoridade máxima de cada órgão da administração pública federal publicará anualmente em seu sítio na Internet relatórios estatísticos de requisição de dados cadastrais, contendo:
I – o número de pedidos realizados;
II – a listagem dos provedores de conexão ou de acesso a aplicações aos quais os dados foram requeridos;
III – o número de pedidos deferidos e indeferidos pelos provedores de conexão e de acesso a aplicações; e
IV – o número de usuários afetados por tais solicitações.

O Supremo Tribunal Federal (STF) julgou constitucional a possibilidade de autoridades nacionais solicitarem dados diretamente a provedores de Internet estrangeiros com sede ou representação no Brasil sem, necessariamente, seguir o procedimento do acordo celebrado entre o Brasil e os Estados Unidos. Em decisão unânime, na sessão do dia 23 de fevereiro de 2023, o Plenário entendeu que a hipótese está prevista no Marco Civil da Internet.[97]

Na Ação Declaratória de Constitucionalidade (ADC) 51, a Federação das Associações das Empresas de Tecnologia da Informação (Assespro Nacional) pedia a declaração de validade do Acordo de Assistência Judiciária em Matéria Penal (MLAT, na sigla em inglês), promulgado pelo Decreto Federal nº 3.810/2001, usado em investigações criminais e instruções penais em curso no Brasil sobre pessoas, bens e haveres situados nos Estados Unidos. O acordo bilateral trata da obtenção de conteúdo de comunicação privada sob controle de provedores de aplicativos de Internet sediados fora do País.

O relator do processo, Ministro Gilmar Mendes, já havia votado pela constitucionalidade das normas previstas no MLAT e nos dispositivos dos Códigos Processuais Civil e Penal brasileiros que tratam da cooperação jurídica internacional. Porém, para ele, as autoridades

---

Seção II
Padrões de segurança e sigilo dos registros, dados pessoais e comunicações privadas
Art. 13. Os provedores de conexão e de aplicações devem, na guarda, armazenamento e tratamento de dados pessoais e comunicações privadas, observar as seguintes diretrizes sobre padrões de segurança:
I – o estabelecimento de controle estrito sobre o acesso aos dados mediante a definição de responsabilidades das pessoas que terão possibilidade de acesso e de privilégios de acesso exclusivo para determinados usuários;
II – a previsão de mecanismos de autenticação de acesso aos registros, usando, por exemplo, sistemas de autenticação dupla para assegurar a individualização do responsável pelo tratamento dos registros;
III – a criação de inventário detalhado dos acessos aos registros de conexão e de acesso a aplicações, contendo o momento, a duração, a identidade do funcionário ou do responsável pelo acesso designado pela empresa e o arquivo acessado, inclusive para cumprimento do disposto no art. 11, § 3º, da Lei nº 12.965, de 2014; e
IV – o uso de soluções de gestão dos registros por meio de técnicas que garantam a inviolabilidade dos dados, como encriptação ou medidas de proteção equivalentes.
§ 1º Cabe ao CGIbr promover estudos e recomendar procedimentos, normas e padrões técnicos e operacionais para o disposto nesse artigo, de acordo com as especificidades e o porte dos provedores de conexão e de aplicação.
§ 2º Tendo em vista o disposto nos incisos VII a X do *caput* do art. 7º da Lei nº 12.965, de 2014, os provedores de conexão e aplicações devem reter a menor quantidade possível de dados pessoais, comunicações privadas e registros de conexão e acesso a aplicações, os quais deverão ser excluídos:
I – tão logo atingida a finalidade de seu uso; ou
II – se encerrado o prazo determinado por obrigação legal.
Art. 14. Para os fins do disposto neste Decreto, considera-se:
I – dado pessoal – dado relacionado à pessoa natural identificada ou identificável, inclusive números identificativos, dados locacionais ou identificadores eletrônicos, quando estes estiverem relacionados a uma pessoa; e
II – tratamento de dados pessoais – toda operação realizada com dados pessoais, como as que se referem a coleta, produção, recepção, classificação, utilização, acesso, reprodução, transmissão, distribuição, processamento, arquivamento, armazenamento, eliminação, avaliação ou controle da informação, modificação, comunicação, transferência, difusão ou extração.
Art. 15. Os dados de que trata o art. 11 da Lei nº 12.965, de 2014, deverão ser mantidos em formato interoperável e estruturado, para facilitar o acesso decorrente de decisão judicial ou determinação legal, respeitadas as diretrizes elencadas no art. 13 deste Decreto.
Art. 16. As informações sobre os padrões de segurança adotados pelos provedores de aplicação e provedores de conexão devem ser divulgadas de forma clara e acessível a qualquer interessado, preferencialmente por meio de seus sítios na Internet, respeitado o direito de confidencialidade quanto aos segredos empresariais.

[97] Disponível em: https://portal.stf.jus.br/noticias/verNoticiaDetalhe.asp?idConteudo=502922&ori=1. Acesso em: 10 maio 2023.

brasileiras podem solicitar essas informações diretamente às empresas localizadas no exterior, como previsto no art. 11 do Marco Civil da Internet, que também foi julgado constitucional.

Em contraposição à atualização do Código do Consumidor, que optou por uma regulamentação mais principiológica, baseada no uso das cláusulas gerais, o Marco Civil, após os vários substitutivos apresentados, terminou por abraçar o casuísmo.

Em que pese a necessidade imperiosa de uma lei para assegurar os direitos e deveres para o uso da Internet no Brasil seja duvidosa, não se pode refutar que, em um ordenamento de matriz positivista, uma legislação com regras específicas sobre a disciplina da Internet seria bem-vinda, sobretudo para pacificar conflitos que aumentam exponencialmente no ambiente virtual.

No entanto, a população não tem muito que comemorar, porque, a pretexto de instituir direitos já previstos em sede constitucional, a iniciativa do Marco Civil, além de atender ao interesse da indústria ligada ao setor da Internet e do entretenimento, trará novos conflitos a serem levados ao Judiciário.[98]

4.5 A LEI GERAL DE PROTEÇÃO DE DADOS E SUA PRINCIPIOLOGIA

A importância dos direitos da personalidade – e a necessidade de sua proteção –, se refletiu em diversos sistemas jurídicos, notadamente após a Segunda Grande Guerra. Ainda em 1948, a Declaração Universal de Direitos Humanos estabeleceu em seu art. 1º: "Todas as pessoas nascem livres e iguais em dignidade e direitos". A mesma Declaração Universal, em seu art. 12, assegurou que nenhuma pessoa poderia ser "objeto de ingerências arbitrárias em sua vida privada", ou de ofensas "à sua honra ou à sua reputação".[99]

---

[98] Acerca da necessidade da promulgação do Marco Civil da Internet, pontua Lênio Streck:
"[...] se a promulgação do que tem sido chamado de Marco Civil da Internet é positiva – no sentido de estabelecer regras para o uso da Internet no Brasil – não se pode esquecer que o dilema sobre a necessidade ou não da criação de mais leis no contexto brasileiro é superada, no caso da Internet, justamente por sua natureza ubíqua: não existe uma Internet brasileira. A rede foi construída, justamente, para ser descentralizada. Logo, não se pode esquecer, por exemplo, que grande parte das violações aos direitos fundamentais derivadas do fluxo de dados ocorre em um nível não apenas nacional, pois ignora as fronteiras do Estado-Nação. É por isso que Bolzan de Morais e Jacob Neto possuem um posicionamento diferenciado sobre o tema, argumentando que, embora a legislação do Estado-Nação seja importante – como é o caso do Marco Civil brasileiro – ela é apenas a ponta do *iceberg*, uma vez que incapaz de proteger os direitos fundamentais violados pelos fluxos de dados mundiais.
Assim, considerando que: a) o Brasil tem uma Constituição com extenso rol de direitos e com significativa abrangência temática e um sistema jurídico com um número considerável de leis; b) isso está presente em nossa cultura de um modo que não são poucas as leis e os projetos elaborados como medidas de urgência apenas para responder anseios emergentes. Qual é o grande dilema do direito contemporâneo brasileiro? O problema é a efetivação, pois, em muitos casos, constituição e leis não passam apenas de mais texto em papel.
O direito está inserto num determinado contexto social complexo, a existência de uma regulamentação jurídica torna-se insuficiente quando não acompanhada de medidas outras, que vão desde uma organização institucional até o respeito por parte dos cidadãos, dentre outras. Assim, deve ser compreendida essa regulamentação da Internet como um ponto de partida para a consolidação de um ambiente virtual democrático, livre, seguro e que respeite a privacidade/intimidade de seus usuários".

[99] "Nesse sentido, há consenso em torno da ideia de ser a privacidade um princípio fundamental na moderna legislação sobre os Direitos Humanos, dado que é protegida em nível internacional por meio de pelo menos três instrumentos essenciais – também para o caso brasileiro –, designadamente, a Declaração Universal dos Direitos Humanos, o Pacto Internacional sobre os Direitos Civis e Políticos (PIDCP) e a Convenção Americana de Direitos Humanos (Pacto de São José da Costa Rica), sem prejuízo de outros documentos, da Convenção Europeia de Direitos do Homem, e por último, tendo em conta sua relevância, da Carta Europeia de Direitos Fundamentais" (SARLET, Ingo Wolfgang; KEINERT, Tania Margarete Mezzomo. O direito fundamental à privacidade e as informações em saúde: alguns desafios. *In*: KEINERT, Tânia Margarete Mezzomo *et al.* [org.]. *Proteção à privacidade e acesso às informações em saúde*: tecnologias, direitos e ética. São Paulo: Instituto

Essa premissa irradiou-se em diversos sistemas jurídicos, e o Brasil adotou a proteção constitucional de direitos da personalidade, a partir da cláusula geral da dignidade da pessoa humana, explicitada no art. 1º, III da Constituição de 1988, como um dos fundamentos da República Federativa do Brasil.[100]

Da cláusula geral da dignidade humana – em face da qual não há que se discutir sobre uma enumeração taxativa ou exemplificativa dos direitos da personalidade –, se irradiam a privacidade,[101] a honra, a imagem, a identidade pessoal e a proteção de dados pessoais, entre outros atributos da pessoa. No desenvolvimento da personalidade, releva, ainda, o poder de autodeterminação do seu titular, desde logo, na escolha de finalidades ou objetivos, no recolhimento de informações e no empreendimento de ações, assim como na abertura a terceiros dos seus dados pessoais.[102]

A dignidade humana, portanto, outorga autonomia não apenas física, mas também moral, particularmente da condução da sua vida, na autoatribuição de fins a si mesmo, na eleição, criação e assunção da sua escala de valores, na prática de seus atos, na reavaliação destes e na recondução do seu comportamento.[103]

Sob essa perspectiva, um dado, atrelado à esfera de uma pessoa, pode se inserir entre os direitos da personalidade. Para tanto, ele deve ser adjetivado como "pessoal", caracterizando-se como uma projeção, extensão ou dimensão do seu titular.[104]

Nesse sentido, cada vez mais, as atividades de processamento de dados têm ingerência na vida das pessoas. Hoje vivemos em uma sociedade e uma economia que se orientam e movimentam a partir desses signos identificadores do cidadão. Trata-se de um novo tipo de identidade, e, por isso mesmo, tais dossiês digitais devem externar informações corretas para que seja fidedignamente projetada a identidade do titular daquelas informações.[105]

Os dados pessoais têm sido utilizados por governos e grandes *players* econômicos para a criação de um *one-way mirror*, possibilitando que tais agentes saibam tudo dos cidadãos, enquanto estes nada sabem dos primeiros. Isso acontece por meio de monitoramento e vigília constantes sobre cada passo da vida das pessoas, levando a um capitalismo de vigilância, cuja principal consequência é a constituição de uma sociedade também de vigilância.

Segundo Bruno Bioni, isso acaba por identificar dogmaticamente a inserção dos dados pessoais na categoria dos direitos da personalidade, assegurando, por exemplo, que uma

---

da Saúde. 2015. p. 118). MARTINS, Guilherme Magalhães. *Responsabilidade civil por acidente de consumo na internet*. 3. ed. São Paulo: Revista dos Tribunais, 2020. p. 359-360.

[100] Segundo Maria Celina Bodin de Moraes, "o princípio constitucional visa garantir o respeito e a proteção da dignidade humana não apenas no sentido de assegurar um tratamento humano e não degradante, tampouco conduz ao mero oferecimento de garantias à integridade física do ser humano. Dado o caráter normativo dos princípios constitucionais, princípios que contêm os valores ético-jurídicos fornecidos pela democracia, isto vem a significar a completa transformação do direito civil, em um direito que não mais encontra nos valores individualistas de outrora o seu fundamento axiológico" (MORAES, Maria Celina Bodin de. O princípio da dignidade humana. *In*: MORAES, Maria Celina Bodin. *Princípios do direito civil contemporâneo*. Rio de Janeiro: Renovar, 2006. p. 15). A autora decompõe a dignidade humana nos princípios jurídicos da igualdade, da integridade física e moral – psicofísica –, da liberdade e da solidariedade.

[101] O modelo jurídico adotado por diversos países para a proteção dos dados pessoais consiste em uma proteção constitucional, por meio da garantia de um direito fundamental, e na concretização desse direito, por meio de um regime legal de proteção de dados, na forma de uma lei geral sobre o tema.

[102] SOUSA, Rabindranath Capelo de. *O direito geral de personalidade*. Coimbra: Coimbra Editora, 1995. p. 356-357.

[103] SOUSA, Rabindranath Capelo de. *O direito geral de personalidade*. Coimbra: Coimbra Editora, 1995. p. 317.

[104] BIONI, Bruno Ricardo. *Proteção de dados pessoais*: os limites do consentimento. Rio de Janeiro: Forense, 2019. p. 64-65.

[105] BIONI, Bruno Ricardo. *Proteção de dados pessoais*: os limites do consentimento. Rio de Janeiro: Forense, 2019. p. 65.

pessoa exija a retificação dos seus dados pessoais para que a sua projeção seja precisa. Seria contraproducente e até mesmo incoerente pensar a proteção de dados pessoais somente sob as lentes dos direitos à privacidade e à intimidade. O eixo da privacidade está ligado ao controle de informações pessoais de algo interno ao sujeito. A proteção dos dados pessoais pode estar sob a esfera pública, discutindo-se, apenas, a sua exatidão, por exemplo.[106]

A Constituição Federal brasileira, em seu art. 5º, ao tratar dos direitos e garantias fundamentais, traz um inciso específico (o inc. X) para instituir a inviolabilidade da intimidade, da vida privada, da honra e da imagem da pessoa (reproduzida no art. 7º, I do Marco Civil da Internet – MCI –, Lei nº 12.965/2014).[107] Já o inc. XII do mesmo artigo explicita a inviolabilidade da correspondência, de dados e comunicações.

Não obstante esse inc. X tratar, ao final de seu texto, especificamente da tutela indenizatória, é possível verificar que a Constituição Federal atribuiu extrema relevância e instituiu extensa proteção aos referidos direitos de personalidade.

Da mesma forma, estamos diante da verdadeira reinvenção da proteção de dados – não somente porque ela é expressamente considerada um direito fundamental autônomo, mas também porque se tornou uma ferramenta essencial para o livre desenvolvimento da personalidade, conforme ensina Stefano Rodotà.

A Carta de Direitos Fundamentais da União Europeia, em 2000, reconheceu a proteção de dados como um direito autônomo. Esse pode ser considerado o último ponto de uma longa evolução, separando a privacidade e a proteção de dados. A proteção de dados encontra-se ligada ao *corpo eletrônico* da pessoa humana, tratado no art. 8º da Carta,[108] em contraposição ao *corpo físico*, ligado à integridade da pessoa (art. 3º).[109]

A União Europeia, por intermédio do Regulamento (UE) 2016/679 do Parlamento Europeu e do Conselho de 27 de abril de 2016, introduziu alterações importantes sobre a proteção da pessoa humana no tratamento de dados pessoais, em especial dos dados sensíveis, que, independentemente do formato com que são coletados, impõem novas obrigações aos cidadãos e a todas as instituições, públicas e privadas, ao exigir a adoção de medidas técnicas e organizativas adequadas.[110]

Ao mesmo passo que os provedores desenvolvem ferramentas e aplicações cada vez mais sofisticadas para captação dos dados e categorização dos consumidores, pressionam para que a legislação os isente de promover a tutela da personalidade dos usuários.

Nos últimos anos temos assistido a um aumento de preocupação na esfera pública relativo à tutela jurídica do direito fundamental à proteção de dados pessoais, cuja autonomia se impõe, na exata medida em que a informação se tornou a substância essencial da composição de uma nova morfologia estruturante da sociedade. Salvaguardas não deveriam ser baseadas em princípios

---

[106] BIONI, Bruno Ricardo. *Proteção de dados pessoais*: os limites do consentimento. Rio de Janeiro: Forense, 2019. p. 66.

[107] O art. 21 do Código Civil preconiza a inviolabilidade da "vida privada da pessoa natural".

[108] "Art. 8º. 1. Todas as pessoas têm direito à proteção dos dados de caráter pessoal que lhes digam respeito. 2. Esses dados devem ser objeto de um tratamento leal, para fins específicos e com o consentimento da pessoa interessada ou com outro fundamento legítimo previsto por lei. Todas as pessoas têm o direito de aceder aos dados coligidos que lhes digam respeito e de obter a respectiva retificação. 3. O cumprimento destas regras fica sujeito a fiscalização por parte de uma autoridade independente."

[109] RODOTÀ, Stefano. *A vida na sociedade da vigilância*: a privacidade hoje. Organização de Maria Celina Bodin de Moraes. Tradução de Danilo Doneda e Luciana Cabral Doneda. Rio de Janeiro: Renovar, 2008. p. 17.

[110] SARLET, Gabrielle Bezerra Sales; CALDEIRA, Cristina. O consentimento informado e a proteção de dados pessoais de saúde na internet: uma análise das experiências legislativas de Portugal e do Brasil para a proteção integral da pessoa humana. Civilistica.com. Rio de Janeiro, ano 8, n. 1, 2019. Disponível em: http:civilistica.com/-o-consentimento-informado-e-a-protecao-/. Acesso em: 19 jul. 2019.

que consideram o indivíduo somente como dono dos dados a seu respeito. A implementação desse direito fundamental implica o esvaziamento de qualquer visão patrimonialista, visto que o direito à proteção de dados se refere à proteção da personalidade, e não da propriedade.[111]

Isso implica considerar que os dados pessoais chegam a fazer as vezes da própria pessoa. E, nesse cenário, o tratamento de tais dados adquire notável relevância, a ponto de se definir a proteção constitucional para as informações e para os dados pessoais.

4.5.1 Dados pessoais e consumo. Panorama da LGPD

Os dados pessoais se destacam cada vez mais como um ativo na economia da informação, com a inteligência gerada pela ciência mercadológica, especialmente quanto à segmentação dos bens de consumo (*marketing*) e sua promoção. Isso se deve à sua utilização por governos e grandes *players* econômicos para que eles saibam tudo dos cidadãos-usuários, enquanto estes nada sabem dos primeiros.

E tudo isso acontece por meio de monitoramento e vigília constantes sobre cada passo na vida das pessoas, o que leva a um verdadeiro capitalismo de vigilância.

Por outro lado, a evolução da chamada "sociedade da informação" impôs aos Estados um dever, consubstanciado na "promoção de um equilíbrio entre os valores em questão, desde as consequências da utilização da tecnologia para o processamento de dados pessoais, suas consequências para o livre desenvolvimento da personalidade, até a sua utilização pelo mercado".[112]

Da mesma forma, o Marco Civil da Internet, Lei nº 12.965/2014, art. 3º, reconhece como princípio da disciplina do uso da Internet, lado a lado com a proteção da privacidade (inc. II), a proteção aos dados pessoais, na forma da lei (inc. III).

A partir dessa constatação inicial, verifica-se que existe, sob um enfoque preliminar e puramente apriorístico, uma prevalência dos interesses relacionados aos direitos de personalidade sobre outros que não estejam em um mesmo patamar de importância. Em outras palavras, as situações jurídicas existenciais devem sempre prevalecer sobre as patrimoniais.

Embora possa haver conflitos entre duas ou mais situações jurídicas subjetivas, cada uma delas amparada por um desses princípios – logo, conflito entre princípios de igual importância hierárquica –, o fiel da balança, a medida da ponderação, o objetivo a ser alcançado, já está determinado, *a priori*, em favor do conceito da dignidade humana.[113]

Na Comunidade Europeia, a Carta de Direitos Fundamentais prevê não somente um direito autônomo – pois também consagra os princípios do consentimento e da finalidade da coleta e do processamento de dados com *status* normativo diferenciado –, mas igualmente prevê, no plano do direito fundamental, a necessidade de uma autoridade independente para a aplicação de sanções em tais casos.

---

[111] RODOTÀ, Stefano. *A vida na sociedade da vigilância*: a privacidade hoje. Organização de Maria Celina Bodin de Moraes. Tradução de Danilo Doneda e Luciana Cabral Doneda. Rio de Janeiro: Renovar, 2008. p. 19.

[112] BASAN, Arthur Pinheiro. *Publicidade digital e proteção de dados pessoais*. Indaiatuba: Foco, 2021.

[113] MORAES, Maria Celina Bodin de. O princípio da dignidade humana. *In*: MORAES, Maria Celina Bodin. *Princípios do direito civil contemporâneo*. Rio de Janeiro: Renovar, 2006. p. 17. Para a autora, "o atual ordenamento jurídico, em vigor desde a promulgação da Constituição Federal de 5 de outubro de 1988, garante tutela especial e privilegiada a toda e qualquer pessoa humana, em suas relações extrapatrimoniais, ao estabelecer como princípio fundamental, ao lado da soberania e cidadania, a dignidade humana. Como regra geral daí decorrente, pode-se dizer que, em todas as relações privadas nas quais venha a ocorrer um conflito entre uma situação jurídica existencial e uma situação jurídica patrimonial, a primeira deverá prevalecer, obedecidos, desta forma, os princípios constitucionais que estabelecem a dignidade da pessoa humana como o valor cardeal do sistema" (MORAES, Maria Celina Bodin de. O princípio da dignidade humana. *In*: MORAES, Maria Celina Bodin. *Princípios do direito civil contemporâneo*. Rio de Janeiro: Renovar, 2006. p. 53).

O Regulamento nº 2016/679, denominado "Regulamento Geral sobre Proteção de Dados" – RGPD –, por sua vez, foi pioneiro em reforçar e tornar mais próximos da realidade atual institutos considerados avançados, como o direito a deletar dados, o direito ao esquecimento e o direito à portabilidade de dados pessoais, além de conter normas que vão além das já estabelecidas autoridades de proteção de dados em cada um dos países, disciplinando o Comitê Europeu de Proteção de Dados.

O ordenamento jurídico brasileiro contava com menções à proteção de dados no Marco Civil da Internet (Lei nº 12.965/2014 – MCI), mas apenas em 2018 aprovou a Lei Geral de Proteção de Dados (Lei nº 13.709/2018 – LGPD).[114] A lei brasileira é expressão da convergência internacional em torno de princípios básicos da proteção de dados pessoais no mundo, ensejando uma aproximação entre as diversas legislações, em conteúdo e forma, para além das peculiaridades nacionais, trazendo consigo a identidade de um padrão normativo entre os diversos sistemas internacionais.

A versão original da Lei de Proteção de Dados Pessoais foi marcada pelos vetos à criação da Agência Nacional de Proteção de Dados e ao Conselho Nacional de Proteção de Dados Pessoais e da Privacidade (respectivamente, nos arts. 55 e 58 do projeto de lei aprovado pelo Senado Federal e vetado pela Presidência da República).

À Agência Nacional de Proteção de Dados caberia o papel de "autoridade garante", como a famosa *Garante Privacy* italiana, já presidida pelo jurista Stefano Rodotà – algo que já foi sinalizado pelo Governo e que será resolvido por lei de iniciativa privativa do Presidente da República.

Apesar dos vetos iniciais, não pode ser desmentido o indiscutível avanço trazido pela LGPD em relação ao direito anterior, do ponto de vista da promoção da personalidade humana.

Em dezembro de 2018, o Governo Michel Temer editou a Medida Provisória nº 869/2018, com alterações ao texto da LGPD, dentre elas uma dilatação do prazo de *vacatio legis*, aumentando ainda mais o lapso para sua entrada em vigor no tocante à matéria da proteção de dados (art. 65, II), que passaria a ocorrer em agosto de 2020.

Posteriormente, num terceiro momento, tendo sido realizadas diversas audiências públicas e realizados intensos debates acerca das alterações, foi promulgada a Lei nº 13.853, de 08 de julho de 2019, que manteve alguns dos ajustes realizados, efetivou outros e recompôs o texto original em certos pontos.

Finalmente, no dia 25 de outubro de 2022, foi promulgada a Lei nº 14.460, que transformou a Autoridade Nacional de Proteção de Dados (ANPD) em autarquia de natureza especial, mantidas a estrutura organizacional e as competências, de modo a preservar sua autonomia técnica e decisória em face da administração pública direta, além de assegurar gestões administrativa e financeira descentralizadas.

A Lei Geral de Proteção de Dados, extremamente rica ao criar e instituir direitos e garantias, se contrapõe à Lei Complementar nº 166, de 08.04.2019, que torna obrigatória a participação de todos os consumidores no cadastro positivo, alterando diversos dispositivos da Lei nº 12.414, de 9 de junho de 2011. A Lei Complementar nº 166/2019 está regulamentada pelo Dec. nº 9.936, de 24.07.2019, que disciplina a formação e a consulta a bancos de dados com

---

[114] Em relação à vigência da LGPD, destaca-se o art. 65:
"Art. 65. Esta Lei entra em vigor: (Redação dada pela Lei nº 13.853, de 2019)
I – dia 28 de dezembro de 2018, quanto aos arts. 55-A, 55-B, 55-C, 55-D, 55-E, 55-F, 55-G, 55-H, 55-I, 55-J, 55-K, 55-L, 58-A e 58-B; e (Incluído pela Lei nº 13.853, de 2019)
I-A – dia 1º de agosto de 2021, quanto aos arts. 52, 53 e 54; (Incluído pela Lei nº 14.010, de 2020)
II – 24 (vinte e quatro) meses após a data de sua publicação, quanto aos demais artigos. (Incluído pela Lei nº 13.853, de 2019)".

informações de adimplemento, de pessoas naturais ou de pessoas jurídicas, para formação de histórico de crédito.

O objetivo da Lei Complementar é dar todo poder aos gestores de cadastros, publicizando e compartilhando obrigatoriamente as informações de adimplemento das pessoas naturais e jurídicas, que passam a ser rotuladas com uma nota ou *score*, agora por imposição legal.[115] Não se pode olvidar que a proteção ao crédito, na forma da legislação pertinente, é ressalvada pelo art. 7º, X da LGPD como exceção à regra do consentimento do titular para o tratamento de dados pessoais.

Em seu art. 2º, a Lei Geral de Proteção de Dados estabelece, como fundamentos: o respeito à privacidade; a autodeterminação informativa; a liberdade de expressão, de informação, de comunicação e de opinião; a inviolabilidade da intimidade, da honra e da imagem; o direito ao livre desenvolvimento da personalidade; o desenvolvimento econômico e tecnológico; a livre-iniciativa; a livre concorrência e a defesa do consumidor.

Outros pontos da Lei Geral de Proteção de Dados merecem ser mencionados.

Primeiramente, as exceções previstas no art. 4º, com destaque para termos genéricos como "segurança pública", "defesa nacional", "investigação criminal" etc., que a lei remete à legislação específica. Em que pese a exceção, segue a normativa constitucional e as regras da "reserva de jurisdição" etc.

A LGPD, seguindo a linha de outros sistemas jurídicos, qualifica os dados pessoais como as informações relacionadas a uma pessoa natural, identificada ou identificável, no inc. I do art. 5º.

Destacam-se ainda os dados sensíveis, para os quais a doutrina sempre salientou a necessidade de regime jurídico especial e de definição dos agentes que se submetem às regras e sanções da lei. A lei define, como sensíveis (art. 5º, II), os dados pessoais sobre origem racial ou étnica, convicção religiosa, opinião política, filiação a sindicato ou a organização de caráter religioso, filosófico ou político, além daqueles referentes à saúde ou vida sexual, dados genéticos ou biométricos, quando vinculados a uma pessoa natural.

Ainda no art. 5º, deve ser enfatizado o contraponto entre o controlador – definido no inc. VI como a pessoa natural ou jurídica, de direito público ou privado, a quem competem as decisões referentes ao tratamento de dados pessoais – e o operador, que realiza o tratamento de dados pessoais em nome do controlador (inc. VII).

Outro aspecto fundamental diz respeito ao consentimento como ponto de partida para o processamento de dados pessoais. A proteção de dados pessoais ganha autonomia em relação à privacidade, à honra, à identidade pessoal e à imagem, de modo que, considerando-se a esfera privada como um conjunto de ações, comportamentos, preferências, opiniões e comportamentos pessoais sobre os quais o interessado pretende manter um controle exclusivo, essa tutela pressupõe uma autodeterminação informativa.

É o que determina o art. 7º, que estabelece as bases legais para o tratamento de dados pessoais, em relação às quais não há hierarquia, sendo que a primeira hipótese mencionada pela lei é o consentimento do titular, no seu inc. I. As demais hipóteses são: o cumprimento de obrigação legal ou regulatória pelo controlador (inc. II), o tratamento compartilhado de dados necessários à execução de políticas públicas pela Administração Pública (inc. III), a realização de estudos por órgão de pesquisa, garantida, sempre, que possível, a anonimização dos dados sensíveis (inc. IV), quando necessário para a execução de contrato ou de procedimentos preliminares a estes relacionados (inc. V), para o exercício regular de direitos, em processo judicial,

---

[115] Merece destaque o art. 8º da Lei nº 12.414/2011 (alterado pela Lei Complementar nº 166/2019), cujo parágrafo único passou a ter a seguinte redação: "É vedado às fontes estabelecer políticas ou realizar operações que impeçam, limitem ou dificultem a transmissão a banco de dados de informações de cadastrados".

administrativo ou arbitral (inc. VI), para a proteção da vida ou da incolumidade física do titular ou de terceiro (inc. VII), para a tutela da saúde (inc. VIII) ou quando necessário para atender aos interesses legítimos do controlador ou do terceiro (inc. IX).

Afinal, trata-se da autonomia para a construção da proteção de dados, ou seja, do poder de controle sobre quando, como e por quem serão estes exercidos.

Eis a razão de ser dos arts. 15 e seguintes, com regras sobre o término do tratamento dos dados pessoais.

Sobre os direitos do titular dos dados, merece destaque a possibilidade de revogação do consentimento; afinal, a disponibilidade das situações existenciais integra a liberdade integrante da noção de dignidade humana, pois sempre é possível mudar de ideia.

A Lei de Proteção de Dados coloca em primeiro plano a pessoa humana, ou seja, o titular de dados pessoais, que tem reconhecidos seus direitos no art. 18, em especial: à confirmação da existência de tratamento (inc. I); ao acesso aos dados (inc. II); à correção de dados incompletos, inexatos ou desatualizados (inc. III); à anonimização, bloqueio ou eliminação de dados desnecessários, excessivos ou tratados em desconformidade com o disposto na mesma lei (inc. IV); à portabilidade dos dados a outro fornecedor de serviço ou produto, mediante requisição expressa, de acordo com a regulamentação da autoridade nacional, observados os segredos comercial e industrial (inc. V); à eliminação dos dados pessoais tratados com o consentimento do titular, exceto nas hipóteses previstas no art. 16 desta lei (inc. VI); à informação das entidades públicas e privadas com as quais o controlador realizou uso compartilhado de dados (inc. VII); à informação sobre a possibilidade de não fornecer consentimento e sobre as consequências da negativa (inc. VIII); à revogação do consentimento, nos termos do § 5º do art. 8º desta lei (inc. IX).

Destaca-se ainda o direito de o usuário requisitar seus dados independentemente de judicialização, tendência louvável se comparada ao Marco Civil da Internet no regime de responsabilidade dos provedores por conteúdo inserido por terceiros, condicionada à difícil via judicial.

No que tange aos regimes especiais, a lei traz regras específicas sobre o tratamento de dados de crianças e adolescentes e aponta diretrizes na conduta do poder público fora das situações excepcionais do art. 3º.

A LGPD, em seu art. 42, *caput*, adota um regime de responsabilidade civil objetiva dos controladores ou operadores que, em razão do exercício ou atividade de tratamento de dados pessoais, causarem a outrem dano patrimonial, moral, individual ou coletivo, em violação à legislação de proteção de dados pessoais.

As possíveis excludentes de responsabilidade seguem contempladas no art. 43 da LGPD.[116]

O art. 44 da LGPD, de forte inspiração consumerista, estabelece que "o tratamento de dados pessoais será irregular quando deixar de observar a legislação ou quando não fornecer a segurança que o titular dele pode esperar, consideradas as circunstâncias relevantes, entre as quais: I – o modo pelo qual é realizado; II – o resultado e os riscos que razoavelmente dele se esperam; III – as técnicas de tratamento de dados pessoais disponíveis à época em que foi realizado".

Já a Lei nº 13.853/2019 alterou o conceito de "encarregado" (art. 5º, VIII), que, antes, deveria ser uma pessoa natural. Agora, permite-se que tal função seja realizada por tratamento

---

[116] "Art. 43. Os agentes de tratamento só não serão responsabilizados quando provarem:
I – que não realizaram o tratamento de dados pessoais que lhes é atribuído;
II – que, embora tenham realizado o tratamento de dados pessoais que lhes é atribuído, não houve violação à legislação de proteção de dados; ou
III – que o dano é decorrente de culpa exclusiva do titular dos dados ou de terceiro."

automatizado de dados, regido pelos mesmos algoritmos que dão ensejo ao que Frank Pasquale denomina "sociedade da caixa preta".[117]

A Lei nº 13.853/2019 retrocedeu em relação à redação original da Lei nº 13.709/2018, ao alargar as exceções ao sistema geral de proteção dos dados sensíveis, baseado, em última análise, no consentimento informado, acrescendo o § 4º ao art. 11.

No tocante aos dados do poder público (art. 26, § 1º), fez o mesmo, alargando o rol de exceções e facilitando, por conseguinte, seu fluxo fora das hipóteses em que há consentimento do cidadão, dispensando-se também a comunicação por parte do poder público em tais hipóteses (art. 27).

Mas o principal aspecto do texto da Lei nº 13.853/2019 é a criação da Autoridade Nacional de Proteção de Dados e do Conselho Nacional (arts. 55-A e seguintes), objeto de veto presidencial no texto original da lei, não obstante imprescindível para a efetividade dos direitos fundamentais ali previstos.

A partir da visão das mais de 40 hipóteses do texto legal em que a autoridade é chamada a atuar, sua competência é ampla, abrangendo desde solicitação e análise de relatórios de impacto de privacidade, determinação de medidas para reverter efeitos de vazamentos de dados, disposição sobre padrões técnicos de segurança da informação, a – até mesmo – autorização para a transferência internacional de dados pessoais.

Mais do que um mero coadjuvante, trata-se do arcabouço normativo e principiológico do novo sistema, ainda que integrado com outras fontes, como o Código Civil, o Código de Defesa do Consumidor e o Marco Civil da Internet.

É inegável que a ideia de um direito autônomo à proteção dos dados pessoais surge relacionada ao controle de acesso, que restringe quem pode visualizar determinado conteúdo, assegurando-se aos indivíduos que produzem ou influenciam informações relacionadas a si mesmos o direito de determinar as permissões (de acesso e até de compartilhamento) que desejam conceder a outrem, mas, também, sanções e mecanismos de controle e fiscalização – funções da ANPD. Trata-se de ausência sentida, na medida em que a lei trouxe inúmeras menções à Agência Nacional, em seu texto original, e ao modelo de outros países, como forma de regulamentar e fiscalizar a concretização de tal direito fundamental na contemporaneidade.

A autoridade, no texto vetado, seria uma autarquia especial, vinculada ao Ministério da Justiça, com independência administrativa, ausência de subordinação hierárquica, mandato fixo, estabilidade de seus dirigentes e autonomia financeira (art. 55, *caput* e § 3º), o que inegavelmente era visto com bons olhos.

A Lei nº 13.853, de 08 de julho de 2019, decorre da conversão da Medida Provisória nº 869/2018, reformatando a redação definitiva da lei anteriormente promulgada.

De início, a reforma acrescentou ao art. 1º um parágrafo único, com a seguinte redação: "As normas gerais contidas nesta Lei são de interesse nacional e devem ser observadas pela União, Estados, Distrito Federal e Municípios". Trabalhou-se, conceitualmente, com a concretização da amplitude axiológica do direito fundamental à proteção de dados pessoais,[118] alinhando-a

---

[117] PASQUALE, Frank. *The black box society*: the secret algorithms that control money and information. Cambridge: Harvard University Press, 2015. p. 9.

[118] DONEDA, Danilo. O direito fundamental à proteção de dados pessoais. *In*: MARTINS, Guilherme Magalhães; LONGHI, João Victor Rozatti (coord.). *Direito digital*: direito privado e internet. 2. ed. Indaiatuba: Foco, 2019, p. 52. Destaca o autor: "Assim, e ainda ao elencar dentre seus fundamentos, em seu artigo 2º, outros elementos intrinsecamente ligados à tutela da pessoa e de seus direitos fundamentais, tais quais a autodeterminação informativa, as liberdades de expressão, informação, comunicação e de opinião, a dignidade e o exercício da cidadania, a LGPD estabelece de maneira sólida sua fundamentação nos direitos fundamentais e na proteção da pessoa, o que se verifica igualmente em diversas opções na implementação dos seus mecanismos de tutela [...]".

à EC 115/2022, que incluiu tal direito no texto constitucional, além de definir como de competência exclusiva da União o poder para legislar sobre o assunto.

Sem dúvida, o *status* de direito fundamental confere à proteção de dados pessoais um papel imprescindível no tocante à articulação do direito privado diante dos interesses passíveis de tutela no contexto informacional.[119]

Nessa esteira, o acréscimo normativo ainda deixa mais clara a incidência dos dispositivos da lei aos afazeres e às atividades do poder público, proclamando a obrigatoriedade de sua observância em todos os âmbitos.

Avançando, nota-se que, no sentido de tornar mais preciso o texto da LGPD, foi mantida, na Lei nº 13.853/2019, a redação dada pela MP nº 869/2018 ao art. 3º, II. O objeto da referida mudança foi simplesmente a inserção da conjunção "ou" ao final de seu texto (desde que "a atividade de tratamento tenha por objetivo a oferta ou o fornecimento de bens ou serviços ou o tratamento de dados de indivíduos localizados no território nacional; ou") para não haver dúvida alguma de que o âmbito de aplicação da lei não ostenta requisitos cumulativos, mas alternativos, nas hipóteses descritas pelos três incisos do art. 3º da Lei.[120]

Outro aspecto fundamental da reforma pertine aos dados acadêmicos, excetuados pela MP nº 869 do alcance da LGPD (art. 4º, II, "b"), mas que a Lei nº 13.853/2019 acabou por reformular, retomando a redação originalmente aprovada no texto original anterior à MP.

Ao art. 4º, § 4º, que, até então, enunciava apenas que "[e]m nenhum caso a totalidade dos dados pessoais de banco de dados de que trata o inc. III do *caput* deste artigo poderá ser tratada por pessoa de direito privado", foi inserida uma ressalva: "salvo por aquela que possua capital integralmente constituído pelo Poder Público". Nota-se, a toda evidência, uma flexibilização do campo regulatório da norma, que, por força do mencionado inc. III, afasta de seu escopo de incidência o tratamento de dados realizado para fins de: (a) segurança pública; (b) defesa nacional; (c) segurança do Estado; ou (d) atividades de investigação e repressão de infrações penais.

Com a nova redação dada ao § 4º, a mesma liberdade de tratamento de dados passa a valer para pessoas jurídicas de direito privado controladas pelo poder público, mas com personalidade jurídica de direito privado (caso do Serpro, que é empresa pública).[121] Essa novidade se

---

[119] DU BOIS, François. Social purposes, fundamental rights and the judicial development of private law. *In*: NOLAN, Donal; ROBERTSON, Andrew (coord.). *Rights and private law*. Oxford: Hart Publishing, 2012, p. 113. Comenta o autor: "As a powerful tool for mediating between the common good and the pursuit of individual aims, fundamental rights can assist private law reasoning in this further function. In this regard, they provide a more systematic, transparent and coherent articulation of the concerns that have long bubbled to the surface in the guise of 'public policy' and its cognates, such as 'good faith'. Concepts such as these attest to the role that private law plays in constructing social practices and institutions".

[120] "Art. 3º Esta Lei aplica-se a qualquer operação de tratamento realizada por pessoa natural ou por pessoa jurídica de direito público ou privado, independentemente do meio, do país de sua sede ou do país onde estejam localizados os dados, desde que:
I – a operação de tratamento seja realizada no território nacional;
II – a atividade de tratamento tenha por objetivo a oferta ou o fornecimento de bens ou serviços ou o tratamento de dados de indivíduos localizados no território nacional; ou (Redação dada pela Lei nº 13.853, de 2019).
III – os dados pessoais objeto do tratamento tenham sido coletados no território nacional."

[121] No relatório final da lei, optou-se pela referida redação ao § 4º, que havia sido revogado pela MP nº 869, pelos seguintes motivos (p. 58 do documento): "Entendemos que o tratamento da totalidade de bancos de dados de segurança e defesa por empresa privada, aliada ao fato de que essas autoridades não precisem informar a Autoridade quando assim os delegarem, enfraquecem as medidas protetivas da sociedade contra eventuais arbitrariedades e vazamentos de dados sobre tão importante categoria. Ademais, em se tratando de questões de defesa nacional e as conhecidas *back doors* de fabricantes e provedores de aplicações e de bancos de dados que se utilizam de tecnologia estrangeira, há sempre a possibilidade de acesso em nível

alinha às proposições doutrinárias mais recentes quanto ao fato de não ser possível admitir que "as mudanças estruturais se limitem à exteriorização da relação jurídica mantida entre Administração Pública e administrado, devendo ser direcionado um olhar atento e rigoroso ao processo interno de implantação de melhorias por parte do Estado e que gerem adesão por aqueles que são responsáveis por desempenhar diariamente a função pública".[122]

No art. 26, que cuida do compartilhamento de dados pelo poder público, foram mantidas as inclusões dos incs. IV e V – alternativos, e não cumulativos[123] –, mas houve veto ao inc. VI, que cuidava dos dados acessíveis publicamente. Por outro lado, foi consolidada a nova redação dada ao art. 29 pela MP nº 869, que apenas delineou com maior clareza a possibilidade de que se solicitem não apenas às entidades do poder público (administração indireta), mas também a seus órgãos (administração direta), "informações específicas sobre o âmbito e a natureza dos dados e outros detalhes do tratamento realizado".

Como já decidiu o Superior Tribunal de Justiça no Recurso Especial 1.758.799, relatado pela Ministra Fátima Nancy Andrighi, bancos de dados que compartilham informações de consumidores devem informá-los previamente acerca da utilização desses dados, sob pena de terem que pagar indenização por danos morais. Para a Terceira Turma do Superior Tribunal de Justiça, o fato de as informações serem fornecidas pelo consumidor no ato de uma compra, ou mesmo divulgadas em redes sociais, não afasta a responsabilidade do gestor ou do banco de dados de, previamente, comunicar o seu compartilhamento, tendo em vista o disposto no art. 5º da Lei nº 12.414/2011.[124]

---

internacional desses dados. Entretanto, a discussão em Audiência Pública indicou a realidade e a racionalidade de bancos de dados e sistemas de segurança da área de segurança e de investigação serem operados por empresas públicas, tais como o Serpro. Assim, entendemos a necessidade da transferência de dados para tratamento por parte de empresas públicas" (BRASIL. Câmara dos Deputados. Parecer nº 1/2019 da Comissão Mista de votação da MP 869/2018. Disponível em: https://www.camara.leg.br/proposicoesWeb/prop_mostrarintegra;jsessionid=9EC610DD6ADD2D1AD386EA90CAB11DF6.proposicoesWebExterno1?codteor=1745016&filename=Tramitacao-MPV+869/2018. Acesso em: 31 ago. 2019.

[122] GONÇALVES, Vilmar Luiz Graça. Direito administrativo e avanços tecnológicos: desafios e conquistas. In: BECKER, Daniel; FERRARI, Isabela (coord.). Regulação 4.0: novas tecnologias sob a perspectiva regulatória. São Paulo: Revista dos Tribunais, 2019. p. 53.

[123] Eis os incisos: "IV – quando houver previsão legal ou a transferência for respaldada em contratos, convênios ou instrumentos congêneres; ou V – na hipótese de a transferência dos dados objetivar exclusivamente a prevenção de fraudes e irregularidades, ou proteger e resguardar a segurança e a integridade do titular dos dados, desde que vedado o tratamento para outras finalidades".

[124] A ementa é a seguinte: "Recurso especial. Fundamento não impugnado. Súm. 283/STF. Ação de compensação de dano moral. Banco de dados. Compartilhamento de informações pessoais. Dever de informação. Violação. Dano moral in re ipsa. Julgamento: CPC/15. 1. Ação de compensação de dano moral ajuizada em 10.05.2013, da qual foi extraído o presente recurso especial, interposto em 29.04.2016 e atribuído ao gabinete em 31.01.2017. 2. O propósito recursal é dizer sobre: (i) a ocorrência de inovação recursal nas razões da apelação interposta pelo recorrido; (ii) a caracterização do dano moral em decorrência da disponibilização/comercialização de dados pessoais do recorrido em banco de dados mantido pela recorrente. 3. A existência de fundamento não impugnado – quando suficiente para a manutenção das conclusões do acórdão recorrido – impede a apreciação do recurso especial (Súm. 283/STF). 4. A hipótese dos autos é distinta daquela tratada no julgamento do REsp 1.419.697-RS (julgado em 12.11.2014, pela sistemática dos recursos repetitivos, DJe de 17.11.2014), em que a Segunda Seção decidiu que, no sistema credit scoring, não se pode exigir o prévio e expresso consentimento do consumidor avaliado, pois não constitui um cadastro ou banco de dados, mas um modelo estatístico. 5. A gestão do banco de dados impõe a estrita observância das exigências contidas nas respectivas normas de regência – CDC e Lei 12.414/2011 – dentre as quais se destaca o dever de informação, que tem como uma de suas vertentes o dever de comunicar por escrito ao consumidor a abertura de cadastro, ficha, registro e dados pessoais e de consumo, quando não solicitada por ele. 6. O consumidor tem o direito de tomar conhecimento de que informações a seu respeito estão sendo arquivadas/comercializadas por terceiro, sem a sua autorização, porque desse direito decorrem outros dois que lhe são assegurados pelo ordenamento jurídico: o direito de acesso aos dados armazenados e o direito à retificação das informações incorretas. 7. A inobservância dos deveres

No art. 5º, foram realizados pequenos ajustes redacionais aos seguintes incisos: (a) inc. VIII, para inserir, em sua parte final, a nomenclatura correta da autoridade nacional (Agência Nacional de Proteção de Dados – ANPD); (b) inc. XVIII, com mera conversão da nova redação conferida pela MP nº 869/2018; (c) inc. XIX, com o acréscimo, ao final, da expressão "em todo o território nacional", deixando ainda mais claro o escopo de atuação da Agência Nacional de Proteção de Dados.

Ao art. 7º, que cuida das hipóteses em que é permitido o tratamento de dados pessoais relativos à saúde,[125] se consolidou a seguinte redação ao inc. VIII: "para a tutela da saúde, exclusivamente, em procedimento realizado por profissionais de saúde, serviços de saúde ou autoridade sanitária". A novidade está no advérbio "exclusivamente", inserido para garantir a sintonia da LGPD com o disposto no art. 1º da Resolução nº 1.605/2000 e no art. 1º da Resolução nº 1.638/2002, ambas do Conselho Federal de Medicina (CFM), que sinalizam a imperiosidade do sigilo de dados dessa estirpe.[126]

Em igual sentido, mas em relação aos dados pessoais sensíveis,[127] adaptou-se a redação do art. 11, II, "f", que agora consta com o seguinte texto: "tutela da saúde, exclusivamente, em procedimento realizado por profissionais de saúde, serviços de saúde ou autoridade sanitária".

Incluiu-se ainda o § 4º ao art. 11 da LGPD, de modo a permitir o uso compartilhado ou a comunicação de dados sensíveis entre controladores que extraem proveito econômico de suas atividades unicamente nas hipóteses de portabilidade de dados (mediante prévio consentimento

---

associados ao tratamento (que inclui a coleta, o armazenamento e a transferência a terceiros) dos dados do consumidor – dentre os quais se inclui o dever de informar – faz nascer para este a pretensão de indenização pelos danos causados e a de fazer cessar, imediatamente, a ofensa aos direitos da personalidade. 8. Em se tratando de compartilhamento das informações do consumidor pelos bancos de dados, prática essa autorizada pela Lei 12.414/2011 em seus arts. 4º, III, e 9º, deve ser observado o disposto no art. 5º, V, da Lei 12.414/2011, o qual prevê o direito do cadastrado ser informado previamente sobre a identidade do gestor e sobre o armazenamento e o objetivo do tratamento dos dados pessoais. 9. O fato, por si só, de se tratarem de dados usualmente fornecidos pelos próprios consumidores quando da realização de qualquer compra no comércio, não afasta a responsabilidade do gestor do banco de dados, na medida em que, quando o consumidor o faz não está, implícita e automaticamente, autorizando o comerciante a divulgá-los no mercado; está apenas cumprindo as condições necessárias à concretização do respectivo negócio jurídico entabulado apenas entre as duas partes, confiando ao fornecedor a proteção de suas informações pessoais. 10. Do mesmo modo, o fato de alguém publicar em rede social uma informação de caráter pessoal não implica o consentimento, aos usuários que acessam o conteúdo, de utilização de seus dados para qualquer outra finalidade, ainda mais com fins lucrativos. 11. Hipótese em que se configura o dano moral *in re ipsa*. 12. Em virtude do exame do mérito, por meio do qual foram rejeitadas as teses sustentadas pela recorrente, fica prejudicada a análise da divergência jurisprudencial. 13. Recurso especial conhecido em parte e, nessa extensão, desprovido" (STJ, REsp 1.758.799, 3ª T., Rel. Min. Nancy Andrighi, j. 12.11.2019).

[125] CARNEIRO, Isabelle da Nóbrega Rito; SILVA, Luiza Caldeira Leite; TABACH, Danielle. Tratamento de dados pessoais. *In*: FEIGELSON, Bruno; SIQUEIRA, Antonio Henrique Albani (coord.). *Comentários à Lei Geral de Proteção de Dados*: Lei 13.709/2018. São Paulo: Revista dos Tribunais, 2019, p. 73. Anotam os autores: "A Lei Federal 8.080/1990, que regulamenta o direito à saúde, inclui o direito à informação do cidadão e o dever do Estado de fundamentar suas políticas e ações em informações sanitárias e evidências científicas, legitimando a coleta e o uso de informações pessoais. A ideia é que os dados tratados em âmbito da saúde sirvam para garantir a qualidade de vida da sociedade e a redução de riscos ao adoecimento".

[126] O primeiro dispositivo conceitua o prontuário médico como o "documento único constituído de um conjunto de informações, sinais e imagens registradas, geradas a partir de fatos, acontecimentos e situações sobre a saúde do paciente e a assistência a ele prestada, de caráter legal, sigiloso e científico, que possibilita a comunicação entre membros da equipe multiprofissional e a continuidade da assistência prestada ao indivíduo", ao passo que o segundo dispositivo preconiza que "o médico não pode, sem o consentimento do paciente, revelar o conteúdo do prontuário ou ficha médica".

[127] Sobre os dados pessoais sensíveis, confira-se: MULHOLLAND, Caitlin Sampaio. Dados pessoais sensíveis e a tutela de direitos fundamentais: uma análise à luz da Lei Geral de Proteção de Dados (Lei 13.709/18). *Revista de Direitos e Garantias Fundamentais*, Vitória, v. 19, n. 3, p. 159-180, set./dez. 2018.

ou autorização) ou de transações financeiras e administrativas resultantes do uso e da prestação de serviços de saúde, de assistência farmacêutica e de assistência à saúde, desde que observado o § 5º do mesmo dispositivo, que ressalva a necessidade de haver um benefício ao interesse do titular dos dados.[128]

A portabilidade de dados já está tratada no art. 18, V da Lei nº 13.709/2018, mas a reiteração constante do inc. I do § 4º do art. 11 se mostra imprescindível, na medida em que, "quanto mais difícil for para um indivíduo mover seus dados, maior é o poder de mercado detido pelo fornecedor, o que gera dificuldades e impossibilita o sucesso de novos entrantes".[129] Da mesma forma, o inc. II do § 4º corrobora a autodeterminação informativa, realçando direitos do titular para a proteção de dados sensíveis seus.

O § 5º, por sua vez, impõe freios à potencial discriminação praticada por operadoras de planos privados de assistência à saúde, resguardando a confiança, sendo pertinente, nesse ponto, a doutrina de Fernando Martins:

> "[...] a confiança (a legítima expectativa gerada pelo predisponente) abre hipóteses normativas, ensejando hermenêutica conformadora aos direitos fundamentais a partir das seguintes ponderações: i) a aplicação do princípio da boa-fé objetiva (no manancial das funções interpretativas, integrativas e limitativas de exercício de posição jurídica); ii) cobertura e execução contratual conforme o tráfego despertado, especialmente no que concerne à natureza dos riscos envolvidos; iii) controle de conteúdo das cláusulas contratuais que transferem riscos ao vulnerável e oneram o contrato; iv) relevo diferenciado aos anos de contribuição do consumidor como grupo de saúde empresarial (relacionamento contratual); v) proteção da relação médico-paciente existente em face da intervenção indevida pelas operadoras de saúde; e vi) exigência do consentimento esclarecido do consumidor frente ao contrato e aos tratamentos como ordem pública procedimental".[130]

Ainda acerca da portabilidade de dados,[131] a Lei nº 13.853 consolidou a redação do inc. V e do § 6º do art. 18 da LGPD, vinculando tal direito à posterior regulamentação deixada a cargo

---

[128] "Art. 11. [...] § 4º É vedada a comunicação ou o uso compartilhado entre controladores de dados pessoais sensíveis referentes à saúde com objetivo de obter vantagem econômica, exceto nas hipóteses relativas a prestação de serviços de saúde, de assistência farmacêutica e de assistência à saúde, desde que observado o § 5º deste artigo, incluídos os serviços auxiliares de diagnose e terapia, em benefício dos interesses dos titulares de dados, e para permitir: I – a portabilidade de dados quando solicitada pelo titular; ou II – as transações financeiras e administrativas resultantes do uso e da prestação dos serviços de que trata este parágrafo".

[129] CRAVO, Daniela Copetti. *Direito à portabilidade de dados*: interface entre defesa da concorrência, do consumidor e proteção de dados. Rio de Janeiro: Lumen Juris, 2018. p. 63.

[130] MARTINS, Fernando Rodrigues. A saúde suplementar como sistema jurídico hipercomplexo e a proteção da confiança. *Revista de Direito do Consumidor*, São Paulo, v. 120, n. 4, p. 88, nov./dez. 2018.

[131] DE HERT, Paul; PAPAKONSTANTINOU, Vagelis; MALGIERI, Gianclaudio; BESLAY, Laurent; SANCHEZ, Ignacio. The right to data portability in the GDPR: towards user-centric interoperability of digital services. *Computer Law & Security Review*, v. 34, n. 2, p. 194, abr. 2018. Comentam os autores: "The right to data portability is one of the most important novelties within the EU General Data Protection Regulation, both in terms of warranting control rights to data subjects and in terms of being found at the intersection between data protection and other fields of law (competition law, intellectual property, consumer protection, etc.). It constitutes, thus, a valuable case of development and diffusion of effective user-centric privacy enhancing technologies and a first tool to allow individuals to enjoy the immaterial wealth of their personal data in the data economy. Indeed, a free portability of personal data from one controller to another can be a strong tool for data subjects in order to foster competition of digital services and interoperability of platforms and in order to enhance controllership of individuals on their own data".

da autoridade nacional. De fato, o papel da ANPD, no exercício de seu poder regulamentar infralegal, será crucial para a efetivação desse e de outros direitos contidos na lei.[132]

A nova redação do art. 20, que aborda o tratamento automatizado, foi mantida nos mesmos moldes definidos pela MP nº 869/2018. Igualmente, o art. 23, III, teve sua redação mantida, com a inserção da conjunção "e" ao seu final – que delimitaria sua cumulação com o inc. IV, acrescentado pela nova lei, não tivesse este sido vetado.[133]

A figura do encarregado também merece breve comentário, pois receberia uma série de importantes ajustes, notadamente quanto ao regime de responsabilidade civil que lhe é aplicável. Sobre essa figura, porém, o veto presidencial[134] ao § 4º do art. 41 culminou na manutenção da norma precedente.

Com o veto, também foram afastados os três incisos que acompanhariam o acima mencionado § 4º, e que compunham o elenco de matérias a serem regulamentadas pela ANPD: (i) os casos em que o operador deveria indicar encarregado; (ii) a indicação de um único encarregado, desde que facilitado o seu acesso, por empresas ou entidades de um mesmo grupo econômico; (iii) a garantia da autonomia técnica e profissional no exercício do cargo.

Em virtude da ausência de menção expressa à responsabilidade civil do encarregado de dados – responsável por passar instruções ao controlador e a seus colaboradores quanto à proteção de dados – no art. 42, nota-se sonora lacuna, uma vez que se trata de figura central para o controle de eventos danosos, na medida em que a exaração de qualquer espécie de comando errôneo, por parte do encarregado, pode vir a causar dano, e, para solucionar o caso, impõe-se a leitura do art. 43, III, que expressamente afasta a responsabilidade civil dos agentes de tratamento (controladores e operadores) quando esta puder ser transferida a terceiro, o que permitiria responsabilizar o encarregado na hipótese descrita, embora, para isso, seja passível de invocação a disciplina jurídica contida em outras fontes normativas, como o Código Civil e o Código de Defesa do Consumidor.

Finalmente, merece destaque a delimitação das normas concernentes à implementação da Agência Nacional de Proteção de Dados, tema que foi amplamente debatido nas audiências

---

[132] A Resolução CD/ANPD nº 2, de 27 de janeiro de 2022, aprova o Regulamento da Lei Geral de Proteção de Dados Pessoais para agentes de pequeno porte. Acerca das orientações e regulamentos da ANPD, recomenda-se a seguinte obra: LIMA, Ana Paula Canto; ALVES, Fabrício da Mota. *Comentários aos regulamentos e orientações da ANPD*. São Paulo: Revista dos Tribunais, 2022.

[133] A redação do inc. IV previa o seguinte: "IV – sejam protegidos e preservados dados pessoais de requerentes de acesso à informação, no âmbito da Lei nº 12.527, de 18 de novembro de 2011, vedado seu compartilhamento na esfera do Poder Público e com pessoas jurídicas de direito privado". O veto, entretanto, teve a motivação a seguir: "A propositura legislativa, ao vedar o compartilhamento de dados pessoais no âmbito do Poder Público e com pessoas jurídicas de direto privado, gera insegurança jurídica, tendo em vista que o compartilhamento de informações relacionadas à pessoa natural identificada ou identificável, que não deve ser confundido com a quebra do sigilo ou com o acesso público, é medida recorrente e essencial para o regular exercício de diversas atividades e políticas públicas. Sob este prisma, e a título de exemplos, tem-se o caso do banco de dados da Previdência Social e do Cadastro Nacional de Informações Sociais, cujas informações são utilizadas para o reconhecimento do direito de seus beneficiários e alimentados a partir do compartilhamento de diversas bases de dados administradas por outros órgãos públicos, bem como algumas atividades afetas ao poder de polícia administrativa que poderiam ser inviabilizadas no âmbito do Sistema Financeiro Nacional".

[134] Com efeito, foram essas as razões do veto: "A propositura legislativa, ao dispor que o encarregado seja detentor de conhecimento jurídico regulatório, contraria o interesse público, na medida em que se constitui em uma exigência com rigor excessivo que se reflete na interferência desnecessária por parte do Estado na discricionariedade para a seleção dos quadros do setor produtivo, bem como ofende direito fundamental, previsto no art. 5º, XIII da Constituição da República, por restringir o livre exercício profissional a ponto de atingir seu núcleo essencial".

públicas realizadas pelo Congresso Nacional, pois, indubitavelmente, a existência de uma autoridade nacional independente é aspecto fundamental para a efetivação da lei.

Importante estudo realizado na Austrália mostrou que, em todo o mundo, existem autoridades nacionais realmente fortes na grande maioria dos países que já possuem legislações de proteção de dados. Foram averiguados 132 países e constatou-se que apenas 10% não criaram autoridades específicas e 10% demoraram muito para fazê-lo, e, no majoritário rol de países que criaram agências com perfil adequado, seu caráter independente foi festejado pelo estudo. Inclusive, às autoridades não dotadas de independência, foi reservado, pelo autor do estudo, um lugar no *Hall of Shame*.[135]

Ao mesmo tempo que se clama pela efetivação da proteção de dados para a estabilização das relações sociais travadas na Internet, diversas nuances permanecem nebulosas, mesmo com reformas, ajustes, audiências públicas, alterações e proposições para a adaptação estrutural do Estado em relação a seu aparelhamento voltado ao atendimento de seus deveres de proteção.[136]

Espera-se que a consolidação legislativa de tão importante direito fundamental – a proteção de dados pessoais – sacramente uma mudança profunda na forma de realização das atividades de Estado para que se prime pela independência de quem, ao fim e ao cabo, deverá assumir a função de regulamentar, fiscalizar e aplicar sanções.

Constata-se que as mudanças já realizadas na Lei Geral de Proteção de Dados brasileira sinalizam a preocupação do legislador com a confiabilidade de seu texto final, repleto de nuances complexas e que demandarão de todos os agentes de dados profundas adaptações em suas rotinas relacionadas às operações de coleta e tratamento de dados.

Em breves linhas, procurou-se averiguar, pontualmente, as principais modificações realizadas pela Lei nº 13.853, de 08 de julho de 2019, que consolidou o texto anterior, que já havia sido alterado pela Medida Provisória nº 869, de 27 de dezembro de 2018. Anotou-se que, em grande parte, o legislador buscou esclarecer o escopo de aplicação da normativa, particularmente no que diz respeito ao Estado e às suas atividades enquanto agente de dados e, também, enquanto responsável por fiscalizar e sancionar atividades realizadas em desconformidade com os ditames da lei.

A preocupação com dados relacionados à saúde e dados acadêmicos reafirma essa cautela mais ampla com determinadas espécies de dados, ao passo que questões como o tratamento automatizado ainda parecem suscitar dúvidas quanto a seu escopo de proteção.

Sendo certo que o *Big Data* público já é uma realidade, o controle de dados exercido pelo poder público ganha nova dimensão, com a possibilidade de compartilhamento entre órgãos. A criação do "Cadastro Base do Cidadão" (arts. 16 e seguintes do Dec. nº 10.046/2019), por exemplo, e o cruzamento de dados extraídos de bases como a Receita Federal do Brasil e o Instituto Nacional do Seguro Social, propiciam a consolidação de uma vigilância de dados estatal. O Dec. nº 10.046/2019 foi revogado parcialmente pelo Dec. nº 11.266, de 25 de novembro de 2022, que visa a compatibilizar o compartilhamento de dados no poder público com as disposições da Lei Geral de Proteção de Dados.

Em importante julgado, o Supremo Tribunal Federal, por maioria de votos, decidiu que órgãos e entidades da administração pública federal podem compartilhar dados pessoais entre si, com a observância de alguns critérios. A decisão ocorreu na sessão plenária do dia 15 de setembro de 2022, na análise conjunta da Ação Direta de Inconstitucionalidade (ADI 6.649) e da Arguição de Descumprimento de Preceito Fundamental (ADPF 695).

---

[135] GREENLEAF, Graham. Global data privacy 2019: DPAs, PEAs, and their networks. *University of New South Wales Law Research Series*, Sydney, v. 158, Research Paper n. 19-68, p. 1-7, ago. 2019.

[136] SILVA, Jorge Pereira da. *Deveres do Estado de protecção de direitos fundamentais*: fundamentação e estrutura das relações jusfundamentais triangulares. 3. ed. Lisboa: Universidade Católica Editora, 2015. p. 585.

As ações foram ajuizadas, respectivamente, pelo Conselho Federal da Ordem dos Advogados do Brasil e pelo Partido Socialista Brasileiro, que alegavam que o Dec. nº 10.046/2019 da Presidência da República, que dispõe sobre a governança desse compartilhamento de dados, geraria uma espécie de vigilância massiva e representaria controle inconstitucional do Estado, entre outras alegações.[137]

O voto condutor do julgamento foi o do relator, Ministro Gilmar Mendes, no sentido da possibilidade de compartilhamento, desde que observados alguns parâmetros. Segundo ele, a permissão de acesso a dados pressupõe propósitos legítimos, específicos e explícitos para seu tratamento e deve ser limitada a informações indispensáveis ao atendimento do interesse público.

Na visão do relator, o compartilhamento deve ser limitado ao mínimo necessário, para atender à finalidade informada. Também deve cumprir integralmente os requisitos, as garantias e os procedimentos estabelecidos na Lei Geral de Proteção de Dados (LGPD – Lei nº 13.709/2018) compatíveis com o setor público. Entre eles, citou mecanismos rigorosos de controle de acesso ao Cadastro Base do Cidadão, publicidade do compartilhamento ou do acesso a banco de dados pessoais e fornecimento de informações claras e atualizadas sobre previsão legal, finalidade e práticas utilizadas.

Para o Plenário, a necessidade de inclusão de novos dados pessoais na base integradora, como a escolha das bases temáticas que comporão o cadastro, deve ter justificativa formal, prévia e detalhada. Cabe ao Comitê Central instituir medidas de segurança compatíveis com os princípios de proteção da LGPD, em especial a criação de sistema eletrônico de registro de acesso, a fim de responsabilização em caso de abuso.

O Tribunal decidiu, ainda, que o compartilhamento de informações pessoais em atividades de inteligência deve observar legislação específica e parâmetros fixados no julgamento da ADI 6.529 (que limitou o compartilhamento de dados do Sisbin) e atender ao interesse público, entre outros.

Em relação à responsabilidade civil nos casos em que órgãos públicos utilizarem dados de forma contrária aos parâmetros legais e constitucionais, o STF concluiu que o Estado poderá acionar servidores e agentes políticos responsáveis por atos ilícitos, visando ao ressarcimento de eventuais danos.

De acordo com o Tribunal, a transgressão intencional (dolosa) do dever de publicidade fora das hipóteses constitucionais de sigilo resultará na responsabilização do agente estatal por ato de improbidade administrativa, com possibilidade de aplicação de sanções disciplinares previstas nos estatutos dos servidores públicos federais, municipais e estaduais.[138]

O Dec. nº 10.332, de 28 de abril de 2020, instituiu a Estratégia do Governo Digital para o período de 2020 a 2022, no âmbito dos órgãos e das entidades da administração pública federal direta, autárquica e fundacional, tendo sido revogado parcialmente pelo Dec. nº 11.260, de 25 de novembro de 2022.

Anteriormente, a União, com a promulgação do Dec. nº 10.222, de 5 de fevereiro de 2020, havia aprovado a Estratégia Nacional de Segurança Cibernética, cujo art. 1º remete ao disposto no inc. I do art. 6º do Dec. nº 9.637, de 26 de dezembro de 2018.[139]

---

[137] Disponível em: https://portal.stf.jus.br/noticias/verNoticiaDetalhe.asp?idConteudo=494227&ori=1https://portal.stf.jus.br/noticias/verNoticiaDetalhe.asp?idConteudo=494227&ori=1. Acesso em: 10 abr. 2023.

[138] Disponível em: https://portal.stf.jus.br/noticias/verNoticiaDetalhe.asp?idConteudo=494227&ori=1https://portal.stf.jus.br/noticias/verNoticiaDetalhe.asp?idConteudo=494227&ori=1. Acesso em: 10 abr. 2023.

[139] Segue um trecho da introdução ao anexo do Decreto, sobre a estratégia nacional de segurança cibernética: "A revolução digital está transformando profundamente nossa sociedade. Nas últimas duas décadas, bilhões de pessoas se beneficiaram do crescimento exponencial do acesso à internet, da rápida adoção dos recursos de tecnologia da informação e comunicação, e das oportunidades econômicas e sociais oriundas do ambiente digital.

Em que pesem as críticas, é em tempo que o Brasil aprova uma lei geral de proteção de dados, procurando se adequar aos *standards* de proteção europeus, hoje referência para o mundo, especialmente após escândalos como o do Facebook com a empresa Cambridge Analytica, divulgado pela imprensa no ano de 2018. Desenvolvido por um professor da Universidade de Cambridge, Inglaterra, Aleksandr Kogan, o aparentemente inofensivo aplicativo sobre a "vida digital" teve a adesão de 270 mil internautas. Por meio deles, chegando aos respectivos amigos na rede social, o mecanismo capturou informações pessoais de 87 milhões de usuários do Facebook.[140]

Foi tudo repassado para a empresa Cambridge Analytica, que, por meio de sofisticadas ferramentas digitais, identificou pessoas suscetíveis a determinadas mensagens, como contra imigrantes, de teor ultranacionalista etc. Tais pessoas passaram a ser bombardeadas por informações *fake*, e foi assim que votos decisivos terminaram sendo conquistados na Grã-Bretanha para que o projeto do Brexit, a saída da União Europeia, ganhasse o plebiscito de 2016 pela estreita margem de quatro pontos percentuais (de 52% a 48%).[141]

As preferências dos titulares, que foram indevidamente utilizadas, através de uma autorização colhida por meio tortuoso, influenciaram ainda a eleição de Donald Trump, nos Estados Unidos, também em 2016, quando ele perdeu na eleição popular, mas ganhou em distritos-chave que lhe garantiram os votos necessários para se eleger no colégio eleitoral. É curioso salientar que o presidente da empresa à época, Steve Bannon – famoso por administrar um *blog* de *alternative right* (em outras palavras, "extrema direita") – acabou coordenando a campanha do atual presidente norte-americano.

Tal fato, inclusive, acarretou a aplicação, no Brasil, de multa de R$ 6,6 milhões, pela Secretaria Nacional do Consumidor do Ministério da Justiça, ao Facebook, em virtude do compartilhamento de informações de brasileiros.

Os rápidos avanços na área de tecnologia da informação e comunicação resultaram no uso intenso do espaço cibernético para as mais variadas atividades, inclusive a oferta de serviços por parte do Governo Federal, em coerência com as tendências globais. Entretanto, novas e crescentes ameaças cibernéticas surgem na mesma proporção, e colocam em risco a Administração Pública e a sociedade.

Desse modo, proteger o espaço cibernético requer visão atenta e liderança para gerenciar mudanças contínuas, políticas, tecnológicas, educacionais, legais e internacionais. Nesse sentido, o Governo, a indústria, a academia e a sociedade em geral devem incentivar a inovação tecnológica e a adoção de tecnologias de ponta, e manter constante atenção à segurança nacional, à economia e à livre expressão.

Em nível superior aos debates sobre a segurança no espaço cibernético está a Segurança da Informação, área sistêmica, e diretamente relacionada à proteção de um conjunto de informações e ao valor que estas possuem para um indivíduo ou para uma organização. Desse modo, segundo o art. 2º do Decreto nº 9.637, de 2018, a Segurança da Informação abrange a segurança cibernética, a defesa cibernética, a segurança física e a proteção de dados organizacionais, e tem como princípios fundamentais a confidencialidade, a integridade, a disponibilidade e a autenticidade.

Entende-se que os recursos tecnológicos empregados na segurança sistêmica devem apoiar políticas que garantam os princípios fundamentais da autenticidade e da integridade dos dados, e prover mecanismos para proteção da legitimidade contra sua alteração ou eliminação não autorizada. Do mesmo modo, as informações coletadas, processadas e armazenadas na infraestrutura de tecnologia da informação e comunicação devem ser acessíveis apenas a pessoas, a processos ou a entidades autorizadas, a fim de garantir a confidencialidade das informações. Adicionalmente, os recursos de tecnologia da informação e comunicação devem prover disponibilidade permanente e apoiar de forma contínua todos os acessos autorizados" (Disponível em: http://www.planalto.gov.br/ccivil_03/_Ato2019-2022/2020/Decreto/D10222.htm. Acesso em: 6 fev. 2020).

[140] MARTINS, Guilherme Magalhães; LONGHI, João Victor Rozatti. Nota dos coordenadores. *In*: MARTINS, Guilherme Magalhães; LONGHI, João Victor Rozatti (coord.). *Direito digital*: direito privado e internet. 2. ed. Foco: Indaiatuba, 2019.

[141] MULTA ao Facebook é parte de caso mundial de manipulação de eleitores. *Jornal O Globo*. Opinião do Globo. Rio de Janeiro, 2 jan. 2020, p. 2.

De modo a aumentar o nível de proteção aos usuários, entrou em vigor o Dec. nº 11.491, de 12 de abril de 2023, que promulgou a Convenção sobre o Crime Cibernético, firmada pela República Federativa do Brasil, em Budapeste, em 23 de novembro de 2021.

Os dados pessoais têm sido utilizados por governos e grandes *players* econômicos para a criação de um *one-way mirror*, possibilitando que tais agentes saibam tudo dos cidadãos, enquanto estes nada sabem dos primeiros. Isso acontece por meio de monitoramento e vigília constantes sobre cada passo da vida das pessoas, levando a um capitalismo de vigilância, cuja principal consequência é a constituição de uma sociedade também de vigilância.[142]

De fato, a experiência do comércio eletrônico transmite ao consumidor uma sensação de liberdade e de amplo poder de escolha, quando, na verdade, as empresas controlam toda as informações e, não raro, aproveitam a assimetria de informações para explorar o consumidor.[143]

Outra característica marcante da atual sociedade de massa é a oferta normalmente baseada na remuneração indireta, por prestadores ditos *gratuitos*, igualmente a atrair a incidência das normas do Código de Defesa do Consumidor. É o caso dos provedores de aplicações de Internet que administram as redes sociais virtuais.

Longe de ser uma realidade restrita a regiões ou países determinados, as práticas perpassam os costumes e penetram a cultura de cada sociedade, multiplicando em progressão geométrica o número de usuários. Formam-se gigantescos bancos de dados de caráter pessoal a serviço de entidades de caráter privado, cujos interesses econômicos frequentemente se impõem de maneira agressiva.

Deve haver, portanto, um contraponto, por meio do tratamento de dados pessoais. Mesmo diante de tal controle, há a dificuldade de se individualizar tipos de informações acerca dos quais o cidadão estaria disposto a renunciar definitivamente, visto que até mesmo os dados mais inócuos podem, se associados a outros, provocar danos à dignidade do interessado.[144]

A nova situação determinada pelo uso de computadores no tratamento de informações pessoais torna cada vez mais difícil considerar o cidadão como um simples "fornecedor de dados", sem que a ele caiba algum poder de controle, ensina Stefano Rodotà, problema esse que ultrapassa as fronteiras individuais e se dilata na dimensão coletiva.[145]

Observe-se que a informação em si não tem valor significativo, mas sim o que se pode fazer com ela, viabilizando uma série de condutas, como o *marketing* direto, ou a determinação de um perfil do usuário sem que este saiba, de modo que a obtenção de lucro é inevitável diante da utilização das informações. Outro exemplo é o chamado *Big Data*, ou seja, informações de todo tipo podem ser associadas de tal forma a determinar um conteúdo de relevância à soberania

---

[142] FRAZÃO, Ana. Fundamentos da proteção dos dados pessoais. Noções introdutórias para a compreensão da importância da Lei Geral de Proteção de Dados. *In*: TEPEDINO, Gustavo; FRAZÃO, Ana; OLIVA, Milena Donato. *Lei Geral de Proteção de Dados Pessoais e suas repercussões no direito brasileiro*. São Paulo: Revista dos Tribunais, 2019. p. 27.

[143] EZRACHI, Ariel; STUCKE, Maurice. *Virtual competition*: the promise and perils of algorithm-driven economy. Cambridge: Harvard University Press, 2016, p. 4.

[144] RODOTÀ, Stefano. *A vida na sociedade da vigilância*: a privacidade hoje. Organização de Maria Celina Bodin de Moraes. Tradução de Danilo Doneda e Luciana Cabral Doneda. Rio de Janeiro: Renovar, 2008. p. 36-37: "A obrigação de fornecer dados não pode ser simplesmente considerada como a contrapartida dos benefícios sociais que, direta ou indiretamente, o cidadão pode chegar a aproveitar. As informações coletadas não somente tornam as organizações públicas e privadas capazes de planejar e executar os seus programas, mas permitem o surgimento de novas concentrações de poder ou o fortalecimento de poderes já existentes: consequentemente, os cidadãos têm o direito de pretender exercer um controle direto sobre aqueles sujeitos aos quais as informações fornecidas atribuirão um crescente *plus-poder*".

[145] RODOTÀ, Stefano. *A vida na sociedade da vigilância*: a privacidade hoje. Organização de Maria Celina Bodin de Moraes. Tradução de Danilo Doneda e Luciana Cabral Doneda. Rio de Janeiro: Renovar, 2008. p. 36-37.

estatal e à dignidade da pessoa humana, como, por exemplo, prevenir doenças, pornografia infantil ou atos de terrorismo e racismo.[146]

Destaca-se um fato ocorrido nos Estados Unidos da América, em que, semanas antes de se diagnosticar o vírus H1N1, engenheiros da Google publicaram um artigo no jornal científico *Nature,* explicando como conseguiram prever a epidemia causada pelo vírus. A empresa conseguiu esse resultado por meio do monitoramento das pesquisas realizadas por seus usuários.

Num panorama de vigilância líquida e distribuída, em que parece ocorrer uma erosão da esfera de controle de dados pessoais, os respectivos titulares são submetidos a uma condição de hipervulnerabilidade, sobretudo por estarem inseridos numa relação assimétrica que lhes tolhe o poder de autodeterminação. Espera-se que, nesse panorama, a nova legislação contribua para reduzir a flagrante assimetria entre as partes.

4.5.2 Os princípios gerais da proteção de dados pessoais

A partir do disposto na Constituição da República e da Lei Geral de Proteção de Dados Pessoais, é possível verificar uma imposição de princípios básicos a que deve obedecer a utilização da informática aplicada ao tratamento de dados, especialmente no tocante aos direitos fundamentais e à ordem constitucional do Estado Social e Democrático de Direito.

Destacam-se, no art. 6º da LGPD,[147] os seguintes princípios, que atuam como mandamentos do sistema: o princípio da boa-fé (*caput*), o princípio da finalidade (inc. I), o princípio da adequação (inc. II), o princípio da necessidade (inc. III), o princípio do livre acesso (inc. IV), o princípio da qualidade dos dados (inc. V), o princípio da transparência (inc. VI), o princípio da segurança (inc. VII), o princípio da prevenção (inc. VIII), o princípio da não discriminação (inc. IX) e o princípio da responsabilização e da prestação de contas (inc. X).

4.5.2.1 Princípio da boa-fé

O art. 6º, *caput*, da LGPD define que as atividades de tratamento de dados pessoais deverão observar a boa-fé. A boa-fé objetiva[148] corresponde a deveres de conduta contratuais, de natureza secundária, lateral, anexa ou instrumental, tais quais os de informação correta, esclarecimento, lealdade e assistência, dentre outros,[149] encontrando-se consagrada nos arts. 4º, III e 51, IV da Lei nº 8.078/1990, que dialogam com as normas gerais dos arts. 113, 187 e 422 do Código Civil.

A boa-fé contratual, que compreende o principal campo de atuação da boa-fé objetiva, corresponde a uma expectativa legítima por parte do consumidor do produto ou serviço, que deve ter motivos para confiar na contraparte.[150]

---

[146] LIMA, Cíntia Rosa Pereira de. Direito ao esquecimento e internet: o fundamento legal no direito comunitário europeu, no direito italiano e no direito brasileiro. *Doutrinas Essenciais de Direito Constitucional*. São Paulo: Revista dos Tribunais, 2015. v. 8, p. 512.

[147] SAMPAIO, José Adércio Leite. *Direito à intimidade e à vida privada*: uma visão jurídica da sexualidade, da família, da comunicação e informações pessoais, da vida e da morte. Belo Horizonte: Del Rey, 1998.
DONEDA, Danilo. *Da privacidade à proteção de dados pessoais*. Rio de Janeiro: Renovar, 2006.

[148] Devendo ser extremada em face da boa-fé subjetiva, a qual se refere a um estado interior ou psicológico relativo ao conhecimento, desconhecimento, intenção ou falta de intenção de alguém, a partir de uma situação de aparência que permita ao titular ter expectativas que acredita legítimas, como se verifica em vários preceitos do Código Civil brasileiro [de 1916], tais quais, dentre outros, os arts. 221 (efeitos do casamento putativo), 490 e 491 (posse de boa-fé), 935 (pagamento a credor putativo), 1.072 (cessionário de boa-fé) e 1.507 (portador de boa-fé de título ao portador) (cf. SILVA, Agathe S. Cláusula geral de boa-fé nos contratos de consumo. *Revista de Direito do Consumidor*, São Paulo, v. 17, p. 154, jul. 1996).

[149] COUTO E SILVA, Clóvis. *A obrigação como processo*. São Paulo: José Bushatsky Editor, 1976. p. 35.

[150] NORONHA, Fernando. *O direito dos contratos e seus princípios fundamentais* (autonomia privada, boa-fé e justiça contratual). São Paulo: Saraiva, 1994. p. 132 e ss.

A boa-fé objetiva, decorrente da concepção da obrigação como processo, implica uma conduta de cooperação, lealdade e expectativas legítimas das partes, em especial do titular em face do controlador (art. 10, II da LGPD), o que se delineia a partir das circunstâncias concretas em que se deu o consentimento, a finalidade de uso e o tratamento de dados indicado, assim como as informações prévias oferecidas. A tutela da confiança do consumidor abrange tanto a crença nas informações prestadas quanto a certeza de que aquele que tenha acesso aos seus dados, por força do consentimento dado, não se comporte de modo contraditório e respeite a vinculação à finalidade de utilização.[151]

A boa-fé, além de prevista como norte das atividades de tratamento de dados pessoais, inclusive no seu uso secundário,[152] além de contemplada no art. 6º, *caput*, é também prevista no art. 7º, § 3º ("o tratamento de dados pessoais cujo acesso é público deve considerar a finalidade, a boa-fé e o interesse público que justificaram sua disponibilização"), bem como constitui parâmetro e critério para a aplicação de sanções administrativas, conforme o art. 52, § 1º, II da LGPD.[153]

A boa-fé contratual, que compreende o principal campo de atuação da boa-fé objetiva, corresponde a uma real expectativa legítima por parte do consumidor do produto ou serviço, que deve ter motivos para confiar na contraparte.[154]

4.5.2.2 Princípio da finalidade

Afirma-se que todo procedimento ligado ao sistema de tratamento de dados, automatizado ou não, deve ser realizado sempre e exclusivamente no sentido de atingir os objetivos propostos para o sistema.[155] Por isso, é preciso observar os critérios de proporcionalidade e de adequação entre os meios e os fins, em todas as etapas do processamento das informações, que se concretizam em requisitos de limitação: coleta e armazenamento; conservação, uso e comunicação dos dados.[156]

A finalidade deve ser conhecida antes que ocorra a coleta dos dados, especificando-se sobretudo na relação entre os dados colhidos e seu objetivo, em sua utilização não abusiva e na eliminação ou anonimização dos dados que não mais se tornarem necessários.[157]

O art. 6º, I da LGPD define o princípio da finalidade, vinculando-o à "realização do tratamento para propósitos legítimos, específicos, explícitos e informados ao titular, sem possibilidade de tratamento posterior de forma incompatível com essas finalidades". Com base nesse princípio, fundamenta-se a restrição da transferência de dados pessoais a terceiros, além

---

[151] MIRAGEM, Bruno. A Lei Geral de Proteção de Dados (Lei 13.709/2018) e o direito do consumidor. *Revista dos Tribunais*, São Paulo, v. 1.009, 2019. Disponível em: https://www.revistadostribunais.com.br/maf/app/authentication/formLogin. Acesso em: 1 jan. 2020.

[152] TAMÒ-LARRIEUX, Aurelia. *Designing for privacy and its legal framework*. Data protection by design and default for the Internet of Things. New York: Springer, 2018. p. 88. (*e-book*).

[153] DE LUCCA, Newton; MACIEL, Renata Mota. A Lei 13.709, de 14 de agosto de 2018: a disciplina normativa que faltava. *In*: DE LUCCA, Newton; SIMÃO FILHO, Adalberto; LIMA, Cintia Rosa Pereira de; MACIEL, Renata Mota (coord.) *Direito & Internet IV*: sistema de proteção de dados pessoais. São Paulo: Quartier Latin, 2019. p. 46.

[154] NORONHA, Fernando. *O direito dos contratos e seus princípios fundamentais* (autonomia privada, boa-fé e justiça contratual). São Paulo: Saraiva, 1994. p. 132 e ss.

[155] SAMPAIO, José Adércio Leite. *Direito à intimidade e à vida privada*: uma visão jurídica da sexualidade, da família, da comunicação e informações pessoais, da vida e da morte. Belo Horizonte: Del Rey, 1998. p. 513.

[156] SAMPAIO, José Adércio Leite. *Direito à intimidade e à vida privada*: uma visão jurídica da sexualidade, da família, da comunicação e informações pessoais, da vida e da morte. Belo Horizonte: Del Rey, 1998. p. 513.

[157] RODOTÀ, Stefano. *A vida na sociedade da vigilância*: a privacidade hoje. Organização de Maria Celina Bodin de Moraes. Tradução de Danilo Doneda e Luciana Cabral Doneda. Rio de Janeiro: Renovar, 2008.

de estruturar-se um critério para valorar a razoabilidade da utilização de determinados dados para uma certa finalidade, fora da qual haveria abusividade.[158]

O art. 7º da LGPD, como visto, define as finalidades legítimas para o tratamento de dados pessoais.[159] Em relação aos dados pessoais sensíveis, tais finalidades são definidas, de modo mais estrito, no art. 11 da LGPD.[160]

Isso justifica uma limitação da coleta e do armazenamento de dados, de modo que tais procedimentos devem sempre se limitar às informações estritamente necessárias à finalidade da operação.[161] Da mesma forma, a qualidade dos dados evidencia a obediência a esse princípio: os dados devem ser completos, exatos, pertinentes e relevantes aos fins propostos.[162]

---

[158] MIRAGEM, Bruno. A Lei Geral de Proteção de Dados (Lei 13.709/2018) e o direito do consumidor. *Revista dos Tribunais*, São Paulo, v. 1.009, p. 6, 2019. Disponível em: https://www.revistadostribunais.com.br/maf/app/authentication/formLogin Acesso em: 1 jan. 2020.

[159] "Art. 7º O tratamento de dados pessoais somente poderá ser realizado nas seguintes hipóteses:
I – mediante o fornecimento de consentimento pelo titular;
II – para o cumprimento de obrigação legal ou regulatória pelo controlador;
III – pela Administração Pública, para o tratamento e uso compartilhado de dados necessários à execução de políticas públicas previstas em leis e regulamentos ou respaldadas em contratos, convênios ou instrumentos congêneres, observadas as disposições do Capítulo IV desta Lei;
IV – para a realização de estudos por órgão de pesquisa, garantida, sempre que possível, a anonimização dos dados pessoais;
V – quando necessário para a execução de contrato ou de procedimentos preliminares relacionados a contrato do qual seja parte o titular, a pedido do titular dos dados;
VI – para o exercício regular de direitos em processo judicial, administrativo ou arbitral, esse último nos termos da Lei nº 9.307, de 23 de setembro de 1996 (Lei de Arbitragem);
VII – para a proteção da vida ou da incolumidade física do titular ou de terceiro;
VIII – para a tutela da saúde, exclusivamente, em procedimento realizado por profissionais de saúde, serviços de saúde ou autoridade sanitária;
IX – quando necessário para atender aos interesses legítimos do controlador ou de terceiro, exceto no caso de prevalecerem direitos e liberdades fundamentais do titular que exijam a proteção dos dados pessoais; ou
X – para a proteção do crédito, inclusive quanto ao disposto na legislação pertinente."

[160] "Art. 11. O tratamento de dados pessoais sensíveis somente poderá ocorrer nas seguintes hipóteses:
I – quando o titular ou seu responsável legal consentir, de forma específica e destacada, para finalidades específicas;
II – sem fornecimento de consentimento do titular, nas hipóteses em que for indispensável para:
a) cumprimento de obrigação legal ou regulatória pelo controlador;
b) tratamento compartilhado de dados necessários à execução, pela Administração Pública, de políticas públicas previstas em leis ou regulamentos;
c) realização de estudos por órgão de pesquisa, garantida, sempre que possível, a anonimização dos dados pessoais sensíveis;
d) exercício regular de direitos, inclusive em contrato e em processo judicial, administrativo e arbitral, este último nos termos da Lei nº 9.307, de 23 de setembro de 1996 (Lei de Arbitragem);
e) proteção da vida ou da incolumidade física do titular ou de terceiro;
f) tutela da saúde, exclusivamente, em procedimento realizado por profissionais de saúde, serviços de saúde ou autoridade sanitária; ou
g) garantia da prevenção à fraude e à segurança do titular, nos processos de identificação e autenticação de cadastro em sistemas eletrônicos, resguardados os direitos mencionados no art. 9º desta Lei e exceto no caso de prevalecerem direitos e liberdades fundamentais do titular que exijam a proteção dos dados pessoais."

[161] TAMÒ-LARRIEUX, Aurelia. *Designing for privacy and its legal framework*. Data protection by design and default for the Internet of Things. New York: Springer, 2018. p. 90. (e-book).

[162] SAMPAIO, José Adércio Leite. *Direito à intimidade e à vida privada*: uma visão jurídica da sexualidade, da família, da comunicação e informações pessoais, da vida e da morte. Belo Horizonte: Del Rey, 1998. p. 514.

Aquele que pretende obter o consentimento do titular dos dados obriga-se a declarar expressamente as finalidades para as quais pretende utilizar os dados, vinculando-se aos termos dessa sua manifestação pré-negocial.

Deve-se ter o cuidado redobrado com relação à coleta e ao armazenamento de informações consideradas "sensíveis", na presunção de que não seriam relevantes ou necessárias aos objetivos de qualquer banco de dados; ou, se o forem, não serão a ponto de dissipar o interesse de cada um no resguardo de sua intimidade ou na prevenção de seu uso com fins discriminatórios.[163]

A finalidade compreende ainda a limitação temporal do tratamento de dados, de modo que as informações coletadas e armazenadas não devem permanecer nos bancos de dados por um período maior do que o essencialmente necessário ao atingimento dos fins propostos.[164] O art. 15 da LGPD prevê as hipóteses do término do tratamento dos dados pessoais.

4.5.2.3 Princípio da adequação

A adequação é definida no art. 6º, II da LGPD pela "compatibilidade do tratamento com as finalidades informadas ao titular, de acordo com o contexto do tratamento". Esse princípio tem em foco o procedimento empregado para chegar à finalidade pretendida.[165]

Seu objetivo é preservar a vinculação necessária entre a finalidade de utilização dos dados informada ao titular e seu efetivo atendimento na realização concreta do tratamento dos dados. Vincula-se diretamente ao consentimento dado pelo titular para o tratamento dos dados ou às demais finalidades legais admitidas, que deverão ser informadas, lado a lado com a situação de confiança que se cria a partir do estrito atendimento nos termos da informação prévia ao consentimento ou ao uso informado.[166]

4.5.2.4 Princípio da necessidade

Trata-se, segundo o art. 6º, III da LGPD, da "limitação do tratamento ao mínimo necessário para a realização de suas finalidades, com abrangência dos dados pertinentes, proporcionais e não excessivos em relação às finalidades do tratamento de dados".

O uso dos dados pessoais, portanto, deve se restringir ao mínimo necessário que atenda aos fins de consentimento do titular e à finalidade legítima, observada a adequação entre meios e fins, de maneira pertinente, proporcional e não excessiva.[167]

4.5.2.5 Princípio do livre acesso

Conforme a definição legal, do art. 6º, IV da LGPD, consiste o livre acesso na "garantia, aos titulares, de consulta facilitada e gratuita sobre a forma e a duração do tratamento, bem como sobre a integralidade dos seus dados pessoais".

---

[163] SAMPAIO, José Adércio Leite. *Direito à intimidade e à vida privada*: uma visão jurídica da sexualidade, da família, da comunicação e informações pessoais, da vida e da morte. Belo Horizonte: Del Rey, 1998. p. 514. Para uma análise do tema, ver MENDES, Laura Schertel. *Privacidade, proteção de dados e defesa do consumidor*: linhas gerais de um novo direito fundamental. São Paulo: Saraiva, 2014. p. 72-77.
[164] SAMPAIO, José Adércio Leite. *Direito à intimidade e à vida privada*: uma visão jurídica da sexualidade, da família, da comunicação e informações pessoais, da vida e da morte. Belo Horizonte: Del Rey, 1998. p. 516.
[165] COTS, Márcio; OLIVEIRA, Ricardo. *Lei Geral de Proteção de Dados Pessoais comentada*. São Paulo: Revista dos Tribunais, 2018. p. 101.
[166] MIRAGEM, Bruno. A Lei Geral de Proteção de Dados (Lei 13.709/2018) e o direito do consumidor. *Revista dos Tribunais*, São Paulo, v. 1.009, p. 9, 2019. Disponível em: https://www.revistadostribunais.com.br/maf/app/authentication/formLogin Acesso em: 1 jan. 2020.
[167] MIRAGEM, Bruno. A Lei Geral de Proteção de Dados (Lei 13.709/2018) e o direito do consumidor. *Revista dos Tribunais*, São Paulo, v. 1.009, p. 10, 2019. Disponível em: https://www.revistadostribunais.com.br/maf/app/authentication/formLogin Acesso em: 1 jan. 2020.

Ligado à publicidade, seu objetivo é resguardar a efetiva participação dos titulares dos dados no seu tratamento,[168] expressada na exigência de consentimento e na possibilidade de conhecimento sobre a forma e a extensão em que se desenvolve tal atividade. Abrange inclusive a possibilidade de obter cópia dos registros existentes, bem como corrigir informações incorretas ou imprecisas, podendo inclusive acrescentar dados verdadeiros que possam favorecer seu interesse.[169]

Há ainda referência ao livre acesso no art. 9º da LGPD, em relação às informações sobre o tratamento dos dados pelo titular, devendo estas ser disponibilizadas de maneira clara, adequada e ostensiva acerca de, entre outras características previstas em regulamento: "I – finalidade específica do tratamento; II – forma e duração do tratamento, observados os segredos comercial e industrial; III – identificação do consumidor; IV – informações de contato do consumidor; V – informações acerca do uso compartilhado de dados pelo controlador e a finalidade; VI – responsabilidades dos agentes que realizarão o tratamento; e VII – direitos do titular, com menção explícita aos direitos contidos no art. 18 desta Lei".

Como bem observa Bruno Miragem, a violação do direito de acesso aos dados pode se caracterizar não só pela simples recusa, mas, na dinâmica atual do mercado de consumo, pela imposição de obstáculos ao acesso, exigindo que o consumidor se reporte a diferentes pessoas ou a setores distintos para obter a informação, retardando injustificadamente seu acesso e deixando de facilitar o exercício do direito.[170]

4.5.2.6 *Princípio da qualidade dos dados*

A LGPD, em seu art. 6º, V assegura a "garantia, aos titulares, de exatidão, clareza, relevância e atualização dos dados, de acordo com a necessidade e para o cumprimento da finalidade de seu tratamento".

4.5.2.7 *Princípio da transparência*

A transparência é definida pelo art. 6º, VI da LGPD como a "garantia, aos titulares, de informações claras, precisas e facilmente acessíveis sobre a realização do tratamento e os respectivos agentes de tratamento, observados os segredos comercial e industrial".

Em diversos sistemas jurídicos encontra-se referência à transparência sobre o procedimento de tratamento de dados e os sujeitos envolvidos, inclusive no art. 39 do RGPD, Regulamento 679/2016 da Comunidade Europeia, segundo o qual "deverá ser transparente para as pessoas singulares que os dados pessoais que lhes dizem respeito são recolhidos, utilizados, consultados ou sujeitos a qualquer outro tipo de tratamento e a medida em que os dados pessoais são ou virão a ser tratados".[171]

---

[168] RODOTÀ, Stefano. *A vida na sociedade da vigilância*: a privacidade hoje. Organização de Maria Celina Bodin de Moraes. Tradução de Danilo Doneda e Luciana Cabral Doneda. Rio de Janeiro: Renovar, 2008. p. 59.

[169] MIRAGEM, Bruno. A Lei Geral de Proteção de Dados (Lei 13.709/2018) e o direito do consumidor. *Revista dos Tribunais*, São Paulo, v. 1.009, p. 10, 2019. Disponível em: https://www.revistadostribunais.com.br/maf/app/authentication/formLogin Acesso em: 1 jan. 2020.

[170] MIRAGEM, Bruno. A Lei Geral de Proteção de Dados (Lei 13.709/2018) e o direito do consumidor. *Revista dos Tribunais*, São Paulo, v. 1.009, p. 10, 2019. Disponível em: https://www.revistadostribunais.com.br/maf/app/authentication/formLogin Acesso em: 1 jan. 2020.

[171] Ainda segundo o mesmo dispositivo, "o princípio da transparência exige que as informações ou comunicações relacionadas com o tratamento desses dados pessoais sejam de fácil acesso e compreensão, e formuladas numa linguagem clara e simples. Esse princípio diz respeito, em particular, às informações fornecidas aos titulares dos dados sobre a identidade do responsável pelo tratamento dos mesmos e os fins a que o tratamento se destina, bem como às informações que se destinam a assegurar que seja efetuado com equidade

De acordo com o princípio da transparência, todo sistema de coleta, registro, tratamento, processamento, transmissão e de banco de dados deve ser de conhecimento público. Segundo José Adércio Leite Sampaio, isso significa que todos – ou pelo menos aqueles cujos dados tenham sido coletados, registrados, tratados, processados, transmitidos ou armazenados em bancos – devem e podem ter ciência do tipo de informação envolvida, bem como da finalidade da respectiva operação, seja por meio de publicações periódicas de relatórios pelas unidades de processamento, seja pela disponibilização dos dados, de forma *on-line* ou não, em escritórios especializados ou até mesmo em bibliotecas e livrarias.[172]

O princípio da transparência se concretiza a partir de algumas exigências a serem feitas ao responsável pela coleta, pelo registro, pelo tratamento, pelo processamento, pela transmissão e pela manutenção de bancos de dados, tais como:

(a) a exigência de que peça autorização prévia para o funcionamento de qualquer sistema com tal finalidade;

(b) a exigência do registro da instalação do sistema;

(c) a exigência de relatórios periódicos das atividades, contendo a existência e a natureza de suas atividades, especificando o tipo de informação armazenada, os procedimentos adotados, as formas de recuperação, o acesso, a retenção e a disponibilização dos dados armazenados, a finalidade do armazenamento, as pessoas envolvidas, os estabelecimentos para os quais regularmente serão transmitidos ou comunicados os dados e o tipo de dado que será comunicado;

(d) a exigência da ciência dos envolvidos; as pessoas cujos dados estejam sendo coletados ou tratados devem ser cientificadas do assunto. O órgão responsável pela coleta, pelo registro, pelo tratamento, pelo processamento, pela transmissão e pela manutenção de bancos de dados deve prestar esclarecimentos à pessoa submetida à coleta de informações com relação ao caráter facultativo ou obrigatório das respostas, as consequências de uma ausência de resposta, os destinatários das informações e a existência do direito de acesso e de retificação.

Há uma preocupação com relação à legítima expectativa do titular dos dados, mas, sobretudo, à determinação do controle do tratamento pelo titular dos dados em relação ao compromisso assumido pelo controlador por ocasião da obtenção dos dados.[173]

A transparência pode ser extraída de alguns dispositivos da LGPD, como o art. 9º, § 1º ("na hipótese em que o consentimento é requerido, esse será considerado nulo caso as informações fornecidas ao titular tenham conteúdo enganoso ou abusivo ou não tenham sido apresentadas previamente com transparência, de forma clara e inequívoca"), o art. 10, § 2º ("o controlador deverá adotar medidas para garantir a transparência do tratamento de dados baseado em seu legítimo interesse") e o art. 40 ("a autoridade nacional poderá dispor sobre padrões de interoperabilidade para fins de portabilidade, livre acesso aos dados e segurança, assim como sobre o tempo de guarda dos registros, tendo em vista especialmente a necessidade e a transparência").[174]

---

e transparência para com as pessoas singulares em causa, bem como a salvaguardar o seu direito a obter a confirmação e a comunicação dos dados pessoais que lhes dizem respeito que estão a ser tratados".

[172] SAMPAIO, José Adércio Leite. *Direito à intimidade e à vida privada*: uma visão jurídica da sexualidade, da família, da comunicação e informações pessoais, da vida e da morte. Belo Horizonte: Del Rey, 1998. p. 509.

[173] MIRAGEM, Bruno. A Lei Geral de Proteção de Dados (Lei 13.709/2018) e o direito do consumidor. *Revista dos Tribunais*, São Paulo, v. 1.009, p. 12, 2019. Disponível em: https://www.revistadostribunais.com.br/maf/app/authentication/formLogin Acesso em: 1 jan. 2020.

[174] DE LUCCA, Newton; MACIEL, Renata Mota. A Lei 13.709, de 14 de agosto de 2018: a disciplina normativa que faltava. *In*: DE LUCCA, Newton; SIMÃO FILHO, Adalberto; LIMA, Cintia Rosa Pereira de; MACIEL, Renata Mota (coord.) *Direito & Internet IV*: sistema de proteção de dados pessoais. São Paulo: Quartier Latin, 2019. p. 45.

Assinale-se que o princípio da transparência não é absoluto. Admitem-se exceções com relação à defesa nacional, à segurança pública, à prevenção do crime, à cobrança de impostos e taxas, a certas autoridades da Receita Federal, a programas sociais ou à saúde pública.[175]

Além disso, afirma-se que há uma tendência, embora discutível, de se tornarem menos rígidas as exigências para a instalação de bancos de dados pessoais, se tais dados se referirem a assuntos rotineiros, que não ofereçam riscos aos direitos fundamentais, como aqueles destinados à simples listagem de empregados, de materiais de estoque, de modelos de correspondência e documentos, ou com finalidade puramente doméstica ou de entretenimento.[176]

4.5.2.8 *Princípio da segurança*

A segurança é definida pelo art. 6º, VII da LGPD como a "utilização de medidas técnicas e administrativas aptas a proteger os dados pessoais de acessos não autorizados e de situações acidentais ou ilícitas de destruição, perda, alteração, comunicação ou difusão". Trata-se de um desdobramento da segurança exigida do fornecedor em face da pessoa e do patrimônio do consumidor, cuja violação (CDC, arts. 12 e 14; LGPD, arts. 42 e seguintes) implica a responsabilidade objetiva pelos danos causados, inclusive na hipótese de os dados serem acessados sem autorização ou acidentalmente, o que compreende ainda as hipóteses de destruição, perda, alteração, comunicação ou difusão.[177]

O art. 44 dispõe que "o tratamento de dados pessoais será irregular quando deixar de observar a legislação ou quando não fornecer a segurança que o titular dele pode esperar, consideradas as circunstâncias relevantes", ao passo que os arts. 46 e seguintes contemplam regras sobre segurança e boas práticas.

4.5.2.9 *Princípio da prevenção*

Dentro do direito a não ser vítima de danos, a prevenção é definida pelo art. 6º, VIII da LGPD como a "adoção de medidas para prevenir a ocorrência de danos em virtude do tratamento de dados pessoais".

4.5.2.10 *Princípio da não discriminação*

A não discriminação é conceituada pelo art. 6º, IX da LGPD como a "impossibilidade de realização do tratamento para fins discriminatórios ilícitos ou abusivos". A grande vantagem propiciada pelo processamento de dados pessoais, no sentido da maior precisão da segmentação e da personalização dos consumidores, não pode servir para prejudicar, restringir ou excluir qualquer consumidor da possibilidade de acesso ao consumo.[178]

O que a lei proíbe, como já visto em relação ao *geopricing* e ao *geoblocking*, não é a discriminação em si, mas aquela contaminada de finalidade ilícita ou abusiva. Na prática, a discriminação, envolvendo não só os preços como a figura do consumidor, não é feita de forma

---

[175] SAMPAIO, José Adércio Leite. *Direito à intimidade e à vida privada*: uma visão jurídica da sexualidade, da família, da comunicação e informações pessoais, da vida e da morte. Belo Horizonte: Del Rey, 1998. p. 512.

[176] SAMPAIO, José Adércio Leite. *Direito à intimidade e à vida privada*: uma visão jurídica da sexualidade, da família, da comunicação e informações pessoais, da vida e da morte. Belo Horizonte: Del Rey, 1998. p. 513.

[177] MIRAGEM, Bruno. A Lei Geral de Proteção de Dados (Lei 13.709/2018) e o direito do consumidor. *Revista dos Tribunais*, São Paulo, v. 1.009, p. 13, 2019. Disponível em: https://www.revistadostribunais.com.br/maf/app/authentication/formLogin Acesso em: 1 jan. 2020.

[178] MIRAGEM, Bruno. A Lei Geral de Proteção de Dados (Lei 13.709/2018) e o direito do consumidor. *Revista dos Tribunais*, São Paulo, v. 1.009, p. 13, 2019. Disponível em: https://www.revistadostribunais.com.br/maf/app/authentication/formLogin Acesso em: 1 jan. 2020.

clara e transparente, causando prejuízos passíveis de indenização, sem prejuízo da imposição de obrigações de fazer ou não fazer, tendentes a assegurar a prevenção. Se o algoritmo, por sua própria arquitetura, já é construído de modo a discriminar, são necessárias transparência e informações em relação aos seus mecanismos, o que afastaria a ilicitude ou abusividade da conduta.

Ilícita seria a discriminação baseada em critérios proibidos pela lei para fins de diferenciação, cabendo uma referência à Constituição da República, que, no seu art. 3º, IV, proíbe preconceitos de origem, raça, sexo, cor e idade. Da mesma forma, estabelece a Lei Maior que "ninguém será privado de direitos por motivo de crença religiosa ou de convicção filosófica ou política" (art. 5º, VIII da Constituição Federal).[179]

É o caso ainda de discriminação em virtude de critérios que não estejam de acordo com a finalidade para a qual se realize determinada diferenciação, como aquela que envolva dados sensíveis, como, por exemplo, a recusa de fornecimento de produto ou serviço a qualquer pessoa em razão de sua orientação sexual, credo ou raça, ou ainda cobrança de preços diferenciados para homens e mulheres em casas noturnas.

Em relação a essa última situação, a discussão culminou na Nota Técnica nº 2/2017/GAB-DPDC/DPDC/SENACON, posteriormente revogada, por meio da qual o Ministério da Justiça e Segurança Pública considerou abusiva a mencionada prática, sujeitando eventuais transgressores às sanções previstas no art. 56 do Código de Defesa do Consumidor (CDC) e determinando a fiscalização da atividade pelo Sistema Nacional de Defesa do Consumidor.[180]

---

[179] MIRAGEM, Bruno. A Lei Geral de Proteção de Dados (Lei 13.709/2018) e o direito do consumidor. *Revista dos Tribunais*, São Paulo, v. 1.009, p. 14, 2019. Disponível em: https://www.revistadostribunais.com.br/maf/app/authentication/formLogin Acesso em: 1 jan. 2020.

[180] "A igualdade entre homens e mulheres é a regra, sendo a distinção a exceção. O tratamento excepcional deve vir da própria norma constitucional ou, quando vier de norma hierarquicamente inferior, a discriminação tem que ter respaldo em valores constitucionalmente protegidos. Não existe norma legal a justificar a distinção de preços entre homens e mulheres nos bares, restaurantes e casas noturnas. Não existe diferença entre homens e mulheres, que procuram os serviços desses estabelecimentos em igualdade de condições, que justifique do ponto de vista lógico a distinção de preços que está sendo praticada por alguns nesse segmento do mercado" (BRASIL. Ministério da Justiça e Segurança Pública. Nota Técnica nº 2/2017/GAB-DPDC/DPDC/SENACON. Disponível em: http://www.justica.gov.br/news/diferenciacao-de-precos-em-funcao-de-genero--e-ilegal/nota-tecnica-2-2017.pdf/view. 2016. Acesso em: 3 fev. 2019).

Observe-se que o Judiciário brasileiro, mesmo por ocasião da sua vigência, já vinha afastando a aplicação dessa nota técnica. O juízo da 6ª Vara Federal da Seção Judiciária do Estado de Goiás julgou procedente ação civil pública intentada pela Associação Brasileira de Bares e Restaurantes de Goiás, confirmando tutela de urgência deferida nos mesmos autos, para determinar que: "a ré [União] ou qualquer agência estatal integrante do sistema de proteção ao consumidor abstenha-se de autuar ou aplicar punições aos estabelecimentos associados à autora, em razão da Nota Técnica Nº 2/2017/GAB-DPDC/DPDC/SENACON, bem como da Recomendação Conjunta feita pelo Ministério Público de Goiás, Procon Goiás e Procon Goiânia, ou de quaisquer atos regulamentares dessas fontes".

De forma semelhante, o juízo da 17ª Vara Cível Federal da Seção Judiciária do Estado de São Paulo deferiu pedido de tutela de urgência nos autos de ação civil pública movida pela Associação Brasileira de Bares e Restaurantes de São Paulo, determinando que a ré (União) se abstenha de "autuar ou aplicar punições aos estabelecimentos associados à autora, em razão da Nota Técnica nº 2/2017/GAB-DPDC/DPDC/SENACON que dispõe sobre a ilegalidade na diferenciação de preços entre homens e mulheres". À mesma conclusão chegou o juízo da 8ª Vara de Fazenda Pública do Tribunal de Justiça do Rio de Janeiro, quando deferiu a tutela provisória para "determinar que as rés se abstenham de aplicar às sociedades empresárias substituídas multas e/ou quaisquer outras penalidades administrativas fundadas na diferenciação de preços por gênero". O posicionamento do Judiciário tem sido mantido também em demandas individuais, a exemplo da Reexame Necessário nº 0301543-97.2017.8.21.0139. Nesse caso, a 2ª Câmara de Direito Público do Tribunal de Justiça de Santa Catarina confirmou a sentença proferida em mandado de segurança impetrado por um clube noturno, decidindo que a proibição de comercializar ingressos com distinção de preços para os gêneros masculino e feminino viola a livre-iniciativa na atividade econômica. Os tribunais de cúpula ainda não se manifestaram

A análise sistemática das leis brasileiras sobre proteção do consumidor permite entender que existe uma norma de tratamento igualitário aplicável às relações comerciais consumeristas. Ademais, chega-se à mesma conclusão quando se analisa a normativa pátria referente à proteção da ordem econômica. O art. 36, § 3º, X da Lei nº 12.529/2011 veda expressamente a discriminação de "adquirentes ou fornecedores de bens ou serviços por meio da fixação diferenciada de preços, ou de condições operacionais de venda ou prestação de serviços".

O direito à não discriminação dialoga ainda com o princípio da equivalência negocial, contemplado no art. 6º, II da Lei nº 8.078/1990, que, sob outro aspecto, assegura ao consumidor o direito de conhecer o produto que está adquirindo, de acordo com a plena liberdade de escolha e a igualdade nas contratações. Assim, a lei proíbe qualquer tipo de discriminação no momento de contratar, sob o pretexto constitucional de que todos são iguais perante a lei, existindo também o dever de o prestador ou fornecedor informar todos sobre os riscos inerentes à prestação ou ao fornecimento.

Entre os instrumentos previstos no art. 20 da LGPD para impedir o tratamento de dados discriminatório, está a previsão do direito do titular dos dados de revisão das decisões tomadas unicamente com base em tratamento automatizado de dados pessoais que afetem seus interesses, incluídas as decisões destinadas a definir o seu perfil pessoal, profissional, de consumo e de crédito ou os aspectos de sua personalidade.[181]

Na Comunidade Europeia, a Diretiva nº 123, de 12 de dezembro de 2006, relativa a serviços no mercado interno, prevê, em seu art. 20, o direito à não discriminação:

> "Art. 20º
>
> Não discriminação
>
> 1. Os Estados-Membros devem assegurar que o destinatário não seja submetido a requisitos discriminatórios em razão da sua nacionalidade ou do seu lugar de residência.
>
> 2. Os Estados-Membros devem assegurar que as condições gerais de acesso a um serviço que são postas à disposição do grande público pelo prestador não incluam condições discriminatórias baseadas na nacionalidade ou no lugar de residência do destinatário, sem que tal afecte a possibilidade de se preverem diferenças no que diz respeito às condições de acesso e que sejam directamente justificadas por critérios objectivos".

4.5.2.11 Princípio da responsabilização e da prestação de contas

Tal princípio, na forma do art. 6º, X, da LGPD, encontra seu significado na exigência de comprovação, pelo agente, da adoção de medidas eficazes e capazes de comprovar a observância e o cumprimento das normas de proteção de dados pessoais e, inclusive, da eficácia dessas medidas.

---

sobre a questão, mas, nos autos do Recurso Inominado nº 0718852-21.2017.8.07.0016, foi interposto recurso extraordinário, cujo agravo do art. 1.042 do CPC/2015 está em trâmite no STF, e já há parecer do MPF solicitando a análise do Plenário acerca de existência de repercussão geral. Caso a relevância do tema e a transcendência subjetiva sejam reconhecidas, o STF pode vir a pacificar a matéria.

[181] O que é reforçado pelos parágrafos do mesmo art. 20 da LGPD: "§ 1º O controlador deverá fornecer, sempre que solicitadas, informações claras e adequadas a respeito dos critérios e dos procedimentos utilizados para a decisão automatizada, observados os segredos comercial e industrial.

§ 2º Em caso de não oferecimento de informações de que trata o § 1º deste artigo baseado na observância de segredo comercial e industrial, a autoridade nacional poderá realizar auditoria para verificação de aspectos discriminatórios em tratamento automatizado de dados pessoais".

A responsabilização e a prestação de contas terão eficácia sobretudo na esfera coletiva, sempre que houver interesse difuso, direito coletivo ou direito individual homogêneo, merecedor de proteção diferenciada, em dispositivo que dialoga com o art. 6º, VI e VII do Código de Defesa do Consumidor.

Por meio de uma interpretação da Lei da Ação Civil Pública e do Código de Defesa do Consumidor, que trazem os vetores básicos da tutela coletiva brasileira, juntamente com o art. 64 da LGPD, poderá ser proposta ação civil pública não somente para o devido ressarcimento dos danos causados, mas para o emprego da tutela inibitória coletiva, inclusive com medidas de urgência.[182]

Tal conclusão é extraída da literalidade do art. 22 da LGPD, segundo o qual a defesa dos interesses e dos direitos dos titulares de dados poderá ser exercida em juízo, individual ou coletivamente, na forma do disposto na legislação pertinente, acerca dos instrumentos de tutela individual e coletiva.

O art. 42 da LGPD, no mesmo sentido, contempla a responsabilidade do controlador e do operador que, em razão do tratamento de dados pessoais, causarem a outrem dano patrimonial, moral, individual ou coletivo, em violação à legislação de proteção de dados pessoais.

Como decorrência de tal imperativo, a LGPD, em seu art. 50, previu a obrigatoriedade de programas de *compliance* em relação aos agentes de tratamento de dados – em especial os controladores e operadores –, com a adoção de um programa de governança que estabeleça: as condições de organização, o regime de funcionamento, os procedimentos – inclusive reclamações e petições de titulares –, as normas de segurança, os padrões técnicos, as obrigações específicas para os diversos envolvidos no tratamento, as ações educativas, os mecanismos internos de supervisão e mitigação de riscos e outros aspectos relacionados ao tratamento de dados pessoais.

---

[182] ZANATTA, Rafael A. F.; SOUZA, Michel R. O. A tutela coletiva em proteção de dados pessoais: tendências e desafios. *In*: DE LUCCA, Newton; SIMÃO FILHO, Adalberto; LIMA, Cintia Rosa Pereira de; MACIEL, Renata Mota (coord.). *Direito & Internet IV*: sistema de proteção de dados pessoais. São Paulo: Quartier Latin, 2019. p. 411.

BIBLIOGRAFIA

AGUIAR JÚNIOR, Ruy Rosado. A boa-fé na relação de consumo. *Revista de Direito do Consumidor*, São Paulo, v. 14, p. 20-27, abr./jun. 1995.

AGUIAR JÚNIOR, Ruy Rosado. Contratos relacionais, existenciais e de lucro. *Revista Trimestral de Direito Civil*, Rio de Janeiro, v. 45, jan./mar. 2011.

ALBERNOZ, M. M. Online Dispute Resolution (ODR) para o comércio eletrônico em termos brasileiros. *Direito.UnB – Revista de Direito da Universidade de Brasília*, v. 3, n. 1, p. 13, 2019. Disponível em: https://periodicos.unb.br/index.php/revistadedireitounb/article/view/28192. Acesso em: 15 abr. 2021.

ALCÂNTARA, Eurípedes. A rede que abraça todo o planeta. *Revista Veja*, São Paulo, ano 28, n. 9, ed. 1.381, p. 48-58, 1º mar. 1995.

ALMEIDA JÚNIOR, Vitor; FURTADO, Gabriel. A tutela do consumidor e o comércio eletrônico coletivo. *In*: MARTINS, Guilherme Magalhães (coord.). *Direito privado e internet*. São Paulo: Atlas, 2014.

ALPA, Guido; BESSONE; Mario; CARBONE, Vincenzo. *Atipicità dell'illecito*. Milano: Giuffrè, 1995. v. IV.

ALPA, Guido. Premessa. *In*: TOSI, Emilio (coord.). *I problemi giuridici di internet*. Milano: Giuffrè, 1999. p. XII-XX.

ALPA, Guido. Il diritto dei consumatori: un laboratorio per i giuristi. *In*: ALPA, Guido; CONTE, Giuseppe; DI GREGORIO, Valentina; FUSARO, Andrea; PERFETTI, Ubaldo. *Il diritto del consumi*: aspetti e problemi. Napoli: Edizioni Scientifiche Italiane, 2010.

ALVIM, Eduardo Arruda *et al*. *Código do Consumidor comentado*. São Paulo: Revista dos Tribunais, 1995.

AMARAL, Bruno do. Coronavírus: TIM e Prefeitura do Rio assinam acordo para coletar dados de deslocamento. *Teletime*, 23 mar. 2020. Disponível em: https://teletime.com.br/23/03/2020/coronavirus-tim-e-prefeitura-do-rio-assinam-acordo-para-coletar-dados-de-deslocamento/. Acesso em: 17 abr. 2020.

AMARAL JÚNIOR, Alberto. O princípio da vinculação da mensagem publicitária. *Revista de Direito do Consumidor*, São Paulo, v. 14, p. 41-51, abr./ jun. 1995.

ARÁBIA Saudita é primeiro país do mundo a dar cidadania a robô. Disponível em: https://veja.abril.com.br/mundo/arabia-saudita-e-primeiro-pais-do-mundo-a-dar-cidadania-a-robo/. Acesso em: 9 set. 2018.

ARBIX, Daniel do Amaral. *Resolução online de controvérsias*: tecnologias e jurisdições. Tese (Doutorado) – Faculdade de Direito da Universidade de São Paulo, São Paulo, 2019.

ARNAUD, André-Jean. Du jeu fini au jeu ouvert. Réflexions additionnelles sur le Droit post-moderne. *Revue Droit et societé*. Paris, v. 17-18, p. 39-54, 1991.

ARNAUD, André-Jean. Da regulação pelo direito na era da globalização. *In*: MELLO, Celso (coord.). *Anuário direito e globalização*: a soberania. Rio de Janeiro: Renovar, 1999. v. 1, p. 23-51.

ARONNE, Ricardo. *Direito civil-constitucional e teoria do caos*. Porto Alegre: Livraria do Advogado, 2006.

ARRUDA JUNIOR, Edmundo Lima de. *Globalização, neoliberalismo e o mundo do trabalho*. Curitiba: IBEJ, 1998. p. 15-28: Os caminhos da globalização: alienação e emancipação.

ASCENSÃO, José de Oliveira. Contratação electrónica. *Revista Trimestral de Direito Civil*, Rio de Janeiro, v. 12, p. 93-117, out./dez. 2002.

ASCENSÃO, José de Oliveira. *Direito autoral*. Rio de Janeiro: Forense, 1998.

ASENSIO, Pedro Alberto de Miguel. *Derecho privado de Internet*. 2. ed. Madrid: Civitas, 2001.

ASPER Y VALDÉS, Daisy. A informática jurídica: a máquina e o homem. *Revista de Informação Legislativa*, Brasília, v. 84, p. 379-399, out./dez. 1994.

ATIYAH, p. S. *The rise and fall of freedom of contract*. Oxford: Clarendon Press, 1979.

AZEVEDO, Antonio Junqueira de. A boa-fé na formação dos contratos. *Revista de Direito do Consumidor*, São Paulo, v. 3, p. 78-87, set./dez. 1992.

AZEVEDO, Antonio Junqueira de. Diálogos com a doutrina; entrevista. *Revista Trimestral de Direito Civil*, Rio de Janeiro, v. 34, abr./jun. 2008.

BAILLET, Francis. *Internet*: le droit du cybercommerce. Paris: Stratégies, 2001.

BAKER, Stewart. Certification, authentication and electronic signatures. *In*: SYMPOSIUM RESPONDING TO THE LEGAL OBSTACLES TO ELECTRONIC COMMERCE IN LATIN AMERICA. *Arizona Journal of International and Comparative Law*, Tucson, v. 17, p. 149-156, 2000.

BALKIN, Jack M. The path of robotics law. *California Law Review Circuit*, v. 6, jun. 2015.

BARBAGALO, Erica Brandini. *Contratos eletrônicos*: contratos formados por meio de redes de computadores – peculiaridades jurídicas da formação do vínculo. São Paulo: Saraiva, 2001.

BARCELÒ, Rosa Julià. *Comercio electrónico entre empresarios*: la formación y prueba del contrato electrónico. Valencia: Tirant lo Blanch, 2000.

BARNES, Robert; VYNCK, Gerrit de; LIMA, Cristiano; OREMUS, Will; WANG, Amy B. Supreme Court considers if Google is liable for recommending ISIS videos. *Washington Post*, 21 fev. 2023. Disponível em: https://www.washingtonpost.com/technology/2023/02/21/gonzalez-v--google-section-230-supreme-court/. Acesso em: 7 mar. 2023.

BARROSO, Luis Roberto. Liberdade de expressão, direito à informação e banimento da publicidade de cigarro. *Temas de direito constitucional*. Rio de Janeiro: Renovar, 2001.

BASAN, Arthur Pinheiro. *Publicidade digital e proteção de dados pessoais*. Indaiatuba: Foco, 2021.

BASHIR, Imran. *Mastering blockchain*: distributed ledger technology, decentralization, and smart contracts explained. Birmingham: Packt, 2018.

BAUDRILLARD, Jean. *A sociedade de consumo*. Tradução de Artur Morão. Lisboa: Edições 70, 2020.

BAUMAN, Zygmunt. *Globalização*: as consequências humanas. Rio de Janeiro: Jorge Zahar Editor, 1999.

BAUMAN, Zygmunt. *Vida para consumo*: a transformação das pessoas em mercadoria. Rio de Janeiro: Zahar, 2007.

BENAKOUCHE, Rabah. Introdução: globalização ou *pax americana*? *In*: ARRUDA JÚNIOR, Alexandre Lima de; RAMOS, Alexandre. *Globalização, neoliberalismo e o mundo do trabalho*. Curitiba: IBEJ, 1998. p. 8-14.

BENJAMIN, Antônio Herman de Vasconcellos. O conceito jurídico de consumidor. *Revista dos Tribunais*, São Paulo, v. 628, p. 69-79, fev. 1988.

BENJAMIN, Antônio Herman de Vasconcellos. *Código Brasileiro de Defesa do Consumidor*. São Paulo: Forense Universitária, 1997. p. 198-341.

BENJAMIN, Antônio Herman de Vasconcellos; MARQUES, Claudia Lima; BESSA, Leonardo Roscoe. *Manual de direito do consumidor*. São Paulo: Revista dos Tribunais, 2008. 6. ed., 2014.

BENSOUSSAN, Alain. *Internet*: aspects juridiques. Paris: Editions Hermès, 1997.

BERTRAND, André; PIETTE-COUDOL, Thierry. *Internet et le droit*. Paris: PUF, 1999.

BESSA, Leonardo Roscoe. *Código de Defesa do Consumidor comentado*. Rio de Janeiro: Forense, 2022.

BESSA, Leonardo Roscoe. Fornecedor equiparado. *Revista de Direito do Consumidor*, São Paulo, v. 61, p. 126-141, jan./mar. 2007.

BEVILÁQUA, Clóvis. *Código Civil dos Estados Unidos do Brasil*. Rio de Janeiro: Editora Rio, 1979. v. II.

BIONI, Bruno Ricardo. *Proteção de dados pessoais*: os limites do consentimento. Rio de Janeiro: Forense, 2019.

BITTENCOURT, Angela. Assinatura digital não é assinatura formal. *Revista Electrónica de Derecho Informatico*, Madrid, v. 29, dez. 2000. Disponível em: http://www.alfa-redi.org/rdi-articulo.shtml?x=589. Acesso em: 25 jan. 2009.

BLUM, Renato Opice. Internet das Coisas: a inauguração do novo mundo e suas intercorrências jurídicas. *In*: MARTINS, Guilherme Magalhães; LONGHI, João Victor Rozatti (coord.). *Direito digital*: direito privado e internet. 4. ed. Indaiatuba: Foco, 2021.

BOBBIO, Norberto. *A era dos direitos*. Tradução de Carlos Nelson Coutinho. Rio de Janeiro: Campus, 1992.

BOBBIO, Norberto. *Da estrutura à função*: novos estudos de teoria do direito. Trad. Daniela Beccaccia. Barueri: Manole, 2007.

BORGESIUS, Frederik Zuiderveen. Behavioral targeting: a European legal perspective. *IEEE Security & Privacy*, v. 11, n. 1, jan./fev. 2013.

BRANCO, Gerson Luis Carlos. A proteção das expectativas legítimas derivadas das situações de confiança. *Revista de Direito Privado*, São Paulo, v. 3, p. 169-225, out./dez. 2002.

BRESSAN, Lucia. Le aste *on line*. *In*: CASSANO, Giuseppe (org.). *Commercio elettronico e tutela del consumatore*. Milano: Giuffrè, 2003.

BRITO, Auriney; LONGHI, João Victor Rozatti. *Propaganda eleitoral na Internet*. São Paulo: Saraiva, 2014.

BUSH, Vannevar. As We May Think. *The Atlantic Monthly*, jul. 1945. Disponível em: http://www.theatlantic.com/doc/194507/bush. Acesso em: 23 jan. 2009.

CALAIS-AULOY, Jean; STEINMETZ, Frank. *Droit de la consommation*. Paris: Dalloz, 1996.

CALAIS-AULOY, Jean. L'influence du droit de la consommation sur le droit des contrats. *Revue Trimestrielle de Droit Commercial et de Droit Économique*, Paris, p. 115-120 jan./mar. 1998.

CAMMARATA, Manlio. *Il certificatore non è una Certification Authority*. Revista Electrónica de Derecho Informatico, Madrid, v. 10, maio 1999. Disponível em: http://www.alfa-redi.org/rdi-articulo.shtml?x=265. Acesso em: 25 jan. 2009.

CAMPOS, Ricardo. *Metamorfoses do direito global*: sobre a interação entre direito, tempo e tecnologia. São Paulo: Contracorrente, 2022.

CAMPOS, Ricardo; OLIVEIRA, Samuel Rodrigues de; SANTOS, Carolina Xavier. O conceito de dever de cuidado no âmbito das plataformas digitais. *Consultor Jurídico*, 21 mar. 2023. Disponível em: https://www.conjur.com.br/2023-mar-21/direito-digital-conceito-dever-cuidado-ambito-plataformas digitais#:~:text=O%20dever%20de%20cuidado%20%C3%A9,adequado%20de%20responsabiliza%C3%A7%C3%A3o%20das%20plataformas. Acesso em: 8 abr. 2023.

CANTO, Rodrigo Eidelvein do. *A vulnerabilidade dos consumidores no comércio eletrônico*. São Paulo: Revista dos Tribunais, 2015.

CANUT, Letícia. *Proteção do consumidor no comércio eletrônico*: uma questão de inteligência coletiva que ultrapassa o comércio tradicional. Curitiba: Juruá, 2007.

CARBONNIER, Jean. *Flexible droit*: pour une sociologie du droit sans rigueur. 7. ed. Paris: LGDJ, 1992.

CARBONNIER, Jean. *Droit civil*. Les Obligations. 22. ed. Paris: PUF, 2000. t. 4.

CARDOSO, Jessica. EUA julgam se *big techs* são culpadas por sugestões de algoritmos: Suprema Corte trata do caso de jovem morta em ataque em Paris; acusação diz que extremistas foram influenciados por algoritmos do YouTube. *Poder 360*, 1 mar. 2023. Disponível em: https://www.poder360.com.br/tecnologia/eua-julgam-se-big-techs-sao-culpadas-por-sugestoes-de-algoritmos/. Acesso em: 7 mar. 2023.

CARNEIRO, Isabelle da Nóbrega Rito; SILVA, Luiza Caldeira Leite; TABACH, Danielle. Tratamento de dados pessoais. *In*: FEIGELSON, Bruno; SIQUEIRA, Antonio Henrique Albani (coord.). *Comentários à Lei Geral de Proteção de Dados*: Lei 13.709/2018. São Paulo: Revista dos Tribunais, 2019.

CARO, María Álvarez. *Derecho al olvido en Internet*: el nuevo paradigma de la privacidad en la era digital. Madrid: Reus, 2015.

CARVALHO, Ana Paula Gambogi. *Contratos via Internet*. Belo Horizonte: Del Rey, 2001.

CARVALHO, José Murilo de. Cidadania: tipos e percursos. *Estudos históricos*, Rio de Janeiro, v. 9, n. 18, p. 337-359, 1996.

CARVALHO, Orlando de. *Para uma teoria da relação jurídica civil*: a teoria geral da relação jurídica. Coimbra: Centelha, 1981.

CASTELLS, Manuel. *Information age*: information, culture economy – end of millenium. Oxford: Blackwell, 1998. v. 3.

CASTELLS, Manuel. *La galaxia Internet*. Tradução de Raúl Quintana. Barcelona: Aretè, 2001.

CASTELLS, Manuel. *A galáxia da Internet*. Tradução de Maria Luiza X. de A. Borges. Rio de Janeiro: Jorge Zahar, 2003.

CASTELLS, Manuel. *Redes de indignação e esperança*. 2. ed. Tradução de Carlos Alberto Medeiros. Rio de Janeiro: Zahar, 2017.

CASTRO, Moema Augusta Soares de. *Cartão de crédito*: a monética, o cartão de crédito e o documento eletrônico. Rio de Janeiro: Forense, 1999.

CATALAN, Marcos Jorge. *Descumprimento contratual*: modalidades, consequências e hipóteses de exclusão do dever de indenizar. Curitiba: Juruá, 2011.

CATRICALÀ, Antonio; PIGNALOSA, Maria Pia. *Manuale del diritto dei consumatori*. Roma: Dike, 2013.

CAVALCANTI, Glauce. Julgamento da Suprema Corte dos EUA deve ditar rumos de *big techs* no Brasil e no mundo. Entenda por que EUA discutem até junho responsabilidade de plataformas como Google, Facebook e Twitter sobre conteúdo de ódio e terrorismo. No Brasil, Marco Civil da internet pode ser revisto. *O Globo*, 10 mar. 2023. Disponível em: https://oglobo.globo.com/economia/tecnologia/noticia/2023/03/julgamento-da-suprema-corte-dos-eua-deve-ditar-rumos-de-big-techs-no-brasil-e-no-mundo-entenda-por-que.ghtml. Acesso em: 10 mar. 2023.

CAVOUKIAN, Ann; CASTRO, Daniel. Big Data and innovation, setting the record straight: de-identification does work. *The Information Technology & Innovation Foundation*, Ontario, p. 1-18, jun. 2014. Disponível em: http:www2.itif.org/2014-big-data-deidendification.pdf. Acesso em: 11 abr. 2021.

CHAGAL-FEFERKORN, Karni; ELKIN-KOREN, Niva. LEX AI: revisiting private order by design. *Berkeley Technology Law Journal*, California, n. 36, p. 101-148, 2021.

CHIOVENDA, Giuseppe. *Instituições de direito processual civil*. Tradução de J. Guimarães Menegale. São Paulo: Saraiva, 1945. v. III.

CIAM, Giorgio; TRABUCCHI, Alberto. *Commentario breve al Codice Civile*. Padova: CEDAM, 1997.

CIAMPI, Costantino. Per un diritto del ciberspazio. *In*: RIZZO, Vito (org.). *Diritto e tecnologie dell'informazione*. Napoli: Edizioni Scientifiche Italiane, 1998. p. 131-146

CLARKE, Roger A. Information technology and dataveillance. *Communications of the ACM*, New York, v. 31, n. 5, p. 498-512, maio 1988.

COCCO, Giuseppe. Os paradigmas sociais do pós-fordismo: trabalho imaterial e nova democracia do trabalho. *Revista Archétipon*, Universidade Candido Mendes, Rio de Janeiro, v. 8, n. 23, p. 121-126, maio/ago. 2000.

COELHO, Fábio Ulhoa. Direitos do consumidor no comércio eletrônico. Disponível em: http://www.ulhoacoelho.com.br/pt/artigos/doutrina/54-direitos-do-consumidor-no-comercio-letronico.html. Acesso em: 1º ago. 2010.

COHEN, Julie E. What privacy is for? *Harvard Law Review*, v. 126, p. 1.904-1.933, 2013.

COHEN, Julie E. *Between truth and power*: the legal constructions of informational capitalism. Oxford: Oxford University Press, 2019.

COMPARATO, Fábio Konder. A proteção do consumidor: importante capítulo do Direito econômico. *Revista Forense*, Rio de Janeiro, v. 255, p. 19-28, jul./set. 1976.

COMPARATO, Fábio Konder. A proteção ao consumidor na Constituição Brasileira de 1988. *Revista de Direito Mercantil, Industrial, Econômico e Financeiro*, São Paulo, v. 80, p. 66-75, out./set. 1990.

CORDEIRO, Antônio Manuel da Rocha e Menezes. *Da boa-fé no direito civil*. Coimbra: Almedina, 1997.

CORRENTI, Antonella. Online platforms as a complex digital environment characterized by a lack of transparency on the role and status of the parties involved, as well as the use of unfair commercial practices. *European Journal of Privacy Law & Technologies*, v. 2, p. 56-68, 2021.

COSTA, Mário Júlio de Almeida. *Responsabilidade civil pela ruptura das negociações preparatórias de um contrato*. Coimbra: Coimbra Editora, 1994.

COSTA, Mário Júlio de Almeida; CORDEIRO, Antônio Menezes. *Cláusulas contratuais gerais*: anotação ao Decreto-Lei nº 446/85, de 25 de outubro. Coimbra: Almedina, 1995.

COTS, Márcio; OLIVEIRA, Ricardo. *Lei Geral de Proteção de Dados Pessoais comentada*. São Paulo: Revista dos Tribunais, 2018.

COUTO E SILVA, Clóvis. *A obrigação como processo*. São Paulo: José Bushatsky Editor, 1976.

CRAVO, Daniela Copetti. *Direito à portabilidade de dados*: interface entre defesa da concorrência, do consumidor e proteção de dados. Rio de Janeiro: Lumen Juris, 2018.

DAVIES, Lars. Contract formation on the Internet; shattering a few myths. *In*: EDWARDS, Lilian; WAELDE, Charlotte (coord.). *Law and the internet*: regulating cyberspace. Oxford: Hart, 1997. p. 97-120.

DEBORD, Guy. *A sociedade do espetáculo*. Tradução de Estela dos Santos Abreu. Rio de Janeiro: Contraponto, 1997.

DE FILIPI, Primavera; WRIGHT, Aaron. *Blockchain and the law*: the rule of code. Cambridge: Harvard University Press, 2018.

DE GREGORIO, Giovanni. Digital constitucionalism in Europe. Reframing rights and powers in the algorithmic society. Cambridge: Cambridge University Press, 2022.

DE HERT, Paul; PAPAKONSTANTINOU, Vagelis; MALGIERI, Gianclaudio; BESLAY, Laurent; SANCHEZ, Ignacio. The right to data portability in the GDPR: towards user-centric interoperability of digital services. *Computer Law & Security Review*, v. 34, n. 2, p. 193-203, abr. 2018.

DE LUCCA, Newton. Títulos e contratos eletrônicos; o advento da informática e seu impacto no mundo jurídico. *In*: DE LUCCA, Newton; SIMÃO FILHO, Adalberto (coord.). *Direito & Internet*: aspectos jurídicos relevantes. São Paulo: Edipro, 2001.

DE LUCCA, Newton. Aspectos atuais da proteção aos consumidores no âmbito dos contratos informáticos e telemáticos. *In*: DE LUCCA, Newton; SIMÃO FILHO, Adalberto (coord). *Direito & Internet*: aspectos jurídicos relevantes. São Paulo: Quartier Latin, 2008. v. II.

DE LUCCA, Newton; MACIEL, Renata Mota. A Lei 13.709, de 14 de agosto de 2018: a disciplina normativa que faltava. *In*: DE LUCCA, Newton; SIMÃO FILHO, Adalberto; LIMA, Cintia Rosa Pereira de; MACIEL, Renata Mota (coord.). *Direito & Internet IV*: sistema de proteção de dados pessoais. São Paulo: Quartier Latin, 2019.

DE LUCCA, Newton; MARTINS, Guilherme Magalhães. A tutela dos dados pessoais sensíveis na Lei Geral de Proteção de Dados. *In*: SCHREIBER, Anderson; MARTINS, Guilherme Magalhães; CARPENA, Heloisa (coord.). *Direitos fundamentais e sociedade tecnológica*. Indaiatuba: Foco, 2022.

DIAS, José de Aguiar. *Da responsabilidade civil*. Rio de Janeiro: Forense, 1995. v. 1.

DIAS, Lucia Ancona Lopez de Magalhães. *Publicidade e direito*. 3. ed. São Paulo: Saraiva, 2018.

DÍEZ-PICAZO, Luiz; GULLÓN, Antonio. *Sistema de derecho civil*. Madrid: Tecnos, 2000. v. 2.

DOLINGER, Jacob. *Direito internacional privado*. Rio de Janeiro: Renovar, 1997.

DONEDA, Danilo. *A proteção de dados pessoais nas relações de consumo*: para além da informação creditícia. Brasília: SDE/DPDC, 2010.

DONEDA, Danilo. *Correio eletrônico (e-mail) e o direito à privacidade na Internet*. Dissertação apresentada ao Programa de Pós-Graduação em Direito da Universidade do Estado do Rio de Janeiro como requisito para obtenção do título de mestre (*mimeo*), 1999.

DONEDA, Danilo. *Da privacidade à proteção de dados pessoais*. Rio de Janeiro: Renovar, 2006.

DONEDA, Danilo. *Da privacidade à proteção de dados pessoais*. 2. ed. São Paulo: Revista dos Tribunais, 2019.

DONEDA, Danilo. O direito fundamental à proteção de dados pessoais. *In*: MARTINS, Guilherme Magalhães (coord.). *Direito privado e internet*. São Paulo: Atlas, 2014.

DONEDA, Danilo. O direito fundamental à proteção de dados pessoais. *In*: MARTINS, Guilherme Magalhães; LONGHI, João Victor Rozatti (coord.). *Direito digital*: direito privado e internet. 2. ed. Indaiatuba: Foco, 2019.

DRUMMOND, Arnaldo Fortes. *Morte do mercado*: ensaio do agir econômico. São Leopoldo: Unisinos, 2004.

DU BOIS, François. Social purposes, fundamental rights and the judicial development of private law. *In*: NOLAN, Donal; ROBERTSON, Andrew (coord.). *Rights and private law*. Oxford: Hart Publishing, 2012.

DUKAKIS, Ali. China rolls out software surveillance for the COVID-19 pandemic, alarming human rights advocates. *ABC News*, 14 abr. 2020. Disponível em: https://abcnews.go.com/International/china-rolls-software-surveillance-covid-19-pandemic-alarming/egul?id=70131355. Acesso em: 17 abr. 2020.

ECO, Umberto. *Como se faz uma tese*. Tradução de Gilson Cesar Cardoso de Souza. São Paulo: Perspectiva, 1983.

EDWARDS, Lilian; WAELDE, Charlotte (coord.). *Law and the internet*: regulating cyberspace. Oxford: Hart, 1997. p. 1-11: Introduction.

ERIKSSON, Johan; GIACOMELLO, Giampiero. Who controls the internet? Beyond the obstinacy or obsolescence of the state. *International Studies Review*, v. 11, n. 1, p. 205-230, 2009. DOI: Disponível em: https://doi.org/10.1111/j.1468-2486.2008.01841. Acesso em: 2 mar. 2023.

EZRACHI, Ariel; STUCKE, Maurice. *Virtual competition*: the promise and perils of algorithm-driven economy. Cambridge: Harvard University Press, 2016.

FACHIN, Luiz Edson. *Teoria crítica do direito civil*. Rio de Janeiro: Renovar, 2000.

FADDA, Stefano. La tutela dei dati personali del consumatore telematico. *In*: CASSANO, Giuseppe (org.). *Commercio elettronico e tutela del consumatore*. Milano: Giuffrè, 2003.

FARIA, José Eduardo. *Direito e globalização econômica*: implicações e perspectivas. São Paulo: Malheiros, 1998. p. 5-13: Introdução.

FARIA, José Eduardo. *O direito na economia globalizada*. São Paulo: Malheiros, 1999.

FARJAT, Gérard. Nouvelles réflexions sur les codes de conduite privée. *In*: CLAM, Jean; MARTIN, Gilles (coord.). *Les transformations de la régulation juridique*. Paris: Droit et Societé, 1998. p. 151-164.

FEINER, Lauren. Supreme Court considers whether Twitter can be held liable for failing to remove terrorist content. *CNBC*, 22 fev. 2023. Disponível em: https://www.cnbc.com/2023/02/22/supreme-court-hears-twitter-v-taamneh-case-about-terrorist-content.html. Acesso em: 7 mar. 2023.

FÉRAL-SCHUHL, Christiane. *Cyberdroit*: le droit à l'épreuve de l'internet. Paris: Dalloz, 2000.

FERNANDES, Antonio Joaquim. Responsabilidade do provedor Internet. *Revista de Direito do Consumidor*, São Paulo, v. 26, p. 45-52, abr./jun. 1998.

FERREIRA SOBRINHO, José Wilson. *Pesquisa em direito e redação da monografia jurídica*. Porto Alegre: Sergio Antonio Fabris Editor, 1997.

FERREIRA, Vitor Hugo do Amaral. *Tutela de efetividade no direito do consumidor brasileiro*: a tríade prevenção-proteção-tratamento revelada nas relações de crédito e consumo digital. São Paulo: Thomson Reuters Brasil, 2022. (*e-book*).

FILOMENO, José Geraldo Brito. *Código Brasileiro de Defesa do Consumidor*. São Paulo: Forense Universitária, 1997.

FISCHER, Brenno. *Dos contratos por correspondência*. Rio de Janeiro: José Konfino Editor, 1956.

FLORÊNCIO FILHO, Marco Aurélio. Apontamentos sobre a liberdade de expressão e a violação da privacidade no marco civil da internet. *In*: DEL MASSO, Fabiano; ABRUSIO, Juliana; FLORÊNCIO FILHO (coord.) *Marco civil da internet*. São Paulo: Revista dos Tribunais, 2014.

FLORIDI, Luciano. *Information*: a very short introduction. Oxford: Oxford University Press, 2010.

FLORIDI, Luciano. AI as *agency without intelligence*: on ChatGPT, large language models, and other generative models. Disponível em: https://link.springer.com/article/10.1007/s13347-023-00621-y. Acesso em: 2 abr. 2023.

FRADERA, Vera Maria Jacob. A interpretação da proibição da publicidade enganosa ou abusiva à luz do princípio da boa-fé: o dever de informar no Código de Defesa do Consumidor. *Revista de Direito do Consumidor*, São Paulo, v. 4, p. 173-191, jan./fev. 1993.

FRANCA FILHO, Marcílio Toscana. O mercado global, o direito da integração e a proteção do consumidor. *Revista de Direito do Consumidor*, São Paulo, v. 23-24, p. 112-121, jul./dez. 1997.

FRANKS, Mary Anne *et al*. *Brief of amici curiae the cyber civil rights initiative and legal scholars in support of petitioners*. Disponível em: https://cybercivilrights.org/wp-content/uploads/2023/01/Gonzalez-v.-Google-LLC.pdf. Acesso em. 10 mar. 2023.

FRAZÃO, Ana. Fundamentos da proteção dos dados pessoais. Noções introdutórias para a compreensão da importância da Lei Geral de Proteção de Dados. *In*: TEPEDINO, Gustavo; FRAZÃO, Ana; OLIVA, Milena Donato. *Lei Geral de Proteção de Dados Pessoais e suas repercussões no direito brasileiro*. São Paulo: Revista dos Tribunais, 2019.

FRAZÃO, Ana. Regulação de conteúdos em plataformas digitais; não invoquemos a liberdade de expressão em vão. *Jota*, 22 mar. 2023. Disponível em: https://www.jota.info/opiniao-e-analise/colunas/constituicao-empresa-e-mercado/regulacao-de-conteudos-em-plataformas-digitais-22032023. Acesso em: 7 abr. 2023.

FRÍAS, Ana Lopez. *Los contratos conexos*: estúdio de supuestos concretos y ensayo de uma construcción doctrinal. Barcelona: Jose Maria Bosch Editor, 1994.

FROOMKIN, Michael. The essential role of trusted third parties in electronic commerce. Disponível em: http://www.law.miami.edu/~froomkin/articles/trusted.htm. Acesso em: 26 jun. 2006.

FRUET, Henrique; FILGUEIRAS, Sonia. Rede furada: crimes digitais revelam vulnerabilidade das transações eletrônicas. *Revista Isto é*, São Paulo, v. 1588, p. 58-60, 8 mar. 2000.

FUNG, Brian; SNEED, Tierney. Takeaways from the Supreme Court's hearing on Twitter's liability for terrorist use of its platform. *CNN*, 22 fev. 2023. Disponível em: https://edition.cnn.com/2023/02/22/tech/supreme-court-twitter-v-taamneh/index.html. Acesso em: 7 mar. 2023.

GALBRAITH, Robert. Hora do pesadelo chega à rede. *Jornal do Brasil*, Rio de Janeiro, 13 fev. 2000. Caderno Economia, p. 1.

GAMBINO, Alberto Maria. *L'accordo telematico*. Milano: Giuffrè, 1997.

GANDELMAN, Henrique. *De Gutenberg à internet*: direitos autorais na era digital. Rio de Janeiro: Record, 1997.

GILISSEN, John. *Introdução histórica ao direito*. Tradução de A. M. Hespanha e L. M. Macaísta Malheiros. 2. ed. Lisboa: Calouste Gulbenkian, 1995.

GILMORE, Grant. *The death of contract*. 2. ed. Columbus: The Ohio State University Press, 1995.

GLANZ, Semy. Internet e contrato eletrônico. *Revista de Direito do Tribunal de Justiça do Estado do Rio de Janeiro*, Rio de Janeiro, v. 36, p. 44-48, jul./ set. 1998.

GLITZ, Frederico Eduardo Zenedin. A contemporaneidade contratual e a regulamentação do contrato eletrônico. *In*: RAMOS, Carmem Lucia Silveira *et al.* (org.). *Diálogos sobre direito civil*: construindo a racionalidade contemporânea. Rio de Janeiro: Renovar, 2002.

GOLDSMITH, Jack; WU, Tim. *Who controls the internet?* Illusions of a borderless world. Oxford: Oxford University Press, 2006.

GOMES, Orlando. *Contratos*. 18. ed. Atualização e notas de Humberto Theodoro Junior. Rio de Janeiro: Forense, 1998.

GOMES, Orlando. *Transformações gerais do direito das obrigações*. São Paulo: Revista dos Tribunais, 1980.

GOMES, Orlando. A política legislativa de proteção ao consumidor. *Revista de Direito Civil*, São Paulo, v. 52, p. 115-122, abr./jun. 1990.

GOMES, Orlando. A comercialização do direito civil. *Revista Forense*, Rio de Janeiro, v. 253, p. 87-91, jan./mar. 1996.

GOMES, Rodrigo Dias de Pinho. Carros autônomos e os desafios impostos pelo ordenamento jurídico: uma breve análise sobre a responsabilidade civil envolvendo veículos inteligentes. *In*: FRAZÃO, Ana; MULHOLLAND, Caitlin (coord.). *Inteligência artificial e direito*: ética, regulação e responsabilidade. São Paulo: Revista dos Tribunais, 2019.

GOMIDE, Alexandre Junqueira. *Direito de arrependimento nos contratos de consumo*. Coimbra: Almedina, 2014.

GONÇALVES, Vilmar Luiz Graça. Direito administrativo e avanços tecnológicos: desafios e conquistas. *In*: BECKER, Daniel; FERRARI, Isabela (coord.). *Regulação 4.0*: novas tecnologias sob a perspectiva regulatória. São Paulo: Revista dos Tribunais, 2019.

GOUVÊA, Marcos Maselli. As empresas e o conceito de consumidor. *Revista do Ministério Público do Estado do Rio de Janeiro*, Rio de Janeiro, n. 5, p. 159-167, jan./jun. 1997.

GOUVÊA, Sandra. *O direito na era digital*: crimes praticados por meio da informática. Rio de Janeiro: Mauad, 1997.

GRENIER, Jean-Guy. *Dictionnaire d'informatique et d'internet*. Paris: Maison du Dictionnaire, 2000.

GREGÓRIO, Ricardo Algarve. O regime jurídico do leilão virtual. *In*: LEMOS, Ronaldo; WAISBERG, Ivo (org.). *Conflitos sobre nomes de domínio e outras questões jurídicas da Internet*. São Paulo: RT, 2003.

GREENGARD, Samuel. *The Internet of Things*. Cambridge: The MIT Press, 2021. (*e-book*).

GREENLEAF, Graham. Global data privacy 2019: DPAs, PEAs, and their networks. *University of New South Wales Law Research Series*, Sydney, v. 158, Research Paper n. 19-68, p. 1-7, ago. 2019.

GUINCHARD, Serge *et al. Internet pour le droit*. Paris: Montchrestien, 1999.

HAMILTON, Anita. *Why Microsoft Overpaid for Facebook*. TIME.COM. Disponível em: http://www.time.com/time/business/article/ 0,8599,1675658,00.html#ixzz0aT8yYMJ4. Acesso em: 22 dez. 2009.

HANCE, Olivier. *Business and law on the internet*. New York: Mc Graw-Hill, 1996.

HARVEY, David. *Condição pós-moderna*: uma pesquisa sobre as origens da mudança cultural. 7. ed. Tradução de Adail Ubirajara Sobral e Maria Stela Gonçalves. São Paulo: Loyola, 1997.

HELBERGER, Natali; DIAKOPOULOS, Nicholas. ChatGPT and the AI Act. *Internet Policy Review*, v. 12, n. 1. Disponível em: https://policyreview.info/essay/chatgpt-and-ai-act. Acesso em: 7 abr. 2023.

HEUSI, Tálita Rodrigues. Perfil criminal como prova pericial no Brasil. *Brazilian Journal of Forensic Sciences, Medical Law and Bioethics*, Itajaí, v. 5, n. 3, p. 232-250, 2016.

HOFFMANN-RIEM, Wolfgang. *Teoria geral do direito digital*: transformação digital, desafios para o direito. Rio de Janeiro: Forense, 2021.

HUET, Jerôme. Le commerce électronique. *In*: HUET, Pierre (coord.). *Le droit du multimédia*: de la télématique à internet. Paris: Éditions du Téléphone, 1996. p. 209-244.

HUGHES, Lawrence E. *Third generation internet revealed*: reinventing computer networks with IPv6. Texas: Apress Press, 2022. p. 6-7.

IANNI, Octavio. *A era do globalismo*. Rio de Janeiro: Civilização Brasileira, 1997.

IRTI, Natalino. *Studi sul formalismo negoziale*. Padova: CEDAM, 1997.

IRTI, Natalino. L'età della decodificazione. *Revista de Direito Civil*, São Paulo, v. 10, p. 15-33, out./dez. 1979.

ITAENU, Olivier. *Internet et le droit*: aspects juridiques du commerce électronique. Paris: Eyrolles, 1996.

ITÁLIA dá prazo para Open AI atender a demandas após investigação sobre ChatGPT. *CNN Brasil*, 12 abr. 2023. Disponível em: https://www.cnnbrasil.com.br/tecnologia/italia-da-prazo-ate-final-de-abril-para-openai-atender-a-demandas-sobre-chatgpt/. Acesso em: 20 maio 2023.

ITURRASPE, Jorge Mosset. *Contratos conexos*. Buenos Aires: Rubinzal-Culzoni, 1999.

IVAMY, E.R. Hardy. *Mozley's and Whiteley's law dictionary*. London: Butterworks, 1993.

JACOB, Raphael Rios Chaia. Acessibilidade: a última fronteira do ambiente digital no metaverso. *In*: SOUZA, Bernardo de Azevedo e. *Metaverso e direito*: desafios e oportunidades. São Paulo: Revista dos Tribunais, 2022.

JAYME, Erik. *Identité culturelle et intégration*: le droit international privé postmoderne. The Hague/Boston/London: Martinus Nijhoff Publishers, 1995. (Recueil des Cours de l'Académie de Droit International de la Haye, v. 251).

JIN, Biao *et al*. A literature review on the space of flows. *Arabian Journal of Geosciences*, v. 14, p. 1-24, 2021.

JOELSONS, Marcela. *Smart contracts* nas relações de consumo. *In*: MARQUES, Claudia Lima; MARTINS, Fernando Rodrigues; MARTINS, Guilherme Magalhães; CAVALLAZZI, Rosângela Lunardelli (coord.). *Direito do consumidor aplicado*: garantias do consumo. Indaiatuba: Foco, 2023.

JOHNSON, James A. *Enacted State Digital Signature Legislation*. Disponível em: http://nii.nist.gov/pubs/enstsign.html. Acesso em: 17 ago. 2016.

JUNQUEIRA, Miriam. *Contratos eletrônicos*. Rio de Janeiro: Mauad, 1997.

JUSTEN FILHO, Marçal. *Desconsideração da personalidade societária no direito brasileiro*. São Paulo: Revista dos Tribunais, 1987.

KASATKINA, Marina. Consumer protection in the light of smart contracts. *ELTE Law Journal*, v. 1, 2021. DOI: 10.54148/ELTELJ.2021.1.95.

KATAOKA, Eduardo Takemi. *A coligação contratual*. Rio de Janeiro: Lumen Juris, 2008.

KATSH, Ethan; RABINOVICH-EINY, Oina. *Digital justice*: technology and the internet of disputes. Oxford: Oxford University Press, 2017.

KLEE, Antonia Espíndola Longoni. *Comércio eletrônico*. São Paulo: Revista dos Tribunais, 2014.

KLEE, Antonia Espíndola Longoni. O conceito de estabelecimento empresarial virtual e a proteção do consumidor nos contratos eletrônicos: algumas reflexões. *In*: MARTINS, Guilherme Magalhães (coord.). *Direito privado e internet*. São Paulo: Atlas, 2014.

KEEN, Andrew. *O culto do amador*: como *blogs*, MySpace, YouTube e a pirataria digital estão destruindo nossa economia, cultura e valores. Tradução de Maria Luiza X. de A. Borges. Rio de Janeiro: Jorge Zahar, 2009.

KLEIN, Vinícius. As contratações eletrônicas interempresariais e o princípio da boa-fé objetiva: o caso do EDI. *In*: MARTINS, Guilherme Magalhães (coord.). *Direito privado e Internet*. São Paulo: Atlas, 2014.

KLEINWÄCHTER, Wolfgang. Internet co-governance; towards a Multilayer Multiplayer Mechanism of Consultation, Coordination and Cooperation (M3C3). *Consulta Informal do Grupo de Trabalho sobre a Governança da Internet* (GTGI), v. 2.0. Genebra: 2004.

KONDER, Carlos Nelson. *Contratos conexos*. Rio de Janeiro: Renovar, 2006.

KOSSEFF, Jeff. *The twenty-six words that created the internet*. Ithaca: Cornell University Press, 2019.

KUNER, Christopher; MIEDBRODT, Anja. *Written signature requirements and electronic authentication*: a comparative perspective. Disponível em: http://www.kuner.com/data/articles/signature_perspective.html. Acesso em: 27 jan. 2009.

LARENZ, Karl. *Derecho de obligaciones*. Tradução de Jaime Santos Briz. Madrid: Editorial Revista de Derecho Privado, 1958. t. I.

LAWAND, Jorge José. *Teoria geral dos contratos eletrônicos*. São Paulo: Juarez de Oliveira, 2003.

LEAL, Sheila do Rocio Cercal Santos. *Contratos eletrônicos*: validade jurídica dos contratos via Internet. São Paulo: Atlas, 2007.

LEONARDI, Marcel. Internet: elementos fundamentais. *In*: SILVA, Regina Beatriz Tavares da; SANTOS, Manoel J. Pereira. *Responsabilidade civil na internet e nos demais meios de comunicação*. São Paulo: Saraiva, 2007.

LEONARDI, Marcel. Responsabilidade civil pela violação do sigilo e privacidade na Internet. *In*: SILVA, Regina Beatriz Tavares da; SANTOS, Manoel J. Pereira dos (coord.). *Responsabilidade civil na internet e nos demais meios de comunicação*. São Paulo: Saraiva, 2007.

LESSIG, Lawrence. *Code and other laws of cyberspace*. New York: Basic Books, 1999.

LESSIG, Lawrence. *Code 2.0*. New York: Basic Books, 2006.

LEVMORE, Saul; NUSSBAUM, Martha. Introduction. *In*: LEVMORE, Saul; NUSSBAUM, Martha. *The offensive internet*. Cambridge: Harvard University Press, 2010.

LÉVY, Pierre. *Cibercultura*. Tradução de Carlos Irineu da Costa. São Paulo: ed 34, 1999.

LÉVY, Pierre. *O que é o virtual?* Tradução de Paulo Neves. São Paulo: Editora 34, 2011.

LÉVY, Pierre. *As tecnologias da inteligência*: o futuro do pensamento na era da informática. Tradução de Carlos Irineu da Costa. 2. ed. São Paulo: Editora 34, 2010.

LIMA, Ana Paula Canto; ALVES, Fabrício da Mota. *Comentários aos regulamentos e orientações da ANPD*. São Paulo: Revista dos Tribunais, 2022.

LIMA, Cíntia Rosa Pereira de. Contratos de adesão eletrônicos (*shrink-wrap* e *click-wrap*) e os termos e condições de uso (*browse-wrap*). *In*: LIMA, Cíntia Rosa Pereira de; NUNES, Lydia Neves Bastos Telles (coord.). *Estudos avançados de direito digital*. Rio de Janeiro: Elsevier, 2014.

LIMA, Cíntia Rosa Pereira de. Direito ao esquecimento e internet: o fundamento legal no direito comunitário europeu, no direito italiano e no direito brasileiro. *Doutrinas Essenciais de Direito Constitucional*. São Paulo: Revista dos Tribunais, 2015. v. 8.

LIMA, Cíntia Rosa Pereira de; PEROLI, Kelvin. *Direito digital*: compliance, regulação e governança. São Paulo: Quartier Latin, 2019.

LIMA NETO, José Henrique Barbosa Moreira. Aspectos jurídicos do documento eletrônico. Disponível em: https://jus.com.br/artigos/1780/aspectos-juridicos-do-documento-eletronico. Acesso em: 23 jan. 2009.

LIMA NETO, José Henrique Barbosa Moreira. Alguns aspectos jurídicos da Internet no Brasil. Disponível em: http://www.jus2.uol.com.br. Acesso em: 27 jan. 2009.

LIMBERGER, Têmis. *O direito à intimidade na era da informática*. A necessidade de proteção dos dados pessoais. Porto Alegre: Livraria do Advogado, 2007.

LIMBERGER, Têmis. *Cibertransparência*: informação pública em rede. Porto Alegre: Livraria do Advogado, 2016.

LIPOVETSKY, Gilles. *A felicidade paradoxal*: ensaios sobre a sociedade de hiperconsumo. Tradução de Maria Lucia Machado. São Paulo: Companhia das Letras, 2007.

LISBOA, Roberto Senise. *Contratos difusos e coletivos*. São Paulo: Revista dos Tribunais, 1997.

LIVI, Maria Alessandra. Contratti con i consumatori: contratti negoziati fuori dei locali commerciali. *In*: ALPA, Guido (coord.) *I contratti del consumatore*. Milano: Giuffrè, 2014.

LLOYD, Ian. Legal barriers to electronic contracts: formal requirements and digital signatures. *In*: EDWARDS, Lilian; WAELDE, Charlotte (coord.). *Law and the internet*: regulating cyberspace. Oxford: Hart, 1997. p. 137-150.

LOPES, Maria Elisabete Vilaça. O consumidor e a publicidade. *Revista de Direito do Consumidor*, São Paulo, v. 1, p. 149-183, mar. 1992.

LOPES, Miguel Maria de Serpa. *Curso de direito civil*. Rio de Janeiro: Freitas Bastos, 1996. v. III.

LORENZETTI, Ricardo Luis. *Fundamentos do direito privado*. Tradução de Vera Maria Jacob de Fradera. São Paulo: Revista dos Tribunais, 1998.

LORENZETTI, Ricardo Luis. *Comércio eletrônico*. Tradução de Fabiano Menke. São Paulo: Revista dos Tribunais, 2004.

LORENZETTI, Ricardo Luis. Redes contractuales: conceptualización jurídica, relaciones internas de colaboración, efectos frente a terceros. *Revista de Direito do Consumidor*, São Paulo, v. 28, out./dez. 1998.

LYNCH, Daniel C.; LUNDQUIST, Leslie. *Dinheiro digital*: o comércio na Internet. Tradução Follow Up. Rio de Janeiro: Campus, 1996.

LYON, David. *The electronic eye*: the rise of surveillance society. Oxford: Polity Press, 1994.

MACEDO JÚNIOR, Ronaldo Porto. Globalização e direito do consumidor. *Revista de Direito do Consumidor*, São Paulo, v. 32, p. 45-54. out./dez.1999.

MACIEIRA, Irma Pereira. *A responsabilidade civil no comércio eletrônico*. São Paulo: RCS, 2007.

MACQUEEN, Hector. Software transactions and software law. *In*: EDWARDS, Lilian; WAELDE, Charlotte (coord.). *Law and the internet*: regulating cyberspace. Oxford: Hart, 1997. p. 121-136.

MAGENTA, Matheus. Coronavírus: governo brasileiro vai monitorar celulares para conter pandemia. *BBC News Brasil*, 3 abr. 2020. Disponível em: https://www.bbc.com/portuguese/brasil-52154128. Acesso em: 17 abr. 2020.

MAGRANI, Eduardo. *A Internet das Coisas*. Rio de Janeiro: FGV Editora, 2018.

MAGRANI, Eduardo. *Entre dados e robôs*: ética e privacidade na época da hiperconectividade. 2. ed. Porto Alegre: Arquipélago, 2019.

MARANHÃO, Juliano; CAMPOS, Ricardo. *Fake news* e autorregulação regulada das redes sociais no Brasil: fundamentos constitucionais. *In*: ABBOUD, Georges; NERY JR., Nelson; CAMPOS, Ricardo (org.). Fake news *e regulação*. 3. ed. São Paulo: Thomson Reuters Brasil, 2021.

MARCACINI, Augusto Tavares Rosa. O documento eletrônico como meio de prova. Disponível em: http://www.infodireito.com.br/info/index.php?option=com_content&task=view&id=44&Itemid=42. Acesso em: 26 jun. 2006.

MARCACINI, Augusto Tavares Rosa. *Direito e informática*: uma abordagem jurídica sobre criptografia. Rio de Janeiro: Forense, 2002.

MARINO, Francisco Paulo de Crescenzo. *Contratos coligados no direito brasileiro*. São Paulo: Saraiva, 2010

MARQUES, Claudia Lima. *Contratos no Código de Defesa do Consumidor*. 3. ed. São Paulo: Revista dos Tribunais, 1999.

MARQUES, Claudia Lima. *Contratos no Código de Defesa do Consumidor*. 9. ed. São Paulo: Revista dos Tribunais, 2019. (*e-book*).

MARQUES, Claudia Lima. Proposta de uma teoria geral dos serviços com base no Código de Defesa do Consumidor. *Revista de Direito do Consumidor*, São Paulo, v. 33, p. 79-122, jan./mar. 2000.

MARQUES, Claudia Lima. *Confiança no comércio eletrônico e a proteção do consumidor*. São Paulo: Revista dos Tribunais, 2004.

MARQUES, Claudia Lima. Notas sobre o sistema de proibição de cláusulas abusivas no Código Brasileiro de Defesa do Consumidor (entre a tradicional permeabilidade da ordem jurídica e o futuro pós-moderno do direito comparado). *Revista Trimestral de Direito Civil*, Rio de Janeiro, v. 1, jan./mar. 2000.

MARQUES, Claudia Lima. A nova noção de fornecedor no consumo compartilhado: um estudo sobre as correlações do pluralismo contratual e o acesso ao consumo. *Revista de Direito do Consumidor*, São Paulo, v. 111, p. 247-268, maio/jun. 2017.

MARQUES, Claudia Lima; MIRAGEM, Bruno. *O novo direito privado e a proteção dos vulneráveis*. São Paulo: Revista dos Tribunais, 2012.

MARQUES, Claudia Lima; MIRAGEM, Bruno. Nota sobre a pandemia COVID-19, os contratos de consumo e o superendividamento dos consumidores: a necessidade de atualização do CDC. *In*: MARQUES, Claudia Lima; LORENZETTI, Ricardo Luis; CARVALHO, Diógenes Faria de; MIRAGEM, Bruno. *Contratos de serviços em tempos digitais*. São Paulo: Revista dos Tribunais, 2021.

MARQUES, Claudia Lima; MUCELIN, Guilherme. Vulnerabilidade na era digital: um estudo sobre os fatores de vulnerabilidade da pessoa natural nas plataformas, a partir da dogmática do direito do consumidor. *Civilistica.com*. Rio de Janeiro, ano 11, n. 3, 2022. Disponível em: https://civilistica.emnuvens.com.br/redc/article/view/872. Acesso em: 12 jan. 2023.

MARQUES, Claudia Lima; MUCELIN, Guilherme. Inteligência artificial e "opacidade" no consumo: a necessária revalorização da transparência para a proteção do consumidor. *In*: SILVA, Rodrigo da Guia; TEPEDINO, Gustavo (coord.). *O direito civil na era da inteligência artificial*. São Paulo: Revista dos Tribunais, 2020.

MARQUES, Claudia Lima; BENJAMIN, Antônio Herman; MIRAGEM, Bruno. *Comentários ao Código de Defesa do Consumidor*. São Paulo: Revista dos Tribunais, 2004.

MARQUES, Claudia Lima; BENJAMIN, Antônio Herman; BESSA, Leonardo Roscoe. *Manual de direito do consumidor*. 2. ed. São Paulo: RT, 2009.

MARQUES, Claudia Lima; MENDES, Laura Schertel; BERGSTEIN, Laís. Dark patterns e padrões comerciais escusos. *Revista de Direito do Consumidor*, São Paulo, v. 145, jan./fev. 2023.

MARQUES, Claudia Lima; LORENZETTI, Ricardo Luis; CARVALHO, Diógenes Faria de; MIRAGEM, Bruno. *Contratos de serviços em tempos digitais*. São Paulo: Revista dos Tribunais, 2021. (e-book).

MARTIN, Hans-Peter; SCHUMANN, Harald. *A armadilha da globalização*. Tradução de Waldtraudt U. E. Rose e Clara C. W. Sackiewicz. São Paulo: Globo, 1999.

MARTÍNEZ FAZZALARI, Raúl. *Régimen público de internet*. Buenos Aires: Ad hoc, 1999.

MARTÍNEZ NADAL, Apolònia. *Comercio electrónico, firma digital y autoridades de certificación*. Madrid: Civitas, 2000.

MARTINS, Fernando Rodrigues. A saúde suplementar como sistema jurídico hipercomplexo e a proteção da confiança. *Revista de Direito do Consumidor*, São Paulo, v. 120, n. 4, p. 77-101, nov./dez. 2018.

MARTINS, Fernando Rodrigues. *Princípio da justiça contratual*. 2. ed. São Paulo: Saraiva, 2011.

MARTINS, Fernando Rodrigues. Constituição, direitos fundamentais e direitos básicos do consumidor. In: MARTINS, Fernando Rodrigues. *Direito privado e contexturalidade*. Rio de Janeiro: Lumen Juris, 2018.

MARTINS, Guilherme Magalhães. *O direito ao esquecimento na sociedade da informação*. São Paulo: Revista dos Tribunais, 2022.

MARTINS, Guilherme Magalhães. *Responsabilidade civil por acidente de consumo na internet*. São Paulo: Revista dos Tribunais, 2008.

MARTINS, Guilherme Magalhães. *Responsabilidade civil por acidente de consumo na internet*. 2. ed. São Paulo: Revista dos Tribunais, 2014.

MARTINS, Guilherme Magalhães. *Responsabilidade civil por acidente de consumo na internet*. 3. ed. São Paulo: Revista dos Tribunais, 2020.

MARTINS, Guilherme Magalhães. A regulamentação da internet no Brasil e o Marco Civil (Lei 12.965/14). In: MARTINS, Guilherme Magalhães (coord.). *Direito privado e internet*. São Paulo: Atlas, 2014.

MARTINS, Guilherme Magalhães. O direito ao esquecimento na internet. In: MARTINS, Guilherme Magalhães (coord.). *Direito privado e internet*. São Paulo: Atlas, 2014.

MARTINS, Guilherme Magalhães; BASAN, Arthur Pinheiro. Análise da minuta do novo decreto que regula o Serviço de Atendimento ao Consumidor (SAC): da necessária atualização ao retrocesso normativo. *Revista de Direito do Consumidor*, São Paulo, v. 135, p. 475-482, maio/jun. 2021.

MARTINS, Guilherme Magalhães; LONGHI, João Victor Rozatti. Nota dos coordenadores. In: MARTINS, Guilherme Magalhães; LONGHI, João Victor Rozatti (coord.). *Direito digital*: direito privado e internet. 2. ed. Foco: Indaiatuba, 2019.

MARTINS, Guilherme Magalhães; LONGHI, João Victor Rozatti. Opinião: Liberdade de expressão e redes sociais virtuais. *Consultor Jurídico*, 12 abr. 2020. Disponível em: https://www.conjur.com.br/2020-abr-12/martins-longhi-liberdade-expressao-redes-sociais. Acesso em: 9 mar. 2023.

MARTINS, Guilherme Magalhães; LONGHI, João Victor Rozatti. González vs. Google e Twitter vs. Taamneh: provedores de internet na mira da Scotus. *Consultor Jurídico*, 24 mar. 2023. Disponível em: https://www.conjur.com.br/2023-mar-24/garantias-consumo-fim-internet-conhecemos-nesta-semana. Acesso em: 9 abr. 2023.

MARTINS, Guilherme Magalhães; FALEIROS JÚNIOR, José Luiz de Moura. Reflexões sobre os contratos inteligentes (*smart contracts*) e seus principais reflexos jurídicos. *In*: ERHRARDT JÚNIOR, Marcos; CATALAN, Marcos; MALHEIROS, Pablo (coord.). *Direito civil e tecnologia*. 2. ed. Belo Horizonte: Fórum, 2021. t. I.

MARTINS, Guilherme Magalhães; LONGHI, João Victor Rozatti; FALEIROS JÚNIOR, José Luiz. A pandemia da Covid-19, o "profiling" e a Lei Geral de Proteção de Dados. Disponível em: https://www.migalhas.com.br/depeso/325618/a-pandemia-da-covid-19-o-profiling-e-a-lei-geral-de-protecao-de-dados. Acesso em: 2 maio 2020.

MARTINS, Guilherme Magalhães; LONGHI, João Victor Rozatti; FALEIROS JÚNIOR, José Luiz. Segurança, boas práticas, governança e *compliance*. *In*: LIMA, Cíntia Rosa Pereira de (coord.). *Comentários à Lei Geral de Proteção de Dados*. São Paulo: Almedina, 2020.

MAYER-SCHÖNBERGER, Viktor; CUKIER, Kenneth. *Big Data*. New York: Mariner Books, 2014.

MCKENDRICK, Ewan. *Contract law*. London: Mac Millan, 1990.

MCLUHAN, MARSHALL; POWERS, Bruce. *The global village*: transformations in world life and media in the 21st century. Oxford: Oxford University Press, 1989.

MEDON, Filipe. O anteprojeto de marco legal da Inteligência Artificial elaborado pela comissão de juristas do Senado Federal e os impactos para a responsabilidade civil. *Migalhas de Responsabilidade Civil*, 8 dez. 2022. Disponível em: https://www.migalhas.com.br/coluna/migalhas-de-responsabilidade-civil/378241/o-anteprojeto-de-marco-legal-da-inteligencia-artificial. Acesso em: 7 abr. 2023.

MELO, João Ozorio de. Batalha de gigantes. EUA se opõem ao Google em disputa sobre mídia social na Suprema Corte. *Consultor Jurídico*, 9 dez. 2022. Disponível em: https://www.conjur.com.br/2022-dez-09/governo-eua-opoe-google-disputa-midia-social. Acesso em: 7 mar. 2023.

MELO, João Ozorio de. *Big techs* em alerta. Google diz à Suprema Corte que derrota em julgamento pode arruinar internet. *Consultor Jurídico*, 17 jan. 2023. Disponível em: https://www.conjur.com.br/2023-jan-17/google-suprema-corte-derrota-arruinar-internet. Acesso em: 7 mar. 2023.

MELO, Marco Aurélio Bezerra de. *Curso de direito civil*. São Paulo: Atlas, 2015. v. III (Direito dos contratos), t. I (Teoria geral dos contratos).

MELLO JÚNIOR, Regnoberto Marques de. *A instituição notarial no direito comparado e no direito brasileiro*. Fortaleza: Casa de José de Alencar, 1998.

MENDES, Laura Schertel. *Privacidade, proteção de dados e defesa do consumidor*: linhas gerais de um novo direito fundamental. São Paulo: Saraiva, 2014.

MENKE, Fabiano. Assinaturas digitais, certificados digitais, infraestrutura de chaves públicas brasileira e a ICP alemã. *Revista de Direito do Consumidor*, São Paulo, v. 48, p. 132-148, out./nov. 2003.

MENKE, Fabiano. Art. 138. *In*: NANNI, Giovanni Ettore (coord.) *Comentários ao Código Civil*: direito privado contemporâneo. São Paulo: Saraiva, 2019.

MIRAGEM, Bruno. *Direito do consumidor*. São Paulo: Revista dos Tribunais, 2008.

MIRAGEM, Bruno. Aplicação do CDC na proteção contratual do consumidor-empresário: concreção do princípio da vulnerabilidade como critério para equiparação legal. *Revista de Direito do Consumidor*, São Paulo, v. 62, p. 259-267, abr./jun. 2007.

MIRAGEM, Bruno. Responsabilidade por danos na sociedade da informação e proteção do consumidor: desafios atuais da regulação jurídica da Internet. *Revista de Direito do Consumidor*, São Paulo, v. 70, p. 41-92, abr./jun. 2009.

MIRAGEM, Bruno. *Curso de direito do consumidor*. 2. ed. São Paulo: Revista dos Tribunais, 2010.

MIRAGEM, Bruno. *Curso de direito do consumidor*. 3. ed. São Paulo: Revista dos Tribunais, 2012.

MIRAGEM, Bruno. *Curso de direito do consumidor*. 4. ed. São Paulo: Revista dos Tribunais, 2013.

MIRAGEM, Bruno. *Curso de direito do consumidor*. 5. ed. São Paulo: Revista dos Tribunais, 2014.

MIRAGEM, Bruno. Aspectos característicos da disciplina do comércio eletrônico de consumo. Comentários ao Decreto 7.962, de 15.03.2013. *Revista de Direito do Consumidor*, São Paulo, v. 86, p. 287-300, mar./abr. 2013.

MIRAGEM, Bruno. Proteção da criança e do adolescente consumidores. Possibilidade de explicitação de critérios de interpretação do conceito legal de publicidade abusiva e prática abusiva em razão da ofensa a direitos da criança e do adolescente por resolução do Conselho Nacional da Criança e do Adolescente – CONANDA. Parecer. *Revista de Direito do Consumidor*, v. 95, p. 465, set./out. 2014.

MIRAGEM, Bruno. Novo paradigma tecnológico, mercado de consumo e direito do consumidor. *In*: MARTINS, Guilherme Magalhães; LONGHI, João Victor Rozatti (coord.). *Direito digital*: direito privado e internet. 4. ed. Indaiatuba: Foco, 2021.

MIRAGEM, Bruno. A Lei Geral de Proteção de Dados (Lei 13.709/2018) e o direito do consumidor. *Revista dos Tribunais*, São Paulo, v. 1.009, 2019. Disponível em: https://www.revistadostribunais.com.br/maf/app/authentication/formLogin. Acesso em: 1 jan. 2020.

MIRAGEM, Bruno; MARQUES, Claudia Lima. Economia do compartilhamento deve respeitar os direitos do consumidor. *Consultor Jurídico*. Disponível em: http://conjur.com.br/2015-dez-23/garantias-consumo-economia-compartilhamento. Acesso em: 13 fev. 2016.

MIRANDA, Pontes de. *Tratado de direito privado*. Rio de Janeiro: Borsoi, 1972. v. 38.

MODENESI, Pedro. Contratos eletrônicos de consumo: aspectos doutrinário, legislativo e jurisprudencial. *In*: MARTINS, Guilherme Magalhães (coord.). *Direito privado e internet*. São Paulo: Atlas, 2014.

MORAES, Maria Celina Bodin. A caminho de um direito civil constitucional. *Revista de Direito Civil*, São Paulo, v. 65, p. 21-32, jul./set. 1993.

MORAES, Maria Celina Bodin. Prefácio. *In*: MULHOLLAND, Caitlin. *Internet e contratação*: panorama das relações contratuais eletrônicas de consumo. Rio de Janeiro: Renovar, 2006.

MORAES, Maria Celina Bodin. O princípio da dignidade humana. *In*: MORAES, Maria Celina Bodin. *Princípios do direito civil contemporâneo*. Rio de Janeiro: Renovar, 2006.

MORAIS, José Luiz Bolzan; MENEZES NETO, Elias Jacob. A insuficiência do marco civil da internet na proteção das comunicações privadas armazenadas e do fluxo de dados a partir do paradigma da *surveillance*. *In*: LEITE, George Salomão; LEMOS, Ronaldo (coord.). *Marco civil da internet*. São Paulo: Atlas, 2014.

MUCELIN, Guilherme. Metaverso e vulnerabilidade digital. *In*: MARQUES, Claudia Lima; MARTINS, Fernando Rodrigues; CAVALLAZZI, Rosângela Lunardelli (coord.). *Direito do consumidor aplicado*: garantias do consumo. Indaiatuba: Foco, 2022.

MUCELIN, Guilherme. *Conexão online e hiperconfiança*: os *players* da economia do compartilhamento e o direito do consumidor. São Paulo: Revista dos Tribunais, 2020.

MUCELIN, Guilherme. Peers Inc: a nova estrutura da relação de consumo na economia do compartilhamento. *Revista de Direito do Consumidor*, São Paulo, v. 27, n. 118, p. 77-126, jul./ago. 2018.

MUCELIN, Guilherme. Sistemas reputacionais de consumo na economia do compartilhamento: confiança e regulação. *In*: MARQUES, Claudia Lima *et al*. *Direito, globalização e responsabili-*

dade nas relações de consumo. Anais do XXVII Congresso Nacional do Conpedi. Porto Alegre: Conpedi, 2018.

MUCELIN, Guilherme. Internet of Things and Consumers' Privacy in a Brazilian Perspective: Digital Vulnerability and Dialogue of Sources. *In*: BORGES, Georg; SORGE, Christoph (coord.). *Law and Technology in a Global Digital Society*: Autonomous Systems, Big Data, IT Security and Legal Tech. New York: Springer, 2022.

MUCELIN, Guilherme; CUNHA, Leonardo Stocker p. *Relações trabalhistas ou não trabalhistas na economia do compartilhamento*. São Paulo: Revista dos Tribunais, 2021.

MULHOLLAND, Caitlin. Responsabilidade civil e processos decisórios autônomos. *In*: FRAZÃO, Ana; MULHOLLAND, Caitlin (coord.). *Inteligência artificial e direito*: ética, regulação e responsabilidade. São Paulo: Revista dos Tribunais, 2019.

MULHOLLAND, Caitlin. *Internet e contratação*: panorama das relações contratuais eletrônicas de consumo. Rio de Janeiro: Renovar, 2006.

MULHOLLAND, Caitlin. Dados pessoais sensíveis e a tutela de direitos fundamentais: uma análise à luz da Lei Geral de Proteção de Dados (Lei 13.709/18). *Revista de Direitos e Garantias Fundamentais,* Vitória, v. 19, n. 3, p. 159-180, set./dez. 2018.

MULTA ao Facebook é parte de caso mundial de manipulação de eleitores. *Jornal O Globo*. Opinião do Globo. Rio de Janeiro, 2 jan. 2020.

NALINI, José Renato. É urgente construir alternativas à justiça. *In*: ZANETI Jr., Hermes; CABRAL, Trícia Navarro Xavier (coord.). *Justiça multiportas*: mediação, conciliação, arbitragem e outros meios adequados de solução de conflitos. 2. ed. Salvador: Juspodivm, 2018.

NEGREIROS, Teresa. *Fundamentos para uma interpretação constitucional do princípio da boa-fé.* Rio de Janeiro: Renovar, 1998.

NERY JÚNIOR, Nelson. *Código Brasileiro de Defesa do Consumidor.* São Paulo: Forense Universitária, 1997. p. 342-451.

NERY JÚNIOR, Nelson. Aspectos da responsabilidade civil do fornecedor no Código de Defesa do Consumidor. *Revista do Advogado*, São Paulo, v. 33, dez. 1990.

NETO LÔBO, Paulo Luiz. *O contrato*: exigências e concepções atuais. São Paulo: Saraiva, 1986.

NETO LÔBO, Paulo Luiz. Contrato e mudança social. *Revista dos Tribunais*, São Paulo, v. 722, p. 40-45, dez. 1995.

NIGRI, Deborah Fisch. Computadores: ameaça ou benefício para a desburocratização; direitos do cidadão. *Doutrina ADCOAS*, Rio de Janeiro, v. 3, p. 70, mar. 1998.

NIGRI, Deborah Fisch. Aspectos legais sobre o registro de nome de domínio na Internet. Resoluções MICT/ SPIA 1 e 2, de 15-4-98. *Doutrina ADCOAS*, Rio de Janeiro, v. 12, p. 452-457, dez. 1998.

NISSENBAUM, Helen. *Privacy in context*: technology, policy and the integrity of social life. Stanford: Stanford Law Books, 2010.

NORONHA, Fernando. *O direito dos contratos e seus princípios fundamentais* (autonomia privada, boa-fé, justiça contratual). São Paulo: Saraiva, 1994.

NUNES, Dierle; PAOLINELLI, Camila Mattos. Novos *designs* tecnológicos no sistema de resolução de conflitos: ODRs, e-acesso à justiça e seus paradoxos no Brasil. *Revista de Processo*, v. 314, p. 395-425, abr. 2021.

OLIVEIRA, Elsa Dias. *A protecção dos consumidores nos contratos celebrados através da internet.* Coimbra: Almedina, 2002.

OLIVEIRA, Guilherme Freire Falcão de. *Mãe há só (uma) duas!*: o contrato de gestação. Coimbra: Coimbra Editora, 1992.

OLIVO, Luis Carlos Cancellier. *Direito e internet*: a regulamentação do ciberespaço. Florianópolis: UFSC, 1998.

O'NEIL, Cathy. *Weapons of math destruction*: how Big data increases inequality and threatens democracy. London: Penguin Books, 2017.

O'RELLY, Tim. O que é Web 2.0? Padrões de *design* e modelos de negócios para a nova geração de *software*. Publicado em <http://www.oreilly.com/>. Tradução de Miriam Medeiros. Revisão técnica: Julio Preuss, nov. 2006. Disponível em: http://www.cipedya.com/web/FileDownload.aspx?IDFile=102010. Acesso em: 9 dez. 2009.

O'RELLY, Tim. *What Is Web 2.0*: Design Patterns and Business Models for the Next Generation of Software (09/30/2005). Disponível em: http://oreilly.com/web2/archive/what-is-web-20.html. Acesso em: 8 fev. 2015.

PACHECO, José da Silva. Do estabelecimento empresarial em face do novo Código Civil. *ADV Advocacia Dinâmica: boletim informativo semanal*, São Paulo, v. 23, n. 28, p. 417, jul. 2003.

PARISER, Eli. *O filtro invisível*. O que a Internet está escondendo de você. Tradução de Diego Alfaro. Rio de Janeiro: Zahar, 2012.

PASQUALE, Frank. *The black box society*: the secret algorithms that control money and information. Cambridge: Harvard University Press, 2015.

PASQUALE, Frank. Toward a fourth law of robotics: preserving attribution, responsibility, and explanability in an algorithmic society. *University of Maryland Francis Carey School of Law Legal Studies Research Paper*, 2017.

PASQUALE, Frank. *New laws of robotics*: defending human expertise in the age of AI. Cambridge: The Belknap Press, 2020.

PASQUALOTTO, Adalberto. Dará a reforma ao Código de Defesa do Consumidor um sopro de vida? *Revista de Direito do Consumidor*, São Paulo, v. 78, abr.-jun. 2011.

PASQUALOTTO, Adalberto. Apresentação. *In*: PASQUALOTTO, Adalberto; ALVAREZ, Ana Maria Montiel (org.). *Publicidade e proteção da infância*. Porto Alegre: Livraria do Advogado, 2014.

PASQUALOTTO, Adalberto. *Os efeitos obrigacionais da publicidade no Código de Defesa do Consumidor*. São Paulo: Revista dos Tribunais, 1997.

PASQUALOTTO, Adalberto; SCALETSCKY, Carolina Litvin. Da responsabilidade da plataforma digital na economia compartilhada. *Revista de Direito do Consumidor*, São Paulo, v. 142, jul./ago. 2022.

PEPPET, Scott R. Regulating the Internet of Things: First Steps Towards Managing Discrimination, Privacy, Security & Consent. *Texas Law Review*, n. 85, 2014.

PEREIRA, Alexandre Libório Dias. *Comércio electrónico na sociedade da informação*: da segurança técnica à confiança jurídica. Coimbra: Almedina, 1999.

PEREIRA, Caio Mário da Silva. *Instituições de direito civil*. 8. ed. Rio de Janeiro: Forense, 1990. v. III.

PEREIRA, Caio Mário da Silva. *Instituições de direito civil*. 12. ed. Atualizada por Régis Fichtner Pereira. Rio de Janeiro: Forense, 2007. v. III.

PEREIRA, Caio Mário da Silva. Direito comparado, ciência autônoma. *Revista Forense*, Rio de Janeiro, v. 146, p. 24-32, mar./ abr. 1953.

PÉREZ LUÑO, Antonio E. *Los derechos fundamentales*. 10. ed. Madrid: Tecnos, 2011.

PERLINGIERI, Pietro. *Perfis do direito civil*: introdução ao direito civil constitucional. 3. ed. Tradução de Maria Cristina de Cicco. Rio de Janeiro: Renovar, 1997.

PERLINGIERI, Pietro. *Diritto comunitario e legalità costituzionale*. Napoli: Edizioni Scientifiche Italiane, 1992.

PERLINGIERI, Pietro. *O direito civil na legalidade constitucional*. Tradução de Maria Cristina de Cicco. Rio de Janeiro: Renovar, 2008.

PFEIFFER, Roberto Augusto Castellanos. ANPD em busca de sua autonomia: é preciso aperfeiçoar a MP 869/2018. *Consultor Jurídico*, 1º maio 2019. Disponível em: https://www.conjur.com.br/2019-mai-01/garantias-consumo-anpd-busca-autonomia-preciso-aperfeicoar-mp. Acesso em: 3 ago. 2019.

PICCOLI, Paolo; ZANOLINI, Giovanna. Il documento eletronico e la "firma digitale". *In*: TOSI, Emilio (coord.). *I problemi giuridici di internet*. Milano: Giuffrè, 1999. p. 57-102.

PIETTE-COUDOL, Thierry. *Échanges électroniques, certification et sécurité*. Paris: Litec, 2000.

PIMENTEL, Alexandre Freire. *O direito cibernético*: um enfoque teórico e lógico-aplicativo. Rio de Janeiro: Renovar, 2000.

PINHEIRO, Juliana Santos. O conceito jurídico de consumidor. *In*: TEPEDINO, Gustavo. *Problemas de direito civil-constitucional*. Rio de Janeiro: Renovar, 2000. p. 325-356.

PINHEIRO, Patrícia Peck; WEBER, Sandra Paula Tomazi; OLIVEIRA NETO, Antonio Alves de. *Fundamentos dos negócios e contratos digitais*. São Paulo: Revista dos Tribunais, 2021.

PIZZETTI, Federico Gustavo. Accesso ad Internet e persone con disabilità: profili di eguaglianza digitale. *In*: PANICO, Ruggiero Cafari *et al.* (org.) *Da internet ai social network*: il diritto di ricevere e comunicare informazione e idée. Santarcangelo di Romagna: Maggioli, 2013.

PODSZUN, Rupprecht. UBER – A Pan-European Regulatory Challenge. *EuCML. Journal of European Consumer and Market Law*, Munchen, C.H.Beck, p. 59-60, abr. 2015.

RASKIN, Max. The law and legality of smart contracts. *Georgetown Law & Technology Review*, Washington, DC, v. 1, p. 305-341, 2017.

RAYSMAN, Richard; BROWN, Peter. Clickwrap license agreements. *New York Law Journal*, 11 ago. 1998. Disponível em: http://www.law.com/jsp/nylj/index.jsp?. Acesso em: 27 jan. 2009.

RECUERO, Raquel. *Redes sociais na internet*. Porto Alegre: Sulina, 2009.

REICH, Norbert; MICKLITZ, Hans W. Economic law, consumer interests, and EU integration. *In*: REICH, Norbert; MICKLITZ, Hans W.; ROTT, Peter; TONNER, Klaus. *European consumer law*. London: Intersentia, 2014.

REIS, Maria Helena Junqueira. *Computer crimes*: a criminalidade na época dos computadores. Belo Horizonte: Del Rey, 1997.

RESPONDING to the legal obstacles to electronic commerce in Latin America. Conferência realizada em setembro e outubro de 1999 em Washington, organizada pelo National Law Center for Inter-American Free Trade e pela Organization of American States Business Software Alliance. *Arizona Journal of Comparative Law*, v. 17, n. 1, Tucson, 2000.

REZENDE, Pedro A. D. Exigência de certificação em transações *online* intensifica temores de uma internet controlada. *Jornal do Brasil*, Rio de Janeiro, 6 jul. 2000. Caderno Informática, p. 1-2.

RIBAS ALEJANDRO, Javier. *Aspectos jurídicos del comercio electrónico en internet*. Navarra: Aranzadi, 1999.

RIBAS ALEJANDRO, Javier. Comercio electrónico en internet: aspectos jurídicos. *Revista Electrónica de Derecho Informatico*, v. 1, ago. 1998. Disponível em: http://www.alfa-redi.org/rdi-articulo.shtml?x=139. Acesso em: 27 jan. 2009.

RICCIO, Giovanni Maria. *Social networks e responsabilitá civile*. Milano: Giuffrè, 2010.

RIZZO, Vito. *Contratos do consumidor e direito comum dos contratos*. Palestra proferida na Universidade do Estado do Rio de Janeiro no dia 29 de agosto de 2000. Tradução Maria Cristina de Cicco (*mimeo*).

ROBINSON, Kimberly Strawbridge. Law Professor Lands High Court Tech Cases Due to Conflict Rules. *Bloomberg Law*, 17 fev. 2023. Disponível em: https://news.bloomberglaw.com/us-law-week/law-professor-lands-high-court-tech-cases-due-to-conflict-rules. Acesso em: 7 mar. 2023.

ROCHA, Manuel Lopes et al. *As leis do comércio electrónico*: regime jurídico da assinatura digital e da factura electrónica anotado e comentado. Lisboa: Centro Atlântico, 2000.

ROCHA, Manuel Lopes et al. *As leis do comércio electrónico*: regime jurídico da assinatura digital e da factura electrónica anotado e comentado. 2. ed. Coimbra: Coimbra Editora, 2001.

RODOTÀ, Stefano. *Tecnologie e diritti*. Bologna: Il Mulino, 1995.

RODOTÀ, Stefano. *A vida na sociedade da vigilância*: a privacidade hoje. Organização de Maria Celina Bodin de Moraes. Tradução de Danilo Doneda e Luciana Cabral Doneda. Rio de Janeiro: Renovar, 2008.

RODRIGUES JR., Otávio Luiz. *Direito civil contemporâneo*: estatuto epistemológico, Constituição e direitos fundamentais. 2. ed. Rio de Janeiro: Forense Universitária, 2019.

ROMANI, Bruno. Uso de dados de localização no combate à covid-19 pode ameaçar privacidade. *O Estado de S. Paulo*, 12 abr. 2020. Disponível em: https://link.estadao.com.br/noticias/cultura-digital,uso-de-dados-de-localizacao-no-combate-a-covid-19-pode-ameacar-privacidade,70003268063. Acesso em: 17 abr. 2020.

ROPPO, Enzo. *O contrato*. Tradução de Ana Coimbra e M. Januário C. Gomes. Coimbra: Almedina, 1988.

ROSE, Lance. *Netlaw*: your rights in the online world. Berkeley: Osborne Mc Graw-Hill, 1995.

ROSENVALD, Nelson; GODINHO, Adriano Marteleto. Inteligência artificial e a responsabilidade civil dos robôs e seus fabricantes. *In*: ROSENVALD, Nelson; DRESCH, Rafael de Freitas Valle; WESENDONCK, Tula (coord.). *Responsabilidade civil*: novos riscos. Foco: Indaiatuba, 2019.

RULE, Colin. *Online Dispute Resolution for business*: B2B, e-commerce, consumer, employment, insurance, and other commercial conflicts. San Francisco: Jossey Bass, 2002.

SACCO, Rodolfo. *La comparaison juridique au service de la connaissance du droit*. Paris: Economica, 1991.

SALDANHA, Nelson. *O jardim e a praça*: ensaio sobre o lado privado e o lado público da vida social e histórica. Porto Alegre: Sergio Antonio Fabris Editor, 1986.

SAMPAIO, José Adércio Leite. *Direito à intimidade e à vida privada*: uma visão jurídica da sexualidade, da família, da comunicação e informações pessoais, da vida e da morte. Belo Horizonte: Del Rey, 1998.

SANTOLIM, Cesar Viterbo Matos. *Formação e eficácia probatória dos contratos por computador*. São Paulo: Saraiva, 1995.

SANTOLIM, Cesar Viterbo Matos. Anotações sobre o anteprojeto da Comissão de Juristas para a atualização do Código de Defesa do Consumidor na parte referente ao comércio eletrônico. *Revista de Direito do Consumidor*, São Paulo, v. 83, jul.-dez. 2012.

SANTOS, Emanuella; NICOLAU, Marcos. Web do futuro: a cibercultura e os caminhos trilhados rumo a uma Web semântica ou Web 3.0. *Revista Temática*. Disponível em: http://www.insite.pro.br/2012/Outubro/web_semantica_futuro.pdf. Acesso em: 21 abr. 2014.

SANTOS, J. M. Carvalho. *Código Civil brasileiro interpretado*. 7. ed. Rio de Janeiro: Freitas Bastos, 1964. v. XV.

SANTOS, Manoel J. Pereira dos. Responsabilidade civil dos provedores de conteúdo pelas transações comerciais eletrônicas. *In*: SANTOS, Manoel J. Pereira dos; SILVA, Regina Beatriz Tavares da. *Responsabilidade civil na internet e nos demais meios de comunicação*. São Paulo: Saraiva, 2007.

SANTOS, Milton. *Por uma outra globalização*: do pensamento único à consciência universal. 14. ed. São Paulo: Record, 2007.

SARAIVA, Wellignton. Aplicações da informática à atividade jurídica. *Revista dos Tribunais*, Rio de Janeiro, v. 710, p. 237-42.

SARLET, Gabrielle Bezerra Sales; CALDEIRA, Cristina. O consentimento informado e a proteção de dados pessoais de saúde na internet: uma análise das experiências legislativas de Portugal e do Brasil para a proteção integral da pessoa humana. *Civilistica.com*. Rio de Janeiro, ano 8, n. 1, 2019. Disponível em: http:civilistica.com/-o-consentimento-informado-e-a-protecao/. Acesso em: 19 jul. 2019.

SARLET, Ingo Wolfgang; KEINERT, Tania Margarete Mezzomo. O direito fundamental à privacidade e as informações em saúde: alguns desafios. *In*: KEINERT, Tânia Margarete Mezzomo *et al.* (org.). *Proteção à privacidade e acesso às informações em saúde*: tecnologias, direitos e ética. São Paulo: Instituto da Saúde. 2015. p. 113-145.

SCHERER, Matthew U. Regulating artificial intelligence systems: risks, challenges, competencies, and strategies. *Harvard Journal of Law & Technology*, v. 29, n.2, 2016.

SCHERKERKEWITZ, Iso Chaitz. *Direito e internet*. São Paulo: Revista dos Tribunais, 2014.

SCHIRO, Giulia. Il Garante Privacy italiano blocca ChatGPT. Ecco perché. *Wall Street Italia*, 31 mar. 2023. Disponível em: https://www.wallstreetitalia.com/il-garante-privacy-italiano-blocca-chat-gpt-ecco-perche/. Acesso em: 7 abr. 2023.

SCHMIDT NETO, André Perin; CHEVTCHIK, Mellany. Obsolescência programada nas relações de consumo. *Revista de Direito do Consumidor*, São Paulo, v. 134, mar./abr. 2021.

SCHMITT, Cristiano Heineck. *Consumidores hipervulneráveis*: a proteção do idoso no mercado de consumo. São Paulo: Atlas, 2014.

SCHMITT, Cristiano Heineck. *Cláusulas abusivas nas relações de consumo*. 2. ed. São Paulo: Revista dos Tribunais, 2008.

SCHMITT, Marco Antonio. Contratações à distância: a Diretiva 97/7 da Comunidade Europeia e o Código Brasileiro de Defesa do Consumidor. *Revista de Direito do Consumidor*, São Paulo, p. 57-79, jan./mar. 1988.

SCHWAB, Klaus. *A quarta revolução industrial*. Tradução de Daniel Moreira Miranda. São Paulo: Edipro, 2016.

SCHWARTZ, Fábio. *A economia compartilhada e o novo conceito de fornecedor fiduciário nas relações de consumo*. Rio de Janeiro: Processo, 2020.

SCORZELLI, Patrícia. *A comunidade cibernética e o direito*. Rio de Janeiro: Lumen Juris, 1997.

SÉDAILLAN, Valérie. *Droit de l'Internet*: réglementation, responsabilités, contrats. Cachan: Net Press, 1996.

SESSAREGO, Carlos Fernández. *Derecho a la intimidad personal*. Buenos Aires: Astrea, 1992.

SEVERINO, Antonio Joaquim. *Metodologia do trabalho científico*. 12ª ed. São Paulo: Cosmos, 1998.

SIBILIA, Paula. O espetáculo do eu. *Revista Mente e cérebro*, fev. 2009. Disponível em: http://www2.uol.com.br/vivermente/reportagens/o_espetaculo_do_eu.html. Acesso em: 16 fev. 2011.

SIBILIA, Paula. *O show do eu*: a intimidade como espetáculo. Rio de Janeiro: Nova Fronteira, 2008.

SILVA, Agathe E. Schmidt. Cláusula geral de boa-fé nos contratos de consumo. *Revista de Direito do Consumidor*, São Paulo, v. 17, p. 146-161, jul. 1996.

SILVA, Jorge Pereira da. *Deveres do Estado de protecção de direitos fundamentais*: fundamentação e estrutura das relações jusfundamentais triangulares. 3. ed. Lisboa: Universidade Católica Editora, 2015.

SILVA, Nilton Correia da. Inteligência artificial. *In*: FRAZÃO, Ana; MULHOLLAND, Caitlin (coord.). *Inteligência artificial e direito*: ética, regulação e responsabilidade. São Paulo: Revista dos Tribunais, 2019.

SIMÃO FILHO, Adalberto. Redes contratuais. *Anais do Conpedi*. Vitoria, 2011.

SMITH, Graham J. *Internet Law and Regulation*. London: Law and Tax, 1997.

SOARES, Flaviana Rampazzo. Veículos autônomos e responsabilidade por acidentes: trajetos possíveis e desejáveis no direito civil brasileiro. *In*: ROSENVALD, Nelson; DRESCH, Rafael de Freitas Valle; WESENDONCK, Tula (coord.). *Responsabilidade civil*: novos riscos. Foco: Indaiatuba, 2019.

SODRÉ, Marcelo Gomes. *A construção do direito do consumidor*: um estudo sobre as origens das leis principiológicas de defesa do consumidor. São Paulo: Atlas, 2009.

SOLOVE, Daniel J. *Understanding privacy*. Cambridge: Harvard University Press, 2008.

SONVILLA-WEISS, Stefan. *(In)visible*: learning to act in the Metaverse. New York: Springer, 2008.

SOUSA, Rabindranath Capelo de. *O direito geral de personalidade*. Coimbra: Coimbra Editora, 1995.

SOUZA, Sérgio Iglesias Nunes de. *Lesão nos contratos eletrônicos na sociedade da informação*. São Paulo: Saraiva, 2009.

STEIBEL, Fabro; VICENTE, Victor Freitas; JESUS, Diego Santos Vieira. Possibilidades e potenciais da utilização da inteligência artificial. *In*: MULHOLLAND, Caitlin; FRAZÃO, Ana (coord.). *Inteligência artificial e direito*: ética, regulação e responsabilidade. São Paulo: Revista dos Tribunais, 2019.

STEVAN JR., Sergio Luiz. *Internet das Coisas*: fundamentos e aplicações em Arduino e NodeMCU. São Paulo: Erica, 2018.

STIGLITZ, Gabriel. *Protección jurídica del consumidor*. Buenos Aires: Depalma, 1990.

STIGLITZ, Ruben. *Clausulas abusivas en el contrato de seguro*. Buenos Aires: Abeledo-Perrot, 1994.

STRECK, Lenio. Apontamentos hermenêuticos sobre o marco civil regulatório da internet. *In*: LEITE, George Salomão; LEMOS, Ronaldo (coord.). *Marco civil da internet*. São Paulo: Atlas, 2014.

STUBER, Walter. A internet sob a ótica jurídica. *Revista dos Tribunais*, São Paulo, v. 749, p. 60-81, mar. 1998.

SUMPTER, David. *Dominados pelos números*. Tradução de Anna Maria Sotero e Marcello Neto. Rio de Janeiro: Bertrand Brasil, 2019.

SUNSTEIN, Cass. *Going to extremes*: how like minds unite and divide. Oxford: Oxford University Press, 2009.

SUPREME COURT OF THE UNITED STATES OF AMERICA. Oral Argument – Audio. Gonzalez v. Google LLC. Docket Number: 21-1333. Date Argued: 02/21/23. Disponível em: https://www.supremecourt.gov/oral_arguments/audio/2022/21-1333. Acesso em: 7 mar. 2023.

SUZOR, Nicolas. Digital constitutionalism: using the rule of law to evaluate the legitimacy of governance by platforms. *Social Media + Society*, jul. 2018.

SZABO, Nick. The idea of smart contracts. *Nick Szabo's Papers and Concise Tutorials*, 1997. Disponível em: http://www.fon.hum.uva.nl/rob/Courses/InformationInSpeech/CDROM/Literature/LOTwinterschool2006/szabo.best.vwh.net/index.html. Acesso em: 28 abr. 2020.

TAMÒ-LARRIEUX, Aurelia. *Designing for privacy and its legal framework*. Data protection by design and default for the Internet of Things. New York: Springer, 2018. (*e-book*).

TARTUCE, Fernanda. *Igualdade e vulnerabilidade no processo civil*. Rio de Janeiro: Forense, 2012.

TEFFÉ, Chiara Spadaccini de. Quem responde pelos danos causados pela IA? Disponível em: https://www.jota.info/paywall?redirect_to=//www.jota.info/opiniao-e-analise/artigos/quem-responde-pelos-danos-causados-pela-ia-24102017. Acesso em: 6 jan. 2020.

TEPEDINO, Gustavo. Editorial: Do sujeito de direito à pessoa humana. *Revista Trimestral de Direito Civil*, Rio de Janeiro, v. 2, abr./jun. 2000.

TEPEDINO, Gustavo. *Temas de direito civil*. Rio de Janeiro: Renovar, 1999. p. 251-266: O Mercosul e as relações de consumo: o papel das normas constitucionais na construção de um direito privado comunitário.

TEPEDINO, Gustavo. *Temas de direito civil*. Rio de Janeiro: Renovar, 1999. p. 477-480: Computador bisbilhoteiro.

TEPEDINO, Gustavo. O direito civil-constitucional e suas perspectivas atuais. *In*: TEPEDINO, Gustavo. *Direito civil contemporâneo*: novos problemas à luz da legalidade constitucional. São Paulo: Atlas, 2008.

TEPEDINO, Gustavo; SILVA, Rodrigo da Guia. Inteligência artificial, *smart contracts* e gestão do risco contratual. *In*: TEPEDINO, Gustavo; SILVA, Rodrigo da Guia (coord.). *O direito civil na era da inteligência artificial*. São Paulo: Revista dos Tribunais, 2020.

TEPEDINO, Gustavo; BARBOZA, Heloísa Helena; MORAES, Maria Celina Bodin. *Código Civil interpretado segundo a Constituição da República*. Rio de Janeiro: Renovar, 2006. v. II.

TEPEDINO, Gustavo; BARBOZA, Heloísa Helena; MORAES, Maria Celina Bodin. *Código Civil interpretado segundo a Constituição da República*. 2. ed. Rio de Janeiro: Renovar, 2007. v. I.

TERRA, Aline de Miranda Valverde; SANTOS, Deborah Pereira Pinto dos. Do *pacta sunt servanda* ao *code is law*: breves notas sobre a codificação de comportamentos e os controles de legalidade nos *smart contracts*. *In*: TEPEDINO, Gustavo; SILVA, Rodrigo da Guia (coord.). *O direito civil na era da inteligência artificial*. São Paulo: Revista dos Tribunais, 2020.

TERRETT, Andrew. A Lawyer's introduction to the Internet. *In*: EDWARDS, Lilian; WAELDE, Charlotte (coord.). *Law and the internet*: regulating cyberspace. Oxford: Hart, 1997. p. 3-26.

THOMASSET, Claude; VANDERLINDEN, Jacques. Cantate à deux voix sur le thème: "Une révolution informatique en droit?" *Revue Trimestrielle de Droit Civil*, Paris, p. 315-338, abr/jun. 1998.

THOMPSON, Marcelo. Marco civil ou demarcação de direitos? Democracia, razoabilidade e as fendas da internet no Brasil. *Revista de Direito Administrativo*, Rio de Janeiro, v. 261, p. 203, set.-dez. 2012.

TILSTON, Natasha L.; EAMES, Ken T.D.; PAOLOTTI, Daniela *et al*. Internet-based surveillance of Influenza-like-illness in the UK during the 2009 H1N1 influenza pandemic. *BMC Public Health*, London, v. 10, p. 650-659, 2010.

TOMASEVICIUS FILHO, Eduardo (coord.) *A Lei Geral de Proteção de Dados brasileira*. São Paulo: Almedina, 2021.

TOMMASINI, Maria. Osservazioni sulla conclusione del contratto tramite computers: aspetti problematici della comunicazione a distanza in tempo reale. *Rassegna di diritto civile*, Camerino, v. 3, p. 569-598, 1998.

TONNER, Klaus. The consumer rights directive and its impact on internet and other distance consumer contracts. *In*: REICH, Norbert; MICKLITZ, Hans W.; ROTT, Peter; TONNER, Klaus. *European consumer law*. London: Intersentia, 2014.

TOSI, Emilio (coord.). *I problemi giuridici di internet*. Milano: Giuffrè, 1999.

TOSI, Emilio. Le responsabilità civili. In: TOSI, Emilio (coord.). *I problemi giuridici di internet*. Milano: Giuffrè, 1999.

TOURNEAU, Philippe le. *Les contrats informatiques*. Paris: Dalloz, 1997.

TRABUCCHI, Alberto. *Istituzioni di Diritto Civile*. Padova: CEDAM, 1978.

VAIDHYNANATHAN, Siva. *A Googlelização de tudo*. Tradução de Jefferson Luiz Camargo. São Paulo: Cultrix, 2011.

VALENTINO, Daniela. Obblighi di informazione e vendite a distanza. *Rassegna di diritto civile*, Camerino, v. 2, p. 375-395, 1998.

VAN DER BEEK, Guy-Laurent. Informática jurídica integral. *Revista Forense*, Rio de Janeiro, v. 281, p. 73-77, jan./ mar. 1993.

VAN DJIK, Jan. *The network society*. 4. ed. London: Sage, 2020.

VAN DJIK, Jan. *The digital divide*. Cambridge: Polity, 2019.

VERBICARO, Dennis. *Consumo e cidadania*: identificando os espaços políticos de atuação qualificada do consumidor. 2. ed. Rio de Janeiro: Lumen Juris, 2019.

VILLELA, João Baptista. Por uma nova teoria dos contratos. *Revista Forense*, Rio de Janeiro, v. 261, p. 27-35, jan./mar. 1978.

VON DONGEN, Sanne. Groups of contracts. An exploration of types and the archetype from a dutch legal perspective. *In*: SAMOY, Ilse; VON LOOS, Marco (coord.). *Linked contracts*. Cambridge: Intersentia, 2012.

WEINBERG, Monica. E-CPF: como funciona a assinatura digital. *Revista Veja*, São Paulo, p. 90-93, 1º mar. 2006.

WESTIN, Alan. *Privacy and Freedom*. New York: Ig Publishing. 1967.

WILLIAMS, James. *Stand out of our light*: freedom and resistance in the attention economy. Cambridge: Cambridge University Press, 2018.

WU, Tim. *Impérios da comunicação*. Tradução de Claudio Carina. Rio de Janeiro: Zahar, 2012.

ZAMPIER, Bruno. *Bens digitais*. Indaiatuba: Foco, 2017.

ZANATTA, Rafael A. F.; SOUZA, Michel R. O. A tutela coletiva em proteção de dados pessoais: tendências e desafios. *In*: DE LUCCA, Newton; SIMÃO FILHO, Adalberto; LIMA, Cintia Rosa Pereira de; MACIEL, Renata Mota (coord.). *Direito & Internet IV*: sistema de proteção de dados pessoais. São Paulo: Quartier Latin, 2019.

ZUBOFF, Shoshana. *A era do capitalismo de vigilância*. Tradução de George Sclesinger. Rio de Janeiro: Intrínseca, 2020.

ZWEIGERT, Konrad; KÖTZ, Hein. *Introduction to comparative law*. Oxford: Clarendon Press, 1998.